西方法学名著导读

池海平　巢容华◎编著

中国政法大学出版社

2014·北京

图书在版编目（ＣＩＰ）数据

西方法学名著导读/池海平, 巢容华编著. —北京:中国政法大学出版社，2014.8
（2025.1重印）

ISBN 978-7-5620-5547-1

Ⅰ.①西…　Ⅱ.①池…　②巢…　Ⅲ.①法学－著作－介绍－西方国家　Ⅳ.①D90

中国版本图书馆CIP数据核字(2014)第190209号

出 版 者　　中国政法大学出版社

地　　址　　北京市海淀区西土城路 25 号

邮寄地址　　北京 100088 信箱 8034 分箱　邮编 100088

网　　址　　http://www.cuplpress.com (网络实名：中国政法大学出版社)

电　　话　　010-58908285(总编室)　58908334(邮购部)

承　　印　　北京鑫海金澳胶印有限公司

开　　本　　720mm×960mm　1/16

印　　张　　27.25

字　　数　　504 千字

版　　次　　2014 年 9 月第 1 版

印　　次　　2025 年 1 月第 5 次印刷

定　　价　　58.00 元

序

　　思想是宇宙的演绎，是万物运动最剔透的结晶，是人类改造世界和自我的精华，它带领我们昂首步入良知，而政治法律思想则是有序社会的起因和结果。因此，自人类文明社会产生以来，每一个时代都有那么一批思想家站在时代的山谷里对未来新时代的降落而呐喊。他们在追求理想和真理的艰苦跋涉过程中，竭尽全力，因为顿悟、因为思辨，或造就一个时代，或毁灭一个王朝，但是他们很少成为真正意义上的统治者和掌权派，而他们灵魂中所闪耀的人类的理念之光如此强烈，以至经过千百年历史洪流的冲击，漂泊五洲四海直到此时此刻，仍然照耀着人类认知之途。

　　毫无疑问，他们是一批探索者，是一群社会财富的创造者，他们使人类人格得以升华而变得伟大和坚强，牵引着人类探索真理之手，与愚昧的沼泽渐离渐远，使人类精神源远流长。严肃地讲，为了有序地进入幸福，他们将一个个假设带入人类生存的殿堂，设计并铸造了多种社会机制的运行模式，去丰富世界文化，不断改造旧时代，召唤文明的曙光。调侃地讲，他们留给人们那么多的生存空间，使你和我有了指指点点的话题并由此获得生存的手段——那么多的人因研究他们而成为博士和教授，仅此就足以令人对他们肃然起敬。因此，在提到他们的名字和思想时，虽然不至于敬若神明，但决不会面对人类如此伟大的理性成就而无动于衷。想起他们为迎接光明而做出的努力，便有一种感觉——这样深厚而亮丽的理论沉淀令我们心胸开阔如宇宙，而且强烈的冲动汹涌于怀——将思想之境延伸至无限，去追求真理，超越世俗和神明、历史和现实。

　　然而，每一种理论以及据此而建立的政治制度和法律体系无一例外地被后来者修正或否定，这似乎是一种悲哀。在真理与现实之间，鸿沟如堑，逾越维艰，这一矛盾如影随形地追随人类几千年，至今仍困惑着我们。对悲观者而言，当代文明微不足道，因为他始终将被后来者否定；对心怀理念之火充满良知的人而言，过去的、现在的以及将来的同样灿烂辉煌，因为其精神使人类找到了傲立于世的理由，对未来的世界充满无尽的想象和希望。因此，写此书、读此作，认知西方法律思想及其严谨的思考过程，重要的不是探寻他们起到过什么作用，或应该起什么作用，而是深入发现人类理性中最珍贵的本质——追求真理的光芒。

　　在此，感谢作者提供了一次作序的机会，让我来思考研究西方法律思想的意义问题，因此，本书不仅是给读者的导言，更是给作者的忠告。

昌小波

1997 年冬于澳门

自 序

　　1997年，在朋友昌小波先生的帮助下，我编著的教材《西方法学名著导读》正式出版，转眼十多年的时间过去了，这些年来，在使用这本教材的过程中发现了许多问题，诸如内容不是很全面，有些问题的提法存在着错误，原教材中存在着大量的错别字等。特别是近几年在研究生教学中，觉得有必要对原来的内容进行一次重新修订，以适应现在教学的需要。正是出于这种考虑，在中国政法大学出版社的帮助下，这次对原书进行修订后重新出版。

　　与原书相比，这次重新出版作了一定幅度的修订，修订的内容主要包括：

　　1. 在原来内容的基础上增加了新的内容，使教材的内容体系更加完整，基本概括了西方古代及近代主要法学流派和主要代表人物的代表性著作。对于读者系统了解和掌握西方古代及近代的法学发展有一定的启示作用。这主要表现在增加了三章内容，即本教材最后三章。这三章由巢容华先生协作完成。

　　2. 对原来的内容进行了大范围的修订，主要在每章第一节增加了对不同时期及不同法学流派特点的介绍，以有助于读者在学习了解不同时期法学名著的过程中，对同一时期以及同一法学流派有一个较为全面的认识，使读者能够准确地了解不同时期及不同法学流派法学名著的创作背景及其历史地位。

　　3. 对原教材部分章节的题目进行了调整，主要是对原教材中的空想社会主义部分进行了修改，对其次序也进行了调整，使其更符合历史发展的基本脉络。取消了原教材中的第十章。

　　西方法学在其历史发展的过程中，每个历史时期及不同的法学流派都产生了许多伟大的学者和不朽的法学名著，他们为法学的发展做出了不朽的历史贡献，也成为人类文明史发展中的重要瑰宝，了解这些法学名著对于现代法学的发展具有积极的意义。本教材因篇幅的限制，只能对西方古代和近代的法学名著作简要介绍，相对于古代和近代西方法学名著而言也只是很少的一个部分，且由于作者自身的认识，所选取的著作也不一定就是人们所公认的名著，作者只是希望通过我们的介绍，为读者学习西方法学提供力所能及的帮助。当然，由于作者自身能力有限，特别是外语功底的薄弱，写作主要是以国内已经翻译出版的西方法学名著为基础，因此，在教材编写的过程中不可避免地存在许多问题，欢迎批评指正。

　　本教材的出版得到中国政法大学出版社的大力支持和协助，再次表示深深的谢意。

　　同时也感谢我的老师喻特厚先生、游绍尹先生、王亚瑾先生，他们虽已年逾八十岁高龄，仍然为本书的修改提出了诸多宝贵的建议和批评，在此表示深深的敬意。

　　我的研究生孙君东、李启明、何君、张泉、柴绍远、水洪波、曾佑林、左贝贝、吕东明等为这本书的完成做出了大量的努力，在此表示感谢。

　　本书由我完成导论、第一章、第二章、第三章、第四章、第六章、第七章、第八章、第九章；巢容华完成第五章、第十章、第十一章、第十二章、第十三章、第十四章。

　　全书由我最后统稿完成。

池海平

2014 年夏于武汉

目　录

导 论

在人类漫长的历史过程中，西方法学作为人类文明璀璨的明珠，为后代留下了大量的不朽之作，为人类法学的演变和发展做出了不可磨灭的历史贡献。在法学这一充满理性思辨的领域内，千百年来，贤杰辈出，学派纵横，卷帙浩繁，闪烁着耀眼的智慧光芒。

一、西方法学的历史发展

（一）古希腊时期法学的发展

我们这里所说的古希腊主要是指以巴尔干半岛南部、爱琴海诸岛及小亚细亚西岸的地区。而这些地区是由以数百计的城市所组成。据考古学家的考证，早在 2500 多年前，这一带就出现了诺萨斯文化和迈锡尼文化，在这两个地区那时就存在着地下水道、作坊、器具、艺术品、线性文字、阶级关系等，是世界文化发展的摇篮。

古希腊时期在政治上曾经存在两个派别：一派为贵族派，一派为民主派。与此相适应，在法律思想上也曾产生和存在两个派别，一派主张贵族政治，代表土地贵族利益，维护旧秩序；一派主张民主主义政治，代表新兴工商业奴隶主利益，倾向革新。与此同时，在公元前 5 世纪中叶兴起并延续到公元前 4 世纪才逐渐衰落的智者学派并非为统一的学派，它仅仅是社会思潮的集中反映。公元前 4 世纪后半叶至公元 2 世纪，在希腊化时期，随着古希腊城邦的日渐衰落和学术的发展，在哲学和伦理学方面产生了伊壁鸠鲁和斯多葛学派。这两个学派不但有丰富的哲学和伦理学思想，而且也具有丰富的政治法律思想。

古希腊时期最有影响的法学代表人物为苏格拉底、柏拉图和亚里士多德。

（二）古罗马时期法学的发展

古罗马国家的出现较古希腊国家的出现迟，但是，后来却发展成欧洲最大的、最为彻底的奴隶制国家。根据恩格斯在《家庭、私有制和国家的起源》一书中的论述，罗马是国家起源的另一种类型。它是外来人入侵逐渐战胜罗马氏族势力而产生的奴隶制国家。据历史记载，罗马城始建于公元前 1000 年～

前 800 年间拉丁人移入时期。而罗马国家则是建于公元前 754 年~前 753 年，到公元 476 年灭亡。前后经历了 1200 多年，如果算至公元 1453 年君士坦丁堡的陷落，则有 2000 余年的历史。

古罗马法学深受古希腊法律思想的影响，特别是受到柏拉图、亚里士多德和斯多葛派思想的影响，在法律思想上显现出自己的特色。

古罗马时期，已经逐步形成了一批职业法学家集团，第一次产生了严格意义上的法学。古罗马是人类法律发展的重要时期，由于对外扩张的需要和当时简单商品经济的需要，使得古罗马奴隶制社会的法律已经发展得相当成熟。也正是由于古罗马社会立法的发达性，使得这一时期法学发展的一个重要特点表现为不太注重对法学理论的研究，而十分重视对政治实践和立法实践的研究，这是因为古罗马早期的法学家大多都是政治家和官吏，这些人的首要任务就是要解决当局需要解决的个别问题、具体问题，用精确的措辞作结论，以解决在实际生活中出现的法律纠纷。

这一时期影响最大的法学家当属西塞罗和古罗马时期著名的五大法学家。

（三）西欧中世纪神学法学思想

从严格的意义上讲，"中世纪"的表述并不是一个那么严谨的表述，在特定的语境中，例如我们说"中世纪骑士精神"或"中世纪大教堂"时，我们指的是西欧中世纪也就是跨越 300~400 年的一个时段。但是，更为宽泛意涵上的中世纪时期是指从罗马帝国的结束到以文艺复兴、地理大发现和宗教改革为标志的现代欧洲兴起这样一个时间间隔，大约为 1000 年左右的历史时期。

在西欧中世纪社会，由于历史、政治、经济、文化等诸多因素的影响，罗马教会的势力达到了巅峰。在世俗社会事务方面，教会不仅占有西欧大量的土地，而且在政治上也具有较高的地位，可以轻易地左右西欧社会的政治生活；在思想领域内，教会更是垄断了一切，意识形态的一切形式——哲学、政治、法学等都并入神学之中，其他一切科学，甚至自然科学都以是否符合基督教义的内容来决定。因此，基督教义的信条成为一切思想的出发点和归宿。反映到政治思想领域，即占据统治地位的是以基督教神学为基础的"君权神授论"。

西欧中世纪神学法学的代表人物是奥古斯丁和托马斯·阿奎那。

在西欧中世纪后期，由于文艺复兴运动的兴起，市民等级的不断壮大，王权至上思想的兴起，西欧开始进入到一个新的时代。在政治法律思想领域，启蒙主义思想开始出现。

（四）17~18 世纪资产阶级革命时期法学思想的发展

17~18 世纪是西方资产阶级革命时期，这一时期，资产阶级在革命中不仅要求在政治上推翻封建制统治，建立资本主义新秩序，而且在法律领域内要求彻底废除封建法律制度，贯彻资本主义法治原则。

在资产阶级革命的初期，资产阶级以自然法作为其理论基础，从人性论出发，把自然法描述成一种人类自然状态下的理性准则。他们把斗争的锋芒直接指向中世纪神学和封建专制主义。这一时期，资产阶级革命初期的古典自然法学派的出现起到了积极的历史作用。它用人权取代了封建神权；用自由取代了封建人身依附；用平等观念取代了封建等级特权制度。这一时期涌现出一大批政治家和法学家，为人类法学的发展做出了不可磨灭的历史贡献。

古典自然法学作为资产阶级革命初期的一个法学流派，大致可以分为三个阶段。

第一个阶段为西欧文艺复兴运动和宗教改革时期，这是古典自然法学初步形成的时期。这一时期的主要代表人物就是荷兰人格劳秀斯和斯宾诺莎。

第二个阶段为英国资产阶级革命时期，这一时期是古典自然法学思想理论逐渐走向成熟的时期。自然法主张制止封建势力复辟，争取经济自由，要求保护私有财产及个人的安全自由。这一时期的主要代表人物为英国人洛克和霍布斯。

第三个阶段为美国独立战争和法国大革命时期。这一时期古典自然法不但被革命实践所运用，而且表现出鲜明的时代特点。即这一时期的自然法学思想强烈要求适应人民主权，建立资产阶级共和国，捍卫人民的民主自由权利。这一时期法学的代表人物为美国独立战争时期的杰斐逊、潘恩和汉密尔顿以及法国大革命前期的孟德斯鸠和卢梭。

（五）资产阶级夺取政权后为巩固资本主义统治而出现的法学思想

18 世纪后半叶到 19 世纪初期，随着资本主义经济的迅速发展，资产阶级不但取得了统治地位，而且在资本主义立法活动方面也取得了巨大的成就，西方世界进入到自由资本主义时期。这种政治和经济条件的变化，使得资产阶级革命初期的古典自然法学思想已经不能适应社会发展的需要，迫切需要新的、能够适应资产阶级统治的政治法律思想来取代其在意识形态领域的地位。正是为了适应这种历史的需要，出现了新的法学流派。

功利主义法学是这一时期所出现的一种法学流派。作为一个完整的法学流派，功利主义法学产生于 18 世纪末 19 世纪初的英国，它是工业革命的产物，其代表人物是杰里米·边沁、詹姆斯·穆勒和约翰·穆勒。19 世纪，功利主义的影响遍及欧洲大陆，对政治学、法学的发展起到了巨大的推动作用。西方思想界对功利主义的代表人物的历史地位评价甚高，把杰里米·边沁、詹姆斯·穆勒、约翰·穆勒比作德国著名的哲学家康德、费希特和黑格尔。在英国，民法与刑法的革新、宪章运动的成功、工人境况的改善等，都与功利主义法学的思想有直接的关系。

而分析法学则是继功利主义法学之后出现的一个法学流派。但是，早在古罗马时期，由于古罗马立法的发达性，西方社会成文法的确立就为分析法学的发生提供了原始的研究资料。公元3世纪，共和国末期的法学家格伦卡留斯开始研究成文法，他把《十二铜表法》以来的法律文件系统地加以整理，并根据自己的理解进行诠释。这是罗马主义法学的起点，也是分析实证法学的源头。而古罗马五大法学家对法律的注释不仅仅是一种理论上的假说，而且是一种具有法律效力的解释。但是，古罗马时期法学的发展远没有达到较高的程度，他们的理论是运用性的，而不是哲理性的，他们的特点是法律技术性的，而不是法律理论性的，因此，分析实证法学成熟的时代远没有到来。

分析法学同样产生于英国，从其理论渊源上看它来自于功利主义法学，这是因为分析法学的代表人物奥斯丁本人就是边沁的学生，他在边沁功利主义法学的基础上开辟了新的领域，形成了自己独特的法学思想和流派。英国于19世纪初完成了工业革命，工业生产迅速发展，被人们称为"世界工厂"。新兴的工业资产阶级为谋求更大的经济利益，要求经济上的自由竞争和自由贸易，放任资本主义经济的自由发展。为了适应这一历史需要，自由主义政治法律思想便首先在英国出现，分析法学实质上就是自由主义法学。分析法学出现以后立即被西方统治者所采纳，一度被认为是西方官方法学。

18世纪末19世纪初，在德国出现了古典哲理法学派。所谓哲理法学主要是从哲学认识论的角度去研究法的本质、作用、法与道德的关系，关注认识、创立和评价法律中的理想因素，将自由作为法学的中心问题。在这里法学的代表人物一般主要是哲学家，其次才是法学家。

德国古典哲理法学的出现是西方自古希腊以来两千多年哲学发展的总汇，也是近代欧洲资产阶级反对封建哲学发展的最高峰。迅猛发展的欧洲资产阶级革命的浪潮和高涨的自然科学思想为德国古典哲学家们的哲学创造活动提供了良好的环境和大量的思想素材，出现了康德、费希特、黑格尔这样伟大的哲学家，他们用理性和自由来反对封建神学，对抗封建专制；同时，以自由为核心，广泛涉猎了自由与法律、战争与和平、法律与道德、权利与义务、国家与个人、主权与政体等法律问题。因此，有学者将德国古典哲学家康德、费希特、黑格尔称作哲理法学的开创者，将他们的法学理论称作德国古典哲理法学。

需要指出的是，德国古典哲学家并不是一个统一的派别，就他们各自哲学的倾向来说，康德是二元论者和不可知论者；而费希特虽然作为康德的学生，却是一个主观唯心主义者；而黑格尔作为德国古典唯心主义哲学的集大成者和完成者，他在批判地继承康德、费希特的基础上，创立了客观唯心主义体系。

作为德国古典哲理法学派的代表人物的康德、费希特、黑格尔，也不是一个严格意义上的法学流派，但是他们的思想作为时代的产物，是在以法国大革命为中心的欧洲资产阶级革命的国际环境中形成的，深深地打上了时代的烙印。

历史法学是 19 世纪初在德国出现的一个法学流派，它的产生与 19 世纪初的德国政治、经济、文化、历史有着密切的关系。当时的德国还没有实现统一，德意志境内诸侯林立，经济停滞，资产阶级的力量还很弱小，而封建势力较为强大，因此，资本主义的发展还不得不依赖于封建势力。同时，德国资产阶级又希望民主、自由运动的发展能给自己带来好处，所以，他们一方面在封建制国家许可的范围内谋求若干改良，另一方面又处处与封建势力相妥协。历史法学派则代表了当时德国封建势力的力量，力图维持德意志分裂的局面。

历史法学是以历史的观点和历史的方法来研究法律的一种思潮，是一种实证主义的法学流派。早期的历史法学是一个由法律家、历史学家和语言学家共同组成的，以研究罗马法、较古老的德意志法为目标的学派，该学派的代表人物是胡果、萨维尼等人。

历史法学的产生并在近一个世纪的时间里逐渐向德国以外的其他国家传播和发展，有着其特有的思想政治背景和深刻的理论渊源。

18 世纪末 19 世纪初也是空想社会主义法学思潮的高峰时期。18 世纪末 19 世纪初发生的法国大革命和英国的产业革命，使得资本主义进入到现代化机器大生产的阶段，资本主义生产方式在欧洲和美洲的多数国家中得到了确立，资产阶级也在这些国家中占据了统治地位。但是，产业革命带来的社会生产力的发展和资本主义大革命带来的社会变革，不但没有改善雇用工人和其他劳动群众的社会地位和经济状况，反而使工人成为机器的奴隶，社会两极分化加剧，产业资产阶级和产业无产阶级成为两大明显对立的阶级。

19 世纪初期，空想社会主义的主要代表人物是法国的圣西门、傅立叶和英国人欧文。这三位伟大的空想社会主义者继承了空想社会主义前辈对资本主义的批判精神和对未来社会原理的探索成果，丰富和发展了空想社会主义思想，把空想社会主义学说推向到最高峰。他们不再像以前的空想社会主义者那样描绘理想的国家，也不美化原始共产主义社会，不主张历史倒退，不主张平均主义和禁欲主义，而是在新的历史条件下把空想社会主义理论水平提高到以往的空想社会主义所不能达到的高度。他们在不同程度上巧妙地掌握了辩证法，试图论证人类社会是有规律的发展的，指出资本主义不是自然的、永恒的社会制度，它应该被社会主义所取代。他们对资本主义制度进行了无情的批判，抨击资本主义社会的全部基础，对未来社会进行了种种描绘，提出了不少改造现实社会的积极意见，还进行了一些社会实践活动。

（六）帝国主义时期法学的发展

19世纪末20世纪初，西方各主要资本主义国家在工业革命后相继从自由资本主义进入到垄断资本主义时期。伴随着这一历史变化，西方资本主义政治法律制度也发生了相应的改变，其中法律制度方面变化最大的就是法的社会化问题。在进入到垄断资本主义阶段后，人类世界在近30年的时间内先后爆发了两次世界大战，资本主义革命初期所确立的法治原则在不同的国家中遭到了践踏和破坏。与此相适应，西方法学也发生了巨大的变化，出现了新的法学思潮和法学流派。

社会学法学的出现可以说是这个时期西方法学的一个新的变化。社会学法学的出现绝非空穴来风，它不是某个或某些法学家和社会学家一时冲动的产物，其出现有着特定的社会背景。19世纪，随着资产阶级政权的逐渐巩固，资本主义社会进入到自由发展时期。由于早期的资本主义社会尚处于资本的原始积累阶段，因此社会矛盾比较尖锐——其中主要表现为资本家和工人的阶级对立。在社会矛盾如此尖锐的背景下，社会学应运而生。社会学的创始人孔德为解决劳资矛盾开出了工人阶级与资产阶级相互调和的药方。孔德所提倡的社会学受到达尔文进化论的影响，主张用自然科学的研究方法来研究社会现象。产生于19世纪末的社会学对法学领域也产生了深远的影响，其主要表现就是社会学法学的出现。

与自然法学注重研究法的应然性不同，分析法学注重研究法的实然性。社会学法学从社会现实的视角来观察法律现象。具体而言，社会学法学具有以下几个方面的特点：

1. 社会学法学以实用主义哲学和社会学为其理论基础。如认为事物具有偶然性、不可靠性；强调主观真理，即只有主体本身认为是真理的东西才是真理；提倡多元论；主张对任何现象进行评价都应该从实际利益出发。

2. 社会学法学强调法学研究的中心不在于立法和司法判决，而在于社会本身。

3. 强调社会利益对法律和社会发展的重要性，并指出法律的目的是对各种相互冲突的利益进行协调。

4. 强调对法律、判决的社会效果进行研究。

5. 从方法论上看，社会学法学对法律的研究运用了功能主义、结构主义、定量分析、规范分析等社会学的方法。社会学法学否定法学本身的自足态度，认为法学应该和社会学协调起来。

　　社会学法学的出现和发展对现代西方法学的发展具有重要的意义，它使法学家对法学的研究从静态的研究变为动态的研究，在继续研究"法律是什么"的同时，更加注重对从法律条文到现实转变过程和法律实际社会效果的研究；在法学研究的范围上，它开辟了一系列新的领域，开拓了法学研究的视角；在法学研究的方法论上，它吸收了19世纪以来一系列科学进步的成果，把社会学、心理学、生物学、数学等其他学科的研究方法引入到法学研究领域内，开拓了人们思考法律和法学的思路，促进了法学观念的进步和更新。

　　社会学法学作为20世纪影响最大的一个法学流派，其内部也分为许多不同的分支，主要包括以耶林为代表的目的法学；以狄骥为代表的社会连带法学；以庞德为代表的社会实用主义法学；以弗兰克为代表的现实主义法学等。

　　凯尔森所创造的纯粹法学是在分析实证法学的基础上在20世纪初出现的一个法学流派，凯尔森的理论首先是一种实证主义的理论，因为他把其理论研究的对象严格控制在实在法的领域，即所谓"共同体的法"。但是他在分析法律及其概念的方法上又不同于奥斯丁的分析法学，也不同于哈特的新分析法学。他把法理学的研究范围严格限定在一个共同体的实在法，严格区分法律科学和政治学及社会学，明确区分经验的法和先验的法，拒绝将纯粹法的理论视为一种法的形而上学，从法的假设中，从对实际法律思想的逻辑分析所确立的基本规范中去寻找法律的基础，即它的效力的理由。所以，凯尔森的理论一般被列为一种分析实证法学或者被称为法律实证主义。

　　在人类文明进入到20世纪之后，在短短的近30年的时间内，人类世界爆发了两次世界大战，特别是第二次世界大战给人类造成了极大的破坏。而在二战期间内法西斯主义的盛行，对法学也产生了不同程度的影响。在两次世界大战期间，在不同的国家中存在着不同形式的法西斯主义，法西斯主义如同变色龙一样，利用各个国家及地区的各种右翼势力和偏激的历史传统加以适应和进行变化。例如，在法国出现的"法兰西运动"之类的反犹太组织和火十字军之类的由第一次世界大战中因作战勇敢而受到嘉奖的退役军人组成的法西斯社团；在比利时，法西斯主义是雷克斯运动——由基督君王的信徒、天主教徒和民族主义分子所组成；在罗马尼亚，铁卫队成员是狂热的宗教主义和民族主义分子；在匈牙利，箭十字党是由基督徒、民族主义分子和反犹太分子所组成的。

　　法西斯主义首先是一种运动，其次才是一种理论主张。而所谓法西斯主义法学，则是在法西斯主义运动中产生并形成的，为宣传法西斯主义的思想，建立并维护法西斯政权的一系列法西斯主义的政治法律思想和纲领。法西斯主义法学思潮分为意大利法西斯主义法学和德国的纳粹主义法学两个流派。

（七）二战后西方法学的变化

第二次世界大战是迄今为止人类社会所发生的一次规模最大、伤亡最惨重、造成破坏性最大的全球性战争。战争最高峰时，全球参战国达60%，战火遍及亚洲、欧洲、非洲、美洲、大洋洲，交战双方同时在太平洋、大西洋、印度洋和北冰洋展开战斗。战争造成近5000万人的死亡，无数的家庭破灭，无数的现代化城市毁于战火之中。二战给人类留下了许多深刻的教训。因此，二战结束后，西方许多国家的政治家和法学家对二战都进行了不同程度的深刻反思。在反思中，人们普遍提出了这样的问题：在人类现代文明的今天，人类有没有能力和可能避免这种战争的出现？在人类社会生活中，在国际秩序中有没有一种正义的力量将不正义的行为扼杀在摇篮之中，以避免二战历史的重现？

战后资本主义发生了巨大的新变化，一方面，国家资本主义的出现，使国家对经济生活的干预越来越多，几乎涉及了经济生活的各个领域；另一方面，经济的信息化和全球化已经成为当代世界经济发展的趋势，它是科技进步推动的成果。它也促使各国的产业结构发生了重要的变化，从而使人类进入到一个新的发展领域。

二战后由于和平、民主、进步势力的增长，新的资本主义秩序的建立，使许多资本主义国家的发展进入到一个相对稳定的时期，也导致资本主义国家在政治上出现了新的变化。主要表现为议会的中心地位受到了动摇，行政权得到进一步的扩大和集中，违宪审查制度的建立以及更强调对人权的保障，使资本主义政治结构发生了新的变化。

在思想文化方面，资本主义国家在各个学科继续深化的同时，出现了各学科之间的相互渗透和融合，形成了一些综合性学科和边缘学科及交叉学科，思想文化的多元化成为当代思想文化发展的主流。二战后正是这种历史的反思以及资本主义国家政治、经济、文化的发展变化导致战后西方法学出现了许多新的变化。

1.自然法学思想复兴，出现了新自然法学。战后自然法学的复兴与对法西斯暴行及其与实证主义法学的联系进行反思，在审理法西斯战犯过程中遇到的实际问题密切相关。

德国著名法学家拉德布鲁赫在战前是新康德主义和实证主义法学的主要代表者，二战结束后，他于1946年5月发表了著名的演讲"法律的新生"，大幅度修改甚至放弃了原先的绝对主义法律思想，转向自然法学派。他认为实证主义法学的"法律就是法律"的命题有利于纳粹政权的暴行，法律应当具有绝对的价值准则。在实在法与正义原则相冲突时，应服从于正义原则。拉德布鲁赫的思想转变在西方法学界引起震动和争议，并促进了新自然法学思想的发展。

战后为清理二战战犯的战争罪行，国际社会成立了两个国际军事法院——纽伦堡军事法院和东京军事法院，审理德国和日本战犯的战争罪行。但是在审判的初期却遇到了理论的障碍。战犯的辩护律师一方面承认战犯在战争中的行为是违背人类理性和正义的战争行为，是反人类、反和平的行为。另一方面他们又强调战犯们的行为是遵循当时他们国家的法律的行为，而他们国家当时的法律虽然是恶法，但是按照"恶法亦法"的原则，他们的行为在当时应属于合法的行为，按照法无溯及既往的效力原则，战后对战犯的审判反而是违法的行为。这也是美国新自然法学的代表人物富勒与英国实证主义法学的代表人物哈特于 20 世纪 50 年代后半期开始的论战中的一个重大问题。在论战中，富勒对拉德布鲁赫用违反"更高的法律"，即自然法为理由，宣布二战期间纳粹法律无效的主张表示理解，认为对在"法律就是法律"的环境中成长起来的年轻人来说，这是使一种法律无效的唯一行之有效的办法。富勒的新自然法学也正是在这场论战中得到了进一步的充实和发展。

二战后国际形势的变化，包括 20 世纪 50 年代初朝鲜战争的爆发；美国 60 年代~70 年代民权运动和反战运动的兴起；60 年代末 ~70 年代初黑人运动的兴起；非洲许多殖民地国家的独立运动等又促进了罗尔斯和德沃金新自然法学的产生和发展。

战后复兴的新自然法学可以分为神学的和非神学的两大类。神学的自然法学学说又被称为新托马斯主义法学，其代表人物为法国人马里旦。非神学的自然法学被称为新自然法学，代表人物为富勒、罗尔斯和德沃金。

2. 分析实证法学重振旗鼓，出现了新分析法学。二战的结束对于当时的分析实证法学派来说是一次灭顶之灾，分析法学的观点一度遭到人们的指责。然而，随着战后国际秩序的恢复和重新确立，通过对战争创伤的医治、战后经济的恢复与发展，到 20 世纪 50 年代中后期，西方主要资本主义国家经济得到了不同程度的大幅提高，资本主义制度进入到一个相对稳定的历史时期。在资本主义稳定发展时期，分析实证法学仍然有其扩展的空间，也正是在这一历史背景下，到 20 世纪的 50 年代，分析实证法学开始重振旗鼓，卷土重来。战后新分析实证法学的代表人物为英国人哈特。哈特在坚持传统分析实证法学观点的基础上，对传统分析实证法学派的观点进行了一定程度的修正，提出了著名的"最低限度内容的自然法"的观点，这被法学界认为是战后新分析法学与新自然法学之间的一种靠拢。继哈特之后，拉兹、麦考密克和魏因贝格尔被认为是现代分析实证法学派的主要代表。拉兹的法制理论和麦考密克、魏因格贝尔的制度法学被认为是从学术上捍卫传统的分析法学。一方面他们坚持传统的分析实证法学的立场，声称自己仍然是坚定的实证主义者；另一方面，他们不断地修正分析法学，使分析法学可以解释新的法律现象，扩展分析法学研究的对象范围，使分析法学免遭其他法学流派的理论攻击。

3. 在传统三大法学流派鼎立的基础上出现了大量新的法学流派，丰富了法学思想。战后西方法学在传统三大法学流派鼎立的前提下，出现了大量新的法学流派和法学思想，为人类法学的发展展示了绚丽的思想光芒，也极大地丰富了人类法律思想。这一时期的法学思想也集中体现了人类进入新的世纪以来科学、文化等方面发展的最新成果，突破了传统法学的研究领域，实现了法学与其他科学之间的沟通和融合，出现了新的法学交叉学科，扩展了法学研究的领域。

经济分析法学（Economics Analysis of Law）是用经济学的方法来分析法律问题的边缘学科，它主要立足在新制度经济学理论的基础上，运用微观经济学、公共选择理论及其他有关实证和规范的方法研究法律制度的形成、结构、过程、效果、效率、创新及未来发展。经济分析法学是法学研究中最重要的跨学科研究领域，是 20 世纪西方法学界和经济学界发展最快的领域之一，也是 20 世纪后半个世纪法学界最重要的发展成果。它代表了法学和经济学研究方法的变革，也代表了法学和经济学的相互交叉渗透的前沿学科、边缘学科和综合学科发展的重大新成就。在传统法学研究和经济学研究中，由于各自研究的角度和方法不同，法学主要以公平作为研究的角度，而经济学则以效率为研究重点。所以，传统法学和经济学之间并没有过多的交叉和渗透，然而，经济分析法学的出现，则把这两门学科有机地结合在一起，成为 20 世纪后半期法学研究的领军学派。

经济分析法学的著名代表人物有：科斯、卡拉布雷西、贝克尔、波斯纳、马罗毅等。其中影响最大的是科斯和波斯纳。

行为法学，也被称为"作为主义法学"，是战后美国一些法学家将行为科学引入法学而兴起的一股法学思潮。该学派的理论渊源和方法论基础是政治上的行为主义，同时也受到社会学法学中的结构—功能主义的深刻影响。在上述理论的基础之上，一些法学家形成了一种新的对待法律现象的分析结构和观念模式。该学派侧重从法律主体、法律行为、法律运行的角度研究法律现象，从而创立了行为主义法学流派。该学派的主要倡导者为美国人舒波特和布鲁克。

现象学法学是由胡塞尔所创立的现象学哲学对法学渗透的产物，它兴起于 20 世纪的 60 年代。主要代表者是德国人莱纳赫和法国人阿姆斯里克等。现象法学把自我意识到的一切都称为现象，认为哲学就是研究现象的意识。其研究方法是把对于世界的"自然观点"和"科学观点"以及传统科学的观点统统都搁置起来视而不见，使人们的研究转向意识的本身，即转向"现象"，通过"自觉"、通过意识的意向性的分析，从呈现在事实中的现象之中去把握事物的本质来追溯世界的本源。

存在主义法学是20世纪20年代出现的一种法学思潮，是在战后人们重新认识自我，寻找精神寄托的一场大规模思想运动的结果。它原本是一场学生运动导致的哲学思潮，而后影响到社会生活的各个方面，这种思想应用到法学领域就产生了存在主义法学。

存在主义于20世纪20年代首先在德国出现，到40年代又在法国流行和活跃的哲学思潮。主要代表人物是德国人海德格尔、亚斯贝尔斯和法国人萨特。存在主义的产生和传播具有其特定的历史背景。一方面，两次世界大战带来的经济危机为存在主义的产生提供了条件；另一方面，资本主义现代化的进程加剧了人的异化，也为存在主义的产生和发展起到了推波助澜的作用。

德国是两次世界大战的战败国，在各方面都受到了极大的挫折；而在第二次世界大战中，法国则被德国占领，法国人成了亡国奴。战争给这两个国家带来了深刻的危机，资产阶级曾经宣扬的自由、理性、人道主义、平等、博爱等都成了泡影，人的生存受到了威胁，人的尊严受到了侵犯。另外，随着人的异化现象的出现，虽然人们的物质生活相对丰富了，但是人的生活内容却极度贫乏，资本主义的物质文明并没有给人们带来幸福，相反却使人们陷入灾难之中。人变成了机器的附庸，失去了自由。人们处于极度的恐惧和不安之中。人是什么？人生的意义、命运、前途是什么？这些问题成为社会各阶层思考和关心的问题，而企图从理论上回答人的精神危机的这些问题的存在主义就应运而生了。存在主义内部虽然存在着不同的学派和看法，但是他们一般把人们的主观意识当作人的基本存在，并且将其进一步作为世界万物的基础和本质，把纯粹的主观意识看做是解决哲学问题的基础和出发点。它强调人在世界上的能动地位和作用，把人的社会存在和社会本质分割开来，把人看做是毫无定性的存在，认为任何物的本质是个人意志选择的结果，而外部世界是一种没有什么变化的、偶然存在的、没有意义的。存在主义法学正是将这种哲学用于法学的研究。

综合法学是西方法律思想领域内理论多元化的产物。其产生的原因是多方面的。在法律化的资本主义社会，不同的社会阶层和集团都要通过法律学说来主张自己的利益要求和权利设计，并论证符合自己利益的法律制度模式。权利斗争要求平衡，也会反映到意识形态领域（包括法律思想领域），认识论和方法论的多元化也会产生不同的学派和学说。战后，尽管传统的三大法学流派有相互靠拢的倾向，但是，各学派受到传统观念的影响，都极力贬低、攻击对方的观点，同时又利用对方的观点来修补自己的观点，旷日持久，没有一个学派能够得到独尊，也没有一个学派削弱或消失。于是，一些法学家希望各派能够相互结合，相互补充，建立一个新的、全面的法学理论体系。由此，综合法学（又被称为统一法理学）便应运而生。

综合法学的正式出现以 1947 年美国人杰罗姆·霍尔的《统一法理学》一文的发表为标志。在此文中，他严厉批判了法理学中以单一因素去阐明法律复杂现象的错误，尤其是那种试图将法学中的价值因素、形式因素和事实因素孤立起来的企图。他反对完全忠于一派，认为今天所需要的是将自然法学中的价值因素和分析实证法学中的形式因素以及社会学法学中的法律事实的现实主义解释予以统一，即法律是价值、形式和事实的特殊结合。法理学中的上述部分既密切相关，又相互依赖，因此，他强烈主张当代法学家努力创造一个"统一的法理学"。

霍尔认为，无论是分析实证法学还是社会学法学都回避了对实在法实质的认识，其主张重新认识实在法的概念。霍尔极为关注合理性和道德性是否是法律的"实质问题"，而他又肯定，理性和道德是法律的实质。因此，他建议采用一种关于实在法的限制性定义，把实在法这一术语局限于"实际伦理权力规范"，并不包括"纯粹的权力规范"。霍尔确信，国家颁布的规范也可能不具有法律的性质，这是因为它们完全没有道德的内容。为此，他首创了一个"民主自然法"的概念，主张把民主观念也包括在实在法的实质中去。他特别反对法律是"统治者的命令"的定义，认为法律应该把"被统治者的同意"以及全部民主过程的内容，即公民的自治意志以及公民参与政治活动的过程也包括在法律实质之中。

美国法律哲学家埃德加·博登海默于 1962 年在其 1940 年撰写的《法理学》一书的基础上写了《法理学—法哲学及其方法》一书，该书作为综合法学的代表作被译为多国文字在世界范围内广泛传播，推动了综合法学的发展。

美国人杰·斯通是综合法学的另一个代表人物，他通过三本著作——《法律制度和法学家的推论》、《人类法律与人类正义》、《法律和正义的社会性》，试图综合法学的各派理论。

兴起于 20 世纪六七十年代的后现代法学思潮是一次对资本主义政治制度、法律制度、文化教育制度的全面反思和批判。后现代法学思潮的思想家们将反思、批判的矛头直接指向现代法学所弘扬的基本原则、法治理念，揭露诸多规则和制度在维护强者利益时对弱势群体的漠视和排斥。他们试图运用各种新的手段和方法，采用不同于现代主流法学的认识论进路，颠覆现代法学领域的形形色色的流派中那种一脉相承的形而上学的本质，从而打破话语霸权，化解

"语词的化石"，使非主流的、边缘的话语获得一席存在的空间。严格意义上来说，后现代法学思潮并不是一个独立的法学流派，它是一个由多种法学思潮所组成的复杂群体。

种族批判法学是从批判法学中分离出来的一个后现代法学思潮。它与批判法学运动有着密切的联系。它是由一群进步主义者，通常是自由主义或新马克思主义法学家在 20 世纪 80 年代所创立的一种美国法理学研究的进路。种族批判法学家们揭露和挑战关于自由主义公民权的传统法哲学理论，认为这些理论是对社会正义的"色盲的研究范式"。[1]他们的理论风格融合了后现代结构主义学术研究的成果，特别关注底层或被边缘化的群体，并运用一些与现代化与不同风格的进路来表达他们的观点。其引人注目的是用一种"讲故事"的文学技巧来阐述他们的法学理论。作为一场知识界的学术运动，种族批判法学在后现代有着其特殊的地位。同时，它又是人类长期以来反抗压迫和追求自由与解放运动的悠久历史与传统的一个组成部分。种族批判法学有着鲜明的个性，如在理论的自我反思上充满创造性的幻想，同时又饱含激情和斗争精神。该学派一方面致力于在形式上突破樊篱和羁绊，追求政治上的激进主义；另一方面，在方法论上，强调对环境的不断评价与重构相结合的社会改革尝试。

种族批判法学的主要代表人物是阿桑提、德里克·贝尔、罗伯特·德尔哥达、格罗莉·L. 毕林斯、马苏达·劳伦斯等。

法律一直是妇女运动和女权主义活动家们寻求改变妇女地位和争取平等的重要领域。早期的女权主义者主要关心妇女在财产、教育、职业培训以及选举方面的平等权利。自 20 世纪 60 年代开始，女权主义者将目光聚集于职业雇用法、家庭法以及刑法方面的改革，特别关注强奸、家庭暴力等社会问题。

女权主义法学是一门研究两性在政治、经济和社会等方面状况的法理学分支。作为一个法学研究领域，女权主义法学兴起于 20 世纪 50 年代，在当代美国乃至西方法律思想界占有重要的地位，直接影响了性暴力与家庭暴力、雇佣劳动中的不平等对待以及基于性别的各种歧视等公众辩论和法律辩论。尽管女权主义者均致力于男女间的平等，但是女权主义法学并不具有内在的统一性。在女权主义法学中主要有三种思想倾向：

第一种为传统的或者自由主义女权主义倡导者主张，妇女与男性具有同样的理性，所以应当享有自我选择的平等机会。自由主义女权学者和活动家们挑战男性权威，致力于消除法律中的社会性别差异，使妇女能够与男性一样在职

---

〔1〕 K. M. Crenshaw, "Race Reform, Retrenchment: Transfonnation ant Legitimation in Anti—Discrimi-nation Law", *Harvard Law Review*, 101 (1998), pp. 1331~1387.

业领域内平等地竞争。

　　第二种为文化主义女权学者，其关注两性之间的差异，并且认同这种差异。沿着著名心理学家凯萝·格里金的研究思路，该群体的学者认为妇女更强调人与人之间的相互联系、具体社会环境的意义和在充满冲突的各方立场中寻找妥协的可能性；而男性则更看重抽象权利的原则和逻辑推理。这一学派的目标在于，使社会认同妇女在培养下一代和维护社会和谐等方面的价值。

　　第三种则是在当代处于主流地位的激进女权主义法学，其与自由主义女权观相类似，侧重于关注妇女的不平等地位问题。它宣称，男性作为一个阶级统治着妇女，塑造了妇女不平等的地位。激进女权主义法学家进一步指出，社会性别问题是一个权力问题，唯有抛弃以男性为中心的视角，将两性间的平等建立在妇女的差异而不仅仅只是"记录妇女差异"的基础之上，方能实现真正的男女平等。激进女权主义法学的领军人物是凯瑟琳·麦金侬。

　　法律与文学运动兴起于 20 世纪的 70 年代。它是一种将法律视为某种文学形式的法律研究思潮。作为后现代法律运动的重要力量，"法律与文学"的最早渊源大致可以追溯到密西根大学英语语言和法学教授怀特于 1973 年出版的《法律现象：法律思想和表述的属性研究》一书之中。该书强调文学研究与法律解释活动的相似之处，主张文学研究应该成为法律教育的一部分。

　　法律与文学活动的主题是，将法律视为生产各种式样的文学艺术作品的实践，包含解释、叙事、角色、修辞性的演示、语言符号、比喻和表白等，而这些活动的对象则是社会生活。它将法律视为有"意义"的创作过程和现代文化生活的重要组成部分。该思潮的兴起在一定程度上得益于过去 20 年中大批学者在法律、文学等领域的不懈努力和创造性工作。该学派主要有三个核心人物——詹姆斯·怀特、理查德·波斯纳和斯坦利·费希。

　　批判法学是指 20 世纪 70 年代在美国兴起的批判法律研究运动。它从批判美国法律现实出发，对整个西方传统的法学理论和观念进行了批判，随着该运动的传播和发展逐渐成为当今西方国家中影响较大的一股法学思潮。

　　批判法学的产生可以追溯到 20 世纪 60 年代在西方国家相继发生的大规模的震惊世界的学生运动。这场运动开始于学生中间，其中影响比较大的有 1967 年 6 月于西德激进的"社会学生联盟"发起的学生运动；1968 年 4 月以美国哥伦比亚大学为发端的美国高校学生运动；1968 年 5 月在法国爆发的"五月风暴"学生运动。这些学生运动，后来由于工人的参加加之西方马克思主义者的影响，终于成为一场向整个资本主义制度挑战的社会运动。对当时西方的教育制度、政治制度、经济制度、法律制度提出了全面的批判，形成了一股强大的反现实运动。学生运动与当时美国的反越战运动、黑人民权运动相互促进，形成了一股强大的反政府运动。批判法学正是这场运动作用的结果。

批判法学经历了酝酿、产生和发展的过程。20 世纪 60 年代末~70 年代初，主要是法学家们通过著书立说发表自己的观点，阐述自己的批判理论。这些人主要是当时学生运动中的激进学生和教师，他们将各种批判思潮糅合在一起，吸收了现实主义法学观点和马克思主义法学的观点，创立了批判法学理论。1977 年，批判法学家在威斯康星大学召开了第一次大会——批判法律研究大会，并且规定每年至少召开一次大会，它标志着一个新的法学流派——批判法学的诞生。但在进入 20 世纪 90 年代之后，由于国际形势的变化，批判法学运动进入了低谷，但它仍然有一定的影响力。

二、西方法学发展的主要特点

西方法学从古希腊开始到现代，在人类漫长的历史过程中闪烁出不同时代人们探索的思想火花，为我们研究法律科学提供了宝贵且丰富的思想渊源，在它发展的过程中也体现了某些特点：

1. 在西方法律思想发展的历史过程中，理性与正义一直是西方法律思想发展的主线。从古希腊思想家亚里士多德开始到现代西方法学家们，在对法律科学研究的过程中，一直围绕理性与正义来论述法的基本理论问题。他们认为理性的命令或者理性的规则就是法律。而法的最终目的就是维护人类的正义和幸福。所不同的是，在古希腊、古罗马和中世纪，对理性的理解被蒙上了一层神秘主义的面纱，理性被认为是神的意志，而在近代资产阶级看来，理性是人类自发的一种自然状态所特有的秩序。

2. 自然法思想作为西方法学思想发展的主脉络从古至今绵延不绝，除在人类进入 19 世纪时一度衰落外，自然法思想一直是西方法律思想论述的重点。古代自然法思想是自然主义的自然法，西方的古代人，尤其是希腊人，大多以朴素的、直观的观点和方法考察法律现象。在他们看来，国家和法律纯属大自然的现象，是自然形成的。而中世纪自然法理论则被披上了神秘主义的外衣，归属于神的意志。近代自然法学是资产阶级反对封建专制统治的锐利武器之一，是近代启蒙思想的重要内容。而现代自然法是对传统自然法思想的继承和发展，是 20 世纪西方法学研究中重要的思潮。

在西方，每次社会大变革特别是革命时期，自然法总是作为一面旗帜，主导着西方社会法律发展的大方向。同时，自然法观念也吸引了古今中外许多的思想家、法学家的兴趣，它对西方乃至世界都产生了重要的影响。

3. 在国家和社会起源问题上，西方法学家一直以来普遍以社会契约论为基础，认为制定法是社会契约的产物。国家与社会起源于契约的观点是由古希腊人伊壁鸠鲁最先提出来的，但是，与自然法一样，典型意义的社会契约论则是由古典自然法学派的创始人格劳秀斯所创，后为霍布斯、斯宾诺莎、洛克、卢梭等人所发展。他们的共同点，就是把国家和社会的起源看做是人们缔结社会契约的结果，同样认为法也是社会契约的产物。但是，由于不同的思想家对于自然状态、自然法、自然权利和契约内容所作的表述不同，因而提出了不同的社会要求和政治主张。但在上升时期的资产阶级的所有理论中，社会契约论或许是最起作用的一个思想武器。它强调天赋人权，主张建立起来的理性王国一定要保障人民的政治自由、社会平等和财产安全。这就强调了个人利益和权利，否定了宗教目的论。它肯定社会和国家是互相独立和平等的单个人的机械集合体，是根据人们间的契约形成的。这就强调了人类意志在社会和国家生活中的作用，否定了君权神授论和封建专制制度。它按契约原则分析资本主义的社会关系，认为人际一切关系，首先是商品生产者和资产者的关系，都是各自独立、平等的人经契约而缔结起来的。这就否定了封建社会的等级制度和等级观念，为建立资本主义的人与人之间的利益原则、金钱关系、雇佣关系、压迫与被压迫关系提供了理论基础。也就是说，社会契约论符合资产阶级要求政权，要求建立新的社会关系的愿望，所以它起到了很好的历史作用。

4. 西方法律思想史上，各个时期的法学家都是以人性论作为其法律思想的出发点。只不过在不同的时期他们对人性的理解各不相同。托马斯·阿奎那认为人身上存在着善的倾向，但必须经过"一定的锻炼"，因此就有必要由国家机关制定法律来规范人们的行为。而许多思想家如霍布斯则是人性本恶观点的赞同者，在他看来，人性是恶的，或者说是自私的、利己的，或者说大部分利己，小部分有与人合作即利他性。由于人性本恶，为了避免人性中利己的一面过度膨胀而侵犯他人的权利和自由，因此需要制定法律，限制人的自然属性，以求整个社会秩序的稳定和人类的幸福。

19世纪末以来，特别是二战之后，西方法学流派日益繁多，观点也存在着较大的差异，同时，由于学科不断发生新的划分和整合，一些以前由法学领域研究的问题演变成为新的学科或边缘学科。因此，在现代法学思潮中某些法学流派或法学观点与上述特点不尽符合。但是，从总的方面来说，这些特点或远或近，或隐或明地体现在各种法学流派和法学思想中。

第一章 古希腊时期的柏拉图和亚里士多德的名著

第一节 古希腊时期法学发展的概况及其特点

一、古希腊国家的产生和发展

古希腊是西方社会政治法律思想的发源地和摇篮，我们要了解西方政治法律思想就必须从古希腊开始。正如恩格斯所说："没有希腊文化和罗马帝国所奠定的基础，也就没有现代的欧洲。"[1]古希腊时期的政治法律著作早已在时空上超越了它们的诞生地，在世界范围内产生了深远的影响。

希腊人并非希腊土地上的原著居民，而是从公元前两千年左右起逐渐由多瑙河下游南下而来的印欧语族。从那时起直至公元前146年被罗马帝国所统治，古希腊共存在了1800多年。古希腊国家大约经历了五个发展阶段：

第一个阶段为初始阶段，即荷马时代，又被称为英雄时代，时间为公元前12世纪~前8世纪。根据荷马史诗的描述，这个时期古希腊社会已经开始使用铁器，土地公有，农业和畜牧业有所发展。阶级分化，家庭奴隶制出现，国家制度的雏形——民众大会、长老院已经出现，尽管它还是一种原始军事民主制度。

第二个阶段为确立时期，时间为公元前8世纪~前6世纪。这一时期，手工业从农业中分离出来，生产奴隶制取代了家庭奴隶制，工商业奴隶主与土地贵族的矛盾日渐突出。经过提修斯改革、梭伦改革和克里斯提尼改革，以财产状况划分居民，财产的多少与权利的大小成正比，加强了奴隶主对奴隶的管制，促进了经济的发展，奴隶制国家得以最后确立。

第三个阶段为鼎盛时期，大约为公元前5世纪。经过公元前492年~公元

---

[1] [德]恩格斯：《反杜林论》，人民出版社1972年版，第178页。

前 449 年的"波希战争",即以雅典为首的希腊国家与波斯之间持续 43 年的战争,希腊打败了波斯,取得了胜利,促进了希腊政治、经济和文化的发展,雅典成为当时希腊的军事、商业和贸易中心。执政官伯里克利执政期间,积极推进民主政治建设,选举官职废除财产资格的限制,农民也可以抽签当选为执政官,为各类公职人员支付职务报酬,为一般公民发放观剧津贴,推行发展工商业和奖励文化政策,使雅典民主制达到高峰,史称他执政的时期为"伯里克利时代",建立了希腊奴隶主民主制,希腊国家达到鼎盛时期。

第四个阶段为衰落时期,时间约为公元前 431 年~前 331 年。公元前 431 年~前 404 年,以雅典为首的民主制国家同斯巴达为首的贵族制国家之间发生了持续 27 年之久的战争,史称"伯罗奔尼撒战争"。战争分为两个阶段:第一个阶段为公元前 431 年~前 421 年;第二个阶段为公元前 415 年~前 404 年,战争最后以雅典战败斯巴达而告终,从此雅典失去了原来希腊国家的霸主地位,代之而起的是斯巴达的贵族制统治。

第五个阶段是希腊化时期,时间约为公元前 334 年~前 330 年。公元前 338 年马其顿国王亚历山大在克洛尼亚战争中消灭了雅典的抵抗力量,从此,希腊成为马其顿的附庸。经过三次"马其顿战争",希腊国家于公元前 168 年为罗马人所灭。亚历山大国王在东征和扩展领土过程中广泛散布希腊文化的影响,所以这个时期被称为"希腊化时期"。

二、希腊时期法律思想的发展概况

古希腊在政治上曾产生和存在两个派别:一派为贵族派,一派为民主派。在法律思想上也曾经产生和存在两个派别,一派主张贵族主义政治,代表贵族利益,维护旧秩序;一派主张民主主义政治,代表新型的工商业奴隶主的利益,倾向革新。与此同时,在公元前 5 世纪中叶时期直到公元前 4 世纪才逐渐衰落的智者学派并非一个统一的学派,仅仅是社会思潮的集中体现。

智者学派大多主张自然法思想,希比亚把自然与法律对立起来,认为自然是真正的自然法,与错误的人造的世俗法律是对立的。因为根据自然,同胞是相互亲近的,而法律则统治人们,强迫人们反对自然。自然法就是正义,是根据自然法的要求制定的法律。吕克弗隆认为,法律是个人权利的简单保证,它不能使公民行善和主持正义,为了保证"个人权利"人们才缔结了契约,建立了国家。所以,自然法乃是保证正义的一种约定。普罗塔哥拉强调对于人们不重视公益、胡作非为的行为必须实行管制,而国家和法律在这方面具有重要的作用。有的智者还认为,所有国家都是统治者从自己的利益出发,制定适合自己需要的法律,法律又以国家为转移。寡头制的国家制定专制的法律;民主制国家制定民主的法律；贵族制国家制定对贵族有力的法律。在制定法律时，统治者把自己的利益视为正义，强迫人们遵守。人们违反了法律，就是违反正义，应当受到法律的制裁。

苏格拉底作为古希腊时期伟大的哲学家，他把法分为自然法和人定法。在他看来，自然法也就是自然规律，是神的意志，具有普遍性。人定法是国家政权颁布的法律、条例、规定，具有易变性，无论自然法还是人定法都是正义的表现。正义是立法的标准，也是立法的共同本质。他强调，无论是自然法还是人定法，人们都要坚决服从，严格遵守。在他看来，遵守法律的好处在于：首先，为了感谢国家赐予的恩惠；其次，服从城邦和法律是公民的天职、责任、义务，义不容辞；再次，服从法律有利于提高城邦成员的道德水准、正义意识。归根结

苏格拉底

底，服从法律有利于强者、贵族的统治。苏格拉底以自己的行动以身殉法，证明服从法律的必要性。在残暴的"三十僭主统治"被民主派推翻以后，在他们指控苏格拉底犯了否认城邦公认神并引入新神的罪行，因而判处他死刑时，苏格拉底拒绝他的朋友们为他做越狱的准备，而坦然接受死刑的判决。

继苏格拉底之后的柏拉图和亚里士多德则是古希腊时期对后世影响最大的思想家和法哲学家，他们为后世留下了宝贵的法学思想和政治思想，成为西方法律思想的先驱者而受到后世的广泛关注。对于他们的思想我们将在后面专节介绍。

公元前4世纪后半叶至公元2世纪，在希腊产生了伊壁鸠鲁学派和斯多葛学派。这两个学派不但有丰富的哲学和伦理学思想，而且还具有丰富的政治法律思想。

三、古希腊时期法律思想的特点

(一) 古希腊法律思想具有浓厚的城邦主义色彩

我们知道，古希腊国家是以数百个城市为中心覆盖附近的农村而形成的城邦制国家，因此，城邦就成为古希腊政治法律思想的出发点和归宿。论证城邦、维护城邦是当时学者的主要任务。赫拉克利特号召人们为城邦而战，亚里士多德说人是城邦的政治动物。人只有紧紧依靠城邦才能实现正义和幸福。也正是由于这种浓厚的城邦主义意识，在古希腊政治法律思想中，政体理论的研究表现得十分突出。无论是柏拉图还是亚里士多德对政体的研究都为后世提供

了宝贵的财富。

（二）显著的自然主义倾向

伊壁鸠鲁

古希腊哲学家一般认为，哲学源于神话，而神话又是人在社会生活中产生的。神创造了山川草木，创造了人类，也使人类社会按照自身特有的规律发展，即人类社会的规律也像神创造的山川草木一样自然。所以，古希腊的哲学是自然哲学。这种自然哲学的思想在政治法律思想的体现就是倡导自然主义的自然法，鼓吹"与自然相一致的和谐生活"。

（三）相当程度的自由主义

古希腊具有相当程度的自由主义和民主主义，特别是在雅典城邦显得较为突出。在那里，学派林立，学术思想活跃，无论是贵族派的主张，还是民主派的主张都可以自由地发表，就是政治法律问题也可以自由的谈论，治国之道也可成为争论的焦点。

（四）对于哲学和伦理学的依从性

古希腊没有独立的政治学和法学，在相当长的时间内，政治学和法学都依附于哲学和伦理学之中。所以，古希腊的政治法律学可以被称为政治法律哲学或政治法律伦理学。

总之，古希腊的政治法律思想是相当丰富的，是人类宝贵的文化遗产。其中许多人的思想被后来人所继承并发扬光大，对人类思想的进步与发展产生了深刻的影响。

第二节　柏拉图和他的《理想国》

一、柏拉图生活的年代及主要生平

柏拉图（Plato，公元前427年~公元前347年）是古希腊时期最伟大的思想家之一。有人曾经这样说过："柏拉图和亚里士多德是古代、中世纪和近代一切思想家中最有影响的人，在他们两个人之间，柏拉图对于后代所起的影响尤其为重大。"

柏拉图出生在雅典一个富有的奴隶主贵族家庭中，受过良好的教育。他的原名为阿里斯托克力斯，柏拉图这个名字是他的老师苏格拉底为他起的。据传说，他的生日与太阳神阿波罗相同，都是5月21日。他的父亲阿里斯同是雅典古代王室后裔，母亲则与梭伦（Solon，约公元前638年~公元前559年）有亲戚关系。他是希腊奴隶主的政治思想家，也是古代希腊唯心主义哲学的最主要代表人物之一。他是苏格拉底的学生，对苏格拉底十分尊敬。他同时又是古希腊另一位伟大思想家亚里士多德的老师。因此，柏拉图的思想在古希腊奴隶制法律思想中占有十分重要的地位。

柏拉图

柏拉图由于出生于一个奴隶主贵族家庭中，因此，其思想感情完全站在奴隶主贵族方面。临终弥留之际，他感谢神恩，自豪是一个希腊人而非野蛮人，自由人而非奴隶，男子而非妇人，生活在苏格拉底时期尤可庆贺。柏拉图进入青年时期，雅典开始由盛转衰，大政治家伯里克利去世不久，群龙无首，柏拉图 23 岁那年，雅典贵族于伯罗奔尼撒战争时期第二次发动政变（公元前 404 年），成立了三十僭主统治集团。这些人中很多是柏拉图的亲戚旧友，于是邀他参政，柏拉图跃跃欲试，但又持谨慎态度。因为，在他看来，这个政权一下子把他们毁坏的民主政权反而变得像黄金时代了。次年，三十僭主政府被推翻。公元前 399 年民主政权处死了苏格拉底，这更使柏拉图仇视民主政治。他从中悟出了一个道理：政治上要有所作为，首先必须要有朋友，要有组织，这种人在政客中很难找到，因为他们做事没有原则，没有传统的制度和风纪。要找到新的人才，简直难如登天。况且法规旧典，在雅典已多失散。从此他专心于思想研究，探求一种完善的社会国家方案。他离开雅典，周游了埃及、小亚细亚、西西里等地。在西西里的叙拉古，与霸主的女婿迪恩一见如故。企图在这里实现自己的社会主张，但被当地人抓了起来，当作奴隶被运送到爱琴海岛的奴隶市场出售，幸被朋友赎了回来。

公元前 387 年，柏拉图重新回到雅典。是年，雅典签订安太尔西达和约，把小亚细亚地区让给了斯巴达。雅典和斯巴达继续交恶，希腊不得统一。同年，柏拉图在纪念古希腊英雄阿加德莫的花园里开办学园，叫做"阿加德米"。他在此讲学著书，达 20 年之久，公元前 367 年叙拉古霸主去世，迪恩摄政，柏拉图应邀重游叙拉古，并为其子师。

柏拉图一生发表过许多著作，其著作大都采取对话形式，他的"对话集"曾被译成多种文字出版，影响很大，在西方的法律政治思想史上占有重要的地位，柏拉图的政治法律思想主要体现在他的著作《理想国》《政治家》《法律篇》这三部著作中，其中《理想国》几乎涉及当时所有重要的问题，是一部包含政治、法律、经济、哲学、伦理、教育等诸社会问题的综合性著作，是他试图改造现实社会的一种理想模式。

二、柏拉图《理想国》一书的主要内容

《理想国》一书是柏拉图的一篇重要对话录，对话录里柏拉图以苏格拉底之口通过与其他人对话的方式设计了一个真、善、美相统一的政体，即可以达到公正的理想国。《理想国》一书主要内容有三个部分：第一部分，阐明理想国的产生和组成，这是人类历史上最早提出的乌托邦设想方案。第二部分，规定理想国的实现者必须是哲学家，提出对哲学家的定义和总评，以及如何把气质不同的男女青年教育成为一个哲学家。第三部分，他对希腊城邦的政体进行了认真的探讨。

柏拉图为什么要写《理想国》呢？对此，柏拉图并没有作出说明和交代。但研究柏拉图思想的西方诸多学者主要有两种意见，一种意见认为，柏拉图写《理想国》的目的有二，其一，《理想国》一书是反对当时希腊雅典奴隶制的民主制；其二，创立自己的国家学说，并以当时希腊斯巴达奴隶主的贵族寡头专制为典型，期望改变当时希腊城邦的政体形式。另一种意见则认为，柏拉图反对雅典民主政权，原因有二，其一，柏拉图出生于奴隶主富有的贵族家庭，受其阶级利益的限制，所以他反对奴隶主的民主制；其二，由于他所崇拜的老师苏格拉底是被雅典民主政体处死的，所以他赞成和拥护贵族政体。还有少数人认为，柏拉图在抨击雅典民主制时，曾经指出两个弊端，其一，代表雅典奴隶主民主制的政治家缺乏知识和美德。其二，他说雅典政治家无能为力和无所作为，反对雅典城邦中的党派斗争。柏拉图曾悲哀地说，事实上，任何一个城邦，无论多么小，都是一分为二的，一边是穷人，一边是富人，容易成为派系争吵和党派之争的牺牲品。"美德即知识"，这是柏拉图从苏格拉底那里沿袭下来的一句格言。在古希腊，法律和美德是相同的，紧密相连的，柏拉图把法律的性质看作是智慧的标准。法律的内容应当包含政体的美德，按照这个标准，智慧或者美德，便成为法律的理想标准。《理想国》一书，反映了柏拉图早期的政治思想和法律观点。从政治学角度来看《理想国》纯系政治上的推理，近似幻想，充满了乌托邦的理想色彩；从法律角度来看，《理想国》强调了哲学家的重要性，而忽视法律在国家政治生活中的地位和作用。柏拉图的《理想国》中所涉及的政治法律思想包括：

（一）阶级结构

柏拉图从国家起源讲到社会阶级构成问题，他以"人们的生活需要"作为国家起源的理由。"在我看来，之所以要建立一个城邦，是因为我们每一个人不能单靠自己达到自足，我们需要许多东西。"又说："因此我们每个人为了各种需要，招来各种各样的人。由于需要许多东西，我们邀集许多人住在一起，作为伙伴和助手，这个公共住宅区，我们叫它作城邦。"〔1〕

一个理想的国家应该是"公正"国家。一个"公正"国家应该具有智慧、意志和节制三个条件。这些条件不是空洞的，应有具体的体现物就是不同的人。人何以不同？或者按照什么标准来划分人呢？柏拉图认为，把人划分开来，成为等级的，一是依据人们本性，二是依据人们的社会分工。这样，他在讲国家这个问题时，就讲到了阶级问题。在他看来，人的灵魂或者说人性具有三种：理性、意志和情欲。这三者都有自己的特征，理性具有智慧，意志发展为勇敢，情欲应加以节制。三者中理性最高，意志其次，情欲最低。人性的这三种活动，使人类社会产生了三个阶级：求感官之满足和身体之享受者；求荣誉和成就者；陶冶理性，追求真理者。凡人类皆群居，永远有这三种人；因为个人嗜好（情欲）于感官是维持营养、保养其身体的，故以满足情欲及感官为己任者，也应负起社会存在之责，这就是工农业劳动者；个人意志和勇敢本是保护其身体的，故致力于活动以求得荣誉者，也应负起保护社会之责，这就是军人（武士）；理智、智慧和判断力，是指导个人活动的，故以培养理智、理性为己任者，也应负起管理社会之责，这就是统治者（或称为"卫国者""立法者""监护者"）。这就是说，一个国家的不同阶级相应于人的三个部分，分别体现三种天赋和职能：具有统治能力而适宜担任统治者；专门从事保卫国家安全，抵抗外国侵略的武士；专门从事劳动生产的劳动者。

柏拉图进而为他的这种等级划分寻找了一个神话式的理论根据，这三种不同等级的人是神用不同的金属创造出来的。人是神造的，所以彼此之间是兄弟。但是，神是用不同的金属把人造出来的。"老天铸造他们的时候，在有些人的身上加入了黄金，这些人因而是最可宝贵的，是统治者。在辅助者（军人）的身上加入了白银。在农民以及其他技工身上加入了铁和铜。"〔2〕那么，奴隶是用什么金属铸造的呢？他们在社会中的地位如何呢？在《理想国》中，柏拉图并没有谈到，在他看来，奴隶是一种活的财物，一种会说话的工具，没有任何的法律地位。

---

〔1〕　［古希腊］柏拉图：《理想国》，郭斌和、张竹明译，商务印书馆1986年版，第58页。
〔2〕　［古希腊］柏拉图：《理想国》，郭斌和、张竹明译，商务印书馆1986年版，第128页。

不同等级的人必须具有一定的条件，即智慧、勇敢和节制，而智慧属于统治者，勇敢属于军人，节制属于三个不同等级，这三个条件都具备了，余下的一项就是"正义"，这一项则不属于人来体现，而仅仅把这三种不同等级的人都安排在他们应得的并且能够胜任的岗位上，使他们各安其位，各得其所，从而使社会井然有序。一个国家如果做到了这一点，就算是具有了"正义"这个美德了。如果一个阶级或一个阶层的人想要逾越被规定的等级或地位，破坏了国家"秩序"，就是破坏了正义。"如果一个人天生是一个手艺人或者一个生意人，但是由于有财富，或者能够控制选举，或者身强力壮，或者有其它这类的有利条件而又受到蛊惑怂恿，企图爬上军人等级，或者是一个军人企图爬上他们不配的立法者和护国者等级，或者这几种人相互交换工具和地位，或者同一个人同时执行所有这些职务，我看你也会觉得这种交换和干涉会意味着国家的毁灭吧。"[1]这说明理想国中的阶级或阶层的划分是固定的、世袭的。但也有一种例外的情况，在第二、第三等级中个别有希望的孩子被提到第一等级，而第一等级的个别人也会被降到其他等级中去。

从柏拉图的这种等级划分结构中，我们可以看出，首先，柏拉图把人性当作分工的基础，把分工当作划分阶级等级的基础，再把各等级间的需要互助作为建立国家的基础，其实他是把社会和国家相等同或混淆在一起了。其次，柏拉图把人们的灵魂分为理性、意志和情欲三个部分，从而把社会分为三个等级，是根据古埃及人把人的灵魂分为心（理智）、胸（情感）和腹（纵欲、贪婪），从而把社会分为哲学家、战士和小卒，这种对立等级制度而来的，正如马克思所说："在柏拉图的理想国中，分工被说成是国家的构成原则，就这一点说，他的理想国只是埃及种姓制度在雅典的理想化。"[2]

（二）最高统治者

在柏拉图的理想国中，应当由谁来担任统治者呢？而统治者又如何进行统治呢？从原则上讲，立法者和战士都是统治阶级，但真正拥有社会统治权的仅仅是第一等级的人，不过，柏拉图并不愿意把国家的最高统治权交给一个等级，而宁愿交给一个人，因为，他认为人类本来是不平等的，注定只能由少数人去统治最多数人。因为统治者需要智慧和知识，能够具有知识的人按照自然规律总是最少数。[3]这最少数人又是谁呢？他说，他已讲了很多，但是还有话未说出来，他怕讲出来被人们当作"最大的怪论"，尽管如此，他还是讲了

〔1〕〔古希腊〕柏拉图：《理想国》，郭斌和、张竹明译，商务印书馆1986年版，第156页。

〔2〕《马克思恩格斯全集》第23卷，人民出版社1972年版，第405~406页。

〔3〕〔古希腊〕柏拉图：《理想国》，郭斌和、张竹明译，商务印书馆1986年版，第147页。

出来。他讲了由哲学家充当国家最高统治者的理由。他说："除非哲学家成为我们这些国家的国王，或者我们目前称之为国王和统治者的那些人物，能严肃认真地追求智慧，使政治权力与聪明才智合而为一；那些得此失彼，不能兼有的庸庸碌碌之徒，必须排除出去。否则的话……对国家甚至我想对全人类都将祸害无穷，永无宁日。我们前面描述的那种法律体制，都只能是海客谈瀛，永远只能是空中楼阁而已。"〔1〕

那么，柏拉图为什么要选择哲学家来担任最高统治者呢？在柏拉图看来，哲学家之所以能充当最高统治者，是因为他们有很高的"善性"。哲学家追求真实存在，他不会停留在意见所能达到的多样的个别事物上，他会继续追求，爱的锋芒不会变钝，爱的热情不会降低，直至他心灵中的那个把握真实的，即与真实相亲近的部分接触到每一个事物的真正实体，并且通过心灵的这个部分与事物起初的接近，交合，体现出了理性和真理，他才有了真知，才真实地活着成长着，到那时，也只有到那时，他才停止自己艰苦的追求过程。〔2〕此外，哲学家好学，会学，敏于学，强于记，有胜人之胆量，广大之胸襟，远大之目光，高洁之人格，以把国家和个人引向至善为己任，善于运用"公正""节制"诸善德，关心培养正义和理性，自己又理解透彻，身体力行。他把哲学家比作船长和高明的医生，船长应当有统治众水手之权，病人应主动找医生看病，以此据理，任何要求管治的人应自己登门去请有能力管治他们的人来管自己，百姓应主动找哲学家来统治自己。

那么，哲学家如何治理国家呢？哲学家取得统治权后应做三件事：一是"拿起城邦和人的素质就象拿起一块画板一样，首先把它擦净"，〔3〕绝对不要先去制定法律。这是哲学家治国术不同于政治家的特点所在。二是制定宪法大纲。三是仰望而俯视，即好好想想自己所为是否合乎永久不变的"真实""公德"等善性，好好看看世人之德行是否与宪法规定相符合。他说，哲学王是除上帝之外的"更善之模范"，其治道目的，在使人人都具有各种"善德"，国家和个人只有经哲学王治理，才有希望可言。

（三）贤人政体论

柏拉图在为理想国寻找完善的政治制度时，首先考查了希腊城邦制国家的四种政体的演变过程。第一种以希腊斯巴达为代表的所谓专门重视荣誉的军阀政体。斯巴达那种荣誉政治曾是正常的健全的为人称道的政治。可是随着贤明

〔1〕　［古希腊］柏拉图：《理想国》，郭斌和、张竹明译，商务印书馆1986年版，第214~215页。
〔2〕　［古希腊］柏拉图：《理想国》，郭斌和、张竹明译，商务印书馆1986年版，第237~238页。
〔3〕　［古希腊］柏拉图：《理想国》，郭斌和、张竹明译，商务印书馆1986年版，第253页。

者被排出政府，随着财产的增加和人们对财产崇拜的日甚一日，"终于，好胜的爱荣誉的人变成了爱钱财的人。他们歌颂富人，让富人掌权，而鄙视穷人"。[1] 于是出现了第二种政体，即专门重视金钱的财阀政体，出现寡头政治，柏拉图讨厌这种财阀政体，说它造成了极富和极贫，执政者"徒知挥金如土"而忽视道德，金钱支配了一切，最后导致了穷人的暴动，建立了第三种政体，即专门重视自由和民主的政体。他认为，在贫民政治下，个个自由，人人平等。一般人爱怎么样就怎么样，连法律也不放在心上。经选举上台的执政者不是经过上好训练的政治家，结果，人人平等而无秩序可言。过度自由，执政者无法治理，只能限制人民的自由程度，就逐步走向专制，建立了第四种政体，即专制的暴君政体。柏拉图反对建立这种专制的暴君政体，认为这种暴君政体是最坏的一种。在暴君政体的统治下，人们放纵饮食酒色等事，君主日益依靠武力统治，绝无自由可言。"人民发现自己象俗话中所说的，跳出了油锅又入火坑；本想争取过分的极端自由的，却不意落入了最严酷最痛苦的奴役之中了。"[2] 简言之，在柏拉图看来，荣誉政治的社会军事效率高，但它过分崇尚武力，故是一种退化的表现；财阀政体是虚荣势力操纵的政体；民主政治是横暴和混乱的自发势力统治的政权；而暴君政治，则是荒唐和纵欲的王国。这四种政体都不符合柏拉图之本意。

柏拉图在对希腊四种政体研究的基础上，提出了他自己的政治主张——贤人政体，即哲学家的统治。在他看来，一人统治而无宪法，会变成暴君专制，而宪法非一人统治，又类似于贵族统治；贵族统治而无宪法，又是寡头政治。所以，好的政体形式应当是人治加法治，这类似于君主立宪制，即宪法之下的一人统治。后来，他在《政治家》一书中又强调人治，强调执政者的资格。"在各种形式的政府中，只有一种是最妥善和最正确的，即它的统治者真正懂得科学而不是假懂科学，至于那些政府是受法律的统治还是没有法律，人民愿意被统治与否都无关紧要。"[3] 这显然又是在为哲学家成为最高统治者开道。

（四）柏拉图的"共产"制度

柏拉图认为，国家一切灾难的主要祸根是私有制和私有观念的存在，它使国家人民意见分歧，使奴隶主阶级内部"党争"频频，这不符合"正义公道"社会的要求。在他看来，一个社会是否合乎正义与公道，衡量标准之一，就是看它的贫富悬殊是否过大。因此，他说，私有制之下无好执政者，私有财产毁

---

〔1〕 [古希腊] 柏拉图：《理想国》，郭斌和、张竹明译，商务印书馆1986年版，第322页。

〔2〕 [古希腊] 柏拉图：《理想国》，郭斌和、张竹明译，商务印书馆1986年版，第351页。

〔3〕 转引自吴恩裕：《西方政治思想史论集》，天津人民出版社1981年版，第62页。

灭社会，在私有制下富人比穷人更坏，理想国并不是为了某一个阶级的单独突出的幸福，而是为了全体公民的最大幸福。[1] 他提出的解决办法是在第一等级和第二等级中实行"共产制"。他认为，这两个等级职责是管理和保卫国家，所以，应当把国家的利益看成是自己的利益，应在居住和生活方式方面实行这样的"共产制"：除开必需的生活用品外，任何人不许拥有私人财产，任何人不得拥有私自的不让他人随便进入的住所或储藏室；享受同样的饮食标准，其数量正好够一年食用，并在一起进食，不得私自开伙，不得私有金钱，因为，他们本身是神用金银所做的，不需要人间的金银，而人间的金银是引起人间许多祸事的根源。他说，财产共有之后，这个国家就不同于别的任何国家，就没有"我的"、"你的"和"他的"之分，如果任何一个人境遇不好，大家就都说"我们境遇不好"，人们之间就不会发生纠纷，国家就能管理得很好。人间的一切纠纷都可以消除干净了。[2]

这种禁欲式的"共产制"在实际中显然是行不通的。因而，柏拉图在其晚年著作《法律篇》中对此作了一定的更改，允许人们保有私产。在这个的理想国中，公民按财产分为四个等级，最低等级公民的动产不得超过其不动产（土地价值）的1倍；第三等级的动产，不得超过其不动产的2倍；第二等级的不超过3倍；第一等级不得超过4倍。对于超过的部分由国家按值抽税。

（五）婚姻制度

财产上的共产，婚姻上的共妻。这不能不说是柏拉图理想国中的一大特点。按照他的理论，共产必然导致共妻。他认为，财产私有造成了"竞争"，故需共产；财产私有又是家家妻儿累赘所致，故需共妻。另外，他认为，婚姻是社会的事情，不仅仅是个人的私事，人们应当为未来的子女着想，为国家和社会福利着想。婚姻的真正目的并不在于追求财富、权力和地位，而在于造就身心健康的儿童，为国家提供优质的后代。简而言之，婚姻是社会所必需的，是神圣的，所以要取消家庭，实行共妻制。

柏拉图以共妻制为核心内容的婚姻观大致包括以下几个方面的内容：①立法者所选定的作为统治人物培养的男女青年，均需居公共之屋，食公共之食，一同受抚养，一同受教育，一同委以职业，任要职。②国家依据优生学的原则，给青年男女实行婚配。"最好的男人必须与最好的女人尽多结合在一起，反之，最坏的与最坏的要尽少结合在一起。"[3] 这样做的时候，要严守秘密，

---

〔1〕　参见［古希腊］柏拉图：《理想国》，郭斌和、张竹明译，商务印书馆1986年版，第163页。
〔2〕　［古希腊］柏拉图：《理想国》，郭斌和、张竹明译，商务印书馆1986年版，第199~200页。
〔3〕　［古希腊］柏拉图：《理想国》，张斌和、张竹明译，商务印书馆1986年版，第193页。

否则难免会发生争吵和闹不团结。③每次婚配，在国家规定的节日里实行。"婚配者"并不是一次就永远做夫妻，而是在节日里配一次，以后谁与谁婚配并不知道。每次婚配的人数，由国家根据需要而定，以致不使人口的增加过多或过少。④特别应照顾作战勇敢者，除了给以荣誉之外，要给以与妇女结合的更多机会，目的是让这种人多生子女。⑤男女婚配的年龄分别为 25～55 岁和 20～40 岁，因为，这是人们精神和体质上最健壮的时期。⑥婴儿一出生，就从其父母身边被带走，送到养育所去集体哺养。不能让父母知道哪个是自己的孩子，也不能让孩子们知道自己的生身父母。对畸形儿、低能儿、低劣父母所生的孩子要另行处置。⑦未经国家标准而结合者所生的孩子，都是不合法的，是对神的亵渎。不在国家规定年龄范围内的人，可以实行婚配，但不能生孩子。⑧父母与子女互不相认，人们间就按年龄大小被称呼为"父"、"母"、"兄弟"和"姐妹"，这种称谓，毫无血缘的意义。⑨严禁乱伦。

（六）男女平等观念

柏拉图理想社会的另一个特色，是在第一和第二两个等级中实行男女平等。这个观点，从逻辑上讲，与柏拉图所提出的共妻主张并不矛盾。所谓男女平等，在柏拉图看来包含两个方面的内容：

1. 教育相同。如果我们不分彼此地使用女子，照使用男子那样，我们一定要先给女子同样的教育。[1] 既然男女受同样的教育，那么女子在进行角斗这种体育活动时，也必须像男子一样赤身裸体，这必然会招致人们的非议。柏拉图认为，这是一种改革，凡是改革终会引起非议，天长日久，人们习惯了，也就不会少见多怪了。另外，有人会因男女性格不同而反对其受同样的教育。柏拉图认为，这也不能成为理由，因为就是男子性格也不尽相同，并不能因为男子性格不同而允许他从事这种活动，而不能从事其他活动吧。柏拉图相信，经过教育，造就出出类拔萃的女人和男人这对一个国家来说太重要了。

2. 事业相同。社会上一切适合于男子的职业和活动，同样适合女子，女子可以成为武士。就通晓国家组织这类活动，男女才能相似，禀赋也相似，受了同样的教育之后，就能担当同等的事业。有些事情女子来做不如男子，同样，也有许多事情，男子不如女子。而且，在一国之中，根本不存在所谓专属男子或专属女子的事情，尤其是对女子中的强者，更应与男子一样看待。他坚持认为，对女子的问题，不是什么可做什么不可做的问题，而是要使女子从事对国家更有利的事情。因为"同样的禀赋"应该给同样的职务。当然，由于女子天生体力较弱，在分工时，要给一些较轻的事情让她们去承担。

---

〔1〕 ［古希腊］柏拉图：《理想国》，郭斌和、张竹明译，商务印书馆 1986 年版，第 188 页。

（七）教育制度

在柏拉图的理想国中，特别强调教育的作用，教育是实现理想社会的仅次于"共产"的又一个战略手段，通过教育可以完善人的本性。教育是活国的第一要务，"因为，如果人们受了良好的教育就能成为事理通达的人，那么他们就很容易明白，处理所有这些事情还有我此刻没有谈及的别的事情，例如婚姻嫁娶以及生儿育女——处理所有这一切都应当本着一个原则，即如俗话说的'朋友之间不分彼此'"。[1]国家就会飞速向前发展。

柏拉图认为，教育的宗旨只能使受教育者成为统治者和武士，成为有威严，讲礼仪，作战勇敢的人。因此，他主张国家应当强迫教育，即在三个等级中实行两种教育制度，使第一、第二等级人受到高等教育，第三等级人受普通教育，其依据是这三个等级的天赋有别。分开进行教育，可以使他们各就各位。至于教育的内容，柏拉图认为，应按"重心不重身"这个原则来确定，即重视理智的教育，轻技术职能教育。而理智教育的重点是音乐和体育，因为它可以陶冶人们的性情。

柏拉图同样重视如何培养统治人物这个问题。为在第一、第二等级中培养出一批"优秀"的统治者，他确定了一系列的考核制度。首先，从少年时期起要接受一系列的教育和考试，从中选出才华出众者，然后授以高的综合科学知识，到30岁时，再进行新的考试，从中选出有辩才者，然后使之再研究5年论辩术，到35岁时，可以当一般的官吏，从事实际工作，也接受文官考试。通过文官考试后，还得接受三种特别的考试：伦理考试，以观察他们是否忘原则，不受欺骗；恫吓考试，即把年轻人像小马那样送到嘈杂喧哗的地方去，放到贫穷忧患中去，看他是否胆小而退却；乐逸考试，即把他们放到锦衣玉食的环境中，看他是否为贪图享受而腐化。经过了这些考试的人，就胜于试验炉中之金器，就可始终教之受之，使之成为统治者。不过，即使是对这种人，也要防止他们变坏，其办法就是共产共妻。50岁以上的品学兼优者就达到了人生的最高峰，其中的一部分人可以从事哲学研究工作，另一部分做领导工作或指导下一代统治者的工作。柏拉图的意思是十分明显的，即他们可以成为最高的统治者。

三、柏拉图的《政治家》、《法律篇》中所包含的法律思想

《政治家》和《法律篇》是柏拉图晚年的两部主要著作，如果把它们同柏拉图早期的《理想国》比照一下，可以明显地看出，在柏拉图一生法律思想

---

〔1〕〔古希腊〕柏拉图：《理想国》，郭斌和、张竹明译，商务印书馆1986年版，第138页。

的发展中，分为两个截然不同的阶段：在前期，柏拉图重视人治而轻法治，认为如果实行法治必然会限制和妨碍哲学家的统治，而在柏拉图的《政治家》和《法律篇》中，他改变了自己在《理想国》中对法律的看法，开始承认法律在城邦政治生活中的作用。他说，如果一个国家的统治者不是哲学家，而且在短暂的时间里又没有好的办法使统治者变为一个哲学家，则法治比人治好，实行法治的国家虽然不能称作为最好的政治，但却可以称为"第二等好"政治，这一点，柏拉图比《理想国》一书前进了一大步。在《政治家》一书结尾中，柏拉图对政治采取了较为灵活的态度，他说"一个专制的政府，如果是根据好的成文法律来统治，就是六种政府中最好的；可是，如果他不根据法律，那就是最无情的，对他的国民的压迫也是最厉害的"。[1]

柏拉图的《法律篇》在其著作中占有重要的位置。《法律篇》一书共十二章，柏拉图在前三章中，提出建立一种完善的法律制度的根本原则，这些原则又体现了他的对法律的指导思想；第四、五章则强调了立法的重要性、必要条件和准备；第六至十二章则主张制定一部完整的法典等。

他在这部书中，提出了许多至关重要的观点：

1. 理性的命令就是法律。在法律概念中强调理性，"我们认为应该有办法仿效黄金时代的生活，如同传说中的那样，在家庭和国家方面要服从我们内心中那种永恒的质素，它就是理性的命令，我们称之为法律"。[2]

2. 重视立法工作，并规定了立法者必须具备以下三个条件：①立法者为之立法的国家应该是自由的；②这个国家应该是统一的；③这个国家的人民对法律应该具有理解力。全部的善德是制定法律的最高标准。如果我们没有弄错，真理与公正对我们的要求是，当我们以至善的名义说话时，就要求立法者在制定法律时，不要只看善德一个方面而应该看到全部的善德，并按照这些善德来制定法律。他接着又说，公正是强者的利益，在一个国家中，法律永远是强者以权力来制定的。

3. 在解决法律与政体的关系时，柏拉图认为混合政体是最好的形式，因为，这种形式体现了自由与法律的结合。按照柏拉图的想法，存在着两种典型国家政体形式，其他的国家政体形式是从这两种中演绎而来：一种称为君主制，另一种称为民主制。波斯代表了前一种，而雅典则体现了后一种。所有的

---

〔1〕 法学教材编辑部《西方法律思想史编写组》编：《西方法律思想史资料选编》，北京大学出版社 1983 年版，第 19 页。

〔2〕 ［古希腊］柏拉图：《法律篇》，张智仁、何勤华译，上海人民出版社 2001 年版，第 13 页。

国家，都是在不同程度上按照这两种形式构成，如果选择自由与法律的密切结合，在一个国家中，就具有两种因素的政体，反之，就不能治理好国家。从政论学的角度来分析，柏拉图的混合政体观点，就是把君主专制中的智慧原则和民主制国家中的自由原则结合在一起；从法学角度来分析，柏拉图的观点则是把君主专制国家中的人治与民主制国家的法治结合在一起。最后，柏拉图还主张国家必须建立起一个聪明而强有力的统治但又不能实行专制；同时，凡是国家必须赋予人民自由，但又不能给予人民过度的自由。

4. 柏拉图强调法律在治理国家方面的重要性，这与他早期不重视法律形成了鲜明的对照。他在《法律篇》中说，"那些只是按照部分人的利益制定法律的国家，不是真正的国家。他们所说的公正是毫无意义的。我之所以这样说，就是要坚持任何国家的政府，凡当权者是由于他很有钱或者具有权势，地位高，出身名门等优越条件而执政，那么，这些政府是不可信赖的；只有那些最能遵守国家法律的人，才能在这场考验中获得最高的荣誉，他将被任命为最高的官职和众神的首席执行官；比他次一等的人，获得次一等的荣誉；所有其他的官职也按同样标准任命。依次安排，我就称这些官吏是法律的仆人或法律的执行官。我这样称呼他们并不是随便说的，我确信他们具有遵守法律的品德，这是决定国家兴衰的因素。如果一个国家的法律处于从属地位，没有权威，我敢说，这个国家一定要覆灭；然而，我们认为一个国家的法律如果在官吏之上，而这些官吏服从于法律，这个国家就会获得诸神的保佑和赐福"。[1]

柏拉图作为古希腊时期一个伟大的思想家从师于苏格拉底，在他思想的诸方面不可避免地受到了苏格拉底思想的影响，但是，他的思想又超越了苏格拉底思想，他为古希腊奴隶社会描述了一幅他自己心目中的理想国，在他的理想国中，除了一些具体主张有某种可能之外，总体上看，则是一个等级森严的，由哲学家担任君主进行统治的，反民主的，在统治阶级内部实行共产共妻制的奴隶社会，即所谓妇女共有，儿童共有，教育共有的社会，并非人人皆得所愿的真善美的乐园。这个方案以斯巴达城邦制国家为蓝图，只反映了少数人的美妙幻想。由于柏拉图出生在奴隶主贵族家庭，他不可能超越于那个时代对他思想的局限，因此，他的理想社会的方案显然是行不通的，也必然将付之东流。

---

〔1〕　法学教材编辑部《西方法律思想史编写组》编：《西方法律思想史资料选编》，北京大学出版社 1983 年版，第 24~25 页。

第三节　亚里士多德和他的《政治学》

一、亚里士多德的主要生活经历

亚里士多德

亚里士多德（Aristotle，公元前384年~前322年）出生于希腊北部色雷斯的斯达奇拉城。他的父亲尼哥马朱是马其顿国王亚密塔二世的御医和朋友。其家庭属于奴隶主阶级的中产阶级。公元前367年，在亚里士多德18周岁时，他来到雅典师从于柏拉图，在柏拉图学园里学习、生活了20年，成为柏拉图最喜欢的学生和朋友。由于亚里士多德表现十分出色，被柏拉图称为"学园之灵"，但他仍处处唯老师马首是瞻，以致柏拉图曾说过："亚里士多德像小马驹生下来对它母亲那样踢我。"柏拉图死后，亚里士多德曾离开雅典，游历各地，与希腊一小邦爱索斯王朝僭主之养女结婚，两人相差整整20岁，这对他的婚姻思想产生了重要的影响。公元前343年，亚里士多德应马其顿国王腓力二世的邀请，担任太子亚历山大的教师，同时开办学堂，招收马其顿贵族子女入学。

公元前338年，腓力二世称霸希腊，并准备东征波斯。公元前336年，年方20岁的亚历山大继承王位。亚里士多德先回到其故乡，然后到达雅典。在雅典，亚里士多德受亚历山大的多方资助，社会地位十分显赫，他于公元前335年，在雅典的吕克昂创办了自己的学园。比柏拉图创办学园晚了50多年，但亚里士多德创办的学园面积很大，有当时第一流的图书馆和动植物园。所有费用来自于亚历山大的大力资助。亚里士多德的大部分著作完成于这个学园里。公元前323年，亚历山大去世后，雅典掀起了反马其顿运动，由于亚里士多德与亚历山大关系密切，因而雅典人攻击亚里士多德，判他为不敬神罪，但他却在审判前离开了雅典，逃亡到希腊东部的加尔西斯，自称不愿步苏格拉底之后尘。公元前322年，亚里士多德病死于希腊东部的埃维亚海岛。

亚里士多德在雅典吕克昂办学园时，他在教学过程中并不是坐在教室里授课，而是习惯和学生们在散步时进行讲授，因而吕克昂学园也被称为散步学园，亚里士多德学派又被人称为"逍遥学派"。亚里士多德聪明博学，是古代科学的奠基人，因而，马克思、恩格斯把亚里士多德称为"古代最伟大的思想家”和古希腊哲学家中最博学的人。[1]他身后留下了大量的关于各种知识问题的著作，其数量之大，有人说有四万部也有人说几千部，按其内容来讲，可分为逻辑著作、理论研究著作、实用性著作和艺术理论作品四大类，涉及逻辑学、哲学、心理学、伦理学、修辞学、美学、物理学、生物学、生理学、医学等诸多领域。他涉及法律方面的著作主要为《政治学》、《伦理学》和《雅典政治》这三部著作，其中《政治学》主要研究了奴隶制、私有制、国家诸问题，而《伦理学》主要是他为教育儿子所作，是研究最高福利和人们探求最高福利的活动的。在亚里士多德看来，从个人品质与幸福观来研究人类生活问题即研究个人的善的，是伦理学；从社会和国家福利观来研究人类生活问题的，即研究人群的善的，是政治学。《雅典政治》集中体现了亚里士多德对古希腊雅典奴隶制政体研究的思想成果。而在这三部著作中，《政治学》则是亚里士多德研究法学问题的代表作。

二、亚里士多德《政治学》一书的主要内容

亚里士多德的《政治学》是他的一部讲学札记，这部著作涉及许多有关的法律和政治问题，可以说是他众多学术著作中的最重要的一部著作。在这部著作中，他对奴隶制、私有制及国家诸问题进行了深入的探讨并力图为挽救奴隶制社会提出了种种社会变革的具体措施，他对柏拉图的唯心主义理论观念进行了批判，但这种批判又是不彻底的，所以他动摇在唯心主义和唯物主义之间，但归根到底其倾向于唯心主义。亚里士多德“对外在世界的真实性，并无怀疑”，所以接近唯物主义。列宁曾说：“这里的关键是外在——在人之外，不以人为转

移，这是唯物主义。”[2]他在批判柏拉图的观念时，认为物质是宇宙的基础。对于这一点，列宁对他的评价是很高的。但是，亚里士多德又认为，还存在一个纯粹的、脱离物质的一种形式，这就是思想，理性——神，神是世界永恒不变的推动力。也就是说，万物的基础及其内在的本质都是形式，物质只是它们的第二基础和本质。他主张形式先于物质，这表明他又站到唯心主义立场去了。在认识论上他也动摇于辩证法和形而上学之间，这充分表明，亚里士多德的法律思想受中庸之道的思想影响较深，这也充分体现在他的《政治学》一

---

[1]《马克思恩格斯全集》第23卷，人民出版社1972年版，第447页。
[2]《列宁全集》第8卷，人民出版社1972年版，第318页。

书中。他《政治学》一书所涉及的政治法律问题主要包括以下内容：

（一）社会起源论

亚里士多德有个著名的命题："人类在本性上，也正是一个政治动物。"[1]也就是说，人的本性是合群的，要求结成国家，只有到了国家阶段，他们才能获得最高的"善业"，过美好的生活，以实现自己的本性。他在论述这一命题时，是同论述国家起源相交叉进行的，这就是：人类最原始最基本的结合方式是自然的。人类不同于其他动物的特征就在于他们的合群性（即社会性），在于他对善恶和是否合乎正义以及其他类观念的辨认，而这种辨认又是通过人类所独具的语言能力来表达的。人类一般能够择善而依。为生育子女而发生的男女两性的结合，是出于自然的要求，而不是出于什么意志，为维持安全需要而发生的统治者与被统治者的结合，可以使双方相互联系，得以共同保全。所以，这类结合是自然的。

社会组织（团体）的结合是自然的，亚里士多德把社会组织称为社会团体。社会团体是由"二人以上群众所组成的"。团体有三种，即家庭、村落和城邦（国家）。这三者的组成都是自然的。家庭是人类为满足日常生活需要而建立的社会基本形式。村落是适应更广大的生活需要而由若干个家庭结合而成的社会初级形式。城邦是由若干村落组合而成，是高级而完备的境界，可使人类获得完全的自给自足。亚里士多德说凡人必须结合为城邦。一个无国之民，脱离有组织生活的人，必是低劣者。一个不属于城邦的人，不是"鄙人"就是"超人"。

亚里士多德把国家问题同研究法律问题紧密结合在一起。法律的目的和作用是同国家的目的和作用相一致的，法律和国家都在促进为大家所重视的善德、以公共利益为依据的正义，这种善德就是人间的"至善"，而政治学的善就是正义。"世上一切学问知识和技能，其终极（目的）各有一善，政治学术本是一切学术中最重要的学术，其终极（目的）正是为大家所重视的善德也就是人间的至善。政治学的善就是正义，正义是以公共利益为依据。按照一般的认识，正义是某些事物的'平等'（均等）观念。"[2]"凡订有良法而志于实行善政的城市都是操心全邦人民生活中的一切善德和恶行……如果不是这样，法律也无异于一些临时的合同，而法律的实际意义却应该是促成全邦人民能进入正义和善德的制度。"[3]

---

〔1〕 [古希腊] 亚里士多德：《政治学》，吴寿彭译，商务印书馆1983年版，第7页。

〔2〕 [古希腊] 亚里士多德：《政治学》，吴寿彭译，商务印书馆1983年版，第148页。

〔3〕 [古希腊] 亚里士多德：《政治学》，吴寿彭译，商务印书馆1983年版，第138页。

亚里士多德在谈到法与国家的关系时，着重强调两者的目的都是为了善德，实现以公共利益为依据的正义。他认为，国家是社会团体中的一种，并囊括了其他一切社会团体，是最高的社团，以善业为目的。"即一切社会团体的建立，其目的总是为了完成某种善……既然一切社会团体都是以善为目的，那么我们也可以说社会团体中最高而包含最广的一种，它所求的善业也一定最高而最广。这种至高而广泛的社会团体就是所谓城邦，即政治社团。"〔1〕也就是说，在亚里士多德看来，家庭和村落虽是人们过社会生活，追求善业的社会团体，但只有国家才是使人们过"快乐而光荣"生活的最高社会团体；前者只是使生活成为可能，而后者才以实现人的美满生活为目的。人的本性就是要求优良的生活，国家的目的正是保证人们过优良的生活。在国家这个终点，才能见到社会的本性，达到至善，使人们过"优良的生活"。

在古代希腊，政治学和伦理学并没有严格的区分。伦理学是研究个人的善，而政治学则是研究人群的善，从这个意义上说，政治学是最高的科学，政治学的善就是正义，而法律的最后目的也是为了达到善德和正义。法律则是正义的具体体现，法律的好坏是以正义为划分标准的，人们服从城邦制定的法律，也就是实现了正义。"相应于城邦原本的好坏，法也有好坏，或者合乎正义又或者是否合乎正义。"〔2〕

（二）亚里士多德的家庭论

国家是由许多家庭所组成的，所以，研究政治学先要研究"家务管理"，即家政学。一个完全的家庭包括三个基本要素，主和奴，夫和妇，父和嗣。研究"家务管理"，就要研究主奴关系、配偶关系、亲嗣关系和致富技术。

关于主奴关系，在亚里士多德之前，由里庇底认为奴隶制度是无根据的、人为的。而亚里士多德则反对这种看法，认为奴隶制是"合乎理性"的制度。主要理由如下：

1. 一个家庭必须有财产，一个工人必须要有工具。"工业者"有些有生命，而有些则无生命，就一个专业来说，凡是业主或匠师，都可算作是工具。"财产者"，就是全部工具的总和，就是"所有物＝所有物"。奴隶就是一宗有生命的财产和工具。"任何人在本性上不属于自己而从属于别人，则自然而为奴隶，任何人既然成为一笔财富，就应当成为别人的所有物。"〔3〕

2. 奴隶制合乎"自然"，亚里士多德说，人总分为主治一方和受治一方，

---

〔1〕〔古希腊〕亚里士多德：《政治学》，吴寿彭译，商务印书馆1983年版，第3页。
〔2〕〔古希腊〕亚里士多德：《政治学》，吴寿彭译，商务印书馆1983年版，第148页。
〔3〕〔古希腊〕亚里士多德：《政治学》，吴寿彭译，商务印书馆1983年版，第13页。

是在"诞生时就注定"的,这不仅"必须",而且"有益"。从生物学角度来说,灵魂和身体就是统治部分和从属部分,身体从属于灵魂,就是从属于理性和理智,所以"凡是自己缺乏理智、仅能认识别人的理智的,就可以成为而且确实成为别人的财产(用品),这种人就天生是奴隶"。[1]从人格方面来说,"自然所赋予自由人和奴隶的体格也有差异。奴隶的体格总是强壮有力,适于劳役,自由人的体格则较为优美,对劳役非其所长,而宜于政治生活"。[2]为了论证奴隶的自然性,亚里士多德还从家政学的角度来看问题,认为家主和奴隶各具有一门"学术"。他所说的"奴隶学术",是指日常劳务、烹饪之类的技艺和手段。"家主学术"的重点则是如何运用和指挥奴隶。主人并不是由于他占有多少奴隶而成为主人,而是由于其具有能够运用和指挥奴隶的才能才成为真正的主人。

关于夫妇和父子的关系。要培养健壮的儿童,就必须注重婚姻制度,注重婚配的年龄,配偶双方的生理技能足以相等是最适合的年龄。年龄悬殊过多的婚姻会使"夫妇不睦","家中吵吵闹闹",早婚使父子的年龄差数太小,而晚婚又使父子年龄差数太大,男女成婚的年龄应是男子37岁前后,女子18周岁,即夫龄高于妻龄约20岁左右。婚姻最好在冬季。他主张制定法律,禁止哺养畸形的残疾儿童;主张限定所生子女的数目,"保持必需的平衡,因为黎民如无限制,势必导致贫困……跟着贫困,又会导致内乱和盗贼"。[3]

在家庭内部,亚里士多德主张男女平等,但丈夫终究应受到妻子的尊重。因为,男子以敢于领导为勇敢,不同于女子的以乐于顺从为勇敢,父子之间也相同。对于子女来说,父权类似于主权,父子关系就是慈孝、尊卑、长幼、高下的关系,总而言之,"父子关系好像君王的统治,夫妇关系则好像是共和政体,就天赋来说,夫唱妇随合乎自然,雌强雄弱只是偶尔见到的反常事例"。[4]

关于致富技术。亚里士多德主张以自然的方式取得所需。反对经商和放债这类聚财"技术"。他认为,自然为人类提供了生活所需的物品,家主依靠自己的劳动,用游牧、农作、渔捞和狩猎等方式从自然界求得所需,供应家庭,这是合乎自然的经济生活。而货币则并非生活所需的真正财富,用经商方式聚集金钱,不合自然,应当指责;使用放债方式,"则更加可憎",它是最恶劣的经济活动。亚里士多德的这个观念,反映了希腊城邦盛行的商业等活动,使一些人成为巨富,而招致社会问题的情况。

---

〔1〕 [古希腊]亚里士多德:《政治学》,吴寿彭译,商务印书馆1983年版,第15页。
〔2〕 [古希腊]亚里士多德:《政治学》,吴寿彭译,商务印书馆1983年版,第15页。
〔3〕 [古希腊]亚里士多德:《政治学》,吴寿彭译,商务印书馆1983年版,第14页。
〔4〕 [古希腊]亚里士多德:《政治学》,吴寿彭译,商务印书馆1983年版,第37页。

关于家务管理。"家务重在人事，不重无生命的财产；重在人生的善，不重家资的丰……；重在自由人们（家主）的品行，不重在群奴的品行。"[1]这是亚里士多德家政学的主旨，他认为，主从的灵魂和道德品质标准不同，各人的品德应达到符合各人所司职务的程度，为主为夫为妇或为妻为子，应各有所善。奴隶无理智，但不同于牲畜，能感应理智，故家主除了役使群奴，还得教导群奴，培养他们应有的品德。换言之，家主要对全家人进行道德品格教育，使全家人都达到"善德"。

（三）社会制度——政体论

正确处理好法律与政体之间的关系，是亚里士多德法律思想的一个重要主张，也是他社会思想的一个重要的组成部分。在这个问题上，他的论述方法得以典型反映。为了替已经开始动摇的奴隶制度寻找一种"最优良"的政体，他分析了现存的各种政体。在兜了一个大圆后，他先提出了自己的政体分类法，接着提出自己的观点。

1. 他提出划分政体的两个标准：一个标准是这个城邦统治者人数的多少，二是其政权的形态如何。一个正宗政体的统治人数可以是一个人，也可以是少数人，又可以是多数人，即依次可以分为君主政体、贵族政体和共和政体这三种类型，这三种政体的变态政体相应地则是僭主政体、寡头政体和平民政体三类。他对变态政体很是反感。他认为，僭主政体的专制原则是以主人对待奴隶的方式处理公务；寡头政体则偏重于"自由身份"，认为一切事相等则万事都应相等；平民政体则以穷人的利益为依归，为平民利益而对富有者进行限制。这三种变态政体都违反了城邦据以存在的目的。另一个标准则是统治者实行统治的目的，是否旨在照顾人类共同的利益。他认为："凡照顾到公共利益的各种政体都是正当的或正宗的政体，而那些只照顾到统治者们的利益的政体就是错误的政体或正宗政体的变态（偏离）。"[2]

2. 他提出了理想的政体公式。亚里士多德并没有明确地说出自己究竟喜欢哪种政体，但是他却提出了一个理想的政体公式，这就是政体＝人民生活方式，最优政体即为最优生活方式；优良＝幸福，合起来就是：最优政体＝最优治理之政体＝幸福（快乐）的生活方式。从其思辨过程来看，他赞成君主政体，但是又担心世人很难找到一个独一无二的奇才足以担当政治领袖的英豪，弄得不好还可能滑向暴君专制。所以，他认为，建立中小奴隶主阶级为主体的共和政体，既是最好的，也是最稳定的。这种政体的优点还体现在：它可以兼

[1]　[古希腊] 亚里士多德：《政治学》，吴寿彭译，商务印书馆1983年版，第37页。
[2]　[古希腊] 亚里士多德：《政治学》，吴寿彭译，商务印书馆1983年版，第132页。

顾自由和财富两个要素，最足以代表中产阶级，不会导致富人统治或暴君统治。

法律的性质必须适应于城邦政体的性质。一个城邦有好坏，法律也有好坏，区别好坏的标准，就是正义。他说："这里只有一点可以确定，法律必须是根据政体（宪法）所制定的，既然如此，那么符合正宗政体所制定的法律就一定合乎正义，而符合变态政体或暴戾的政体所制定的法律就不合乎正义。"

（四）社会中庸之道

中庸之道是亚里士多德政治法律思想的灵魂和核心。他在许多问题的论述上都充分体现了他的中庸思想。

1. 作为伦理标准的中庸之道。亚里士多德强调，国家的目的，在于为民众谋福利，使人们过幸福（快乐）的生活。但人类对幸福和快乐本质的认识又各不相同，这就需要讲道德。人生唯有德者才有幸福。什么是道德呢？各人的看法又不一样，所谓"道德无通义"。因此，必须有一个共同的道德标准，这就是"善德"。善德者，就是适中。"美德是一种适中"，"是牵涉到选择时的一种性格状况，一种适中"。"美德是过度和不足两种恶行之间的中道，过度和不足是恶行的特征，而适中则是美德的特征"，"所谓美德是一种中道，即中庸之道。"[1]他说："真正的幸福生活是免于烦累的善德善行，而善德就在于中庸。"[2]"所谓中庸，就是指一般品德和个别品德都不甚于亦无不及。""大家既然已公认节制和中庸常常是最好的品德，那么人生所赋有的善德就完全应当以中间境界为最佳。"[3]过于或不及都很不幸。他认为，狂妄与胆怯之间的勇敢，奢侈与吝啬之间的谦恭，傲慢与妖媚之间的温雅，无赖与怕羞之间的谦恭等，都是中庸之道，都是非常好的东西。

2. 作为财产限度的中庸之道。亚里士多德认为，人要过优良的生活，一定要有三项善因：外物诸善、躯体诸善、灵魂诸善，即物质财富、身体健康、智慧品德。就第一项来说，好比是一切实用工具，其量要有限制，过多无益而有害。财富上处于中间境地的人们最能顺以理性。"趋向这一端，即一端——过美、过强、过贵、过富或太丑、太弱、太穷——的人们都不是愿服从理性的引导。第一类人们常常逞强放肆，致重犯罪。第二类则往往懒散无赖，易犯小罪；大多数的祸害就起源于放肆和无赖。"[4]有足够的生活资料，无物质困乏

─────────────────

〔1〕北京大学哲学系外国哲学史教研室编译：《西方哲学原著选读》（上册），商务印书馆1981年版，第156页。

〔2〕［古希腊］亚里士多德：《政治学》，吴寿彭译，商务印书馆1983年版，第204页。

〔3〕［古希腊］亚里士多德：《政治学》，吴寿彭译，商务印书馆1983年版，第205页。

〔4〕［古希腊］亚里士多德：《政治学》，吴寿彭译，商务印书馆1983年版，第205页。

之顾虑，也无财富过多之累，是人们生活得幸福的善因。

亚里士多德严厉驳斥了柏拉图的"共产制"，主张"产业私有而财物公有"。他说，私有财产具有一种使社会全体成员和衷共济，宽宏博施的魅力。世间种种罪恶的产生和存在，在丁"人类的罪恶本性"即财产私有。因此，人群分为阶级是很自然的，"在一切城邦中，所有可以分为三个部分（阶级）——极富，极贫和两者之间的中产阶级"。[1]太富者，不愿受人统治，不知法律为何物，只想发号施令；太穷者，又太卑贱而自暴自弃；而中等阶级则很少有野心，最能顺从理性。

3. 作为政体观念之中的中庸之道。亚里士多德按财产水平把人划分为三个阶级之后认为：第一个阶级即极富者是寡头政治势力。他们的本性是狂暴，"只愿施令，而不肯接受任何权威的统治"；他们的偏见是资财，认为资财不平等一切都应该不平等，因而不堪为政。第二个阶级即贫者是平民势力，他们"仅知服从而不堪为政，就像是一群奴隶"。[2]他们的偏见是"自由"，认为一事相等则万物也都应相等。第三个阶级即中产阶级是民主势力，只有它执政为最好。亚里士多德认为，中产阶级从政，其一，可使城邦安全。"就一个城邦各种成分的自然配合来说，唯有以中产阶级为基础，才能组成最好的政体。中产阶级（小康之家）比任何阶级都较为稳定。"[3]中产者不图他人财产，其财产也不会引起他人的觊觎，不对别人要阴谋，也不会自相残害。中产者主政，足以抗衡贫富两个阶级，保证政权不沦为平民制和寡头制。"凡邦内中产阶级强大，足以抗衡其他两个部分而有余，或至少要比任何其他单独一个部分为强大——那么，中产阶级在邦内占有举足轻重的地位，其他两个相对立的部分（阶级）就都不能主治政权——这可能组成优良的政体。"[4]如其不然，有些人家财巨万，另一些人则贫无立锥之地，结果就会各走极端，引出变故，招致政权的毁灭。其二，又可以免除党争。一邦之内之所以产生党派和党争，是因为居主几乎都是非贫即富，都在结党存利。历史上最好的立法家，例如梭伦都出身于中等阶级。他说："唯有中间形式的政体可以免除党派之争，凡邦内中产阶级强大，公民之间就少党派，而无内讧。"[5]因为，中产阶级财产适当，不会为富不仁。中产阶级人数又多，不会受贫富两极的操纵。他举例说，大邦一般党派较少，就是因为邦内中产阶级较多；一邦内党派之所以多，就是因为

〔1〕［古希腊］亚里士多德：《政治学》，吴寿彭译，商务印书馆1983年版，第205页。
〔2〕［古希腊］亚里士多德：《政治学》，吴寿彭译，商务印书馆1983年版，第205页。
〔3〕［古希腊］亚里士多德：《政治学》，吴寿彭译，商务印书馆1983年版，第206页。
〔4〕［古希腊］亚里士多德：《政治学》，吴寿彭译，商务印书馆1983年版，第206~207页。
〔5〕［古希腊］亚里士多德：《政治学》，吴寿彭译，商务印书馆1983年版，第207页。

几乎全体居民非贫即富，各要结党营私。如果平民政体中有较多的中产阶级分享较大的权力，则显示中产的特性，这个政权就会安全而持久。如果其中没有中产阶级，穷人数目较多，内乱就会发生，不久就会毁灭。正是基于这种思想，亚里士多德对柏拉图的人治思想予以反对，而提出了他的法治主张。

（五）法治与人治

基于亚里士多德的中庸之道，他反对柏拉图的人治思想而主张法治。在这个问题上，他是主张实行法治反对人治的西方思想史上最早崇尚法治的代表人物之一。他的法治思想包括以下几个方面的内容：

1. 法治的含义。他最早提出了法治一词的含义，他指出："法治包含两重意义，已成立的法律获得普遍的服从。而大家所服从的法律又应该是制定得良好的法律。"他说："人们认为政府要是不由最好的公民负责，而由较贫苦的阶级做主，那就不会导致法治了，相反地，如果说是贤良为政，那就不会乱治。我们应当注意到邦国虽有良法，但要是人民不能全部地遵循，仍然不能实行法治。法治应当符合两重意义，已经成立的法律获得普遍的服从，而大家所服从的法律又应该是制定得良好的法律。人民可以服从良法还可以服从恶法。就服从良法而言，还得分为两类，或乐于服从最好的而又可能制定的法律，或不愿服从绝对良好的法律。"〔1〕换句话说，一个国家要实现法治的话，必须要制定良好的法律，这是前提条件；但是，如果良好的法律得不到遵循，仍然不能实行法治。所以遵守法律是实现法治的关键。

亚里士多德对法治的这个定义，对后代人们认识法治这一问题具有开拓性的指导意义。

2. 法治与人治的比较。亚里士多德针对柏拉图所说，法律必须同多数人相互关系，让一个人统治，这就在政治中混入了善性的因素，一个统治者受智慧所限，不一定能做出公正的判断，难免出现偏私。他认为："凡是不以感情因素治事的统治者总比感情用事的人较为优良，法律恰恰是没有感情的；人类的本性（灵魂）便是谁都难免有感情……那么，这就在于应当让最好的（才能最高）人为主法施令的统治者了。但在这样的一人为治的城邦中，一切政务还得以整部法律为依据。"〔2〕他断然说："法治应当优于一人之治，遵循这种法治的主张，这里还须辨明，即使有目的仍须领先某人的智虑，这总得限止这些人们只能在应用法律上运用其智虑，让这种最高的权力成为法律监护官的

〔1〕　［古希腊］亚里士多德：《政治学》，吴寿彭译，商务印书馆1983年版，第199页。

〔2〕　［古希腊］亚里士多德：《政治学》，吴寿彭译，商务印书馆1983年版，第163页。

权力。"[1]这也就是说，因为法律是由众人或属众人之智慧和经验审慎制定的，它总优于少数人或个人的智慧，故具有正确性。法律本身并没有感情，不会偏私，依法办事就具有公正性；法律本身并不会说话，不会像人们那样今天这样讲，明天那样讲，故具有稳定性，法律以文字形态出现，故具有明确性。因此，依法办事应当优于人治。

3. 立法。"对若干事例，法律可能制定并不周详，无法判断，但遇到这些事例，个人的智慧是否一定能够做出判断，也是未能肯定的。法律训练（教导）执法者根据法意解释应用一切条例。对于法律所没有周详的地方，让他们遵从法律的原来精神，公正地加以处理和裁决。法律也允许人们根据积累的经验，修改或补充履行各种规章，以求日臻完备。"[2]在这里，亚里士多德强调，在一个国家中，法律不可能定得详尽无遗，十分完备，凡有法可循时，按法律办事，凡无法可循时，按统治者的精神办事，并且应在实践中，不断地对法律加以修正和补充。

他同意柏拉图在《法律篇》中的意见。他说："制定法律时，立法家应注意到国境的大小和境内居民两个要素，但一个城邦的政府生活既不能脱离四邻，立法家也不可遗忘邻邦关系这个问题。"[3]另外，亚里士多德在立法中又加了一条，规定财产限额和各个家庭子女数，不注意这一点，将导致革命。他说："立法家在订立财产限额的同时还得规定各家庭子女的人数，这一点，他们却时常遗忘，而实际上乃是不应该疏忽的。倘使子女生的过多，家产不足以赡养，根据均产原则而制定的法律就不得不毁弃。原来是小康的家庭，现在已沦落到无法自给的境遇，身处这种不幸的人们。作奸犯科还是小事，这里已很难说他们不致引发人事叛乱（革命）了。"[4]

立法时，亚里士多德认为，还必须注意到一个原则，即法律必须变革，但变革要慎重。原始社会遗留下的许多习俗（指不成文的习惯法）必须废改，而且随后制定的法律也不应该一成不变。他主张，"明白了法律必须在某些境况在某些时候加以变革的理论。我们依旧要注意到另一论点，变革实在是一件应当慎重考虑的大事……法律所以能不失效，全凭民众的服从，而遵守法律的习性必须是前期的培养，如果轻易地对这种或那种法作这样或那样的废改，民众守法的习性必然消减"。[5]

---

〔1〕〔古希腊〕亚里士多德：《政治学》，吴寿彭译，商务印书馆1983年版，第167~168页。

〔2〕〔古希腊〕亚里士多德：《政治学》，吴寿彭译，商务印书馆1983年版，第168页。

〔3〕〔古希腊〕亚里士多德：《政治学》，吴寿彭译，商务印书馆1983年版，第63页。

〔4〕〔古希腊〕亚里士多德：《政治学》，吴寿彭译，商务印书馆1983年版，第69页。

〔5〕〔古希腊〕亚里士多德：《政治学》，吴寿彭译，商务印书馆1983年版，第81页。

亚里士多德还要求，在立法时，特别要重视教育，这一点他沿袭了柏拉图的观点。

4. 关于法律的定义问题，亚里士多德在自己的著作中并没有对法提出完整的确切的定义。但是，他在解释法律的各种含义时，对此问题也进行了必要的论述。从他的诸多论述中，我们看到他对法律的定义作了以下几方面的论述：

（1）法律具有正义性。亚里士多德认为，要使事物合乎正义，必须有毫无偏私的权衡，法律恰恰正是这样一个中庸的权衡。亚里士多德在这里第一次提出了法律就是正义这个观点。

（2）法律具有普遍性。这是从执行法律和公民守法的角度上来讲的。亚里士多德认为，一个城邦所制定的法律，要充分发挥其作用，全靠民众的普遍遵守。也就是说，民众必须普遍守法。

（3）法律具有平等性。亚里士多德认为，平民政体的第一个品种是最严格地遵守平等原则的品种。在一个遵守平等原则的城邦中，法律规定所谓平等，就是穷人不占富人的便宜，两者处于同样的地位。城邦不作对方的主宰。在这里，他第一次明确提出了自由民在法律面前人人平等的原则，这对后来资产阶级平等原则的提出具有一定的借鉴意义。

（4）法律具有稳定性和灵活性。制定法律与修改法律，要从城邦实际政治生活出发，法律一成不变是行不通的。他认为，如果社会一定要以守旧的法律为标准，就未免荒唐了。他说："人们倘使习惯于轻率地变革，就不是社会的幸福，要是变革所得的利益不大，则法和政府的威信总要一度降落，这样，变革所得的利益也许不足以抵销所得的损失，上述政治和其他技艺间的比拟并不完全相符，变革一次法律大不同于更新一门技艺。"[1]

（5）法律具有权威性。亚里士多德认为，在一个城邦中，法律应在任何方面都受到尊重而保持至高无上的权威。执法者和公民团体只应在法律所不及的个别事物上有所选择，两者都不应该去违反法律。

（六）社会变革论

亚里士多德同柏拉图一样，也生活在希腊各城邦动荡和严重危机的历史时期，所不同的是，亚里士多德所面临的是马其顿民族征服希腊各城邦的严峻局面。为了避免发生剧烈的社会变革，建立稳定的奴隶制秩序，他试图从发生社会变革的原因入手，提出了一套社会改良的方案。他把社会变革的原因分为一般和特殊两种。

---

[1] [古希腊] 亚里士多德：《政治学》，吴寿彭译，商务印书馆1983年版，第81页。

就一般原因而言，他认为，社会变革是由求平等和维持不平这两种欲望所引起的。"所谓平等有两类，一类为其数平等，另一类为比值平等。"[1]前者是指个人所得的相同事物在数量上和内容上与他人所得者相等；后者则是根据个人的真实价值，按比例分配与之对称的事物。这两种平等只能在同等级的人们之间实现，不能实现于不同等级的人们之间。他认为，在不同等级的人们之间按比例而作相应的不等待遇，这不能说不平等。但由于人们的立场不同，穷人认为这种不等待遇是不平等，而富人则认为是平等，于是，穷人要求平等，而富人则要求维持这种"平等"，两者间就发生冲突；如果是平民政体，富人就发生内讧，以维持不平等；如果是寡头政体，穷人就发动革命，以求得平等。亚里士多德说，这是引起争辩的革命的一般原因。

就各种政体发生变革的特殊原因而言，亚里士多德认为，平民政体的政变起因于群众领袖的放肆。寡头政体是执政者虐待平民群众以及执政集团之间的互相倾轧。贵族政体是统治集团门户过于狭隘以及不注意小节而酿成政变。君主政体是凌辱正义、恐怖、鄙薄和野心。

亚里士多德在讲了一般原因和特殊原因之后，提出了"保护各种政权的一般方法和维持各个政体的个别方法"，其总的原则是："相反的原因应当得到相反的结果，破坏和保存便是由相反作用引起的相反结果。"[2]即要避免某种破坏，必须保持与破坏他的因素相反的方法。这种方法，归纳起来体现着这样一些原则：整顿法纪防微杜渐，讲求忠信，协和全邦；时常警惕敌寇，团结人民，慎重各位，奖罚有节，注意邦内不逞之徒，伺察社会，勿让一部分人过度兴旺；禁止贪官污吏；民主的政体顾全富室，寡头政体扶助贫户，除开这些之外，还有最重要的教育一环。

（七）地理环境论

亚里士多德在勾画理想城邦时，提出了地理环境论。他认为城邦为履行农业、工艺、防卫、田产管理、祭祀、议事及审判这六项要务，必须具有两大物质条件，即人民和人民所居住的土地。"公民群众和土地（境界）就是所谓各种条件中的重要事项。"[3]他把一个国家的地理位置，疆域大小及其外形，气候等，看做是立国建邦的重要因素。

亚里士多德认为，国家的疆域不宜过小，也不可过大。"就国境的大小或土地的面积来说，应当足以使它的居民能够达到闲暇的生活为度，使一切供应

---

[1]　[古希腊]亚里士多德：《政治学》，吴寿彭译，商务印书馆1983年版，第234页。
[2]　[古希腊]亚里士多德：《政治学》，吴寿彭译，商务印书馆1983年版，第265页。
[3]　[古希腊]亚里士多德：《政治学》，吴寿彭译，商务印书馆1983年版，第252页。

虽然宽裕但须节制。"〔1〕一国地理形势要利于防卫，使敌军难以进入而居民都容易外出。一国中心城市应是海路交通的中心，全邦军事中心和商业中心。

亚里士多德强调说：滨海地区给国家会带来许多好处。"海滨对于一邦的城市及其全境无疑是有利的，这不仅对国防有益，还可以利于流通物资，使境内获得充分的供应。"在军事上，海滨可以兼收攻防便利之长处。在经济上，可输入"本邦所不生产的物品"，输出"本邦生产有余的产品"。〔2〕为着兼有军事和经济之利，当权者应建立适度的海军，应管好国家的贸易。

亚里士多德认为，民族的秉性是由地理环境决定的，至少是与地理环境有很大的关系。他说，北方寒冷的地区各民族"精神充足，赋予热忱"，"但大都不善于技巧，而缺少理解"；亚洲各民族"多善于技巧，深于理解，但精神卑弱，热忱不足"，故常屈从于人而为臣民，甚至沦为奴隶；希腊各民族则兼有这两种禀赋和品德，既有热忱，也有理智，精神健旺，所以能永葆自由，政治也得到高度的发展。因为，希腊地处两大陆之间的世界中心。

---

〔1〕［古希腊］亚里士多德：《政治学》，吴寿彭译，商务印书馆1983年版，第350页。

〔2〕［古希腊］亚里士多德：《政治学》，吴寿彭译，商务印书馆1983年版，第358页。

第二章　西塞罗和古罗马五大法学家

第一节　古罗马时期法学发展的概况及其特点

一、古罗马奴隶制国家的产生和历史发展

我们在前面导论中已经指出，古罗马奴隶制国家是由于外来人的入侵而产生的结果。古罗马奴隶制国家的发展大致经过了以下几个时期：

第一个时期为王政时期。时间约为公元前 8 世纪~公元前 509 年，是罗马氏族制度解体，国家逐步形成的时期。据历史记载，公元前 10 世纪，罗马就出现了家长制公社，处于军事民主时期。据称当时有 300 多个氏族，每 10 个氏族组成胞族，每 10 个胞族组成一个部落。当时的罗马城由三个部落组成，社会管理组织有库利亚会议、元老院和王。罗马的"王"相当于希腊时期的巴息利斯，是由人民大会选举产生的，并非世袭的。随着外族人的逐渐增多，罗马氏族内部开始分化。外来人主要是来自于拉丁姆地区的拉丁人。外来人也称平民，既非奴隶，又非贵族，经济上有一定的实力，政治上则无权。公元前 578 年，塞维·图里乌王进行了一项有利于平民的改革，平民才获得了一定的权利，可以参加公民大会。一般认为，这次改革是罗马从氏族制度过渡到阶级社会、王政时代结束和奴隶制国家逐渐形成的标志。

第二个时期为共和国时期。时间约为公元前 509 年~前 27 年。这个时期，由两个平行的执政官代替了"王"，"王"虽然还被保留，但已形同虚设，并无实权。元老院掌握着实际的权力，如公民大会选举之争官、刑事案件的最后裁定、对外宣战媾和等。国家机构进一步完善，职责分工进一步明确。这一时期的主要矛盾和斗争仍然是平民和贵族之间的矛盾和斗争。公元前 494 年，平民集体撤离罗马，迫使贵族不得不同意设立护民官，以保护平民的利益。公元前 450 年，《十二铜表法》的制定进一步肯定了平民的政治地位，扩大了平民的政治权利。随着政治经济的逐渐强大，罗马开始走向扩张主义道路，消灭了

"大希腊"和"迦太基",建立起了一个东起幼发拉底河、西达不列颠群岛、南抵撒哈拉沙漠、北至莱茵河畔的强大的罗马帝国。

第三个时期为帝国时期。时间大约为公元前27年~公元476年。从屋大维被元老院封为"奥古斯都"皇冠开始。分为前期帝国(约为公元前27年~公元284年)和后帝国时期(约为公元285年~476年)。奥古斯都的统治时期(公元前30年~公元14年)促进了社会稳定、经济发展,当时贸易畅通、交通发达,并继续向外扩张。到安敦尼王朝时(公元96年~192年),罗马疆域最大。公元1世纪中期,基督教开始兴起,于公元2~3世纪迅速发展传播,罗马统治者对基督教徒先迫害后利用,到4世纪将基督教定为国教。公元3世纪奴隶制经济、政治陷入危机,前期帝国在政治混乱中于公元284年结束。公元284年戴克里建立君主统治,后期帝国开始。君士坦丁在位时(公元306年~337年),加强了中央集权统治,将都城迁至君士坦丁堡。帝国的压迫剥削激起了广泛的人民起义,给罗马统治者以沉重的打击。公元395年,狄奥多西皇帝死后,帝国终于分裂为两个部分,即东罗马帝国和西罗马帝国。西罗马帝国连年战乱,经济衰落,统治日渐削弱,日耳曼人不断入境,多次发动反罗马统治者的起义。公元476年,罗幕路斯·奥古斯都被日耳曼人所征服,西罗马帝国从此灭亡。东罗马帝国(或称拜占庭帝国)推行封建化,一直存在至公元1453年,后为土耳其所征服。

二、古罗马奴隶制法的历史发展

古罗马帝国对后世法律发展影响最大的就是它为后代留下了一部内容完整、逻辑结构严谨的"古罗马法"。它表明古罗马奴隶制的立法已经达到相当成熟的程度。

罗马法是指从《十二铜表法》至《查士丁尼法典大全》几个古罗马历史时期罗马奴隶制国家全部法律规范的总称,它是古代奴隶制法中最重要和最发达的部分。罗马法的内容相当庞杂,它包括了国家法、刑法、私法等,其特点是诸法合一,不加分类,实体法和程序法混杂,其中最完备、对后世影响最大的是罗马私法(主要是指民法),故法学家通常把罗马私法和罗马法作为同义语。罗马法不仅在体系上比较完整和严谨,如将法分为人法、物法、诉讼法等,而且在立法技巧上也十分高超。特别是罗马法中所反映的商品生产和商品交换的有关内容的法律规定相当充实、完备和精辟，它对简单商品生产和商品交换中的各种法律关系都作了较详尽的规定，对后世资本主义法的发展起了很重要的作用，产生了深远的影响，从而成为资本主义国家民事立法的主要依据，特别是对大陆法系国家的民法的形成和发展产生了较大的影响。正如恩格斯所提出的："人们可以像西欧大陆那样，把商品生产者的第一个世界性法律，即罗马法以及它对简单商品所有者的一切本质的法律关系（如买主和卖主，债权人和债务人，契约和债务等）所作的无比明确的规定作为基础……人们可以在资产阶级大革命以后，以同一个罗马法为基础，创造出和法兰西民法典（Code Civile）那样典型的资产阶级社会的法典。"[1]美国学者莫里斯在《法律发达史》一书中指出，美国法也继承罗马法："近 125 年间在美国所制定的一切良好的法律——并且也有很多简陋的法律——大都是为从事废除封建时代的规则和陋俗而恢复到罗马法的原则，有时甚至还回到罗马法的字面上去。换句话说，罗马法和封建主义的'普通法'间的竞争，到今天还继续着。"[2]

从罗马法的形成和发展来看，它大致经历了以下几个时期：

1. 罗马奴隶制国家的形成至共和国初期（公元前 8 世纪~公元前 3 世纪）。这是从罗马城市的建立到奴隶制经济关系开始占统治地位，由习惯法到成文法的发展时期。古罗马社会的主要矛盾表现为贵族和平民之间的利害冲突，斗争的结果是平民的胜利，消灭了旧的氏族制度，并在它的废墟上建立了国家。但奴隶制共和国的建立并不意味着这种矛盾和斗争的结束，因为它只是给原先就享有自由的平民带来了土地和兼营工商业的权利，而对平民较关心的政治权利却丝毫没有满足。他们依然无权参与被征服土地的分配，相反倒是必须履行纳税和服兵役的义务，尤其在司法方面，贵族独揽国家的立法和司法大权，他们依靠国家权力为后盾，在解释和适用习惯法规范时完全随心所欲，致使平民处于司法专横的统治下，得不到必要的法制保障，而作为这场斗争的第一个重大胜利标志，就是后来《十二铜表法》的诞生。然而，《十二铜表法》所产生的直接后果也不过是反映了平民权力地位的逐步提高的事实。至于他们的政治法律地位则由于面对法律形式肯定下来的残酷的奴隶制，同样并未得到根本的改善。所以，在罗马建国之后的一个相当长的历史时期内，平民同贵族的斗争一直是围绕着土地问题和债务问题而展开的，并由此构成了罗马共和国初期的基本历史内容。平民利用罗马国家经常进行对外战争造成的条件，总是

〔1〕《马克思恩格斯全集》第 21 卷，人民出版社 1965 年版，第 346~347 页。

〔2〕［美］莫里斯：《法律发达史》，王学文译，商务印书馆 1933 年版，第 179 页。

用拒绝服兵役的办法来反抗贵族，携带武器离开罗马，开展所谓的"分离运动"。至公元前 3 世纪，仅大规模的"分离运动"就开展了多次，而多次都能以贵族的让步而奏效。平民胜利的第一个成果是罗马国家被迫设置了保民官和平民会议。保民官既是平民的高级官吏又是罗马民主制的一种特殊监督机构。它由平民会议选举产生，对执政官侵犯民主权利的法案有否决权。后来，平民会议又逐渐获得了享有完整的立法权的议会地位。它的决议具有国家法律的性质，约束力同样及于贵族。至公元前 287 年，这次斗争成果又以荷尔田西乌斯法案正式固定下来，取得了必要的保障。与此同时，通过先后迫使贵族节节让步，平民还促成了有利于自身利益的几个重要法案的产生。例如，公元前 367 年的李锡尼尔斯—赛克斯提乌斯法案，确认了平民担任执政官和其他高级官吏的权力，取消了对平民不能与贵族通婚的限制。公元前 326 年的波提利阿法案，又在经济立法方面废除债务奴隶制，并且明确规定平民占有国有土地的最高份额可达 175 公顷。这样，平民与贵族之间经过 200 多年的斗争，取得了完全意义的公民权。当然，斗争胜利后真正取得实惠的是平民上层而不是穷苦的平民，所以在罗马社会从此开始出现旧贵族与平民上层"完全触合"的现象，并且在此基础上形成了大土地所有者和金融寡头新贵，继而将罗马国家和罗马法推向一个新的历史发展时期。

2. 罗马国家向外征服至共和国解体时期（公元前 3 世纪～公元前 1 世纪）。对于罗马统治集团来说，债务奴隶制的废除与奴隶制经济的迅速发展二者间形成的矛盾状况无疑是不利的，于是他们为了保证对大量劳动力的需要，变本加厉地依靠发动侵略战争的办法来大肆掠夺奴隶，加紧对外扩张征服。由于出兵的不足，他们引诱大批小农（即平民或基本群众）来充当炮灰；被征服土地日益增多，他们便按省进行统治。从农业到建筑业和采矿业，从手工业到家庭劳动，处处都是大规模地使用奴隶劳动，而罗马当时奴隶价格之低廉，剥削程度之残酷，更为古代世界所罕见。罗马帝国在独霸地中海之后，随着商业高利贷阶层的出现，商品生产和货币流动加剧。对外贸易往来大大加强，很快由一个农业国发展成为海上贸易强国。与罗马奴隶制经济迅猛发展相伴而行的是，社会阶级矛盾的不断加剧，终于导致了罗马共和国的总危机，奴隶主统治集团在经过长期连绵不断的内战之后，依靠军事独裁的办法，为摆脱总危机找到了一条出路。公元前 27 年，屋大维披着共和制的外衣在罗马始建元首制。从而在实际上结束了共和，宣告帝政时期的开始。从此，罗马法的理论和形式开始发生变化，法律规范的内容得以进行许多调整和补充，法律适用范围愈来愈扩大。无论在法律制度，法律结构或法律功能方面，都比以前更加完备和更加符合简单商品生产者的社会需要了。换句话说，这一时期是罗马法由市民法向公民法的过渡时期，罗马法进入成熟期。

3. 罗马帝国初期（公元前 27 年~公元 3 世纪）。这是罗马国家统治秩序相对稳定，罗马法的鼎盛时期。由于社会安定，行省地位提高，水陆交通发达，技术交流活跃，致使罗马奴隶制经济特别是商业和手工业在原有基础上又有所发展，甚至一些行省的经济还出现了繁荣的局面。在欧洲的高卢（今法国）和西班牙等地，在矿业、手工业和葡萄种植业的兴起，海上贸易往来发展很快的条件下，东西方之间的商品交换也日趋频繁，除首都罗马外，还有许多商港成为商业大城市。这个时期的情况表明，罗马社会的生产力已发展到了新的水平，原来奴隶制生产关系已经不能再适应它的要求，新的危机正在孕育。这时奴隶来源枯竭，价格昂贵，反抗奴隶主剥削与压迫的斗争也愈来愈尖锐。公元 1 世纪出现的"农制"，在 2 世纪已广泛流行，这种阶级关系的变动，又引起了政治法律制度的重大变革。在皇权高度集中的情况下，罗马统治集团又不得不开始注意调整被征服地区居民与罗马公民之间的关系，于是把公民权逐渐授予各行省的居民，准许除奴隶以外的一切自由民都享有与罗马公民平等的法律地位，以此来扩大帝国的社会基础，缓和社会的各种矛盾和斗争。这样罗马社会的阶级关系比以往更简单化了，富人、无产者和奴隶成为三个主要的阶级，除存在着自由民和奴隶的界限外，公民与臣主之间的差别渐渐消失。由此而来的是在罗马奴隶制条件下产生了自由民之间的私人平等，为罗马法的进一步发展奠定了基础。这个时期也被人们称之为罗马法和罗马法学的"古典时代"。这个时期罗马法兴盛发达的标志则是一个新的法学派别的出现，罗马皇帝依靠法学家的帮助，不仅全面制定了罗马法，而且为自己独揽立法大权找到了理论依据。

4. 罗马帝国后期至查士丁尼法典编纂时期（公元 3 世纪~6 世纪中叶）。从公元 3 世纪开始的罗马奴隶制危机，导致社会阶级矛盾的日益尖锐，经济和政治的日益衰落，庞大的国家机构成为奴隶制经济的负担，沉重的捐税使城市和农村凋敝不堪，矿山和手工业作坊纷纷破产停业。政治上的混乱和腐败现象更是严重。名义上全国只有一个皇帝，但近卫军和外省军团各自为政，擅立君主，公元 253 年~268 年间，在全国各地就出现了所谓"三十暴君"的局面。面对动荡不定的危机形势，罗马统治集团竭力挣扎，企图通过某种变革来谋求出路。公元 7 世纪以来，狄奥克别齐亚努斯帝把自己神化，正式改元首为君主，要求全体臣民顶礼膜拜，确立起立宪君主制，他还将帝国划分为 4 个行政区，分区加强其军事统治。公元 4 世纪初，康斯坦丁帝将帝国行政中枢从罗马迁至新都君士坦丁堡（今土耳其的伊斯坦布尔），妄图依靠东方的财富来维持其统治，并通过加强立法来奴役和压迫人民，同时对基督教徒由迫害转向采取支持和利用的政策，宣布基督教为"国教"，用宗教作为巩固帝国统治的工具。在这种情况下，罗马法的"古典时代"便一蹶不振，伴随着罗马帝国的衰落而衰落，4 世纪末，罗马帝国分裂为东西两个部分，西罗马帝国在公元 476 年灭亡后，东罗马帝国皇帝查士丁尼开始着手进行法典编纂工作，在罗马法的发展史上独辟了一个新的阶段，完全实现了法典化的努力，为后世留下了一部集罗马法之大成的《国法大全》。

三、古罗马时期法学思想的特点

在罗马法律思想发展中，有一个重要的渊源，它深受古希腊法律思想的影响。除受柏拉图和亚里士多德的政治法律观点影响外，它还直接来源于斯多葛学派自然法理论和理性的学说。罗马由狭小的城邦扩张为一个大的帝国，在政治上发生了深刻的变化。这种变化对于国家政体、法律制度、思想和宗教的影响，都是无法估量的。就思想领域来说，从个人的观点转向另一种类似集体的观点，或者称之为一种共通的观点，这在古希腊是很少见的。当然，罗马的这一变化，在希腊斯多葛学说中可以找到理论上的根据。其一，斯多葛学派认为个人是自足的主张，成为罗马所产生的个人观念的理论依据。其二，斯多葛学派关于世界国家（World-state）的理论也是根据之一。这种理论认为，人是有理性的，上帝也有理性，上帝与人一样，也是这个世界国家中的一个公民。世界国家以正当的理性（right reason）为其存在法则，这种正常的理性昭示人们：什么事情应该去做，哪些事情又不应该去做，换句话说，正当的理性就是自然法，它是人类的普遍法则，是永恒不变的上帝，一个国家的统治者和被统治者都是受这种普遍法则统治的。卡里西巴斯（Chrysippus）曾在《论法律》一书中这样说："法律是上帝及人们所有行为的统治者。他应该是辨别光荣与卑鄙的指导者、统治者和引导者。所以，它也是识别什么是公正，什么是不公正的标准，对一切有理性的社会动物而言，法律是指示他们什么事必须做，以及什么事不应该做的指针。"

在斯多葛学派的学说中有一个著名的观点，认为人们应该是一律平等的。反对把人分为希腊人与"野蛮人"、贵族与平民、主人与奴隶、富人与穷人等不同的级别。卡里西巴斯曾明确表示，没有天生的奴隶，奴隶是由社会制度造成的。这个学派还承认，一个国家公民的资格是以理性为前提，而理性又是人人所共有的。又说，任何一个国家的公民都具有两种法律：一种是自己城市国家的法律；另一种则是这个世界国家的法律。这两种法律相比较的话，以理性的法律权威性最大，它是各个城市国家习惯法必须遵守的规范。各个城市国家的习惯法虽然不同，但人类的理性只有一个。因此，斯多葛学派的政治法律学说，不仅对后来的罗马法律思想的发展有着极深的影响，而且为后来罗马帝国的侵略和扩张政策提供了一个有力的理论根据。

具体说来，古罗马法律思想的特点表现在以下几个方面：

1. 更广泛、更深刻地反映了奴隶制社会的阶级矛盾。在西方世界的历史上，罗马国家是一个时间最悠久、地域最广阔、发展程度最高的奴隶主执政的国家。在这里，奴隶制社会中固有的阶级关系和阶级矛盾，例如，自由民与奴隶、贵族与平民、贵族与骑士、罗马人与地方行省人民的矛盾，以及后来庄园主与隶农的矛盾等，相应地得到了充分的表现。罗马的政治法律思想作为这样一个社会的上层建筑，必然呈现出极为复杂的状态，必然要发挥重要的作用。

2. 具有浓厚的实践性。罗马统治阶级为了维护其庞大而复杂的社会结构和国家结构，仅仅依靠抽象的哲学原理和伦理道德观念显然是不够的，必然要越来越多地诉诸立法的手段。这就决定了：在罗马思想体系中，法律和国家居于统治的地位；而法律思想日益摆脱了对于哲学和伦理学的从属关系，表现出了更大的独立性；在法律思想中，实践性大大优于理论性。如果说，古希腊的政治法律思想家通常都是学问家，尤其是哲学家的话，那么，古罗马的政治法律思想家则首先是个政治家或官吏。最突出的就是，罗马帝国的前二三个世纪里，法学家在国家中往往占有显赫的地位，这些人的主要任务就是要解决当时急需解决的个别问题、具体问题，用精确的措辞作结论，以解决法律纠纷。

3. 理论上的发展性。罗马国家虽然重视政治实践和立法实践，但在政治法律思想方面也有相当程度的发展。罗马人认为，个人不是依附于城邦而是独立的，国家有国家的权力，各人有个人的权力，国家仅仅是一个法人性团体。特别是罗马人创建了罗马法理论，对后世民法学的产生和发展产生了相当大的影响。

4. 强烈的个人主义和世界主义倾向。当年希腊地区，以伊壁鸠鲁学派和斯多葛学派为代表的个人主义和世界主义的政治法律思想，是马其顿扩张主义的产物。它在长达千余年的罗马国家中，找到了更肥沃的土壤。

罗马是一个很早就失去了血缘的同质性而成为异质性的地缘国家。随着领土的扩展，人和人之间的血缘关系越来越少，直至消失。这就意味着，罗马国家不存在像希腊国家中的那种整体的城邦观念和城邦的向心性。相反，它给自由民的个人发展开拓了广阔的天地，尤其在商品货币关系获得大发展和阶级分化极度激烈的情况下，个人主义便不知不觉地作为人们之间的权力与义务观念表现出来。罗马私法的发展，正是同这种观念分不开的。

5. 坚持专制主义。在城邦林立的希腊，其政体形式大多是民主制和贵族制，极少是绝对君主制，以至于希腊的政治思想家们一般都把绝对君主制看做是陈旧不堪的东西而不屑一顾。但是，罗马国家则大相径庭。尽管从总体上讲，罗马国家制度达到了西方奴隶制国家的顶峰，但它始终未曾实现过像伯里克利时代的雅典那样高水平的奴隶主阶级的民主制。相反，它一直没有摆脱过专制主义的阴影。即使在共和国最发达的时期，除了存在元老院的专政之外，还存在特别的执政官——狄克维多（专政一词的本源）。所谓罗马执政官，是罗马共和国时期最高官职，由同时选出来的两个人担任，任期 1 年。随着人民大会和元老院作用的加强，执政官手中保有的主要是最高军事统帅权；在民事管理方面，执政官的权力表现为召集并主持元老院会议和人民大会。后来，狄克维多即执政官发展为终身制，如苏拉、恺撒到帝国后期的奥古斯都。这种状况必然要在政治法律思想中得到体现。专制政治的概念或专制主义政治纯粹是通过政治法律实践树立起来的罗马人的观念。

6. 神学政治的出现。古希腊的政治思想家们，把国家和法律看做是自然的一部分来掌握。他们当中的许多人也把国家和法律看做是神的意志的体现，但是，绝不承认神把国家的权力交给了特定的那几个人甚至是一个人，当然更不会承认那个人是神在地上统治人民的全权代表或化身。而在罗马，随着皇帝的出现，特别是基督教的出现，教会的势力日益强大，基督教对世俗生活产生了越来越大的影响，皇权与教权两者得到了密切的结合，出现了"君权神授论"，为罗马的专制统治辩护，将罗马皇帝的权力加以神化，神秘的神学主义的政治法律思想应运而生。

在罗马法律思想发展中，罗马著名的法律思想家及立法者在理论中和实践中的贡献是不能低估的，他们对罗马法制的建设起过积极的作用。其中主要代表人物有波罗比阿（Polybius，公元前 204 年~公元前 127 年）、西塞罗以及古罗马的五大法学家。

第二节　西塞罗和他的《法律篇》

一、西塞罗的主要生平

罗马人与希腊人不同，希腊曾产生过许多著名的哲学家，而罗马则很少。希腊人注重理论探讨，罗马人则专务实际工作。但是，罗马帝国除了产生过有名的政治家外，还有像西塞罗（Marcus Tullius Cicero，公元前 106 年~公元前 43 年）那样著名的集政治家和法律思想家于一身的人物。他出生于意大利的阿平兰，16 岁到罗马求学，攻读法律和哲学。公元前 76 年之后，两任罗马重要官职，公元前 63 年被选举为执政官。第一次"三头同盟"上台掌权时，西

西塞罗

塞罗被流放于马其顿，不允许返回罗马。第二次"三头同盟"上台掌权时，他又遭政府逮捕，在流放途中，即在公元前43年12月17日，被第二次"三头同盟"中的独裁者之一的安东尼杀害。在罗马，西塞罗是把斯多葛学派的自然法思想同罗马法结合在一起的主要代表人物。在哲学上，他追随于柏拉图之后。在政治法律方面，他又接近于亚里士多德和斯多葛学派。特别是希腊的自然法思想，构成了西塞罗法律思想的理论基础。他的主要著作有《论共和国》、《官吏篇》和《法律篇》等。他的著作中的政治法律思想，在西欧中世纪经常被人所援用。到了12世纪之后，西塞罗的

《论共和国》一书失传了。直至19世纪又重新被人们发现，但其主要的思想论点早已被收入奥古斯丁和他人的著作之中。西塞罗的法律思想主要体现在他的《法律篇》一书中。

二、《法律篇》一书的主要内容

西塞罗的《法律篇》主要法律思想内容包括以下几方面：

（一）理性、法和正义的关系

西塞罗以自然法理论为基础，以人为前提，来解释人类理性、法与正义的关系。人是有预见的，有记忆力的，充分的理性和深谋远虑的动物，上帝赋予人一种高贵的地位。"理性只有当它充分发展和尽善尽美的时候，才能真正称作为智慧。由于无其他之物比理性更美好，并且由于它存在于人和上帝两者之中。所以人和上帝的第一份共同的财产就是理性。因为正当的理性就是法，所以我们必须认为人与上帝具有共同法。共享法的人，也必共享正义。因此，就应把共享法和正义的人们看做是同一国家的成员。"[1]在西塞罗看来，法体现了人类的理性和正义。

（二）法的定义

自然法既不能被废除，也不能被取消。自然是正义的本源，自然是衡量一切事物的标准。在上述思想指导下，他对法提出了自己的看法和定义："最渊

---

〔1〕 吴恩裕：《西方政治思想史论集》，天津人民出版社1981年版，第66页。

博的学者确定从法的定义着手，看来他们是正确的。若根据他们的定义，法就是最高的理性，并且它固植于支配应该做的行为和不应该做的行为的自然之中。当这种最高的理性在人类的理智中稳固地确定和充分地发展的时候，就是法。所以，他们认定法就是理智，支配正当行为和禁止错误行为就是法的自然职能。他们认为法的这种性质，在希腊人是从每一个人自身假定的概念中而得到的。因为，他们把公平这一概念归固于法这个词，所以我们给予法以选择的名称。其实，严格地说来，假定的概念都属于法。"〔1〕"十分清楚，当把原来的民族习惯用文字写出来并予以实施，人们就称之为'法'。从这个观点出发，就会欣然理解为各国所制定了的正义和非正义的成文法的人，是违背诺言和契约，他们所实施的东西也就根本不是'法'。十分清楚，'法'这一术语的绝对意义，实质上包含着选择了正当的和真实的概念和原则的。法是正义与非正义事物之间达成的一种契约；它们与自然的标准相符并构成了对邪恶予以惩罚，对善良予以捍卫和保护的那些人类法。"〔2〕

西塞罗在著作中，特别是在罗马的政治实践中，把希腊斯多葛学派的自然法原理引申到罗马法律之中，认为自然法是普遍存在的，是一种至高无上的法则，它的作用远远超过了人类领袖所制定的法律。从这个原则出发，他宣称人类所制定的法律符合民族传统代表理性。统治着全世界的是永恒不变的自然法。西塞罗认为，法不是人类思想的产物，而是依照它在支配和禁止方面的智慧，管辖整个宇宙的某种永恒的东西。因此，人类法律只有永恒的性质，并具

有指导正当行为和禁止错误行为的一种权力；这种权力不仅先于民族和国家存在，而且是与管辖并统治宇宙的上帝同时存在的。他还说过，凡是正当的和真正的法律都是永恒的，而且不与成文法相始终。

西塞罗在《论共和国》一书中写道：事实上有一种真正的法律（即正确的理性）与自然相适应，它适用于所有的人并且是永恒不变的，通过它的命令，这一法律号召人们履行自己的义务，禁止人们去做不正当的事情。它的命令和禁令永远影响着善良的人们，但是对坏人却不起作用。用人类的立法来抵销这一法律，法在道义上绝不是正当的，

---

〔1〕　吴恩裕：《西方政治思想史论集》，天津人民出版社1981年版，第64页。
〔2〕　吴恩裕：《西方政治思想史论集》，天津人民出版社1981年版，第77页。

限制这一法律的作用在任何时候都是不容许的，而要想完全消灭它则是不可能的。无论是元老院还是人民都不能解除我们遵守这些法律的义务，它也无须塞克斯图斯、埃利尔斯来加以阐述和解释。仅仅是在罗马的一项规则，而在雅典则为另一项规则；也不会是今天的一种规则，而明天则是另一种规则。有的将是一种法律，永恒不变的法律，任何时期任何民族都必须遵守的纪律，而且看来人类也只有一个共同的主人和统治者，这就是上帝，他是这一法律的起草人、解释者和监护人。不服从他的人们就是背弃了他的较好的自我，而由于否定一个人的真正本质，他将因此而受到最严厉的惩罚，尽管他已经逃脱了人们称之为处罚的一切其他后果。[1]

（三）法律同执政官、同政体的关系

西塞罗在其著作中十分重视法律同罗马执政官，法律同罗马共和政体的关系。这一点反映了共和时期的特点。国家是一个道德的集体，是共同拥有这个国家及其法律的人的集团。因此，他把国家表示为 respopdi 或 res publia，意即"人民的事业"，这种用语实际上同较古老的英语一词"Commonwealth"，即共和国用法相类似。因此，共和国（Commonwealth）是人民的事情，人民又是以任何方式相互联系的任何人的集团，而且集合到一定的相当数量的这样的一些人，他们同有关法律和权利的一个共同的协定及其参与权利的愿望而始终在一起。[2]

西塞罗在阐明法律与执政官的关系时认为，正确而合法地行使政治权力，才是真正的人民的共同权力。行使这种权力的执政官，依靠法律来办事，所以，执政官是法律的产物。他在《论共和国》一书中说："一个执政官的职责是按照法律对人民进行统治，并给予正当的和有益的指导。因为法律统治执政官。所以执政官统治人民，并且我们可以真正地说，执政官乃是说话的法律，而法律乃是不会说话的执政官。""我们需要有执政官，因为没有他们的精明和谨慎的管理，一个国家是不可能存在的。实际上共和政体的全部性质是由有关的执政官的安排决定的。我们不仅要告诉执政官有关他们的行政权限，我们也要教育公民按照他们的义务范围去服从执政官。因为胜任统治的人在过去一定是服从他人而且恭顺地服从他人统治的人，尔后某时显露头角而当上统治者。所以，服从者应该有希望在未来当统治者；而统治者记住人们服从自己只是暂时的。正如查伦达斯在他的法律中所规定的，我们必须规定不仅公民对执政官要服从和尽职，而且执政官同时要热爱和尊敬人民。的确，我喜欢柏拉图

---

〔1〕〔古罗马〕西塞罗：《论共和国》，王焕生译，上海人民出版社 2006 年版，第 3 卷第 22 章。

〔2〕〔古罗马〕西塞罗：《论共和国》，王焕生译，上海人民出版社 2006 年版，第 1 卷第 25 章。

的思想。他认为反对他们的执政官的人，如同泰塔斯反对上帝之行为，应划分泰塔斯之流。"[1]

国家制定的法律和国家要永远服从上帝的法律。道德构成自然法，这种法律超越了人的选择和人设立的制度，它是更高一级的正义统治，国家使用暴力，只有在用来实现公平和正义的原则时才是正当的。这一原则在整个中世纪被人们信守下来，成为西方政治学的一份遗产。

（四）权力均衡原则

西塞罗在自己的著作中还提出了一个国家权力均衡原则的重要论点，以便防止君主专制和贵族集团篡夺国家权力。这种均衡原则，对后来资产阶级分权理论的形成和对英国宪法所规定的制衡原则的实施起了很重要的影响。"因为这个方案是使国家权力均衡的模式。一个政府是由它的行政官和指导国家事务的人员组成的，而且不同类型的国家是根据那些国家的行政官的体制来区别的。由于这种最明智和最公正的权力均衡体制早已经由我们自己的祖先设计出来了……因为执政官的权力不是天然产生的，当它独自突起的时候，难道不应该看作是对人民权力的僭取和专制吗？然而，对于那种权力的一种适度的和明智的限制，从那时以来就已经存在了。"[2]

究其原委，西塞罗的国家权力均衡的观点，是深受亚里士多德关于混合政体宪法制度（Maxed constitution）和政体构成三要素思想的影响。亚里士多德认为，每个国家都有两种要求掌握政权的势力，这两种势力的相互冲突导致了政治上的不安定。所以，他提出了一种混合宪法的制度：把奴隶主的民主制和寡头制合二为一。他认为，政体构成的三要素是每一个优良的立法家在制定法律时所必须考虑的。所谓三要素，即国家的议事职能、行政机能和审判机能、具有不同机能的国家机关各司其事、各尽其职、相互制约。

除此以外，在西塞罗的政治法律思想中，还有两个重要的观点：其一，他相信混合政体形式的优越性；其二，国家政体的历史循环论。这两个论点又是从波罗比阿或者是从珀尼西阿斯那里沿传下来，并根据罗马的实际情况加以发挥的，西塞罗在罗马执政时期，罗马帝国的共和政体是当时政治实践中最稳定和最完善的一种形式。

（五）罪刑相适应原则

在人类历史类型法的发展过程中，奴隶制法是人类历史上第一个剥削阶级

---

〔1〕　法学教材编辑部《西方法律思想史编写组》编：《西方法律思想史资料选编》，北京大学出版社 1983 年版，第 80 页。

〔2〕　法学教材编辑部《西方法律思想史编写组》编：《西方法律思想史资料选编》，北京大学出版社 1983 年版，第 83~84 页。

类型的法律，它具有野蛮性和残酷性的特点，刑罚手段异常野蛮和残忍，是一部非人的法律。针对这一现实，西塞罗提出了罪刑相适应的原则和公开审判的原则。因为奴隶制法的一个重要特点就是罪名不公开。而西塞罗提出这一原则具有历史的进步性。"不应该提出个人例外的法律。只有在全体民众大会之前，并且经由监察官已经登记载入公民册的公民的查证核实的情况下才可以对公民处死和剥夺其公民权。不论在候选期间或是任期内还是任期以后，不准任何人赠送和接受礼物。对于违犯任何法律的惩罚应与犯法行为相符合。"[1]在罗马执政官无论是宣布死刑或者罚金的判决之后，都必须把这些罚金或者使用其他刑罚手段的最后判决，在人民面前进行公审。

第三节　古罗马五大法学家对古罗马法的贡献

在罗马法形成和发展时期，罗马法学家对罗马法作出了巨大贡献，按当时罗马皇帝的规定，五大法学家的任务是：除了帮助罗马皇帝立法工作外，他们还负责解释法律，解答法律上的疑难问题，编撰合法证书（即法律文书），指导诉讼活动等，到了奥古斯都时期，还赋予某些法学家"公开解释法律特权"，当意见一致时，就具有法律上的效力，如发生分歧，法官也可参酌判案。罗马皇帝非常重视罗马法学家的活动，曾经专门公布引证法，并明文规定，遇有疑难问题时，成文法无明确规定的，要按照五大法学家的著作来解决，观点不一致时，以多数观点为准，相同者则遵照帕比尼安的学说。这里指的五大法学家是：盖尤斯（Gaius，117年~180年）、保罗（Poulus，121年~180年）、乌尔比安（Ulpianus，170年~228年）、帕比尼安（Papiniouin，约140年~212年）、莫得斯蒂努斯（Mosdestinus，? 年~250年前后）。概括起来，他们对法学的贡献主要体现在：

1. 形成了罗马法学研究的繁荣局面。在罗马法发展史上，初期的罗马法内容简单，所叙又残缺不全，罗马国家发展中所出现的不少法律问题，是无法依据它来研究解决的。况且，最初的法学研究为贵族和僧侣所垄断，在法律解释方面又存在着拘泥于原理、忽视理论的倾向，平民习法无门，更与法学研究无缘。至3世纪，贵族、僧侣解释法律的特权始遭冲击，平民开始获得学习法律的机会，研究法学的人逐渐增多以后，罗马法学才有了发展。法学家们将提出的问题及其解答汇编成册，广为宣传教育，而且还从具体问题的研究中概括

---

〔1〕　法学教材编辑部《西方法律思想史编写组》编：《西方法律思想史资料选编》，北京大学出版社1983年版，第83页。

一般性原则，甚至将这些原则加以辑录整理，用来指导、解决司法实践中法无明文规定的问题。因此，法学的繁荣同样也推动了罗马法的发展。这一时期盖尤斯所编纂的《法学阶梯》一书，可以说是人类历史上第一部法学专著。

同时，古罗马法学家在法典编纂方面所做的贡献，使罗马法进入了更加系统化和理论化的阶段。在这个时期的罗马法中，"法律"概念本身的含义愈来愈明晰，在使用上也日益严格。"法律"被赋予双重意思，一是权与法不分，混同权利与法律。这种思想源于拉丁语义。在拉丁语中视权利与法律为一物的记号是"Jus"，这正符合罗马法学家关于"权利本位"的法律观。二是法律与道德、正义。认为法律体现人类理性的必然要求。关于法学的意义，也是这个时期古罗马法学家注重探索的一个问题。他们重视法学，对法律科学作过很多解释，其中带有普遍性的观点是把法律与宗教、道德混淆起来，致使法律意识与道德又蒙上一层宗教的色彩。在法学家乌尔比安看来，法律科学是神事和人事的知识，是正与不正的科学。他的这种观点，在某种意义上说反映了整个这个历史阶段罗马法的发展水准。

2. 对罗马法进行了分类。法律的分类是罗马法发达的标志之一。罗马法学家或依据法律的本质源流，或侧重法理的不同观点，或基于法律的形式的差异，或是遵循历史发展的线索，对罗马法提出了种种分类方法，而在他们看来这都是研究罗马法所绝对必需的，具体说来，他们对罗马法进行了如下分类：

（1）公法（Jus publicum）和私法（Jus privatum）。这是古罗马法学家乌尔比安的首创。在他看来，"公法"规定罗马国家的状况是保护整个国家和社会利益的法律，调整对象主要是宗教祭祀活动、国家机关活动及其公职人员的权利义务关系等；"私法"则规定罗马社会个人的利益，是保护一切私人利益的法律，调整对象主要是罗马人之间的一切财产关系与人身关系，如所有权、债权、婚姻家庭与继承关系等。前者被认为是罗马社会的基础，后者被认为是纯粹个人利益的事情。公法规定是硬性规定，不因个人协议而改变，必须举国一体遵循；相反，私法具有一定的弹性，不像公法那么严格。

（2）成文法（Jus scriptum）和不成文法（Jus nonscriptum）。这是按照法律的表现形式所做的一种划分。成文法专指所有见诸文字，以书面形式发表的，具有法律效力的法令和决议等；不成文法即习惯法，泛指罗马城邦建立以来的一切习惯。

（3）市民法（Jus civile）与万民法（Jus gentium）和自然法（Jus naturale）。这是乌尔比安主张的一种划分方法，但法学家盖尤斯则不赞成这种主张。市民法属于罗马古老法制的规范，它的含义是特定的，专指罗马城邦固有的法律。万民法形成的历史比市民法要晚得多，意思是"各民族共有"的法律，就其适用范围来说，涉及古罗马帝国所管辖的所有地域，它是罗马国家法制适应于对外征服政策的需要。自然法在当时的特定含义是指适用于全人类的法律，甚至扩展为适用于所有动物的规则。

（4）市民法（Jus civile）和最高裁判官法（Jus honorarium）。最高裁判官法是万民法的别称，又是所谓大法官法的重要组成部分。它是指最高裁判官在其一年任期内行使职权而发布的法令（即告示），当时纳入了大法官法中，又统称为大法官法或官吏法。它的出现是对市民法的补充和发展。

3. 罗马五大法学家对古罗马奴隶制国家的立法和司法的发展也做出了巨大贡献。在古罗马时期，由于一些执政官对法律无知，因此，他们重视法学家对法律的解答，有时竟将这类意见形同立法，在办事中无不参照遵循，它为古罗马法的发展起了重要的作用。

第三章　西欧中世纪神学法学的代表人物奥古斯丁和阿奎那

第一节　神学法学产生的历史背景及其主要内容

一、早期基督教的社会原则

基督教产生于罗马帝国统治的今巴勒斯坦地区，产生于犹太人与阿拉伯人战争失败后。关于它的产生，《福音》编造了一个神话。马克思主义认为，任何宗教的产生都有社会和认识两个方面原因。基督教最应当表现为一个具有深刻内容的社会运动和思想运动。它是罗马帝国初期的被压迫阶级、被压迫民族反对罗马帝国统治的不满情绪的表现和产物。正如恩格斯所说："在早期基督教的历史里，有些值得注意的与现代工人运动的相同之点。基督教和后者一样，在其产生时也是被压迫阶级的运动：它最初是奴隶和被释放的奴隶、穷人和无权者，被罗马征服或驱散的人们的宗教。"[1]最初的基督教主要是从属于人民最下层的，并合乎革命潮流的那些受苦受难人民中来的，它只在穷人、受难者、奴隶和被抛弃的人中间招收其信徒，而对权势分子和特权人物则是鄙视的。例如，《圣经》曾记载了这样一个故事：耶稣行路时，一个富有的人跑来，跪在他的面前，问他说："良善的夫子，我当凭什么事，才可以永生呢？"耶稣对他说："你要承受永生，必须变卖你的财产去交给穷人，就必有财富在天上，这样，你就可以享受永生了。"这人听见这话，脸色大变，只好忧忧愁愁地走开了。耶稣一看，对其门徒说道："有钱财的人进神的国是何等的难哪，骆驼穿过针眼比财主进天堂还容易呢。"从这个故事中，我们可以清楚地看到，原始基督教反映了下层穷人对财产不平等认识的一种消极反抗的心理状态。穷苦人之所以能够成为原始基督教的社会基础，主要是发生于公元1世纪

---

〔1〕《马克思恩格斯全集》第22卷，人民出版社1965年版，第525页。

内，他们举行的多次起义被血腥镇压，获得物质上对解放已经绝望，便企图寻求一种精神安慰，以慰平他们不平等的心理状态。正如恩格斯所说："安慰不是要代替那失去了的哲学，而是要代替那失去了的宗教，它必须以宗教的形式出现。"[1]这样，起义失败后，无从摆脱苦难的穷人和奴隶，就把希望寄托于幻想之中，寄托于神的保护之下，它为原始基督教的产生预备了社会和心理条件。

马克思说："宗教里的苦难既是现实苦难的表现，又是对这种现实苦难的抗议。"作为对现实苦难的抗议，原始基督教斥责社会现实的不平等，鄙视富人，仇恨压迫者，它把主人咒骂为"要吞吃贫乏人，使困苦人衰败"的害良者。它以"大淫妇"来影射罗马帝国，以七头十角的怪兽来影射罗马皇帝尼禄，把罗马统治者统统比作魔鬼。它发出了穷人的呐喊："圣洁真实的主啊！你不审判住在地上的人，给我们伸流血的冤，要等到几时？"它号召信徒同魔鬼进行圣战，火烧尼禄，把魔鬼"捆绑一千年"，用千年王国代替罗马帝国，正如恩格斯所说："这里根本没有'爱的宗教'，什么'要爱你的仇敌，要给恨你的人祝福'等等；这里宣讲的是复仇，毫不隐讳的复仇，健康的、正当的对基督徒迫害者的复仇。"[2]原始基督教反映了穷苦人民经过斗争而缔造幸福社会的理想。在它的"千年王国"的理想里，罗马帝国及其一切制度，将从根到顶的倾倒，将永远抛到"硫磺火湖"中去。地上的君主、大臣、将军、富户、壮士将变成奴隶，被投入到无底深渊。奴隶将变成主人与基督共享美满的生活。这儿没有私有财产，没有压迫和奴役。这儿人人平等，共同劳动，共同消费。这儿实行民主制度，信徒之间互称"兄弟姐妹"，男女平等，共过朴素的生活。这些杂交了原始民主主义和原始平均主义的主张，同时也反映了穷苦人们的禁欲主义思想，使之成了原始基督教的道德观。

原始基督教宣扬"信徒因基督牺牲而得救"这种信仰，这对当时的奴隶和穷苦的人来说就意味着：个人信奉基督就可以得救，就可以摆脱命运、死亡和各种鬼魔的恐惧，即便是被社会鄙视和抛弃的人，也同样可以得救。但是，这种信仰是一种意识上的安慰。在现实世界中是难以实现的。这样，它就把对现实的追求变成了对天国的幻想，不是号召被压迫者进行积极的反抗斗争，而是要人们忍耐，等待基督降临人世，缔造天国，解救众人。这个天国又是死后的彼岸，在现实世界中是无法实现的。这就使原始基督教里存在着软弱无力，坐等天堂降临的消极内容。基督教的这种宿命观消极无为，正好被统治阶级所

---

〔1〕《马克思恩格斯全集》第19卷，人民出版社1971年版，第334页。
〔2〕《马克思恩格斯全集》第22卷，人民出版社1965年版，第544页。

赏识和利用。

由于原始基督教来源于社会的下层，表现了受剥削、受奴役人们的消极反抗心理。因此，当基督教刚出现时，遭到了统治阶级的歧视和迫害。然而，随着罗马奴隶制的不断衰亡，一些破落的奴隶主贵族开始加入基督教的行列，想以此来安慰自己失落的心理，希望通过基督教来寻求一种精神寄托。因而，到公元2~3世纪，基督教就发展成为一支不可忽视的社会力量，罗马统治者无力去对付基督教运动，因看到基督教可以成为它扩大统治基础的工具，故而逐渐把过去反对和镇压政策改为支持、利用和改造政策。在基督教发展史上，公元325年是一个值得纪念的年头，因为这一年里，由罗马帝国皇帝君士坦丁在尼西亚召开并主持了基督教历史上第一次公开的"主教公会议"，确定基督教只"信仰上帝"，正式取消迫教令。其后，君士坦丁成为基督教徒。公元392年，狄奥多西皇帝颁布法令，禁止基督教以外的其他一切宗教的合法存在，使基督教正式成为罗马国教。

原始基督教成为罗马国教之后，统治阶级一面予以组织上的改造，另一面则赋予基督教的原始信仰以神学内容，消除其中曾经有过革命意义的思想，按照新柏拉图主义、新斯多葛主义等制定教义，形成了统一的神学教义。经过公元397年的迦太基宗教会议，《旧约》和《新约》被宣布为正典，形成《圣经》。《圣经》确定后，宗教职业者便开始宣传基督教的信仰，他们通过注经和释经，使自己成为解释基督信仰和教条的权威，被信徒们称作为"师父"或"教父"，他们的神学理论则被称为"教父学"。"教父学"吸收了当时流行的各种哲学思想和原始基督教中的那些消极因素，形成了神学唯心主义思想体系，从而形成为罗马统治阶级服务的神学世界观。罗马统治者们妄想依靠信仰基督教和利用基督教来控制帝国"江河日下"的局面，这只能是画饼充饥而已。因为，罗马帝国的灭亡已经是不可逆转的历史潮流。但是基督教的"教父学"却被中世纪思想家和统治阶级所继承，使之成为西欧中世纪封建统治的精神支柱，并影响到社会生活的各个方面。

二、教会学的基本内容

1. 创世说。基督教的教义学认为世界万物都是上帝从空气中创造出来的，这集中反映在《圣经》之中，圣经中虚构了整个世界，包括日月星辰、光明与黑暗、陆地和海洋、鸟兽木石等全部生物。人是上帝所创造的，上帝用地上的尘土捏成人的形象，然后注入灵魂，从而使之成为人，所以，人必须信仰上帝，敬畏上帝和服从上帝。在基督教徒眼里，上帝是万能的，其鼓吹天命论，提出人类的理性应为服从宗教信仰，哲学、政治、法律也应服从于神学。

2. 三位一体说。在基督教的教义中，上帝是世界的主宰者，是一个有意志、有智慧、有感情的人格化的神，具有圣父（天上的上帝）、圣子（地上的救世主）和圣灵（指圣父、圣子和人的东西）的三重人格。也就是说，他们认为，圣父生圣子，圣子是父的道，通过童贞女子感受圣灵而受胎成为肉身，神以人的身体来拯救世界。这三重人格，不是分别存在一个实体中，而是共存于同一个神的实体中。

3. 原罪说。它认为人类的始祖亚当和夏娃被创造出来就犯了罪，从此其子孙都带有"原罪"，这是上帝给予人类的永远不能解脱的惩罚，根据《圣经》的虚构，人类的始祖亚当和夏娃在天堂的王国里，受到蛇的唆使违反上帝的禁令，偷吃了智慧果，犯了大罪，受到上帝的惩罚，被打发到人间来劳动受苦。他们因为吃了智慧果而有了智慧，懂事并生育儿女。因此，他们的子子孙孙就因此而有罪，命里注定要世世代代受苦受难，要为他们的祖先赎罪。因此，就基督教义的解释，每一个人来到人间都是由于命里注定的，每一个人都必须在世间受苦受难，以自己的血洗清罪，以求获得解脱，重新回到天堂。

4. 救赎说。基督教义认为，世人虽遭受苦难但又无法获得自我解脱，而只能指望上帝派救世主拯救。这位救世主并不是拯救人们去脱离现实的苦难，而是教人去忍受苦难，信奉这个救世主，以取得灵魂的得救。

5. 天国报应说。基督教义认为，人生只是"上帝的旅途"中的烛光。信徒们今生受苦，死后可以升入天堂，得享幸福。因此，人们应当去忍受苦难，鄙视现实生活，绝情去欲，过清净禁欲的生活，以求死后灵魂得救，否则的话，死后只能堕入地狱，永受苦难。

这五条教义的中心，集中到一点，正如恩格斯所指出的那样："就是调和和掩盖绝对对立两极。"[1] 既然世上的一切由上帝所创造，那么，这一切必然处于永远的调谐之中。穷人得救，并不在于反抗暴政，而在于耐心地等待上帝的安排。"你们作仆人的，要惧怕战兢，要用诚实的心听从你们自由的主人，就像听从基督一样。""不要与恶人作对，有人打你的右脸，何不把左脸转过来由他打""不要抵抗损坏""不要以恶报恶""要爱你的敌人"等。以天国掩饰人间的丑事，鼓吹愚民政策和阶级调和论。正因为基督教的这些社会原则集中体现了统治阶级的意志和利益，所以，它自然成为奴隶制末期的整个中世纪占统治地位的社会思想。

----

〔1〕《马克思恩格斯全集》第 8 卷，人民出版社 1987 年版，第 218 页。

第二节 奥古斯丁和他的《上帝之城》

一、奥古斯丁的主要生平

在早期基督教教义之中，爱任纽（137年~202年）、德尔图良（160年~230年）、希坡律陀（160年~235年）、居普良（200年~258年）、犹西比乌（263年~339年），都是显赫一时的著名人物，而奥古斯丁则是最有名、最有权威的代表人物。

奥古斯丁

奥古斯丁（Aarelius Augustinus，354年~430年），出生于北非（现今的阿尔及利亚）。父亲是很有地位的异教徒，但财产不多，为人懒散偷安，贪恋世俗，直到临终的时候才信主受洗。奥氏的母亲莫尼加却是个忠诚的基督徒，很关心儿子的前程；为他在神面前痛哭流涕代祷，她对这在信仰上已死去的儿子深恶痛绝。神借异梦指示，使她坚定信心祷告。奥古斯丁有两种性情：一种是放肆于性欲中的性情；一种是专诚向上，追求真理的性情。也许父母双方的品性，都遗传到他一人身上。因此，奥氏的心灵深处成了善恶剧烈斗争的战场。

稍长，奥古斯丁便离开出生地，到附近地方上学，后来又负笈至迦太基，在那里专攻修辞学。这时，他结识了一个女子，并在之后与她同居至少有14年之久，当时他只不过17岁而已。372年，其私生子出生，极为奥古斯丁所珍爱。

奥古斯丁虽最早放纵于情欲，但其追求真理也觉悟最速。19岁时，他读了西塞罗的著作后，便有心追求真理，以此为人生唯一价值。此后他开始研究圣经，"但圣经对于我好似没有价值，不足媲美于西塞罗的庄严文笔。"于是他又转向一种思想混合的二元主义，即为摩尼教者，追求心灵与理智的安慰。疼爱他的母亲得知他信奉异端，十分痛心，幸有一位善心的主教劝慰她说："你用这么多眼泪代祷的儿子，不能灭亡。"

奥古斯丁崇奉摩尼教共有9年，他一面治学，一面教书，他在迦太基因作了一篇戏剧诗而名声大震。信奉摩尼教日子久了，他开始怀疑这个教门理智上的效能。于是他去见摩尼教的首领，但因这首领在教理上难于自圆其说，这使奥古斯丁在理智的追求上失望了。之后他于383年迁到罗马。翌年，其被委任于当时西方帝国的都会——米兰，教授修辞学。

在米兰的时候，奥古斯丁听见了安波罗修大有能力的宣道，但他只是仰慕安波罗修的口才而来，因他在当时正倾心于新派的怀疑哲学。这是他一生道德水准最低的时期，他的母亲为他定了一门亲事，因那女子年纪尚轻，一时未能完娶。奥古斯丁虽与从前之姘妇脱离关系，但不久又与另一女子结上了非法之缘，行为较前更不正当。

后来，他读到新柏拉图派的威克多林传记，看见他在老年时如何归向基督，心中大受感动。彼时他才知道上帝不但是一切良善之源，也是一切真实之源。因为他听安波罗修的讲道多了，所以对教会的权威有了极深的印象。加上又听到埃及的修道士之高尚圣洁生活，乃自惭虽是个知识分子，反为情欲所劳役。在悲痛自责之余，他奔向花园，伏在树下痛哭。忽然仿佛听到儿童的声音说："拿起来读吧！"他的面色大变，抑制着眼泪，拿起一本他所读过的书信，急忙翻开，视线即落在这段经文："不可荒宴醉酒；不可好色邪荡；不可争竞嫉妒。总要披戴主耶稣基督，不要为肉体安排，去放纵私欲。"自此以后，奥古斯丁心里逐渐平静，他感觉有从上帝而来的能力胜过罪恶，内心起了极大的变化。

奥古斯丁的悔改是在 386 年夏日将尽之时，他离开了情妇，辞去教职，退居在一处山庄，与诸友人共研哲学，写成许多论文。次年复活节时，奥古斯丁与好友及儿子同在米兰受洗于安波罗修。莫尼加 32 年来不断地流泪祷告，果真得到神的垂听！可惜在他们回乡的路途上，莫尼加死于热病。奥古斯丁叙述他母亲的死状是古代基督教文献中一座最高贵的纪念碑。他回家乡后，仍勤究学问。不久，他的儿子也死了。

391 年，他往希坡去受职为神父。4 年之后，又继承主教一职，受职后不久，当地主教全权都归在他手中了。

在希坡，奥古斯丁为非洲那一带地方创建了第一所修道院，作为训练教会领袖人才的场所。而其余生则致力于牧养教会、宣讲福音、救济贫弱等事业上。为了解决北非教会的各种争端，他更不辞劳苦，四处召开宗教会议。余暇就从事写作。

奥古斯丁的神学思想与他的生平一样极多彩多姿，一方面维护圣经正典的确立，他基于信仰或教义的演绎及阐明上有极深的创见；而其思想影响西方罗马教会尤深。此外，他又确立了基督教哲学：他以神为中心，启示为基本，而哲学则为神学的使女；他主张信仰使人看见真理，而理智使人多了解真理，但信仰乃至上，"如果要明白，就应当相信，因为除非你们相信，你们才能明白"。

这位非洲拉丁教会的领袖后因热病，逝世于希坡，终年 76 岁。惟其影响，在历史上延绵不断。

二、奥古斯丁《上帝之城》一书的主要内容

《上帝之城》一书写于412年~427年，奥古斯丁著此书之目的是反对异教，为基督教作辩护。当时，罗马帝国不断受到日耳曼民族的侵扰。410年，西哥特人攻陷了"永久之城"罗马，大部分奴隶主贵族或被处死，或被俘作奴隶卖掉，罗马被洗劫一空。旧奴隶主贵族据此攻击基督教无能力保护罗马，连它的教堂本身也被洗劫，认为这是从392年起其强制推行基督教，取缔传统的罗马教造成的结果。这时，一个罗马官员要求奥古斯丁对这种指责做出回答，奥古斯丁欣然受命，写成此书。这部书所包含的政治、法律思想主要有以下内容：

（一）神权论：上帝主宰一切

论证上帝的存在和上帝的神圣，是奥古斯丁学说的一块基石，也是他回答罗马陷落原因的依据。他认为，上帝的神性，在于他的不变性、创造性、永恒性和全善性。他在讲真理的源泉时说，人这个存在物的特点是理解。人能理解，说明人在思想，人在思想表明他有生命，他有生命则表明他的存在。人要得到知识，就要依靠感官和理性。而理性高于感观，各人的理性虽有不同，但都追求"至高的美"，即真理这个共同目标，真理不是私有的，而是共有的。共有的东西不能在个人中存在，只能超越一切人而存在，这个存在就是上帝。"若有什么比真理更优秀的，那就是上帝，但若没有什么更优秀的，那么真理本身就是上帝。不拘哪一件是事实，你不能否认上帝的存在。"[1]人类一切理性知识，只能是关于上帝的知识。既然真理就是上帝，那么人要获得真理，就要依赖信仰，而不是只靠理性。人们应当以信仰来开始我们所愿意了解的重要神学问题，了解是为了信仰，信仰是为了可以了解。有些事情先要理解，不然就不能相信；有些事情除非我们相信，否则就不能了解。这样说来，信仰就高于理性，理性是手段，信仰才是目的，只有通过信仰才能领悟上帝的启示，而后才能获得真理。

奥古斯丁还依据"创世说"，强调世界是从"虚无"中创造出来的，以此来论证上帝存在的合理性。古希腊哲学家认为，上帝是运用已经存在的质料去创造世界，赋予物质以"形式"。也就是说，他们所说的上帝，不太像造物

---

〔1〕 张尚仁：《西欧封建社会哲学史》，四川人民出版社1983年版，第38页。

者，倒很像是一个设计师，因为，他们仅使某种质料具有某种"形式"，而并不存在质料本身。奥古斯丁则同所有的基督教徒一样，反对这种观点，他认为上帝是全能全智的，根本不需要原本的质料，就可以在一天中存在出世界来。所以他说，如果要问我们在宗教上所信奉的是什么，那么"我们基督徒"，不必追求别的，只要无论是天上的或是地上的，能见或不能见的一切物体，都是由创造主（他是唯一的神）的仁慈而受造，那就够了。"宇宙间除了上帝以外，没有任何存在者不是由上帝那里得到存在。"[1]上帝既然创造了一切，上帝的意志和活动也就支配了一切。一切都是上帝所规定的，没有天命，别说世界不存在，"就是一根头发也不会从头上脱落下来"。

奥古斯丁又以"三位一体"说来论证上帝的存在和理性。他认为，圣父、圣子和圣灵是一种神，而非三种，上帝是第一性的存在。圣父、圣子、圣灵都是完全的。"三者是同一个主。"它们是一体的，而不是三重，既非三神，亦非三个善，而是一个至善全能的上帝，即三位一体。三位的分别只是彼此相对而言，圣父对圣子而言，圣子对圣父而言，来自这两者的圣灵则是对圣父和圣子而言。这好比是思维中的记忆、理智和意志这三者，它们好像是三重，但它们中的任何一方在活动时，必然包含其余两个方面。上帝也是这样，三位中的每一位都不是单独存在和行动的。

奥古斯丁论证上帝存在的目的之一，是要探究罗马毁灭是不是强制推行基督教所造成的恶果这个问题。他的结论是否定的。他认为，罗马之所以陷落，是罗马人的罪恶所造成的，是上帝事先安排好的。异教神并未给罗马带来任何好处，基督教流行之前罗马人的灾难更多。罗马陷入异教徒之手，是受神意和法则的支配，而非推行基督教的后果。上帝为什么安排罗马的陷落呢？奥古斯丁回答，人类是在 6000 年前由神所创造的，都是亚当和夏娃的后代。人生来就是一种亲属关系，生来就有罪性，再加上自己的罪恶生活，就使得整个世界变为一个邪恶的世界，使得人类注定要受到惩罚。根据上帝的安排，人生有法则，世界有法则，国家的兴旺和衰败也有法则。既然小而至于一个人没有天命就不会脱落一根头发，那么，像罗马陷落这种大事当然更是天命所规定的，用不着大惊小怪。

奥古斯丁论证上帝存在的另一个目的，就是要阐发他的"预定论"。他从《圣经》的"创世说"出发，发展了"原罪论"。他认为，上帝造亚当时，亚当是正直的，有着自由的意志。如果他能保证这种状态，上帝会给予他恩典，让他

---

[1]　北京大学哲学系外国哲学史教研室编译：《西方哲学原著选读》（上册），商务印书馆 1981 年版，第 219 页。

继续有善良的意志，他和他的子孙也将享有天使般的幸福，一直保持原来的状态，既无痛苦，也不知道死亡。但是，亚当堕落了，他滥用了自己的自由意志，偷吃了智慧果。他是自愿犯罪的，这种自愿犯罪的后果造成了强烈的犯罪倾向。亚当的罪，不仅把上帝向他宣判的死刑带给了他的后代，而且也把罪本身传给了他的后代。即使是一个新生的婴儿，在其一出生时就已经带来了起因于亚当而传到他身上的原罪。"因他而使众人都犯了罪。"既然有罪，就应当受到惩罚，婴儿也不能幸免。凡来到这个世界的人，都蒙受了原罪的祸害；他们又生活于情欲之中，继承了破坏的本性，使得贪欲胜过理性。每个人达到一定的年龄时就会犯本罪，犯他必然要犯的罪。由此可见，人犯罪是出于自愿，出于他的天性——原罪。进而言之，这种原罪，使他只能作恶，只能向往于恶，只能有犯罪的自由。这是上帝的意志，谁也无法更改。

这种"原罪说"是奥古斯丁论证"恩典说"和"预定论"的基点。奥古斯丁同时代的教父克里索斯顿认为："拯救自己既依靠我们自己，也依靠上帝。首先必须我们选择善，然后上帝发挥他的作用。他不预定我们的意愿，使我们的自由不致因而受到损害；但一旦我们作出选择，他便多方面帮助我们。"[1]奥古斯丁不同意这种观点，他认为，人是没有这种选择能力的，只有上帝才能从恶事中结出善果来。"那位全能的上帝——连不信基督教的人也承认他是如此——既是至善者，那么，若他不能从恶事中结出善果来，他就决不会让任何恶存在于他的事业中。"[2]换言之，既然人不能做任何善事，那么，上帝就必须为拯救人而承担全部工作。上帝如何使人释罪成义呢？奥古斯丁认为，只有当人从罪中被释放出来，成为上帝的仆人时，他才自动地去行善。但是，一个生来有罪、作了罪的奴隶的人，从何处得到这种行善的自由呢？唯一的来处就是"'天父的儿子若叫你们自由，你们就真自由了'，在这以前，当人还不能自由地去行善的时候，如何能谈到意志的自由和善功呢？这不过是大言不惭，愚妄自夸"[3]。他说："这是上帝通过耶稣基督赐给我们的恩典，他用他本身的正义，而不是我们的正义，使我们成为义人。"[4]也就是说，上帝使人成义的恩典，解救了人的意志，使他们有了从善的而非从恶的自由。这种恩典使人激发出善意和爱心，使人们的内心得到了新生，从而用善的愿望去取代恶的欲念。

---

〔1〕　［美］G. F. 穆尔：《基督教简史》，郭舜平等译，商务印书馆 1981 年版，第 107 页。

〔2〕　北京大学哲学系外国哲学史教研室编译：《西方哲学原著选读》（上册），商务印书馆 1981 年版，第 220 页。

〔3〕　北京大学哲学系外国哲学史教研室编译：《西方哲学原著选读》（上册），商务印书馆 1981 年版，第 221 页。

〔4〕　［美］G. F. 穆尔：《基督教简史》，郭舜平等译，商务印书馆 1981 年版，第 108 页。

那么，上帝是否把恩典赐予一切人呢？奥古斯丁说：恩典不是施加给一切人的，他仅仅赐给上帝所拣选的人，即"造民"。上帝之所以赐恩典于这种人，并不以被造者身上的任何东西作为前提条件。恩典不包含任何功利观念；如果它包含了功利的概念，那么，上帝的恩典就不是恩典了。上帝一直就是这样做的，一直就是这样预定了得救者。到了一定时间，上帝选择这样的人，给他们以信心，给他们以爱，使他们释罪成义。上帝的恩典不是不可改变的、不可战胜的，他把信仰的意志列入被选者的心中，激发他们的行善愿望，保护他们不致误入歧途。这些造民就是上帝的儿女，在他们出生之前就已经是这样了，并且是永生的。那么未被拣选的人，就是上帝的"弃民"，上帝让他们处于罪恶和永受处罚之中。

（二）教权论，"天国"和"地国"两个世界

奥古斯丁在《上帝之城》一书中，提出了光明与黑暗两个世界的理论：光明的世界是上帝所建立的，亦称天国，黑暗的世界亦称为世俗的国家，则是魔鬼所建立的，亦被称为地国。从他的神权论出发，进而宣扬教权高于神权的教权论。他认为人类社会本来是统一的，后来，由于亚当犯罪，破坏了这种统一，因而出现了两种人和两种世界——"上帝之城"（天国）和"世人之城"（地国）。"上帝之城"有两种含义：一是指永恒的幸福；二是指世上由基督亲自创立的唯一正宗的"大众教会"。这是以上帝为王，由选民组成的极乐王国，是爱神、爱人、创新、守法的王国，是完美和永恒的王国。"世人之城"也有两重含义，一是指恶人在最后审判之后，就要去的那个地狱；二是指现实世界。总的来说，"世人之城"是由弃民组成的罪恶王国，是受私欲、私利、堕落、不法支配的王国，是不完美的暂时王国。该隐属于世人之城，而他的兄弟寒特则属于上帝之城，12 位先知也属于上帝之城。世人之城的典型是巴比伦和古代罗马，而上帝之城的代表在基督之前是犹太人，现在则是基督教会。但是，上帝之城与现实教会并不完全等同。上帝之城是一个理想的社会，其公民不仅包括现今在世的人，而且包括已经去世和将要出生的人。从这方面来说，它比现实教会要大得多。从另一个方面来看，它又只包括预定要与上帝一起生活的选民。那么，它必然要比现实的教会要小得多。上帝之城的人，即是选民，就"享有永久的和平"。而世人之城的人，既然是上帝的弃民，就缺乏理智。"只追求躯体的、有秩序的国家，以及受命令控制的欲望，追求的仅仅是肉体的舒适，欢乐的满足。"[1]追求无穷的现实享受的人，他们是绝对不能

---

〔1〕 法学教材编辑部《西方法律思想史编写组》编：《西方法律思想史资料选编》，北京大学出版社 1983 年版，第 91~92 页。

进入上帝之城的。只有正直的人，才能成为上帝之城的成员。"正直的人，生活在充满辉煌的将要到来的天国的希望之中，他们作为天国之民的过客，利用这个世界上出现的一切，不要由于尘世的一切而离开朝向上帝之路，要在克服抑郁腐朽的肉体疾病中，使自己更能经受得起劳累和烦忧。"〔1〕

奥古斯丁非常强调这两种人和两个世界的区别的永久不变性。他认为，这种区别远远超过了种族的区别、家庭的区别和经济的区别等，人类的历史就是这两种人和两个世界斗争的历史。"在我们现实的斗争中，不是痛苦取得胜利，然后由死亡来驱尽它的感觉，就是天性取得胜利，并由它来驱尽痛苦。可是在那里痛苦将永远是作难；而天性则将永远受苦。二者都将忍受持续的惩罚。"〔2〕不属于天国的人将永远遭受困苦。两种社会的斗争将以上帝之城的胜利而告终。上帝之城之所以能够取得胜利，是因为它高于世人之城，人类最终要凭上帝而得救。他举例说，罗马人的社会生活本身是好的，尘世的罗马人曾以勤劳、节俭、谨慎和良好的政治而取得成就，但由于亚当的堕落而造成的人类罪恶，使罗马人后来犯下种种罪恶，造成了自己的坠毁而卷进了苦海。这证明，世人之城最终将沉沦下去。这是天意，无可奈何。奥古斯丁进而认为，帝国的命运和个人的祸福并不是最重要的，它们只是神预定的旨意中的一个片段而已，比罗马历史更重要的是世人的历史，世人历史最后必将归于上帝之城。

世人要摆脱沉沦的命运，唯一的途径就是顺从天意，进入上帝之城。这个上帝之城，如上所说，就是现实的基督教会。"这个天上的社会，如今还在地上，超越所有的语言障碍，它不断在扩大，不顾不同的世俗法律如何规定，它至今尚未分裂，但遵守各种不同民族的多样性，只要他们打算保存地上的和平，又不反对只崇拜一个上帝。"〔3〕人要进入这个上帝之城，就必须服从地上的统治者，正如肉体必须服从意志约束一样。人们要过社会生活，就必须要有一个统治者，统治者必须要以其臣民的幸福为目的，但是，因为人非常腐败，所以他必须有镇压背叛者的权力，并且是表现为极端的自私性。人们对于残忍的统治者也必须服从。因为，这样的统治者也是上帝安排到人间的，他们来到人世间实际上也是为了完成某种神圣的使命。人们不得反抗他们。因为反抗他们就是反抗上帝。上帝创世后，因在旧约下拯救世人犯罪未能实现，于是基督

---

〔1〕 法学教材编辑部《西方法律思想史编写组》编：《西方法律思想史资料选编》，北京大学出版社 1983 年版，第 95 页。

〔2〕 转引自 [英] 罗素：《西方哲学史》（上卷），何兆武、李约瑟译，商务印书馆 1963 年版，第 445 页。

〔3〕 法学教材编辑部《西方法律思想史编写组》编：《西方法律思想史资料选编》，北京大学出版社 1983 年版，第 96 页。

来临，施行救赎，设立教会，规定圣事，以期拯救世人。所以，教会就是上帝之城的代表和现实。有着发放前往上帝之城通行证的特权。这就决定了教权应高于俗权。等到基督再临施行判决，世界的结局必是上帝之城的永恒胜利。

（三）君权神授论

奥古斯丁从其神学世界观出发，提出"君权神授论"。其认为人世间的权力来自于上帝，而教皇则是上帝在人世间的代表，教权高于君权，君权神授，因此，他主张，教会可以管理基督教徒，包括皇帝在内。他的这种论点是建立在沿用和接受大主教安布罗斯的思想基础之上的。在教会和国家的关系上，安布罗斯竭力主张，教会在宗教事务方面实行自治，教会对所有基督教徒包括皇帝都有管辖之权。因为，教徒是教会的儿子，皇帝"是在教会之中，而不是在教会之上"。他曾上书皇帝说："在信仰事物方面，主教应该决定皇帝，而不是皇帝决定主教。"到公元494年时，教皇柏斯在给君士坦丁皇帝的信中说："有两种权力，即教皇是教会的统治者，你应该处于奴隶的地位。"奥古斯丁和保罗一样，认为人民有服从君主命令的义务，主张君主应当保护教会，防止教会的分裂，消减旁门左道。但是，他却主张，在宗教事务上，皇帝没有任何权利，至于人们信仰和道德方面的诸问题，完全是教会中的元老们所讨论的问题。自君士坦丁时期以来，政教是不分的，奥古斯丁则认为，"天国"和"地国"之间是有原则区别的。

我们知道，奥古斯丁所生活的年代，正是罗马帝国江河日下的时代，古罗马帝国已经摇摇欲坠，没落的奴隶主贵族阶级仍要利用基督教来维持他们将要失去的一切，用宗教作掩护，为其统治服务，这样，奥古斯丁的神权论思想恰恰满足了没落的奴隶主阶级的心理需要并可成为其精神寄托。奥古斯丁用神权学理论来证明奴隶制度的合理性，支撑摇摇欲坠的罗马帝国，他说，人因为有罪，奴隶制度算是合理的。人有原罪，人必定犯罪。因犯罪受到的奴役惩罚都是公正的，战俘被贬是正常的，因为其被俘是原罪造成的，换句话说，他并不是别人的奴隶，而是罪的奴隶。因此，罪是奴隶制度之母，是人服从人的最初原因，它的出现是依照最高的上帝指导，在上帝那里没有不公正的事。因此，"使徒警告役仆要顺从他们的主人，并且要愉快地、善意地服侍主人：以此为目的，如果他们不能从他们的主人那里得到自由，那他们就把他们的奴役作为自己的一种自由，不用虚惊而用忠诚的爱来服侍主人，直至全部消失，这样，一切人的暴力和国家被废除，都只有上帝是一切了"。[1]奥古斯丁在这里已经

---

〔1〕　北京大学哲学系外国哲学史教研室编译：《西方哲学原著选读》（上册），商务印书馆1981年版，第222~223页。

说得非常明确，奴隶应该满足于被奴役的处境，应当以爱去服侍他的主人，这样奴隶主阶级就可以稳坐江山，安享幸福了。再进一步，同奴隶服从主人一样，人们也必须服从于君主，服从君主所颁布的一切法律，因为，服从君主是社会的共同准则。君主之上有天主，君主之权来自于天主，不仅要服从君主，更要服从天主。"对万有的君主、天主的命令更要毫不犹豫地服从，人类社会有尊卑上下之序，下级服从上级，天主则凌驾于一切之上。"〔1〕反过来说，服从上帝是人类的天职，而服从上帝，首先就意味着要服从人间的君主。

第三节　托马斯·阿奎那和他的《神学大全》

一、经院哲学的兴起

公元 3 世纪末，活动于莱茵河下游的法兰克人，在首领克洛维的领导下，逐渐强盛起来。为了巩固统治，形成了一个统一的封建国家，克洛维意识到必须废除原始神教信仰。他在基督教传教士的说教下，将王权的来历归于上帝赋予，使罗马教会成为法兰克王国统治者的精神支柱。公元 496 年，克洛维决定皈依罗马教会，并且下令全体士兵接受洗礼加入基督教。当时的高卢南部维昂教区的主教阿维都要求克洛维，不仅要不遗余力地反对"氏族传统信仰"，而且要使百姓们"放弃对祖先的崇拜"，全部皈依基督教。同时，在对其他地方的征伐过程中，要强迫被征服的居民信仰基督教。于是，克洛维在同一些信仰原始的神教和基督教阿里乌斯派的日耳曼人的斗争中，得到了罗马教会的全力支持，把原来居住在高卢南部信仰阿里乌斯派的西哥特人驱除至西班牙，并兼并了东哥特人控制的纳尔帮和普罗旺斯两地。克洛维建立起墨洛温王朝后，作为回报，公元 511 年，命令召开了奥尔良宗教会议。这次会议使基督教正式成为墨洛温王朝的国教。从法兰克王国的统治者角度来说，他们不仅要使基督教成为自己贯行统治的精神支柱，而且要使基督教成为广大百姓的精神枷锁。正是在这样的指导思想下，法兰克王国给予了教会大量的特权和土地，使教会不仅取得了一定的政治地位，并且进而扩大了经济实力，使自己变成了封建主，与世俗封建主混为一体，成为封建统治阶级的一个重要组成部分。于公元 549 年召开的奥尔良宗教会议，正式规定：法兰克王国的国王有任命主教的权力；主教有权修改法院的判决；并有权处分被控犯有渎职罪的法官；教会的产业永远属于教会；教徒临终时，其财产归教会所有，其他人不得染指侵占；教会的

---

〔1〕 ［古罗马］奥古斯丁：《忏悔录》，周士良译，商务印书馆 1996 年版，第 46 页。

产业全部免税；一切神职人员都免除任何劳役负担。教会享有的特权越多，其势力也膨胀得越快。到了7世纪中叶，它已成为法兰克王国一支举足轻重的政治力量，取得了一系列权力。其中包括：法兰克国王在制定法律时，必须有全体主教参加；教会法规在任何场合都应当贯彻实施；任何神职人员触犯国家刑律时，只能由主教按教会法规审理。国家法庭无权插手判决，这样，教权终于达到了与皇权并驾齐驱的地步。

公元751年，法兰克王国墨洛温王朝的宫相丕平发动了宫廷政变，把国王基洛得利三世逼进了圣梅达尔修道院，自己当上了法兰克王国的国王，当时的罗马主教尼法斯立即为丕平涂圣油，并祝福，表明这是上帝"选择"的国王。这就改变了过去由各部落首领选举法兰克王国国王的传统。由于国王被认为是由上帝"选择"的代表，因此，王权是神赐的，反对国王就是反对上帝，而反对上帝对于虔诚的信仰基督教的教徒来说，简直是不可能的，这就使基督教真正地成为法兰克王国统治者的精神支柱。丕平为了酬谢罗马主教对他篡位的支持，于公元754年至757年间，两次远征意大利，迫使占领拉文那总督区和罗马地区的伦巴第人撤兵而去，并把拉文那总督区以"赠送"的形式交给了罗马主教。在基督教会史上这一事件被称为"丕平赠土"，它开始了"教皇国"的历史。公元800年，法兰克王国国王查理接受了罗马主教利奥三世的建议，于圣诞节在圣彼得堡教堂，由罗马主教利奥三世为他举行了加冕典礼，并授以"罗马人的皇帝"的尊号。这一事件对教会发展史意义十分重大。它表明，基督教会已有了强大的帝国做后盾，而且在这个帝国境内及其势力范围内，它是帝国统治的精神支柱，并且，由于皇帝要由罗马教皇来加冕，这就等于说承认了罗马主教的神权地位。从此，教权可以与俗权并驾齐驱了，基督教会进入了它的"中兴"时期。到公元11世纪，教会已在各个方面凌驾于社会之上，与俗权政权共同组成一部巨大的机器。沉重地压在社会及其低层等级的头上。

随着教会势力的上升，随着教会与世俗封建主压迫的加强，随着农民反抗领主斗争的相继出现，要巩固封建秩序和神权的统治，仅仅靠过去那本"圣经"和简单粗糙的教父学理论显然已经不够了，它迫切须要用一种新的理论来代替它。"为了捍卫宗教，很快就不得不炮制出一块象肥皂泡那样吹起来的唯理论体系。"[1]教会迫切需要建立一种与基督教教义完全符合并与封建主义相适应的新的理论体系。这样，基督教经院哲学体系为适应这种需要应运而生了。

从经院哲学的特点来看，它的社会职能在于：

---

〔1〕《马克思恩格斯全集》第30卷，人民出版社1974年版，第335页。

1. 通过论证上帝的存在，证明教会是地上的王国。经院哲学利用哲学为神学服务，利用柏拉图和亚里士多德哲学为基督教教条和教义作论证，使基督教变成完整的神学体系，在亚里士多德的著作传到欧洲之前，基督教神学家一般按照柏拉图理念论，把感觉到的事物看做是不真实的东西，而把事物的一般概念即"理念"说成了客观独立的唯一真实的存在。12 世纪中叶起，亚里士多德著作经西班牙的萨拉生人和返回欧洲的十字军传到了欧洲，成了最高的理论权威。亚里士多德的实体论本身并不利于神学，但他的神学目的论却被基督教所利用，加之教会又用自己的思维方式，歪曲地运用亚里士多德的思维和逻辑理论去解释教义，论证上帝的存在和万能，而这又恰恰是建立基督教神学体系的中心一环。安瑟伦（1033 年～1109 年）关于"上帝存在的本体论证明"就是一例。这位被称为"最后一位教父和第一个经院哲学家"的人认为，一切事物的存在都有原因，整个存在的背后必有一个最真实、最省力、最完善的存在。这个存在就是神（上帝）。神的观念就包含神的存在，从神的观念就可以推出神的存在。这就是所谓的三段论式："因为上帝的概念是最完善的概念，而最完善的东西必然包括存在，不然就不能说是最完善，所以，上帝是存在的。上帝是一个可设想的无与伦比的伟大的存在者。"一种不可设想的无与伦比的伟大的东西，它就不能仅仅在心中存在。因为，即使它仅仅在心中存在，但是它可能被设想已在实际上存在，那就更伟大了。"这个无与伦比的伟大的东西"，既"实际存在于心中，也存在于现实中"。这个无与伦比的伟大的东西，"甚至不能被设想为不存在。而这个东西就是你，圣主啊，我的上帝"。[1] 上帝是可能设想的最伟大的存在者。在这里柏拉图理念论被复活了：存在——一般先于个别，上帝的观念最普遍，所以，上帝最实在。马克思就此评论说，这是一种无聊的"同语反复"，证明的不是上帝的存在，而是"自我意识"的存在。上帝最实在，它产生一切、决定一切。信仰上帝就是信仰最实在的东西。那么，人世间最实在的东西是什么呢？按照经院哲学的解释，那当然是教会，因为教皇是上帝在人世间的代表，而教会是地上的王国。因此，信仰上帝这个最实在的东西，就应该，也必然信仰教会这个地上最实在的东西。这说明，经院哲学家论证上帝的存在，是为了证明教权高于俗权，要世人全部都服从教权的统治。

2. 通过烦琐的推论和争论，维护教义的神圣性。经院哲学运用烦琐的形式主义的推论方式，对于教条进行空洞、无聊的论证，以"老鼠打架"的方

---

〔1〕 北京大学哲学系外国哲学史教研室编译：《西方哲学原著选读》（上册），商务印书馆 1981年版，第 241～242 页。

式争论一些荒谬绝伦的问题，并从既定的教条中推演出滑稽可笑的结论来。如"一个针尖上能站立几个天使?"、"上帝能不能制造出一块他自己也搬不动的石头?"、"天上的玫瑰花有没有刺?"、"把猪牵到市场上去的是手还是绳子?"、"死人复活以后，是不是胖子仍然是胖子，瘦子仍然是瘦子，男性仍然是男性，女性仍然是女性?"、"神用泥土捏成的始祖亚当有无肚脐眼?"、"亚当初造出来是几岁，身长多少，不吃奶又吃什么?"、"创造世界以前，上帝在什么地方?"，诸如此类的问题是经院哲学家仍争论不休的难题。争来争去的内容，无非是关于超验的世界、上帝、天使和圣人的事情。最终目的无非是要证明：整个世界是上帝意识活动的产物，人类社会要服从上帝的意志。

3. 通过论证信仰就是真理，宣扬宗教蒙昧主义。经院哲学迫使理性屈从于宗教信仰和教会权威，把《圣经》教条奉为绝对真理，强令人们去盲目地服从。经院哲学家反对人们研究自然，教人期待上帝和超自然之物，确信教会教条的至高无上。安瑟伦在《神何以成为人》一书中，把信仰放在理性之上，明确地提出理性服从信仰的原则和信仰第一的主张。他说："上帝"是把理想交给信仰使唤的，"我决不是理解了才能信仰，而是信仰了才能理解。因为我相信：除非信仰了，我决不会理解。"[1]他的逻辑是《圣经》权威高于一切人的智能，教会之外无真理，基督教信条只能凭信仰去理解，外教人诉诸理性是因为他们不信仰。所以在现实世界中，人们凭经验认识事物，而在宗教世界里却以信仰理解教义。基督教徒不能怀疑教会的信条，因为，信仰不仅仅是基督徒从事哲学的出发点，而且是全部哲学的规律及其归宿。概括地说，安瑟伦的公式是：哲学必须是神学的奴婢，理性从属于信仰，政治必须服从于宗教；哲学必须从属于神学。若问信仰何以高于理性，他们的回答是：因为上帝是人类智慧和世间真理的唯一来源，信仰来自上帝，所以是真理。要证明信仰的真理性，就只能用权威的力量来讲了。很显然，经院哲学们在这里所宣扬的宗教蒙昧主义，其目的在于维护宗教神学的无上权威。

二、托马斯·阿奎那的主要生平

托马斯·阿奎那（Thomas Aquinas，1225 年~1274 年）出生于意大利南部的一个贵族家庭，母亲一脉可以溯源到神圣罗马帝国的霍亨斯陶芬王朝。他大约在 1225 年初，出生于那不勒斯王国的 Roccasecca 城堡，该地的领主正是其父兰道夫伯爵。他的叔叔西尼巴尔德，是附近卡西诺山本笃会修道院的院长。

---

〔1〕　北京大学哲学系外国哲学史教研室编译：《西方哲学原著选读》（上册），商务印书馆 1981年版，第 240 页。

托马斯·阿奎那

于是伯爵一家寄望托马斯长大后能佴承叔业。在当时，这也是贵族子弟出人头地的一条常见途径。

阿奎那在 5 岁时进入进修院学习，14 岁时进入那不勒斯大学，学习了 6 年时间。期间，他出乎意料地加入了多明我会，该会和方济会共同对欧洲中世纪早期建立的神职阶层发起了革命性的挑战。阿奎那的这一转变令其家族感到不悦；在去罗马的路途中，阿奎那被他的几个兄弟逮住、押送回圣齐奥瓦尼城堡，并在那里监禁了一两年，以迫使他放弃自己的志向。根据最早有关阿奎纳传记的记载，他的家人甚至安排娼妓去诱惑他，但他不为所动。在教皇诺森四世的干预下，最后其家庭还是妥协了。17 岁时，他终于穿上了道明会会服。

他的师长看出阿奎那在神学上天赋秉异，1244 年便送他去科隆的多明我神学院，师从大阿尔伯特学习哲学和神学。1245 年，他跟随大阿尔伯特去巴黎大学 3 年。在这段时间阿奎那也卷入了大学与天主教修士之间有关教学自由的纠纷，阿奎那主动抵制大学提供的演讲和小册子。当教皇获知这起争议时，多明我会挑选了阿奎那作为辩护者。阿奎那在辩论中大获全胜，击败了当时相当知名的大学校长圣阿穆尔。

阿奎那接着取得了神学的学士学位。在 1248 年，他返回科隆担任讲师，这一年是他的著述和公务生涯的开端。与哲学家大阿尔伯特的共事经历对他后来的发展产生了重要影响，将他造就成睿智的学者，并终身跟从亚里士多德的哲学方法论。

1252 年，阿奎那前往巴黎攻读硕士学位，由于当时大学的教授联会对托钵修会的攻击，他遇到了相当大的困难。但最终仍于 1256 年取得学位和教职；后来他与友人 Bonaventura 一起取得神学博士学位，在巴黎、罗马和一些意大利城市教了几年书，并且开始著述。自此以后，他开始了劳碌的生活：他在自己的修会里积极侍奉，频繁地旅行和讲学，并且经常向教皇提出有关各地政务的建议。

1259 年，他在 Valenciennes 教区取得一个重要职位。在教皇乌尔班四世的请求下，他又移居罗马。1263 年，他出现在伦敦的多明我会中。1288 年，他又前往罗马和博洛尼亚讲学，并且投身于教会的公共事务中。

在 1269 年~1271 年间，他回到了巴黎。除教书外，还管理教会事务，并且做他的亲戚——法国国王路易八世的国事顾问。1272 年佛罗伦萨提供一个让他在当地教区内选择座堂的机会，他担任了修道会的院长，并且应查尔斯王的请求，在那不勒斯担任教授职务。

在这些年里，阿奎那每天不停地进行传教，并且写下许多的训诫、问答集以及授课笔记。他也开始撰写他的大作《神学大全》。教会曾提供他那不勒斯的大主教和卡西诺山修道院院长的职位，但都被他婉拒了。

在1273年12月6日的一次弥撒仪式中，阿奎那还称自己看见了神迹。事后他停止写作，使得《神学大全》变成未完成作品。当被问及为何封笔时，阿奎那答道："我写不下去了……与我所见和受到的启示相比，我过去所写的一切犹如草芥。"后来有人称阿奎那在祷告时听到了来自十字架的声音，称赞他的写作。还有修道士宣称曾看到他凌空飘起。

1274年1月，额我略十世指派阿奎那参加第二次里昂会议。他的工作是调查并且研究希腊与拉丁教会之间的差异。身体状况已经相当差的阿奎那在前往会议的旅程中停留于其侄女的一座城堡中，病况开始恶化。阿奎那希望在修道院里走完人生旅程，但却无法及时抵达多明我会的教堂，最后他被带至一座熙笃会的教堂。在经历7周的病痛煎熬后，于1274年3月7日去世。

三、《神学大全》一书主要内容简介

《神学大全》一书是托马斯·阿奎那于公元1260年以后开始写的，因他的突然去世而没有最终定稿。但是，从已写成的章节来看，它表明托马斯·阿奎那的神学思想已成体系，这部著作逻辑清晰，内容渊博精深，这是一部用基督教观点来说明自然和社会一切问题的中世纪神学世界观的百科全书，它的内容可以分为三个部分：第一部分，论神和自然；第二部分，论神是至善的，是世上万物的归宿；第三部分，是此书中最短的部分，主要阐述罪人皈依神的道路。这本书的中心思想是维护封建神权统治，把封建等级制度的划分说成是"神的规定"，把封建君主的权力说成是来自"神的意志"，而教皇则被宣布为高居世俗之上的"基督教全权代表"。由此，公元1879年，罗马教皇利奥三世将该书定为罗马教会神学教育的基本课程。

（一）神学论

托马斯·阿奎那抹杀了亚里士多德哲学中一切活生生的有价值的东西，利用其糟粕，用神是引起万物运动变化的根源——"第一运动者"等唯心主义观点，来为基督教神学，首先是上帝存在这个最高神学教条作论证。他不满意安瑟伦的"本体论"证明，主张通过上帝的创造

物来认识上帝的存在，即所谓宇宙论证明，他提出了关于上帝存在的五个论证。

1. 从事物的运动或变化方面来论证。世间一切运动或变化中的存在，必然"有一个不受其他事物推动的第一推动者，这是必然的。每个人都知道这个，这个第一推动者就是上帝"。[1]

2. 从动力因的性质来论证。在一切原因（动力因）中必有一个第一原因，没有这第一原因就不会有中间的原因，而也就不会有最后的结果。"这个最初动力因，大家都称为上帝。"[2]

3. 从可能和必然性来论证。宇宙间有一个绝对必然的存在，"它自身就具有自己的必然性，而不是有赖于其他事物得到必然性，不但如此，它还使其他事物得到它们的必然性。这某一东西，一切人都说它是上帝"。[3]

4. 从事物中发现的真实性等级来论证。宇宙中存在着种种完美的事物，这些事物必定来源于某种至善至美的事物。"世界上必然有一种东西作为世界上一切事物得以存在和具有良好以及其他完美性的原因。我们称这种原因为上帝。"[4]

5. 从世界的秩序（目的因）来论证上帝的存在。世上一切生物之行动都有一个目标，它们之所以有目标，必有一个外在的、有智慧的存在者在指挥。"这个存在者，我们称为上帝。"[5]

托马斯·阿奎那在论证了上帝的存在和上帝创世说之后，继续论证了这样一个主题：整个世界就是一个以上帝为最终目的的、严格的等级体系，在这个体系中，一切事物都是手段对目的的关系，每一个阶段有这个阶段的目的，同时又是较高阶段的手段。尘世生活和精神生活，俗人和僧侣，国王和教皇，国家和教会，都是手段同目的的关系。即前者是手段，后者是目的，前者必须服从后者。上帝是宇宙间等级体系中的最高存在和最高等级，每一个等级都是层层上升，最后统属于上帝。所以，世间的一切必须服从上帝，服从宗教，服从

---

[1] 北京大学哲学系外国哲学史教研室编译：《西方哲学原著选读》（上册），商务印书馆 1981 年版，第 262 页。

[2] 北京大学哲学系外国哲学史教研室编译：《西方哲学原著选读》（上册），商务印书馆 1981 年版，第 262 页。

[3] 北京大学哲学系外国哲学史教研室编译：《西方哲学原著选读》（上册），商务印书馆 1981 年版，第 263 页。

[4] 北京大学哲学系外国哲学史教研室编译：《西方哲学原著选读》（上册），商务印书馆 1981 年版，第 263 页。

[5] 北京大学哲学系外国哲学史教研室编译：《西方哲学原著选读》（上册），商务印书馆 1981 年版，第 264 页。

神学，服从来世。进而，封建社会的等级制度又是这个严格的等级体系中不可或缺的一个组成部分，所以是神圣的，是神有目的地安排妥当的。他说："在自然的作用中，高级的东西必须依靠上帝赋与它们的卓越的自然力来推动低级的东西。所以，在人类的事务中，地位较高的人必须依靠上帝所规定的权能向地位较低的人贯彻自己主张……像在上帝所建立的自然秩序中，低级的东西必须始终服从高级的东西的指示一样，在人类事务中，低级的人也必须按照自然法和神法所建立的秩序，服从地位比他们高的人。"[1]这就是说"人对人必须服从"，同万物必须服从上帝以及人必须服从上帝是同一道理，只有当皇帝的命令与上帝的命令有出入时，人才可以不服从前者而服从后者。

（二）神权政治论

在论证上帝存在的同时，托马斯·阿奎那将亚里士多德学说与神学理论生拉硬扯地扭在了一起，建立起他自己的神学政治论，这突出表现在他的社会国家学说中。

托马斯·阿奎那认为社会和国家产生于人性的需要。他说，社会和国家既不是原罪的产物，也不是个人主义的结果。它们存在的理由必须从人的本性中去寻找。那么，人的本性又是什么呢？"人天然是个社会的和政治的动物。"[2]这是对亚里士多德"人生来就是政治动物"这一命题的模仿。本来，亚里士多德的这一命题是与基督教教义相抵触的。因为，亚里士多德是用世俗的眼光去看待人的，而托马斯·阿奎那则是用神学的眼光去看待人，是用宗教教义来解释这命题的。阿奎那认为，大自然给动物提供了食物和一身皮毛，使它们具有自己的手段和天赋的本能，而人却没有这些东西，人所独有的是推理的能力。人只是笼统地生而知道人生的必需品，而单个的人不能为自己提供必需的东西，任何人的物资都不足以充实人生，任何人又不能过孤独的生活。由于这个缘故，人就自然地需要和他的同类在一起，注定要比其他一切动物要过更多的合群生活。同时，人虽然有理性，有推理能力，但是，个人的推理，不会得到所必需的知识，只有过"合群"的生活，只有"和他的同伴实行分工"，才能各得其所，各专其业。而人又具有说话的能力，这就使他能与同类互通思想。这说明，"人天生是个营社会生活的动物——由于他有许多需要不能单靠自己的力量求得满足，他就不得不过社会生活——这一事实又必然产生另一个事实，即：人天生注定要构成一个使他能享受圆满生活的社会的一部

〔1〕《阿奎那政治著作选》，马清槐译，商务印书馆1963年版，第146页。

〔2〕《阿奎那政治著作选》，马清槐译，商务印书馆1963年版，第44页。

分"。[1]他在另一个地方说，人是受理性、神法和政治权威三重秩序支配的，"如果人确实是个离群独居的动物"，那只要有理性的秩序和神法的准则就足够了；但人天然是一个政治的和社会的动物。"所以就应当有一个第三种的秩序，以规定人对其必须与之营共同生活的同伴们的行为。"[2]

人既然注定要过社会生活，就必须有人把社会组织起来。"既然朋辈共处对人类来说是十分自然和必需的，那么，同样必然可以推断的是，在社会之中必须要有某种治理的原则。"为了实现社会内部的和平统一，必须有统一的政治领导。"因为，如果许多人都想生存，而各人都一心一意专顾自己的利益，那么，除非其中有一个人愿意尊重公共幸福，这种社会就非解体不可。"[3]阿奎那一再地说，许多人在一起生活，除非其中一个人被赋予权力来管理公共幸福，是不可能有社会生活的。就好比所罗门所说："无长官，民就败落。"由此可见，人性的需要是产生社会和国家的第一原因。

人性和人的理性是上帝赋予人的。人们的智慧、感觉和体力这些禀赋，都是上帝的安排。上帝以最可赞叹的方式安排了一切事物，并按照他的形象和外貌把人创造出来。每个人都在上帝，即万王之王的管辖下生活。"一个人的为人如何，以及他享有什么东西或能够有什么成就，都必须与上帝发生某种关系。"[4]既然上帝是人和人性的创造者，既然社会和国家产生于人性的需要，那么，很自然，上帝就成为社会和国家的最后创造者。世俗是社会和国家起源论就被神话了。

既然社会和国家起源于人性的社会需要，那么它们的目的和作用及其职责是什么呢？一方面，他引用并利用了亚里士多德的观点，认为人们创造社会和国家的目的是为了谋求和达到公共的幸福。他把国家设想为一个有机体，认为个人从属于社会，个人幸福并不是最后目的，只有公共幸福才有其他一切幸福所促成的最高价值。"全城的公共幸福和一个人的个人幸福不仅有量的不同，而且还有形式上的区别；因为公共幸福在性质上有异于个人幸福，正如部分的性质不同于整体的性质一样。"[5]那么，什么是幸福呢？阿奎那认为，幸福就是美德的报酬，是一切欲望的终极目的，或者说，美德的报酬是使人幸福。一个人只有在具有这种美德并且以后不必再有何求时，他才算是真正享受到幸福。所以，幸福就是至善，幸福是人的最完美的境界，同时也是所有的人都想

---

〔1〕《阿奎那政治著作选》，马清槐译，商务印书馆 1963 年版，第 155 页。
〔2〕《阿奎那政治著作选》，马清槐译，商务印书馆 1963 年版，第 104 页。
〔3〕《阿奎那政治著作选》，马清槐译，商务印书馆 1963 年版，第 45 页。
〔4〕《阿奎那政治著作选》，马清槐译，商务印书馆 1963 年版，第 103 页。
〔5〕《阿奎那政治著作选》，马清槐译，商务印书馆 1963 年版，第 139~140 页。

达到的善的顶峰。可是，另一方面，阿奎那又认为任何世俗的美德都不能达到幸福和至美。人的始因正是按其自身的形状以创造人类的上帝，因此，只有上帝才能满足那种存在于人类心中的欲望，并使人们幸福。再说，尘世的生活并不是人类的目的，人类注定要追求某种最高的目标。人在尘世的生活之后还另有命运，这就是他在死后等待的上帝的最后幸福的快乐。[1] 这样，阿奎那虽然没有搬出原罪说，但却把人性说成社会和国家的目的，最后又搬到天堂里了。

就一个社会的目的来说，结论还是相同的。管理社会的最终目的是为了获得一种完美的状态。如果说这种目的是生命和身体的健康，医生就有支配权；如果这种目的在于取得富裕的财富，社会管理交给经济学家就可以了；如果目的是为了了解真理，那么君主就应当尽到教授的义务。但是社会之所以为社会，目的并不仅仅是这些，而是要过一种有德行的生活。"盛德之士注定要达到一个较高的目的，而这种目的，像我们已经说过的那样，在于享受上帝的快乐；另一方面，人类社会的最终目的不会与个人的最终目的有何不同，因此社会生活的最终目的将不仅是德风广播，而且还要通过有德行的生活以达到享受上帝的快乐的目的。"[2]但是享受上帝快乐这一目的，并不是单靠人类的德性就能达到的，而是靠神的恩惠，这正如保罗所说："唯有神的恩赐才是永生。"这就是说："只有神的统治而不是人类的政权才能导使我们达到这个目的。这样的统治只能属于既是人又是神的君主，即属于耶稣基督、我们的主，他在使人们成为圣子时，已使他们享受天国的荣光。"[3]如此说来，阿奎那的观点就是：所谓社会幸福除了财富、健康、技能和学问等之外，上帝给人类立下了一个最高的标准——与上帝同在天国享受永恒的快乐。世俗的统治者对此是无能为力的，他只能用自己的权力和权威来促进社会福利，"使它能适当地导致天堂的幸福"。同样，社会和国家只是为人达到至善境界提供了某种可能，它们绝然无法使人实际过幸福美满的生活。只有上帝即神权，才能负起这个责任。上帝、神又把这个任务交给了教会，所以教会是现实社会和国家使命的真正力量。

这样，我们便触及阿奎那神权政治论的核心：社会和国家有存在的权利和必要，但必须承认自己的次要地位，承认体现上帝意志的教会高于自己。理由很清楚，为了充分达到天堂快乐为顶点的人类目的，有必要存在两种权力。在

---

〔1〕 参见《阿奎那政治著作选》，马清槐译，商务印书馆1963年版，第8页。

〔2〕 《阿奎那政治著作选》，马清槐译，商务印书馆1963年版，第84~85页。

〔3〕 《阿奎那政治著作选》，马清槐译，商务印书馆1963年版，第85页。

这个世界中，两种权力是分别委托的，一种委托给了世俗主，另一种委托给了僧侣。但是，既然人类的心神目的有不同的价值就必然意味着一种权力要从属于另一种权力，即君主的职位从属于祭师的职位。对于最高的祭师，彼得的继承者和教皇基督教世界的一切君主都应当受他们的支配，像受耶稣基督本人的支配一样。在这里，教会和国家这两种社会，既合二为一，又是有区别的，说其是合二为一，是指就这两者的目的而言，"世俗权力之服从宗教权力，犹肉体之服从灵魂"，犹如哲学之服从神学和自然之物服从超自然之物。只要"一位主教就世俗权力受其支配的那些事情对世俗事务发生兴趣，或对世俗权力交其处理的问题发生兴趣，那并不算是越权"。[1]说其是有区别的，是指这两者的职责不同。支配权和统治权是以人法为依据的，但基督徒和异教徒的区别是由神法所规定的。"世俗的君王有权就世俗事务中有关公共幸福的一切问题，颁布一些法令作为对自然法的个别规定；同样地，基督教教会的主教们的职权范围，是用令状来规定那些影响到信徒们对其精神福利的志趣的事项。"[2]

（三）君权论

在君权问题上，托马斯·阿奎那同样沿袭了亚里士多德的观点，并对它进行了改造，使之符合于自己神学体系，并为君主专制所服务。他在这个问题上的特点在于，极力论证君主管理国家的重要性，最后用神的最高权威来收回君主的权力，因而归结到一点，一切权力来自于上帝，君权神授。

1. 托马斯·阿奎那强调，君主高于法律，法律的强制性和合法性，都来源于君主的权威。这就是他反复论证君主制是最好的政体这一主题的缘由，那么，君主制为什么是最好的政体呢？

第一，君主制能维持和平和统一。一个社会的幸福和繁荣，在于保持它的团结一致与和平。社会的统治者的首要任务就是要建立和平的团结一致。"现在显然可以看出，凡是本身是个统一体的事物，总能比多样体更能产生统一；正如本身是热的东西，最能适应热的东西一样。所以由一个人掌握的政府比那种由许多人掌握的政府更容易获得成功。"[3]如果社会由许多人来统治，必然会产生意见分歧，必然会搞坏内部的和谐统一，"不如由一个人来统治的为好"。

第二，君主制最接近于自然。自然始终以最完善的方式进行活动，最接近自然过程的办法也就是最好的办法。在自然界中，支配权总是操纵在单一的个

---

〔1〕《阿奎那政治著作选》，马清槐译，商务印书馆1963年版，第140页。

〔2〕《阿奎那政治著作选》，马清槐译，商务印书馆1963年版，第140~141页。

〔3〕《阿奎那政治著作选》，马清槐译，商务印书馆1963年版，第48页。

体手中。例如，身体各器官的心和理性，群蜂中的蜂王，宇宙间的上帝。"因此，既然人工的产物不过是对自然作品的一种模仿，既然人工的作品由于忠实地表现了它的自然范本而益臻完美，由此必然可以得出结论，人类社会中最好的政体就是由一人所掌握的政体。"[1]一人统治与非一人统治的社会大不一样，前者总是呈现一片升平的景象，公道之风盛行，并且财富充盈而民情欢腾，而后者则常常由于相互倾轧而陷入分裂并纷争不断。

第三，君主制是防止暴政的上策。上帝安排一切事物都是以帮助善的产生为目的的，仿佛天意要让从单一的根源产生的善的力量强些，让由于种种不同的原因产生的恶的力量弱些。有道的政权最好单为一个人来掌握，因而也就是由强者来掌握。[2]君主制虽然可能蜕化为暴政，但它所带来的恶果要比多数人执政的政权变为腐败相对为少。一个社会的最大的危险往往不是产生于一人执政制，而是产生于多人执政制，而且多数人执政往往会使其中的一个人利于纷争而占据领袖的地位，然后演变为暴政。

第四，君主制符合神定的社会秩序。他说，正如上帝创造的宇宙万物有高级与低级之分，低级的应受制于高级的一样，人类社会也有上等人和下等人之分，而前者应当统治后者。正如亚里士多德所说，人天然是不平等的。人有智慧、感觉和体力，但各人的智慧、感觉和体力都是不同的。"才智杰出的人自然享有支配权，而智力较差但体力较强的人则看来是天使其充当奴仆。"[3]如果人类社会不受那些比较聪明的人管理，它就会被证明是缺乏合理的秩序。宇宙是由一人统治的，这种统治以至善或最高的德为目标。一人执政的政体能够求仁得仁，指引被统治者获得幸福。正如亚里士多德所说：天道厌恶混乱，由许多人统治是没有好处的，所以，现在只有一个君主。

2. 托马斯·阿奎那在论证君主制是最好的政体的同时，又论证了君权来源于神权这个中世纪的经典理论。他又是如何论证君权神授的呢？

第一，没有权柄不是出于神的。托马斯·阿奎那在讲到君主的荣誉和荣耀这个问题时说，君主施仁政是应得到报酬的，但是，人世的荣耀不足以酬劳君主的职务，因为人世的荣耀是田野里的草，贪求这种荣耀，会刺激他的财富和欢乐欲，削弱他的高尚心灵，摧毁他的精神自由，招来许多弊端。对君主的恰当酬劳只能来自于上帝。一个国王指望上帝给予某种报酬这是正确的："因为一个仆人总希望他的主人能够对他的辛勤服侍给予奖赏，而治理其人民的国王

---

[1]　《阿奎那政治著作选》，马清槐译，商务印书馆1963年版，第49页。

[2]　参见《阿奎那政治著作选》，马清槐译，商务印书馆1963年版，第49页。

[3]　《阿奎那政治著作选》，马清槐译，商务印书馆1963年版，第98页。

则是上帝的一个仆人。"[1]这正如保罗所说："没有权柄不是出于神的。"国王是神的佣人,是神派他到人间来伸冤,惩罚作恶者的。换句话说,君主是牧羊人,是上帝的羊群的牧人。因此,国王必须期望从上帝那里获得酬劳以报答他的施政,而上帝所答应给予的不是世俗的,而是天上的报酬,是一种只能在上帝那里得到的报酬。[2]唯有上帝不仅给国王以人和禽兽所共同享受的世俗超度,而且给予他们以赛亚所说的那种希望:"唯有我的救恩永远长存。"上帝的这种礼物,使国王和天使处于同等的地位。再说,国王和上帝十分相像。"因为一个国王在他的王国里所做的事情,正就是上帝在普天之下所做的事情。"[3]总之,阿奎那肯定,圣明的君主是上帝赐予人类的。"上帝通过先知答应他的人民:作为一个巨大的恩惠,他要把他们放在一人之下,只有一个君主来统治他们大众。"[4]

第二,暴君也是上帝派到人间来的。托马斯·阿奎那谴责暴政和暴君制,认为由一个暴君执掌的政体是最坏的统治形式。他在历数了暴君种种罪恶之后说,暴君不是根据理智而是根据情欲行使职权,实际上与禽兽毫无区别。"恶人掌权,民就叹息。"一个国王如果变为了暴君,人们应对他采取什么态度呢?阿奎那认为,如果暴政还不那么过分,就可以在一个时期内有限度地加以容忍,如果暴政分外厉害,公民是否可以杀死君主呢?阿奎那认为,这是不可以的。"因为彼得教导我们不但要服从善良温和的君王,而且也要尊敬乖戾的君王。"[5]如果单靠人的力量无法反对暴政,该怎么办呢?阿奎那说必须求助于万王之王的上帝。上帝有力量让一个暴君的铁石心肠变为柔和。例如,上帝曾使亚述王由残暴而变为怜悯,使凶残的尼布甲尼撒王幡然悔悟,对于那些不值得感化的暴君,上帝或者使他们处于无能的地位,或者把他们从众人之中驱逐出去,或者把他们投入海中。上帝终归有力量把他的百姓从暴君压迫下解放出来。但是,最重要的是人们必须避免作恶。因为恶人根据神的准许得以实行统治,是对于世人的罪孽的惩罚。恶人是上帝派到人间来的。"他因世人有罪,使伪善者为王。"[6]阿奎那反复强调上帝的一句话:"我在怒气中将王赐你。"以强调暴君之为暴政,归根结底,其责任不在暴君本身,而在上帝一方。上帝允许暴君为政,以惩罚他的臣民的罪孽,而这种惩罚在《圣经》中

〔1〕《阿奎那政治著作选》,马清槐译,商务印书馆1963年版,第65页。

〔2〕参见《阿奎那政治著作选》,马清槐译,商务印书馆1963年版,第86页。

〔3〕《阿奎那政治著作选》,马清槐译,商务印书馆1963年版,第70页。

〔4〕《阿奎那政治著作选》,马清槐译,商务印书馆1963年版,第49页。

〔5〕《阿奎那政治著作选》,马清槐译,商务印书馆1963年版,第59页。

〔6〕《阿奎那政治著作选》,马清槐译,商务印书馆1963年版,第61页。

一般叫做神怒。例如，上帝通过阿西阿宣布："我在怒气中将王赐你。"可见，上帝在愤怒之中给予他的百姓的君主是不幸的，他在位的日子也不会很长。上帝虽然发怒，给百姓派来一个暴君，但上帝决不会不怜悯他的百姓，决不会允许暴君执政过久，必将把他们一扫而光，以恢复人世间的平静。这正如《修道书》中所说，"神已推翻傲慢君王的统治，并扶立柔和的君王来代替他们"。总之，阿奎那的观点是，暴君之位是上帝派定的，处置暴君、收回暴君之权力的也只能是上帝。

第三，王权同上帝对万物的支配权相似。托马斯·阿奎那讲到君主和职责时说，人们可以根据自然方面进行管理的种种例子来推断君主的职责。自然方面既有普通的统治形式，也有特殊的统治形式，普通的形式是万物赖以在上帝的指导下各得其所的形式，而上帝则凭他的深谋远虑来支配宇宙。特殊的形式同上帝的支配十分相似，存在于人的本身之中。神的控制是对一切被创造的物体和一切精神的权力来行使的；理性的控制扩展到身体的各个部位和心灵的其他机能。理性之人，犹上帝之于宇宙。"人天然是过共同生活的社会动物，这种与神的统治相类似的特点就可以在人们中间找到。而我们所以这样说，不仅是因为我们觉得人是理性支配的，而且事实上一个社会也确实是受一个人的才智统治的。这基本上是君主的职责。"一个君主应当体会到，他对他的国家已经担当起类似于灵魂对于肉体、上帝对于宇宙的那种职责，如果他对此有足够的认识，他就会感到自己是被派定以上帝的名义在其全国范围内施行仁政的。所以，当人君的，应当毫不犹豫地为圣坛服务。"从而证明他们相信，只有通过对神权的尽心尽意的忠诚服务，才能正确地行使世俗的政权。"[1]

（四）法律观

要治理社会，就必须要有治理规范即法律，托马斯·阿奎那的法律思想是同他的神权政治学说紧密联系在一起的。他在讲到法律时，认为法的性质是由人的理性决定的，君主的意志具有法的力量，并由此建立起了他的神学法律观。

1. 关于法的定义。"法"这个词来源于"拘束"一词，法对任何人都具有拘束力和约束力，或者说都具有一种强制性，这是任何法律都具有的共同特性。他认为，人类行动的准则和尺度是理性，按照他的逻辑，君主的意志具有法律的效力。换言之，君主的意志就是法律，人们必须去遵守，违反者就要受到法律的制裁。但他又说，君主的意志就是法律，是有条件限制的，他曾这样写道："如果意志要想具有法的权能，他就必须在理性发号施令时受理性的节

---

〔1〕《阿奎那政治著作选》，马清槐译，商务印书馆1963年版，第86页。

制，正是在这个意义上，我们应当理解所谓君主的意志具有法的力量这句话的真实涵义。在其他的意义上，君主的意志成为一种祸害而不是法。"[1]在他论述法的目的和拥有颁布法律的权力等问题时指出："严格说来，法律的首要和主要的目的是公共幸福的安排。但是，安排有利于公共幸福的事务，乃是整个社会或代表着整个社会的某一个人的任务。因此，法律的公布乃是整个社会或负有保护公共幸福之责的政治人的事情。这里像其他任何的情况一样，公布目的的人也就是公布用以达到目的的手段的人。一个私人无权强迫他人过正当的生活，他只可以提出劝告。但如果他的劝告不被接受，他就无权强迫。可是为了卓有成效地促进正当的生活，法律必须具有这种强迫的力量，像亚里士多德所说的那样。可是，我们在下文就会看到，强迫的力量不是属于整个社会，便是属于代表社会的负刑罚之责的官吏。所以，只有他才有制订法律的权利。"[2]

托马斯·阿奎那从上述论点中，得出了法律的定义，认为法律"不外乎是对于种种有关公共幸福的事项的合理安排，由任何负有管理社会之责的人予以公布"。[3]他又说："法律不是别的，是由管理社会的人所公布的，是以共同幸福为目的的理性命令。"[4]

2. 法律的分类。天地间支配宇宙秩序和社会秩序的法有四种。

第一种是永恒法，它是神的理性的体现，是上帝用来支配和整治整个宇宙的规范。它本身就是神的智慧，是最高统治者的施政计划，是一切法律的渊源。因此，它是人类最高的法律。"所以，一切法律只要与真正的理性相一致，就总是从永恒法中产生的"。[5]按照阿奎那的解释，永恒法起源于上帝的智慧，是一切法律的渊源，一切权力都来自于上帝，上帝是万物的创造者，是智慧的化身。神的智慧具有法律的性质，永恒法是宇宙间至高无上的法律。

第二种是自然法。自然法不外乎是永恒法对理性动物的关系，是人的理性对神法的认识。自然法包括三个内容：一切有利于和有毁于保全人类生命的东西；与人的自然本能，如性关系、抚养后代等有关问题的东西；引导人们向善，过社会生活和避免愚昧的东西。人是有理性的动物，能在某种程度上去理解神的智慧，并由此而产生一种热爱自然的倾向，来为人类谋福利。"这种理性动物之参与永恒法，就叫做自然法。"自然法也就是上帝用来统治人类的法律。从自然法和永恒法的关系来看，自然法是永恒法的一部分，它受到永恒法

---

〔1〕《阿奎那政治著作选》，马清槐译，商务印书馆 1963 年版，第 105 页。

〔2〕《阿奎那政治著作选》，马清槐译，商务印书馆 1963 年版，第 105~106 页。

〔3〕《阿奎那政治著作选》，马清槐译，商务印书馆 1963 年版，第 106 页。

〔4〕［意］托马斯·阿奎那：《神学大全》第 2 卷，商务印书馆 1981 年版，第 128 页。

〔5〕《阿奎那政治著作选》，马清槐译，商务印书馆 1963 年版，第 111 页。

的支配和制约。

第三种是人法。它是统治阶级根据自然法，最终根据永恒法而制定的规定人类社会生活秩序的法律。是通过国家机关所制定的法律。阿奎那强调建立和制定人法的重要性和必要性。他认为，在人的身上存在着一种倾向为善的习惯，但必须经过"一定的锻炼"，经过人定法即国家制定的法律的引导，才能使人的这种德性日臻完善。至于人定法是否有效，则取决于它的正义性。一切人所制定的法，只能源于自然法，它都和理性是一致的。如果人法和自然法相矛盾，则人法就不再合法。阿奎那还把人法归纳出四个特点，作为人法分类的根据：①人法是从自然法中来的。按照这个观点，实在法可以分为万民法和市民法。②人法是以城市的公共福利为目标的。按照这种观点，人法可以根据对公共福利负有不同的职务加以区分，有为人民向上帝祈祷的祭祀，有管理社会的统治者，有负责社会安全而作战的军人。对于上述不同分工的人，都有与之相适应的各种法规。③人法应该由市民社会的统治者来加以颁布。按照这种观点，人法可以根据各种不同的政治制度来加以分类，如"君主的律令""元老院的建议""执政官法""平民法"等。④法律是支配人类行为的规则。按照这个观点，法律可以根据不同的对象来加以分类，并且有的时候就以它的制定者加以命名。

第四种法是神法。这就是《圣经》，它是一切法律的源泉，是主宰人世间的法律。它可以弥补人法和自然法的不足，指导人类的生活，引导人们对事作出正确的选择和判断，保证内心的完美德性，防止各种罪恶，必可"全心全意地追求一个永恒富裕的目的"。也就是说，神法指示人们达到天堂幸福的途径。除自然法和人法以外，还必须有一种神法来规范人的行为。其理由在于：①因为人在关于最终目的行为方面是受到法律支配的，人为了达到这个目的，不但要接受神法和自然法的指导，而且接受神所赋予的法律的指导。②由于人类的判断往往不正确，特别是在一些特殊问题上更是如此，所以，就有必要让他们的行动受神所赋予的法律的指导，这是因为神法是不会发生错误的。③法律只能按照人的外部行为作出规定，它不能指挥和规定人们的内心活动，所以有必要再加上一种神的法律。④人类的法律惩罚但又不能禁止一切恶行，所以，就必须有一种能防止各式各样罪恶的神法。

对法的这种分类，实际上是要说明，人法以自然法为基础，自然法以神法为基础。自然法是上帝的永恒法的一部分，它受制于上帝的天命，又按照天命去支配人法。人法也是上帝的永恒法的一部分。如果天意不取消本性，则本性也不会取消天意。本性需要天恩来加以完善。永恒法居于一切法律之上，它是神的意志。一切法律毕竟都出自于永恒法。就如奥古斯丁所说："如果人法不是人们从永恒法得来，那么在人法里就没有一条条文是公正的或合理的。"〔1〕这种法律分类，是把支配宇宙秩序和社会秩序的法律全部放在一个思想体系内，以宗教愚昧主义和经院主义哲学为前提，指出了神学的外表，去解释法律现象。但是，有一点是十分清楚的，关于自然法的理论，在古希腊哲学家那里曾经把自然法视为一种较高的法律，有些思想家就利用较高的法律去批判当时城市国家的现行法律。但是，在阿奎那这里，或者说在他的神学体系中，自然法的地位和作用被贬低了，因为在它的上面已有永恒法和神法。这样，人的法律，即经过目的机关制定的法律的地位就相当低了。从法的渊源来看，由于一切法律均来自于永恒法和神法，所以，人法也就从属于神法了。

3. 法律和道德。在法律和道德问题上，继承了亚里士多德的观点并加以发挥。他认为，法是为广大群众制定的，而其中大多数人的道德行为离完美的程度仍相差甚远，由于这个原因，人法并不禁止具有道德修养的人所痛恨的每一种恶习，而是禁止为大多数人所防止实施的严重罪行，特别是损害别人的不道德行为。因为，这些不道德的行为如不加以禁止的话，就会使人类社会不能继续存在。谋杀、盗窃等都是人法所禁止的。"各种不同德行的目的可能被认为是与个人的私利有关，或与社会的一般福利有关。例如，一个人可以为了保护城市或保卫朋友的权利而发挥刚毅不屈的美德；关于其他的道行，也有类似的情况。然而，像我们已经说过的，法律关心公共福利。所以……并不是一切德行的每一种行动都是由法律安排的，而是只有那些以公共福利为目标的行动才是如此；这种目标或者是直接的，如某件事情明白地为公共利益作出时那样；或者是间接的，如立法者制定某些有关风纪的规定，使公民惯于尊重社会上对正义与和平的需要时那样。"〔2〕法律和道德的关系，概括起来有三种：①道德既受人法的支配，又受神法的支配；②道德不受人法的支配，而只受神法的支配；③道德既不受神法的支配，也不受人法的影响。这三种关系的归纳，是托马斯·阿奎那从亚里士多德那里借来的。亚里士多德曾经这样说过：勉励道德和品行的行为有：其一，一个人应当自觉行动，这是要受神法和人法的判断的支配的。其二，一个人应当自愿地行动，为了自己而审慎地选择个别的动作，这里包含着意志和概念的双重内在活动，所以，神法就可以判断这些问题，而人法并非如此。其三，一个人应当根据一条不变的原则办事，这个牢固性又是从习惯中产生的。按这个意思说，勉励道德和品行既不属于神法的法令，也不属于人法的法令。

────────────

〔1〕《阿奎那政治著作选》，马清槐译，商务印书馆1963年版，第111页。

〔2〕《阿奎那政治著作选》，马清槐译，商务印书馆1963年版，第120页。

托马斯·阿奎那神权论不同于奥古斯丁的地方就在于：在个人同社会和国家之间，个人的外因得到了重视，个人个性的价值也有自然法可资保障，个人的目的与社会的目的在概念上是同一回事。但是，社会和国家高于个人。为了达到公共幸福，人必须服从人，没有社会和国家是不可想象的。人只有在社会和国家之内并通过社会和国家才能达到完善的地步，如果有谁天生是一个政治动物，那他不是邪恶者，就是超人。既然所有人都是城市的一个部分，他们非适应公共福利就不能具有真正的良好品德。也就是说，社会和国家作为有机体，比它的各部分更重要，个人的目的从属于社会的目的，如果个人离开了社会这个整体，他就没有独立的意义和价值，这是一个方面。另一方面，如上所述，个人和社会生活，以必须以享受天堂快乐为最终目的。换句话说，也就是个人生活和社会生活必须纳入神支配的世界的总体制中，并且完全服从那种支配。人对社会和国家有独立性，但要服从社会和国家。社会和国家对教会有独立性，但要服从教皇。人、社会和国家都要服从上帝，因为他（它）们都是上帝的创造物，归神来管理，这正是阿奎那神权政治论的核心。

第四章 人文主义运动中的但丁、马基雅弗利及布丹的法学著作

第一节 西欧封建社会末期文艺复兴运动兴起的历史背景及其主要内容

一、西欧文艺复兴运动兴起的历史原因

从公元 5 世纪下半叶开始，以意大利为滥觞，西欧从漫长的封建社会开始

进入了一个新的时代，即文艺复兴时代。这个时代的特点是君权（即王权）思想的兴起和市民阶级的发展。马克思曾经指出：这个时代，我们德国人……称之为宗教改革，法国人称之为文艺复兴，而意大利人称之为五百年代（即 16 世纪），但这些名称没有一个能把这些时代充分表达出来，这是从 15 世纪下半叶开始的时代。国王的政权依靠市民打垮了封建贵族的权力，建立了巨大的，实质上以民族为基础的君主国，而现代的欧洲国家和现代的资本主义社会就在这种君主国上

西欧文艺复兴时期的建筑

发展起来。[1]那么，为什么文艺复兴运动能够在西欧首先发展起来呢？就其原因来看，首先在于公元 15 世纪下半叶，由于一些新技术的发明和使用，以及中国古代的三大发明（造纸术、印刷术和指南针）也传到了欧洲，并在西欧的一些国家中被广泛地使用，成为西欧社会生产力发展的一部分内容，它说明西欧社会对各种信息的需要，并使西欧社会的生产力有了较大的发展。在西欧地中海沿

---

〔1〕 参见《马克思恩格斯全集》第 23 卷，人民出版社 1972 年版，第 360 页。

岸的一些城市出现了最早的资本主义生产的萌芽。如当时意大利的佛罗伦萨、威尼斯、米兰、热那亚以及法国南部的一些城市。当时，资本主义生产萌芽的表现形式是手工业作坊，这些作坊在组织和经营上已经具有了一定的规模，建立了行会组织。同时，这些地区的银行业也有了一定程度的发展。到公元 15 世纪~16 世纪中叶，法国、英国、尼德兰和德国等地区逐渐形成了资本主义的生产关系，并且逐渐取代了意大利在资本主义生产关系发展道路上领先的地位，这种新型生产关系的出现，迫切需要对原来的封建社会的神权统治思想进行必要的革新。这就为西欧文艺复兴运动的出现奠定了一定的经济基础。

其次，西欧封建社会末期，伴随着社会生产力的发展，出现了新兴的市民阶级，即资产阶级的前身。在当时的西欧，除农奴和自由民以外，存在着三个代表不同利益的等级：第一等级为贵族和僧侣，第二等级为教会中的教士，第三等级为市民阶级。这种状况的出现，使这一时期这些国家的社会矛盾十分复杂，既存在着农民和城市市民反对封建贵族的矛盾，又存在着资产阶级同封建贵族的矛盾，还存在着以国王为首的贵族、平民、农民同天主教会的矛盾。而作为新兴的城市市民阶层，他们为开拓国内市场和发展对外贸易，首先希望建立一个统一的民族国家，以便扫除资本主义发展道路上的障碍。因此，他们反对闭关自守的政策，同封建势力进行斗争。他们还希望国王能保护他们的利益，打破封建制度的桎梏，解放他们的手脚，要求个性解放。因此，他们利用国王的势力，同王权结成了同盟。这种王权和市民阶级的需要，也必须打破中世纪教权和神权的统治地位。当时的资产阶级还没有置身到统治阶级的行列中去，因为他们没有社会地位，但是他们有钱，他们中间有不少人受过高等教育，从事工商业、医学、数学，特别是力学。这些学者还以自己的实践和理论摆脱了经院哲学的束缚。而拜占庭帝国的灭亡，又为西欧的文艺复兴送来了一些人才和资料。公元 1453 年，君士坦丁堡被奥斯曼土耳其帝国的军队攻陷以后，一些精通古希腊文的学者流亡到了西欧，给西欧的科学和文化送来了许多新的营养。因此，西欧的这次"文艺复兴"，如果从它们的科学知识和技术的来源来说，可以说是东西文化交流的结晶。而这些科学知识和技术能够在西欧迅速地转化为生产力的原因，则在于当时西欧国家对对外贸易的重视。西欧"文艺复兴"运动正是在这样一种历史条件下出现的。

二、文艺复兴运动的主要内容

那么，西欧早期文艺复兴运动中人文主义思潮的社会内容主要有哪些呢？

第一，反对教会权威和信仰主义，强调人的理性。中世纪基督教神学和教会鼓吹宗教信仰和盲目的服从，完全泯灭人类的理性，强迫人们承认它是两种社会生活——世俗生活和精神生活的绝对权威，《圣经》中记载的，亚里士多德说过的，就是万古不变的经典。而人文主义者为宣传新的社会思潮，用自由主义精神取代教会的绝对权威主义，就必然把自己斗争的矛头指向基督教神学和亚里士多德。

文艺复兴时期的油画

有"人文主义之父"美称的佩脱拉克（Franceso Petrzch，1304 年~1374年）认为，亚里士多德是一个伟大的人，但也仅仅是人而不是神，其著作不能也没有穷尽一切知识。在亚里士多德著作之外，也可以得到许多知识。因为在他的写作之前，在他的教导之前，在他的出生之前，人们已经有了许多知识；而在他死了之后，人们还在不断地发展知识。因此，亚里士多德并不是一个空前绝后的权威，人们尽可以持不同于亚里士多德的观点。科学家伽利略曾经讥笑过这么一位经院哲学家：有一次，这位哲学家去参观人体解剖，医生问他，"你现在是不是相信神经发源于脑部而非心脏？"他回答说："这件事在我看来非常清楚，如果不是因为亚里士多德的课本上讲的与之相反，我将不得不承认这个事实。"伽利略骂他是"胆小鬼"，把亚里士多德的什么话都奉为圣旨，使自己成为亚里士多德的奴隶。库萨人尼古拉和瓦拉对委托古代作者写的一些书进行辨析考证，于 1440 年写作了《君士坦丁圣赠真伪辩》，证明"君士坦丁御教产之例"是中世纪的伪造。根据原来的谕令讲，君士坦丁皇帝把罗马城、意大利所有的行省和城镇以及西部地区都赠给了教皇西尔，斯特教廷的世俗权力即以此为依据。现在，这次御赠的真实性既被否定，那么，教会的权威自然就有被动摇和否定的危险了。

同这种从总体上批判和否定教会权威相一致，一些人文主义者对教会和神职人员也进行了强烈的攻击。艾拉英斯（Desiderius Erasmus，1466 年~1536

年）在他的《愚神经》中，把教会中的教皇、主教、行道僧和神父视作一群愚人，予以讽刺和批评。他首先把神学家称为只会用"堂兄的定义、结论、系统以及证明与信誉的命题"来欺骗世人，保护自己的圆滑人。"他们被人厌恶到这种地步，倘若谁碰到他们，谁就觉得倒胃，然而他们自己却十分安然自得。"[1]他们不识字，又把引读书当成是最大的虔诚；他们满口大话和名词，在教堂中像嚎叫似地大声朗读圣诗，他们以自己的脏和穷，作为向家家户户哀泣乞讨的本钱；他们是机械人，把很小的事情做得像数学一样准确。接着，艾拉斯英又批判了教会。他说："基督教是在血的基础上建立的，依靠血而壮大的，依靠血而扩大的。教皇们抛开一切，专门致力于战争，这些疲倦的老人们，贡献一切努力和费用，精力充沛地干起来，其目的只是在于颠覆法律、宗教、和平与人道制度。"[2]接着，他又转而批判神父们，说他们像教皇一样，貌似圣洁的神父，追随着他们的教神，用投枪、石头和武器为十一税而斗争。总之，艾拉英斯认为："整个地来说，基督教似乎是和某种愚蠢同类的，和智慧没有渊源。"[3]基督教徒依靠教会，费尽千辛万苦追求幸福实在是种疯狂而愚蠢的行动。

　　人文主义者说，理性就是人们的自然本性。他们认为，宗教的不合理性及其罪恶就在于：它为了神而牺牲人，扼杀了人的自然本性，把人从现实的生活引向对来世天堂的幻想。蒙田（Michl Eyquem De Montaigne，1533 年 ~ 1592 年）引用西塞罗的话说："自然是为能运用理性的生物创造的。这些生物就是神和人。他们当然是世界上最完美的生物。"自然生活是什么样的呢？其"是看来野蛮，很少受到智慧方面的改造，很少受到人为法制的腐蚀腐化，非常纯洁的原始天然状态。"在这种自然生活里，"没有任何种类的商业贸易，没有文艺知识，没有数理科学，没有法官的名字，没有政治上优越的表现，没有奴役，财富和贫困的习俗，没有契约规章，没有财产继承，没有产业分，没有清闲的职务，没有超出一般地对亲属的尊敬，没有衣服，没有农业，没有金属，没有饮酒或食素的习惯，就是表示谎骗、叛逆、虚伪、贪吝、嫉妒、诽谤、原谅的言辞，在他们中间，也从未听到过，从未使用过"。[4]蒙田把这种什么也没有，当然更没有不平等的社会看做是人的自由的社会，是比柏拉图理想国更为优美的一种理想社会，思想学家所无法料想和向往的真善美的乐园。他之所

　　〔1〕　周辅成编：《西方伦理学名著选辑》（上卷），商务印书馆 1987 年版，第 391 页。

　　〔2〕　周辅成编：《西方伦理学名著选辑》（上卷），商务印书馆 1987 年版，第 393 页。

　　〔3〕　周辅成编：《西方伦理学名著选辑》（上卷），商务印书馆 1987 年版，第 394~395 页。

　　〔4〕　北京大学西语系资料组编：《从文艺复兴到十九世纪资产阶级文学家艺术家有关人道主义人性论言论选辑》，商务印书馆 1971 年版，第 53 页。

以要写这幅社会美景，当然不是要人生活在这样一种一无所有的社会环境中，而是想强调人既然是理性的动物，就不应当为超人的力量所约束和支配，而应当顺从自然的指引，按自然的要求，发展个人欲望，过一种自由自在的"完全解放"的自然生活。所以，这种主张是对封建神学和教会统治窒息人的生机，强迫人们过无聊精神生活的抗议和否定。

第二，反对封建等级桎梏，要求"个性的自由和平等"。人文主义运动一出世就高呼要打破罗马教会和封建专制强迫人服从的封建等级制度的压迫，宣传自由、平等、博爱的社会原则。

薄伽丘（Giovanni Boccaccio，1313年~1375年）认为，"人类"是天生一律平等的，这是人类最基本的法律，他强烈反对封建等级制度和等级观念，宣传市民阶级平等思想。

第三，反对禁欲主义，提倡世俗理论。人文主义者把目光从神转向了人，从天堂转向了尘世，试图用人的眼光探索社会问题。这样做的结果，就是他们认为封建制度是最大的不合理，宗教信条是最坏的东西，禁欲主义是最荒谬的偏见；禁欲主义和天堂幸福这一双紧箍咒违反人的本性，人的自然要求是追求现世的幸福，包括物质生活和精神生活两个层面，而精神生活又主要以享受人的爱情、人的美、人的高贵友情为内容。

三、对人文主义运动中思想的评价

作为市民阶级的社会思想运动，人文主义运动涉及了社会科学的众多领域。它的理论基础是资产阶级的人性论和人道主义。它论及的人、人性、人权、个性解放、意志自由、尽情享乐、社会模式等，无不打上特定历史时期的市民阶级的烙印，其实质是资产阶级的个人主义，放纵主义和享乐主义。人文主义未能建立起资产阶级的思想体系，绝不是偶然的。他们根据人道主义所构建的，并非如同他们所说的与特定的社会关系脱节的超然的人，而是处于萌芽和生长中的资产阶级生产方式的代表者，即资产阶级。他们所构建的社会，表面上是一种自然状态和无政府状态，实际上是资产者可在其中自由自在生活的状态。他们所发起的不是一种群众性的运动，而仅仅是少数学者和学术家参加的运动，这使他们脱离劳动群众而不能演变成为一场社会政治运动。他们中的不少人兼具了中世纪和近代两种风格，在自己的思想和人格上表现出一种特有的矛盾性。如像佩脱拉克等，这种人身为教皇的秘书，当然就不可能走向与神权反目成仇，与教会统治彻底决裂的道路。历史学家贵查第尼说过：没有人比我更憎恨那些教士的野心、贪婪和放纵的生活。这不仅是因为每一个恶行本身是可恨的，而是因为每一种恶行和所有的恶行在那些宣称自己和上帝有特殊关系的人们渊源上是最不合适的。并且是因为它们是如此互不相容的恶行，只有在非常奇特的人物身上才能同时存在。尽管如此，我在几个教皇的宫廷上的地位还是使我不得不为我自身的利益而希望他们是伟大的。要不是为了这个，我将热爱马丁·路德和我自己一样，不是为了使我自己从基督教（为一般人所理解的那样）所加在我们身上的那些法律中解救出来，而是为了要看到这样一些无赖们（这样一群混蛋们）被放逐到适合他们的地方去，使他们可以被迫过一种不再犯罪或无权的生活。[1]读了这段文字，我们对人文主义者的矛盾性和两重性就不难理解了。

人文主义运动的历史意义是巨大的，如果说中世纪是一个颠倒了的世界，其基本特征是神支配了人，教会支配凡间社会，那么，人文主义者则力图把这个世界重新颠倒过来，恢复凡人对神，凡间社会对教会社会至少是独立的地位。他们以平等、自由、博爱这种社会原则为武器，猛烈地冲击了神权政治、教会权威和封建统治，打破了西方思想界长期受教会力量和封建世俗力量窒息，人们靠一本《圣经》过日子的局面。这正如恩格斯所说："教会的精神独裁被摧毁了，我们应看到资产阶级对人类思想的贡献，认真说来，只有人文主义运动和启蒙思想运动两次。如果说人文主义运动是资产阶级开始向教会和封建统治要人权，那么其后的启蒙思想运动就是表明资产阶级向教会和封建统治要政权了，可以肯定地说，没有人文主义运动就不会有启蒙运动，因而也就不会有资产阶级革命。从这个意义上说，人文主义运动也是一次启蒙运动，虽然它没有能够随之引来一场资产阶级的社会革命运动。"

第二节 但丁和他的《论世界帝国》

一、但丁的主要生平

但丁·亚利基利（Dante Alighieri，1265 年~1321 年），意大利诗人，现代意大利语的奠基者，欧洲文艺复兴时代的开拓人物之一，以长诗《神曲》留名后世。恩格斯评价说："封建的中世纪的终结和现代资本主义纪元的开端，是以一位大人物为标志的，这位人物就是意大利人但丁，他是中世纪的最后一位诗人，同时又是新时代的最初一位诗人。"

但丁出生在意大利佛罗伦萨的一个没落的贵族家庭，生于 1265 年，出生

---

〔1〕 参见［瑞士］雅各布·布克哈特：《意大利文艺复兴时期的文化》，何新译，商务印书馆 2009 年版，第 454~455 页。

但丁

日期不清，按他自己在诗中的说法"生在双子座下"，应该是 5 月下旬或 6 月上旬。5 岁时生母去世，父亲续弦，后母为他生了两个弟弟、一个妹妹。

但丁的生平记录很少，但写作的人很多，有许多并不可靠，他可能并没有受过正式教育（也有人说他在波隆那及巴黎等地念书），从许多有名的朋友兼教师那里学习不少东西，包括拉丁语、普罗旺斯语和音乐，年轻时可能做过骑士，参加过几次战争，33 岁时就已经结婚，他妻子为他生了 6 个孩子，只有 4 个（3 男 1 女）存活。但他真正爱的，是一个 8 岁的小女孩，姓名是贝蕾雅妮彩。

当时佛罗伦萨政界分为两派，一派是效忠神圣罗马帝国皇帝的齐伯林派，另一派是效忠教皇的盖尔非派。1266 年后，由于教皇势力强盛，盖尔非派取得胜利，将齐伯林派放逐。盖尔非派掌权后，1294 年当选的教皇卜尼法斯八世想控制佛罗伦萨，一部分富裕市民希望城市的独立，不愿意受制于教皇，分化成"白党"；另一部分没落户，希望借助教皇的势力翻身，成为"黑党"。两派重新争斗，但丁的家族原来属于盖尔非派，但丁热烈主张独立自由，因此成为白党的中坚，并被选为最高权力机关执行委员会的六位委员之一。

1301 年，教皇特派法国国王的兄弟瓦鲁瓦的卡罗（Carlo di Valois）去佛罗伦萨"调节和平"，白党怀疑此行另有目的，派出以但丁为团长的代表团去说服教皇收回成命，但没有结果，果然卡罗到佛罗伦萨后立即组织黑党屠杀反对派，控制佛罗伦萨，并宣布放逐但丁，一旦他回城，任何佛罗伦萨士兵都可以处决烧死他，但丁从此再也没能回到家乡。

1312 年，卢森堡的亨利七世当选为神圣罗马帝国皇帝，预备入侵佛罗伦萨，但丁给他写信，指点需要进攻的地点，因此白党也开始痛恨但丁。1313 年亨利去世，但丁的希望落空。

1315 年，佛罗伦萨被军人掌权，宣布如果但丁肯付罚金，并于头上撒灰，颈下挂刀，游街一周就可免罪返国。但丁回信说："这种方法不是我返国的路！要是损害了我但丁的名誉，那么我决不再踏上佛罗伦萨的土地！难道我在别处就不能享受日月星辰的光明吗？难道我不向佛罗伦萨市民卑躬屈膝，我就不能接触宝贵的真理吗？可以确定的是，我不愁没有面包吃！"

但丁在被放逐时，曾在几个意大利城市居住，有记载他曾去过巴黎，他以著作排遣其乡愁，并将一生中的恩人仇人都写入他的名作《神曲》中，对教皇揶揄嘲笑，他将自己一生单相思的恋人，一个叫贝亚德，25 岁就去世的美女，安排到天堂的最高境界。

但丁于 1321 年客死他乡，在意大利东北部腊万纳去世。

但丁的作品基本上是以意大利托斯卡纳方言写作的，对以托斯卡纳方言为基础的现代意大利语言的形成起了相当大的作用，因为除了拉丁语作品外，古代意大利作品只有但丁是最早使用活的语言写作，他的作品对意大利文学语言的形成起了相当大的作用，也对文艺复兴运动起了先行者的作用。在他被流放的日子里，他坚持自己的主张，为表达他的思想，写下了著名的《神曲》和《新生》等著作。《神曲》是他的代表作。而他的政治法律思想则集中体现在他的《论世界帝国》一书中。

作为过渡时期的人物，但丁的思想意识有着深刻的矛盾。这种矛盾，其实就是当时占统治地位的经院哲学和神学思想体系与处于初步发展阶段的人文主义思潮的矛盾。这种矛盾在他的作品中表现为既没有摆脱中世纪旧的思想文化色彩，又渗透着新市民阶级的思想感情。《神曲》这部文学名著表明，它的布局和文笔是属于中世纪的，但它对于人性的类型和表现所做的富有想象力的描写，又证明了它是一切近代诗歌的先驱。在这部著作里，但丁的人文主义思想主要表现在：其一，把爱当做人与人世界中最神圣的核心。在他的诗中，处处歌颂爱，说爱是统摄宇宙的动力，组成世界的经纬！最后的结尾是忍受也为太阳而移金星，他笔下的爱，而非神和上帝，也指他内心体验到而又终生不渝的他对于人比特丽丝的真实爱情，所以这个爱是指神的本体，也为人所共有。其二，抨击教会权威，谴责教会权威，谴责教会和神职人员。他揭露教皇勾结法国国王，"使世界变得悲惨"。把善良踏在脚下，把凶恶的捧在头上。从君士坦丁大帝时代起，罗马教会就走入错误的道路陷入了泥潭，教会的现状是："祈祷用的房屋，现在变为兽窟了。"那些主教、神仆教皇尼古拉三世、尼法斯八世和克雷门五世以及修道僧在地狱中像杀人凶手那样倒栽葱或受到地狱之火的惩罚，而古代希腊罗马文学家、哲学家和科学家却居于作恶多端的教皇和神职人员之上。其三，主张政教分离。但丁把教会和国家比作两个太阳，分别照耀着精神世界和庸俗世界，主张二者应当分离。这种观点，就有否定神权政治和教会之上的意义。

二、但丁的《论世界帝国》

但丁的政治法律思想主要体现在《论世界帝国》一书中，1310 年，神圣的罗马教皇亨利七世到意大利来巡视，但丁出于维护和加强帝国在意大利的地位这种动机，而写成此书。全书从古罗马历史来论证帝国存在的合理性，驳斥了教会高于国家的观点；又从意大利的情况，对教皇和教会干预政治所造成的恶果作了无情的揭露；尤其痛恨阿维农教皇与法王勾结，阻挠意大利的统一，说是教会的车子被一个无耻的娼妓贪据着，她同一个蛮横的巨人（法王）勾搭，把世界弄得乌烟瘴气，要求结束教会干预政治的局面，幻想英雄的出世，杀死教会的娼妓和与之勾结的巨人。这本书的中心思想是祈求建立一个君主治理下的世界社会和世界国家。但丁认为，罗马帝国是一个伟大的国家，而同时代的意大利却是一个城邦林立之地。城邦之间，城邦内部各阶级之间，共和与君主制之间，经常发生夺权斗争和扩张战争，使得意大利不得统一。如何才能一扫混乱和无政府状态而统一国家，但丁的回答是建立一个统一的君主国。他论证这个问题的方法基本上是这样推理的：

1. 统一的世界君主国可以实现和平。人类的目的在于追求幸福，而谋求幸福必须以和平为保障。他分析说人类为追求幸福，彼此必须协作。为了要促进彼此协作，故规定人群的秩序，并将人组织起来，使之成为有秩序、有组织的人群。但是，要使这种组织完善起来，却不是一人、一家、一地、一城、一国所能单独做到的。再说，人类的特性是"具有理解力的"，这种能力不能仅由一个人在一次因其行动完全表现出来，亦不能仅由各个社会单独在一次因其行动表现出来。还有，人类要协作，就要有分工。人类的分工，根据"你创造他仅次于天使"之说，是为了求得神圣的幸福。"显然，上帝为了造福世人曾作了种种安排，而在这种种安排之中，世界和平是头等大事。因此上帝说，天上传给牧羊人的福音不是财富，不是享乐，不是长寿，不是健康，不是力量，也不是美貌，而是和平。因为天使们宣告：'在至高之处荣耀归与上帝，在地上平安归与他所喜悦的人，'而'愿你有和平'也是救世主的祝辞。"[1]为这种和平，就需要有人来做统治者。这正如亚里士多德所说："理解力强的人自然居于他人之上而为统治者。"这种人就是君主，只有君主治理的统一的世界国家，才能和平。

2. 统一的世界君主国可以确保自由。人类最自由的时代就是它被安排得最好的时候。人类一旦获得充分的自由，就能处于最佳状态。自由的原则是什么？但丁说是"意志的自由"，这种自由，"是上帝对人类最大的恩赐，因为

---

〔1〕 〔意〕但丁：《论世界帝国》，朱虹译，商务印书馆 1985 年版，第 6 页。

这种自由能使我们感到在尘世作为人是幸福的，在天国则作为神也同样幸福"。[1]谁能获得充分的自由，谁就能处于最佳的状态之中。谁为了自己的目的，而不是为了别人的目的而存在，谁就是自由的。但丁说，在君主国中生活的人是最自由的，因为只有在世界君主的统治下，人民才能为自己生存，而不是为他人生存。公共权力都掌握在君主们和贵族们手中，这种统治就是贤人统治和人民的保护者的统治。因为君主非常爱护人民，希望人民幸福。但丁在讲到人民和君主的关系时说："公民不为他们的代表而存在，百姓也不为他们的国王而存在；相反，代表倒是为公民而存在，国王也是为百姓而存在。"[2]人民服从法律，不是为了立法者，相反，立法者是为了人民。按政府的手段来说，国王和执政官虽然统治着人民，然而，按政府的目的来说，他们都是公民的奴仆，尤其是君主，更必须把他视为一切人的奴隶。但丁说："这世界为了获得幸福，就有必要建立一个一统的世界政体。"[3]

3. 统一的世界君主国可以实现统一。幸福的东西之所以幸福，就在于它的统一性。统一就是协调众多意志的一致行动；一切协调的东西都要靠众多意志的统一。人类社会，在其最好的状况下就是一种协调。但是，这种协调要靠意志的统一；如果没有一个意志作其他一切意志的唯一主宰和节制力量，就不能有协调和统一。人类最好是由一人统治者，而不由众多人统治，也即由独一无二的统治者，世界君主统治。除非有一个统一的君主，他的意志能控制和了解其他一切意志，否则，这样一种同一的统一意志是不可能存在的。如果以上的论证都能成立，而且事实上是成立的，那么，为达到人类的最佳状态，世界就需要一个统一的君主，因而，这世界为了获得幸福，也就有必要建立世界政体。[4]根据但丁的设想，这个世界社会和世界国家，应该分为两个层次，其上是君主一人领导的中央政府，其下是若干独立的城市和王国。君主之管理人类共同性的事务，依靠共同的法律统治世界。城市或王国通过自己特殊的法律施行统治。但丁认为，与这个世界社会和世界国家同时并存的，应该是一个统一的世界宗教。世界国家不应该隶属于教会，教会不可能向尘世政体授予权力。尽管教权来自神，但王权早于教权而存在，从历史来说，罗马帝国不仅先于教会，而且不受教权的约束。所以，王权不应该服从教权。王权和教权各有自己的"人性"基础，就是说，人性有宗教和世俗两个方面，人在凡间有世俗和精神的两种兴趣，这两个方面应该分工合作，各司其职。因此，王权在世

---

〔1〕 ［意］但丁：《论世界帝国》，朱虹译，商务印书馆1985年版，第18页。
〔2〕 ［意］但丁：《论世界帝国》，朱虹译，商务印书馆1985年版，第19页。
〔3〕 ［意］但丁：《论世界帝国》，朱虹译，商务印书馆1985年版，第19页。
〔4〕 参见［意］但丁：《论世界帝国》，朱虹译，商务印书馆1985年版，第80页。

俗生活中是最高的权威；教权在精神生活中是最高的权威。教会与帝国的权威是两种不同性质的权力，所以不能由一人来体现。[1]

第三节 马基雅弗利和他的《君主论》

一、马基雅弗利的主要生平

尼科洛·马基雅维里（Niccolo Machiavelli，1469 年～1527 年），意大利佛罗伦萨政治思想家、历史学家和外交家。他出生在一个破落的贵族家庭，其父是一名律师。1492 年，法王查理八世入侵意大利，佛罗伦萨人趁机推翻了美第奇家族的统治，恢复了共和国。1498 年，马基雅弗利出任政府外交部部长兼军委会秘书，共历 14 年，期间曾做过 20 次外交旅行，谒见过当时意大利实力人物恺撒伦吉瓦和法德等国统治者。1517 年，美第奇家族依靠西班牙力量复辟时，马基雅弗利曾动员一支一万两千人的军队迎战。失败后，马基雅弗利去职，又因有参与美第奇的阴谋的嫌疑被捕入狱，受到过 4 次刑罚，后被释放，被逼出佛罗伦萨，到国外隐居。期间，他屡屡上书，请求复官，为国出力，均未获准许。1527 年，美第奇家族统治被推翻，马基雅弗利又重返佛罗伦萨，希望恢复往日的地位，但没有成功就去世了。他的主要著作有《君主论》、《佛罗伦萨史》、《战争的艺术》、《论文集》等。其中《君主论》是他的代表作。

马基雅弗利

《君主论》核心片断：

第一章 君主国有多少种类？是用什么方法获得的？

第二章 世袭君主国；

第三章 混合君主国；

第五章 对于占领前在各自的法律下生活的城市或君主国应当怎样统治；

第六章 论依靠自己的武力和能力获得的新君主国；

第九章 论市民的君主国；

第十章 应该怎样衡量一切君主国的力量；

第十二章 论军队的种类与雇佣军；

---

〔1〕 参见［意］但丁：《论世界帝国》，朱虹译，商务印书馆 1985 年版，第 78 页。

第十三章　论援军、混合军和本国的军队；

第十四章　君主关于军事方面的责任；

第十五章　论世人特别是君主受到赞扬或者受到责难的原因；

第十六章　论慷慨与吝啬；

第十七章　论残酷与仁慈，被人爱戴是否比被人畏惧来得好些？

第十八章　论君主应当怎样守信；

第十九章　论应该避免受到蔑视与憎恨；

第二十章　堡垒以及君主们每日做的其他许多事情是有益的还是无益的；

第二十一章　君主为了受人尊敬应当怎样为人；

第二十二章　论君主的大臣；

第二十三章　应该怎样避开谄媚者；

第二十四章　意大利的君主们为什么丧失了他们的国家；

第二十五章　命运在人世事务上有多大力量和怎样对抗；

第二十六章　奉劝将意大利从蛮族手中解放出来。

二、《君主论》一书体现的主要政治法律思想

（一）社会国家观

马基雅弗利认为，意大利之所以会出现严重阻碍资本主义发展的分裂、混乱、腐败和软弱的原因，完全是由于罗马教会。"意大利不能统一，没有一个共和政府或君主政府统治的原因，完全是由于罗马教会的存在。"[1]教会使意大利人的德行败坏，"最接近基督教中心罗马教会的人，却是最没有宗教信仰的人"；教会鼓励"并保持意大利的分裂"，"它既无力统一意大利，又在担心失去自己世俗事务权力之时而依靠一个强国来保持它"，例如，"它依靠法国剥夺威尼斯的主权，其后又依靠瑞士赶走了法国人"。[2]据此，马基雅弗利清楚地看到，要拯救国家，首先必须要一扫这种局面，建立起一个统一的集权制国家。他出使法国时，起先认为"法国无政治"，后来发现法国之强大在于其统一。他进而提出一个观点："假如意大利目前这种分崩割据的状态能继续下去，一旦法国这样的国家来侵犯，那么意大利就很可能万劫不复了。一个国家决不

---

〔1〕　华克编：《马基雅弗利论文集》第一卷，伦敦1950年版，第245页。

〔2〕　华克编：《马基雅弗利论文集》第一卷，伦敦1950年版，第245页。

能幸福和统一，除非它像法国和西班牙那样，只服从一个共和政府或君主的政府的管辖。"这样，他大声地疾呼，把国家统一问题提到首位。这个观点，顺应了时代潮流，合乎社会发展的需要，在当时是难能可贵的。

马基雅弗利国家政体理论的特征，在于其现实性和合理性。他不承认有超时代、超民族的统治形式，认为一个国家究竟采取什么样的统一形式，要从它所实现的社会实效出发。他渴望建立起资产阶级占统治地位的共和制，但也谈过君主制。他在考察了各国的政体的优劣长短的问题之后，认为共和制优于其他所有的政体形式，是最好的国家政体形式。从理论上讲，他沿袭了亚里士多德的关于"人是政治动物"的观点，认为人们参与社会活动，影响自己的同胞做出某种选择，就实现了人的本性的要求。适合这种要求的最好环境就是秩序井然的共和国，因为共和国比君主制可以更充分地保障生命财产，在共和国中，没有一人可以垄断政治权力，公民都献身于社会的福利和事业。从政治上讲，他认为共和制最符合平等自由的要求，符合削减封建特权的要求。"建立共和制的地方，存在着或能产生显著的平等，与此相反，君主制，则存在着显著的不平等。"[1]君主政体是封建专制和贵族统治的化身。而在共和国中，人民高于国王，因为"群众比君主更加聪明，更加坚贞"，[2]更能选择好的官吏，更有德行。所以，人民不像君主那样固执和刚愎，比君主更能保住信义。这就是说，共和制更能激发人们的爱国精神，更能保持国家的统一和威力。此外，马基雅弗利还从罗马共和国历史和意大利的现状来论证共和制的合理性。其目的显然是为了证明解决意大利社会问题的最好途径，就是建立共和制度。

马基雅弗利笔下的君主制有着显著的特征，如果君主制能使意大利统一和强大，能解决意大利社会的弊端，他是持赞成态度的。他的观点是：君主由选举而产生，实行一人统治，他对军队拥有全权，依靠它建立新的国家，他完成国家统一后，就应着手组织共和国；这时，他如果拒绝交出权力，并且成为暴君，就应当予以处死；没有不能处死的暴君，一切威胁自由的东西都应当被消灭。由此可见，在马基雅弗利看来，如果君主制对意大利是有害无益的，他就持否定态度。

（二）政治法律手段和军事措施

马基雅弗利政治法律思想的特点之一，就是他所阐明的都是治国之策，兴邦之术，增强国势之道和导致国家衰亡之虞。在这些论述中，政治法律手段和军事措施是他关注的唯一中心议题，而且把政治手段和措施同宗教道德和社会

---

〔1〕 华克编：《马基雅弗利论文集》第一卷，伦敦 1950 年版，第 337 页。

〔2〕 华克编：《马基雅弗利论文集》第一卷，伦敦 1950 年版，第 341 页。

影响完全区别开来。他特别强调法律的重要作用。他说："建立任何一类制度的唯一方法……就是成立一个君主政府，因为那里的人民的道德被如此彻底地破坏，以致法律无力去约束他们；这就有必要由一位贵族去建立具有完全的和绝对的某种最高权力，这个最高权力像给野马口中带上口嚼，才可以羁勒住那过分的野心和严重的道德败坏……因为一个公民如果受到法律适当的约束，就会变成坚定的，精明的，文雅的，而且在我看来，甚至比一个君主表现得更好。虽然人们认为君主应该很聪明，可是，君主却是另一种情况，他不受法律的约束，在同样的情况下，他和一个公民相比，将变得更不高雅，反复无常和轻率。他们在行为上的不同，并非由于他们的天性有什么差异，那也只存在于人民一方，问题的关键是人民需要法律，并依照法律生活。"〔1〕

马基雅弗利的政治法律观是建立在人道主义的人性本恶论的基础上的。"人都是忘恩负义的，易变的，奸诈懦弱的，趋吉避凶的，贪得无厌的。"〔2〕因此，他认为，人有着无度的性欲和无限的奢望，这使得人皆自私自利；人的目光短浅，通常根据其行为的眼前酬劳而非长远影响来做出判断；人又善于模仿，倾向于追随权威人士的解释；人还是顽固的，以至于通过模仿建立起来的行为方式是有限度的。但是另一方面，他承认人类合作的可能性。他认为当人类处于逆境，生命受到威胁之时，可以表现出德行、勤勉、勇敢、自制和社会性。"人类并不完全是坏的，也非完美无缺。国家和社会环境对人类行为有着巨大的影响。人性是可以被社会组织或领袖人物所陶冶和改变的。这种人性观显然是为建立资产阶级专政的必要性和可能性做论证的。任何人要建立国家并制定法律必先假定，所有的人天性都是恶的，一有机会就会表现他们恶的本性。"〔3〕要使邪恶的人们接受统一和秩序，必须首先用策略把强硬手段加在他们头上，然后依靠法律逐步提高他们的德行，建立起良好的社会秩序。

马基雅弗利以此为基础，建立起了自己的政治学。政治的终极目的，是社会的福利、安全和幸福。判断一种政治行为是否正当，不是根据行为者的道德意图，而是根据这种行为所产生的社会和政治后果。凡是有利于达到政治目的的就是正当的。不是国家权力为道德宗教服务，而是道德和宗教为国家权力服务。只要对国家权力和巩固统治有利的，就不发生道德与否问题。这里的国家至上论非常明显，但是，都把政治与道德，政治与宗教区分开了。马克思和恩格斯就此评论说："从近代马基雅弗利……谈起，权力都是作为法的基础的，

---

〔1〕《政治思想史》纽约 1988 年版，第 337 页。

〔2〕[意] 尼科洛·马基雅维里：《君主论》，潘汉典译，商务印书馆 1985 年版，第 80 页。

〔3〕华克编：《马基雅弗利论文集》第一卷，伦敦 1950 年版，第 216 页。

由此，政治的理论观念摆脱了道德，所剩下的是独立地研究政治的主张，其他没有别的了。"[1]马基雅弗利正是在这里提出了政治无道德论的。这当然不是说他全然不顾道德，主张个人的非道德行为，事实上，他非常注意以古代的道德模式对自己的时代提出尖锐的批评。他所极力主张的，仅仅是以政治的公益目标为理由，为非道德手段作辩护。

基于人性本恶论，统治者在内政方面，必须权衡利弊得失，方能治平于天下。统治者在以下方面应当：①慷慨不如吝啬好。因为如果慷慨博施，会耗尽财力，加重人民负担，甚至走向横征暴敛引起人民之怨恨。"这样一来，他将使他的子民开始仇恨他，而当他自己穷苦时，将得不到人民的尊敬。"[2]②仁爱不如施威好。因为人性皆恶，仅好仁而不忍杀得不到治安，会祸及多数人。再说，恩惠买不到忠信。人们得罪自己爱戴的人比得罪自己最恨的人更少顾虑。③可杀人而不可夺其财产。"因为人们经常忘记他们的父亲之死，而难以忘记他们的财产之损失。"[3]④守信不如失信好，因为人不全守信，仅守信反而于己不利。"世人成大器者对信用非常轻视，他们能以手腕乱人心智，且终于征服那些信守诺言的君王们。"[4]必要时还须兼效狮子之凶猛和狐狸之狡猾。⑤恃碉堡不如恃民心好。因为治国要旨，一在御外敌，二在避内乱。御外靠军事和外交；安内靠爱民和得民心。"君主们所能拥有的最好的堡垒是：不要为人们所憎恨。"[5]恃碉堡而不恃民心者必败。⑥要鼓励人才。从政要纲唯人才，士农工商各安其业，所以为君者要鼓励发展科学和技术，较重有一技之长者，重赏为国增光者，且每年按时与民同乐，时常跟百姓保持接触。⑦要择良臣远小人。为君者要善于选择，考察和使用群臣，专图私利，见利忘义，遇事先牟利者，切切不可依靠；凡秉公办事，忠君报国，有言无忌者，必予赏之。

(三) 立法者的重要性

在《君主论》等著作中，马基雅弗利特别强调立法者的重要性和作用，并将它作为第二个普遍原则来看待。他认为一个成功的国家，必须由一人单独建立，而他所制定的法律和议会政府便决定了他的民主和民族特性。社会的道德规范和公民的美德概念来源于法律。社会一旦腐败，依靠其自身是无法改造的，而必须由法律制定者来解决问题。他可以使社会恢复到它的创建人最初建

---

〔1〕《马克思恩格斯全集》第3卷，人民出版社1956年版，第368页。
〔2〕[意]尼科洛·马基雅维里：《君主论》，潘汉典译，商务印书馆1985年版，第71页。
〔3〕[意]尼科洛·马基雅维里：《君主论》，潘汉典译，商务印书馆1985年版，第72页。
〔4〕[意]尼科洛·马基雅维里：《君主论》，潘汉典译，商务印书馆1985年版，第74页。
〔5〕[意]尼科洛·马基雅维里：《君主论》，潘汉典译，商务印书馆1985年版，第92页。

立的健全原则上来。他认为，对一个政治家来说，只要他通晓治国之道，所能做的事情实际上是无限的。他可以摧毁旧的国家制度并建立新的国家，改变政体形式，在公民中培养和建立一种美德，这些都来自法律制定者的智慧和远见。他还不适当地夸大立法者的作用，说法律制定者不仅是国家，而且是社会的建筑师，其中包括道德、宗教、文化和经济体制。马基雅弗利还强调，统治者作为国家的缔造者，他不仅置身于法律之外，而且由于道德是来源于法律的，还不受道德的约束，说衡量统治者的政治标准只有一个，亦即他所从事的增强、扩大和保持国家权力的政治手段是否成功。他主张，维护国家的生存和建立国家是不同的课题，国家的生存靠一种完善的法律，因为这种完善的法律是培养公民爱国精神的信条，他还主张建立一支由国家公民组成的军队，这支军队装备精良，纪律严明，将所有 17 岁以上和身体健康的人都进行军事训练，有了这样一支军队，统治者就可以保持自己的实力并开拓疆界。

（四）法律和军队

在马基雅弗利的政治法律思想中，另一个重要的论点是，认为法律和军队是奠定国家的基础。他说，"无论是新的国家，旧的国家或者混合国，其主要的基础乃是良好的法律和良好的军队，因为如果没有良好的军队，那里就不会有良好的法律；同时如果有良好的军队，那里就一定会有良好的法律"，"……当君主共和国必须用兵时，君主必须身临前线并亲自挂帅；共和国必须指派自己的公民前往，如果被派的人力不能胜，就必须予以撤换，如果其人胜任其事，则必须用法律加以约束，不让他越出指示范围"。[1] 军队和法律是马基雅弗利的政治法律思想的两大支柱。

要巩固一个国家的基础，就必须要有良好的法律，同时还必须建立良好的法律制度。这种法律制度是保护私有财产的，也是适应资产阶级利益需要的。同时，他还要求，每一个公民要把国家和法律规定的义务置于其他义务和考虑之上。从这个前提出发，马基雅弗利把君主专制和玩弄权术结合起来，从而使政治权力达到理想化的程度。"如果为了摩西的能力，必须使以色列人在埃及成为奴隶；为了认识居鲁士精神的伟大，必须使波斯人受梅迪人压迫；为了表现提修斯的优秀，必须使雅典人分散流离，那么在当代，为了认识一位意大利伟大的豪杰的能力，就必须使意大利沉沦到它现在所处的绝境，必须比希伯来人受奴役更甚，必须比波斯人更受压迫，必须比雅典人更流离分散，既没有首领，也没有秩序，受到打击，遭到劫掠，被分裂，被踩躏，并且是受了神的破坏。"

---

〔1〕〔意〕尼科洛·马基雅维里：《君主论》，潘汉典译，商务印书馆 1985 年版，第 57~59 页。

第四节　布丹和他的《国家六论》

一、布丹的主要生平

布丹所处的时代是君主权力迅速扩张的时代，它标志着君主专制国家的形成。在西方，近代关于主权的政治观点，在中世纪的晚期形成和发展，当

时欧洲各国的具体情况是：在法国，路易十一将勃艮第这个中间国家灭亡之后，终于在当时还是极为残缺不全的法国领土上恢复了以王权为代表的民族统一，以致它的继承者能够干预意大利的内乱（查理八世在1494年占领了那不勒斯王国），这个统一仅仅由于宗教改革才一度在短期内成为问题。英国终于停止了它在法国的堂吉诃德式的会使它继续流血的侵略战争；封建贵族在蔷薇战争中寻找补偿，也得到了更多的东

让·布丹

西，它们互相毁灭了，都铎王朝登上了王位，权力之大超过了以前和以后的所有王朝。斯堪的纳维亚各国早已合并。波兰自从和立陶宛合并之后，在王权尚未削弱的情况下，进入了它的光辉时期。甚至在俄国，在征服了诸侯的同时，又挣脱了鞑靼人的压迫，这种局面最终由伊万三世固定下来。全欧洲只剩下两个国家，那里没有王权，也没有那时没有王权就不可能出现的民族统一，或者说，它们只是名义上存在，这就是意大利和德意志。

让·布丹（Jean Bodin，1530年~1596年），出生于法国的安泽，在都罗斯大学读法律，毕业后留校任教师。之后不久，前往巴黎开展律师业务，被聘为亨利三世的宫廷法律顾问，并和阿伦逊公爵特别接近，因为他的宗教观点比较解放。1575年~1577年，法国所召开的三级会议，布丹当选为第三等级（即市民阶级）的代表。其于1576年发表了《国家六论》一书，对国家理论提出新的见解，以适应当时的政治学、法学和社会学发展的需要，形成了独特的风格。这本书是在内战中应运而生的，它公开承认政治的目的在于加强国王的地位，布丹在此书中为近代政治学说提出了一项重要的任务，在一定的程度上来说，它并不逊色于古希腊伟大思想家亚里士多德的《政治学》，当然不能把以上两本著作相提并论，但这本书获得了社会上很高的评价，几乎所有学者在政治思想史中均赋予它重要的地位。

二、《国家六论》一书体现的主要政治法律思想

(一) 提倡宗教信仰自由政策

布丹在《国家六论》中，从政治学角度出发，提倡宗教信仰自由政策，允许各教派在法国同时存在。布丹的目的是维护王权而反对党派斗争，通过《国家六论》来支持宗教信仰自由政策。《国家六论》发表在圣巴拉罗谬日大屠杀（指1572年8月，法国新教胡克兰派在巴黎先后被害达一两万人）4年之后，亦即1576年发表，当时一批在政治活动中的知名人士认为，王权是国家和平和社会秩序的主要支柱，把王权放在所有宗教派别的政党之上，使它成为全国团结的中心和象征。尽管这些人士多数属于天主教派，但他们赞成民族的统一，当时法国面临基督教分裂已无法挽回的现实，任何一个教派都未形成一个驾驭全局的力量，所以在法国允许多种教派的分歧和存在，虽然是违反宗教原则的，但又必须奉行宗教自由政策，这是当时的历史条件所造成的。布丹的思想特点之一，就是把新旧政治法律结合起来，也就是说，这种学说既不属于中世纪，但也未能使他成为近代的政治法律思想家。由于布丹毕业于法律专业的缘故，他强调对法律进行历史的和比较的研究，仅能取代传统的对罗马法条文注释的方法，从而遭到法学界和律师们的反对。布丹坚持法学和政治不仅必须从历史的角度，而且也必须从人们对自然环境、气候、地理和民族传统的角度来研究。

(二) 国家的起源、目的和定义

在《国家六论》中，布丹提出了关于国家起源、目的和定义的问题。"国家是由多数家族的人员和共同财产组成的合法政府，并被一个拥有最高权力即理智所支配的团体。"这里有两个问题需要注意：一是"合法"这个词，据说布丹是指正义而言，或者就是指要遵循自然法，否认"君权神授"，并使国家同其他非法组织区别开来；二是布丹把"最高权力"视为国家要素，其目的是要排除罗马教会的干预，并防止封建贵族势力的反抗，从而使法国的实力能够强大。

布丹在论述国家问题时，首先从家庭开始，以家庭为契机。首先，他认为家庭，其成员包括父亲、母亲、子女和仆人及其共有财产，这是一个自然形成的社会，其他一切社会均由此产生。布丹还援用罗马法关于国家管理权不得进入私人住宅的规定原则，主张在法国恢复家长对子女及其他成员有绝对的权力，即操生杀予夺之权。其次，他认为，家庭既然形成一个自然单位，所以私有财产的权利亦同时产生，而国家及其他社会团体均起源于此。布丹还认为，国家的产生是由武力造成的。国家的社会基础是家庭，家庭有家长，家长一离

开家庭，并和其他家长共同行动，便形成公民。众多家庭由于需要共同防御和共同利益而联合起来，往往相互攻击，战败者沦为奴隶，战胜者又必须服从自己领袖的最高权力，因此，一个国家就形成了。再次，布丹在论述保护私有财产时，还严肃抨击了柏拉图和莫尔关于财产共有的理论。并认为财产是家庭的象征，家庭是属于私有范畴的，国家则属于公共或共有的范畴。从这点出发，布丹的目的就是把上述两者截然分开。他主张，国家主权在性质上与所有权是不同的，君主绝不是公共财产的所有者，因此，他无权转让财产所有权，在一定程度上，甚至对主权也作出了某些限制。最后，布丹关于家长制的论点，或者说父权的论点，主要是来源于权力主义，他援引圣经和罗马法的规定，还沿袭了亚里士多德关于男人是理性的化身，妇女易动感情，儿童则不成熟等说法。他还认为，财产权渊源于自然法，是一种自然的权利，后来洛克发展了这种观点，成为著名的天赋人权理论。

（三）国家主权说

《国家六论》最重要的命题之一，是主权理论。主权理论是布丹政治学说中最重要的组成部分。所谓主权，是指对内具有至高无上的权力，对外具有独立平等的权力。最早提出这一理论的是布丹与格劳秀斯，布丹专论主权在国内是至高无上的，而格劳秀斯则侧重国际的独立平等，概括地说，两人的理论均为16世纪后半期和17世纪宗教战争的政治产物。布丹认为，最高权力的形成和出现，从实质上说，就是把国家和包括家庭在内的一切社会组织及其他群体相区别的标志。同时，他开始把取得公民身份规定为对主权的服从，并明确界定国家的概念就是主权者和居民。布丹把国家视为"被一个最高主权所支配的团体"，那么，"主权是不受法律限制的，对公民和臣民进行统治的最高的权力"。这种最高权力的具体内容有：①它是永恒的，有别于在特定时间内所授予的任何有限的权力。②它是非授予的权力，或者是无限制的或无条件的授权。③它是不能转让的，也不受法令的限制，因为主权是法律的来源。主权者不能让他自己或他的后继者受到约束，也不能在法律上对他的臣民负责，尽管布丹毫不怀疑主权者要向上帝负责，并受到自然法的约束。国家的法律只能是主权者的命令。所以，假若对主权者的命令和权力进行限制的话，则势必要超越法律。

主权的主要特点：就是不经上级、同级或下级的同意，集体或分别的具有为公民制定法律的权力。主权的其他特点就是具有宣战媾和，委任官吏，行使法院终审职能，准许豁免，铸造货币和征税等，上述这些特点，都是由于主权者在法律上处于国家的元首地位而导致的。布丹说，主权又是区别政体的标志，他不承认混合政体的形式。布丹主张，把国家和政府分开，国家包括对最高权力的掌握，政府包括一个机构，通过这一机构，实施最高权力。在一个君主制的国家中，议会是君主的咨询机关，带有顾问的性质；同样，由行政官吏行使的权力也是君主授予的，而且，所有国家内存在的社会团体，如宗教团体等之所以有权力和特权，也是来源于君主的意志。他还认为，政体的形式根据主权的归属而有所不同，主权归一人掌握的称之为君主政体，主权归多数人掌握的称之为民主政体，主权归少数人掌握的称之为贵族政体。政体虽然有三种，最优良的政体还是君主政体。因为在实行君主政体的国家中，行政机关不像民主政体那样迟缓，它最适于危急存亡时期。世界上绝没有混合政体，因为主权不能由几个机关分享，否则就变成无政府了，不称其为国家了。布丹反对混合政体，认为混合政体是将主权分为几个部分，由几个机关分别掌握，它是违背主权不可分割原理的，这种论点与三权分立颇有所不同。后来在法国革命时期，西耶世认为国家权力可分两种：一是制定宪法的权力，另一种是宪法所规定的权力，或称宪法所设置的权力。制定宪法的权力属于国民，宪法所设置的权力就是立法、司法和行政各权，可由国民委任于议会及其他机关。两种权力的地位不同，前者不受任何约束，并自由决定国家的根本问题，所以称之为主权。因为主权还未曾分割而属于国民，至于立法、司法、行政三权只能视为主权的作用，而不是权力，是权限。权限的分配与主权的分割具有不同的概念和含义。

布丹还认为，君主享有主权，君主的行为当然不对人民负责，也不受法律约束。主权最重要的任务就是制定法律，君主既是主权者，当然也是立法者。

（四）对主权的限制

在《国家六论》中，布丹提出对主权的限制。他认为，国家是受理性支配的。因此君主首先应该受到自然法的限制，因为自然法根植于人类的理性之中，人类都有理性，既然人类不会破坏自己的理性，君王亦无权破坏自然法。其次，君主应该受到社会契约的限制，因为布丹代表市民阶级，故他说君主若以私人资格与人民订立社会契约，必须遵守，就是前任君主订立的契约也要遵守。最后，君主还要受到国家基本法的限制，因为国家最高权力是国家基本法，主权又和基本法连接在一起，如果废止或改变它，将会动摇国家的基础，因此，君主无权破坏。布丹代表市民阶级的利益，他说主权应当受到自然法的限制，而在自然法中又特别强调个人自由和私有财产不可侵犯的原则。布丹从这个前提出发，提出的结论是：征收赋税可以减少私有财产，所以主权者行使征税权时，必须征得人民的同意，只有在全体利益发生危险时，才能增加新的赋税，至于公用征收，前提是有助于于公共福利，并给予相当赔偿，适得执行；君主若不遵守自然法，人们可以拒绝服从。

　　布丹的主要学说是企图在市民阶级和君主之间谋求妥协。一方面，因为市民阶级受贵族的压迫，故对君主给予不受限制的统治权，同时市民阶级又惧怕君主干预经济活动，故又用自然法的思想武器防止君主专横，在当时，市民阶级是处在上述矛盾中，故布丹所说的自相抵触的主权观念应运而生；另一方面，主张主权最高，不受限制，同时又用自然法加以限制。

第五章　早期空想社会主义
代表人物的几篇名著

第一节　空想社会主义产生的历史条件及其发展

一、空想社会主义思想产生的历史背景

早期空想社会主义产生于 16～17 世纪。它是随着资本主义萌芽的出现和发展，以及早期无产者的出现而产生的思想体系，是早期无产者斗争的理论表现。推动早期空想社会主义产生的社会根源是资本的原始积累，对外殖民掠夺，以及由此而引起的社会弊端；阶级根源则是在资产阶级反对封建主义的斗争中，由农民和早期无产者组成的"作为现代无产阶级的多少发展了的先驱者的那个阶级的独立运动"；[1] 其思想渊源是柏拉图、原始基督教、各种"异端"反对派关于社会的改革和社会思想的思想素材，以及资产阶级文艺复兴时期的人文主义和理性主义。

空想社会主义思潮的发展可以分为三个阶段：

1. 第一个阶段被称作为早期空想社会主义思潮，它出现在 16 世纪。早期空想社会主义思潮以莫尔的《乌托邦》为先声，还有闵采尔的"千年太平天国"的理想和斗争，继而有意大利人康帕内拉的《太阳城》、德国人安德里亚的《基督城》。

14～15 世纪，西欧诸国，特别是英国，率先开始了资本原始积累的历史过程，出现了按照资本主义生产方式经营的手工业场。14 世纪，英国的农奴制实际上已经被消灭了。到了 15 世纪，旧的封建主在两个争斗王位的封建家族之间爆发了"蔷薇战争"，战争中互相残杀殆尽，自耕农民成为英国人口中的主要部分。一些富裕的自耕农租用大量的土地，开始以工资的方式雇用农业劳

---

〔1〕〔德〕恩格斯:《反杜林论》，人民出版社 1972 年版，第 15 页。

动者，后来进一步出现了手工业工场，雇用越来越多的工人。到了 16 世纪，毛纺织工业的迅速发展，毛纺织也需要大量的羊毛，羊毛可以带来丰厚的利益，一英亩土地的牧场比两英亩的耕地收益还多，贵族豪绅不再满足于仅收取地产上的租金，纷纷将土地改为牧场，把农民赶走，开始了促进资本主义发展的"圈地运动"。牧场所需的牧羊人远比农业耕种所需的劳动力减少，大批农民流离失所，到处流浪。为迫使失业的农业劳动者接受低廉的工资进入纺织业做工，当时的统治者又颁布了严刑峻法，流浪者要被判刑，因饥饿而盗窃要被处死。英国通过"圈地运动"和血腥的立法，完成了资本的原始积累，建立了以纺织工业为代表的资本主义工业。但是，生产力的发展和资本主义生产方式确立，使得大批的农民失去了土地和家园，成为一无所有者。

早期空想社会主义的法学思潮正是在这一背景下产生和发展起来的。这个时期的空想社会主义者的法学思想还不成熟，没有形成完整的理论系统。只是在法律的本质、人权、财产所有制方面提出了一系列独到的主张。

早期空想社会主义思想的代表人物的共同特点在于：他们是从统治阶级的内部分化出来的，反映了社会最底层阶级对现实社会进行总改造的预感和要求，以早期无产者的崇高理想主义或空想主义激情，想象和设计出来的社会方案。他们的社会哲学理论和社会改造方案，虽然不可避免地带有中世纪及古代社会的某些痕迹，但从总体上讲，它都是一种全新的东西，是此前思想家们所不及的，因而是人类思想史上的一份优秀遗产，他们的政治法律思想对于后代产生了重要的影响。

2. 空想社会主义的思想在 18 世纪的法国发展到了第二个历史时期，当时的法国仍处于封建制度的残酷统治下，是当时欧洲大陆上同俄国一样最强大的封建国家之一。

法国的封建制度是建立在封建土地所有制基础上的人吃人的制度，在这块 50 万平方公里的土地上，占人口总数的 85% 以上的两千万农民只占耕地面积的 30%~40%，其余都属于王室和贵族、天主教会和教士以及资产阶级。在农民中尚有 100 多万没有获得人身自由的农奴，农民的耕地面积严重不足，还要负担着数不清的捐税和封建义务：向教会缴纳杂税、向国王缴纳土地税、人头税、盐税、服修路和兵役等。广大农民阶级生活在水深火热之中，已无法忍受这种残酷的剥削和压迫，迫切需要一种新的革命来代替封建专制统治。然而，法国封建土地所有制又严重约束了资本主义生产方式的发展，阻碍了社会生产力的发展。在城市小工业生产仍占主导地位，各个封建行会对产品的数量、质量以及帮工、学徒人数都作了严格的限制，无理地限制工业的发展。学徒、帮工受行东的剥削，行东又受到政府捐税的压榨，所有城市平民都受到物价高涨的威胁。作为全国政治文化中心的巴黎，是手工业最集中的地方，也是对政治斗争最敏感的中心。巴黎当时有 60 多万人口。半数是工人和工人家属，新兴的建筑业已建立起坚强的帮工组织，它领导着要求增加工资的罢工斗争，这个组织虽经过多次打击，但是却坚持不散，它们在未来法国革命中发挥了巨大的作用。

当时的法国是欧洲大陆上资本主义工商业最发达的国家，资产阶级力量也最强大。但是资产阶级在发展中深深地感到自己的经济实力同政治、社会地位越来越不相称；他们没有政治权利，只有纳税的义务，在社会上还受到特权等级的歧视，而买爵做官这条路已被贵族完全杜绝，因而对封建特权等级怀着极大的不满，也想夺取政权。因而，当时的农民、城市平民和资产阶级都成了所谓第三等级，他们把仇恨集中在两个特权等级身上，一个是教士，一个是贵族。推翻封建统治，打破封建所有制的桎梏，是法国人民的唯一出路，也是解放生产力，促进生产力发展的根本途径。适应这种需要，法国政治思想界产生了不同的思想和政治派别，空想社会主义思想的发展也成为当时法国政治思想界的一个重要组成部分。

这一时期，法国空想社会主义的主要代表人物是梅叶、摩莱里和马布利。他们的思想不仅在法国，而且在社会主义思想发展史上，都有重要的历史地位。恩格斯把他们的理论评价为直接共产主义的理论。他们的作品已超出了资产阶级的视野，试图从理论上表达无产阶级的不甚清楚的革命理想。他们也超过了早期空想社会主义者，不去描述并不存在的乌托邦和太阳城，而去制定适应新的社会历史环境的共产主义蓝图，勾画未来社会制度的具体方案。他们思想的特征，是坚持唯理论，把理性制度和非理性制度对立起来，一切依理性要求。他们认为，某种适合自然和理性的制度是存在的，而现在的社会制度是非理性的、是人类理性愚昧和错误的结果，为了达到理想的社会制度，就必须发现真理，使理性之光驱走无知与黑暗，就这点来说，他们与资产阶级的启蒙思想和早期空想社会主义又有着内在的联系和相似之处。

这一时期空想社会主义学说在形式上发生了重大的变化，出现了从理论上论证和探讨消灭生产资料私有制等重大问题的社会主义原则。共产主义思想的微光终于点燃起"直接共产主义理论"的火炬。与此同时，空想社会主义也形成了较完整的理论体系，温斯坦莱、摩莱里还直接为未来社会拟定了法典。

3. 空想社会主义思潮到 18 世纪末、19 世纪初达到了最高的第三个阶段。18 世纪末到 19 世纪初发生的法国大革命和英国工业革命，使资本主义进入到现代化机器大生产阶段，资本主义生产方式在欧洲和美洲的多数国家中确立，资产阶级也在这些国家中占据了统治地位。但是，产业革命带来的社会生产力的大发展和资本主义革命带来的社会变革，不但没有改善雇佣工人和其他劳动者的社会地位和经济状况，反而使工人成为机器的奴隶，社会两极分化加剧，产业无产阶级和产业资产阶级成为两大明显的对立阶级。19世纪初期，空想社会主义者继承了空想社会主义前辈对资本主义的批判精神和对未来社会原理的探索成果，丰富和发展了空想社会主义思想，把空想社会主义理论推进到一个新的最高历史阶段。这时空想社会主义思想的代表人物法国的傅立叶、圣西门和英国的欧文，不再像以前的空想社会主义者那样单纯地描绘理想的国家，也不美化原始共产主义社会，不主张历史倒退，不主张平均主义和禁欲主义，而是在新的历史条件下把空想社会主义理论水平提高到以往的空想社会主义者所不能达到的高度。他们在不同程度上巧妙地掌握了辩证法，试图论证人类社会是有规律地发展的，指出资本主义社会不是自然的、永恒的社会制度，它应当被社会主义所取代。他们对资本主义制度进行了无情的批判，抨击资本主义社会的全部基础，对未来社会进行了种种描绘，提出了不少改造社会现实的积极意见，还进行了一些社会实践活动。

二、空想社会主义法学思潮的特点

空想社会主义学说是十分广泛的、无所不包的改造社会的计划，这个计划中当然也包括了法律，空想社会主义学说中所涉及的法律领域中的思想，我们称之为空想社会主义法学思想，与其他法学学派的思想相比较，空想社会主义法学思想有着自己的许多特点，也正是由于其具备了自己的特点，我们才能科学地界定一位思想家的法律思想是否属于空想社会主义法学思想的范畴。

具体说来，空想社会主义法学思想具有以下一些基本特点：

（一）描述未来理想社会的法律

空想社会主义法学思潮主要研究的并不是现实的法律以及现实的法律问题，而是描述未来社会应当有什么样的法律。从16世纪的莫尔到19世纪的魏特林，都在描绘他们心目中理想社会的法律。

在莫尔的乌托邦中，一切法律的颁布仅仅是为了每个人记住自己的职责，法律在不遭破坏的情况下照顾每个人的利益才是明智的。公民的义务标志是关心公众的利益。乌托邦不制定繁多的法律，因为法律和法律解释浩繁到无人能卒读以及晦涩到无人能理解，用这样的法律去约束人民是极不公正的。对法律的一目了然的解释才是公正的解释。在莫尔笔下的乌托邦国家，巧于操纵案情和曲解法律的全部律师被逐出，当事人直接向法官陈述，为自己的案件辩护。

在康帕内拉的太阳城中，只有很少几条法律，既简单又明确。法律条文刻在铜板上，悬挂在神殿的柱子上。凡是犯了罪的，都要进行公开审判。

温斯坦莱的自由国里，法律体现人民的意志。制定法律应当先调查研究，提出法律草案；然后向全国公布，征求意见；最后根据人民的意志修订法律，由民选的议会的法令批准。自由共和国的法律体系包括耕种法、游手好闲惩治法、仓库法、监督人法、买卖惩治法、航海法、金银法、公职人员选举法、背叛惩治法、失去自由人法、奴隶恢复自由法和婚姻法共 12 个专门法律的简要草案。

摩莱里的《自然法典》批判了私有制的现实社会，并规定了未来理想社会的法律制度。在理想社会中，有三条基本法：第一条基本法宣布废除私有制，实行公有制；第二条基本法规定了公民的劳动权和生活权，每个公民都有权获得工作和生活资料；第三条基本法规定公民负有为社会贡献力量的义务。在基本法的基础上，制定分配法、土地法、城市规划法、公共秩序法、取缔奢华法、政府法、行政管理法、婚姻法、教育法和惩罚法。

马布利也提出了几项社会改革立法。包括：取缔豪华法、取缔对公务人员的特殊报酬、禁止经商、改革税制、限制财产私有权。

在圣西门设想的称为实业制度的理性社会、傅立叶设想的未来和谐社会、欧文设想和实践的共产主义公社里，也都体现着设计者所推崇的法律制度。

（二）独特的平等观

平等观是空想社会主义体系中极为重要的观点，人人平等是所有空想社会主义制度设计者的基本主张。

平等的观念在不同时期的空想社会主义者的著作中含义不同。早期的空想社会主义者的平等观采取了宗教的形式，以早期的基督教的平等为依据。18 世纪以后，空想社会主义者的平等观念逐渐从早期的基督教的平等为依据转到以资产阶级的平等观为依据。到了 19 世纪，各个空想社会主义者对平等的概念有了更多的解释。在生产资料所有制问题上，有的把生产资料的公有制看做是平等，有的把生产资料折合成股份并参加分红看做是平等。在劳动问题上，有的认为平等意味着各尽所能，有的认为平等意味着每个人的劳动时间相等。在消费品的分配上，有的把按需分配看做是平等，有的把平均分配看做是平等。

应当需要指出的是，空想社会主义者的平等观发展了资产阶级启蒙学派的平等观，伴随着资产阶级的平等要求，空想社会主义者代表无产阶级提出了自己的平等要求。空想社会主义者从资产阶级启蒙学派的政治平等中引申出社会平等的观念，提出应当消灭的不仅是阶级特权，而是阶级差别本身。他们提出，不要纸上的平等，而是要真正的平等；不要表面的平等，而要实际的平等。不仅要在国家政治领域内实行平等，而且要在社会的、经济的领域实行平等。空想社会主义者还对资产阶级的平等观和人权的虚伪性进行了无情的批判。他们指出，法国资产阶级大革命所要求的平等实际上是形式的平等、表面的平等，资产阶级革命仅仅消灭了封建特权，打击了宗教势力，但广大劳动群众仍然处于受剥削和受压迫的地位。

（三）主张实行财产公有制

在财产所有制方面，空想社会主义者中大多数人都主张实行财产公有制。在财产公有制的基础上，建立人人劳动、产品按需分配或按劳分配的一系列社会保障制度。

西方法学的众多流派基本上都认为个人财产所有权是一项重要的私权利，是人权中非常重要的内容，他们强调国家和法律要保护公民的个人财产所有权，主张私有财产神圣不可侵犯。

而空想社会主义者则普遍认为财产私有制，尤其是生产资料私有制，是一切罪恶的根源；人类若要幸福地生活，必须实行财产公有制。莫尔认为，人类达到普遍幸福的唯一道路是一切平均享有，而私有制则阻碍人类实现普遍幸福，是万恶的根源。如果人人对自己取得的一切力图绝对占有，那就不管产品多么充足，还是少数人分享，其余的人贫困。私有制存在，就不可能根除贪婪、争讼、掠夺、战争及一切不安定因素。他深信，如不彻底废除私有制，产品就不能公平地分配，人类就不能获得幸福。摩莱里指出，私有制造成社会财富的不均和贫富对立，是"一切罪恶之母"，是"一种普遍的瘟疫"。马布利也指出，私有制是造成人类一切不幸的主要根源，造成社会的许多不公正，造成人们在经济上的不平等。财产的不平等必然带来人们在社会地位上的不平等。富有使人自傲，贫穷迫使人出卖劳动并受人轻视，由此形成富人和穷人的社会地位不平等。马布利还进一步指出，财产和地位的不平等使人产生分化，社会分裂为不同的阶级，他们的利益不仅是不同的，而且是对立的。欧文也主张，未来理想社会实行生产资料公有制，消灭阶级、特权和贫富悬殊，再也没有侮辱和压迫人的现象，生产的目的是直接满足全体社会成员物质和文化的需要。

第二节　托马斯·莫尔和他的《乌托邦》

一、托马斯·莫尔的主要生平

托马斯·莫尔（St. Thomas More 又作 Sir Thomas More，1478 年 2 月 7 日～1535 年 7 月 6 日）是英国的空想社会主义者，也是《乌托邦》一书的作者。

1478 年，莫尔出生在伦敦一个法学家庭，毕业于牛津大学，曾当过律师、国会议员、财政副大臣、国会下院议长、大法官。
1535 年因反对亨利八世兼任教会首脑而被处死。
1886 年，在他逝世 300 多年后，其被罗马天主教会
的教皇册封为圣人，在 1980 年与主教费舍尔一起被
尊为守护上帝的殉道者。

托马斯·莫尔

　　7 月 6 日，他殉难的日子将被所有天主教徒所铭
记。其在英国历史上最伟大 100 个名人的评选中名
列第 37 位。

　　托马斯·莫尔约于 1478 年 2 月 7 日出在英国伦
敦一个不太显赫的富有家庭。莫尔幼年丧母，由父
亲带大。他的父亲约翰·莫尔曾担任过皇家高等法
院的法官，是一位勤俭持家、正直明达的人，对儿子要求极为严格，这对莫尔
一生产生了深刻的影响。

　　在当时的欧洲，拉丁文被视为进入上层社会的通行证。因此，幼小的莫尔
被送入了伦敦的圣安冬尼学校，学习拉丁文。13 岁时，父亲将他寄住在坎特
布雷大主教、红衣大主教莫顿（Morton）的家中。莫顿是当时一位很有影响的
政治家，他学识渊博、机智过人、谈吐优雅，曾担任过英国的大法官，对此莫
尔在《乌托邦》中专门做过描述。从他那儿莫尔得到了很多有益的影响。

　　1492 年，莫尔进入牛津大学攻读古典文学，在这里他又学习了希腊文，
这使得他可以尽情地阅读柏拉图、伊壁鸠鲁、亚里士多德等人的作品。其中，
尤其是柏拉图的思想对莫尔产生了巨大的影响，后来的评论家中有人干脆将
《乌托邦》称为柏拉图《理想国》的续篇。在这里，他还学习了不少人文主义
学科，并与在此任教的著名人文主义者科利特、格罗辛、林纳克等人有很深的
交往。他还对意大利人文主义者庇科（Pico，1463 年~1494 年）的作品很感
兴趣，曾将他的作品《十二把利剑》译成英文。这些人文主义者，以及后来
莫尔所接触的欧洲大陆著名的人文主义者艾拉英斯（Desiderius Erasmus，约
1466 年~1536 年）都对莫尔产生了极深的影响，使他成为一位坚定的人文主
义者。

　　老莫尔认为儿子从事古典创作没有什么前途，便逼他改学法学。1494 年
他被迫离开了牛津大学，进入了新法学院（New Inn）学习法学，后又在林肯
法学院（Lincons Inn）攻读英国法，并很快得到了头等律师的名声。但他始终
没有放弃对古典作品的研究。

　　16 世纪初期的英国，表面上相对平静，实则蕴含着矛盾与危机。此时，
王权已经对贵族（无论是新贵族，还是那些旧贵族）和教会势力取得了绝对

的控制权，农民和新兴资产阶级在政治上并没有什么明确的目标，从一定意义上讲，他们的确是"宁可要秩序，也不愿意要自由"，自觉或不自觉地成了王权的维护者。而且当时的资产阶级正处于原始资本积累阶段，有着属于本阶级的特殊利益，从 15 世纪开始的"圈地运动"正是由他们发起的。在欧洲大陆上，由马丁·路德发动的代表着下等阶级利益的宗教改革，以及由此而激发起来的各阶级反抗压迫剥削的斗争风起云涌，虽然也波及了英伦三岛，但宗教改革在这儿却完全改变了方向。

尽管如此，不同阶级之间，乃至统治阶级内部的摩擦和斗争却几乎一直没有停止过。同时英国与罗马教廷和其他一些国家也有一系列纠纷。这便是莫尔所处的英国的历史背景。

莫尔踏入社会是从一个律师起步的。此前他一度进入卡特豪斯修道院，但当他意识到出家人不能有婚姻生活时，便"宁肯做一个纯洁的丈夫，不愿做一个不纯洁的神父"，毅然回到尘世。在担任律师期间，他接触了大量涉及下层社会的诉讼案件，目睹了广大人民群众所遭受的苦难。他主持公道，能够替受屈的人们撑腰，因而在伦敦很有名望。1504 年，26 岁的莫尔被选为议员。但很快便因维护市民的利益，而得罪了英王亨利七世，并受到了迫害。

1509 年，亨利七世病故，亨利八世继任王位。1510 年，莫尔担任了伦敦司法长官，并赢得了伦敦市民的信任。在英国商人的敦促下，英王两次委派莫尔到荷兰及加来，调停与当地商人发生的商务纠纷。

亨利八世表面上非常欢迎人文主义的做法，令莫尔也很受鼓舞，他曾创作过一首长诗《献给英国最光荣和最理想的国王亨利八世加冕纪念日》，而且，莫尔反对新教的主张与亨利八世最初对待宗教改革的态度相吻合，再加上莫尔本人的声誉，亨利八世很希望接近他。1518 年，莫尔被任命为王室请愿裁判长、枢密顾问官。1521 年，其出任副财务大臣，并受封为爵士。1523 年，经大法官沃尔西提名，其当选为下院议长。1525 年，他被任命为兰开斯特公国的首相。1529 年，莫尔取代沃尔西成为英国大法官，这是英国仅次于英王的第一号要人。但莫尔对自己的处境是非常清醒的，他曾对他的女婿说过，"若用付出莫尔的头颅的代价可以换得正和英国交战的法国任何一个无足轻重的城堡，英王会不加思索地把莫尔的头颅割下的"。

莫尔的预见是非常准确的。由于他在国务活动中，坚持己见，不肯委曲求全，英王对他甚为不满。在处理亨利八世与宫女安娜·宝琳的婚事上，莫尔不愿违背自己的信念，于是在 1532 年辞去了他所担任的职务。他的做法激怒了亨利八世，在莫尔隐退后，英王并未就此善罢甘休，多次对他进行迫害。1533 年，亨利八世迫使议院通过法令，宣布他为英国教会的首领，而且他与安娜·

宝琳的婚事也被认为有效，宝琳的女儿（即后来的伊丽莎白女王）被宣布为英国王位的合法继承人，并要求全英杰出的人物，包括莫尔，都必须宣誓承认英王是教会的首领。莫尔因拒绝宣誓被关进伦敦塔。1535 年 7 月 1 日，法庭特别委员会对他进行了审判。1535 年 7 月 6 日，托马斯·莫尔被处以死刑，死后他的头被挂在伦敦桥上示众。1886 年，在莫尔去世三百多年后，天主教会追封他为圣徒，尽管他不是一位正统的天主教信徒。

资本原始积累初期，资产阶级思想家极力宣扬个性自由发展学说，按照逻辑，这个学说的进一步发展，必然要产生能够保证个性自由发展的社会哲学。然而，他们的学说却同被压迫群众的穷苦状况发生了尖锐的矛盾。只有极少数先进人物才同情被压迫群众的苦难，从公有制原则中寻找摆脱社会灾难的出路。托马斯·莫尔就是其中一个。

1516 年，他完成了一部著名而又颇具争议的作品——《乌托邦》，以一个旅客拉斐尔的见闻，描述假想岛屿国家乌托邦的政治制度。作品主要引用自己和彼得·贾尔斯（Peter Giles）的对话。作品展现了"最有价值和最有尊严"的城市亚马尔罗提城（Amaurote）。

乌托邦将现实中的欧洲国家与完全有序合理的国家乌托邦进行对比。在乌托邦，私有财产不存在，存在着绝对的宗教宽容。作品的主要内容反映社会对秩序和纪律的需要，而不是自由。乌托邦能够容忍不同的宗教习俗，但不会容忍无神论者。认为如果一个人不相信上帝或来世，他是绝不能被信任的，因为，从逻辑上讲，他将不会得到任何部门的承认。

莫尔用小说作为手段描述了一个虚构的国家，自由讨论现实中倍受争议的事务。乌托邦对宗教的自治来源于圣经自治。

乌托邦作为乌托邦文学流派的先行者，其中详细介绍了理想的社会和完善的城市。虽然乌托邦是一个文艺复兴运动的产物，但其结合了柏拉图古典完美社会的概念和亚里士多德的古罗马修辞策略（cf. Cicero, Quintilian, epideictic oratory），它的影响一直持续到欧洲的启蒙运动。

莫尔的特殊之处在于，他是人类思想史上第一个大胆宣称私有制乃万恶之源的人。"任何地方私有制的存在，所有的人凭现金价值衡量所有的事物，那么一个国家就难以有正义和繁荣。"[1]因为私有制与社会幸福是背道而驰的，而达到普遍幸福的唯一出路是一切平均享有。所以，莫尔说："我深信，如不彻底废除私有制，产品不可能公平分配，人类不可能获得幸福。私有制存在一天，人类中绝大的一部分人也是最优秀的一部分将始终背上沉重而甩不掉的贫

---

〔1〕　〔英〕托马斯·莫尔：《乌托邦》，戴镏龄译，商务印书馆 1982 年版，第 43 页。

困灾难担子。"[1]莫尔所向往的虽然是一个没有剥削，没有压迫的，财产公有、分配公正的共产主义理想社会。这种理想社会的基本特征，概括地说就是，政治上实行民主制，经济上实行统一体，精神上高尚雅洁，生活上愉快安逸。

二、莫尔的《乌托邦》中主要体现的政治法律思想

（一）城乡合一，融为一体

根据莫尔的描写，乌托邦的城乡关系是一种新型的互为一体的关系。乌托邦是一个以城市为主干，由城市管理乡村，城乡合一的社会。全岛由 54 座城市组成，它们巨大壮观，通行共同的语言、传统、风俗和法律，城市与城市之间相距一般不超过一天的脚程，每座城市有 6000 户人家，分设四个区，每区中心是货物汇集市场。城市设计有总体规划，建筑美观，一式的三层楼，排成长条，栉比相连，形成街道。每户正门临街，后门辟有花园。城市周围便是农村。城市与其周围农村的关系，通过三种联系而亲密无间，农村的每 30 户选一名飞拉哈（Phylarch，希腊语，意谓部落酋长）参加市政领导机构；每户每年都有一定人数由乡村返回城市。而城市则派同样数量的人到农场从事农业劳动，也就是说，每个城乡居民，既务工又务农，不存在原来意义上的工农之分和城乡之别；城乡互通有无，互相保证对方的生活资料。"他们对于本城乡附近地区消费粮食的数量虽然心中十分有数，却生产出超出自己需要的谷物和牲畜，他们将剩余分给临境居民。当他们需用农村无处觅得的物品时，就派人到城市取得全部供应。无须任何实物交换，城市官员发出这种需求是毫无议价麻烦的。"[2]到收割季节，农业飞拉哈通知城市官员应派遣下乡的人数，城乡全力以赴地抢割抢收。

（二）官民一体，简法而治

乌托邦的全部官员都由民主选举产生，低级官员飞拉哈由家长选举产生，高级官员首席飞哈拉由飞哈拉选举产生；最高首领总督由全体飞哈拉用秘密投票方式公推，他是终身制，除非有阴谋实行暴政嫌疑而遭废黜，否则是不能罢免的。首席飞哈拉每年选举一次，如无充分理由就无须更换。一切重大事物必须由最高权力机关议事会或民众大会讨论决定，无论是谁，如果撇开他们而擅作决定"以死罪论"。全岛官员都能体察民情、与民同在。飞拉哈与民同餐。"官长不傲慢，不令人望而生畏。老百姓称官长为父。官长也力尽父职。官长

---

〔1〕　〔英〕托马斯·莫尔：《乌托邦》，戴镏龄译，商务印书馆 1982 年版，第 44 页。
〔2〕　〔英〕托马斯·莫尔：《乌托邦》，戴镏龄译，商务印书馆 1982 年版，第 51~52 页。

受到老百姓出于自愿的尊敬。这是理所当然的，决不勉强老百姓尊敬，总督不同于老百姓的标志并非身上着袍，头上加冕，而是手中有一束谷穗。"[1]与此相适应，这里法律简明，依法而治，乌托邦人民认为："其他民族的主要特点是：几乎无数卷的法令和解释文还是不够。用浩繁到无人能卒读以及晦涩到无人理解的法令去约束人民"[2]，这是极不公平的。公布任何法律都是为了使每一个人不忘尽职。人人能够弄通的法律，才能被每个人所掌握，而"人人精通法律"，谁也就别想去用法律欺压老百姓了。

（三）工农结合，劳逸适度

乌托邦人不分男女都亦工亦农，工农结合，他们从小学农，像喜欢文艺活动那样对待农业劳动。每个人必须从事农业活动两年，也可以自愿延长。务农之外，每个人都得学一项专门手艺，这包括毛织、麻纺、矿工、冶炼或木作。其中较繁重的活计由男子充任，较轻者由妇女负责。每天劳动6小时，睡眠8小时。除劳动、睡眠和就餐这三个时间统一规定以外，其余时间归自己支配。人们珍惜时间，都把空余时间用于业余活动、学术探讨和文娱游戏等有益方面。"大部分公民，无论男女，总是把体力劳动后的剩余时间一辈子花在学习上。"[3]此外，旅游也是乌托邦人喜欢的一项业余活动。跨城市旅行的，要经过批准，持有总督签发的文件，他们可领到一辆挂车，一名赶车驾牛的公共奴隶。他们在旅行全程中，什么都不带，却什么都不缺乏，因为到处都像是在自己家里。在本城郊区旅行观光的，可以自由往来。"不管他来到乡村中任何一个地区，他必须做完当天上午的活或晚餐前须做的活，然后，他受到伙食款待。"[4]

（四）家庭和睦，婚姻稳固

家庭是乌托邦社会的细胞。"城市是由家组成的，家是由有亲属关系的成员共同居住的。"[5]在城市，为使人口不至过稀或过密，每个家庭成年人数不得少于10人，不得多于16人，如超过此数，就把过多的人口抽出，以填补人口不足的一户；如全城各户人口已足额，就将其超出数的成年人迁移到其他人口不足的城市。在农村每户至少要有14人，外加农奴2人。不论是城市还是农村，全家须听命于年纪最大的家长，每个家庭内部，一般都是妻子伺候丈夫，儿女服侍父母，年轻人照顾老人。每户所需物资取自公共仓库和食品市

〔1〕［英］托马斯·莫尔：《乌托邦》，戴镏龄译，商务印书馆1982年版，第91页。
〔2〕［英］托马斯·莫尔：《乌托邦》，戴镏龄译，商务印书馆1982年版，第91页。
〔3〕［英］托马斯·莫尔：《乌托邦》，戴镏龄译，商务印书馆1982年版，第71页。
〔4〕［英］托马斯·莫尔：《乌托邦》，戴镏龄译，商务印书馆1982年版，第65~66页。
〔5〕［英］托马斯·莫尔：《乌托邦》，戴镏龄译，商务印书馆1982年版，第60页。

场。每30户设一餐厅，人们可以在此就餐，也可以回家吃。"任何人在家开伙并不是不允许，但任何人不愿在家开伙。"[1]至于农村，由于大家的住处相隔遥远，各人就在自己的家中就餐。

乌托邦实行一夫一妻制，法律规定，女18岁，男22岁可结婚。乌托邦人非常讲究婚前贞洁，男女在婚前如证明犯了私通的罪，将受到严重处罚，而且以后男不得娶，女不得嫁，除非总督宽恕其罪行。"人们讲究美貌，认为美貌会增加美德。这里的婚俗愚笨而极端可笑"，[2]男女双方在婚前要由一各同性者陪同到对方面前作裸体亮相，以便使对方看清是否在被遮部分有什么残疾，防止受骗上当。结婚以后，如果一方发生通奸行为或脾气坏到使人无法容忍的地步，另一方就可以提出离婚；离婚后，被离异的那一方从此只能过孤独的生活。如果婚后女方身患疾病，男方不能违反其意而强行离婚。如果离婚是由于夫妻双方性情不合而造成的，那就可以再婚。此外，为了保障婚姻的稳固性，乌托邦会对破坏夫妇关系者采取严惩不贷的方针："破坏夫妇关系的人罚充最苦的奴隶。企图诱奸与实际奸淫受同样处分。"[3]

（五）精神文明，德行高尚

乌托邦的人一般都自由不拘，性情温和，聪明伶俐，生活从容。他们的住房每10年要更换一次，但大家仍然很爱护已住之房，发现损坏，很快地加以修复，而且防止有同样的损害发生。他们讲究卫生，不准不净之物进入城内，活牲畜不得入城，城内不得屠宰活羊。他们并不认为拥有金钱和身着华服就是幸福。乌托邦人主张，构成幸福的不是每一种快乐，而只是正当高尚的快乐。所谓正当高尚的快乐，就是被德行所引导的一种自然本性倾向，就是"符合于自然的生活"。这种快乐和幸福观，号召人们相互帮助以达到愉快的生活，遵守公共法令，彼此互通有无，关心公共利益。这种快乐和幸福观，使乌托邦人把身心健康当作是最大的快乐，看成是所有快乐的基础和根本。他们救死扶伤，尊老爱幼。"乌托邦人对病人热心照料，不让他们缺乏任何能恢复健康的东西，医药和饮食，无不供应周到。对患不治之症的患者，他们给以安慰，促膝交谈，力图减轻其苦痛。"老人们受到特殊照顾，如就餐时不仅座位显要，而且菜肴上好。婴儿和哺养他们的奶妈，也同样受到另外的礼遇。乌托邦人中没有游手好闲分子，所以，他们没有酒馆和烈性饮料，没有妓院，没有腐化场所，没有藏污纳垢的暗洞，没有秘密集会的地方。相反在众目睽睽之下，人们

---

〔1〕 [英] 托马斯·莫尔：《乌托邦》，戴镏龄译，商务印书馆1982年版，第63页。

〔2〕 [英] 托马斯·莫尔：《乌托邦》，戴镏龄译，商务印书馆1982年版，第87~90页。

〔3〕 [英] 托马斯·莫尔：《乌托邦》，戴镏龄译，商务印书馆1982年版，第89~90页。

必须干通常的活或是正当地消磨业余时间。

（六）宗教与奴隶并存

在乌托邦有各种宗教，人们普遍信教。人们虽有信仰自由，但绝大多数人也是有较有见地的人，"只信某个单一的神，这个神正是不为人知的、永恒的、巨大无边的、奥妙无穷的、远远超出了人们的悟解的，就其威力说而不是就其形体说是充塞宇宙间的。他们称他为父，把万物的起源、生长、发育、演化、老死都归于他"。[1]这个神是什么呢？它是自然本身，由于其无比的力量和尊严，任何民族都承认，万物的总和才形成。尽管这样，人们还是接受了基督教，这也许是由于上帝的颇为不可思议的灵感，或是由于他们认为这个神最接近他们中间普遍流行的信仰。这样，乌托邦人就以为人死后有过的必受罚，有德的必受赏。由此，社会也就有一批数目不大的教士阶层。教士由国民选举产生。其职责是社会性的：主持礼拜，掌管宗教仪式，监察社会风纪，教育儿童和青年。教士这个社会阶层最受社会的尊敬，以至于纵然教士犯罪，不是送法庭，而是付与上帝和自己的良心去审判。

乌托邦存在着奴隶制。莫尔认为，解决社会"不愉快"劳动的方法，是让社会存在一个特殊社会阶层，即奴隶，由他们来承担居民所厌恶的工作。奴隶的来源有三种，一是本国犯重罪被罚为奴隶的人，而这种人在别国会被判处死刑。二是别国因犯罪被判处死刑的人，这种人到乌托邦来虽为奴隶，但可免其一死。这两种奴隶不但要不断工作，而且还要上锁链。三是别国贫穷的无法生活的劳工，自愿到乌托邦来过奴隶的生活，他们的待遇较好，只是工作重些，其余几乎与公民一样。从这些区分中可以看出，莫尔认为这种条件下的奴隶制是一种好事。

总之，莫尔在这里描绘了人类历史上第一幅空想社会主义的完整画卷。他是第一个剥掉"共有制"的宗教外壳，以理性论证"共有制"的思想家。诚然，乌托邦存在着宗教，但这种宗教并不是莫尔论证"共有制"的出发点和论据。莫尔强调理性，认为人生来是要享受幸福的，而为了更好地安排幸福生活，就必须按照理性行动。"乌托邦人说，一个人在追求什么和避免什么的问题上如果服以理性的吩咐，那就是遵循自然的指导。""理性劝告和敦促我们尽量免除忧虑和尽量充满快乐地生活；并且，以爱我同胞这个理性出发，帮助其他所有的人也达到上面的目标。"[2]理性使人"以人道主义的义务"，尽量减轻别人的贫穷和困苦，照顾别人的康乐和幸福。这种理性论在当时是具有一定的进步意义的。当

〔1〕［英］托马斯·莫尔：《乌托邦》，戴镏龄译，商务印书馆1982年版，第103页。
〔2〕［英］托马斯·莫尔：《乌托邦》，戴镏龄译，商务印书馆1982年版，第73页。

然莫尔观点中也存在着一些问题，例如上述宗教信仰和奴隶劳动，还有乌托邦国家有殖民地，等等。这些与他的总观点是不相协调的，应当说这些问题并不严重影响他在空想社会主义史上乃至人类思想史上的崇高地位和深刻影响。

第三节　康帕内拉和他的《太阳城》

一、康帕内拉的主要生平

托马斯·康帕内拉（Tommaso Campanella，1568 年～1639 年），出生于意大利南部一个贫苦的农民家庭中，其父是一个鞋匠，康帕内拉 15 岁时，加入

多米尼克派僧团做僧侣，刻苦钻研神学和哲学，特别是托马斯·阿奎那的著作，并参加神学和哲学辩论会，以年轻博学而显身手。他还研究过柏拉图的《理想国》和莫尔的《乌托邦》。他对柏拉图的财富公有、儿童接受社会教育等思想很感兴趣，认为理想国中的等级制度和奴隶制不符合平等的思想，他非常赏识莫尔抨击私有制、建立公有制的思想。他自己说过：那些众所周知的权威当时已经不能使我满足，因为我自学了柏拉图、老普尼克、格林、斯多葛派哲学家和德谟克里特主义者的许多著作，但主要是自学了特列佑的著作；同时也直接研究作品知识源泉的自然

康帕内拉

本身。一位康帕内拉的传统作者说："整个僧侣界都极端地恨这位特列佑，反对亚里士多德的康帕内拉——这是不足为怪的，因为特列佑的著作在教会的禁书目录中占显著地位，而亚里士多德的学说则是僧侣喜欢用到基督教上方面的。"[1]

康帕内拉生活在意大利多灾多难的时代，他因为反对教会和西班牙统治者，因密谋起义和宣传异教思想，一生先后坐过五十几处牢房，历时合计 30 年之久，并受到过至少 7 次严刑拷打。1599 年，他向群众宣传反抗西班牙统治者，统一意大利的思想，组织和发动群众，准备武装起义。由于叛徒的出卖被捕入狱，被判为终身监禁。他在牢中度过了 25 年的囚徒生活，受尽折磨。在坐牢期间，他为后世留下了思想遗产，《太阳城》一书正是在这一期间内完成的。

---

〔1〕 〔意〕康帕内拉：《太阳城》，陈大维、黎思复、黎廷弼译，商务印书馆 1980 年版，第 107 页。

二、《太阳城》一书体现的主要政治法律思想

《太阳城》一书是康帕内拉的一部主要著作。这本书的主题，是说热那亚的一位航海家偶然来到一个位于赤道附近的小岛。这是一个不为人知的新发现的国家"太阳城"。在这里他发现正在实现他的理想的完美的国家制度。它没有私有财产，没有剥削和压迫。大家从事义务劳动，由社会组织生产，进行分配，大家都过着幸福的生活。这个理想社会，是遵循自然智慧的命令，受天赋理智的支配而建立起来的。在这本书中，所包含的主要内容有：

（一）"按照自然，一切公有"

康帕内拉的社会哲学包容先进和落后的两种因素。他承认神和神的启示，认为神是存在的本源，神是一切，神领导着世界。他说，太阳城人民"也崇拜三位一体的上帝，据他们说，上帝是最高的威力，这种威力产生了最高的智慧，这种智慧就是上帝，人们从上帝那里获得了爱，而爱也就是威力和智慧；因为产生某种东西的东西，一定要有产生某种东西的本性"。[1]他认定世界上的一切都是上帝事先安排好的，因为上帝是全能的，主宰一切的和无所不爱的存在物。但是，当他论述社会和国家问题时，虽然处处引证《圣经》，却又按照泛神论，认为社会和国家是自然界的一部分，他们不是上帝创造的。他说："我们描绘的我们这个国家，不是上帝所提供的国家制度，而且通过哲学家的推理所发现的国家，而且我们是从人类可能只有的只能出发，来证明《福音书》的真理是符合自然的。"[2]

宇宙中有"冷""热"两个对立的原则。太阳体现热的原则，是温暖和爱的中心；地球则体现了冷的原则，是冷酷和恨的中心。社会和国家应该遵循自然原则——热的原则，理想国家是以爱为中心的国家，所以称之为"太阳城"。这就是说，在康帕内拉看来，表现神的意志的自然规律是国家的基础，人类的智慧能够发现并遵循这些规律而建立起以爱为中心的符合于自然法的国家。

---

〔1〕［意］康帕内拉：《太阳城》，陈大维、黎思复、黎廷弼译，商务印书馆1980年版，第51页。

〔2〕［意］康帕内拉：《太阳城》，陈大维、黎思复、黎廷弼译，商务印书馆1980年版，第64~65页。

这样的国家最符合天赋人权和人类理性，因为它的一切都是公有的，而公有是符合自然法的。"按照自然法，一切都公有——这是千真万确的。"[1]那种谴责公有生活或一口咬定这种生活违反自然的观点，"是一种邪说"。公有制符合法制，分割财产则违反法制。创造主创造土地是想它成为公有财产，蜜蜂的生活就是天然公有的榜样。富有和贫穷是人类社会的主要缺陷，它们造成了一种恶习，而贪婪则是一切恶习的根源。"如果我们把'我的'和'你的'从我们的事物中去掉，那么斗争就会停止，和平将占优势，不会再发生纠纷。"[2]康帕内拉满怀激情地说，在一切公有制的社会里，消减了由于两种对立的灾难（贫与富）而产生的一切恶习，消减了万恶之源的贪婪，做生意所固有的欺骗，消减了偷窃、抢劫、无节制，穷人受侮辱以及甚至高贵门第的人们也具有的那种无知，也消减了过度的劳动、自私自利、阴谋诡计、仇恨嫉妒和吝啬骄傲等。这样，"太阳城的公有制度使大家都成为富人，同时又都是穷人，他们是富人，因为大家共同占有一切，他们都是穷人，因为每个人都没有任何私有财产。因此，不是他们为一切东西服务，而是一切东西为他们服务"。[3]

（二）宗教和世俗界贤人掌管全部统治权

康帕内拉理想社会是一个政治上经济上人人平等的社会，只要人们遵循理智，这样的社会和国家是可以建立起来的。这样的国家是最好的国家，所以应由一批贤人做统治者。这些贤人就是兼具祭司和世俗职务双重身份的人，即一个独特的宗教阶级。

这个阶级的最高一员，即最高统治者是一位祭司，即"太阳"。太阳是终身制，他是世俗和宗教界一切人的首脑；一切问题的争端都要由他做出最后的决定。太阳是一位非常博学的人。他一定要熟悉各国历史、习俗、宗教礼仪、法律和各种发明，要了解天体结构和各种手工业，要懂得自然科学和占星学，"要懂得形而上学和神学，各种艺术和科学的起源，原理和论证，万物的同异关系，世界的必然性、命运和和谐，万物和神的威力。智慧和爱，存在物的等级，他同天上、地面上和海中的东西以及神所理想的（凡人也能了解的）东

---

[1] [意] 康帕内拉：《太阳城》，陈大维、黎思复、黎廷弼译，商务印书馆1980年版，第76页。

[2] [意] 康帕内拉：《太阳城》，陈大维、黎思复、黎廷弼译，商务印书馆1980年版，第57页。

[3] [意] 康帕内拉：《太阳城》，陈大维、黎思复、黎廷弼译，商务印书馆1980年版，第74页。

西的类似关系"。[1]太阳下面有三个领导人，他们是"蓬"、"信"和"摩尔"，即"威力"、"智慧"和"爱"。他们分别掌管有关和平与战争的一切事物，艺术、手工业和各个科学部门，以及衣、食、生育和教育方面的事务。

这四个人组成了最高领导集团，讨论和决定共和国的一切事物，而太阳则凌驾于其余三人之上。威力、智慧和爱下面各有三名助手，助手下面有十人团、五十人团和百人团的领导人，助手以下人员既是委派的，又是选举的，即由最高领导集团向大会提名，经公民选举产生。每个人只有在自己的德行出众时才能获得职位。那些被委派和选举出来的低级官员以及法官，也都是教师和祭司。

由这么一个宗教阶级掌握全部统治权，这自然是康帕内拉学说中不健康的成分。不过，根据康帕内拉的世界，太阳国又是实行民主共和制的。他说，负责人员的更换，要根据人民的愿望来决定。全国每月召开一次"大会议"，20岁以上的公民全部出席，每个人都有权对共和国的缺点和对政府负责人员执行工作的好坏提出自己的意见。每8天举行一次全体负责人员的会议，出席者是四位最高领导人及九名助手。各团的领导人也举行会议讨论国事。太阳和三位主要领导人则每天都举行会议，来处理日常事务并批准有关选举的决议和检查执行决议的情况，同时也讨论其他的必要措施。

（三）和谐的劳动分工与生活方式

在劳动问题上，康帕内拉的基本观点是，既然一切公有，人人都必须劳动。一切公职、艺术工作、劳动等，都分给大家承担。男性从事最辛苦的职业和外出工作。如播种、耕耘、收获、打谷、木工和铁匠等。康帕内拉说："最繁重的工作，例如做打铁或是建筑等工作，也是很受人称赞的，所以，谁也不会逃避这些工作。"[2]女性则从事不太繁重的手工艺劳动，如挤奶、制干酪、纺织、缝纫、理发、制药，等等。每个人都有较高的觉悟，乐于接受各种工作。"每个人无论分配他们做什么工作，都能把它看做是最光荣的任务去完成。"[3]"残疾人也做适当的安排，瞎子可以用手梳羊毛，装褥垫和枕头，失去手臂和眼睛的人，可利用他们的声音和听觉来为国家服务。最后，如果是只

---

〔1〕［意］康帕内拉：《太阳城》，陈大维、黎思复、黎廷弼译，商务印书馆1980年版，第13页。

〔2〕［意］康帕内拉：《太阳城》，陈大维、黎思复、黎廷弼译，商务印书馆1980年版，第32页。

〔3〕［意］康帕内拉：《太阳城》，陈大维、黎思复、黎廷弼译，商务印书馆1980年版，第23页。

有一只手和一只脚的人，那就利用他们到乡下去做监视工作。"[1]

基于财产的公有和共同劳动，人际间的关系也非常良好。"这里是没有穷人的，在互相中就表现出慷慨。"[2]而慷慨又变成为行善，行善又是一种比慷慨更高尚的美德。所以，亚里士多德那种认为财产公有必使慷慨性消减的观点是欠考虑周到的。"这里的人们虽然由于没有超过自己应得和需要的东西，彼此间不可能有什么馈赠，但他们之间有密切的互相关系，他们的友谊都表现在战争和生病的时候以及进行科学竞赛的时候，那时他们都彼此帮助，互相启发；要不然，就表现在颂扬和提意见的时候，在执行义务时，也表现在必要的互助上。"[3]

这种融洽的人际关系，使太阳城居民得以奉行一种协调一致的生活方式。这种生活方式表现在三个方面：①按照统一格调培养和教育一代新人。孩子们在二三岁时，由老人带领他们做游戏，学字母；稍大一些后他们开始学习做操、跑步、掷铁饼，同时到作坊学着当鞋匠、面包师、铁匠、木匠、书匠等。入学开始，先学初等数学和各门自然科学，然后到各科学或手工业部门任职，有时也到田野、牧场去观察和学习农业和畜牧业。②取得统一规格的衣、食、住供应。人们的衣着相同，都穿白色衬衫，上面罩着一件连裤的无袖服，再披上斗篷，每年更换四次衣服。大家在食堂共餐，每人都有一块自己的餐巾和一个钵子，分得一碗稀汤和一份菜肴。大家都依靠公有的房屋、宿舍、床铺和一切必需品而满足住的需要。每过6个月，由主管人员安排每人的居室，指定谁住第一宿舍，谁居第二宿舍，并在每个宿舍的门楣上贴上居住者的名字。③按照各人特点确定他的名字。例如，有的叫"美男子"，有的叫"大鼻子"，有的叫"粗腿的人""勇猛的人""坏蛋"，等等。对于手艺出众，建有功勋的人，根据他们的专业和功勋，在其名字上加一个相应的外号，例如"漂亮而伟大的画家""大鼻子勇士"等。与此相一致，每种职务也是一种美称，例如宽大、勇敢、纯洁、慷慨、刑事或民事的公共裁判，等等。

(四) 落后的婚姻观

康帕内拉复活了柏拉图的主张，坚持在共产主义社会里实行共妻制。他认为，私有制之所以能形成和保持，是由于每个人都有自己单独的住房，自己的妻子和儿女。他把公有制和共妻制相提并论，不加区分地为之辩护。他引证教皇圣克里门特的话说："一切都应当属于我们大家所有，甚至包括妻子在内。"

---

〔1〕 [意] 康帕内拉：《太阳城》，陈大维、黎思复、黎廷弼译，商务印书馆1980年版，第75~76页。

〔2〕 [意] 康帕内拉：《太阳城》，陈大维、黎思复、黎廷弼译，商务印书馆1980年版，第81页。

〔3〕 [意] 康帕内拉：《太阳城》，陈大维、黎思复、黎廷弼译，商务印书馆1980年版，第11页。

康帕内拉共妻制的内容还包括：①婚姻服务于生育。"关于生育，他把它看做是为国家谋利益的宗教方面的事情，而不是个人的事情，而且服从政府的调配。"生儿育女的目的是为了保存种族而不是为了保存个人，个人仅仅是作为国家一分子才与这个问题有关。"负责人员的神圣职责是把这一点当作国家福利的重要基础来进行监督。"[1]②优生和自然主义原则。既然生育是国家问题，男女的结合就必然根据他们天赋的优良品质和哲学原理来决定。体格匀称和美貌的女子只同体格匀称和健壮的男子相结合，肥胖的男子与消瘦的女子结合，消瘦的男子同肥胖的女子结合，以使他们得到有益的平衡。同时，要让有学问的人与热情活泼和美丽的妇女结合。③婚令和生育。女19岁和男21岁才能过性生活，才能生育子女。如某女子与男子结合后不受孕，便配给另一个男子，如果多次与男子合欢而不受孕，便被宣布为"公妻"，"而且也就不能像主妇那样在生育会议上，在神庙和公共食堂中受人尊敬了"[2]受孕和生育妇女则得到多方照顾。④看重妇女自然美。康帕内拉相信，公有制社会里的妇女，由于都要工作，所以皮肤呈健康色，身体发育得很好，体格匀称，美丽活泼。但他又规定，对那些把美的基础建立在脸上涂脂抹粉，穿高跟鞋来显示身材，穿长裙来遮掩粗腿之上的妇女，要处以死刑。尽管太阳城不会有这种奢侈品来供应。⑤提倡贞操。凡是犯强奸罪而被揭发的人都严加惩处，罚他把鞋挂在脖子上示众两天，以示其违反自然程序，反复把脚放到头上来了。"如果常犯，就加重惩罚，甚至处以死刑。"反之，年满21岁仍保持童贞的人，就会受到人们特别的尊敬或在公共的会议上受到表扬。[3]"人们按年龄大小称谓。由于共妻而必然存在血缘混乱，在太阳城居民中一切同岁的人彼此称为兄弟，比自己年长22岁的人称为父亲，比自己小22岁的人称为儿子。有负责人员严密监视着，在这个集体中谁也不能欺负别人。"[4]

从上述分析中我们可以看出，康帕内拉的理想社会既是穷人情绪的反应，又是柏拉图《理想国》的折射；既是人类天赋理智的发现，又是神的启示；既是再洗礼派信仰的例证，又是早期基督教"教父"的期望；既是人人平等的化境，又是教阶制度的天下。康帕内拉的既然不能把自己的理论完全建立在

---

〔1〕［意］康帕内拉：《太阳城》，陈大维、黎思复、黎廷弼译，商务印书馆1980年版，第21页。

〔2〕［意］康帕内拉：《太阳城》，陈大维、黎思复、黎廷弼译，商务印书馆1980年版，第20页。

〔3〕［意］康帕内拉：《太阳城》，陈大维、黎思复、黎廷弼译，商务印书馆1980年版，第18页。

〔4〕［意］康帕内拉：《太阳城》，陈大维、黎思复、黎廷弼译，商务印书馆1980年版，第11页。

科学的基础上自然不能提出科学的实现途径，最终其思想只能陷入空想的境地。

第四节　让·梅叶和他的《遗书》

一、让·梅叶的主要生平

让·梅叶（Jean Meslier，1664 年~1729 年）诞生在法国香槟省一个农村纺织工人的家庭中，由于家境贫寒，他只受过初等小学教育，就被迫进入一所教会学校学习神学，毕业后，他被派到香槟省的一个只有 150 户人家的埃特列平乡村担任神甫。自此以后，他几乎长期住在这个村子里达 40 年之久，直到他逝世。

让·梅叶

梅叶一生中的大部分时期都是处在路易十四时代，由于这个历史上有名的暴君对外穷兵黩武，在宫廷生活中穷奢极侈，弄得全国民穷财尽，因而不得不加重对农民的剥削，当时农民既要向地主缴纳苛重的地租，又要向国家和教会支付繁重的捐税，另外还要承担各种各样的徭役和封建义务。农民终年劳动，自己竟连黑面包也吃不上，往往要借草根树皮来充饥。他们的房屋倒塌了，也无力修复，夜间无处栖身，只好在山洞过穴居生活。梅叶因履行宗教的义务，经常同贫苦的农民保持接触，所以对农民的悲惨处境十分同情，对宗教的荒谬和愚昧也非常气愤，可是他又是一个乡村神甫，被迫向农民宣传《圣经》的谎言和邪说，这完全违背了他的信念和良心。然而在那个时代，要揭穿这些谎言和邪说势必招致可怕的后果。于是，梅叶只得把自己平时的观点深深地隐藏起来，依然每天都去做他所不愿意做的事情。梅叶一生正是在这种内心极端矛盾和痛苦中度过的。正如他在《遗书》这一书中的序言中所提到的："我的目的，是要尽我的力量使你们睁开眼睛（虽然晚了一点），看看我们所有的人（我们有多少人）不幸地诞生和生活在那些荒唐的谬论中，看一看我自己由于不愉快的职务因而要在你们中间加以支持的那些谬误。我说不愉快，是因为这种职务对我确实是痛苦的。因此，我只是怀着极大的厌恶心情并且十分敷衍地去执行它，正当你们所能看到

的那样。"〔1〕

晚年的时候，梅叶的视力逐渐衰退，他自知离双目失明的日子已经不远了。这种暗淡的前景促使他下决心，要赶在他双目失明之前，把他平日里所看到的和想到的一切尽快写出来，作为他留给后人的遗言和"真理的凭证"。梅叶凭他的坚强毅力，克服了种种困难，在双眼几乎失明的条件下，终于如愿以偿，在他完全失明之前，完成了他的《遗书》的写作。并将它保存起来。每册都是360页，上面都有梅叶的亲笔签名。梅叶去世后的第二年，他的《遗书》的原件被人发现，并以手抄本的形式开始在法国秘密流传，虽然每册当时售价高达200法郎，但求购者十分踊跃，供不应求。当时，法国封建当局对此惊慌失措，把这本书视为洪水猛兽，宣布持有此书的人一经查获就要下狱问罪，但这仍然禁不住此书的广泛流传。1762年，日内瓦首次铅印出版了《遗书》的摘要集，但并未署编者的姓名，有人认为是伏尔泰所编，直到1864年，在梅叶逝世135年后，荷兰反对教权扩张运动的著名活动家鲁道夫·夏尔利才以梅叶的名字出版了《遗书》的全文。至此，《遗书》在经历了漫长的坎坷道路后，第一次以自己的真面目同世界读者见面。

梅叶的《遗书》充满着战斗唯物主义的无神论精神，洋溢着彻底批判封建制度的革命的民主主义热情，它是18世纪法国社会主义和唯物主义的书籍中的出类拔萃的著作。在17～18世纪中，当宗教被看成是不可亵渎的圣物的时候，一个人能够这样无情地、大胆地对宗教进行揭露和鞭挞，不但当时会招致不可设想的后果，而且就是死后也不能得到饶恕，而梅叶却以大无畏的坦荡胸怀写道："让那些神甫、说教者、神学家以及一切欺瞒诈骗行为的庇护者，在我死后去暴跳如雷吧！让他们把我叫做不信神者、叛教者、渎神者或无神论者吧！让他们爱怎样咒骂就怎样咒骂吧！这些是丝毫也不会使我感到震动和不安的。让他们对我的肉体爱怎样处理就怎样处理……这对我是反正不关痛痒的。"难怪伏尔泰在1762年2月给达朗贝的信中写道："当我阅读梅叶著作的时候，不禁吓得发抖。"这一点也可以说明梅叶在反宗教的彻底性方面远远超过了法国18世纪著名的启蒙思想家伏尔泰。

由于伏尔泰和霍尔巴赫只是从反宗教的角度上摘录梅叶的《遗书》来出版，所以长期以来人们只把梅叶当作一位反宗教和反封建的政治思想家。法国资产阶级大革命时期中，雅各宾党人阿·克鲁特斯也正是根据这一点才建议国民公会为梅叶设立雕像。殊不知梅叶还是法国的一位空想共产主义者，是摩莱里、马布利和巴贝夫的先驱者。然而，在《遗书》中占最重要地位的，还是

---

〔1〕　〔法〕让·梅叶：《遗书》第一卷，陈太先、睦茂译，商务印书馆1985年版，第1页。

梅叶的社会政治思想。梅叶断言，所有的人生来都是平等的，大家都有在地球上生活和行动、享受天赋自由和利用地面上的财富，以及从事有益劳动以获得一切生活必需品的平等权利。他正是根据这条"天赋人权"的道德准则来批判当时社会制度中的一些极为重大的"祸害"。

《遗书》共有三册，其主题是从本质上剖析并谴责当时的阶级社会及其固有的矛盾、当时的政治制度和人们所崇拜的宗教，热情地号召无产者和劳苦大众团结起来，推翻这个不合理的社会制度，通过革命去争得自由和平等。正如梅叶自己所说："亲爱的朋友们，我已不能在生时公开地说出我对于治理人们的制度和方法，对于人们的宗教和习俗的看法，这样会带来非常危险而惨淡的后果。因此，我只有等死后再把这些告诉你们。"〔1〕"我少年时代就看到了在人世间引起那么多灾难的谬论和弊端。随着年岁的增长，阅历丰富，我日益确信人们的盲目和恶意，相信人们迷信的毫无意义，确信不用公道的办法来管理他们是不公道的。"〔2〕在结尾处他又写道："我从未犯过任何罪过，也未作过任何坏事，我深信现在的任何一个当权的人物也找不到足够的根据，在这类事情上面责难我。因此，如果我死后成了侮辱、诽谤、诬蔑的对象，成了卑鄙行为的攻击对象，那只是因为我率直地说出了真理……让人们爱怎么想就怎么想……死了的人就没有什么可以担心的了，也就没有什么可以操心的了。"〔3〕所以，梅叶思想的特点，就是要无情地揭露和批判现有社会及其种种不平等制度，并在揭露与批判中提出了自己的公有制社会思想。

二、《遗书》所体现的政治法律思想

（一）宗教是一种空幻和虚妄

梅叶在《遗书》中首先对宗教神学进行了批判。他以无神论者的姿态宣称，宗教在人类社会中制造骚乱，是人们生活不幸的一切恶事的实在根源和真正起源，是不幸传遍全球的一切谬误、一切欺骗、一切迷信、虚构的神灵和偶像崇拜的根源和起源。他说，一切宗教只是一种谬误、错觉和欺骗，因而是一种空幻和虚妄。为了全面论述这个观点，他着手进行了分析和批判，主要有以下五个方面的内容：

---

〔1〕 ［法］让·梅叶：《遗书》第一卷，陈太先、睦茂译，商务印书馆1985年版，第1页。
〔2〕 ［法］让·梅叶：《遗书》第一卷，陈太先、睦茂译，商务印书馆1985年版，第2页。
〔3〕 北京大学哲学系外国哲学史教研室编译：《十八世纪法国哲学》，商务印书馆1963年版，第735页。

1. 关于宗教起源问题。他在这里提出了典型的启蒙运动者的看法，即认为任何宗教都是愚昧、迷信偶像崇拜的结果，都是剥削者欺骗人民的结果。他说，任何宗教仪式和敬神行为，任何利用上帝和诸神名义进行宗教活动，"都不外是人捏造出来的东西……所有这一切都是先由狡猾奸诈的阴谋家虚构出来，继而由伪预言家、骗子和江湖术士予以渲染扩大，而后由无知无识的人盲目地加以信奉，最后由世俗的国王和权贵用法律加以维持和巩固"。[1]他们捏造这些东西，为的是易于迫使人民就范，能够为所欲为，使宗教成为拴住牛鼻子的绳子。

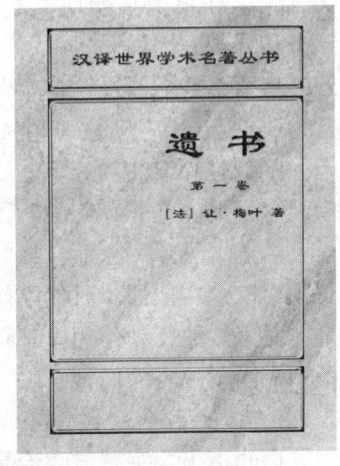

2. 关于宗教信仰的问题。梅叶认为，一切宗教都是建立在信仰的基础上，信仰不是别的，正是谬误、错觉和欺骗的根源，一切宗教首先是基督教，都是根据谬误、错觉和欺骗的原则构成自己的圣礼、教义和道德的。所以，这种信仰是盲目的，而宗教教义只是要求人们盲目地、天真地相信它们在这方面的一切肯定说法，要求信徒们不怀疑这些肯定说法。

3. 基督教不是真正的宗教。他说，基督教的容忍、赞同并鼓励许多与正义、良知和仁政相反的恶行，容忍并鼓励世俗的国王和豪强鱼肉人民，实行暴政，使人民遭受宗教和世俗的双重摧残和压迫。由此可见，基督教不可能是真正的宗教，不可能真正是神定的，如果它是神定的，那它就必须否定和谴责一切与正义和仁政相反的东西。

4. 关于神的概念。梅叶认为，宗教造成的种种罪恶和谬误都是建立在神存在这个信仰和信念之上的，其实，没有神这样的实体，"神根本不存在"。以前许多人都否定和怀疑神的存在。对神的信仰最初不过是这样产生的：某些比别人更机灵、更狡猾、更精明，甚至可能是更堕落、更恶毒的人，由于一种虚荣心，就大胆地使用神的名字，自己冒充最高的统治者以便使人更怕他，敬重他。而在他的恐怖统治下的人则听任他为所欲为，因而这些人就成了统治者，他们成了统治者，就把神的名字用最高统治者的称号给自己保存下来。[2]可见，所谓上帝实际上是人，是个狡猾和机灵的人。

---

〔1〕 北京大学哲学系外国哲学史教研室编译：《十八世纪法国哲学》，商务印书馆 1963 年版，第 676 页。

〔2〕 参见北京大学哲学系外国哲学史教研室编译：《十八世纪法国哲学》，商务印书馆 1963 年版，第 703 页。

5. 关于灵魂不死说。基督者说，灵魂是非物质的，即没有形体、肢体、形态和外观，因而是不死的。梅叶针锋相对地指出，人们对完全没有形体和广延的东西不能形成观念；生命体的生与死，美与丑，强与弱，健康与疾病都只是物质的形式和变形，但生命体的生、死、美、丑等都不是物体。它们没有形态，不能打碎或切片，不能用尺量，也不能用秤去称。人们只有对物质才能形成观念，灵魂是非物质的，因而不是不死的。

由上可见，一方面，梅叶把产生宗教的根源归之于人们的罪恶，而不是归于社会，这在他那个时代不能不说是一种肤浅之见。另一方面，他的突出之处是他对宗教的反动作用极其荒谬性有着深刻的一般人所不及的体会，这使他的批判充满了战斗的精神。

（二）教权和政权的勾结是造成社会祸害的根源

梅叶指出，宗教与政治是相互合作，狼狈为奸，紧密连接在一起的。"它们之间一旦缔结了同盟、建立了友好关系，彼此就相处得不坏；可以说，从这时起它们已情投意合，象两个小偷一样，互相庇护支持。宗教甚至支持最坏的政府，而政府同样庇护最荒谬、最愚蠢的宗教。"[1]神甫尊崇不平等和压迫，号召信徒服从长官和国王。国王给神甫提供优厚俸禄，强迫人民承认他们的所作所为乃神圣不可侵犯的。为了说明政治家为何要与宗教勾结这个问题，梅叶特别把红衣主教、法国宰相黎希留拉出来，他说："因为利用宗教能使人们心灵上产生最强烈的印象，所以，他们认为倘若利用宗教能掩饰自己的阴谋，那就是极大的成功。黎希留说，他们常常靠着这个幌子来掩饰自己最丑恶的野心。"[2]

那么，教权和政权勾结造成了哪些社会祸害呢？

第一，令人痛恨的人类不平等现象。人人生而平等，但是有些人仿佛生下来就是为了粗暴地统治别人，永远享受人生的一切幸福，而有些人仿佛生下来就是为了做贫苦、不幸、受人鄙视的奴隶，毕生在贫苦中受难。富人家财富充溢，挥霍无度，过着天堂般的生活，而与之不过一墙之隔、相距咫尺的穷人家则是充满痛苦和灾难的地域。这种不平等是极不公正的，因为它不是以某些人的功勋和某些人的过失为基础的，那些自吹门第高贵的人，其祖先实际上是嗜血残酷的压迫者、暴君、卖国贼、盗徒、强盗和弑父者。梅叶说：这些人就是令人发指的魔鬼和暴徒，人们害怕传说中的魔鬼，可是你们要知道，你们应当

---

[1] 北京大学哲学系外国哲学史教研室编译：《十八世纪法国哲学》，商务印书馆 1963 年版，第672 页。

[2] 北京大学哲学系外国哲学史教研室编译：《十八世纪法国哲学》，商务印书馆 1963 年版，第679 页。

害怕的、最凶恶的真正魔鬼是我所谈的那些人，真的，你们没有比世上这些豪门、贵族和富人更厉害凶残的敌人了，蹂躏和折磨穷人的正是这些人。[1]

第二，只会掠夺和压迫别人的寄生虫的存在。很多人依赖人民而生活，他们对世界没有任何实际好处。那些以勒索别人为职业的男女无赖，那些终日游荡、什么也不做、只想睡得好、吃美味、喝美酒、取得人生一切享受的有钱懒汉；那些包括神甫、教长、修道院长、牧师、僧尼、修士、修女在内的只会宣传谬误和迷信的僧侣；那些奔走全国唯利是图的律师、包税人、税务官和盐烟监督机构的欺诈者、无赖汉和骗子，都是社会寄生虫。这种人在法国特别多，他们就像寄生虫一样折磨劳动群众，这是多么愚蠢和不公正。

第三，私有制的存在。私有制是一切社会祸害存在的原因，是剥削和压迫的根源。私人掌握一切财富和土地来源，是社会生活中最普遍的祸害之一。在私有制下，每个人都不择手段，力求多得，因为贪婪永无止境，贪婪是万恶之源，人们为发财致富而进行着残酷的斗争。在斗争中最强横、最狡猾、最霸道、最恶毒、最卑鄙的人总是取得胜利。结果，就造成了这种情况：一些人几乎占有一切，另一些人则一无所有。一些人富，一些人穷，一些人吃好吃的、穿好的、有好房子、好陈设、好卧具、好鞋子，一些人则吃的坏、穿的坏、住坏房子等；一些人大吃大喝，挥霍无度，一些人则死于饥饿；一些人永远欢乐愉快，一些人几乎永远忧伤悲愁；一些人沽名钓誉，一些人受尽欺辱；一些人总是过着天堂般的生活，其余的人则过着地狱般的生活。总之，一切都颠倒了，"正是那些最应当享受这种天堂里令人愉快的东西的人，却遭受着地狱的折磨和痛苦，而相反地，最应遭受地狱的折磨和痛苦的人，却恰恰是安享天堂里令人愉快的东西的人"。[2]

第四，国王的残暴统治。一切国王和诸侯都是暴君，因为他们可以为所欲为，他们的专横竟达到这样的程度，以致他们的行为和公布的法律、命令全出于自己的意志和裁决，他们的行为方针是："我要这样，就这样下命令；让意志代替理由吧。"[3]对于法国来说，近代国王的所有残暴行为：建立起极端专制的政权、并把统治下的人民变得那样贫苦、奴性和卑贱，任何国王也比不上最近的一个国王，即号称大王的路易十四那样，使人流过这样多的血，杀过这

[1]　北京大学哲学系外国哲学史教研室编译：《十八世纪法国哲学》，商务印书馆1963年版，第685页。

[2]　北京大学哲学系外国哲学史教研室编译：《十八世纪法国哲学》，商务印书馆1963年版，第692页。

[3]　北京大学哲学系外国哲学史教研室编译：《十八世纪法国哲学》，商务印书馆1963年版，第699页。

样多的人，使寡妇孤儿流过这样多的眼泪，摧残和破坏这样多的城市和省区。他号称大王，不是因为做了任何伟大事业，而是因为他到处进行大贿赂、大抢劫、大毁灭、大破坏和大屠杀。

梅叶在否定封建专制制度的同时，提出了激进的革命主张，号召人民群众起来反抗，打倒国王和压迫者。他说，要进行斗争，就必须改变群众的无知状态，经过教育，使群众认识真理，从宗教迷信支配之下解放出来，使他们仇视和蔑视强权世界，下决心要摆脱暴政的束缚。梅叶自己希望有无比力量"扫除世间一切邪恶和不公道"，但他也知道，光靠一人是不行的，必须唤起民众。所以他大声疾呼：获得斗争胜利的首要条件是万众一心，团结一致，共同奋斗，你们要团结起来。"到处推翻一切不公道和无信仰的宝座，敲碎那些戴王冠的人的头颅，要打垮你们那些暴君的骄傲自大，别让他们再统治你们。"[1] 你们要齐心协力地摆脱暴政和迷信的压制，"你们有一切必要的手段和力量来解放自己并把暴君变成你们的奴隶"。"如果全体人民和所有的各省各市齐心团结，如果你们一致奋起，就一定能从现在所处的奴役地位中解放出来。那时暴君就会很快地被推翻和消失。"[2] 从这里我们可以看到，梅叶的革命论不是付诸理性和正义，更不是付诸伟大天才和王公贵族而是付诸人民，希望依靠人民团结斗争建立新的制度，这是很可贵的。

（三）共产制度

梅叶对自己的理想社会制度勾画得很简单。主要有以下三点：

1. 这是公有制社会。梅叶说，在正常的社会中，平等劳动与平等享受的原则应当主宰一切；为了实现这个原则，就必须把生产和消费建立在共同基础之上。这个共同的基础就是财产的公有。他认为"人类在平等的基础上共同占有并享用财富和生活资料，共同享有生活上的便利，如果他们全都从事某种正当有益的劳动（或者至少是某种正当有益的事业），如果他们明智地大家分配土地的财富及自己的劳动和生产的果实，那么他们都能过着完全幸福的和满意的生活"。[3] 财产公有以后，穷人的物质和精神要求就会得到满足，而那时谁也不会感到有什么不足，谁都可以得到自己和他儿女所需要的吃、穿、住、用。人人都要担起劳动的担子，谁也不会有空闲去游手好闲。每个人都会享有

---

〔1〕 北京大学哲学系外国哲学史教研室编译：《十八世纪法国哲学》，商务印书馆 1963 年版，第 731 页。

〔2〕 北京大学哲学系外国哲学史教研室编译：《十八世纪法国哲学》，商务印书馆 1963 年版，第 732~733 页。

〔3〕 北京大学哲学系外国哲学史教研室编译：《十八世纪法国哲学》，商务印书馆 1963 年版，第 693 页。

充足、舒适和便利，谁也不会用愚弄、诡诈和欺骗手段哄骗自己的亲人，谁也用不着诉讼来维护自己的财产，谁也不会有任何理由嫉妒自己的亲人，觊觎别人的财产。谁也不会想用偷窃、抢劫和杀人的手段夺取别人的钱财。梅叶说，大家平等地享用财产，这无疑是人类最大的福利和幸福。"那时，大家无疑地生活得比现在要幸福和满意得多，世界上再也见不到我们现在到处都看到的不幸的人。"[1]

2. 这个社会的基层组织是公社。为了按照平等权利共同占有和享用土地资源和财富，住在同一地点同一地区的人，同一城市同一乡镇，统一教区的全体男女，应当构成一个家庭，彼此视为兄弟姐妹，互助互爱，即组成一个家庭一样的公社。在公社以内，大家和平共处，共同从事劳动和其他有益的工作，吃同样或相似的食物，穿同样好的衣服，住同样好的房子。一切相邻的城市和公社，应当相互结盟，以便互相保护和互相帮助。公社的领导人应当是最英明、最善良、极力想发展和维持人民福利的人，而不是只想横暴地统治别人的人。这些领导人"必须制定良好的法律，发布旨在始终能促进繁荣和增进公共福利的命令，而且无论如何必须根据时间、地点和环境的条件来发布这命令"。[2]

3. 这个社会要实行婚姻自由的制度。人民在建立起彼此视为兄弟姐妹关系，平等互助，以相同标准解决生活问题等，这种社会以后必然会实行完全的婚姻自由制度。婚姻关系的基础和主要动机是不受约束的友好感情，婚姻关系应当是可以解除的，这会给予男女双方带来幸福。"给予男女双方以同样的自由，按自己的爱好来自由结合，当共同生活成了他们的苦痛，而新欢能促使他们作新的结合时，也可以自由离婚散伙。"[3]完全的婚姻自由有两方面好处，使夫妻结合成为爱情的结晶，一方面不会有像现在这样多的不幸夫妻，这样多的不满意的婚姻、不幸的家庭、夫妻争吵和打骂。另一方面，可以使儿童受到良好的教育。梅叶认为和睦的家庭关系是使儿童受到良好教育的必要条件。美满的婚姻家庭关系，对于儿童来说，将是很大的福利，他们将不会因丧失父母而成为孤儿，儿童一丧失父母，就会被人遗弃，或受继父母的残暴虐待，让他们受饿挨打。梅叶设想，在新社会制度下，不会有原来意义上的孤儿，所有的

---

〔1〕 北京大学哲学系外国哲学史教研室编译：《十八世纪法国哲学》，商务印书馆 1963 年版，第697 页。

〔2〕 北京大学哲学系外国哲学史教研室编译：《十八世纪法国哲学》，商务印书馆 1963 年版，第731 页。

〔3〕 北京大学哲学系外国哲学史教研室编译：《十八世纪法国哲学》，商务印书馆 1963 年版，第696 页。

儿童都同样受到良好的教育，同样吃得好，得到一切必要的东西，因为他们全都是由社会公款来抚养和教育的。

第五节 摩莱里和他的《自然法典》

一、《自然法典》一书简介

摩莱里

摩莱里（Morelly，笔名，本名不详），人们对他的生平等情况知道甚少，在 1743 年至 1755 年间，法国出版了六本关于哲学、政治和社会问题的书，为同一个作者所著，有几本署名为摩莱里，另几本则是匿名出版。其中最重要的一本是 1755 年出版的《自然法典》。较长一段时期内，人们一直认为此书是狄罗德（1772 年～1773 年）所写的，人们把它列入百科全书派著作的编目中，狄罗德本人并未参加编目工作，事后也并未否认自己是此书的作者，1796 年在巴贝夫事件中，巴贝夫肯定狄罗德是《自然法典》的作者和共产主义导师。当时的启蒙学说的敌人因此大做文章，而狄罗德的辩护人则设法证明此书不是他所著，并把摩莱里定为写作者。1841 年，《自然法典》以摩莱里的名字正式出版。

在《自然法典》之前，摩莱里写了《巴齐里阿达》一书，这是一部长篇叙事诗，摩莱里假称这是译文，原是印度人所作。他描述了一个以共产主义原则为基础的幸福社会。书中这样写道："在这个幸福的国度上住着一个民族，他们的风尚高洁，使他们有资格占据这块富饶的土地。这个民族不知道万恶的私有制，私有制是世界的罪恶渊薮。他们认为大地是所有人的乳母，她对待自己的孩子一视同仁，首先向她最饥饿的孩子张开胸脯。在这里，人人都认为自己有责任使土地丰收，没有一个人说：这是我的田地，这是我的黄牛，这是我的房屋。"[1]此书出版后，遭到两家杂志的攻击，为了反驳论敌，摩莱里写了《自然法典》一书。《自然法典》一书原名为《自然法典或自然法律的一直被忽视或被否认的真实精神》。

---

〔1〕［法］摩莱里：《自然法典》，黄建华、姜亚洲译，商务印书馆 1982 年版，第 162～163 页。

二、《自然法典》一书体现的政治法律思想

(一) 理性论

摩莱里是空想社会主义者中的理性论的典型代表。他认为存在着一种永恒不变的理性，社会生活和人类历史都要用这种理性来检验，"在道德的领域内，天性只有一个，它是永恒的、不变的"。这就是摩莱里社会思想的基本原则。理性这个东西，在摩莱里那里同人类的自然本性、自然状态实际上是一回事。凡是符合理性要求，也符合人的本性的要求；符合理性和人的自然状态的便是事物的自然状态。民族和社会是多变化的，只有理性和自然不变，"变质的是民族本身，而不是自然。人离开真理，可真理并不灭亡"。[1]任何一个民族如能切实地按照自然界的要求来办事，它就能适应自然。现有的社会

制度，通行的政治和道德，都不符合理性和自然的要求，应该全部推倒。摩莱里认为，只有他设计的那种以公有制为基础的社会制度，才是理性制度，才符合人的自然本性要求。"仅仅经过一连串的道德上的谬误，经过千百次经验以后，人类的理性才终于发现：任何状况都不能比单纯的自然状态更美妙。"[2]

自然状态无限美好，说明自然状态是符合理性的。摩莱里把社会历史发展规定为这样的公式：理性——理性的错误——理性的发现。这个公式的内容就是：人类社会开始是理性制度，其后理性遭到破坏，出现了非理性制度，最后经过非理性制度的折磨以后，又回到理性制度，这就是公有制——私有制——公有制的发展公式。

人类生活和社会是以自然状态开始的。自然状态是人类历史上一个实在阶段和起点。人从自然界摆脱出来，其本性不是在自然环境中作恶，而是去行善，他的灵魂是一张白纸，什么也没有画上。"人既没有天赋的观点，也没有天赋的倾向，他在自己生命的第一刹那，处于完全无所谓的状态，甚至对于自身的存在也是如此。"在这个时候，人们的要求是平等的，而人类的才能则是多样的。"自然界英明地使我们的需求和我们力量的增长相符合。"[3]但是，

---

〔1〕〔法〕摩莱里：《自然法典》，黄建华、姜亚洲译，商务印书馆 1982 年版，第 35 页。
〔2〕〔法〕摩莱里：《自然法典》，黄建华、姜亚洲译，商务印书馆 1982 年版，第 81 页。
〔3〕〔法〕摩莱里：《自然法典》，黄建华、姜亚洲译，商务印书馆 1982 年版，第 21 页。

要求总是超过人的能力，以使要求不至于轻易得到满足，不然的话，人的社会性就不会多于动物，一个人的力量要是软弱和不足，就会促使他去联合同类。人由于认识到不能用个人的手段来完全满足自己的需要，便开始寻求接近自己同类的方法，以便在共同的社会行为中弥补所缺少的力量。这说明，需求的平等性和人们能力的多样化，一定会加强人类的集体精神和团结精神，为了使这个团结精神不遭到破坏，自然界就将土地赐给人类，由大家共同经营，共同享受土地的收成。这样，摩莱里就风趣地说："世界是一张大饭桌，配备足够全体进餐者需要的一切，桌上的菜肴，有时属于一切人，因为大家都饥饿，有时只属于某几个人，因为其余的人已经吃饱了。因此，任何人都不是世界的绝对主宰者，谁也没有权利要求这样做。"[1]这时的人不知私有制为何物，完全按照自己的本性活动，完全根据自然界的安排而生活着。自然界为使人们同心同德和睦一致，为预防由野心而可能发生的冲突，曾做了六项工作，其中的第一项便是"通过人们感觉和需要的共同性，使他们了解自己地位和权利的平等，了解共同劳动的必要性"。[2]摩莱里认为，人类生活中的这种自然状态，就是人类的黄金时代，是人类的幸福童年。几乎所有的民族都有过或仍然有着关于黄金时代的概念。这是一个理性，人类的自然本性、自然状态、自然规律相一致的时代，一个以公有制为基础的纯洁时代，这个公有制社会是一部奇妙的自动机，"它的齿轮、平衡锤、发条、效力，一切都经过准确调节，经过衡量，一切都已预先规定……一切都被引向唯一的共同的目标"。[3]

人类是怎样从公有制的理性的社会过渡到私有制的非理性社会的呢？摩莱里是从家族的衰落来解释这个问题的，因为他认为原始社会的基本社会组织是家庭而不是氏族。"任何民族，不管它的人数有多少，也不管它所占的领土有多大，都必然起源于单一或数个联合起来的家庭。"[4]这使得它保持家长制政体形式，其成员服从父亲自然而温和的权力，服从以友善和尊重的情感为基础的法律，使财产成为公有。后来，家长制衰落了，其原因有三："第一个原因是户数的增加；被我称为血缘之爱的那种情感，与公有精神一样，随着户数的增加而在家庭之间逐渐减弱。第二个原因是迁徙，它迫使每个家庭打破公有关系，因为每个家庭都要负担一部分行李和食品。最后，第三个原因来自建立新住所时遇到的障碍和困难。"[5]这三项原因说明，人口增长和家庭户数的增

---

〔1〕 〔法〕摩莱里：《自然法典》，黄建华、姜亚洲译，商务印书馆1982年版，第22页。
〔2〕 〔法〕摩莱里：《自然法典》，黄建华、姜亚洲译，商务印书馆1982年版，第23页。
〔3〕 〔法〕摩莱里：《自然法典》，黄建华、姜亚洲译，商务印书馆1982年版，第24页。
〔4〕 〔法〕摩莱里：《自然法典》，黄建华、姜亚洲译，商务印书馆1982年版，第47页。
〔5〕 〔法〕摩莱里：《自然法典》，黄建华、姜亚洲译，商务印书馆1982年版，第48~49页。

加，破坏了血统的感情关系，人口迁徙使家庭破坏了占有的公共性，为建立新住所使各家庭之间产生了差异。根据摩莱里的解释，这三项原因是这样发生作用的：随着人口和家庭成员的增加，原先那种维系着他们的家庭血缘感情以及以这种感情为基础的父权必然会受到削弱。一个民族由于人口增加而不得不迁居新地方时，原先宗法时期那种社会关系也就迅速瓦解了。这时秩序就崩溃了，新秩序还没有建立起来，人类势必进入一个混乱和纷争的时期。为了结束这种混乱状况，社会必须建立不以感情为基础，而以精确的法律为基础的新制度。这样，人就丧失了自然状态。为了回到自然，或者至少接近自然，生来就自由的人就必须服从自己制定的法律，承认自己建立的政权。在建立政权的时候，人们放弃自己的一部分自然权利，去服从元首的命令，这些元首是受人们委托去创立新制度的立法者。这些立法者在创造法律和国家制度的过程中，犯了人类历史上的一个最大错误，他们完全不了解面临的任务，不知道法律只应该追求恢复被破坏了的自然秩序和公有制这一目的，而是无知地制定了与自然相抵触的法律。这样，私有制就产生了。"这些法律，由于规定对自然产品及自然界的成分本身实行骇人听闻的分割，由于本应保持完整，或者因某种偶然原因被分开、但仍应恢复原状的东西进行瓜分，这就助长和促进了整个社会性的破坏。我认为，这些法律不该破坏不动产的完整性，不该使私有财产制度化，任何财产分配和任何对所得部分的私有权，在任何社会中，都是贺拉斯所称的万恶之源。"[1]

（二）宪政思想

从自然法学说出发，摩莱里阐述了他的宪政思想。他认为政体有民主政体、贵族政体和君主政体三种。看一国政体是什么政体，主要看它与自然法是什么关系。一个民族一致同意只服从自然法，那就是民主政体。如果为了虔诚地遵守，更好地执行自然法，人民把权力交给某些英明人士，由他们按照自然法来发号施令，这就是贵族政体。如果为了政治机制运转更准确、更紧密和更有规律，以及更符合自然法的要求，而只由一个人运动这个机制的发条，国家就成为君主政体的国家。所有政体都应根据自然法建立和活动。在各政体中，君主政体最符合自然法的要求，因而是最好的政体。但无论是哪种政体的主权都属于人民。按自然的秩序，整体比部分甚至比最美妙的地方要好，比全人类最出众的个人重要，民族高于最可尊敬的家庭和最受尊敬的公民。[2]高级官员、共和国要员和君主们只不过是被派来关心人民幸福和普遍的执行代表。人

---

〔1〕　［法］摩莱里：《自然法典》，黄建华、姜亚洲译，商务印书馆1982年版，第50~51页。

〔2〕　参见［法］摩莱里：《自然法典》，黄建华、姜亚洲译，商务印书馆1982年版，第68页。

民有权责成他们遵守法律的规定，在人民中间保持完善的互相关系，使人人不缺少必需品、应用品和娱乐的东西，告知人民维持秩序的有效方法并鼓励人民去付诸实行，人民把自然法对自己所拥有的权力和权威授予君主和官员们，使他们成为自然法的喉舌和传令官，他们只有和普通公民相联系的权利和能力，没有任何个人特权。如果他们忠于职守，人民就爱戴他们。如果他们玩忽职守，对人民不忠实或强加给人民某种非法律规定的义务，人民有权立即宣布剥夺他们的一切权力，不再听从他们的指挥，不准他们乱说乱动，使他们成为社会最微不足道的成员。

但现实情况怎样呢？"国家竟被人看成由君主任意拨弄的乐器，君主愿意听什么音，就叫它的弦发出什么音。"[1]这些弦就是人民。国家的财富集中在君主的手中，君主对人民不人道和残酷无情，并且有许多君主受阿谀奉承的控制成为厚颜无耻的大领主和大臣们的傀儡。国家的利益和个人的利益不再相关，人民对国家产生怨恨："既然国家对于我是空的东西，没有任何好处，干吗要强迫我满足国家的需要，促使它繁荣昌盛呢？让国家灭亡好了；国家的不幸并不会增加我的不幸，也许我甚至会在它覆亡的废墟上多少会找到一些好处呢。"[2]

摩莱里设想，未来社会的政治制度应是实行家长制和政权相结合，终身制和轮流制相结合的政治制度，即实行开明君主政体。君主是国家元首和民族领袖。国家由若干的省组成，省辖若干城市，市辖若干部落，部落由数目相等的家庭组成。家庭是国家体制的细胞。在各级首长的产生上取消选举制。元首由每个省轮流派省长出任，终身任职。以下各级首长亦都依次轮流派人出任。各级首长向本级参议会和上级首长报告和说明工作。全国成立一个最高参议会。各参议会和政务会议由50岁以上的家长选出，他们监督法律的执行和指导行政工作。

（三）共产主义的法律蓝本——《自然法典》

摩莱里从人类的理性出发，猛烈抨击私有制。私有制是"一切罪恶之母"，"是一种普遍瘟疫"，不消灭私有制，不管是什么政府，什么法律都无济于事，消灭了这个"讨厌的私有制"，人类才能恢复理性，回到自然状态，重建起理性制度。如何才能消灭私有制？摩莱里提出"暴力要用暴力来消灭"的主张，但他的基本观点还是企图通过说服教育的方法，让理性发挥作用。这就是他假定的"合乎自然意图的法制蓝本"，凭此清除私有制的原因。他把他

---

〔1〕〔法〕摩莱里：《自然法典》，黄建华、姜亚洲译，商务印书馆1982年版，第68页。

〔2〕〔法〕摩莱里：《自然法典》，黄建华、姜亚洲译，商务印书馆1982年版，第150页。

的法典分为基本法和单项法两个部分。基本法有三条：

1. "社会上的任何东西都不得单独地或作为私有财产属于任何个人，但每个人因生活需要，因娱乐或因进行日常劳动而于当前使用的物品除外。"[1] 这就是说，他要废除私有制，并把生产资料和生活资料区别开来，但又把用于日常劳动的手工具和消费品等同起来。

2. "每个公民都是依靠社会供养、维持生计和受到照料的公务人员。"[2] 这是说公民的生存权和劳动权，实际上是要求消灭寄生现象和剥削行为。

3. "每个公民都要根据自己的力量、才能和年龄促进公益的增长。据此按分配法规定每个人的义务。"[3] 这实际上是对第二条的补充，即根据公民的权利，规定他们必须参加社会劳动的义务，由于每个人对社会公益的贡献是根据其社会条件计算的，所以它包含了"各尽所能"的意思。

这三条具有决定性的意义，是可以从根本上消除社会恶习和祸害的基本的神圣的法律。

摩莱里除了论述了基本法外，还具体提出了他的法制蓝图中所包含的其余十一项单项法，这些单项法就是分配法或经济法、市政法、土地法、治理法、取缔奢侈法、政府组成法、行政管理法、婚姻法、教育法、研究法和刑法。这十一项单项法从逻辑上看，它们都产生于基本法，是基本法在社会各方面的具体体现，它涉及了社会生活的各个方面。就其内容而言，这些法可归纳为：

1. 生产方面。法律规定，未来社会生产力分为农业和工业两大类。农业方面实行义务劳动，每个公民从 20 岁到 25 岁都要当 6 年义务农民。这个年龄组的人组成一个好像是特别的团体，其中包括农民、园丁、牧人、樵夫、挖土工、车夫、木匠等，他们在规定的服务期满以后，可以离开农业，自愿留下来从事农业劳动的，从 26 岁起可以担任领导者，这些与莫尔的主张基本相同。在工业方面，他主张劳动不在家里而在作坊里进行，每个行业组成一个行会，由工长而不是由家长负领导之责，每个行业里每 10 名或 20 名工人设工长一名。工长可终身任职，并轮流出任本行业首长。经过 6 年农业劳动，年满 26 岁的人才可担任工长，但有重大发明的人不受年龄限制。公民到 40 岁可以按照自己的爱好选择工作，但在此之前职业上是有限制的，社会根据需要确定每个行业的工人数目。

2. 分配方面。一切产品都要归公，都要进入公共仓库和公共市场，并经

---

〔1〕［法］摩莱里：《自然法典》，黄建华、姜亚洲译，商务印书馆1982年版，第106页。
〔2〕［法］摩莱里：《自然法典》，黄建华、姜亚洲译，商务印书馆1982年版，第107页。
〔3〕［法］摩莱里：《自然法典》，黄建华、姜亚洲译，商务印书馆1982年版，第107页。

过磅秤平均分配。"公民之间不得买卖或交换",摩莱里把产品分为"经久耐用"(能保存或长期使用的)和"不耐存放"的两种,前者存公共仓库,后者送到公共市场,"需要各种草科、蔬菜或水果的人,可到公共市场去取一日的用量,如果某人需要面包,他可以按照规定的时间到烤面包的人那里去取;而烤面包的人,则从公共仓库领取做面包所需的一日或数日用的面粉。需要衣服的人,可到裁缝那里去取;裁缝从织布人那里得到衣料;织布的人从公共仓库领取所需要的原料;生产这种原料的人,把原料送到公共仓库"。[1]其他物品的分配方法也这样进行。摩莱里想必知道,这种平均主义的分配方法会遇到不少问题,其中之一就是生产与需求的不平衡,即从人人的需要相同,应当都得到满足这个原理出发,他主张搞平均主义,但从现实社会生产力水平不高这点来考虑,他也感到事实上不能满足一切人的需要。对此,他规定了一种变通的方法:如果普遍使用的或部分使用的日常生活必需品感到缺乏,以致数量不够,以及发生某一公民可能得不到这种物品的情况时,则暂时停止发放,减量供应,直到数量充足时为止。[2]这个办法当然解决不了什么问题,只能破坏按需分配原则。例如,他规定每个城市的大小要大约相等,城市建设要整齐划一,每个家庭住一所宽敞舒适的房屋。10~30岁的人衣着布料都相同,并且一般适用于个人职业的统一的衣服,每人有一套工作服和节日服装。一切待遇相同,不分彼此,等等,肯定不是一个暂缓和减量的办法可以解决得了的问题。

3. 婚姻家庭方面。摩莱里把婚姻法当作可以防止产生一切荒淫的手段,要婚姻制度完全服从严格的规定,以便抑制使家庭瓦解的因素,在法律条文中,家庭已不再是社会的基本经济细胞。但是,家庭作为一个社会的政治细胞的地位仍然存在。就是说,按照规定,国家由许多城市组成,城市分为许多部落,部落又分为许多家庭,享有公共政治权利的即可以成为族长、市长和国家元首的,不是一般的公民,而是一家之父。为了巩固这种家庭,婚姻法规定:①公民到达婚龄就必须结婚,健康状况不好的除外,只有过40岁者方可以过独自的生活;②每年初由市参议会举行集体婚礼,届时男女青年聚集在一起,男青年挑好女青年,并经过姑娘的同意即可结婚;③结婚10年内不得离婚;④离婚要向家长会议提出离婚理由,由家长们设法调解;⑤离婚以后,双方在半年以后才可复婚,关于复婚的谈判,只能由双方的共同亲友出面;⑥离婚1年后才可与他人结婚;⑦离婚的人不得与比自己或比自己离异对象更年轻的人结婚(丧偶者除外);⑧已结过婚而离婚的人不得与未婚男女结婚;⑨离婚

---

[1]　[法]摩莱里:《自然法典》,黄建华、姜亚洲译,商务印书馆1982年版,第109页。

[2]　参见[法]摩莱里:《自然法典》,黄建华、姜亚洲译,商务印书馆1982年版,第127页。

后，子女留在父方，只有男方的最后妻子才是孩子的母亲；⑩女从男居。所有这些规定，有不少合理之处，但限制过严，规定过细，反而难以行得通。

4. 教育方面。摩莱里的意图是"防止父亲溺爱子女"，所以把5岁以下儿童留在家中，5岁以上的儿童送到儿童乐园接受社会教育，他的具体规定是：只要身体允许，母亲必须亲自给子女哺乳，即便离婚也要在离婚后继续哺养1年。5岁时，儿童进入儿童乐园，男女分居，饮同食、着同衣、受同育；父母轮流到儿童乐园照顾所有儿童，他们对全体儿童要一视同仁；儿童教育内容是认识和服从法律，顺从父母、首长和长者，养成良好习惯，学习某些适合于他们特长的轻微工作以及游戏等。10岁起入作坊学习技艺，这项工作由工长和首长负责。同时，要进行道德教育，"所有戒律、准绳和道德考虑都要从基本的和神圣的法律引伸之，而且总要以社会团结和友爱为宗旨。告诫的主旨是实现个人幸福和公益的紧密结合"。[1]此外，摩莱里还强调各级领导要亲自过问教育，检查各地儿童的教育情况，以防止儿童产生私有观念，防止儿童受到稀奇古怪的寓言、谎言和童话的熏染。

5. 刑法方面。为了确保他的理想社会能得以实现，摩莱里对可能产生的渎职现象规定了惩治办法。其要点是：

（1）在法律面前人人平等，任何公民，不分等级和地位，即使是国家元首，如果侵害他人生命，图谋废除法律，就要处以终身禁闭，把他作为人类凶恶而疯狂的敌人。[2]他们的子女要遭到牵连，但别人不得歧视他们，否则要被逐出社会2年。

（2）对违反或不利于实施婚姻法的人要加以惩处。例如，通奸者要被拘禁1年，并且以后不得与通奸的对方结婚。离婚双方在离婚后1年内如与人发生性关系的，则要以通奸论处等。

（3）对没有负起教育责任的人严以处罚，不过不是坐牢，而是暂时或永远剥夺他们从事这项工作的荣誉。

（4）反对诬告。"诬告他人并使他人受到终身逐出社会的处罚的人，也要受到同样的处罚，在所有其他情况下，诬告者应受加倍的处分。"[3]摩莱里说，他的这个刑法既温和而又有效。从上述来看，其精神是可以理解的，但并不温和，也未必有效。

总之，摩莱里的理论基础是唯理论，他试图从这个理论出发，去领会和描

---

〔1〕〔法〕摩莱里：《自然法典》，黄建华、姜亚洲译，商务印书馆1982年版，第127页。

〔2〕〔法〕摩莱里：《自然法典》，黄建华、姜亚洲译，商务印书馆1982年版，第130页。

〔3〕〔法〕摩莱里：《自然法典》，黄建华、姜亚洲译，商务印书馆1982年版，第133页。

述法国那时还没有成为一个阶级、还没有无产阶级觉悟的无产者的比较模糊的社会理想。摩莱里的社会理论是乐观的。这个理论在空想社会主义思想发展的过程中起到了承上启下的作用，把早期的莫尔等人与19世纪初的空想家们连接起来。这就是他的功绩所在。

第六节　马布利和他的《马布利选集》

一、马布利生平简介

加布里埃尔·邦诺·德·马布利（GabrieI Bonnot de Mably，1709年~1785年）生于格勒诺布尔市的一个司法界（所谓"长袍贵族"）贵族家庭。

加布里埃尔·邦诺·德·马布利

他是哲学家孔狄亚克（Condillac）的长兄和百科全书派的代表人物达兰贝尔（D'Alenlbert）的堂兄。马布利的人文科学教育是在里昂的耶稣会学院进行的，当时的许多著名人物都出自这个学院。马布利从这个学院毕业后到了巴黎，他的亲戚红衣主教谭先把他送入圣·苏尔皮齐修道院。马布利的家庭和红衣主教谭先都希望他从事神职工作，但马布利不愿意做这种工作，他离开了修道院，回到格勒诺布尔，在那里从事他心爱的工作——研究古典文学。他几乎可以背诵柏拉图、修昔底德（Jhyoidides）、普卢塔克（Plutaroh）的著作，以及西塞罗的哲学著作。这种深厚的好古精神，反映在马布利的整个后期的科学和文学活动上。

马布利的第一部著作《罗马和法国的比较》出版于1740年。在这部书里，马布利还完全承认法国的君主制度的必要性。该书很受欢迎，但马布利后来为它感到惭愧。1751年，他在《罗马史要》一书的序言里对这部书作了严厉的批判。根据马布利的传记作者布利查尔修道院长说，有一次，他在艾格蒙特伯爵家里看到这部书，当众把书拿起撕毁。

《罗马和法国的比较》出版后不久，马布利回到巴黎。他常到他的姨妈谭先夫人的沙龙去作客，在这里结识了巴黎上层社会的名流——哲学家和作家等。他在这里遇见了孟德斯鸠（Montesguieu）和达尔让逊（D'Argenson），并和他们建立了友谊关系。谭先夫人很赏识马布利的才华和聪明，建议他的兄弟红衣主教谭先（1742 年出任外交大臣）聘请马布利担任他的秘书。马布利成了谭先的最得力助手，不久便在外交部里担任要职。他为红衣主教准备在大臣会议上所作的报告，拟定备忘录、政府的紧急报告等文件。1748 年，他被任命与普鲁士驻法大使举行谈判，和普鲁士签订反对奥地利的条约。1746 年，他筹备过布勒达（在荷兰北部）谈判。马布利很有希望在政界飞黄腾达，可在当年，他突然离开外交部，从此终生与官方的政治和外交活动绝缘。

离开外交部以后，马布利完全献身于科学工作，研究历史和哲学。他过着孤独的生活，为人十分谦逊，满足于每年 3000 里弗（现今的法郎）的养老金收入——这是他的全部财产。他拒绝接受一切荣誉，比如推辞不任太子（查理十五世的儿子）的太师；当时马布利说，如果我去教太子，我将对他说："国王是为了人民而创造的，而人民不是为了国王而创造的。"

马布利的毅然决然与官界断绝关系，使他的政治观点发生深刻变化的结果。马布利熟悉专制制度的各方面，因而促使他厌弃这种制度。他开始到古希腊人中去寻找他的国家的理想，研究普卢塔克、修昔底德等人的著作，深爱希腊的民主制度，特别是斯巴达的制度。莱喀古士、梭伦和福客翁（Phooion），都是他所崇敬的国务活动家。

从 1746 年起，可供作马布利传记的材料非常少。他的后半生活动，都是与紧张的文学活动和出版他的科学著作分不开的。革命前的法国，实行严格的出版检查制度，因此，马布利的著作的出版，经常受到阻碍。马布利所固有的对政治问题论述的锋利性，对专制和暴政的深刻憎恨，宣传爱自由的思想，以及对待"内战"的看法——这一切就是他的著作经常不能在法国印行的原因。

马布利在给红衣主教谭先当秘书的时候，曾经给谭先写过一份关于威斯特法里亚和约以来的国际关系概要。这份概要奠定了马布利在 1748 年于阿姆斯特丹出版的《从 1648 年威斯特法里亚和约到现在的各项条约建立的欧洲国际法》一书的基础。马布利已改变了的政治观清晰地反映在这本书上。他在这本书里严厉地批判了欧洲各国的对外政策及其人民的社会和政治生活条件，并且首次提出他以整个后半生来解决的各项问题。马布利在这本书里谈到了财富分配不均的不公正，谈到了没有自由，谈到了一个人从属于他人，谈到了所有这些社会制度与正确的思想和自然规律的矛盾。

在研究古代希腊和罗马的共和国的历史以后，马布利出版了两部著作：1749 年出版的《希腊史要》和 1751 的年出版的《罗马史要》。马布利在这两部书里歌颂古代的共和国，并拿它们与欧洲的国家比较。1757 年，马布利的《外交原理》出版，他在这本书里斥责了欧洲各君主国家的内外政策，他们的掠夺性战争和对庶民的压迫。他主张根据新的原则建立外交关系，废除各种密约，建立睦邻关系，用和平方法解决尚未成熟的矛盾，等等。次年，马布利写完《论公民的权利和义务》，其中叙述了他对内政问题的看法。由于出版检查，这部书在马布利生前未能出版；而是过了 30 年，即 1789 年才出版。1763年，马布利在阿姆斯特丹又匿名出版一部书，名叫《福客翁谈道德与政治的关系》。他在这部书里，以批判雅典的国家制度为名，批判了封建专制的法国的政治和社会制度。福客翁的理想，是建立一个彼此平等的小土地私有制的共和国。伯尔尼共和国对马布利的这部著作授给奖金，认为它是最有益于整个人类的书籍。1765 年，马布利的两卷《法国史要》在日内瓦出版，这部书的第3 卷到 1788 年才问世。马布利根据原始材料研究本国的历史，分析宪章、法律和条约等文件，仔细解剖采邑制度及其对人民的种种压迫，揭发封建制度和专制政权的产生根源，从而打击了神授王权的学说。马布利认为，只有查理大帝统治的短短时期是全部法国历史中的唯一光明现象。马布利在美化查理大帝时，把他描写为能够执行人民代表所通过的法律的国王。他证明三级会议的取消是法国的最大不幸；而三级会议的恢复（当然，要在新的基础上恢复），则是国家复兴的唯一手段。马布利预言，君主政体的危机不久就要到来，人民应当利用这个危机来召开三级会议。马布利的这部书，在法国革命时期甚为流行。它是当时法国史书中的新成就。人们认为《法国史要》是一部优秀的法国史，因为据布利查尔说，这"不是国王、战争、攻城和战败的历史，而是国家制度、法律、民族道德、议会、政权演变和争取自由的历史"。马布利自己在逝世前不久，就这部书说过："这部著作就是我的遗书。"

1768 年，马布利发表了他的《哲学家、经济学家对政治社会的自然的和必然的秩序的疑问》，这是对法国重农学派的著名代表——哲学家梅尔的《社会的自然的和必然的秩序》一书的回答。马布利在这本书里尖锐而热情地批判了重农学派关于私有制和政权问题的基本命题。

到 18 世纪 70 年代，马布利已经是全欧知名的政论作家和政治理论大师，某些国家还就制宪问题向他征求意见。1770 年，巴尔联盟（波兰贵族中的保守分子与教权派分子的联盟，1768 年在巴尔结束）曾委托马布利草拟波兰宪法。于是，他首次放弃独居生活，到波兰住了一年，以熟悉波兰的政治制度。马布利回国后，写成《论波兰的政治和法律》一书，到 1771 年才出版。马布利在这本书里概述了波兰的状况。他以悲观的笔调描述了波兰人民的状况：农民受压迫，小贵族剥削人民群众，国家混乱，贵族专横跋扈。马布利建议波兰实行资产阶级发展所必要的温和改革。

1778 年，马布利的论文《论历史研究》出版，这篇论文大概是在 1767 年为波旁王朝的帕尔姆的裴迪南亲王写的。这篇论文评述了古代和近代世界各国人民的历史，马布利认为各国人民的一切无数苦难，都是由于统治者和执法者滥用职权所造成的。马布利在评述中特别指出瑞士、荷兰和瑞典，根据他的意见，这些国家的人民已经建成了自由的制度。彼得大帝在俄国所起的改革作用，吸引了他的注意；但是，他对"彼得的英明"给予应有的评价以后，又指责彼得的活动，其主要理由是：彼得没有把他的臣民培养成公民。

马布利确信，不研究过去，不应用历史经验，是无法治国的。因此马布利认为，历史学家面前摆着重大的任务，他觉得，当时的学者没有很好执行这一任务。马布利在 1775 年出版的《论修史方法》，专门研究这个问题。他向历史学家提出一些巨大的和在当时来说是新的要求。他首先要求历史学家按文献研究历史，考证事实的真伪，理解人民的发展规律和国家的衰亡原因，指出人民在国家历史中的作用，研究人民的生活和人民争取自由的斗争。

1784 年，即在马布利逝世的前一年，他出版了《道德原理》。他在这本书中总结他的生平时，重述了他的世界观中使他成为政论家和他终生信守的那些原则：自然界创造人时，是把他们作为平等和善良的人创造出来的。社会分为贫富，是一切罪恶的根源。富人压迫穷人，从而给整个社会带来灾害，并毁灭了人民群众中的天才。马布利要求社会建立平等制度，认为这是救世道德的根本。

1784 年，出版了马布利在世时期的最后一部著作：《美国政府和法律概观》，这部书是应富兰克林（Franklin）和约翰·亚当斯（John Adams）之请，发表他对美国宪法的意见的。马布利指出了美国宪法的好的方面及它比当时欧洲各国宪法的进步性，也指出了它的不好的方面，并且提出了若干修正它的缺点的意见。但是，马布利对美国的未来发展抱着悲观的看法，他曾经预言：如果美国不改变它的社会制度，不取消财产的不平等现象，新的共和国必将灭亡。马布利预见到，不平等的继续发展，会导致美国去侵略别的国家；美国人会变成新的迦太基人，被侵略的各国会联合起来抵抗它。

马布利死后，人们又发现了一些其未发表的手稿。这些手稿和已经印行的著作合在一起，被编成十五卷本的《马布利全集》，在 1792 年于里昂出版。《马布利全集》的第二个版本，是以《马布利修道院长全集，共和国第三年（1794 年~1795 年），巴黎》的名称出版的。

二、马布利的政治法律观

(一) 论社会和国家的起源

同摩莱里一样，马布利坚持理性论，认为理性是一切东西中最重要最高尚的东西，是上帝用来教人理解自己的义务，引导人走向幸福的唯一东西。他说，他的大胆想法是"认为我自身的理性是我的首席法官、我的第一统治者和我的第一国王"。[1]这就是说，在马布利看来，理性是与人类社会实践和社会意识完全不相关的永久不变的东西。

马布利以其理性论为基础，建立起他的政治法律思想。他首先探讨的是人类社会和私有制的起源问题。他认为人们来自大自然怀抱时，大家都是平等的。自然界从千万种的不同方式在向我们说：你们都是我的孩子，我同样地爱你们每一个人，我给你们以同样的权利，我使你们负担同样的义务，所有的土地都是你们每一个人的财产，你们在离开我的怀抱的时候都是平等的。[2]大自然赋予大家同样的器官和同样的需要，提供同样的需要，提供同样的利用土地及其产品的权利。它没有给任何人以世袭领地，没有在大地上划定界限，没有创造富人和穷人。简言之，大自然没有给人类提供任何不平等的基础。另一方面，马布利又认为，人们来自大自然怀抱的时候，大家都是自由的。"显而易见，自然界没有创造国王、统治者、庶民和奴隶，它给我们制定了一条规律：为了成为幸福的人而工作……每一个人都是一个有权治理世界规模的大国的君主。"[3]上帝创造人类社会时，就赋予了理性、给人自由和追求幸福这三种本能，将同情心、感恩、好胜心、爱荣誉等优良的"社会品质"交给了人类，所以大自然没有给人类提供任何不自由的基础。

在马布利这里，社会秩序和自然状态没明显的界线，原始社会就是由那种具有优良品质的人而组成的自由平等的社会。这就是"自然状态"。在自然状态下，人们没有高低贵贱之分，也没有虚荣心和贪婪。人人尽其所能又互相帮助。公务人员无权与土地占有者共分收获物，只有维护道德和向各户分配必需品的义务。人们共同劳动、共同收获、没有你我之分，人们尽多少义务就享有多少权利。这是符合"自然秩序"的社会，是人类的"黄金时代"。这个时候，没有政府和法律，但他们的行为已受到了限制，理性在这个时候执行着政权和法律的职能。

---

〔1〕《马布利选集》，何清新译，商务印书馆1960年版，第160页。

〔2〕参见《马布利选集》，何清新译，商务印书馆1960年版，第91页。

〔3〕《马布利选集》，何清新译，商务印书馆1960年版，第120页。

人类是怎样从自然状态进入私有制社会的呢？马布利认为，把产生分为私有是最大的蠢事，人们甚至很难理解怎么会分割财产的，可能是由于某些人懒惰，使其他人不愿以自己的劳动来养活这些懒汉，而引起瓜分财产的行动；也可能是公务人员假公济私在分配产品时，拿走了不该归他的超量的东西，引起了分财产的要求。在开始发生分财产这种情况时，本来应当找到加以制止的方法，使自然状态不被破坏。但是，当时的人们开始感到占有财产的好处，不知道私有制会给自己带来什么不幸，所以走向了分割土地和建立私有制的道路，"关于土地私有的最初思想，是由于那种不劳动，剥削别人，并且没有学会爱劳动的游手好闲的人的懒惰而产生的，我认为这种说法是近乎情理的"。[1]他们既然分了土地，即使起初分得很平均，也不能保证公民的平等，因为经若干时间，私有制引起财产上的不平等，给社会带来一切恶习和不幸。

（二）私有制违反了自然秩序，是一切罪恶的起源

私有制是一切罪恶的起源。"你知道什么是折磨人类而一切不幸的主要源泉？"答案是："就是财产的私有制"，因为私有制和私有制社会是违反"自然秩序"的，私有制之所以违反了"自然秩序"，马布利认为这主要表现在：

1. 私有制造成了经济上的不平等。他说："在私有制社会里，贫富差别越来越大。富人像野兽一样，把大地的全部果实都吞了下去，但还经常感到饥饿，永远没有满足。劳动群众辛勤劳动，创造大量物品，却过着饥饿的生活，但国家还要用狡猾的办法剥削他们，这种不公正的行为，把人类置于最可怕的贫困境地，而富人则把折磨劳动人民当作一种乐事。私有制造成的经济和财产上的不平等，是社会恶习中整个连锁中的第一环。"只要一实行土地私有，就产生财产的不平等现象，这种财产分配的不平等状况是不是要引起利益的不平等和对立、贫富的差距、道德的颓废、智慧的退化、偏见和欲念的产生呢？答案是肯定的，由于实行私有制，"马上就会出现不公正和暴虐的政府，制定偏袒而具有压制性质的法律，一句话，折磨人民的一切灾难都要降临"。[2]

2. 私有制造成政治上的不平等。马布利指出，在私有制下，财产的不平等必然导致人们社会地位的不平等。财产和社会地位的不平等产生了富有公民和贫苦公民，即压迫者和被压迫者。国王的幸福是曾经害死了多少公民而获得的。财富占有地位，富人就要夺取国家政权。富人掌权，必是贵族政治者，然后走向寡头政治，最后走向暴君政治。富人统治必然引出两种现象：一是战

---

〔1〕《马布利选集》，何清新译，商务印书馆1960年版，第105页。

〔2〕《马布利选集》，何清新译，商务印书馆1960年版，第95页。

争，因为富人无节制的需要，会造成土地的不足，进而以战争手段掠夺别国土地；二是内战和革命。"如果财产的不平等大得使比较有进取心和胆量的富人敢于公开暴虐，那末您会看到，穷人不是由于不能忍受压迫，就是因为愤恨新的不公正行为，而举行起义来维护人权。因此，产生了许多使共和国分裂，并导致它的灭亡的不和、倾扎、内战和革命。"[1]

3. 私有制破坏社会道德。马布利认为"私有制引起千百种欲念，这些欲念又维护私有制，使人们听不到理性的呼声"。"平等一定会带来一切福利，因为它团结着所有的人，提高人人的品格，培养人们相互怀有善意和友爱的情感。我由此断定，不平等将为人们带来一切不幸，降低人们的品格，在人们中间散布不和与憎恨。"[2]在不平等的社会里，指导人们的法则不是理性而是欲念。人们的第一个欲念就是贪婪，这个贪婪欲念永远无度，直至使人变得残酷无情或胡作非为。英国为满足一小撮人的财富欲望，就掠夺亚洲。可是，即使把整个地球都吞下去，也难满足本家的欲望。平等是最大福利的源泉。"在一个国家内，平等越少，虚荣、卑鄙、残酷、贪婪和暴虐就越多。不管教育怎样教导人们隐藏这种情感，它们仍然要到处出现。我一向知道，这种情感有一层假面具掩盖着，一遇到紧要关头，就会无耻地冒出来。"[3]

（三）完美的共和国

在土地私有、工商业私有、财产和社会不平等的社会里，人们分成阶级，存在着利益的根本对立，一些人占有一切，一些人则一无所有，这一切怎么能使农夫相信佃户和地主是同样好呢？怎么能使一无所有的人，即绝大多数公民相信他们生活在可以使他们得到一切最大快乐和幸福的国家制度下呢？这是不可能的。因此，现存社会不能使所有的人都得到幸福，要消除人类的一切苦恼，使人们都得到最大幸福，就必须建立符合自然秩序的公有制社会，自然界要求人们走向财产公有，只有在财产公有制度下，才没有富人和穷人的分别，才没有财产和社会地位的不平等，这样的社会只能是共产主义社会。

人是理性的，对于有理性的人必须用理性来管理。人们在订立契约和建立社会时，并没有取消他的自然权利和理性。把人民完全交给统治者管理的契约，是完全不可思议的：从来没有存在过能够约束有理性的人的契约，社会制度决不取消人的自然权利。如果人们不降低自己的人格，不损害人们结成社会的目的，人们就不能丧失它的天赋理性、自由和追求幸福的意愿。政府的活动

---

[1] 《马布利选集》，何清新译，商务印书馆 1960 年版，第 42 页。

[2] 《马布利选集》，何清新译，商务印书馆 1960 年版，第 40~41 页。

[3] 《马布利选集》，何清新译，商务印书馆 1960 年版，第 41 页。

应当符合人的理性要求，政府的目的应当保障公民的自然权利和幸福。如果政府和国家违反理性的原则践踏人民的自由，每个公民都有权要求更换这个政府，就应当起而反抗这个国王。这不仅是公民的不可剥夺的权利，而且也是他们的义务。不服从会引起混乱，但盲目的服从却会导致奴役，如果这时还迫使人民忍耐，那就等于引导国王走向暴政，就等于为国王扫清走向暴政的道路。这就是说，人民有改变现有制度的权利，实现这种权利的方法之一就是革命。马布利曾经说革命不仅可以，而且有利，实为必要。那种"认为内战永远是不公正的，号召公民不要以武力对付暴力，这是违反道德和利益的学说"，"公正的原则是允许人民拿起武器，反抗破坏法律或滥用法律来窃取无限权力的压迫者的"。[1]不能认为内战都是不公正的坏事，内战有时是公正的好事，是最大的福利，当"社会有被专制制度毁灭的危险的时候，内战就是好事。"当社会机体患坏症的时候，不予以切除就会因此死亡的时候，内战有利于促进社会机体恢复健康，人民在内战的动荡以后，比任何时候都更强大，更可尊敬，更幸福。[2]时常发生革命和内战并不可怕，可惜，现在的革命次数太少了，如果历史上多发生几次革命，那一定会给人类带来好处。但是，马布利并不认为当时的法国有采取这种手段的必要性，他相信，法国可以不打内战而实现改革，因为法国国会和三级会议是可以通过和平的办法达到改革的目的。这样，马布利就勾画了他的理想社会，他说："我一直怀着一个愿望，想到那里去建立一个共和国，在这里，人人都是富人，人人都是穷人，人人平等，人人自由，人人是兄弟，这个共和国的第一个法律就是禁止财产私有。"[3]这个国家，就是他所设想的完美的共和国，根据马布利的思想，这种共和国的基本原则是财产公有，按需分配，人人道德高尚，采取共和制的管理形式，有完善的法律制度。

要建立这样一个共和国并非一件易事，"我们要放弃一步登天的念头"。他也无法找到一个任何消灭私有制，实现公有制的真实力量。因此，他把希望寄托在立法者的身上，希望通过立法者像在逆风中驾驶航船的舵手那样，能够把人类导向正确的方向，他要求立法者应该准确理解自然意图的努力。"法律应当按照自然界的目的来指导我们。"是否符合自然的意图，是维护公益，还是维护私利，立法权是掌握在人民手中，还是掌握在君主贵族手中，是衡量法律公正与否的标准。马布利同样认为尊重法律和严格遵守法律是非常重要的，

〔1〕《马布利选集》，何清新译，商务印书馆1960年版，第148页。
〔2〕《马布利选集》，何清新译，商务印书馆1960年版，第145页。
〔3〕《马布利选集》，何清新译，商务印书馆1960年版，第170页。

他说：只要爱自由，就足以建立共和国，但是，能够维护共和国和使它繁荣，只有爱法律。[1]人民对于不公正的法律有权拒绝服从，但对于符合自然意图的公正的法律则必须自觉遵守，遵守这种法律实际上也是实现自己的自由权利。应当把道德教育同守法的教育结合起来，因为道德犹如哨兵，它保卫着法律，不叫任何人违反；如果缺乏道德，就会使人忘记或忽视法律。为此，他提出了一套社会改革提纲：

1. 限制商业。商业是大量财富聚集的主要源泉之一。商业刺激了无数的需求，并引起了奢侈。商业精神的基础是贪婪，这与完善的管理制度相矛盾，"商人没有祖国"。社会越接近自然经济越好，故而应限制商业活动，取消对商业的保护。并颁布法律，废除苛捐杂税和间接税、包税制，以减轻人民的负担，抑制国家财富的增长。

2. 制定"反豪华法"。"如果要向您介绍我国的取缔豪华法律的全部优点，那是永远也说不完的，这种法律适用于一切方面，比如家具、住宅、饮食、仆人和服装。"这种法律越严，财产不平等的危害就越少，应该禁止制造奢侈品的"无益技艺"，政府领导人应为公民树立朴素的榜样。

3. 取消对公务员的特殊报酬。马布利不允许公务员的需要多于普通公民，领取特殊报酬。他认为，官员的目标在于减少国家的需要，而不在于增加国家的收入。国家经费需要越少，执政者搜刮人民的理由就越少。治国是履行义务，克服困难，关怀人民，注重荣誉，而不是追求奢侈和华丽。为官员追求奢侈和华丽的辩护，是庸俗腐化的人所为的。"在他们的眼里，仆人、华丽的服装、马车、宅邸和漂亮的桌椅，比他们的职务重要得多。"[2]

4. 限制和取消继承权。为使财产平等，法律不应当准许有立遗嘱的权利，使一家的遗产转到另一个家庭。允许父亲不平等地给子女分配财产，每个公民可以自由地挥霍自己的财物，并按照私意随便处理遗产，是坏法律带来的罪恶。"为了保持财产大大平等，立法者当然不会准许立遗嘱的权利。死者的财产由法律按规定处理；良好的法制必然要化小和分散因贪婪和虚荣而积累起来的财产。"[3]

5. 颁布土地法。马布利严厉谴责贵族收购农民土地的行为，要求阻止这一使农村荒芜的过程。他说，现在的法律既不禁止富人的巧取豪夺，也不保护穷人的利益。不依靠土地法，就永远控制不住强有力的欲念，没有保证公民团

---

〔1〕 参见《马布利选集》，何清新译，商务印书馆1960年版，第150页。

〔2〕 《马布利选集》，何清新译，商务印书馆1960年版，第74页。

〔3〕 《马布利选集》，何清新译，商务印书馆1960年版，第81～82页。

结所必需的一定平等的土地法，国家就无法保持各部门之间的优势。在社会等级区分已经根深蒂固的国家里，很难规定一个统一的土地最高占有量，但应该为每一个等级规定最高的限额，废除现行不合理的土地占有制度，以法的形式保障每一等级的公民都有一定的土地。

第六章　古典自然法学派的创始人格劳秀斯和斯宾诺莎的法学名著

第一节　古典自然法学派的产生及其主要法学观点

一、荷兰资产阶级革命产生的历史条件

中世纪的尼德兰包括现在的荷兰、比利时、卢森堡和法国东北部地区。16世纪60年代，尼德兰开始出现资本主义生产方式，其所产的绒线驰名全欧洲。尽管当时的尼德兰生产水平较高，但是资本主义生产关系还不够成熟，尼德兰资产阶级也不成熟，表现出很大的软弱性，只有一些中产阶级比较激进，他们从加尔文那里找到了自己的思想武器，希望推翻西班牙封建统治者，建立加尔文式的共和政体。因此，当时人民反抗斗争的矛头，主要指向西班牙反动政权，以民族独立为旗帜，拥有广泛的社会基础。

尼德兰人民为争取民族独立，同西班牙封建统治者进行了长期的斗争。直到1609年，西班牙才被迫和它签订了12年停战协定，事实上承认了尼德兰共和国的独立。直到1648年，西班牙方才正式承认荷兰的独立。尼德兰革命是欧洲史上第一次以加尔文为旗帜、以城市平民和新教徒为主力军的革命，这是一次胜利的资产阶级革命。但是这次资产阶级革命是一次不彻底的革命，由于当时资产阶级十分软弱，它以大资产阶级和新贵族结成联盟，相互妥协告终，使这次革命遭受了很大的损失，成果很小。它没有解决土地问题，还保留很多封建残余势力。革命后所建立起来的荷兰共和国，国家的最高权力机关是三级会议，由各省贵族、教士、资产阶级代表所组成。常设行政机关是国务会议，其首脑由奥兰治家族世袭。

革命后的荷兰，成为商业资本主义强国，是当时最大的海上霸主和最大的殖民强国。由于经济的发展，又使得科学文化繁荣起来，进而使荷兰成为欧洲当时的科学文化中心。自然科学领域中出现了许多发明创造，许多欧洲的先进

思想家纷纷逃亡到这里著书立说。但是，在社会政治、经济、文化思想领域内，仍存在着封建贵族势力，这种势力的存在，不利于资产阶级的政治统治，阻碍了人们的思想进一步解放和社会、经济和科技的发展。这种状况促使资产阶级需要自己的代言人。格劳秀斯和斯宾诺莎正是适应了资产阶级的这一需要建立了资产阶级自然法思想。

二、古典自然法学的主要思想

所谓古典自然法是指在资本主义革命的初期，风靡于欧洲大陆和北美的法学思潮。它兴起于西欧文艺复兴时期，盛行于 17~18 世纪，代表了新型资产阶级的利益和要求，它也是近现代西方现代法律制度的理论基础。古典自然法学派的法学思想主要表现在以下几个方面：

（一）三个自然的理论

古典自然法学派之所以被称作为自然法学思想，其最大的特点就在于他们提出了三个"自然"的理论。所谓三个"自然"就是"自然状态、自然权利和自然法"。

古典自然法学家普遍认为，在人类进入文明社会之前，人类生活在一种自然状态之中。在自然状态下，没有国家、政府和法律。自然状态是人类的早期状态。霍布斯把自然状态描述为一种"战争"状态，人与人之间的关系是一种"狼与狼"的关系。[1]而洛克则认为，自然状态是一种良好的状态，在自然状态下，人们享有普遍的平等和自由，普遍享有自然权利。[2]卢梭则认为，自然状态是人类的黄金时代。在自然状态下，没有私有财产，没有国家和法律，没有奴役。人们过着孤立、自由和平等的生活。人们普遍有同情心和怜悯心，这种怜悯心是维系人们的重要的纽带。[3]

在自然状态下，人们享有普遍的自然权利。这种权利是与生俱来的，也是不可剥夺的，后来被人们称为"天赋人权"。格劳秀斯强调私有财产权；霍布斯强调人的生命和安全；洛克则系统地提出了人类的三种重要的权利：生命权、财产权和自由。另外，自然权利还包括他认为合适的、做任何事情的权利以及惩罚违反自然法的行为的权利。杰弗逊在洛克的基础上，把自然权利总结为生命、自由和追求幸福的权利。在杰弗逊的倡导下，这三种权利被载入了美国的《独立宣言》中。

---

〔1〕　[英]霍布斯：《利维坦》，黎思复、黎廷弼译，商务印书馆 1985 年版，第 94 页。

〔2〕　[英]洛克：《政府论》（下篇），叶启芳、瞿菊农译，商务印书馆 1964 年版，第 5 页。

〔3〕　[法]卢梭：《论人类不平等的起源和基础》，李常山译，商务印书馆 1962 年版，第 102~103 页。

在自然状态下，人们没有国家和法律，但是他们遵循着一定的法则，这就是自然法。从本质上讲，自然法就是人类的理性，是人区别于动物的本质。人能思考，能通过自己的思考来决定自己的行为方式。自然法是一种法，它构成指导人类行为的一种原则。格劳秀斯把自然法的原则归结为：私有财产不得侵犯，不谋取不属于自己的利益；赔偿因自己的过错导致的损害和违法犯罪者应当受到惩罚。斯宾诺莎认为是：两利相权取其大，两害相权取其轻。霍布斯把自然法的内容进行了详细地总结后得出的最一般的原则为"己所不欲，勿施于人"。孟德斯鸠认为自然法的原则有三个方面的内容：人的自卑感、寻找食物和互相爱慕。在卢梭的眼里，自然法是人类固有的一种趋向完善的能力。

格劳秀斯认为，自然法是正当的理性的命令，是断定行为善恶的标准。他说，根据特定的行为是否和理性的本性相一致，而断定这种行为是道德上的恶，还是道德上的善，并从而指示该行为是为创造自然的神所禁止或所命令。很少有什么法律是一切民族所共有的。如果有，那就是自然法。因为自然法本身一般被称为民族间的法律。人类的理性是自然法的渊源，即自然法是人类理性的体现。自然法指明任何与人的理性或本性相一致的行为就是道义上公正的行为，反之就是道义上的罪恶行为。自然法具有永久性和绝对性，上帝也不能改变，因为上帝也不能使二乘以二不等于四，不能使本质恶的变成本质善的。自然法是最基本的起决定作用的法，人为法来自于自然法。自然法体现了正义和公正。所以无论是战争时期还是和平时期，它都是有效的。而人为法则是人类的意志或上帝的命令，是由人制定的，是易变得，因此，只能在和平时期有效，在战争时期可能失效。

霍布斯在《利维坦》一书中，认为自然法乃是理性所发现的一种箴言或普遍的原则，是用来禁止人去伤害他自己生命的事情，或禁止人放弃保全生命的手段，并且去做他所认为最可以保全生命的事情。他的自然法理论是典型的理性主义自然法理论。他的主要目的是论述人类如何从自然状态进入社会状态和政治状态，也就是如何从战争状态进入到和平状态。为此，他提出了自然法的十三条原则，总结性的名言就是"己所不欲，勿施于人"。

洛克在其《政府论》中阐述了他的法律思想，指出自然状态下的人们是自由和平等的，享有天赋的自然权利，但自然状态绝不是放任的状态，因为人们共同地接受自然法的约束。自然状态有一种为人人应遵守的自然法对它起着支配作用；而理性，也就是自然法，教导着有意遵从理性的全人类：人们既然是平等的和独立的，任何人都不得侵害他人的生命、健康、自由和财产。[1]自然法体现

---

[1] [英]洛克:《政府论》(下篇)，叶启芳、瞿菊农译，商务印书馆1964年版，第120页。

着理性，它教导着人类过有理性的生活。自然法是最高的、永恒的，上帝本来也为它所束缚。自然法使所有的人不侵犯他人的权利，不互相伤害，维护人类的和平与安全。如果有人对他人进行人身或财产的侵害，受伤害人可依自然法、理性和正义惩罚侵犯者。在自然状态下，人人都是执行自然法的法官，但在自然状态下，缺少一种明文规定的法律，缺少一个有权依照既定的法律来裁判争执的裁判者，缺少权力来支持正确的判决。于是，人们相约成立政府，来保护他们的生命、自由和财产。政府的存在是以保护人的生存、自由和财产的权力为目标的。

孟德斯鸠在《论法的精神》中设想，在自然状态下，人是非常胆小怕事的动物，终日因环境的一切危险而慌张逃避。所谓自然法，就是为理性所反映的，先于理性而存在的规律。自然法在无意识之中为人类所发现。自然法包括了这样几条基本原则：和平、寻找食物、相互爱慕和希望过社会生活。这是人们最新的和最重要的认识，为此就有了社会。社会一经产生，人们便失掉了自身的软弱感，并且出现了不平等，人人都想高出他人，所以开始有了战争状态。

卢梭在《论人类不平等的起源和基础》一书中，提出了他的自然法的思想，他对自然法和自然状态的想象是独具一格的。他认为，那时的"野蛮人"，非善非恶，既无过失也无德行。原因是人类的智力还没有被开化，没有供他们加以运用和滥用的才能，从而也就没有区分行善和作恶的准则。那时社会不存在不平等，就是体力、智力方面的"天生的"或"自然的"不平等也微乎其微。在这种情况下，所有的人都是不受任何约束的，强者自然也无从行使他的权利。正是从没有不平等的这个角度上，卢梭称"自然状态"是人类的"黄金时代"。他认为，自然的东西是最好的东西，而文明是人为的造作，破坏了自然的本性，自然人是幸福的，他提倡回到自然中去。

（二）社会契约论

自然状态的缺陷决定了它的暂时性，人类必定要从自然状态过渡到文明社会。在这个过渡的过程中，社会契约起到了决定性的作用。也就是说，人类通过社会契约的方式，从野蛮的自然状态进入到文明社会状态。具体的方法是：人们放弃自然状态下的全部或部分自然权利，把它交给一个人或一个集体。主权来源于每个人的自然权利，这个人或这个集体是主权的掌握者。国家或政体由此而产生，人类开始生活在有国家和法律的社会之中。

在自然权利的放弃程度、政体的建立方式和民主程度方面，思想家们之间存在着一定的差距。格劳秀斯主张人们全部放弃自己的自然权利，他主张君主制，人民没有反抗国家或政府的权利。斯宾诺莎主张部分权利的转让，赞成民主制，人民有反抗权。霍布斯主张权利的全部转让，赞成君主制，人民无反抗权。洛克主张部分地放弃权利，保留了生命权、自由和财产权利，赞成君主立宪制。卢梭主张权利的全部转让，但转让的对象是集体，并且这个集体就是人民自己。人民是主权的享有者，即人民主权，他赞成直接民主制，人民有反抗权。孟德斯鸠把政体分为三种：共和政体（包括民主制和贵族制）、君主政体和专制政体。民主制的原则是品德，贵族制的原则是节制，君主政体的原则是荣誉，专制政体的原则是恐怖。孟德斯鸠赞成共和制。另外，杰弗逊赞成人民主权，潘恩赞成共和制和代议制。

对于社会契约论有独到、精辟、深刻见解的是卢梭于 1762 年出版的《社会契约论》一书。在这本书中，他首先反驳了两种常见的国家起源论，一种是家庭起源论。卢梭认为，家庭是最原始、最自然的社会，在家庭中，父亲与子女之间以爱为基础，但在国家中，首领对人民没有这种爱，有的只是发号施令。可见，国家与家庭有着本质上的不同。因此，它们之间也不可能有什么世袭的关系。另一种是暴力论或战争论。卢梭说，战争总是基于一定的利益目的的，但在自然状态下，谁也没有什么固定的财产，所以私人之间的战争是根本不可能出现的。这就证明，硬说国家产生于强者的暴力和私人战争的观点是毫无根据的。

卢梭断言，国家起源于契约。随着私有制的产生，人们越来越受到相互掠夺和残杀的危险。在这种状况下，人们被迫去寻找自由和安全的新的出路，即要求订立社会或国家的契约。卢梭认为，社会契约的主题是要寻找一种结合的形式，使之能以全部共同的力量来维护和保障每个结合者的人身和财产，并且由于这种结合而使每一个与全体相联合的个人又只不过是在服从自己本人，并且仍然像往常一样的自由。[1] 卢梭认为，社会契约的成立方式，是每个结合者及其自身的一切权利全部转让给整个的集体。转让全部权利的理由是：①只有全部转让，才可以做到对于所有人的条件都是同等的。②只有全部转让，才能使"联合体"完美。如果一些人全部转让，而另外一些人只转让一部分，那么就可能使社会或国家变成某些人推行暴政的工具。③只有全部转让，才能做到没有向任何人献出自己。而人们可以从社会得到同样的权利，并增加社会的力量以保护自己的利益。④通过这一种方式建立的集合体表现了人民最高的共同意志。这个意志就是"公意"。"公意"在卢梭的政治理论和法律思想中占有重要的地位。契约、主权、法律都与之有关。表达出来的就是：我们每一个人都以自身及全部的力量共同置于公意的最高指导下，并且我们在共同体中

---

〔1〕 ［法］卢梭：《社会契约论》，何兆武译，商务印书馆 1980 年版，第 23 页。

接纳每一个成员作为全体之不可分割的一部分。这样的社会或国家，就是共和国。

关于社会契约存在的施行，卢梭说，这种社会契约的条款从来就没有正式宣告过，但为人们所默认或公认。亦即，"社会契约"要得以履行，无非是表示客观历史上以往存在的普遍情况而已。社会契约要得以履行，使它不至成为一纸空文，就应该这样规定：任何拒不服从公意的人，全体就要迫使他服从公意，这是人们迫使他自由。当政者滥用职权不履行契约，以祸害人民权利和利益时，人民就有权取消契约，有权通过暴力夺回自由。

（三）分权理论

为了防止权力的滥用，保障人民的自由、平等和天赋的权利，就必须将权力分离，以权力来制约权力。洛克创立了权力分立理论，孟德斯鸠提出了完整的三权分立理论，汉密尔顿将其运用于美国的实践。洛克将权力分为立法权、行政权和对外权（联盟权），他没有将司法权独立出来。孟德斯鸠从权利与自由的角度提出了三权分立的理论，他把权力分为三种权力，即立法权、司法权和行政权，并分别授予不同的机关行使。这三种权力既是独立的，又是相互牵制、互相制衡的。汉密尔顿将这种理论运用于美国的实践，并进一步发展。他限制了议会的立法权，扩大了法院的司法权。他将孟德斯鸠的权力制衡原理发展成为"牵制与平衡"的宪法原则。

（四）法治原则

洛克是西方法治主义的鼻祖。他认为，政治的统治必须要以法律为基础。立法机关制定的法律必须是明确的、正式颁布的，法律的执行必须要有严格的法律依据，法官的自由裁判权必须受到限制。在法律没有明文规定的地方，法律的执行者应当依照人民的意志和利益，做到法律面前人人平等。在法制问题上，卢梭也有同样的论述。

第二节　格劳秀斯和他的《战争与和平法》

一、格劳秀斯的生平简介

格劳秀斯（Hugo Grotius，1583年~1645年）是近代资产阶级自然法思想的创始人，是国际法的鼻祖。他出生于荷兰德佛特城一个富裕的家庭中，他的父亲是法裔，是哲学和法学博士，著名的律师，曾任莱顿市议会的议员和莱顿大学的校长，与当时荷兰统治者奥登巴思维尔德关系密切。格劳秀斯幼时聪明过人，有神童之称，11岁时进入莱顿大学学习，14岁大学毕业，精通数学、

格劳秀斯

哲学和法学。他先在鹿特丹当律师，后入政界，任荷兰政府要职。他 15 岁时，曾随著名的政治家巴尔韦尔德赴法工作，由于他才华过人，深得法王亨利四世的赏识，并授予金项链。1607 年格劳秀斯年仅 24 岁就任荷兰律师公会主席。1613 年，他任荷兰驻英大使。1618 年，荷兰发生两党冲突，即亚美尼亚和加尔文派的冲突，产生了内乱，他参加了亚美尼亚派，事败后，1618 年 8 月 29 日，他被捕，罪名为扰乱联合洲的国教等，并被判处无期徒刑。经过 3 年的狱中生活，1621 年在其妻子的营救下越狱成功，亡命法国，为法王路易十三服务，由法国政府为其提供生活费

用。不久，格劳秀斯任法国驻瑞典大使，深受瑞典女王的赏识，1645 年，他辞职返回荷兰，卒于途中，享年 62 岁。格劳秀斯死前为自己写了墓志铭："荷兰的囚徒兼亡命者，瑞典王国的公使，格劳秀斯永眠于此。"

二、《战争与和平》一书体现的主要法律思想

格劳秀斯在他亡命法国期间，于 1625 年在巴黎写下了他的成名之作《战争与和平法》，此书在西方政治思想史上占有重要的地位，是格劳秀斯政治法律思想的集中体现。此书被译成多种文字，在世界范围内广泛发行，传说在西欧"三十年战争"中，瑞典王国的国王左斯塔夫随身携带此书作为重要的读物。1791 年，法国国民议会议长果拉波在大革命前夕《对荷兰人的讲话》中曾说，格劳秀斯是"他们国家永恒的骄傲，他的《战争与和平法》一书，使一门最美的和最有用的科学形成了完整的体系"。

《战争与和平法》一书共分为三卷，序言部分论述了权利与法律的起源。第一卷主题思想论证法律是否合乎正义，主权者的意志，公战与私战的区别，君主主权范围等。第二卷的主题思想是阐明战争的起因，解释公物与私物的区别，所有权的意义以及对条约、契约的说明，使节的尊严，损害赔偿、死者掩埋权和刑罚等内容。第三卷主要内容有论述战争中的合法行为，缔约战争和约等问题。此书主要论述了自然法思想和国际法理论，使格劳秀斯当之无愧地成为资产阶级天赋人权理论的奠基人之一，此书所涉及的法律思想主要包括以下几个方面的内容：

（一）自然法论

格劳秀斯是近代自然法的创始人，自然法理论在他的社会政治法律思想中占据着重要的地位，也是他法律思想的基石。

1. 关于自然法的定义。"自然法是正当的理性准则，它指示任何与我们理性和社会性相一致的行为就是道义上公正的行为；反之，就是道义上罪恶的行为。"[1]简言之，自然法就是理性的命令，是一个行为善与恶的标准。他认为，自然法有三个渊源：

（1）人类固有的与社会交往的本能即社会性。人是一种动物，然而，人作为一种高等动物，与其他动物有着许多重大的差别，有自己的特点，其主要特点在于，"人类独特的象征之一是要求与社会交往的愿望"，而语言又是人类独具的用于社会交往的工具，这使得人类要过一种理想的生活，不愿意稀里糊涂地度日，不愿意和动物一样受本性驱动而只管寻求自己的满足和利益，人类超越一切动物，不仅在于推动社会的发展，而且在于有能力判断和鉴别利害关系，计往知来。"就人类本性而言，我们可以理解，在权衡利害，作出正确判断之后，既不为威胁和利诱引入歧途，也不为盲目和轻率的感情冲昏头脑。凡事不合于判断的，也就必然不合于自然法；换言之，也就不合于人类本性。"[2]例如，个人或团体的所有物，都应分别审查，物归原主，这就是人类运用判断力所得出的结论。所以，人类社会性之成为自然法的渊源，就使得自然法有两个根本原则：一是各有其所有，一是各偿其所负。

（2）上帝的自由意志。上帝的自由意志也是产生自然法的渊源，因为人类的理性来自于上帝的启示，人们不得不服从上帝的命令。自然法不论是用以维系社会的或家庭的，或用以规定职责，都应归因于上帝，为什么要归因于上帝，因为这些"生于我们内心的信念，实际也就是上帝的意志所在。根据《圣经》所记载，我们一切人都同出于一位始祖，这一点最能激发人类的社会情感"。[3]人类天生有血缘关系，不应尔虞我诈，蓄意伤害。

（3）人的守约本性。人们进行社会交往，必然与他人建立相应的社会关系，这种相互关系是经过相互订立契约而建立的，所以必然是相互制约的，人们因订立了契约，就产生民法。"凡人加入一社团，或者舍身为他人服役，无

---

〔1〕法学教材编辑部《西方法律思想史编写组》编：《西方法律思想史资料选编》，北京大学出版社 1983 年版，第 143 页。

〔2〕法学教材编辑部《西方法律思想史编写组》编：《西方法律思想史资料选编》，北京大学出版社 1983 年版，第 138 页。

〔3〕法学教材编辑部《西方法律思想史编写组》编：《西方法律思想史资料选编》，北京大学出版社 1983 年版，第 138~139 页。

论是明言允诺，还是理所当然，对于社会中多数人或执政者的命令，都应宣誓服从，或默许遵守。"[1]这就是说，人的这种守约的本性，即是自然法的渊源之一，又是自然法的组成部分。"自然法之母就是人性，社会交往的感情就产生于此，……有人性然后有自然法，有自然法然后有民法。"[2]当然，自然法还得借助功利而加强，因为人们订立契约之始是根据功利而行动的。

2. 自然法的内容和特点。自然法似乎是一种道德规范，或天地良心之类的东西，其实不然。在格劳秀斯的心目中，确认和保证财产权就是自然法的基本内容。"他人之物，不得妄取；误取他人之物者，应该以原物和原物所生之收益归还物主，有约必践，有害必偿，有罪必罚"[3]，等等，这就是自然法。为了强调财产权的神圣性，格劳秀斯进而指出了自然法的基本特点，在他看来，自然法的特点在于：

（1）自然法的效力，扎根于人的理性，而不是依靠权威和强制。他说，人类生来就有理性，自然法就产生于理性。有理性的人都会自觉接受自然法的支配。自然法不但尊重产生于自然本身的东西，而且也尊重由人类的行为而产生的东西。例如，财产权，它并不是自然产生的东西，而是根据人类的意志所产生的东西，它一经得到承认，自然法就指示我们，违反任何一个人的意志而拿走他人的东西就是非法的。

（2）自然法是永恒不变的。"自然法不但尊重那些由自然本身产生的东西……自然法是如此的不可变易，就连上帝也不能加以变更。因为上帝的权力虽然无限，但是有一些事情即使有无限的权力也不能动摇。例如，上帝本身不能使二乘二不等于四，他也不能颠倒是非，把本质是恶的说成是善的。"[4]在格劳秀斯看来，财产权是神圣的东西，即使是有无限权力的上帝也不能左右它。

3. 关于自然法和国际法的关系。国际法是一个很广泛的概念，国际法包括自然法，自然法许可的许多事情是为国际法所禁止的。在不同的年代不同的地点的人们，要是一致认同一件事是真理，那么，必须有一个共同的原因。这个共同的原因，照我们看来，如果不是从自然原则正确推论出来的东西，就是

---

〔1〕法学教材编辑部《西方法律思想史编写组》编：《西方法律思想史资料选编》，北京大学出版社 1983 年版，第 139 页。

〔2〕法学教材编辑部《西方法律思想史编写组》编：《西方法律思想史资料选编》，北京大学出版社 1983 年版，第 139 页。

〔3〕法学教材编辑部《西方法律思想史编写组》编：《西方法律思想史资料选编》，北京大学出版社 1983 年版，第 138 页。

〔4〕法学教材编辑部《西方法律思想史编写组》编：《西方法律思想史资料选编》，北京大学出版社 1983 年版，第 143 页。

举世公认的东西。前者说明了自然法，后者说明了国际法。国家与国家之间也有一种法律，维护各国的共同利益，称这种法律为国际法，以示区别于自然法。自然法是人理性产生的，而国际法则是共同的社会契约组成的，这是自然法在国际交往中的运用和体现。

格劳秀斯在记述了自然法和国际法相互关系的基础上对国际法所下的定义是：正如每个国家的法律的目的在于实现国家的善和国家之间的善。在它们之间，法律是依据契约而发布的，法律并不是为某一国家的利益而发布的，而是为了所有国家的利益，这种法叫做国际法，以示区别于自然法。"又说"广义上的国内法（国内范围以外的成文法）就是国际法，法律的效力来自于所有或许多国家的意志。[1]

4. 关于法律的分类。格劳秀斯在建立其自然法思想体系的同时，不同意有人把功利说成是"正义和法律之母"的说法，他明确指出自然法之母就是人性的理智。"因为自然法之母就是人性，社会交往的感情就产生于此，并非由于其他的缘故，遵守契约即为民法之母，而自然法又是从契守的约束力所生，因此可以说自然法是民法之祖。但是，自然法是依靠功利得以加强的，因为造物主的意志务使世人脆弱而多欲，非合群不足以图安乐，所以法律的制定无不是由于功利的缘故。以致缔结同盟以合群，订立契约以定份，其始都是根据功利的缘故。因此，负责立法者，对于被统治者的利益不可不注意。"[2]在自然法基于人性的前提下，格劳秀斯把法分为自然法和意志法两大类，而意志法又分为国内法和国际法两种。在分析自然法和意志法的关系时，他说自然法的特征是人类的理性，意志法的特征是人的意志。国内法虽然是由于人的意志，由于社会契约的缘故而发生了义务，而社会契约的效力，又渊源于自然法。所以，国内法是由自然法产生的。从自然法同意志法的关系中，他认为人类遵守社会契约是自然法的组成部分。

（二）自然权利论

在法律与权利的关系问题上，格劳秀斯认为自然是神圣的，导源于此的自然权利也必定是神圣的。权利是从法律中派生出来的，而自然权利则是包括以下三个方面的含义：

1. 权利一词表明"只不过是所谓的公道而已，同时，这公道也是消极地

---

〔1〕　参见法学教材编辑部《西方法律思想史编写组》编：《西方法律思想史资料选编》，北京大学出版社 1983 年版，第 142 页。

〔2〕　法学教材编辑部《西方法律思想史编写组》编：《西方法律思想史资料选编》，北京大学出版社 1983 年版，第 139 页。

意义多过积极的意义的。因此，所谓'权利'就是指不是不公道的意思"。[1]权利就是公道，或不是不公道，而这个公道与不公道，是以是否符合理性和人的本性为划分标准的。"任何事物如对理性的人类所成立的社会本性有所冲突的，都是不公道的。例如，仅为着自身利益而剥夺他人的东西，便和自然法相冲突。"[2]格劳秀斯在这里所说的"社会本性"，指的是社会职能，也即社会目的。"因为社会目的就是通过整个社团的帮助和利用联合起来的力量来保卫每一成员，使他平安地享受他自己应得的那一份。"[3]一个人图谋反对另一个人，就是一种大不敬的行为，"社会的每一部分，如果没有相互容忍和善意的保卫，那么社会便是不能存在的"。[4]人们建立社会联系的基础，一是彼此平等，二是彼此的优越地位；如果公道是发生在治人者和被治者之间，那么所得的权利就被称为优越权。前者是公道的，后者是不公道的。

2. 权利具有道德的性质。隶属于人，使人得以正当地占有某一项特殊事物的权利，或可以做某一特殊的行为的权利。这种权利从事物而来，如关于土地的运用，就是物权。这种权利不属于一般的人，只属于占有某种特殊事物的人。这种权利，就是所有权。这种权利，"包括了我们对付我们自己的权力，亦因此，又称为自由"。它也包括"我们对付他人的权力"。[5]如父对子，主对奴；它还包括财产权，使用和占有某种物品的权利，要求偿还所欠的债务的权利，等等。

3. 权利是指示一种强迫我们去做正当事情的道德行为的规则。这就是说，劝告和箴言之类的东西，如果我们没有服从它们的义务，它们就不可能成为权利；可是如果把权利看做是与正当事情相同等，那么劝告和箴言这类东西就是道德规范，就是要我们去做正当事情的行为规则，所以希伯来人把自然权利称之为箴言是有道理的。

总的来讲，格劳秀斯认为，自然权利是正当理性的命令，它根据行为是否和合理的自然相和谐，而断定其为道德上的卑鄙，或道德上的必要，并从而指

---

〔1〕周辅成编：《从文艺复兴到十九世纪资产阶级哲学家政治思想家有关人道主义人性论言论选辑》，商务印书馆1966年版，第200页。

〔2〕周辅成编：《从文艺复兴到十九世纪资产阶级哲学家政治思想家有关人道主义人性论言论选辑》，商务印书馆1966年版，第200页。

〔3〕法学教材编辑部《西方法律思想史编写组》编：《西方法律思想史资料选编》，北京大学出版社1983年版，第144页。

〔4〕周辅成编：《从文艺复兴到十九世纪资产阶级哲学家政治思想家有关人道主义人性论言论选辑》，商务印书馆1966年版，第200页。

〔5〕周辅成编：《从文艺复兴到十九世纪资产阶级哲学家政治思想家有关人道主义人性论言论选辑》，商务印书馆1966年版，第221页。

示该行为是否为创造自然的神所禁止或所命令的。[1]自然权利不仅与不以人类意志而独立存在的事物有关，而且与跟随人类意志的运用而来的许多事物有关。例如，现在使用的财产，最初也是人类意志的一种创造品。但是，当财产成立以后，一个人违反了另一个人的意志而掠夺他的财产，即为自然法所禁止。

（三）社会契约论

格劳秀斯认为，人类社会从没有财产、没有国家进化到现在出现国家，出现了财产，是经历了一个漫长的发展过程的。他说，最初，人类处于共享所有物，彼此平等自由的自然状态。上帝在创世之时和在诺亚方舟之后，把管理低级自然物的普通权力交给了人类。此时，每样东西都是公有的、不可分割的。就如家是一件共有的祖传物，是每个人都可以取其所想用的和所能消费的东西。每个人所取得的东西，除非犯罪，不能凭借暴力从他人手中夺走。这说明，当时的人类生活在非常纯洁、和谐和善良的愿望中，如果这种情况不变，那么人们完全可以继续享有这种权力。

可是，后来出现了私有制。私有制是如何产生的呢？人类在过着纯洁无邪的生活的同时，也把精力用到各种技艺活动中去。最古老的技艺是农牧业。最早出现的两兄弟已经在所有权上出现了分裂，这种分裂甚至是带着杀戮性的。这种分裂，使得土地被划成了界线。"于是在不同的等级人们中间把土地分开占有了。"[2]这时，共同占有的仅有牧场了；等到牲畜的头数增加以后，牧场也被分了。人们为什么要分割公社共有物呢？"当人们已经不满足于借自然果实为食物、穴居、赤身裸体或以树皮和兽皮为衣服的时候，便追求一种更富裕的生活方式，于是产生了特殊人物可以享用的特种手工业品，并且由于人们分散居住在不同的地区，以及由于需要正义和仁慈与劳动和供养之间的公平发生了冲突，因而阻碍了共同享用土地上的果实。这样，我们便知道财物根据一种特定的契约、合意，或者分配、默许和占有，就变成了私有财产。"[3]从格劳秀斯的这段叙述中，我们可以看到，他把私有制的形成与人们在物质生产发展过程和生活方式相联系，并且把责任放在"特殊人物"身上，这是有积极意义的。但是，他把私有制形成的方式说成是"契约、合意，或者分配、默许

---

〔1〕　周辅成编：《从文艺复兴到十九世纪资产阶级哲学家政治思想家有关人道主义人性论言论选辑》，商务印书馆1966年版，第222～223页。

〔2〕　法学教材编辑部《西方法律思想史编写组》编：《西方法律思想史资料选编》，北京大学出版社1983年版，第149页。

〔3〕　法学教材编辑部《西方法律思想史编写组》编：《西方法律思想史资料选编》，北京大学出版社1983年版，第149页。

和占有"，却与事实相差甚远。

由于财产分割而引起生活的不安定，必然导致人们去寻求互保的办法。当时的人们为了防止外来侵扰和过安定的社会生活，便被理性所驱使，按照自然法而行动，彼此订立了契约，联合起来，建立了"人为的社会"。原始人类并不是由于上帝的命令，只是他们从经验上知道孤立的家庭不能抵抗强暴，因而一致同意而结合起来的市民的社会，由此生出政府的权力。[1]也就是说，人们经过订立契约，把他们的权力交给一个人或一个集体所有，由他们去组成政府，行使权力。如此，国家是什么呢？格劳秀斯认为，国家是一群自由人为享受公共的权利和利益，而结合起来的完善团体。或者换个说法，"国家是在法律上有效力的、独立的自由民的集合体，以享有法律的利益和共同的利益为目的联合"。[2]在这里，格劳秀斯把国家和社会混为一谈，认为国家的目的是为了保卫私有财产，谋求公正，以达到共同的福利，这与他所说的社会目的，即社会所追求的目的是运用公众的力量，并征得公众的同意，保证每个人使用自己的私有财产，是完全相同的。换句话说，格劳秀斯认为国家追求的就是社会的目的，国家是社会以达到共同福利这个目的而借用公众的力量。这样，他就不仅抹杀了国家起源的阶级内容，而且也抹杀了国家本身的阶级性。不过，他把国家的形式说成是人们有意识的活动的结果，而不是上帝的创造，这对千百年来的"君权神授论"观点是一个有力的否定。

（四）主权论

"所谓主权，就是说它的行为不受另外一个权力的限制，所以它的行为不是其他任何人意志可以任意视为无效的。"[3]凡行为不受别人的意志或法律支配的权力就叫做主权。[4]根据格劳秀斯的理论，人们在缔约时所产生的权利，被一个人或一个集团所掌握，就是说，主权归于人民的法律或习惯所公认的一个人或一个集团。一个人或一个集团掌握了既不受别种权利所限制，又不能被别种权力任意废止的这种权力，只能是国家最高权力。这样的主权论，就是君主主权论。无怪乎卢梭认为："格劳秀斯所说的实际上是肯定人民可以把自己

〔1〕 参见法学教材编辑部《西方法律思想史编写组》编：《西方法律思想史资料选编》，北京大学出版社1983年版，第150页。

〔2〕 法学教材编辑部《西方法律思想史编写组》编：《西方法律思想史资料选编》，北京大学出版社1983年版，第143页。

〔3〕 法学教材编辑部《西方法律思想史编写组》编：《西方法律思想史资料选编》，北京大学出版社1983年版，第145页。

〔4〕 参见法学教材编辑部《西方法律思想史编写组》编：《西方法律思想史资料选编》，北京大学出版社1983年版，第150页。

奉送给一位国王。"〔1〕

既然人们一致同意订立了契约，组成了政府而拥护一人为君主之后，人民就已经把自己的权利交给了君主来统一行使，因此，人民就得承认并服从这个君主，不论他是好是坏，既不能反对他，也不能惩罚他，因为这个君主是拥有最高权力的人。"我们也必须知道，君主或那些与君主拥有同样权力的人，都有一种实行强制惩罚的权力。他们不但可以惩罚那些损害他们自己或他们臣民的人，而且可以惩罚那些粗暴地破坏自然法或国际法的人。因为用惩罚手段来保障人类社会利益的自由，最初是人人都有的，自从文明社会和法庭产生以后，则只拥有最高权力的人才有这种权力——他们具有这种权力并不是因为他们有超过别人的统治权，而是因为他们不受任何人支配。"〔2〕这清楚地表明，格劳秀斯主张主权在君论。他还认为人民应当是君主的奴隶，人民和土地都是君主的私有财产，君主可以任意处理，也可以自由割让。正因为格劳秀斯坚持主权在君的思想，因此，他反对下列几种说法：

第一，主权在民说。格劳秀斯说，有人认为，最高权力应永无例外地属于人民，所以，只要他们的君主滥用权力，人民就可以起来限制他，惩罚他。我们却不能不反对这种意见，因为这种观点已经造成了祸患，今后还继续造成祸患。

第二，君臣互依论。许多思想家主张，君主善用权力时，人民应当服从他，而他滥用权力时，就该轮到他来听人民的话了。格劳秀斯认为，人民在当初建立国家时，有自由选择政体的权利，但是这种选择一经确定，就必须服从统治者，未经统治者的同意，不得改变政权的管理形式，人民再没有选择的权利。

第三，民权高于君权论。格劳秀斯认为，君臣之分，最初依据契约而成立，一经成立，就只能永远是服从的关系。君主无须永久地服从人民的意志，他却可以强制臣民的服从。君主的存在不仅仅是为了人民的福利，而且是为了统治者与被统治者的共同利益。他认为，一个民族完全放弃了自己的主权并把它交给某一个人，是有着各种理由的。有些政府可以是为了国王的利益而建立的，例如那些作为取得胜利成果的利益而建立的政府；有些政府既可以是为了统治者的利益，又是为了被统治者的利益而建立的，例如当一个无力自保的民族拥戴一个强有力的国王的时候。因此，他承认在大多数的政府之下是要直接

---

〔1〕　〔法〕卢梭：《社会契约论》，何兆武译，商务印书馆1987年版，第21页。

〔2〕　法学教材编辑部《西方法律思想史编写组》编：《西方法律思想史资料选编》，北京大学出版社1983年版，第149页。

考虑被统治者的利益的，但是，反对由此推论说，人民应高于国王。

第四，革命权利说。人人都天赋的具有进行抵抗以保卫自己免受侵害的权利。"但是，文明的社会是为了维护和平而成立的，在达到这个目的所必要的范围内，国家就随之产生了一个超过我们和比我们权利更高的权力。所以，为了维护公共和平和良好秩序，国家有权制止彼此间无限制地应用那种权利。"[1]国家如不那样做，它就无法存在，就会变成一盘散沙形式的人群。

如此说来，人民难道就永无反抗权吗？格劳秀斯认为，在极端严重的危险时刻，人民是可以用暴力反抗上级的权利。但是，"除非带有这样的附加条件，即不反抗就会使国家陷入极端骚乱，许多无辜的人将要死亡"[2]人民就可以反抗了。如果他"违反了法律和国家利益，人民不但可以用武力反抗他们，而且在必要时还可以处他们以死刑"[3]如果君主为了一国人民的幸福，有意使别国人民灭亡，以便在那里建立殖民地，人民起来反抗他就是合情合理的。

第三节　斯宾诺莎和他的《神学政治论》

一、斯宾诺莎的主要生平

斯宾诺莎（Baruch Spinoza，1632 年～1677 年），出生于荷兰阿姆斯特丹的

斯宾诺莎

一个犹太商人家庭，起名 Baruch，巴鲁赫。他上一代经由葡萄牙迁徙到尼德兰，在尼德兰，犹太人逃脱了迫害，享有相对的自由；包括斯宾诺莎的父亲在内的许多犹太人活跃在荷兰的商业界。从当时整个欧洲的政治环境来说，都不是特别自由。但是荷兰相对而言是个开明民主的地方，如笛卡尔就在 1628 年从法国移居荷兰，从事学术研究。而洛克也曾到荷兰政治避难（1683 年～1688 年），这当然源于辉格党领袖夏夫兹伯里的倒台。当然，当英国光荣革命胜利之后，洛克也就以英雄的身份回到

---

〔1〕 法学教材编辑部《西方法律思想史编写组》编：《西方法律思想史资料选编》，北京大学出版社 1983 年版，第 146 页。

〔2〕 法学教材编辑部《西方法律思想史编写组》编：《西方法律思想史资料选编》，北京大学出版社 1983 年版，第 146 页。

〔3〕 法学教材编辑部《西方法律思想史编写组》编：《西方法律思想史资料选编》，北京大学出版社 1983 年版，第 147 页。

英国。斯宾诺莎在成长过程中说的是西班牙语，后来学了希伯来语；由于生活在阿姆斯特丹，他又学会了荷兰语，二十多岁时，他精通了拉丁语。他的哲学著作最初几乎都是用拉丁语写成的。

斯宾诺莎 7 岁时进入一家犹太教的十年制学校学习，学习希伯来文和犹太法典。后来他离开学校，14 岁时师从于进步学者恩顿学习拉丁语，初步了解了当时的科学与医学。而 17 岁时，他哥哥去世，他接替了哥哥的工作开始务商，同时，他还自修哲学和自然科学，广泛阅读了布鲁诺、培根、霍布斯、笛卡尔等人的著作。于是，他渐渐地对神学失去了兴趣，偏爱哲学和自然科学。他很少参加宗教仪式，经常宣传自由思想，反对犹太教的教义。比如他说，神就是自然，灵魂就是呼吸，随肉体的死亡而死亡，天使不过是人心中的幻想。他这些出格的言行令教士们大为头痛，于是他们决定威逼利诱他。他们答应每年给他金币 1000 盾，要他安分守己地和他们在一起。可斯宾诺莎似乎并不感冒。于是 1656 年，教会决定开除他的教籍，这意味着他被禁止与任何犹太人进行联系，其他犹太人也被禁止与他来往或阅读他的著作。同时教会要求市政当局把他驱逐出城市。[1]

于是他被迫到了莱顿附近的莱茵斯堡，过着平静的生活。在莱茵斯堡期间，据说他写了《知性改进论》（未完成）、《神、人及其幸福简论》、《笛卡尔哲学原理》以及他的主要著作《伦理学》的第一部分手稿。他在笛卡尔哲学上所做的工作，起初都是为了教授他个人的一个学生，但是在朋友们的劝说下，他把它加以扩展，并于 1663 年出版，这是斯宾诺莎生前唯一的一部以他自己的名字出版的著作。

从 1663 年起，他先住在海牙附近的一个小村福尔堡，他被引见给荷兰省的省长詹·德·维特。1665 年 6 月，《伦理学》第三、四部分的草稿也接近完成。但是由于明显受到当时政治事件的刺激，以及他与这些事件的密切联系，在这里斯宾诺莎把《伦理学》放在一边，全力写作《神学政治论》。政治中心位于海牙的荷兰共和国是由 7 个省组成的松散联邦，其中最富有也最有影响力的是荷兰省。德·维特支持宗教宽容和言论自由，遭到卡尔文教派的牧师和其

---

〔1〕 关于斯宾诺莎为什么被认为犯下了值得永久开除教籍的行为，一个解释是犹太教当局恐怕冒犯了荷兰，以便在较大的范围内保护阿姆斯特丹的犹太人居住地。以这个方式来看，开除斯宾诺莎的教籍是从犹太团体中分离出某个人的一种方法，这个人的思想在基督教看来是危险的异端。然而，耶美雅赫·约维里指出，斯宾诺莎被开除教籍的时候，阿姆斯特丹的犹太人的处境是相对安全的。他的解释是，使新来到的马拉诺（Marrano，指中世纪时在西班牙和葡萄牙境内被迫改信基督教而暗地依然信奉原来宗教的犹太人或摩尔人）与犹太文化融为一体是犹太教当局的一个持久任务，阿姆斯特丹犹太团体的领导者看到斯宾诺莎的观点和行为对于他们的团体存续是一个威胁，因为他的观点和行为有损害宗教权威和文化传统的倾向。

他想建立国教的人们的反对，他们支持奥伦治公爵。这两派之间的斗争，因为荷兰在英国与瑞典战争（1665 年～1667 年）及后来的英国与法国战争中的挫折而变得复杂。斯宾诺莎是德·维特的朋友和支持者。在信中，斯宾诺莎宣称他写作《神学政治论》的目的是为了表明神学家的偏见，为他自己被指控为无神论进行辩护，捍卫哲学思考的自由和表达个人思想的自由。1670 年，当他出版这部书的时候，形势已经变得相当危险，尽管在德·维特的保护之下，他也不得不采取匿名的方式。

1670 年，他搬到了海牙，以磨制光学镜片为生，从事光学研究，继续他的《伦理学》写作。两年后，一支超过 10 万人的法国军队侵入尼德兰，人们因为荷兰没有为战争做好准备而指责德·维特，指望奥伦治公爵拯救国家。当德·维特去海牙监狱去看他的兄弟葛尼利斯时，一伙暴徒冲了进来，杀害了二人。斯宾诺莎听到这个消息后，泪如雨下。他写了一个布告，谴责这个行为，并打算把它张贴出来。然而，他的房东发现了这个危险的举动，把他锁在了屋里，因此而使他免于遭到暴徒的攻击。

他有许多朋友，还有有势力的保护人。他多次谢绝了有钱朋友的大笔馈赠。当时他的一位早逝的学生和朋友西蒙·德·伏里斯曾打算指定他为财产继承人，他婉言拒绝了，后来伏里斯把财产留给了弟弟，还要求弟弟每年给斯宾诺莎一年 500 弗洛林，而斯宾诺莎在盛情难却的情况下，只收了 300 弗洛林。斯宾诺莎有好多好友，如梅耶尔、巴林等，他们大多是商人、医生，而且是比较激进的社友会成员（社友会：荷兰新教派，是阿明尼乌斯—明诺派的一个分支，成立于 1619 年。它是当时荷兰比较激进的一个新基督教派，其教义很接近于中世纪再洗礼派。）他们坚决反对加尔文教派的不容异己的宗教门户政策，在政治理想上带有朦胧的乌托邦色彩，他们在阿姆斯特丹建立了一个以斯宾诺莎为中心的哲学小组，即使斯宾诺莎在被逐出犹太教会后，他们仍与他保持亲密的友谊，斯宾诺莎一生受惠于他们颇多，不仅在生活上得到他们的资助，而且他的著作（不论生前生后）都是在他们的帮助和支持下才得以问世的。正如斯宾诺莎最早的传记家卢卡斯所说："我们的时代是文明的，但并非因此对待伟大人物就比较公正。虽然我们时代的最可贵的文明都归功于这些伟大人物，并从而幸运地获得好处，但是，或来自妒忌，或来自无知，我们这个时代竟不允许任何人来赞美他们。使人惊奇的是，一个人为了给这些伟人作传，他自己不得不躲藏起来，好像他是在从事犯罪活动似的。"可以想见，当时一些斯宾诺莎的亲密朋友在阿姆斯特丹社友会孤儿院里筹备出版斯宾诺莎遗著，是冒着多大的风险。

还有巴拉丁选帝侯卡尔·路德维希，也曾邀请斯宾诺莎到海德堡大学当教授，允许他自由讲学，自由著述。因为选帝侯相信他不会滥用这种自由去触犯大家所信奉的宗教。但是斯宾诺莎还是拒绝了，因为他不知道应当把那种哲学自由限制到什么程度之内，才不至于被认为触犯大家所信奉的宗教。也正是如此，斯宾诺莎去世后，在他的朋友的努力下，他的全集才得以出版，而由于他与海德堡大学的渊源，该大学后来授权出版了《斯宾诺莎全集》。

斯宾诺莎的主要著作有《伦理学》、《知情改进论》、《笛卡尔哲学原理》、《神学政治论》等。其中他的主要著作《神学政治论》是 17 世纪著名的政治理论著作之一，这本书是他在反对封建制度、反对教会和反对中世纪经济院学的斗争中完成的，体现了他主要的政治法律思想。

二、《神学政治论》一书体现的主要法律思想

（一）对神学论的批判

斯宾诺莎从自然法思想出发，把达到"至善"，即"人生圆满境界"作为建立自己学说的出发点和最后的目标。他给自己定下的任务是：我要探索世界上究竟有没有一种东西，一经发现和获得之后，我便可以永远享受连续无止的快乐。他公开宣称："我志在使一切科学都集中于一个目的或理想，就是达到我们上面说过的最高的人生圆满境界。"[1]

为了建立达到"人生圆满境界"的学说，斯宾诺莎认为首先必须认识和把握自然界这个"永恒无限的东西"，即"必须充分了解自然"。要认识自然，必然会出现阻力，其中阻力之一就是来自宗教神学，因为它把一部《圣经》看做万世不变的经典，看做是上帝的命令和真理的化身，看做人们尤其是信徒们必须遵循的行为规范，从而阻却和束缚了人们的思想，使他们不能勇敢地去研究和认识自然。这样，斯宾诺莎就在《神学政治论》一书中用大量的篇幅对《圣经》做出新的解释，从根本上批判了宗教神学论，他强调解释《圣经》的方法

与解释自然的方法一样。解释自然在于解释自然的来源，且从此根据某些不变的公理以推出自然现象的释义来。同样，解释《圣经》，第一步就是要把《圣经》仔细研究一番，然后根据其中根本的原理以推出适当的结论来，这就是根据《圣经》的历史研究《圣经》的方法，这是一种正确适当的方法。"我敢

---

〔1〕　北京大学哲学系外国哲学史教研室编译：《16～18 世纪西欧各国哲学》，商务印书馆 1975 年版，第 232 页。

说，每个人都可以看出，这样的一个方法只需要天赋理智的帮助"，而根本无需神的帮助。[1]也就是说斯宾诺莎是用人的眼光去研究《圣经》和宗教神学的，这比过去人们用神的眼光去研究《圣经》等，是一个根本性的进步。这样研究的结果，使他收获极大，其中最根本的是两条：

第一，否定《圣经》的神圣性。教会和宗教神学靠一部《圣经》和一个上帝而活，认为《圣经》是上帝所加于人的神律，具有法律乃至超越法律的效力，人们必须遵行。斯宾诺莎针对这点说："律这个字，概括地来说，是指个体或一切事物，或属于某类的诸多事物，遵一固定的方式而行。"[2]这种方式，或是由于物理之必然，或是由于人事的命令而成的。由人而成的律，叫做法律。人们订立法律，为的是生活得更安全，更方便，或与此类似的理由。律是给自己或别人为某一目的而定下的一个方案。[3]那么，有没有神律呢？斯宾诺莎说，有的。但是，神律的唯一目的是最高的善，即真知上帝和真爱上帝。这就是上帝的律或神律。"此律是普遍的，也就是为一切人所共有的，因为此律是从普遍的人性里抽绎出来的。"[4]最重视、最乐于用理智以求对于最完善的上帝所知的人，就是最完善与享有最高幸福的人。也就是说，神律的目的与人的目的是相一致的，靠人的思想和纯正的理智就可以达到至善。斯宾诺莎强调说："神律使人确实幸福，教人过纯正的生活、人人都具有神律，并且我们探其本源，是来自人的天性，不得不认为神律是天赋予人的，并且可以说是深入人心的。"[5]

斯宾诺莎在这里说得非常清楚，神律来自于人的天性，神律等于人性，既然如此，还有什么有存在于人心之外的超然的神律呢？没有，斯宾诺莎说，须知任何离开心的东西，自身就不会是绝对神圣的。外加于人的所谓神圣的东西会随着情况的变化而变为不神圣的。"若是一件东西原为的是提倡虔敬，这种东西就被称为是神圣的，并且只要是为宗教所用，就继续称为是神圣的。若是用的人不虔诚了，这件东西就不称为是神圣的了。若是这东西沦为卑贱的用途，从前称为神圣的就会变成不洁和渎神的。"[6]例如，雅各主教称某个地点为上帝的房子，因为他在那里崇拜启示于他的上帝，而预言家称同一地点为罪恶的房子，因为以色列人受唆使惯常在那里祭祀偶像。斯宾诺莎说，《圣经》

---

〔1〕 [荷] 斯宾诺莎：《神学政治论》，温锡增译，商务印书馆1963年版，第122页。
〔2〕 [荷] 斯宾诺莎：《神学政治论》，温锡增译，商务印书馆1963年版，第65页。
〔3〕 参见 [荷] 斯宾诺莎：《神学政治论》，温锡增译，商务印书馆1963年版，第65页。
〔4〕 [荷] 斯宾诺莎：《神学政治论》，温锡增译，商务印书馆1963年版，第69页。
〔5〕 [荷] 斯宾诺莎：《神学政治论》，温锡增译，商务印书馆1963年版，第77页。
〔6〕 [荷] 斯宾诺莎：《神学政治论》，温锡增译，商务印书馆1963年版，第179页。

就是这样的东西，从前是神圣的，以后还神圣吗？那些写《圣经》的预言家们，可能是，最并且事实上就是无知的，并持有相反的意见。所以我们万不可求知于预言家，无论是关于自然现象还是关于精神现象的。[1]上帝的律法是写在心上的，不是由什么人写在《圣经》上的。预言家是在上帝神约的真正原本上盖了他们的印，使自己的观点加上上帝的神性影印。所以，《圣经》并不是上帝的经典，崇拜《圣经》就是崇拜纸墨，事实上，《圣经》是有错误的、割裂的、妄改过的、前后不符的。[2]既然，仅仅从这点上来说——且不说斯宾诺莎对《圣经》的新解释和批判是相当全面的——《圣经》这个东西，不可能是神圣的，也不可能具有法律效力，教会把《圣经》和由此引申出来的教义作为人们进行个人活动和社会生活中的规范是没有理由的。

第二，否定上帝的实在性。从上述的表述中我们可以看到斯宾诺莎仍然沿用了不少宗教的术语，其中最主要、最常见的是"上帝"一词。这个上帝是什么呢？是宗教神学中所说的那个上帝吗？斯宾诺莎说，神学家，即"对于一件事物无法解释，就归之于上帝的意志的人是懒汉。真的，这是表示愚昧无知的一种可笑的方法"。[3]他们惯于称非人力所能理解的知识为神的意志，也把原因不明的事物称之为神或上帝所做的东西。他们一半出自于虔诚，一半是因为反对学习科学。他们在"《圣经》中所叙述的所有的事都是天然而起的，其所以直接归之于上帝者，乃是因为《圣经》的目的不在用自然的原因来解释事物，而只是在叙述动人想像的事物，用最有效的方法激起惊奇，因而使大众的心深受感动，以唤起他们的敬神之心"[4]。他们把《圣经》说成是上帝的话，其实这是他们自己的意志和偏见。斯宾诺莎在这里无不讽刺地说："我们看见大多数人把他们自己的解释沿街叫卖，说是上帝的话，并且借宗教之名，尽力强迫别人和他们有一样的想法。我说，我们常见神学家们急于要知道如何根据《圣经》的原文来附会他们自己的虚构和言语，用神的权威为自己之助。"[5]

斯宾诺莎进而指出，神学家之所以这样，在于他们认为有上帝的力量与大自然的力量这两种不同的力量。他说，其实这两者是一回事。自然是客观存在的，是不能违背的，是有确定不移的秩序的，上帝的性质和存在可从自然的、确定不移的秩序中窥察出来。自然界的事物都遵循自然的普遍法则，这种法则

〔1〕　参见［荷］斯宾诺莎：《神学政治论》，温锡增译，商务印书馆1963年版，第177页。

〔2〕　参见［荷］斯宾诺莎：《神学政治论》，温锡增译，商务印书馆1963年版，第177页。

〔3〕　［荷］斯宾诺莎：《神学政治论》，温锡增译，商务印书馆1963年版，第94页。

〔4〕　［荷］斯宾诺莎：《神学政治论》，温锡增译，商务印书馆1963年版，第99页。

〔5〕　［荷］斯宾诺莎：《神学政治论》，温锡增译，商务印书馆1963年版，第106~107页。

含有永恒的必然真理。自然的效能与力量就是上帝的效能与力量，自然界的法则规律就是上帝的指令。自然的力量无穷，自然法至为广大，凡神的智力臆想所及，都能包容。《圣经》上记载的所谓"奇迹"，都导源于不能用自己的原因来解释事物，所以仅仅是自然的为人所不能理解或认为不能理解的事而已。这种奇迹反乎自然规律，不但不能证明上帝的存在，反使我们会怀疑上帝的存在。我们对于上帝与天命的知识，随着我们对自然知识的增长而增长。"上帝的命令，因而以及天意，不过是自然界的条理，那就是说，若是《圣经》中讲一件上帝或上帝的意志造成的事，我们必须只能把它看做与自然的条理相合无间。"[1]所以，奇迹是自然的故事，而不是上帝的命令，自然是可以认识的。但是谁看过上帝呢？因为没有人看见过上帝，"他（指约翰）推断说，除了借爱他人而外，没人能了解或意识到上帝"。[2]教会教义上说，上帝存在；上帝是唯一者，上帝是无所不在的；上帝有统治万物的最高权力；崇拜上帝就是爱人；顺从上帝就能得救；上帝赦免悔过者的罪。斯宾诺莎反驳说，这种上帝是什么呢？是火、是精神、是光、是思想或是别的？对于这些问题，各人可以随自己的所好去回答。

总之，按斯宾诺莎的意见，上帝并无实在性，上帝就是自然。"自然本身就是上帝的力量，不过是另一名辞而已。我们不明上帝的力量与我们不明自然，这两件事是相等的。所以，我们若不明一事的自然原因（自然原因就是上帝的力量），而说这事是由于上帝的力量，这是极其愚笨的。"[3]上帝就是自然这一条，再加上前一条，即否定《圣经》的神圣性一条，实在是对教会势力和宗教神学的摧毁性打击。否定《圣经》就是否定了宗教生活的全部依据，否定上帝就是推翻了宗教生活的精神支柱。

（二）社会契约论

斯宾诺莎在讲到达到"人生圆满境界"的第一个条件，即"了解自然"之后，又提出第二个条件，即"建立一种适当的社会秩序"。也就是说，他批判和否定宗教神学的目的，是为了建立一种新的社会制度。要了解这种社会如何才能建立起来，须先了解他的人性论。

斯宾诺莎是人性本恶论者。他说，"哲学的目的只在求真理"，求得"人们心灵和整个自然相一致"的认识。人可以认识自然，但是人的认识是同人的情绪联系在一起的。人不能控制自己的情绪就是不自由，就不能进行认识。

---

[1] ［荷］斯宾诺莎：《神学政治论》，温锡增译，商务印书馆1963年版，第97~98页。
[2] ［荷］斯宾诺莎：《神学政治论》，温锡增译，商务印书馆1963年版，第197页。
[3] ［荷］斯宾诺莎：《神学政治论》，温锡增译，商务印书馆1963年版，第32~33页。

人有三种情绪——痛苦、快乐、欲望——我不承认还有别的基本情绪。[1]一切情绪的基础是自我保存的愿望。凡是人们想象足以增进欢乐或是引起痛苦的东西，人们就肯定它，努力实现它；反之，人们就否定它，努力去消灭它。这种欲望是这一种人的本性或本质的本身。没有人会忽视追求自己的利益或保持自己的存在。人的本性使他必然追求他认为是善的事情，而避免他所认为是恶的东西。这种自我保存的努力就是德行，就是事物自身的本性，所以，德行就是力量。

斯宾诺莎把这种为自我保护所做的努力称为自然律。自然律要求我们在某种方式中生活或活动，它不要求任何违反自然的东西，只要求个人自爱，爱那些对他有利并能导致进一步改善的东西。这是一种权利，这种权利是自然给人的，所以是天赋人权。"自然当然有极大之权为其所能为；换句话说，自然之权是与自然之力一样广大的。"[2]凭着这天赋的权利，每个个体都有最高之权为其所能为，"每个个体应竭力以保存其自身，不顾一切，这是自然的最高的律法与权利"。[3]个人的天然之权并不是为理智所决定的，而是为欲望和力量所决定的。如同在自然界中，大鱼吃小鱼的规律一样。"个人凡认为于其自身有用的，无论其为理智所指引，或为情欲所驱迫，他有绝大之权尽其可能以求之，以为己用，或用武力，或用狡黠，或用吁求，或用其他方法。因此之故，凡阻碍达到其目的者，他都可以视之为他的敌人。"[4]

这就是斯宾诺莎所说的自然状态。据他所说，在这种自然状态下，无所谓人人共同一致承认的善与恶，每个人皆各自寻求自己的利益，只凭借自己的愿望，纯以自己的利益为前提，去判断什么是善，什么是恶，并且除了自己以外，不受任何法律的约束，不服从任何人。再则，在自然的状态中，没有一个人经过公共的承认，对于某种物品没有任何主权，亦没有任何自然物品可以说是属于这人或属于那人的，而乃是一切物属于一切人，所以，在自然的状态下，给己之所有以于人，或夺人之所有归己的意志，皆无法想象。[5]

在这种状态下，人们不能生活得很好。要生活得很好，就必须按照"理智的规律和确实的指示办事"。人不互助或没有理智的帮助，必是极其可怜地生活着。如果人人为所欲为，必定引起冲突，使大家处于敌意、怨恨、愤怒和欺骗之中而惴惴不安，谁也别指望自己的权利会安然无恙地不受侵害。"如果

〔1〕　参见〔荷〕斯宾诺莎：《神学政治论》，温锡增译，商务印书馆1963年版，第100页。
〔2〕　〔荷〕斯宾诺莎：《神学政治论》，温锡增译，商务印书馆1963年版，第212页。
〔3〕　〔荷〕斯宾诺莎：《神学政治论》，温锡增译，商务印书馆1963年版，第212页。
〔4〕　〔荷〕斯宾诺莎：《神学政治论》，温锡增译，商务印书馆1963年版，第213页。
〔5〕　参见〔荷〕斯宾诺莎：《神学政治论》，温锡增译，商务印书馆1963年版，第214页。

人要大致竭力享受天然属于个人的权利，人就不得不同意尽可能安善相处，生活不应再为个人的力量和欲望所规定，而是要取决于全体的力量和意志。"[1]通过人与人的相互帮助，他们更容易各取所需，而且唯有通过人群联合的力量才可宜于避免随时随地地威胁着人类生存的危险。要做到这一点，就要求人们，"凡事受理智的指导（每人不敢公然弃绝理智，怕人家把自己看成是一个疯人），遏制有损于他人的欲望，凡愿人施于己者都施于人，维护他人的权利和自己的一样"。[2]

斯宾诺莎相信，人类都能做到这一点，因为一方面，如前所说，德行就是力量，遵循德行而行。一个人遵循理性的指导，必然努力使他人也遵循理性的指导。"理性的命令，只教我们为尊重自己的利益起见，应与他人结成友谊，但并未教我们与禽兽结成友谊，或者与其本性和人性根本不同之物结成友谊。"[3]另一方面，或许是更重要的方面，是因为人性，有一条普通的规律，凡人断定有利的，他必不会等闲视之；人也不会忍受迫害。也就是说，人是会两利相权取其重，两害相权取其轻的。人们希望更大的好处，害怕更大的祸害，使人们和平相处，互相扶助，就必须放弃天赋权利。"个人的天赋之权只是为这个人的力量所限，可见把这个力量转移于另一个人之手，或是出于自愿，或是出于强迫，这样一来，他必然也把一部分权利让出来。"[4]

人们把权力交出来，是交出部分权力，并且是交给社会。在这里，社会和国家是一回事。"民主政体的界说可以说是一个社会，这一社会行使其全部的权能。"[5]权利的转让，会带来更大的好处，由社会组织即国家集中行使这种权利，可以发展公共福利，限制个人的随意性，限制或抑制人们的情欲和难以控制的冲动，迫使人们按照理性的法则去过日子，他说："只消社会能将私人各自报复和判断善恶的自然权利，收归公有，由社会自身执行，这样社会就有权力可以规定共同的生活方式，并制定法律，以维持秩序，但法律的有效实施，不能依靠理性，而须凭借刑罚，……像这样坚实的建筑在法律和自我保卫的力量上面的社会就叫做国家，而在这国家的法律下保护着的个人就叫做公民。"[6]

（三）社会组织论

民主是社会最好的组织形式。民主制国家是从"人的本性结构中导出"

---

[1]　[荷] 斯宾诺莎：《神学政治论》，温锡增译，商务印书馆1963年版，第214页。

[2]　[荷] 斯宾诺莎：《神学政治论》，温锡增译，商务印书馆1963年版，第214页。

[3]　[荷] 斯宾诺莎：《伦理学》，商务印书馆1987年版，第184页。

[4]　[荷] 斯宾诺莎：《神学政治论》，温锡增译，商务印书馆1963年版，第216页。

[5]　[荷] 斯宾诺莎：《神学政治论》，温锡增译，商务印书馆1963年版，第216~217页。

[6]　[荷] 斯宾诺莎：《伦理学》，商务印书馆1987年版，第185页。

的最优越的国家。她最能确保公共福利，最能确保理智的统治和自由。"在所有政体之中，民主政治是最自然，与个人自由最相合的政体。在民主政治中，没有人把他的天赋之权绝对地转付于人，以致对于事务他再也不能表示意见。他只是把天赋之权交付给一个社会的大多数。他是那个社会的一分子。这样，所有的人仍然是平等的，与他们在自然状态之中无异。"〔1〕他反对君主专制政体，认为在那种管理形式下，君主害怕臣民，陷害臣民，使国家变得像沙漠一样，充满着奴役、野蛮和荒凉。

根据他的论述，这样的民主政治有两个显著的特征：

第一，国家是建立在社会契约的基础上的，但有绝对的统治权。斯宾诺莎主张建立强有力的国家政权，对臣民拥有无上的权力。国家可以用武力以驱人，或用大家都怕死的惩罚这种威胁以禁制人，有统御一切事物的天然之权，"就是说，国家就有唯一绝对统治之权，每个人必须服从，否则就要受最严厉的处罚。"国家的这种统治权，不受法律限制，臣民们必须服从，不管统治者的命令是多么不合理。〔2〕服从统治权的命令，就是臣民为保卫国家应尽的义务。

第二，公民有自由权。作为资产阶级思想家，斯宾诺莎在强调本阶级的社会特权的时候，同时又愿意给社会成员以自由权。"自由比任何事物都更为珍贵。"自由本身就是一种德行。他把自由看作是政治的目的。"政治的目的绝不是把人从有理性的动物变成畜生或傀儡，而是使人有保障地发展他们的心身，没有拘束地运用他们的理智；既不表示憎恨、忿怒和欺骗，也不用嫉妒、不公正的眼光加以监视。实在说来，政治的真正目的是自由。"〔3〕一个国家若无此自由，则敬神之心无由而兴，社会治安也不巩固。

斯宾诺莎主张自由，不是纵容不实践诺言，不是希望"每个人想怎样做就怎样做"，不是鼓励人们遵循与契约完全相反的学说，而是要求把自由与理性，自由与法律联系起来，倡导人们受理性的指引。一个人，要是为理性所引导，他当然是自由的。理性意味着和平，遵守法律就是和平。"因此之故，最自由的国家是其法律建筑在理智之上，这样国中的每一分子才能自由，如果他希求自由，就是说，完全听从理智的指导。"〔4〕因为理智是最高的德行，所以，只有完全服从理智指导的人，才是最自由的；国家的法律是建立在理智基础之上的，那么，服从法律和主权者的命令，并不是丧失自由，不会使人变成

---

〔1〕 ［荷］斯宾诺莎：《神学政治论》，温锡增译，商务印书馆1963年版，第219页。
〔2〕 ［荷］斯宾诺莎：《神学政治论》，温锡增译，商务印书馆1963年版，第216~217页。
〔3〕 ［荷］斯宾诺莎：《神学政治论》，温锡增译，商务印书馆1963年版，第272页。
〔4〕 ［荷］斯宾诺莎：《神学政治论》，温锡增译，商务印书馆1963年版，第218页。

奴隶，而是保证自由的手段。简言之，服从法律就是按理性行动的表现，所以，就是自由。

但是，斯宾诺莎所要求的自由，只是思想自由、信仰自由和言论自由，而不是行动的自由。这样说来，个人放弃自由行动之权，而不放弃自由思考与判断之权，是对的。[1]如果人们有自由行动权，如果每个人都想怎样就怎样，公众的平安与宁静就不能维持，所以一个人与国家法律相背而行，也就是不尽本分的。因为如果这样的做法普遍起来，国家必然随之灭亡。而一个人如果仅仅运用他的自由判断，他就其所信，发表意见，或用以教人，都不会损及他的统治者的权威和公众的安宁，不会危害最高政权。

为了保障思想自由和言论自由，斯宾诺莎对主权者提出了多项要求。他要求统治者不要用一个模子铸人，不能只准公民按照官方规定的条文办事，因为"人的心是不可能完全由另一个人处置安排的"。"想法子控制人的心的政府，可以说是暴虐的政府。而且规定什么是真的要接受；什么是不真的不要接受；或者规定什么信仰以激发人们崇拜上帝，这可算是误用治权与篡夺人民之权。"[2]他还要求统治者不要强迫人民只按当局的命令说话，因为每个人都有不能割让的天赋之权，都是他自己思想的主人。如果强迫他们只按最高当局的命令说话，剥夺每个人吐露内心的话的自由，"其必然的结果会是：人们每天这样想，而那样做，败坏了信义（信义是政治的主要依据），培养可恨的阿谀与背信，因此产生了诡计，破坏了公道"。他又要求统治者不要钳制言论，"强制言论一致是绝不可能的。因为，统治者们越是设法削减言论的自由，人越是顽强地抵抗他们"。[3]

斯宾诺莎主张给国家以绝对的统治权，但又说拥有这种权力的国家是一个民主的国家，而为保证国家的民主性质，他又以自由这种要求来限制国家统治者的权力。这说明，他的思想要比格劳秀斯来得激进，在他看来，一个国家，既拥有绝对的统治权，又保障公民的自由，就意味着"一种适当的社会秩序"，生活在这种国家的人，不管是最高的统治者还是人民群众，就都达到了"至善"和"人生的圆满境界"。

---

[1] 参见［荷］斯宾诺莎：《神学政治论》，温锡增译，商务印书馆1963年版，第277页。

[2] ［荷］斯宾诺莎：《神学政治论》，温锡增译，商务印书馆1963年版，第270页。

[3] ［荷］斯宾诺莎：《神学政治论》，温锡增译，商务印书馆1963年版，第275页。

第七章　英国古典自然法学思想家
霍布斯和洛克

小　引

17 世纪爆发的英国资产阶级革命，标志着人类历史开始从封建制社会进入资本主义社会，它对欧洲乃至世界都产生了深远影响。马克思在评价英国和法国两次资产阶级革命的伟大历史意义时指出："1648 年的革命和 1789 年的革命，并不是英国的革命和法国的革命，这是欧洲范围的革命。它们不是社会中某一阶级对旧制度的胜利，它们突出了欧洲新社会的政治制度。这两次革命不仅反应它们本身发生的地区，即英法两国的要求，而且在更大更多的程度上反映了当时整个世界的要求。"[1]

17 世纪的英国还是一个农业国，人口只有四五百万，农村居民占大多数，封建经济仍据主导地位。但是同欧洲其他国家相比，它具有更优越的发展资本主义的条件。英国的农奴制在农奴战争的打击下，早在 14 世纪末就已经不存在了，绝大多数农民已取得了人身自由。从 15 世纪末开始，国际贸易中心从地中海移到了大西洋，从此英国就处于更有利的竞争地位。同时，在英国农村发生的"圈地运动"，强迫大量农民急剧地同生产资料相分离，他们被当作不受法律保护的无产者被抛弃在劳动市场，新兴的资产阶级利用所有这些有利条件，大力发展资本主义生产方式。

16~17 世纪英国经济发展的一个重要的特点在于资本主义深入了农村。它破坏了封建制经济体制，同时使农民同地主、资产阶级同封建贵族、全体人民同专制王权的矛盾激化起来。资本主义深入农村的主要表现是圈地运动和手工工场的扩大，两者紧密结合，对广大农民的经济生活产生了严重影响。由于国内外市场对羊毛和毛织品的需要引起的圈地运动加速了广大农民失去土地的痛

---

〔1〕《马克思恩格斯全集》第 1 卷，人民出版社 1972 年版，第 321 页。

苦过程，使土地问题成为16、17世纪英国社会中的尖锐问题。圈地运动在英国的发展，迫使被剥夺土地的农民成为"自由"劳动力，为早期资本主义生产方式的发展提供了更多的廉价劳动力，并拓展了更广阔的销售市场。只有依靠废除封建土地所有制，才能满足资本主义生产的进一步发展。资本主义深入农村的另一个后果，是地主阶级的分化。在英国东南部资本主义较发达的地区，从封建贵族中分化出来一部分资产阶级化的新地主——新贵族，他们开始用资本主义方式经营产业。他们赶走佃农，把耕地变成牧场或大农场，出售羊毛，生产粮食，有的经营工商业，开始酿酒和开办造纸作坊，从事土地投机。他们在本质上已同资产阶级没有任何差别。这些新贵族"一方面供给工业资产阶级以及手工工场所必需的劳动力，另一方面又能使农业的发展与工商业状况相适应。这就使土地所有者和资产阶级有共同利益，这就使土地所有者和资产阶级结成联盟"。[1]

但是，资产阶级和新贵族的资本主义经营受到封建王权的破坏。国王为保证封建国家的税收和兵源，禁止圈地，特别是禁止圈占王室的森林，对违者课以罚金。同时，长期以来国王把许多商品的生产和销售的专利权卖给他的亲信和巨商，国王借这种出卖专利权的方法每年收入高达10万英镑。这种专利制度是同资产阶级的自由竞争原则完全背道而驰的，必然将引起新贵族和资产阶级的强烈不满，因而，新贵族和资产阶级与封建贵族及国王之间存在着尖锐的矛盾。此外，广大工农群众虽然在反封建这一主要目标上同资产阶级和新贵族是相一致的，但是他们同资产阶级和新贵族之间也存在着严重的矛盾。农民反对封建土地所有制，同时也反对剥削他们土地的新贵族，要求废除一切封建特权；手工业者反对封建行会对他们的束缚，同时也反对新兴工业主对他们的排挤和剥削。广大农民和城市平民在政治、经济方面的要求，远远超过了资产阶级和新贵族所能接受的范围。这些矛盾和斗争在革命过程中渐渐激化，对于革命过程产生了深刻的影响。这是英国资产阶级革命的一个重要特点。这次革命具有一定的保守性和妥协性。

英国革命的另一个特点，它是在宗教外衣下进行的革命。英国经过1543年宗教改革而成立的国教，仍然是为封建统治阶级服务的。后来英国出现了反对国教的新教派。新教派要求去除英国国教中天主教的礼拜仪式，反对天主教干预个人同上帝的直接交流，反对国教教会插手各教派的组织；他们要求精简祈祷仪式，让个人直接阅读《圣经》，领悟上帝的启示；他们提倡勤俭，相信只要拼命干，个人就能得救。新教教义实际上是资产阶级的要求和利益的直接

---

〔1〕《马克思恩格斯全集》第7卷，人民出版社1972年版，第251页。

反应：不受主教干预的自由祈祷，意味着摆脱国王干预的自由竞争；人人都能同上帝直接交流，意味着法律面前人人平等；所谓"个人拼命干就能得救"，意味着用一切手段去发财致富；建立不要主教的独立的教派组织，意味着要建立资产阶级共和国。恩格斯深刻地指出："加尔文教是当时资产阶级利益的真正宗教外衣。"〔1〕这种情况，使得英国革命必然披上宗教的外衣，使资产阶级反对封建专制的斗争表现为新教反对英国国教和天主教的斗争。

英国资产阶级革命从 1640 年开始到 1688 年结束，经历了曲折复杂的历史过程。经过 1642 年~1649 年的内战，以克伦威尔为首的新军，驱除了国会中的长老派议员，处死了国王查理一世，推翻了斯图亚特王朝，并宣布英国成为共和国。在共和阶段，各阶级之间的斗争仍在进行，王党分子妄图复辟，下层人民群众对新政权也异常不满。为了防止王党势力的复辟活动和镇压下层人民群众的反抗斗争，资产阶级和新贵族于 1653 年建立了以克伦威尔为护国主的军事独裁。1658 年克伦威尔死后，1660 年资产阶级和新贵族容忍斯图亚特王朝的查理二世复辟。在复辟阶级，实行了一系列有利于资本主义经济发展的政策，但查理二世的主要活动还是旨在恢复封建贵族势力的统治。所以，资产阶级和新贵族与王室的矛盾又尖锐起来。1688 年，资产阶级和新贵族发动了"光荣革命"，赶走了詹姆斯二世，把信奉新教的詹姆斯二世的女儿及其丈夫荷兰执政者奥兰治亲王威廉请来做女王和国王，建立了资产阶级君主立宪制共和国。宣告英国资产阶级革命彻底完成。

英国资产阶级革命，在人类历史上占据了重要地位，它标志着人类历史掀开了新的篇章。16、17 世纪是西欧激烈动荡的历史时期。英国资产阶级革命并不是一个偶然、孤立的历史事件，在它之前有尼德兰人民推翻西班牙封建专制统治的荷兰资产阶级革命。17 世纪中期，法国发生了资产阶级限制王权的福德隆运动，虽然由于条件不成熟而失败了，但它们反映了当时历史发展的总趋势——从封建制社会到资本主义社会的过渡。英国的这次资产阶级革命比尼德兰的资产阶级革命规模更大，内容更深刻，影响更广泛，更具有典型性。经历了近 50 年的革命动荡和反复，英国资产阶级终于领导人民推翻了封建专制统治，改变了政治上层建筑，使生产关系与生产力在新的基础上相适应，从而为资本主义的发展扫清了道路。虽然这次革命具有一定的历史局限性并存在极大的缺陷，但它毕竟开辟了资产阶级革命的新纪元。

由于英国资产阶级革命的复杂性，在思想理论上，英国出现了代表不同阶级和阶层的不同派别。在这一时期，穆勒顿和洛克是资产阶级思想家的代表，

---

〔1〕《马克思恩格斯全集》第 4 卷，人民出版社 1972 年版，第 252 页。

前者宣讲自然法、契约论，宣传人权和自由，要求建立资产阶级共和国，其代表作是《为英国人民的声辩》；后者则是为资产阶级做辩护的主将，哈灵顿则维护了中等阶级的利益，主张共和，反对分裂，用历史方法说明政治和经济的关系，认为政权基础是财产，其代表作是《政府论》。李尔本是小资产阶级平等派的领袖，以自然法和社会契约论为理论基础，要求实行普选制和取消贵族，反对财产平等和消减私有制；温斯坦莱是早期空想社会主义者，主张土地公有和财产公有等，要求废除私有制；菲尔麦则为王权辩护，以神权和父权为公有封建制度辩护，鼓吹君权神授论；霍布斯则以自然法理论为资产阶级和新贵族反封建的要求辩护，但又主张君主制，讨好新贵族。在当时，霍布斯和洛克的观点具有典型意义。

第一节　霍布斯和他的《利维坦》

一、霍布斯的主要生平

霍布斯（Thomas Hobbes，1588 年 ~ 1679 年）是英国资产阶级革命时期代表大资产阶级和上层新贵族利益的政治法律思想家，近代机械唯物主义的奠基

霍布斯

人之一。1588 年 4 月 5 日，霍布斯出生于英国南部的维斯堡镇。他的母亲是一个普通的自耕农家庭的女儿，父亲是当地的乡村牧师，性格暴躁而又愚蠢无知。霍布斯出生不久，他的父亲便在和同事的一次争斗后弃家远遁了。霍布斯早年的抚养和教育都是由他的叔父资助的，4 岁时被送到当地的教会小学读书，后又转到私立学校上学。

1603 年，不到 15 岁的霍布斯就以优异的成绩进入牛津大学麦克多伦学院学文科。当时的牛津大学给学生灌输的是经院哲学，学生们只能死记硬背三段论公式。霍布斯后来说，科学在牛津根本没有地位，数学被当作魔术而加以禁止。他

对学校讲授的课程不感兴趣，经常跑到附近的书店浏览地图和游记。他觉得这比枯燥的公式要有趣得多。尽管霍布斯对学校中所教的东西感到厌恶，但是，他还是以优异的成绩修完了课程，并取得了文学学士的学位。

1608 年，霍布斯大学毕业后，留校讲授了一年的逻辑学。随后，他受聘为卡文迪什（William Cavendish）男爵的儿子当家庭教师。从此，霍布斯便和

这个贵族家庭建立了终生的联系。不久，卡文迪什被封为德芬郡伯爵。霍布斯厕身于这个显贵家庭，使他找到了可靠的保护人和事业上的赞助者。他有了更多的空闲时间来研究学问，有出入第一流图书馆的权利，有出国旅行考察的机会，并有接近社会名流和学者的便利条件。1610 年，霍布斯奉命陪同他的学生出游欧洲大陆，先后访问了法国、德国和意大利。这次大陆旅行，使霍布斯的眼界大为开阔。他第一次知道，在大陆上还存在一门以实验为基础的科学，这门科学和他在大学里所学的东西毫无共同之处。一年前刻卜勒发表的关于行星运动规律的学说，打破了自毕达格拉斯以来一直支配着天文学的审美偏见，证明了行星运行的轨道不是正圆，而是椭圆。霍布斯还得知，伽利略刚刚通过他的望远镜观察了月亮的面貌，发现了木星的卫星。霍布斯惊讶地发现，由于刻卜勒和伽利略的最新发现，亚氏哲学在欧洲大陆上已名誉扫地了。在旅居欧洲大陆期间，霍布斯学会了法语和意大利语。欧洲大陆文化使他深受激励，他立志要成为一名精深的古典学者。

回国后，霍布斯成了自己学生的秘书。少年卡文迪什不久继任为德芬郡伯爵。通过主人的关系，霍布斯结识了不少有名望的朋友，如著名的英国诗人和剧作家本·琼生。在霍布斯结交的好友中还有著名的英国大哲学家培根。培根晚年受贬后退隐乡间，从事著述活动。大约在 1621 年～1625 年期间，霍布斯给他当过秘书，他们两人经常在花园里散步。霍布斯总是拿着纸和笔，随时记录下培根不时迸发出来的新的思想火花。培根常说，他特别喜欢霍布斯记录他的思想，因为比起其他人来说，霍布斯更善于领会他的思想，他也更能明白霍布斯所记录的东西。霍布斯还帮助培根把他的某些作品翻译成拉丁文。通过两人的交往，霍布斯受到了培根哲学思想的熏陶。

霍布斯研究文学和历史的第一个成果，就是 1628 年把古希腊历史学家修昔的底斯的《伯罗奔尼撒战争史》译成英文。霍布斯认为，历史最重要的职责就是要为统治阶级在政治策略方面提供有益的经验。修氏的杰作正是这方面不可超越的典范。

1629 年，在德芬郡伯爵死后，霍布斯暂时离开卡文迪什家族，受聘于克林顿家族当家庭教师。同年霍布斯陪同他的新学生少年克林顿前往欧洲大陆访问。他们遍游了法国，还去了威尼斯。第二次大陆旅行成了霍布斯走向哲学家生涯的转折点。从此，他把自己的兴趣从文学转向了科学和哲学。

这种转变的发生很富于传奇色彩。据说有一次霍布斯到一位法国绅士家作客，他在浏览主人的书房时发现桌上放着一本欧几里得的《几何学原理》，书页翻到第一卷，命题 47。在此之前，霍布斯从未注意过几何学，好奇心驱使他读了该书对该命题的全部论证，结果使他不得不为几何学逻辑证明的严密性和精确性大加赞叹。此后，霍布斯开始研究几何学，并热衷于几何学方法。

霍布斯通过阅读修氏和马基雅维里等人的著作，观察当时政治生活的发展，自信已看透了人的本性。他设想，要是把自己关于人的本性的见解当作几何学上的公理那样作为推论的出发点，那么关于国家状态和社会生活的一系列原理就都可以按照几何学的方法准确无误地、令人信服地推演出来。几何学的发展，使霍布斯大为振奋。这时，他已经有了建立哲学方法论的设想了。

1631 年，霍布斯又回到了卡文迪什家族，为继任的第三位德芬郡伯爵当家庭教师。大约在这一时期又发生了一件对他的哲学觉醒很有影响的事情，进而决定了他的整个哲学思路。有一次，霍布斯和一些学者聚会，当有人提出"究竟什么是感觉"这个问题时，霍布斯惊奇地发现，在座的大学者们没有一个知道应该如何回答。此后，霍布斯的头脑里总是萦绕着一个问题：感觉的原因和性质到底是什么？他坚信，这个问题的解决，将会使他找到打开哲学大门的钥匙。此时，霍布斯已经 40 岁了，开始对哲学发生了强烈的兴趣。他提出了一个大胆的设想：假如物体总是处于静止状态或匀速运动状态的话，那么任何事物就不会有差别了，我们对物体也就不可能产生任何感觉。因此，感觉的原因和本质必定是由物体的运动所决定的。霍布斯得知伽利略新近出版了一本《关于运动的对话》，极力想搜寻一本，但由于该书发行量太少而未能如愿。实际上，霍布斯当时的设想比伽利略还要深远。在他看来，运动不仅是解释自然界时最基本的概念，而且也是解释人和人类时最基本的概念。抱着这一想法，霍布斯写出了第一本哲学著作《论第一原理》。这本书的出现标志着作者从此走上了哲学家的道路。霍布斯在这本小册子里，根据运动原理，概略地叙述了他对感觉的新解释。他的论证方法基本是几何学式的，但在解释知觉和行为过程时，还带有经院哲学的痕迹。1634 年～1637 年，霍布斯又陪同他的学生周游了欧洲大陆。第三次的大陆访问，给了他刚刚开始的哲学生涯以深刻的影响。在巴黎，霍布斯和法国学者梅桑纳（Marin Mersenne）成了知己。梅桑纳是当时知识渊博的数学家，并且是大陆学者团体的首领。笛卡尔和伽桑狄等人都是这个学术团体的重要成员。由于霍布斯和大陆新思潮的领袖人物有了交往，他能进一步了解到大陆哲学和科学的最新发展。他和梅桑纳团体的成员们讨论了使他着迷的运动原理问题。在大陆，霍布斯第一次读到伽利略的著作，并于 1636 年专程前往意大利拜访了伽利略，两人讨论了有关运动的各种问题。霍布斯认为，伽利略打开了"宇宙哲学的大门"。

欧几里得的几何学给霍布斯以方法，伽利略的机械运动原理又给他以指导思想。霍布斯这时踌躇满志，一座哲学宏伟大厦的蓝图在他心中逐渐形成了。未来的哲学体系将包括三部分：一是论物体，根据机械运动法则解释各种自然物体和现象；二是论人，从自然物体的运动原则出发，推演出对人的精神现象的解释以及人性的基本原则；三是论国家，从前两部分得出的结论出发，进一步推演出社会组织的产生和存在的原则。

1637 年底，霍布斯怀着构筑哲学体系的雄心返回英国。然而，英国国内动乱的政治形势，促使他再次把注意力首先集中于社会政治问题。这一年，苏格兰爆发了声势浩大的人民起义，并且得到了英格兰人民的同情和支持。资产阶级和新贵族结成了反对国王的同盟。国王下令解散了短期国会，国内气氛达到了白热化，王党和国会派之间的内战已经是不可避免的了。

短期国会解散不久后，霍布斯用英文写了一本表明他的政治理论概略的小册子《法律要旨》。霍布斯在这本书里力图证明，国家权力不可分割地属于统治者，国王应该有绝对的权力。这本书已经表现出霍布斯政治学说的特色：人们只有同意把自己隶属于专制的国王，他们才能在和平的环境中共同生活。该书写成后，并没有出版，但却以手抄本的形式得到广泛的流传。霍布斯写这本书的目的显然是为了防止革命，捍卫现政权。但是，他的论据却和王党思想家们通常所主张的论据如"君权神授论"迥然不同，而是从一个新的立场出发捍卫专制政体。霍布斯的观点表达了大资产阶级和上层新贵族力图使君主政体成为自己手中的工具的一种愿望。因此，他的学说遭到了当时处于敌对状态的王党和国会派两方面的反对。他的社会契约论激怒了王党中君权神授论的信徒，而国会党则因他对君主专制的辩护迁怒于他。

1640 年，长期国会召开后，国会派和王党之间的斗争更加激烈，内战已迫在眉睫。霍布斯极为惊恐，他预感到那本鼓吹君主专制的小册子很可能会给自己带来生命的危险。于是，在内战爆发前，霍布斯随同卡文迪什家族逃到法国避难。霍布斯来到巴黎后，再次受到梅桑纳团体的热烈欢迎。法国这时政局平稳，巴黎成了欧洲著名学者的云集之地。霍布斯很快和一些大学者，包括从英国逃亡来的知名人士建立了联系，从此开始了他一生中最富于成果的哲学创作时期。

霍布斯来到巴黎不久便投入了和笛卡尔的论战。笛卡尔当时定居于荷兰，他把刚刚完稿的《哲学沉思录》寄到梅桑纳团体广泛征求学者们的意见。霍布斯看到了这本书的手抄本，随即写了一篇批评性的文章，由梅桑纳转寄给笛卡尔。笛卡尔在该书出版时，将霍布斯的诘难连同自己的回复一起作为附录付印。这两位学者的哲学观点完全不同。笛卡尔在哲学上是一位二元论者。他认为，上帝作为绝对实体而存在；心灵和物体是两个相互独立的相对实体；人脑中存在着天赋的观念。霍布斯站在唯物主义立场上反驳说，我们不能把思维和思维着的物质分开，思想只是某种有形体的东西的活动和能力，而不能作为独立于物体的实体而存在。霍布斯坚持英国经验论的传统，断言根本不存在什么天赋观念，一切观念都来自于感觉经验，人们关于上帝的观念也只是人们抽象思维的产物。在反驳笛卡尔的二元论和先验论的论战中，霍布斯和伽桑狄成了同盟者，并结成好友。

1642 年，霍布斯把《法律要旨》一书的后一部分"论公民"作了扩充，并增加了论宗教的章节，详尽地论述了教会和国家之间的关系。他认为，教会和国家是同一躯体，而国王则是这个躯体的头脑。因此，国王有权解释圣经，解决宗教争端以及决定民众的礼拜仪式等。该书题名为《论公民》，用拉丁文写成，匿名发表于荷兰。这本书出版后大受欢迎，就连笛卡尔也为之赞赏不已，使作者立即声誉鹊起。这本书把霍布斯的政治学说勾画出轮廓清晰的大纲，他以后发表的政治论著都是对该书内容的详细展开。

1646 年，霍布斯受到推荐，为流亡在巴黎的查理二世王子当数学教师。他虽然受到王子的宠爱，但是宫廷的官僚们却由于厌恶他非传统的政治见解，对他很嫌弃。大约一年后，霍布斯因病离开了宫廷。

为了使他在《论公民》一书中的见解能被更多的人所了解，霍布斯决定用英文写一本通俗读物，题为"利维坦：或教会和公民国家的内容形式和权力"。利维坦全书分为四部分。前两部分"论人"和"论国家"是根据《法律要旨》的两部分内容再行加工的；后两部分"论基督教国家"和"论黑暗王国"是根据《论公民》的后一部分扩充而写成的。作者在《利维坦》的后两部分中着手对圣经进行讨论，并且激烈地攻击教会向王权挑战的企图。

自从霍布斯离开英国后，国内的形势有了急剧的变化。国会党在克伦威尔的领导下，经过两次内战，终于彻底打垮了保王党。1649 年，国王查理一世被送上了断头台，英国废除君主制，建立了共和国。英国政治形势的发展，为《利维坦》的写作提供了更为充实的材料。比起霍布斯的前两本政治论著来说，《利维坦》的内容更为丰富，论证更为详尽，语气也更为激烈。霍布斯作为政治思想家的名望主要来自于这部杰作。查理一世被处死后，保王党人的事业看来毫无希望了。因此，霍布斯在《利维坦》的第二部分《论国家》中，在坚持王权绝对的观点的同时又试图表明，当君主已无法再履行保护臣民安全的职责时，臣民就可以解除对他的任何义务，并转向服从于一个新的君主。这个论点使流亡巴黎的宫廷大为愤怒。他们断言，霍布斯这么做是为了讨好英国的新政权，以便为自己回国提供方便。由于得罪了宫廷，再加上他的保护人梅桑纳已逝世，卡文迪什也已返回英国，霍布斯在巴黎日益感到孤独。他对教会的激烈态度，不仅惹恼了英国大多数流亡者，同时也触怒了法国政府。霍布斯愈发感到留在法国的危险。1651 年，经过 11 年的流亡生活，霍布斯回到了克伦威尔统治下的英国。霍布斯的政治主张恰逢其时,他的名著《利维坦》很快便在伦敦出版了。这是他第一次公开在英国发表的著作,一般人得知霍布斯的大名就是通过这本书。

在新政权的庇护下,霍布斯在伦敦平静地从事他未完成的哲学体系的著述。1654 年,多年思索的成果《论物体》终于完稿,第二年在伦敦出版。这本书着重论述了逻辑学、数学和物理学的基本原理。霍布斯把《论物体》看成是他的体系的第一部分,认为该书中新阐述的基本原理是他的整个哲学体系的基础。在《论物体》中,霍布斯系统地阐明了自己的机械唯物主义的自然观,物体是唯一的存在,广延性是物体的根本特性,机械运动是物体的唯一运动形式。《论物体》发表后,《论人》一书亦于 1658 年正式出版。这本书只是不多的几章,谈到他的视觉理论和心理学的一些问题。至此,霍布斯完成了他构想了 30 多年的整个哲学体系。此后,霍布斯作为哲学家和政治思想家,没有写出更重要的作品,主要是捍卫自己的学说。

1660 年,查理二世即位,英国历史上开始了王政复辟时期。查理二世登位不久,就想起了老师霍布斯。于是,查理二世准予其自由出入宫廷,并批准他每年 100 镑的养老金。国王还在寝室挂上了霍布斯的画像。霍布斯也发表了效忠王室的声明。不过,宫廷大臣们对国王如此厚待一个无神论者感到十分愤懑,教会人士更是厌恶他。于是,他遭到了来自各方面的攻击和迫害。1665 年的大瘟疫和 1666 年的伦敦大火之后,教会人士宣称,大瘟疫是由于无神论思想的传播致使上帝发怒而降临的惩罚。国会也认为,伦敦骚乱引起大火是由于自由思想的泛滥造成的。于是,国内掀起了一股政治迫害之风。下议院通过了一项查禁渎神作品的法案,并成立了专门的调查委员会。霍布斯的《利维坦》一书成了首当其冲的攻击目标。他为了给自己辩解,调查了惩治异端的法律根据,并撰写了三篇对话体短文和《异端惩罚史》一书。但是,国王剥夺了他发表言论的自由。

霍布斯晚年的兴趣又回到了青年时代的文学爱好方面。1672 年,霍布斯用拉丁文悲歌体写了一部笔调活泼、幽默的《自传》。

1675 年,霍布斯将荷马的《奥德赛》译成英文,第二年又翻译了《伊利亚特》。

1679 年,卡文迪什家族迁居,霍布斯同行,经过这番颠簸,到家后就卧床不起了。同年 12 月 4 日,将近 92 岁的老哲学家离开了人世,死后葬在附近教堂的简朴的墓地里。霍布斯终身未婚,他一生的大部分时间是在卡文迪什家族渡过的。

恩格斯说:"霍布斯是第一个近代唯物主义者(18 世纪意义上的),但是当君主专制在整个欧洲大陆处于全盛时代，并在英国开始和人民进行斗争的时候，他是专制制度的拥护者。"[1]在西方政治思想史上，霍布斯是大资产阶级和上层新贵族利益和要求的表述者。一方面，他反对国教，反对君权神授论，提出了自然权利为基础的社会契约论；另一方面，他又主张保留君主专制制度，反对人民具有革命权。这种矛盾就是当时英国大资产阶级的新贵族对革命采取的折中妥协立场的反映。霍布斯的主要著作有《论公民》、《论物体》、《论人性》和《利维坦》等。他的政治法律思想主要体现在他的《利维坦》一书中。

二、《利维坦》一书体现的主要政治法律思想

所谓"利维坦"，是圣经中记载的一种巨大的海兽，力大无穷。霍布斯以此命名其著作为利维坦，意在比喻一个强大的国家。《利维坦》全书共分为四部分：第一部分《论人类》阐明了霍布斯的彻底的唯物主义自然观和哲学观，并对人的本性做了论述。第二部分《论国家》是全书的主体，主要描述了人们在自然状态下的自然权利，渴望和平、安定生活的共同要求，使人出于理

性，通过订立契约，转让权利，组成国家，诞生了伟大的利维坦。另外，该部分论述了主权者的权利和人民的义务。霍布斯的政治法律思想主要体现在这一部分中。第三部分《论基督教国家》意在否认自成一体的教会，抨击教皇拥有超越世俗政权的大权。他主张教会必须臣服于世俗政权，并只能作为政权的一种辅助机构，从而根本否认所谓"教皇无过错"一说。第四部分《论黑暗的王国》，其主要针对罗马教会，大量揭露了罗马教会的腐败和黑暗，以及教会剥削和贪婪的种种丑行劣迹，从而使对神的崇拜、教皇的威严和神秘在霍布斯的笔下黯然失色。从其内容看，《利维坦》一书，主要是霍布斯关于国家理论的专著。

（一）自然状态说

霍布斯是著名的人性本恶论者。他用当时机械论的自然科学观点来解释社会现象，认为社会现象就像一部巨大的机器。他说，自然就是上帝用来创造和治理世界的技艺，人则模仿自然而行动，就如钟表由弹簧和齿轮发动一样。人

---

〔1〕《马克思恩格斯全集》第4卷，人民出版社1972年版，第485页。

也是一架机器，其心好比弹簧，神经好比游丝，骨骼好比齿轮。人是自然界的精制品。人模仿自然用自己的技艺创造了一个人造的物，即伟大的"利维坦"。利维坦这个人造的"人"，也是一架机器，但他的组织和力量远远超过了自然人，并成为自然人的保护者。利维坦即国家。"主权"是使整体得到生命和活动的"人造的灵魂"；官员和其他司法行政人员是人造的"关节"；用以连接最高主权职位并推动每一关节和成员执行其任务的"赏"和"罚"是神经，这同自然人身上的情况一样；一切个别成员的"资产"和"财富"是"实力"；人民的安全是它的"事业"；为它提供必要知识的顾问们是它的"记忆"；"公平"和"法律"是人造的"理智"和"意志"；"和睦"是它的健康；"动乱"是它的疾病；而内战则是它的"死亡"。〔1〕最后，各部分第一次结合到一起时所依据的条约或盟约好像是上帝在创造世界时所用的"命令"。

人是如何造出"利维坦"这个"人"的呢？这首先要讲到人。人是什么？人是社会这部机器的基本零件，是只管自己的利己主义者。他反对亚里士多德关于"人是社会的动物"这个命题，认为人是凶恶的动物，是私欲的结晶。因为人都努力保持自己的生命，追求于己有利的东西，避免于己无利的东西，按照趋利避害的原则而从事活动，这就使得自我保存成为人类一切活动的基本动力。人类根据自我保存原则而进行活动，是自然赋予的权利。这种自我权利就是每个人按照自己愿望用他自己的力量来保存自己的自由，以求得美满的生活。

在这种自然状态下，人天生是平等的，"自然使人在身心两方面的能力都十分相等"。就体力而言，甲可能比乙强，但最弱的人运用计谋或者与其他处在同一种危险下的人联合起来，就能具有足够的力量来杀死最强的人；就智力而讲，人们的差距就更小，人之所以自以为智于他人者，"因为人们看自己的智慧时是从近旁看的，而看他人的智慧则是从远处看的。但这倒是证明人们在这一点上平等而不是不平等"。〔2〕正因为人人智力相等，才有一些人有自负之心。由此看来，人类能力是相等的。他达到某一目的的希望也是相等的。"因此，任何两个人如果想取得同一东西而又不能同时享用时，彼此就会成为仇敌。他们的目的主要是自我保全，有时则只有为了自己的欢乐；在达到这一目的的过程中，彼此都力图摧毁或征服对方。"〔3〕在这种情况下，人们要自保，就必然要先发制人，或用武力，或用狡诈，控制一切他所能控制的人。这是人

---

〔1〕　[英] 霍布斯：《利维坦》，黎思复、黎廷弼译，商务印书馆 1985 年版，引言部分。

〔2〕　[英] 霍布斯：《利维坦》，黎思复、黎廷弼译，商务印书馆 1985 年版，第 93 页。

〔3〕　[英] 霍布斯：《利维坦》，黎思复、黎廷弼译，商务印书馆 1985 年版，第 93 页。

类的一种征服欲。为自保，人类唯以征服为快。人又与他人合群而居，由于有些人把征服进行到超出了保卫自己的安全所需要的限度之外，以夺得自己在这种征服中的权势为乐。那么其他那些本来乐于安分守己，不愿以侵略扩张其权势的人们，也不能长期地单纯靠防卫而生存下去，所以人对人变得像狼一样。

这种自然状态，就是竞争状态，也就是战争状态。人们群征互战，每个人都可以侵犯他人而又防御他人侵犯自己，这又造成一切人反对一切人的连绵不断的战争。归纳起来，人之所以争斗不外三个原因，第一是竞争，第二是猜疑，第三是荣誉。竞争是为利，这导致"人们使用暴力去奴役他人及其教儿女为牲畜"。猜疑是为求安，目的是为了保全这一切。荣誉是为了争名，不使其身份受辱。霍布斯说在自然状态下，这是不可避免的，"在没有一个公共权力使大家慑服的时候，人们便处在所谓的战争状态之下"。[1]不过这里所说的战争，并不完全是"相搏相击"，它还包括"有战争倾向"。

在这"人人相争之世"，人人枕戈相待，生活在相争与戒备之中，谁都不能指望有完美的自我保全。在这种情况下，产业是无法存在的，因为其成员不稳定，这样一来，土地的栽培、航海、外洋出口商品的运用、舒适的建筑、移动与卸除需费巨大力量的物体的工具、地理的知识、时间的记载、文艺、文学、社会等都将不存在。这时人的生活孤独、贫困、卑污、残忍而短寿。所以，原来的自然权利实际上等于零，个人的生命和所有物必然处于不安全之中。

（二）社会契约说

人人相战的状态，决不能使人过上美好的生活。所幸，自然把人类放在这种环境之中，同时又给人类提供了逃脱这种状态的可能性。这种可能性，就是人类所具有的感情和理智。"使人们倾向于和平的激情是对死亡的畏惧，对舒适生活所必需的事物的欲望，以及通过自己的勤劳取得这一切的希望。于是理智便提示出可以使人同意的方便易行的和平条件。"[2]这种和平的基础，就是自然法。那么什么是自然法呢？霍布斯说"自然律是理性所发现的戒条或一般法则。这种戒条或一般法则禁止人们去做损毁自己生命或剥夺保全自己生命的手段的事情，并禁止人们不去做自己认为最有利于生命保全的事情"。[3]换言之，自然法使人们摆脱自然状态，过和平与幸福的生活，在他看来，这样的自然法共有 14 条，其中前三条最为重要：

---

〔1〕［英］霍布斯：《利维坦》，黎思复、黎廷弼译，商务印书馆 1985 年版，第 94 页。

〔2〕［英］霍布斯：《利维坦》，黎思复、黎廷弼译，商务印书馆 1985 年版，第 97 页。

〔3〕［英］霍布斯：《利维坦》，黎思复、黎廷弼译，商务印书馆 1985 年版，第 98 页。

1. 每一个人只要有获得和平的希望时，就应当力求和平，在不能得到和平时，他就可以需求并利用战争的一切有利条件或助力。简言之，就是寻求和平，信守和平。如果和平手段不能达到自保目的，就可以利用一切可能的办法，尽自己所能来保卫自己。

2. 当一个人为和平与自己的目的认为必要时，在别人也愿意这样的条件下，自愿放弃这种对一切事物的权利，而在对他人的自由权方面满足于相当于自己让他人对自己所具有的自由权利。这种权利的放弃，必须是自愿而彻底的，但应满足于相对于别人而有这么多的自由，比如他愿意相对于他自己允许别人的自由那样多，这就是《圣经》中所说的"你愿意别人怎样待你，你也要怎样待别人"。

3. 所定契约必须履行。没有这一条自然法，契约就会无用，徒有虚名，而所有的人对一切事物的权利也仍然存在，我们也必定处在战争状态之中。守约为正义之源，无契约即无所谓正义，有约而背约即为不义。

除此三条外，其余各要点依次是：接受他人的恩施之惠，就应努力使他不因施惠而自悔；每一个人谋求自己和其余的人和好物件，对曾犯过错而已悔悟的人，应当宽恕；在报复中，人们并不注视旧恶广大，而只注意未来善之大；人不能以行为、言语、容色或姿态对他人表示仇恨或蔑视，人应承认他人在本性上与自己平等，等等。

自然法是永恒不变的，不义、负恩、傲慢、骄傲等与自然法毫不相干。但是，自然法的约束力是内在的，是否被人遵循要看人们是否具有诚意。"自然法所要求于人的只是努力，努力履行这些自然律的人就是实现了它们，而实现了自然法的人就是正义的。"[1]他并不相信自然法能使人们和善相处，也并不相信自然法能转为人类的格言和理性准则，这里的根本原因，就在于自然法所体现的道德观与人的本性所体现的卑劣性发生了冲突。"因为各种自然法本身，如果没有某种权威使人尊崇，便跟那些驱使我们走向偏见、自傲、复仇等的自然激情互相冲突。"怎么才能使公正的自然法压住邪恶的人性，使人人都遵守自然法呢？霍布斯认为，只有一个办法，那就是建立一种强大的权力。虽有自然法，"要是没有建立一种权力或权力不足，以保障我们的安全的话，每一个人就会、而且也可以合法地依靠自己的力量和计策来戒备所有其他的人"。[2]这又恢复到了战争状态。

建立这种权力，不能靠少数人的联合，因为人数少，无力抵御外敌，还可

〔1〕〔英〕霍布斯：《利维坦》，黎思复、黎廷弼译，商务印书馆1985年版，第121~122页。
〔2〕〔英〕霍布斯：《利维坦》，黎思复、黎廷弼译，商务印书馆1985年版，第128页。

能发生内讧。他认为如果要建立这样一种抵御外来侵略和制止相互侵害的共同权力，同时保障大家都能通过自己的辛劳和土地的丰产为生并生活得很满意，那只有一条道路：把大家所有的权力和力量托付给某一个人或一个能通过多数的意见把大家的意志统一为一个意志的多数人组成的集体。这就是说制定一个人或一个由多数人组成的集体来代表他们的性格，每个人都承认授权与承担本身人格的人在有关公共和平或安全方面所采取的任何行为，或命令他人作出的行为。在这种行动中，大家都把自己的意志服从于他的意志，把自己的判断服从于他的判断。这样一来，就合众人为一人，众人皆互相设约。就好比说，我承认这个人或这个集体，并放弃我管理自己的权利，把它授予这个人或这个集体，但条件是你也把自己的权利拿出来授予他人，并以同样的方式承认他人的一切行为。经过设约，人就创造出一个"人"，这个"人"就是国家。这就是伟大的利维坦的诞生——用更尊敬的方式来说，这就是"活的上帝"的诞生。国家既如此产生，它就有一个人格，这个人格超出众人，仅次于上帝，所以其权大无比。国家"就是一大群人相互订立信约、每个人都对它的行为授权，以便使它能按其认为有利于大家的和平与共同防卫的方式运用全体的力量和手段的一个人格。"[1]

（三）法律观

霍布斯在《利维坦》一书中，用了很大篇幅来论述法律的各种问题。

1. 关于法的定义与特征。法律是一种命令，而不是一种建议，也不是任何人的命令，而是根据社会契约有权统治的人向应该服从他的人所发布的命令。法律是国家对人民的命令，由口头说明或用书面文字；或用其他明显的方法，以表现出来的规则或意志，用以辨明是非，指出只能服从而不能违反。[2]他从这个定义出发，推论出法有以下特征：

（1）主权性。唯有国家才能规定并命令人们遵守称之为法律的法规，因为人们只是臣服于国家。但国家不是人，它只有通过代表者才能做任何事情，而代表者就是主权者。所以，在所有的国家中，不论主权者是君主制国家中的一个人或是像民主制与贵族制国家中的由多数人组成的会议（议会），都只有主权者才能充当立法者。同样的道理适用于法律的变更或删除，只有主权者才享有这种权力。霍布斯进而强调，国家的主权者无论是个人还是会议，都不用服从法律，因为主权者既然有权立法、废法，就可以在高兴时废除妨碍自己的法律并制定新法，使自己不受那种服从关系的约束。

---

〔1〕 ［英］霍布斯：《利维坦》，黎思复、黎廷弼译，商务印书馆 1985 年版，第 132 页。

〔2〕 参见 ［英］霍布斯：《利维坦》，黎思复、黎廷弼译，商务印书馆 1985 年版，第 260 页。

（2）意志性。所有的成文法与不成文法，其权威和效力都是从国家的意志中来的，也就是代表者的意志中来的。在君主国中，这个代表就是君主，在其他国家中则是主权者会议（议会）。法的这种意志性，决定了法律不但要公布，还必须有明显的证据说明它来自主权者的意志。这是霍布斯对法律的一个重要限定。他怕平民使用暴力，不经立法而擅自将自己喜欢的东西公布为法律。至于一个国家的主权者或立法者是显而易见的，困难在于立法权力来自主权者的根据。对此，霍布斯说：所有的法律是通过公共书籍、公众辩护人、公众代理人和公家印鉴（印章）得到充分证明的，因而必须对这些证据进行查明。如果法律符合上述证据，就表明它来自主权者的意志，就是有效的法律。在主张法律来自主权者意志的同时，霍布斯做了限制，即法律决不能违背理性。法律之所以成为法律，不仅看法律条文，还要看立法者的意图如何。构成法律的是国家的理性命令，立法必须与这种理性相符合。

（3）确定性。也称明确性。法律除了具有上述两种特征外，还必须用充分的表达方式（语言、文字等）表达出来，否则，人们就不知道怎样服从。根据这一点，可以推出以下结论：首先，国家的法律或命令，仅仅对于能了解的人来说才是法律。也就是说，法律的效力只有涉及有意志能力的人、理解法律的人，才负有法律上的责任。对于儿童、傻子和疯子等则不能追究其法律责任。其次，如果某种法律对所有臣民毫无例外地具有约束力，但没有用明文或其他方法在人们可以看到的地方加以公布，就是一种自然法，而不是真正意义上的法律。最后，在法律没有宣布的地方，不知道刑律便是一个获得宽恕、甚至赦免的充分理由。

2. 在法律分类的问题上，霍布斯认为，对法律进行分类，不取决于问题的本质，而是取决于每个人的认识及其方法。他本人是从法律的形式和法律的能力对法律进行分类的。

（1）就法律的形式而言，霍布斯把法律分为自然法和成文法两大类。自然法是理性的命令，它来源于自然和人的本性，永恒不变，是关于正义、公正、和平与慈爱等道德规则。在自然法和国家法律关系问题上，霍布斯说，自然法和国家的法律是互相渗透的，遵守国家的法律也就是遵守自然法，同时国家的法律必须以自然法的原则为基础。成文法则是以统治者的意志制定条例和规范，用书面形式或用其他方法加以宣布。成文法可分为人法和神法两种，人法中有分配法和惩罚法之分，前者指规定一切权利和义务的法律，归于民法；后者则是规定对违法行为如何惩罚的，归于刑法。所谓神法，按霍布斯的解释，是指上帝的谕令，专门在某一时间对某一民族或某一个人而发布的。这种发布命令的权力，由上帝指定的代表施行。至于上帝是否真的发布过这些谕令，以及人为什么应当遵守这些谕令，这是无法证明的，属于信仰和理解问题。

（2）就法律的效力而言，霍布斯将法律分为基本法和非基本法两类。所谓基本法就是一个国家建国的法律基础，没有基本法，国家就不成其为国家了。基本法的内容主要是关于统治者的各种权利和职责，以及人们拥护和服从君主的义务的规定。用今天的话来说，基本法相当于宪法。非基本法是指国家的普通法律。这类法律只涉及臣民中人与人之间的权利和义务，虽被废止，也不会导致国家的灭亡，所以将其称为非基本法。霍布斯为了证明自己对这一问题的见解，采用了比较法的研究方法，把罗马各种法律与英国各种法律进行了比较。

3. 关于刑法思想。霍布斯十分重视刑法，他在《利维坦》一书中指出犯罪的概念及其原因，并区分罪与非罪的界限，对犯罪轻重的衡量也有自己的一番见解。不仅如此，他还提出了罪刑相适应的刑罚原则。

关于犯罪的概念，霍布斯是从对罪与恶的区别与联系中得出犯罪的概念的。凡是违反法律所禁止的言论与行动，凡是法律所规定的而又不执行，这就是恶，这种恶也就构成了犯罪。他对这一概念作了补充解释，即每一种罪行都是一种罪恶，但却不能说每一种罪恶都是罪行，例如：某人具有盗窃或杀人的意图，这是一种恶，但必须由言语或行为将其犯罪意图表达出来，才构成罪。思想不构成犯罪。同时，霍布斯把属于道德范畴的恶和属于法律范畴的罪加以区别，指出犯罪必须是触犯法律的行为。这一点，无疑具有一定的历史进步意义。

关于犯罪的原因，一切罪行都来自于无知、谬误、仇恨、淫欲和贪婪等激情。他特别指出，虚荣是导致犯罪的主要原因。人们往往愚蠢地过高估计自己的身价，认为自己高于一般平民，犯罪后可凭借富裕的资产贿赂法官以减轻罪责，这样的人容易犯罪，有势力或有名望的人往往敢于犯罪。

关于区分罪与非罪的界限，霍布斯指出了两条原则：一是必须根据法律确定罪行。他说没有法律的地方就没有犯罪，法律无明文规定的行为不能算犯罪。二是对可以宽恕的情形不能定犯罪。某些行为在一般情况下构成犯罪，但在特定的情况下就不构成犯罪，这种情形称为"宽恕罪"或不为罪。他列举了一系列不为罪的行为：①缺乏获知法律的方法，可以使人获得完全宽恕。如果本国的法律没有充分的宣布，或者人们无法知道法律，那么这种法律就没有约束力，从而应当宽恕。但在其他情况下，不知法律都不能作为获得宽恕的理由。②人身处在非自由的情况下可以宽恕。当一个人被俘虏或在敌人的掌握和控制之下时，而这又不是他自己的过错而造成的，他对法律的义务就终止了，因为法律的保障此时已经不起任何作用，他不得不运用一切方法来保全自己。③一个人由于眼前丧生的恐惧而被迫作出了违法的事情，或缺乏食物及其他生活的必需品，除非犯法没有任何方法保全自己，他就可以获得宽恕。④当一个人受到攻击，害怕立即丧生之时，除了过分攻击他人以外，找不出其他躲避的方法，即使击伤对方甚至致死对方，也不是罪行。这种情形，相当于我们所说的正当防卫。

关于罪行轻重的衡量，应根据犯罪的原因、犯罪的危害后果及时间、地点和人物的不同，区分各种犯罪的轻重。①以犯罪的原因论，同一种犯罪，恃强、恃富和恃势而犯罪者比一般犯罪重，知法犯法比不知法而犯法者罪重，长期预谋的罪行比因一时感情冲动而犯罪者重。②以后果论，罪行由于其所造成的影响越坏而愈加严重，如同一犯罪行为损害的人多时，就比损害的人少时罪行要重；仇视和危害国家的犯罪比危害其他人的犯罪要重，如抢夺和贪污公共财产的罪恶比抢劫或诈骗私人财物更大；对私人的犯罪行为，其损害根据一般人的看法反感最大时罪恶更大，如杀人比伤害罪行重，残害肢体比抢劫财物罪恶更大。③以时间、地点和人物论，杀害父母比杀害他人罪重，抢劫贫民比抢劫富人罪重，因为它对穷人造成的损害更为显著；在指定为敬神的时间或地点的犯罪比其他时间和地点的犯罪更严重，因为这种罪行出自对法律的藐视更大。

关于刑罚理论，首先，霍布斯对刑罚下了明确的定义，刑罚是国家的统治者根据人们对于法律的禁令的作为与不作为，而对违犯法律的人施加的一种痛苦，目的在于使他人知道违反法律必受惩罚而守法。根据这个定义，霍布斯对刑罚推出了以下几点结论：①刑罚权力来自于国家，私人的报复或对私人进行的侵害都不能称其为刑罚。②对犯罪行为才能施加刑罚，如果未经公开定罪就施加痛苦，这只是一种敌视行为，不能称为刑罚。③不是为了使犯罪者服从法律或通过惩罚犯罪者使其他人服从法律，所施加的痛苦不是刑罚。④量刑要适当，罚必当罪。如果刑罚比罪还轻便不能达到服从法律这一目的。一句话，罪刑相适应。⑤罪刑法定。如果刑罚在法律中已有明确规定，就不能对犯罪者施以更重的刑罚，否则便不是刑罚而是敌视行为。其次，霍布斯把刑罚分为神罚和人罚两大类。所谓神罚，就是自然的惩罚，由违反、破坏自然法而来。人们如果不服从神律即自然法，就会遭受痛苦，行为放荡会遭到疾病之罚，轻率招致灾祸之罚，不义导致仇杀，骄傲会有失败之罚，暴乱会招致杀戮之罚，等等。所谓人罚，它是按照统治者的命令施行的，包括体刑、财产刑、名誉刑、监禁和放逐等。体刑是直接施加在犯罪者身体上的肉体痛苦，如鞭笞、伤害或剥夺其生命；财产刑不仅包括剥夺一定数量的金钱，而且也包括剥夺土地或任何其他能够以金钱买到的财物；名誉刑就是剥夺一定的荣誉利益，如取消犯罪者的勋章、荣衔和官职等；监禁则指剥夺其行动自由；放逐是判处一个人离开一个国家的领土或其中一部分，并永远或在一定的期限内不得返回。

（四）君主专制论

霍布斯反对君权神授论，并不是为了反对君权，而是为了使君权脱离神学基础，代之以资产阶级人性，从而建立起基本上符合资产阶级要求的国家政权。霍布斯赋予承担社会全体人格的那个人即统治者的权力是非常大的，承当这一人格的人就被称为主权者，并被说成是具有主权，其余的每一个人都是他的臣民。换句话说，接受人们通过契约所交给权力的那个人就是主权者，享有国家主权，其臣民对他（它）的一切行动与判断，不管赞成不赞成都要服从，都要把他（它）的行动视同为群众自己的行为。统治者拥有的主权是不可分割的、不可转移的。这种主权共有 12 项，其中前五项是：

1. 由于他们订立了契约，这便意味着他们不再受任何与此相反的旧信约的约束了。也就是说，臣民要承认元首的行动与判断，不能在任何事情上听从其他的任何人，不得放弃君主专制制度，不能把他们的人格转换承担者，不能罢免主权者。元首可以杀死或惩罚企图罢免他的人，任何人不能为自己不服从元首作辩护以为与他人另立新约。

2. 元首不是契约当事人，他不参加协议，不受契约的约束。其权力是受托的，他不会违反契约，也不存在违约或不违约的问题。任何人都不能以任何借口解除自己的服从义务，如其不然，他们之中有一个或更多的人声称按约建立主权者时，由主权者订立的信约有违反情形，而其他的人或另一臣民，或者是主权者自己又声称没有违反，在这种情况下，就没有一个裁判者来解决这一争执。于是便又会重新诉诸武力，与立国意志相违背。

3. 由于多数人以彼此同意的意见宣布了一个主权者，原持异议的人这时便必须同意其他人的意见；也就是说，他必须心甘情愿地声明承认这个主权所做的一切行为，否则其他的人就有正常的理由来杀掉他。因为他如果拒绝遵守规定或违抗命令，就等于违反了契约，人们就有权杀死他。

4. 元首是人们一切行动与判断的主人，不管元首做任何事情，对任何臣民都不可能构成伤害，而臣民中任何人也没有理由控告他不义。因为元首做事是依靠别人得来的权力，他是不会伤害那个人的。每一个别的人都是元首所做一切事情的主人，如果一个人抱怨元首伤害了他，那他所抱怨的事情的主人正是他自己，他不能控告别人而只能控告自己。

5. 处死一个拥有主权的人，或者臣民以任何方式处罚一个拥有主权的人，都不是正义的。

　　除此五项外，元首还有下列主权：裁判理论学说、公众集合演说圣旨和书籍、制定人人都得遵守的条规、审判权、对外宣战和议和权、赏罚权等。

　　对统治者的这些权力，霍布斯还进行了这样的概括："主权者的权力，不得其允许不能转让给他人，他的主权不能被剥夺，任何臣民都不能控诉他进行侵害，臣民不能惩罚他，和平所必需的事物由他审定，学说由他审定，他是唯一的立法者，也是争执的最高裁判者，他是和战问题的时间与时机的最高审定者，地方长官、参议人员、将帅及其他一切官员与大臣都由他甄选，荣衔、勋级与赏罚等也由他决定。"[1]

　　总之，霍布斯所着力论证的，是元首拥有全部国家主权，他是国家的化身，行使国家权力。国家主权就是制法权，元首行使国家主权，就使他位于法律之上。他是国家元首，又是教会领袖，整个国家的社会生活都在他的掌管之下，臣民只有服从，不能持异议，更不能反抗。这就充分说明，霍布斯从社会契约论得出的不是主权在民，而是君主专制论。霍布斯认为国家政体有三种，即君主制、贵族制和民主制，而在这三种政体中，他认为君主专制政体是最好的一种，其优越性表现在六个方面：

　　1. 君主制可以使君民利益相一致。民主制和贵族制的主权者既代表人民公益又代表自己的私益，他会同样或更多地留意谋取他自己及其家属和亲人的私人利益，往往以私害公。但是，在君主制国家中，私人利益和公共利益是同一回事，君主的财产、权力和尊荣只可能来自人民的财富、权力和荣誉。

　　2. 君主制广开言路。君主可在任何时候任何地方征求任何人的意见，遇事请教专家，使人可尽其言，并且不会泄露出来。相反，议会讨论事情时，有权参与者不多，他们会长篇大论，热心于发财，非热心于求知，鼓动群众，只能骗人，无补于事，并且无从保密。

　　3. 君主决断无矛盾。君主决断问题，除人类天生的弱点，不会有矛盾之处，而在议会中则除人性之外还有人数所产生的矛盾，昨天的决议，今天可因出席人数的变化而被推翻。

　　4. 君主制不会内讧。君主绝不可能由于嫉妒或利益而自己反对自己，但议会却会这样，甚至达到可以内战的程度。

　　5. 君主亲属可以害人也能救人。君主所亲者数寡，议会成员所亲者不计其数；君主宠臣能害人往往还能救人，议会中有害人者，无救人者。

　　6. 君主国有时使被不能分辨厉害的幼孩继承，这可能引起危机。但这不能归咎于君主制政体，而只能归咎于臣民的野心和不义。谋反、不义的野心

────────────

〔1〕　〔英〕霍布斯：《利维坦》，黎思复、黎廷弼译，商务印书馆1985年版，第153～154页。

家，所有政体都有，并非君主制所独有。

（五）自由观

自由是霍布斯政治法律思想中的一个重要组成部分。自由一词的本来含义是指一种没有阻碍的状况，也就是说，任何事物的运动，如果不受外界的阻碍，那么就处于自由的状态之中。由此，他得出了人的自由的定义，所谓人的自由，是指人从事自己具有意志、欲望和重要的事情上不受阻碍。[1] 简言之，自由就是人可以不受阻碍地做他愿意做的事情。

他进一步谈到，自由和畏权必然是相容的。"一般说来，人们在国家之内由于畏惧法律而做的一切行为都是行为者有自由不做的行为。"[2] 例如，在其他人并无阻挡的情况下，人们只是由于害怕监禁而还债，也可以不还债，二者取其一，这种选择的自由属于他本人。由于自由和必然的相容关系，水顺着河边向下流，这是自由的也是必然的。人的自愿行为受其本身意志支配，是自由的行为，每种行为不都是出自一样的原因，而这种原因与因果链条中的其他原因有着联系，在链条的第一环节来自于上帝，因此人的行为是必然的。这里的"上帝"一词，相当于今天的客观规律，这种必然性对于能够看到这些原因的联系的人来说，显得很清楚。很明显，霍布斯在这时所讲的自由与必然相容，与圣经上的"自由是对必然的认识"基本一致。

霍布斯不仅限定了自由的定义，而且提出了两条明确的原则：一是在遵守法律的条件下才有自由。他形象地阐明了自由与法律的关系，人们在创造国家的同时，也创造了法律这个锁链，锁链的一端系在主权者的嘴唇上，另一端拴在人们自己的耳朵上，"臣民的自由只是相对于这些锁链而言的自由"。[3] 这就是说，社会中臣民的自由，必须以维系这些锁链即不触犯法律为界限，人们在遵守法律的前提下才能有各种自由，否则就将受到法律的阻碍而失去自由。因此，霍布斯断然驳斥"把自由看成是免除法律的自由"的观点，认为其是荒谬的、危险的。每一个臣民对于权利不能根据契约转让的一切事物都具有自由。从社会契约论的观点，人们为了摆脱人对人的战争状态，在订立协议时将权利转让给统治者，但由于人们放弃或者转让权利都是为了对自己有好处，所以有些权利不论用什么言词或其他表示都不能认为人家已经摈弃或转让，包括防卫自己不受伤害和不被监禁的权利，即天赋的自由权不能根据契约而转让。因此，当主权者命令某人自我毁灭时，这人就有自由不去服从。

〔1〕［英］霍布斯：《利维坦》，黎思复、黎廷弼译，商务印书馆1985年版，第163页。
〔2〕［英］霍布斯：《利维坦》，黎思复、黎廷弼译，商务印书馆1985年版，第163页。
〔3〕［英］霍布斯：《利维坦》，黎思复、黎廷弼译，商务印书馆1985年版，第164页。

第二节 洛克和他的《政府论》

一、洛克生平简介

洛克（John Locke，1632年~1704年）是英国
资产阶级革命后期资产阶级思想家，自由主义的
奠基人，欧洲资产阶级启蒙运动的先驱，古典资
产阶级自然法学派的代表人之一。他出生于一个
商人家庭中，洛克的父亲也叫做约翰·洛克，是
一名在莎墨赛特郡担任地方法官书记的律师，曾
经在英国内战时担任议会派部队的军官。洛克的
母亲艾妮丝·金恩则是一名制革工匠的女儿。洛
克的双亲都是清教徒。洛克在1632年8月29日生
于萨默塞特郡的威灵顿村，一个距离布里斯托大
约19千米的地方。他在同一天受洗。出生后不
久，洛克家搬到了布里斯托以南的彭福尔德镇区，
洛克便在那里的一个农村长大。

洛克

　　1647年，在父亲的友人、也是国会议员的亚历山大波帕姆（Alexander Po-
pham）的资助下，洛克被送至伦敦就读西敏中学。在从西敏中学毕业后，洛
克接着就读牛津的基督教会学院。虽然洛克的成绩相当杰出，他却对大学安排
的课程感到相当乏味和不满，他发现当时的一些哲学家如笛卡尔等人的著作都
要比大学里教授的古典教材要有趣。通过在西敏中学认识的同学理查·洛尔的
介绍下，洛克开始将兴趣转向一些实验哲学和医学的研究，并且成了英国皇家
学会的成员。

　　洛克在1656年获得学士学位，接着在1658年获得硕士学位。由于在牛津
期间广泛学习医学，并且曾与许多知名的科学家如罗伯特·波义耳共事，洛克
后来还在1674年获得了医学学士的学位。在1666年，洛克认识了沙夫茨伯里
伯爵，伯爵当时正为肝脏感染疾病所苦，在接受洛克的悉心治疗后相当感激，
于是说服洛克成为他的助手。

　　找到新工作的洛克于是在1667年搬进了沙夫茨伯里伯爵于伦敦的住所，
兼任他的个人医师。在伦敦，洛克在知名医师托马斯·西德纳姆的指导下继续
研读医学，西德纳姆对于洛克在自然哲学上的概念产生极大影响，这种影响可
以在后来洛克所著的《人类理解论》一书里发现。

随着沙夫茨伯里伯爵的肝脏病情逐渐恶化，洛克所学习到的医学知识也备受考验。洛克负责协调其他几名医师一同参与治疗，并且说服沙夫茨伯里伯爵接受一次开刀手术（开刀在当时本身就是可以致命的）以移除肝脏内的囊肿。手术进行得相当成功，疾病也逐渐复原了，伯爵感激地称赞是洛克救了他一命。

在担任沙夫茨伯里伯爵医师的时期，洛克开始撰写一些在后来被出版为《人类理解论》一书的草稿，其中有两份草稿依然保存至今。也是在这个时期洛克担任了伯爵所创建的贸易与种植园事务委员会的秘书，提供给伯爵有关国际贸易和经济上的意见。

沙夫茨伯里伯爵身为辉格党的创立者之一，对于洛克的政治思想有极大影响。伯爵于 1672 年被指派为英国大法官，洛克也随之参与各种政治活动。1675 年，在伯爵于政坛失势后，洛克前往法国旅行。在 1679 年当伯爵的政治情势稍微好转时，洛克又回到了英格兰。也是在这个时期，很可能是出于伯爵的鼓励，洛克开始撰写知名的《政府论》一书。在书中洛克替后来 1688 年的光荣革命提出辩护，但也批评了托马斯·霍布斯等人的独裁主义政治哲学。虽然洛克是与较具权势的辉格党共事，他所提出的自然权利以及政府理论在当时可说是相当激进而具有革命性的。

然而到了 1683 年，由于被怀疑涉嫌参与刺杀国王查理二世的阴谋（虽然根本没多少证据能证明他直接参与了谋刺案），洛克逃亡至荷兰。在荷兰，洛克终于有时间继续撰写许多著作，花了许多时间重新校对他的《人类理解论》以及《论宽容》的草稿，直到光荣革命结束为止洛克都一直待在荷兰。在 1688 年洛克跟随奥兰治亲王的妻子一同返回英格兰。在抵达英国后不久，洛克开始将大量的草稿出版成书，《人类理解论》、《政府论》以及《论宽容》都在这段时期接连出版。

洛克的密友玛莎姆女士（Masham）邀请洛克前往她在艾塞克斯郡的乡下住所定居。虽然当时洛克的身体状况已经因为哮喘病发作而饱受折磨，他仍成为辉格党的英雄人物。在这段时期洛克也经常与艾萨克·牛顿等人讨论各种议题。

从 1691 年开始洛克一直住在玛莎姆女士的家中，由于健康状况不断恶化，在 1704 年 10 月 28 日去世，并被埋在艾赛克斯郡东部的 HighLaver 小镇的一个教堂墓区。洛克终身未婚，也没有留下任何子女。

虽然洛克一生中经历了王政复辟、伦敦大火、伦敦大瘟疫等许多历史事件，他仍没来得及在有生之年看到他的理念被实践。君主立宪制和议会民主制的发展在洛克的时代都还处于早期阶段。

洛克的主要著作有《论宽容异教的通信》、《政府论》上下篇和《人类理解论》等。其中《政府论》一书是他政治法律思想的代表作，上篇批判了菲尔多论述专制主义的《论权制》，下篇讨论了"公民政权的起源、范围和目的"。

二、《政府论》一书体现的主要政治法律思想

（一）自然状态说

洛克论述政治和法的问题同霍布斯一样是从自然状态入手的。他所说的自然状态并非指前自然状态，而是指前政治状态。这种自然状态的特点是：①这是一种完备无缺的自由状态。人们在自然法范围内，按照自认为合适的办法，采取行动，处理财产和人身事宜。②这是一种自然平等的状态。人是同等的，人的权利和管辖是相互的和对等的。人人平等，没有从属关系。③这又是不能滥用自由的状态。这种状态不是一种战争状态，而是一种和平、友爱、共存的状态。自然状态有一种为人人所应遵守的自然法，对它起着支配作用；而理性，也就是自然法，教导着有意遵从理性的全人类："人们既然都是平等和独立的，任何人就不得侵害他人的生命、健康、自由或财产。"〔1〕

在自然状态下，人们有两种权利：一种是人人都有惩罚罪犯和充当自然法执行人的权利。自然法的目的，既是为了人们的自我保存，又是为了保护全人类，所以当一个人保存自身不成问题时，他就应当尽其所能保存其余的人。"为了约束所有的人不侵犯他人的权利、不互相伤害，使大家都遵守旨在维护和平和保卫全人类的自然法，自然法便在那种状态下交给每一个人去执行，使每人都有权惩罚违反自然法的人，以制止违反自然法度。"〔2〕如果人们没有执行自然法的权力，以保护无辜和约束罪犯，自然法也就毫无用处了。既然人人都有这种权力，那么当一个人抓住一个罪犯时，就可能有绝对或任意的权力，不可按照感情冲动或放纵不羁的意志来加以处置，而只能根据冷静的理性和良知的指示，比照他所犯的罪行对他加以处置，尽量起到纠正和禁止的作用。处置罪犯的程度和轻重，应看是否能使罪犯知道悔悟并能警诫别人而定。另一种是，受到损害的人，享有要犯罪人赔偿的权利。构成罪行的是违法和不符合理性规则的行为，一个人因堕落成为有害的人，并使受其侵害者受到了损害，在

---

〔1〕　［英］洛克：《政府论》（下篇），叶启芳、瞿菊农译，商务印书馆 1964 年版，第 6 页。
〔2〕　［英］洛克：《政府论》（下篇），叶启芳、瞿菊农译，商务印书馆 1964 年版，第 7 页。

这种情况下，受到损害的人，除与别人共同享有处罚权之外，还享有要犯罪人赔偿损失的特殊权利，这样才是公道的，其他的人也可以会同受害人，协助他向犯罪人取得相应的损害赔偿。

在这种自然状态下也有了私产。洛克承认世界是上帝赋予人类所共有的，土地和土地所有自然生产的果实和所存活的兽类，是自然自发地产生的，都是人类所共有的。但是，这些既已给人类使用，那就必然要通过某种划拨归私用的方式，然后才能对某一个人有用处或者有好处。这种方式是什么呢？是劳动。人们经过劳动，使上帝提供的任何东西脱离自然所规定的那种共有状态，某个东西就成了个人的财产，而排斥其他人的共同权利。"既然劳动是劳动者的无可争议的所有物，那么对于这一有所增益的东西，除他以外就没有人能够享有权利。"[1]劳动使公有财物脱离了原有的共同状态，确定了它们的所有权的转移，即私有。

(二) 自由思想

洛克从人类的自然状态出发，提出了他的自由思想。在自然状态下，人们享有"自然的自由"，就是不受上级权力的约束，不处在他人意志与立法权的支配之下。但这种自由同自然法相联系，它以自然法为准绳，受自然法的调节与保护。人们通过订立契约而进入到政治社会后，则享有社会自由，"就是除经人们同意在国家内所建立的立法权以外，不受其他任何立法权的支配；除了立法机关根据对它的委托所制定的法律以外，不受任何意志的统辖或任何法律的约束"。[2]

从洛克对自由所下的定义来看，他将自由与法律紧紧联系起来，这为他提出自由受法律的约束的主张打下了基础。但就自由的定义而言，他同霍布斯、孟德斯鸠等人的思想并无大的差别。但他是第一个将自由提到"其余一切的基础"这样的高度来认识的思想家，从而弥补了西方法律思想史上单独谈自由的含义却不探讨自由的重要性的不足。人的社会自由是一种不受另一个人的反复无常的、事前不知道的、武断的意志支配的自由，它不受绝对的、任意的权力的约束。这一自由对于一个人的自我保护是如此必要，以至于人们不能丧失它。

没有离开理性的自由。自由的本意是自立和自主，而人作为理性的存在，其真正的自由和自主，只能在成年即理性成熟之后才具备。儿童之所以需要父母的管教，不能独立地生活，在于"他的悟性还不适于驾驭他的意志"，仍然

---

〔1〕〔英〕洛克：《政府论》(下篇)，叶启芳、瞿菊农译，商务印书馆1964年版，第19页。

〔2〕〔英〕洛克：《政府论》(下篇)，叶启芳、瞿菊农译，商务印书馆1964年版，第16页。

缺乏自己应遵循的意志，因而需要父母替他做出主张，只有他像父母一样努力达到成熟的状态即有了理性之后，才能脱离父母而独立地生活，成为一个自由人。因为只有理性达到成熟后，才能够理解法律，"从而他可以把他的行为限制在那个法律的范围之内。当他达到这一境界时，他可以被认为知道遵循法律的程度和应用自由的程度，从而取得自由；而在此以前，被认为知道法律所容许的自由程度的人必须对他进行指导"。[1]所以，人的自由离不开理性，它随着理性的增长而增长，因理性的成熟而实现。

由此出发，洛克坚决批判了对自由作任意性解释的错误观点。如果把法律自由理解为毫无限制地为所欲为，那就意味着每个人不管别人，只顾自己，可以任意地把别人的财富据为己有，可以毫无限制地侵犯别人的生命和安全。如果是这样，那么别人也可以这样做，其结果只能是相互侵犯，争斗不止，处于一种战争状态。而在这种情况下怎么会有自由呢？因此，人的自由和依照自己的意志来行动的自由，是以他具有理性为基础的，理性能教导他了解用以支配自己行动的法律，并使他知道他对自己的自由意志听从到什么程度。总之，洛克所说的自由，并不是一种无政府状态，而是受法律约束的自由。

自由固然要受法律的约束，法律的目的却不是废除或限制自由，而是保卫和扩大自由。"法律按其真正的含义而言与其说是限制还不如说是指导一个自由而有智慧的人去追求他的正当利益，它并不在受这法律约束的人们的一般福利范围之外作出规定。"[2]假若没有法律人们会更快乐的话，那么法律就会成为一个无用之物而被消灭了；反之，既然承认法律的价值，就表明这对人们有益。那么，为什么往往会有人觉得法律是废除或限制自由的呢？这主要是因为他们对于法律的目的不理解，甚至是错误地把法律防范人们不致堕入泥坑和走向悬崖的作用称作对自由的限制。洛克强调，法律的目的是保护和扩大自由。这是因为一切能够接受法律支配的人类状态中，哪里没有法律，哪里就没有自由。这是因为自由意味着不受他人的束缚和强暴，而哪里没有法律，哪里就不能有这种自由。[3]

（三）社会契约论

洛克把社会和国家这两个概念区分开来。先有社会，后有国家。他把社会称之为自然社会，而把国家叫做政治社会或公民社会。这是洛克与其他启蒙思想家在国家学说问题上的一个重要区别。

---

〔1〕　[英] 洛克：《政府论》（下篇），叶启芳、瞿菊农译，商务印书馆1964年版，第37页。

〔2〕　[英] 洛克：《政府论》（下篇），叶启芳、瞿菊农译，商务印书馆1964年版，第35~36页。

〔3〕　参见 [英] 洛克：《政府论》（下篇），叶启芳、瞿菊农译，商务印书馆1964年版，第53页。

洛克承袭了亚里士多德的观点，认为人类本是社会的动物，不可能久居自然状态之中。因为人们不能无限期地由自己单独为自身提供生活必需品，人们也可能由于各种企图，使自己与他人处于战争状态。由于这两个原因，人们就必须加入社会生活。这种社会，就是"自然社会"。自然社会是夫妻间的社会、父母与儿女之间的社会、主仆之间的社会这三者组成的。它体现为一个家庭，主人有某种统治权，类似一个君主，但从目的、关系和范围来说，还不是一种政治社会，而只是一个家庭问题。

所谓政治社会，就是指国家。"真正的和唯一的政治社会是，在这个社会中，每一成员都放弃了这一自然权力，把所有不排斥他可以向社会所建立的法律请求保护的事项都交由社会处理。"[1]人们为什么愿意丢弃自己的自由王国而让自己受制于其他权力呢？人们又是怎样经过缔约而达到政治社会的呢？

人们在政治状态下是有权利的，"在这种享有不是很稳定的，有不断受人侵犯的威胁。既然人们都像他一样有王者气派，人人同他都是平等的，而大部分人又并不严格遵守公道和正义，在这种状态中对财产的享有就很不安全，很不稳妥"。自然状态无法保护人们的财产，使人们不得不联合成为国家。自然状态之所以如此，这是因为：①在自然状态中，缺少一种确定的、规定的、众所周知的法律。法律即是非的标准和裁判人世间一切纠纷的共同尺度。虽然有自然法，但是有些人由于利害关系而有偏见，有些人对自然法缺乏研究或茫然无知，不认为自然法对他们有约束力。②在自然状态中，缺乏一个有权依照既定法律来裁判一切争执的知名的和公正的裁判者。因为每一个人做自然法的裁判者和执行者，难免会偏袒自己，造成不公正的判决。③在自然状态中，往往缺少支持公正判决，使它得到应有执行的权力。

在自然状态中，由于人人都有惩罚别人侵犯行为的权力，而这种权力的行使既不正常又不可靠，会使他们遭受不利，这就促使他们甘愿放弃他们单独行使的惩罚权而交给他们中间被指定的人来专门加以行使。"任何人放弃其自然自由并受制于公民社会的种种限制的唯一的方法，是同其他人协议联合组成为一个共同体，以便安稳地享受他们的财产并且有更大的保障来防止共同体以外的任何人的侵犯。"[2]人们在缔结契约而联合成为一个共同体的时候，"必须被认为他们把联合成共同体这一目的所必需的一切权力都交给这个共同体的大多数，除非他们明白地议定交给大于大多数的任何人数"。[3]这里所说的"所

---

〔1〕〔英〕洛克：《政府论》（下篇），叶启芳、瞿菊农译，商务印书馆1964年版，第53页。
〔2〕〔英〕洛克：《政府论》（下篇），叶启芳、瞿菊农译，商务印书馆1964年版，第59页。
〔3〕〔英〕洛克：《政府论》（下篇），叶启芳、瞿菊农译，商务印书馆1964年版，第61页。

必需的一切权力"指的就是在自然状态中人们所具有的两种权力，充当自然法执行人的权力和要求罪犯赔偿损害的权力。人们把这两种权力放弃给大多数，由社会大多数来做决议和行动，确立立法权和行政权，成立政府。这就是立法和行政权力的原始权利和这两者之所以产生的缘由，政府和社会本身的起源也在于此。这样一来，人类就处在新的国家状态中了，他"可以从同一社会的其他人的劳动、帮助和交往中享受到许多便利，又可以享受社会的整个力量的保护，因此他为了自保起见，也应该根据社会的幸福、繁荣和安全的需要，尽量放弃他的自然权利。这不仅是必要的，而且是公道的，因为社会的其他成员也同样是这样做的"。〔1〕

建立契约基础上的国家，其职责是"保障人类的利益"。国王不能把权力超出公众福利需要的范围之外，而且必须保障每一个人的财产，以弥补自然状态的不足之处。这是因为人们仅仅放弃了两种权利，他们仍然保留着生命、自由和财产，换句话说，国家从人民那里集中两种权力，是为了把这两种权力用来保护他们的生命、自由和财产权，因为人们正是为了更好地保护自己的自由和财产的动机，才肯交出权力组成国家的。所以，国家应做之事就是：以确定的方式、向全国人民公布周知的、经常有效的法律，而且以临时的命令来实行统治，由公正无私的法官根据这些法律来裁判纠纷，为了执行法律和防止外敌侵入而使用社会的力量。这三条的实质就是构成国家和权力机构的三大要素：法律、行政官和武装（警察）力量。

（四）分权学说

洛克在为英国资产阶级选择政府的形式时，也同其他思想家一样，把已存在过的政体形式分为三种，即民主制、寡头制和君主制。按照他的说法，社会大多数人拥有立法权并由他们委派的官吏来执行法律就是纯粹的民主制；立法权居于少数精选的人们是寡头制；立法权居于一个人就是君主制。他反对君主制和寡头制，也不赞成民主制，而提出了他自己认为最好的政体形式。他认为，最好的政体形式应当是三权分立式的。由此，他提出了他的分权学说：一个国家应当有三种权力，即立法权、行政权和对外权。立法权是制定和颁布法律的权力，行政权是执行法律的权力，对外权包括开战、议和、订约等权力。这三种权力应当各由一个机关来行使。他认为，立法权应属于常设机关，即议会；行政权属于国王；对外权也属于国王。为什么行政权和对外权应归于同一个呢？这是因为"这两种权力几乎总是联合在一起的"，因为"两者的行使既然都需要社会的力量，那么把国家的力量交给不同的和互不隶属的人们，几乎

---

〔1〕 ［英］洛克：《政府论》（下篇），叶启芳、瞿菊农译，商务印书馆1964年版，第79页。

是不现实的；而如果执行权和对外权掌握在可以各自行动的人们手里，这就会使公共的力量处在不同的支配下，迟早总会导致纷乱和灾祸"。[1]

洛克在论述三权之间的关系时强调，它们不是不等的关系，立法权高于其他两种权力，他说："立法权是享有权利来指导如何运用国家的力量以保障这个社会及其成员的权力。"[2]立法权，不论是属于一个人或较多的人、不论是经常或定期存在，因为它们的目的是保障人们和平地、安全地享有各种财产。所以，立法权既是国家的最高权力，又是神圣而不可变更的权力。没有得到立法机关的批准，任何人的任何命令，无论采取什么形式或以任何权力为后盾，都不能具有法律效力和强制性。洛克认为，只要不是自然状态，"只要政府存在，立法权是最高的权力，因为谁能够对另一个人订定法律就必须是在他之上。而且，立法权之所以是社会的立法权，既然是因为它有权为社会的一切部分和每个成员制订法律，制订他们的行动的准则，社会的任何成员或社会的任何部分，所有的其他一切权力，都是从它获得和隶属于它的"。[3]

洛克在肯定、强调立法可能是国家最高权力的同时，又想办法去限制这个最高权力，这就是：

1. 立法权对于人民的生命和财产不是并且也不可能是绝对的专断的，因为它不能超过人们以前享有而现在放弃给社会的权力，而人们从来没有说他们同意放弃过自己的生命、自由和财产权利。

2. 立法机关不能擅用权力，以临时的专断命令来进行统治，而是必须以颁布过的、经常有效的法律并由有资格的法官来执行司法和判断臣民的权利，因为人类联合成为社会，就是为了避免那些在自然状态中妨害人们财产的缺陷，以便用整个社会的集体力量，以及经常有效的规则即法律，来保障和保卫他们的财产。

3. 立法权这个最高权力，未经本人的同意，不能取得任何人的财产的任何部分。因为保护财产是政府的目的，也是人们加入社会的目的。如果这个最高权力可以为所欲为，任意处置人民的产业或随意取走其任何部分，那么任何人也是不会承认这种悖理之事的。

4. 立法机关不能把制定法律的权力转让给任何他人。

立法权虽然是最高权力，"但是立法权既然只是为了某种目的而行使的一种受委托的权力，当人民发现立法行为与他们的委托相抵触时，人民仍享有最

---

〔1〕　[英] 洛克：《政府论》（下篇），叶启芳、瞿菊农译，商务印书馆1964年版，第91页。

〔2〕　[英] 洛克：《政府论》（下篇），叶启芳、瞿菊农译，商务印书馆1964年版，第89页。

〔3〕　[英] 洛克：《政府论》（下篇），叶启芳、瞿菊农译，商务印书馆1964年版，第92页。

高的权力来罢免或更换立法机关"。[1]

（五）法治原则

洛克是资产阶级法治原则的主要倡导者之一，他反对任何形式的专制统治，反复强调君主和政府没有实行专制统治的权力，而只能按照法律来进行统治，否则，就违背了人们最初订立社会契约的目的。因而，洛克提出了较为彻底的法治原则：

1. 国家必须以正式的法律来统治。鉴于专制的危害性，洛克强调，必须制定人人都要遵守的法律，统治者只能根据法律来进行统治，不能靠临时命令行使专断的权力。"统治者应该以正式公布和被接受的法律，而不是以临时的命令和未定的决议来进行统治。"政府所有的一切权力，既然只是为社会谋幸福，因而不应该是专断的和凭一时高兴的，而是应该根据既定的和公布的法律来行使。[2]

2. 执行已经公布的法律。有法律而不执行，那就等于无法。不执行法律的政府是专横的政府，也就不能算作真正的政府。哪里没有司法保障人们的权利，哪里肯定就不会有政府的存在。制定法律却不去执行，所有一切就会变成无政府状态，人民则会变成没有秩序和混乱的群众，社会就不成为其为社会了。

3. 法律面前人人平等。"法律一经制定，任何人也不能凭他自己的权威逃避法律的制裁；也不能以地位优越为借口，放任自己或任意下属胡作非为，而要求免受法律的制裁。公民社会中的任何人都是不能免受它的法律的制裁的。"[3]总之，每一个人都平等地受制于立法机关制订的法律。只有这样，人民的生命、自由和财产才能得到应有的保障。这种法律平等的思想同封建特权思想相比，虽然具有历史的进步性，但也具有一定的现实意义。

4. 法治并不排斥在个别场合下执法的灵活性。立法者不可能预见并用法律规定社会中的一切事情。因此，法律执行者对那些无法律规定的情况，应当根据自然法的精神自由裁处，直到有关法律加以规定为止。这也是为了公共福利所必不可少的，同非法专横是完全不同的两码事。

---

〔1〕 ［英］洛克：《政府论》（下篇），叶启芳、瞿菊农译，商务印书馆1964年版，第91页。
〔2〕 ［英］洛克：《政府论》（下篇），叶启芳、瞿菊农译，商务印书馆1964年版，第86页。
〔3〕 ［英］洛克：《政府论》（下篇），叶启芳、瞿菊农译，商务印书馆1964年版，第59页。

第八章　美国独立战争时期的杰斐逊、潘恩和汉密尔顿

小　引

一、美国独立战争的历史背景

北美原是印第安人居住的地方。15 世纪末，当哥伦布航海来到美洲时，北美大约有 150 万印第安人，他们还处在原始氏族阶段。16 世纪后，西班牙、荷兰、法国、英国等西方列强争先恐后地到北美建立殖民地。他们通过贩卖奴隶等方式逐步在北美建立起殖民统治。当时移民到北美的居民主要是受封建暴政迫害和宗教压迫的英国劳动大众，以及被英国大地主逐出庄园的爱尔兰、英格兰贫苦农民等。因此，到美国独立战争前，估计 2/3 以上的美国移民出生于契约奴隶。由于北美的居民主要借移民占据社会地位（英国殖民统治者对北美原居民即印第安人实行种族灭绝政策，使印第安人口急剧下降），使北美经济的发展一开始就处于较领先的地位。16 世纪初的北美 "一开始就建立在资产阶级基础之上"。[1] 这种状况使北美资本主义生产关系得到了迅猛发展，它迫切需要摆脱殖民主义的统治，建立起独立的国家。美国独立战争正是在这种条件下爆发的。

美国的前身是英国在北美洲大西洋沿岸所建立的 13 个殖民地。到 18 世纪中叶，13 个殖民地的资本主义经济和资本主义生产关系已经有了较大较稳定的增长。概括来说，北部四块殖民地（马萨诸塞、罗德岛、新罕布什尔、康涅狄克）的工商业和渔业比较发达；中部的四块殖民地（宾夕法尼亚、纽约、新泽西、特拉华）有发达的谷物业和畜牧业，被称为 "面包殖民地"；南部五块殖民地（弗吉尼亚、马里兰、北卡罗来纳、佐治亚）则发展了奴隶制种植

---

〔1〕《马克思恩格斯全集》第 3 卷，人民出版社 1972 年版，第 398 页。

业经济。当时美国的社会矛盾，主要表现在两个方面：在内部表现为阶级矛盾，即以新兴的资产阶级、种植园奴隶主、地主为一方和以无产者、农奴、黑奴为另一方的对立和斗争；在外部则表现为殖民地的美利坚民族和殖民国的英国殖民者之间的矛盾，这是当时社会的主要矛盾。殖民地人民为了解决这一矛盾，争取民族独立和经济发展而发动的反对英国殖民统治者的斗争既是一场民族独立战争，又是一场资产阶级革命，这场革命是为了反对英国殖民者的统治和民族压迫，争取民族独立和解放。它不同于英法革命之处在于：其内容并不是推翻封建制度，而是一场资产阶级性质的革命，它为美国资本主义的发展扫清了障碍。正如列宁所指出的："现代文明的美国历史，是由一次伟大的、真正解放的、真正革命的战争开始的。"〔1〕

美国独立战争的道路是十分艰苦而漫长的。在一个不到 300 万人口的小国，要对付一个当时称霸世界的霸权大国——英国，是需要付出艰苦努力的。当 1776 年 7 月 4 日，北美 13 个殖民地人民发表了杰斐逊起草的《独立宣言》，正式宣告脱离英国殖民统治，成立美利坚合众国时，英国先后派到美国的侵略军达 12 万余人，还用海军封锁了美国的港口，它的人力和物力十倍、百倍于美国。而美国当时军火装备很差，几个人合用一条枪，连鞋袜都没有；只有民团 2 万余人，且缺少作战经验，除了对付外部敌人外，还要同几万内部敌人——"效忠"于英国的内奸和反革命进行斗争。然而，民族独立的正义事业鼓舞着美国人民，他们不怕牺牲，顽强作战，同英国展开了激战和散兵战术，并得到了国际社会的广泛支持。当时法国、德国、英国、荷兰、丹麦等国的革命者纷纷到美国参加反英斗争，制造革命舆论。经过美国人民艰苦卓绝的斗争，1783 年，美英两国在巴黎签订了和约，英国被迫正式承认美国脱离英国而独立。除了原 13 个殖民地外，英国将阿巴拉契亚山和密西西比河之间北起加拿大南界，南至佛罗里达边境的全部地区划归美国，美国独立战争终于以美国人民的胜利而告终了。

二、美国独立战争的历史意义

美国的独立战争是"美国人民反对压迫美国，使美国处于殖民地奴隶地位的英国强盗们的战争"。〔2〕毛泽东同志曾指出："华盛顿、杰斐逊们所以举行反英革命，是因为英国压迫和剥削美国人民，而不是什么美国人口过

---

〔1〕《列宁全集》第 28 卷，人民出版社 1972 年版，第 43 页。
〔2〕《列宁全集》第 28 卷，人民出版社 1972 年版，第 43 页。

剩。"[1]美国独立战争的胜利说明，哪里有压迫，哪里就有反抗，被压迫民族的民族解放激流是不可抗拒的，只要展开不屈不挠的斗争，弱国能够打败强国，小国能够打败大国。美国独立战争的胜利，推动了欧美地区资本主义的进一步发展，受美国独立战争的影响，1789 年法国爆发了更深入、更彻底的资产阶级革命。

在美国独立战争中，涌现出一大批为这次革命摇旗呐喊的资产阶级思想家和理论家，以杰斐逊、潘恩为代表，他们代表了中小资产阶级的利益，与人民群众有较多的联系，抗英态度十分坚决，主张建立资产阶级的民主共和国。另一派为温和派，以汉密尔顿等人为代表，他们代表了大资产阶级和大种植园主的利益，也参加了抗英斗争，要求民族独立，但有着较大的动摇和妥协性。这两派围绕着美国国家制度和 1787 年的变法问题展开了激烈的争论。这个争论为丰富资产阶级政治法律思想提供了有益的帮助。

第一节 杰斐逊和他的《杰斐逊选集》

一、杰斐逊生平简介

托马斯·杰斐逊（Thomas Jefferson，1743 年～1826 年），是美国独立战争时期著名的政治思想家和国务活动家，美国资产阶级民主派的领袖，美国《独立宣言》的起草人和美国第三届总统。他出生于弗吉尼亚州阿伯马尔郡一个富裕的种植园主家庭中，是一名富有的绅士，他不仅继承了一大片种植园以及地产的投资，而且由于婚姻，妻子给他带来了 4 万英亩的土地和 134 名奴隶。1760 年，杰斐逊进入威廉和玛丽学院，学习法律、政治、哲学、自然科学、数学等课程，在学习期间，他认识到，英国对美洲的统治往往忽视了移民的宪法权利；人们应该按理性而不是迷信的指导来处理宗教事务；奴隶制是一种必须废除的有害制度。1769 年，他当选为弗吉尼亚州议会的议员，开始其政治生涯。他所采取的第一个行动就是向州议会提出使愿意放出奴隶的奴隶主可以实行的一项办法。虽然引提议案并未获得通过，但已经表明他主张废除奴隶制。1773 年，他出资组织该州通讯学会，次年发表了一篇重要的政治论文——《英属美洲权利概论》。在这篇论文中，他鞭挞了英国殖民统治的罪行，宣传了独立的思想。1774 年 6 月杰斐逊作为弗吉尼亚州代表前往费城参加第一次大陆会议。1776 年，第二次大陆会议决定，任命一个五人委员会来

---

[1] 《毛泽东选集》（合订本），人民出版社 1964 年版，第 1399 页。

起草宣言。作为五人委员会会员之一，被指定
为《独立宣言》的起草人。1779年底，杰斐
逊被选为弗吉尼亚州州长，任期一年，第二年
他又重新当选。1783年，杰斐逊回到费城任国
会议员，主持一个委员会，负责研究对英和约
问题。1786年，杰斐逊任美国驻法公使。1787
年，美国召开制宪会议，他因出使法国而未能
参加制宪会议，但他仍十分关注美国的制宪会
议。1790年，杰斐逊应华盛顿的邀请，任华盛
顿政府的国务卿，他任职不久，就同财政部长
汉密尔顿卷入党派争论之中。依照他的说法：
"汉密尔顿和我像两只公鸡一样，天天在内阁

托马斯·杰斐逊

内斗个不休。"他与麦迪逊一起，组织了民主共和党（即现在民主党的前身），
并任领袖。1793年，他辞去国务卿的职务，引退回家。在1796年竞选中，他
当选为副总统。在1800年选举中，由于汉密尔顿的支持，他出任总统，并连
任两届。在他任职期间，采取了一系列民主措施，例如在美国扩大选举权，制
止司法部门的横行霸道，废除政治上的不民主的、贵族式的陈规旧习等，使美
国民主的基础较前扩大了。他还用镇压和安抚两手相结合的政策，粉碎了阿
伦·伯尔的叛国阴谋，设法弹劾了蔡斯法官，并阻止了联邦党人篡夺革命果实
建立一个新专制主义政体的企图，从而奠定了美洲革命和争取人权法案为发端
的美国民主政治的基础。1809年，杰斐逊正式退休。在退休后，经过他的努
力和筹建，1818年弗吉尼亚大学建成并开学。他为此十分自豪，在为自己准
备的墓碑上写下这样的墓志铭："这里安葬的是托马斯·杰斐逊，他是美国独
立宣言和弗吉尼亚宗教自由法规的起草人，弗吉尼亚大学之父。"1826年7月
4日，在美国《独立宣言》发表50周年纪念的同一天，杰斐逊逝世。

二、杰斐逊主要政治和法律思想

（一）从自然权利论到人民主权论

杰斐逊同启蒙资产阶级思想家一样，也是自然权利论和社会契约论的赞同
者。他的自然权利观点和社会契约论思想，早在他1774年的《英属美洲权利
概述》一文中就已经明确提出。英国的议会无权给殖民地立法，即便是"英
王也不过是人民的首席官员，他由法律任命，并赋予一定的权利，以协助维护
那一架为人民利益而建立的，因而必须服从人民监督的庞大政府机器……国王
是人民的仆人而不是人民的主宰"。美洲人民"拥有人类的天赋权利，他们有

权脱离他去寻觅新的天地，并且有权在那里建设新社会，制定一些他们认为最能促进公共幸福的法律和典章"。[1]

杰斐逊的这些思想，到写美国《独立宣言》时，就用更加明确的语言表达了出来，《独立宣言》明确指出，美洲人民争取独立与平等的指导原则是由自然法和自然权利所规定的；这种自然权利包括生命、自由和追求幸福的权利，才在自己中间成立了政府，政府如果违反了这些宗旨，人民就有权改变它或推翻它。《独立宣言》还列举了英国殖民统治的18条共27项罪行，宣告脱离英国殖民统治，"建立自由独立的合众国"。被广为引用和传颂的《独立宣言》第二段中是这样写的："他们认为下面所说的，都是极明显的真理：一切人类，生下来全都是平等的，造物者赋予他们若干不能出让的权利，其中如生命、自由和追求幸福的权利是也。为了保障这些权利，人类才在他们中间建立政府。而政府之正当权力，是从被统治者的同意中产生出来的。任何形式的政府，当它对于这些目的有损害时，人民便有权利把它改变或废除，以建立一个新的政府。"新政府所依据的原则和用以组织其权力的方式，必须使人民认为只有这样才能获得他们的安全和幸福。

由此可见，杰斐逊思想的理论基础是自然权利论。王权起源于人民的权利和国家起源于社会契约这种思想的理论基石，是人的自然权利。"多数人的法则是每一个人类社会的自然法则。"自然法则赋予人以自由平等权，这种权利不是哪个权威恩赐的，也不是向统治者乞求得到的，所以是不能被剥夺的。除了人的自然权利之外，世界上的一切都在变化。自然权利高于国家政府所颁布的法律，如果二者之间产生了矛盾，其解决之法总要有利于自然权利。所以，自然权利就是个人在同作为"整体的国家关系方面的主体权利，国家既承认主体权利，就不得专断横行。"

基于这个自然权利论，杰斐逊反复论证了国家起源于契约，权力来自于人民这种主权在民的思想。"我认为一个社会或一个国家的人民是那个国家一切权力的源泉；他们可以自由地通过他们认为适当的代表处理他们所关心的事情，他们可以随时个别地撤换这些代表，或在形式上或在职能上改变代表的组织。""我不知道除了人民本身以外还有什么储藏社会的根本权力的宝库。"的确，只有人民才是可靠的，当他们接受一定的教育以后尤其是如此，因为人民是公权的唯一牢靠的宝库。"因此，就应该让他们在一切胜任的岗位上行使公权。"[2]他认为，人民群众有时会犯一些错误，但是纠正这些错误的办法不是

〔1〕 〔美〕菲利普·方纳编：《杰斐逊文选》，王华译，商务印书馆1963年版，第5~6页。
〔2〕 〔美〕菲利普·方纳编：《杰斐逊文选》，王华译，商务印书馆1963年版，第51页。

掌握在富人和权贵手里的无限权力，而是教育和开导。无论如何，普通人民的健全的理智总比贵胄的偏见要可靠。凡是不想用政权力量剥削劳动群众的人，都没有害怕人民的理由。"我不害怕人民的那些人之列，我们所依靠的是人民而不是富人。"[1]杰斐逊直到晚年仍坚持他的这个思想，他大力宣传主权在民的思想，其目的在于把国家权力渊源从上帝手中转到人的手中，又从君主的手中转到人民手中，从而推翻了君权和君主专制论，他的思想对美国的民主运动发展起到了非常重要的直接推动作用。

　　基于这个自然权利论，杰斐逊又论证了人民革命权利论。既然成立政府的目的是为了保障人民的自然权利，而政府的权力又来自于人民，所以当政府不履行自己的职责，侵犯人民权利并压迫人民时，人民就有权以革命或起义的方式来推翻这个政府。他在《独立宣言》中说，经验证明，人类情愿忍受可以忍受的苦难，"但是等到一连串的暴虐和掠夺，全都去追求同一的目标，证明政府的全部企图，只是要把人民置于专制和虐政之下时，那么人民就有权利，也有义务，去把这个政府推翻，而为他们未来的安全制定新的保障"。[2]杰斐逊坚持人民革命权利论，是以他的进步史观为基础的。他认为，社会制度必须随着人类思想的进步和环境的改变而前进。"如果我们要求文明社会接受他们未开化的祖先的制度的支配，那就等于是叫一个大人还穿着他小时候的穿的外衣。"[3]社会的进步，本来是可以获得为大家乐于接受的和有益的形式取得的，但是，欧洲君主们死死抓住旧日的恶习不改，把一成不变的习惯当作护身符，使欧洲没入了血泊，逼得人民只好通过流血和暴力来寻求鲁莽和招致毁灭的改革。

　　正因为杰斐逊坚持人民革命权利论，所以他为法国大革命作辩护。当有人谴责雅各宾党人的行动时，他说："我认为这个党派就是主张共和的共和党人。"雅各宾党人和法国革命确实处置了一些人，其中甚至包括一些无辜者，"但是，时间和真理将使他们不致为人民所遗忘，同时，他们的子孙将享受到他们从来不懂牺牲生命以争取自由的目的，当时整个世界的自由有赖于这场斗争的结果，历史上哪里有用这样少的无辜鲜血就赢得这样的目标的先例呢？一些烈士为了这个事业而牺牲了生命，我内心感到沉重，但我宁愿看到半个地球渺无人烟，也不愿这个事业失败，即使每一个国家只剩下一个亚当和一个夏娃，只要他们享有自由，也比目前的情况好"。[4]基于同一个道理，在谢斯起

---

〔1〕　［美］菲利普·方纳编：《杰斐逊文选》，王华译，商务印书馆1963年版，第17页。
〔2〕　黄枝连：《美国203年》（下），中流出版社1980年版，第966页。
〔3〕　［美］菲利普·方纳编：《杰斐逊文选》，王华译，商务印书馆1963年版，第59页。
〔4〕　［美］菲利普·方纳编：《杰斐逊文选》，王华译，商务印书馆1963年版，第64~65页。

义失败后，杰斐逊又指出人们定期举行暴动和反抗的必要性。"我认为，偶尔发生的小小的一次反抗是一件好事，它在政治世界里是必需的，正如暴风雨在自然界是必需的一样……这是为了政府的健康所必需的良药。"〔1〕他还说，但愿我们每隔20年发生这样一次叛乱，因为人民可以通过暴动来警告统治者，使他们有所顾忌，不敢为非作歹。

（二）建立资产阶级共和制度论

杰斐逊关于建立资产阶级共和制的思想，来源于他自然权利说和天赋人权论。他在《独立宣言》中开宗明义地说："在大事的过程中，并在世界各国之间依照自然法和上帝的旨意采取独立与平等的地位时，由于他们对于人类舆论的尊重，必须把他们不得不独立的原因予以公布。"

杰斐逊的政治纲领，是支持资产阶级的共和制而反对君主制的，他为实现这一政治目标而终生奋斗不懈。在他担任总统期间，把建立共和政府作为一种新的政治试验，在试验中又具有很大的信心，能够使这种理想变为现实。无论是在担任国务卿时还是在担任总统期间，或是在退休之后，他都认为一个国家空间采用何种政体形式，应当由全国人民自己决定和选择，别国无权干涉。他说："我们当然不能让任何国家享有我们自己的政府所依据的权利，即，每个国家都可以按照它所喜欢的任何形式来管理自己，并随意改变这些形式，这可以通过它认为合适的任何机构，无论是国王、代表大会、议会、委员会、总统或它所选定的其他任何机构；来和外国进行事务联系，国民的意志是应当受到重视的唯一的因素。"他接着说："对一个独立国家发号施令，强行规定其政府形式，这种专横行为极其狂妄和凶恶，因此我们的愤怒和道义感使我们要全力维护受害的国家，并为其祝福，而对于另一个国家，则报以同样有力的诅咒。"〔2〕

在杰斐逊的政治法律思想中，他十分强调在美国建立代议制政府（即共和政府）不仅是为了全人类，并把这种代议制政府称之为理性的政府，只有这样的政府才能给人民以充分的民主权利和言论自由，运用自己的理智和注意人权，等等。"我们有着同一的目标，即促使代议制政府获得成功的目标，我们的行动不仅仅为我们自己，而且为了全人类。我们实验的结果，就是要证明人是否能够负担起自治的责任。受苦受验证的人类渴望地注视着我们，把我们当作他们唯一的希望，因此，在完成这种事业的场所，我们必须遏止一切从大处着想的感性冲动和局部观念，联邦主义的领袖们说，人们不能担负起自己管

---

〔1〕 ［美］菲利普·方纳编：《杰斐逊文选》，王华译，商务印书馆1963年版，第54页。

〔2〕 ［美］菲利普·方纳编：《杰斐逊文选》，王华译，商务印书馆1963年版，第39页。

理自己的责任……我希望并且相信，整个世界迟早会从我们所主张的人权问题上得到好处。"他又说，"我们西方发射出来的同样的光似乎已经散布开来，并启发了原来用以熄减这种光的工具。它使他们依稀认识到自己的权利和权力。代议制政府这一概念已经在他们中间生根和成长。他们的那些主义想到了这一点，因此，才及时主动提出要修正自己的权力来拯救自己。比利时、普鲁士、波兰、伦巴府，等等，现在已经有了恩赐的代议制政府。这些组织在最初可能是有名无实的，但总有一天还是要掌握实权的，舆论是会形成的，即使法国也将实行代议制政府"。"我们巍然屹立着，人们常常把我们当作铁证来证明，一个在组成以后不断地以整个社会的思想为依归的政府，才是一个切实可用的政府。假如我们四分五裂，那么，就会使好人的希望和努力受到挫折，使整个被奴役的世界里到处可见的坏人在其所有的希望和所做的努力方面获得胜利。因此，我们作为天下人类社会的成员，并且由于我们身居高位，对人类负有责任，所以我们的神圣义务就在于抑制我们中间的急躁情绪，同时不要动摇我们为事业所鼓舞的信心，即相信一个理性的政府比一个暴力的政府来得好。"[1]

"愿《独立宣言》在全世界成为唤起人类的信号，使人们去粉碎他们受僧侣般的愚昧和迷信的疑惑而加于自己身上的锁链，享受自治的福祉和安全。我相信，《独立宣言》是会成为这种信号的，固然在某些地方要快些，在某些地方要慢些，但最后所有的地方都会听到这种信号。我们新建立起来的政府形式，使人们重新获得充分的权利不受丝毫限制地运用理智和言论自由，人们都已睁开眼睛来注意人权，科学之光的全面传播已经使每一个人都清楚地认识到这样一个明显的真理，即，广大人类并不是生来在背上就有一副鞍子的，而少数的幸运儿也不是生来就穿着马靴和装上马刺，靠上帝恩惠可以随时理所当然地骑在他们身上的。这些就是对别人抱有希望的根据。至于我们自己，让每年的这一天（7月4日）重复这些权利，重新体会我们对这些权利从未稍衰的热忱。"[2]

（三）两党政治论

美国第一个全国性的政党，即美国民主党成立于1792年，是在杰斐逊的领导下建立起来的，开始称共和党，后改民主共和党。该党在1800年的美国总统的选举中，为杰斐逊的竞选夺得多数票立下功劳，而成为一个真正的全国政党。从1824年至1834年，美国政党制度发生过很大的变化，直到1834年

---

〔1〕 ［美］菲利普·方纳编：《杰斐逊文选》，王华译，商务印书馆1963年版，第36~37页。

〔2〕 ［美］菲利普·方纳编：《杰斐逊文选》，王华译，商务印书馆1963年版，第38页。

辉格党成立后，才出现明显的两党制。美国现行政党制度的特点之一，就是采用两党轮流执政的制度，而杰斐逊是美国两党政治的开山鼻祖。

在杰斐逊执政期间，他组织的政府中，政党的色彩十分的浓厚。他建立政党是基于下列的原则：由公众控制政府；广泛扩大选举权和在法律与程序范围内最大限度的个人自由；严格解释宪法和保护联邦各州的权力；反对权力集中于联邦政府；宗教信仰自由，言论自由以及保障人权等。在 1789 年，杰斐逊就曾这样说过，在每一个自由和慎重考虑问题的社会中，由于人的本性，必然会有相互对立的党派。但是，杰斐逊从来没有从美国两党制度的角度来考虑问题或采取行动。他对待自己参加政党活动的态度是："当原则分歧像在我们国家的共和党人和联邦党人之间表现得那样实在和强烈时，我认为，坚定地、果断地坐在一边是光彩的，而在每一个国家都分为诚实人的党和无赖汉的党时，在他们中间采取中间路线是不道德的。"因此，在美国 18 世纪 90 年代，伴随着政党的建立，每个政党都把自己看成是大众利益的代表者，而把敌对政党看做是国家自由和安全的危害者。

在美国政党制度中，两党之争始于美国独立战争胜利后，由杰斐逊领导的民主共和党和以汉密尔顿领导的联邦党在围绕对美国联邦制度性质的理解，对宪法的解释，对政府的经济政策和对外政策的方向等方面的争论而展开。由于当时两人在美国社会政治生活中都很有名望，且双方敌对的观点又是如此尖锐，这就很容易使人认为两党政治是这种对立和斗争的产物。党派斗争对美国政治制度的形成和发展产生了深远的影响。实际上，正是通过政党的活动和轮流执政，有秩序地控制和改变了美国这个国家的政治制度。

小诺布尔·E. 艾宁文在《杰斐逊的共和党》一文中曾这样写道：杰斐逊党人 1801 年执政时，领导国家在全国性政府的政治权力方面第一次经历了由一个政党到另一个政党的过程。杰斐逊的情况表明，总统可以是他的党的首脑，又可以是国家的领袖。由于党的成熟，才使杰斐逊党人得以掌权，并使他们能够保持权力。但是尽管党已经成熟，政党制度是民主政府的一个有用工具这一观点在合众国内却很迟才为人们所接受。共和党人在野的时候，从未承认联邦党是一个合法的执政党。杰斐逊有时也发表训话，暗示他看到了政党制度的价值，但是，即使他作为总统也从未按照这一前提做事。相反，最初他试图吸收联邦党人参加他的政府，失败后又拒绝承认联邦党是一个合法的反对党。当共和党人 1816 年进入一党阶段时，门罗总统试图取消一切政党，但是他也从未达到忽视先前联邦党的党派这一程度。虽然两党制思想在共和党时代结束时还未被人们所接受。但是，在联邦党与共和党第一政党制度下取得的经验中，却引导人们朝两党政治方向前进。杰斐逊的共和党既显示了成功地去动员全党取得政权的技巧，也表现了负责管理政党的政府方向的才干，因此，他们也就为美国实行政党政府奠定了基础。

（四）反对蓄奴制度

杰斐逊对待美国蓄奴制度问题上的态度和立场，早在《独立宣言》起草时就很明朗，他是不赞成这种罪恶行径的。虽然他本人是个奴隶主，但是，他在起草《独立宣言》的原稿中，本来有一段谴责英王从事贩卖奴隶、建立奴隶制度罪行的文字，只是由于大陆会议代表，特别是南方各州代表的反对而不得不删掉。但是，在杰斐逊的思想中，他毫不含糊地坚持反对奴隶制的一贯思想。他曾相信，两个种族在同一个社会中不能和睦地生活在一起，并担心美国将来总有一天要为这种违反人道主义的罪行而付出极大的代价。至于说到他自己，他说："世界上没有一个人比我更愿意牺牲自己，以求通过任何切实可行的办法使我们摆脱这种厉害的谴责。如果能用那种办法全面解放和释放奴隶，那么舍弃这种命名不当的财产（奴隶），是一件不会使我有所犹豫的小事。"[1]

杰斐逊在《弗吉尼亚记事》中，一再强调必须结束奴隶制度，为全面解放奴隶做好准备。他反对从古希腊时代到资产阶级革命时代，一些思想家把奴隶作为会说话的工具和财产的反动论点。从资产阶级人道主义出发，他同情奴隶所遭受的痛苦，主张全面解放奴隶。但是对于如何解放奴隶，采取何种方式，在他那里是不彻底的，他只提出说，这种全面解放奴隶可能会取得奴隶主的同意，而不是通过把他们消减的方式。这种取得了奴隶主同意去解放奴隶的思想，显然是无法通行的，也反映了杰斐逊思想上的保守和妥协。但是，杰斐逊认为奴隶制的存在是一种不幸，因此，奴隶制破坏了人类天赋的权利和自由，败坏了奴隶主阶级及其子女的道德，使奴隶们养成了好逸恶劳的恶习。因此，"这一可恶的行径必须根绝，对于促成这一盛举的人，天堂有上座席位以待"。[2]

（五）宪法和人权法案

在杰斐逊政治法律思想中，还有一个十分重要的命题，就是他对美国宪法和法律的态度，强调人权法案的重要性。美国宪法第一批修正案是在广大人民的压力下于 1791 年通过的，杰斐逊对此十分赞成，从第一条到第十条修正案，又被人们称之为人权法案。人权法案的出台，杰斐逊做了大量的工作。他说："坚持在新宪法里附上一项人权法案，也就是说，在这一法案中，政府必须宣

<hr/>

〔1〕 ［美］菲利普·方纳编：《杰斐逊文选》，王华译，商务印书馆 1963 年版，第 69 页。
〔2〕 ［美］菲利普·方纳编：《杰斐逊文选》，王华译，商务印书馆 1963 年版，第 67 页。

布信仰自由，出版自由，一切案件均由陪审团审判，取缔商业垄断组织，废除常备军。"〔1〕在谈到言论自由时，他指出：一个共和政府必须尊重人们的言论自由，如果人们没有思想自由和表达思想的自由，就不过是架肉的机器，只借外力而活动。谈到出版自由时，他认为，出版自由可使人们不相信长官而相信公众的判断，向人们打开真理的大门，防止统治者用他们自己的意志来约束人民，篡夺国家大权。谈到信仰自由时，杰斐逊说，信仰自由是个人的事情，国家不应干涉。人们应该齐心协力来维护信仰自由的共同权利。他相信两条真理："人是能够自治的，宗教自由是防止宗教纷争的最有效的方法。"〔2〕人权法案中包括了杰斐逊的这些主张，并补充规定了某些民主和自由的法律条款。

在法律制度下不能墨守成规，不能让死人束缚活人；法律的立、改、废必须和人类思想的进步并驾齐驱。按一定时期修改法律，使宪法不断吸收新的东西，使其日趋完善。除此之外，杰斐逊又把法律同保障民主这个目标紧密地结合在一起。在新的形势下，由于客观的实际需要和自己的利益而制定新的法律，使人民的福利高于成文法律，这是杰斐逊最重要的关于法律特点问题的言论之一。他从美国历史上的实际做法和亲身经历中列举了大量的重要例证，来说明自己观点的正确性。首先，严格地遵守法律，无疑是一个公民最主要的义务之一，但这并不是最重要的义务，遵守由实际需要而产生的法律和拯救国家于安危的法律，才是最高的义务。其次，如果在1825年秋天的时候，联邦政府总统已经知道，可以用不变的代价买下佛罗里达，根据法律规定是没有这笔条款的，但是国会在三个星期后才能开会，怎么办呢？这种情况下，为了祖国的利益，总统是否可以越过法律来办这件事呢？杰斐逊认为是可以的。最后，在"契沙波克号"（英法战争时，1807年英国海军舰队炮击美国船只"契沙波克号"，几乎引起英美军事冲突一事）事件以后，他认为可能发生战争。当时美国的军火库十分空虚，军需物资很少，并没有购买这笔军需物资的拨款。在这种情况下，为了国家的安全，应当不顾一切地去筹备军需物资，事后向国会申述了原委，国会追认这种做法是对的。

（六）法治思想

作为资产阶级政治家、思想家的杰斐逊是一个法治论者，在他的法治思想中，主要包含了下列内容：

1. 建立健全的普选制度。杰斐逊一直坚持普选制度，认为这是保障人民统治政府、矫正社会弊端的良好制度。"左右政府的势力必须全体人民共有。

---

〔1〕 ［美］菲利普·方纳编：《杰斐逊文选》，王华译，商务印书馆1963年版，第55页。

〔2〕 ［美］菲利普·方纳编：《杰斐逊文选》，王华译，商务印书馆1963年版，第73～76页。

假使人民群众中的每一个人都享有几分最高权势，政权就可安如磐石了。"[1]
人民是公共利益最可靠、最保险的保管人，当每一个人都参与对政府的监管工
作，当每一个人每天都管理政府事务时，"他们就会宁愿粉身碎骨，也不肯让
恺撒或拿破仑那样的人来夺取他们的权力"。[2]保障人民权利，使人人享有机
会均等的人权和幸福的唯一办法就是"不是由人民亲自实行的，而是由他们
推举的代表，即每一个贡献财力或人力的支持国家的成年人实行的民治"。[3]

2. 以三权分立和地方层层分权来限制政府的权力。杰斐逊痛恨君主制、
痛恨暴政。"自古以来，任何世袭的君主都不比上一个具有健全理智的人。"
任何事情"君主一旦插手过问，那就为害非浅"。[4]为了防止美国政府权力的
无限膨胀，以致出现暴政，他主张实行三权分立。立法、行政、司法三权集中
在一个主体或个人手中，会产生暴政，毁灭"人的自由和权利"。健全的政府
"不仅仅建立在自由原则的基础上，而且在几个政府机构之间实行分权和相互
平衡，无一个政权机构能够超越其合法限度之外，而由其他机构予以牵制和限
制"。这三个机构的任何一方权力也不能不加限制。如果议会权力过大，就会
成为暴政，"173 个暴君（指下院的 173 议员）和一个暴君一样，都会压迫
人"。[5]如果总统连选连任，势必为总统的终身制铺平道路，进而导致其权力
的膨胀，演变为个人独裁。如果最高法院的权力凌驾于国会和总统之上，就会
取消大多数人的意志而毁灭民主。地方层层分权，共和政体不能搞中央集权
制，而必须实行地方层层分权制，这样的做法有很多好处，它可以防止政府的
蜕化；可以防止它的一切权力集中到一个人、少数人、出身名门的人或多数人
手中；可以使每个人每天都是（政府）事务管理的参与者，让人民监督政府；
可以使每个人都开始关心公共事务；可以避免形成臃肿庞大的官僚机构。

3. 发展小土地私有制，消灭贫富悬殊现象。杰斐逊反对财产上的极端不
平等现象，认识到这种贫富悬殊给人类的大多数人造成了巨大的不幸，但又认
为平分财产是行不通的，"所以主张采取静悄悄地缩小财产上的不平等的办法
予以解决"。这就是实行累进所得税，把未开垦的土地分给无土地的人。他相
信，尽一切可能的办法使没有一分一厘地的人尽量少些，就可在美国建立起一
个以小农为主体的农业社会，使美国人民"既不从事商业，也不从事航海

---

〔1〕 ［美］菲利普·方纳编：《杰斐逊文选》，王华译，商务印书馆 1963 年版，第 56 页。
〔2〕 ［美］菲利普·方纳编：《杰斐逊文选》，王华译，商务印书馆 1963 年版，第 58 页。
〔3〕 ［美］菲利普·方纳编：《杰斐逊文选》，王华译，商务印书馆 1963 年版，第 58 页。
〔4〕 ［美］菲利普·方纳编：《杰斐逊文选》，王华译，商务印书馆 1963 年版，第 55 页。
〔5〕 中国美国史研究会编：《美国史论文集》，生活·读书·新知三联书店 1980 年版，第 184 页。

业，……我们全体国民都将是农民"。[1]

第二节　潘恩和他的《潘恩选集》

一、潘恩生平简介

潘恩出生于英国诺福明郡赛特福德一个基督教教会信徒家庭，由于家境贫寒，他13岁就失学当鞋匠、裁缝和从事农业劳动，青年时期还当过教师、店

潘恩

员和税务官。由于屡遭贫困、失业和饥饿的痛苦，对当时英国贫富不均的现象深有感触。1774年，潘恩移居美国，不久就投入了美国独立战争，达13年之久。在此期间，他先后担任过报刊编辑，格林将军的副官，大陆会议外交委员会秘书，宾夕法尼亚州议会秘书等职，他为美国的独立战争建立了不朽的功勋。他既是一个普通的士兵，又是一个出色的宣传家。他在美国独立战争期间结识了华盛顿、富兰克林等著名国务活动家，并获得了他们的推崇和友谊。美国宣布独立后，潘恩于1787年回到欧洲，参加了当地反对封建运动。他曾参加了法国资产阶级大革命，获得法国公民资格，当过国民大会议员，曾站在吉伦特派一边，反对处死路易十六。在雅各宾派专政期间，被法国政府囚禁于巴黎卢森堡监狱达16个月，后在当时美国驻法大使门罗的营救下获释。拿破仑曾登门求见他，并当面称颂潘恩的卓越智勇。独立战争胜利后，潘恩脱离了军界和政界，潜心于实用科学的研究，发明了单孔铁桥。1802年，他再度返回美国，这时他对美国国内政策的观点遭到联邦党人的攻击，政治上备受冷遇，生活上穷困潦倒。他的晚年孤独凄凉，没有妻室儿女，于1809年病逝。

潘恩作为资产阶级民主主义者和资产阶级思想家，他的主要贡献在于以争论的方式推动革命运动的发展，人们称赞他是一个"自由的使者""一个属于全人类的人"。当时欧美大陆人民的革命运动震撼着全世界，人民期盼自由、平等，希望有一个自由的乐土安身立命。于是有人说："哪里有自由，哪里就是我的故乡。"而潘恩却说："哪里没有自由，哪里就是我的故乡。"这并不意味着潘恩不爱自由，恰恰相反，他酷爱自由，而且不满足于自己独享现成的自

---

〔1〕　中国美国史研究会编：《美国史论文集》，生活·读书·新知三联书店1980年版，第196页。

由，而是要到没有自由的地方献身于争取自由的斗争，为更多的人追求自由。他的主要代表作有《常识》、《林中居民的信札》、《人权论》和《理性时代》等。其中《常识》一书对美国独立战争有过巨大的影响。它既无情地揭露了英国殖民统治的罪恶，又有力地抨击了温和派的妥协立场，因而大大地激发了美国人民争取独立的斗争。华盛顿说，《常识》使包括他在内的许多人的心里起了一种"巨大的变化"的作用。

二、潘恩主要政治法律思想

（一）自然权利论

潘恩的自然权利论，主要反映在《人性论》一书中。此书是他为了批驳英国政论家爱德蒙·柏克攻击法国大革命之作《法国革命随想录》而写成的。1789 年，法国资产阶级大革命发生后，柏克攻击这一具有历史意义的事件，其中主要是攻击法国革命的《人权宣言》，他宣称这个宣言是"关于人权的一纸既无价值又含糊其辞的具文"。为了驳斥柏克的谬论，潘恩写了《人权论》一书，在赞颂法国革命的同时，论述了自己的自然权利论。

人从造物主手中诞生的时刻起就是人。人是他最高的和唯一的称号，人是生而平等的，人之所以不平等是由坏政府"硬要插手进来"，弄得人不为人。任何一部创业史，任何一种传统记述，"不管它们对于某些特定事物的见解或信仰是如何不同，但在确认人类的一致性这一点上是相一致的；我的意思是说，所有的人都处于同一地位，因此，所有的人生来就是平等的，并且有平等的天赋权利"。[1]他说，不论摩西的创业说被视为神职的权威还是历史的权威，都充分说明了这一点：人的一致性或平等。所有的宗教都是关于人类的，就都是建立在人类的一致性之上，即大家都处于同一地位，甚至政府的法律也不得不沿用人的一致性这个原则，只规定罪行的轻重，而不规定人的地位。人权平等的原则不但同活的人有关，而且同世代相传的人有关。根据每个人生来在权利方面就和他同时代人平等的同样原则，每一代人同他前代的人在权利上都是平等的。潘恩说，人生而平等的观点"是一切真理中最伟大的真理，而发扬这个真理是具有最高利益的"。[2]

"天赋权利就是人在生存方面所具有的权利，包括所有智能上的权利，或是思想上的权利，还包括所有那些不妨害别人的天赋权利而为个人自己谋求安乐的权利。"他这儿所说的自然权利，包括言论、出版自由和信仰自由，平等

---

〔1〕《潘恩选集》，马清槐等译，商务印书馆 1981 年版，第 141 页。
〔2〕《潘恩选集》，马清槐等译，商务印书馆 1981 年版，第 141 页。

和追求幸福权利，等等。"公民权利就是人作为社会一分子所具有的权利。"[1]个人要行使这些权利只有把天赋权利存入社会生活，才能享有公民权利，所以人们必须组织起来。

潘恩深信人类应是自由的，仅仅容忍不同的意见是不够的。不仅应当容忍，而且要确认意见的分歧是有益的而又具有创造性的，并且要求给所有的人以平等的权利，而不论他们的意见如何分歧，国家有权对某些行为进行处罚，但是任何情况下都绝对无权迫害和处罚不同意见。一个人喜欢有什么见解，这是他的天赋权利，因为公民权或国家授予的权利只能从天赋权利中产生。

潘恩从天赋权利论出发，反对社会不平等。社会不平等的根源和基础是私有财产。正因为有了私有财产，社会就划分为富人和穷人，人们原来具有的平等关系就受到了破坏，而被不平等的关系所代替。因此，要清除穷人对富人的仇恨，最好的办法就是限制私有制。如富人向穷人让步，共同享受一部分财产，国家对穷人与富人占有财产不均的现象，应当采取调整的经济措施。

潘恩从自然权利论出发，回击了英国的政论家柏克对法国大革命的攻击，在任何国家，从来不曾有，也不能有一个议会，或任何一类人、一代人，拥有权力来永远约束和控制子孙后代，永远规定世界如何统治，或由谁来统治。每一个时代的人在任何情况下都必须为自己的自由而行动。人不能以他人为财产，任何时代也不能以后代为私产。潘恩在这里批驳了柏克关于宪法永久的问题，他认为在1688年或任何别的时期的人民议会都无权处置今天的人民，或以任何形式约束、控制他们。正如今天的议会无权处置约束百年或千年后的人民一样，每一代人都要符合而且必须符合那个时代所要求的一切目的，要适应的是生者，而不是死者。这里体现了潘恩要求历史进步，社会应适应现实，推进人类历史发展的进步主张。

潘恩还论述了"人民主权"和资产阶级共和国思想。天赋权利虽然不能由个人的能力来实现，但社会实现这种权利的能力，即"权力"却来自于统一的天赋权利，利用这种权力来侵犯个人所有的天赋权利是不能容许的。从此观点出发，他认为人民是权利的源泉，而且人民设立立法者，这是他们自然的、不可转让的权利。他把政府看做是人们订立社会契约而产生的一种政治机构，其目的在于保护公民的权利和自由。因此，最好的政府就是保障人民的安全以及他们的权利和自由的政府，又能以最小的花费而为人民谋取最大利益的政府。

---

[1]《潘恩选集》，马清槐等译，商务印书馆1981年版，第142~143页。

(二) 国家起源论

潘恩同资产阶级启蒙思想家一样，在国家起源问题上以社会契约论作为其思想基础。但是他却是西方思想史上最早把社会和国家分开的思想家之一。社会和政府 (他把政府和国家混为一谈) "不但不是一回事，而且有不同的起源。社会是由我们的欲望所产生的，政府是由我们的邪恶所产生的"。前者使人们一体同心，积极地增进幸福，它鼓励交往，是一个奖励者，后者制止人们的恶行，消极地增进幸福，它制造差别，是一个惩罚者。"社会在各种情况下都是受人欢迎的，可政府呢？即使在其最好的情况下，也不过是一件免不了的祸事，在其最坏的情况下，就成了不可容忍的祸害。"〔1〕

政府 (国家) 是如何产生的呢？潘恩把这个问题归于三点：产生于迷信的僧侣控制的政府；产生于权力的征服者的政府；产生于社会契约论的理性政府。

假定有少数人在地球的某个隐蔽的地方住下来，同其余的人不发生联系。生活在这样自然状态下的人，其自然需要总是超过他个人的能力。没有社会的帮助，谁也无法满足自己的需要。他的心境又不堪永远的寂寞，这使他不久就被迫寻求另一个人的帮助和安慰，而对方也有同样的要求。四五个人通力合作，就能够在旷野上兴建一个住所。这样，"那些对每个人都起作用的需求迫使人全部参加到社会中来，就像引力把万物吸引到一个中心一样自然"。〔2〕潘恩把这叫做人的秉性和社会感情，并由此肯定，人天生是社会的人，几乎不可能把他排除在社会之外。

人们受客观需要推动而组成社会以后，他们彼此就在社会生活中确立起幸福，这时根本不存在法律和政府，各行各业相互依存，共同兴隆。"凡是交给政府去做的事，社会几乎可以自己来做。"〔3〕如果人们始终以真诚相待，就不必有法律和政府的约束。但是，在这样的社会里，必然要发生这样的情况："他们刚刚克服了那些在共同的事业中把他们团结起来的迁居之初所遇到的重重困难之后，立刻便开始忽视对此应尽的责任和应有的情谊。这种懈怠表明有必要建立某种形式下的统治，来弥补德行方面的欠缺。"〔4〕于是，第一步，全体移民就在大树下聚会，讨论公共问题，以某种条例形式订立了第一批法律；第二步，随着移民区的发展的公共事务的增多，他们就同意从全体成员中选出优秀的分子来专门管理立法工作；第三步，随着移民区的继续发展，扩大代表

〔1〕《潘恩选集》，马清槐等译，商务印书馆 1981 年版，第 3 页。
〔2〕《潘恩选集》，马清槐等译，商务印书馆 1981 年版，第 229 页。
〔3〕《潘恩选集》，马清槐等译，商务印书馆 1981 年版，第 229 页。
〔4〕《潘恩选集》，马清槐等译，商务印书馆 1981 年版，第 4 页。

的名额，使各部分利益都能顾到，同时把整个区域分成若干部分，使每个部分都有相应的代表，然后在此基础上组成了政府。潘恩说，理性政府就是这样起源和兴起的，"政府是由于人们德行的软弱无力而有必要采用的治理世界的方式，由此可看出政府的意图和目的，即安全自由"。[1]政府是由人们缔结契约而产生的，不过不是统治者与被统治者之间订立的契约，而是许多个人以及他们自己的自主权利相互订立一种契约以产生政府，这是政府有权利由此产生的唯一方式，也是政府有权利赖以存在的唯一原则。

潘恩这样论证国家起源的目的，是想说社会和国家（政府）的不同，政府不过是按社会原则办事的全国性社团，其目的在于造福全体国民，保障人们的和平与安全，使之享受自己的劳动果实和财产所得。潘恩的这种观点，与许多资产阶级启蒙思想家既有共同之处，又有相异之处。在潘恩心目中，政府是强加于人的，"政府的必要性最多在于解决社会和文明所不便解决的少量事务，众多的事例表明，凡是政府行之有效的事，社会都无需政府的参与而一致同意地做到了"。[2]社会具有一种天然的适应性，有更大更多的能力与资源去适应任何处境。"正式的政府一废除，社会就立即行动起来，成立总的联合组织，共同利益产生共同安全。"[3]政府必须依据社会原则办事，如果它同社会闹独立性，根据不公平的利益和压迫形式，在社会的任何部分制造与助长了罪恶，那么，它一定是建立在一种错误的制度上，非加以改革不可。这样，潘恩就不仅从自然权利论，而且从政府是社会的一个必要祸患这种理论，引申出了革命和革命战争合理的结论。

革命和推翻君主制，建立共和制度是人民的天赋权利。由政府的起源可知，政府不是出自于人民之中，就是凌驾于人民至上。一个建立在由社会产生的立宪政府据以建立的那些原则上的政府，不能有改变自己的权利。如果它有了这种权利，就会专断独行。根据契约而建立起来的政府，"不是任何人或任何一群人为了谋福利就有权利开设或经营的店铺，而完全是一种信托，人们给它这种信托，也可以随时收回，政府本身并不拥有权利，只负有义务"。[4]如果政府不以公众利益为其独一无二的目的，如果一个政党或政府用暴力违抗国民的公共意志，人们就可以利用理性和共同利益这个最大力量发动革命，按照自己的天赋权利组织自己的政府。在潘恩看来，普遍革命是不可避免的事。"由于革命已经开始，自然希望别的革命接踵而来。各国旧政府赖以惊人而还

---

〔1〕《潘恩选集》，马清槐等译，商务印书馆1981年版，第5页。

〔2〕《潘恩选集》，马清槐等译，商务印书馆1981年版，第230页。

〔3〕《潘恩选集》，马清槐等译，商务印书馆1981年版，第230页。

〔4〕《潘恩选集》，马清槐等译，商务印书馆1981年版，第145页。

在不断增加的经费，它们所从事或挑起的许多战争，它们在普及文化和通商方面所制造的困难，以及它们在国内进行的压迫与掠夺，已经使人忍无可忍，并且耗费了世界的财富，在这种情况下又有现成的例子，革命的发生是指日可待的。"[1]潘恩说，从人类进步的角度不难看出，世袭政府已濒于衰亡，建立在国家主权与代议政府的广泛基础上的革命正在欧洲取得进展，预见革命来临并用理性和适应性来促进革命发生，而不听任它们成为骚乱，这才是明智之举。他相信，现在是革命时代，在这个时代里任何事情都可能发生。革命的目的在于改变政府的道德面貌，使人们享有那种现在被剥夺的富裕生活。以往的美国革命和法国革命，则使世界上事物的自然程序焕然一新，并将道德和政治上的完美以及国家繁荣结合在一起。潘恩强调指出：主权作为一种权利只能属于国民，而不属于任何个人。一国的国民在任何时候都具有一种不可剥夺的固有权利去废除任何一种他认为不合适的政府，并建立一个符合他的利益、意愿和幸福的政府。

（三）国家政体论

潘恩同许多西方法律思想家一样，把国家政体分为君主政体、贵族政体、民主政体和代议制政体。君主制中他又分为世袭制君主制和选举制君主制两种形式。在这些政体中，最好的政体形式是代议制政体。代议制政体以社会民主和文明为基础，以自然、理性和经验作指南。他的理想是建立资产阶级的民主共和国，因为共和国完全体现了建立政府的目的，共和国的宗旨和目标是为公共事务或公共利益，它是为了个人和集体的公共利益而建立工作的政府。但这里所指的个人显然不是君主政体那种腐朽的目的，即只为君主个人服务，国家成为君主的私人财产，共和国是与君主政体相对立的。

君主制政体是最不适应的政体形式，君主制的弊端多的不可胜数。既然人生而平等，但是君主却将人分为君主和居民，是一类人降世人间就高人一等，招致了人类的苦难。在专制政府中国王便是法律，所有君主制政府都是好战的，它们以战争为业，以掠夺和征税为目标，其历史就是一幅人类悲剧生活的可憎画面，臣民难得有几年休养生息的可能，常常呈现出一幅宫廷不断搞阴谋诡计的图景，完全是一个骗局，不过是诈取金钱的宫廷争斗。在我看来总归是可鄙而又愚不可及的，表面上壮观肃静，但如果幕布偶然打开，大家看到它的真相，就会捧腹大笑，即便是英国资产阶级革命胜利后建立起来的君主立宪制，实际上也是纯粹君主政体，它所能做的事情，往往不外乎就是挑起战争和卖官鬻爵。

---

〔1〕《潘恩选集》，马清槐等译，商务印书馆1981年版，第277页。

君主制不好，世袭制当然也不好。潘恩用自然权利论来鉴别世袭制时，他肯定地指出世袭制也是一种很坏的政体形式。世袭制之所以坏，主要原因在于：

第一，它不符合人生而平等的原则。世袭制的基本特征就是把人当作权利来继承，实质上是把人当作牲口来继承。即使人们当初通过契约的方式推选一个人为王来统治自己，他们也没有权利允许这个王者的子孙来统治自己的子孙。"虽然他们可以说：'我们推你做我们的王。'他们却不能说：'你的子孙的子孙可以永远统治我们的子孙和我们的子孙的子孙。'而侵犯自己后代的权利。"如果他们恰好做出这样的许诺，那就是"一种愚蠢的、不公正的、不合人情的约许"。[1]

第二，世袭制与《圣经》中的原罪是一回事。从国王的产生来看，王位世袭制是没有理由的。一个国王，无非是通过抽签、选举和篡夺三种方式产生。如果首任国王是由抽签产生，那下任国王也可以由抽签而不能世袭产生。如果首任国王是由选举产生，那也不能成为下任国王世袭的先例。因为要是第一批选民不仅选举了国王，而且选举了一个世袭的王族，从而抛弃了一切后代的权利，那么就好比《圣经》所说，人类的自由意志都断送在亚当之手这一原罪上了。"体现在亚当方面的是已都犯了罪；体现在第一批选民方面的是人人都唯命是从；体现在前者的是人类都受撒旦的摆布，体现在后者的是人类都受统治权的支配。由于前者我们丧失了纯洁，由于后者我们丧失了主权。"[2]可见，世袭制同原罪说是相同的。至于经由篡夺而为国王，那他根本就没有存在的理由，更不用说王位世袭了。

第三，世袭制政府的本质是暴政。世袭制政府是强加于人类的。自然权利告诉人们，没有任何一个人或一帮人曾经有过能够世袭政府的权利。一切世袭制政府按其本质来说都是暴政。一顶世袭的王冠，一个世袭的王位，诸如此类异想天开的名称，意思不过是说人是可以世袭的财产。世袭制的荒谬，就在于它造成祸害的严重性。仅就内战和外国战争来说，因争夺世袭王位而引起的内战比因选举而引起的内战次数要多得多，而且更可怕，持续的时间也更长。法国、英国和西班牙等国往往发生长达几十年甚至上百年的内战，都是由此引起的。这些战争给人类造成了无穷的灾难。它不仅使某个王国而且使整个世界都陷入血泊和瓦解之中。

第四，世袭制是智力上拉平的制度。世袭制不加区别地让各种人掌权。国

---

[1] 《潘恩选集》，马清槐等译，商务印书馆1981年版，第14页。
[2] 《潘恩选集》，马清槐等译，商务印书馆1981年版，第16页。

王不是作为有理性的人，而是作为野兽即位。这种政府没有固定性，今天一个样子，明天另一个样子，它会干出什么事来，完全随着各个继承人的性情而定。"它带着幼稚、老朽和昏聩等特征出现在人们面前，是一种要吃奶，要人牵着走或拉着拐杖走的玩意儿。它把生气勃勃的大自然秩序弄得颠倒了，它经常叫幼儿顶替大人，把乳臭小儿的狂想当做智慧与经验。一句话，我们再想象不出一种比世袭继承制在各方面表现出来的更加荒谬可笑的政府形象了。"当一个普通技工也需要一些技能，但是当一个国王只要有一个人的模样，一个会呼吸的木头人就行了。这种国王只能是一个暴君，一个白痴和疯子，或者三者兼备。这种人不要说无资格当国王，甚至都不配当一个警察。总之，在潘恩看来，世袭制政府是十足兽性的政体形式，简直是理性与人类的奇耻大辱。

至于贵族制，它同君主制具有同样的罪恶和短处，只是在起用人才方面，从人数比例来看，机会要多些。但是在人才的合理使用方面，还是没有保障。把民主制作为基础保留下来，同时摒弃腐败的君主制度和贵族制度，代议制就应运而生，并弥补了简单民主制在形式上的各种缺陷，以及其他两种政体（君主制和贵族制）在知识上的无能。把代议制和民主制结合起来，就可以形成一种能够容纳和联合不同利益、不同大小领土、不同数量的人口的各州政府体制。他还认为，在代议制下，不管做什么事都必须把道理向公众讲清楚，每一个人都是政府的托管人，把了解政府的情况看做是他的财产，所以他审查政府的费用，并比较其利弊。最重要的是，在代议制政体下，他从来不盲目地跟从在其他政体中被称作领袖的那种奴才作风。

（四）社会改革论

作为一个激进的资产阶级思想家，潘恩不仅坚决主张用革命的手段改变欧美的社会制度，而且向往一种理想的社会，主张以改革求得社会进步。"只有通过每个国家对自己政府进行改革，整个世界才能得到改善，从而享有改革所带来的充分利益。""像人间一切事物一样，政府本来应该随时加以改进。可是世世代代以来，它却一直为最愚蠢最坏的人所垄断。"他希望通过改革，出现一个"穷人不受压迫，富人没有特权"的社会。他自己这样说过，在探讨改革这个问题时，"我不求报酬，也不怕后果，我满怀成败不计的豪情壮志来提倡人权"。[1]他非常推崇法国的《人权宣言》和宪法，认为它是其他国家应当仿效的榜样。潘恩所提出的改革内容主要包括以下：

1. 废除贵族制。法国宪法规定，废除一切头衔，这样一来，在一些国家称为贵族，在一些国家称为望族的名目繁多的人就都被取消了，贵族也上升为

---

〔1〕《潘恩选集》，马清槐等译，商务印书馆1981年版，第283页。

"人"了。他认为，贵族头衔是个绰号，它标志着人性格上的一种浮夸习气，从而使人的性格降格，使男人在大事中变得渺小，使女人在小事中变得虚伪，废除头衔，就好比一个人穿上成人服装，抛弃伯爵、公爵这类儿童服装。他进一步强调指出，无论从前面看还是后面看，从侧面看还是以其他角度看，贵族始终是个怪物。取消贵族制，有着正当的理由，这就是：贵族天然不配作为一个国家的立法者，因为他们没有什么公正思想或荣誉观念，"世袭立法者的观念正如世袭法官和世袭陪审团一样不合理，也像世袭数学家、世袭哲学家或世袭桂冠诗人一样荒谬可笑"。[1]贵族这种人对任何人都不负责任，不应受到任何人的信任；贵族制继续推行以征服为基础的政府的野蛮原则，以及人以人为财产并以个人权力统治他人的卑劣念头。贵族制倾向使人退化，因为它组成排他性婚姻集团，不与社会大众通婚，故而造成这种情况：世界上最杰出的人都是平民出身，贵族始终跟不上平民的步伐。

既然贵族没有存在的理由，英国那种两院制中的贵族院也应废除。贵族院是在一种与法律相对抗的基础上建立起来的，它等于是具有共同利益的人结党营私。贵族院由全部以出租地产业为主的人组成，那么其权力的唯一用途无非是要逃避地产税。贵族院是一个阶级的人为保护一种特殊利益而组成的一个立法院，如果按照这个原则办事，那么就应有农民院、商业和制造商院，可是他们只允许自己做而不允许别人这么做。在列举了贵族院种种弊端的基础上，潘恩说，他谈到这些事情，并"不是感情用事，而是出于人道主义……我的幸福在于独立自主，我是按事物的本来面目来看待事物，而置地位与显贵于不顾；我把整个世界当做我的祖国，而以行善为我的信仰"。[2]

2. 进行宗教革命。潘恩在被法国雅各宾党人因于巴黎卢森堡监狱期间，写下了他专论宗教思想的《理性时代》一书。其中说道，自他发表《常识》以来，就看到很有可能在政治制度的革命以后会跟着来一个宗教制度的革命。他认为，这个革命的第一个内容就是政教的分离，因为教会和国家的结合，产生了龌龊的关系，妨碍了国家的繁荣，使"依法建立的宗教"得以运用国家的力量达到自己的目的。

潘恩对基督教及其工具《圣经》进行了无情的抨击，"每一个国家的宗教或教会都是假装着遵循上帝托付给某些个人的特别使命而建立的"。[3]"但是，我没有亲身经历也没有看到过那个上帝，那个神和那个天使，所以我有不

---

[1] 《潘恩选集》，马清槐等译，商务印书馆1981年版，第158页。

[2] 《潘恩选集》，马清槐等译，商务印书馆1981年版，第293页。

[3] 《潘恩选集》，马清槐等译，商务印书馆1981年版，第350页。

相信它们的权利。""从《创世纪》到《启示录》为止的《圣经》是一部什么样的书呢？是一部粗野的罪恶史，和最卑鄙最无耻的故事的搜集，其中充满了猥亵故事，放荡淫秽，残酷的处死方法和无情的报复"，"与其称它为上帝之道，不如称它魔鬼之道较为贴切。它是一部邪恶的历史，曾经用来使全人类变为腐败和野蛮。"[1]《新约》是一个奇怪的体系，它所讲的每一件事与它所要装出来的效果正好相反，它所建立起来的宗教只注重于豪华与收入，而假装着要效法一个生活谦虚和贫穷的人。为了豪华收入这个目的，他们就提出了赎罪说，自赎罪说论出世以来教会没有提出过任何外来证据来加以证明，人们只能考察它的内部证据：这个内部证据证明，赎罪理论是金钱的正义，而不是道德的正义，它仅仅建立在金钱的观点上。而基督教则是借刀剑建立起来的。耶稣的十二个信徒不可能用刀剑开始，因为他们没有那种力量。但是，基督教的宣传者们有了足够的力量，就用起刀剑来了。他们用火柱刑，也用柴烧。除此之外，基督教是以《圣经》为基础的，而《圣经》完全用于毁灭。基督教以神秘、奇迹和预言作为欺骗人类的三种主要手段，编造"方便的谎话"，对抗和迫害科学。

在对基督教批判的基础上，潘恩提出自己的宗教思想，即一方面实行政教的分离，而更重要的则是以科学知识去取代宗教信仰，这是潘恩在宗教问题上明显高于其他思想家的一个独到之处。"造物主的《圣经》，其内容是无穷的。科学的每个部分无论同宇宙的几何学，同种植物生命的体系或无生物质的性质有无联系，既是一种哲学教科书，又是一种信仰的经文；既是人类进步的教科书，又是感恩的经文。或许要这样说，如果宗教的体系发生一次革命，每个牧师都应该是哲学家，这是极其肯定的。每一个虔诚的学校都是一所科学的学校。"[2]要使科学成为经文，使牧师成为哲学家，使每个家庭成为一所科学的学校，这就是潘恩宗教的思想精华，也是理解他所说的"凡是劝人为善的宗教就是好的宗教"含义的关键。

3. 缩小贫富差别。潘恩以他的民主主义眼光，充分认识到不进行改革，就无法解决诸多社会问题及其产生根源。一个国家每年从公款中以一百万英镑养一个人，而千万人则短吃少穿，面容枯槁，在苦难中挣扎，这是不人道的。"政府并不存在于监狱与宫殿、贫穷与富贵的对比中；政府的建立并不是为了掠夺穷人仅有的一点东西，使受苦人更苦。"[3]政府的职责在于教育青年和供

〔1〕《潘恩选集》，马清槐等译，商务印书馆1981年版，第361页。
〔2〕《潘恩选集》，马清槐等译，商务印书馆1981年版，第512页。
〔3〕《潘恩选集》，马清槐等译，商务印书馆1981年版，第269页。

养老人。在一个文明的国家中，如果看到老年人进济贫院，青年人被绞死时，就表明政府的制度一定出了毛病。种种问题的存在表明非常需要改革。可是富有的人是不愿意进行这种改革的。因此，改革的力量只能依靠穷人进行。为此，他确定改革的标准必然是以穷人是否得到利益为依据的。这个标准就是："世界上哪一个国家能够这样说，我国的穷人是幸福的；他们中间既无愚昧也无贫困；监狱中没有囚犯；街道上没有乞丐；老年人不愁衣食；捐税并不繁重；理性世界和我亲昵；因为我和幸福亲昵；一个国家如果这样说了，就可以为他的宪法和政府自负了。"[1] 这样说来，潘恩是以穷人代言人的身份提倡社会改革的。换言之，尤其是自立能力不弱的弱者，以限制祸害，消减极端不平等现象。

（五）宪法思想

潘恩指出，有必要确定宪法的含义。"给它下一个标准的定义。""宪法不仅是一种含义上的东西，而且是实际上的东西。它的存在不是理想的，而是现实的；如果不能从具体的方式产生宪法，就无宪法而言。宪法是一种先于政府的东西，而政府只是宪法的产物。"[2] 这就是说，宪法的基本特点在于对事实的肯定，在于有现实的内容，在于通过具体方式产生，而不是空调的、理想的东西。

一个国家的宪法不是政府的决议，而是建立政府的人民的决议。宪法在法律体系中占有重要的地位，它是法规的主要部分，可以参见或逐条引用。宪法的基本内容，应当是指政府建立的原则，政府组织的方式，政府的权力和职责范围，选举的方法，议会的任期即行政部门的职权，等等，潘恩的结论是："宪法对政府的关系犹如政府后来所指定的各项法律对法院的关系。法院并不制定法律，也不能更改法律，它只能按已制定的法律办事；政府也以同样的方式接受宪法的约束。"[3] 政府据以建立的基础应该是宪法，政府据以行使职权的原则应该由宪法来规定。他还强调指出，一国的宪法是由人民制定的，而不是由他国制定的。这显然是反对英国殖民主义者对北美人民的统治和对制宪活动的干涉。

英国根本不存在宪法，英国人民还需要制定一部宪法。因为英国政府是自征服而产生的政府，而不是从社会中产生的政府，它是凌驾于人民之上的政府，而不是出自于人民的政府。他比较了解英法两国的宪法，认为英国选民资格是最受限制和不合理的。各地代表名额与纳税居民或选民人数没有一定的比

---

〔1〕《潘恩选集》，马清槐等译，商务印书馆 1981 年版，第 330 页。

〔2〕《潘恩选集》，马清槐等译，商务印书馆 1981 年版，第 146 页。

〔3〕《潘恩选集》，马清槐等译，商务印书馆 1981 年版，第 164 页。

例，毫无原则。而法国宪法则比英国要合理得多。在此基础上，潘恩热情赞颂了法国宪法。

第三节　汉密尔顿和他的《联邦党人文集》

一、汉密尔顿主要生平简介

汉密尔顿

亚历山大·汉密尔顿（Alexander Hamilton，1757年~1804年）是美国建国初期的资产阶级政治家和法学家，他生于印度群岛的乃威尔斯岛。他于1772年进入纽约皇家学院读书，在美国独立战争期间，因作战有功而升任华盛顿总司令的副官和军事秘书，对华盛顿思想产生了重要影响。1781年他辞去军职，研究国家财政问题。次年被选为联邦国会议员。1787年作为纽约州代表出席费城制宪会议。1789年出任华盛顿政府的财政部长，在职期间与杰斐逊成了政治对头，但是在1800年美国总统选举中的关键时刻，他投了杰斐逊一票，使杰斐逊当选美国总统。这主要是因为他更讨厌杰斐逊的竞争对手——阿伦·伯尔。1804年，他在与死敌阿伦·伯尔的决斗中死去。

汉密尔顿是在美国独立战争前后起过重要作用的资产阶级代表人物，在美国独立战争期间他作为工商业资产阶级和大种植园主利益的主要代表人物，在制宪、国家政权建设、财政等问题上同以杰斐逊为首的民主共和党人开展了激烈争论。作为华盛顿总统的密友，他对华盛顿产生了极其重要的影响。华盛顿在1796年9月16日发表的《发表词》就是由他起草并由华盛顿自己修改润色的。汉密尔顿也是美国联邦党人的主要首领，以他为首的联邦党人的政治法律思想集中反映在由他编撰的《联邦党人文集》中。这本书在美国出版并大量印刷发行，并有法、意、德多种译本，在世界上颇有影响。

二、汉密尔顿《联邦党人文集》一书体现的法律思想

（一）分权与制衡理论

汉密尔顿坚持孟德斯鸠的观点，没有分权就没有自由。立法、司法和行政权力掌握在同一个机关手中，不论是个人、少数人，不论是世袭、任命或选举产生都是"虚伪"，都是对自由宪法原则的破坏。因此，要保障自由就要实行

分权，即严格划分立法、司法、行政三个部门的权力界限，把权力均匀地分配到不同的部门，使各个部门独立地行使自己的权力。为了切实保障政府各部门的权力划分和独立性，汉密尔顿认为，首先应当做到各部门有自己的意志，使各个部门的成员对其他部门成员的任命尽可能地少起作用，使各部门人员的任命都来自同一权力来源——人民。这样就可使每一部门的人员消除对另一部门的依赖。为了保证这一点，各部门人员的公职报酬也不应当依靠其他部门的供给，而应当由法律作出规定，因为对某人生活有控制权，等于对其意志有控制权。其次，保障权力最可靠的办法"就是给予各部门的主管人员抵制其他部门侵犯的必要法定手段和个人的权力"。[1]汉密尔顿把一个部门越权的行为称为"进攻"，把另一个部门抵制其他部门干涉的权力称作"防御的权力"。但强调有关防御的规定要能够与越权的攻击性危险相适应，足以防御这种攻击，因为掌权的人都有野心，野心必须以野心来对抗。

汉密尔顿进一步论述权力应当受到制约。为了达到各种权力相互制衡，所谓"三权分立"就不是三种权力绝对的隔离分治，而应当存在着三种权力的相互联系，正是为了相互制约，才存在着权力间的局部混合。他写道："只有各个权力部门在主要方面保持距离，就并不排除为了特定目的予以局部的混合。此种局部混合，在某些情况下，不但并非不当，而且对于个权力部门之间的互相制约甚至还是必要的。"[2]

与权力相互牵制相关的另一个问题是权力的平衡，这实际上是权力相互制约的一种延伸和补充，也可以说是权力制约的另一个方面。围绕防止侵权这一宗旨，汉密尔顿主张要平衡三个部门的权力，要使每一个部门的权力对其他两权来说不具有压倒的优势，要使三者彼此在权力、力量的对比上形成均势。他首先论述了平衡立法权的优越性，他非常赞赏他的同伴，另一个联邦党人麦迪逊的观点。麦迪逊认为立法部门在政府部门中经常获得优越的地位，其法定权力也较广泛，同时又不受到财政的限制，立法部门便更容易用复杂而间接的措施，掩盖他对其他部门的侵犯。汉密尔顿也认为在纯粹的共和政府中，立法权高于一切的倾向是不可避免的，立法部门由于有了人民广泛的支持，民选的代表往往以人民而

〔1〕 ［美］汉密尔顿、杰伊、麦迪逊：《联邦党人文集》，程逢如等译，商务印书馆1980年版，第264页。

〔2〕 ［美］汉密尔顿、杰伊、麦迪逊：《联邦党人文集》，程逢如等译，商务印书馆1980年版，第337页。

自居，厌烦各方面最小限度的反对，常常表现出企图蛮横控制其他部门的倾向，这样就会造成多数人侵犯少数人的危险。针对这种情况，他主张要消除议会权力。限制议会权力的方法就是在国会内部设立参议院和众议院，参议院高于众议院，参议院"一定会在一切情况下都能成为对于政权的一种值得赞赏的制约力量"。[1]汉密尔顿历数了一院制的害处，认为一院制使议院易为感情冲动所左右，为帮派所操纵，为野心所驱使，为贿赂所腐蚀。众议院任期短，不便研究法律和国家全面利益，导致轻率、错误的立法。两院制则可以纠正上述弊端，他同时主张两院产生的途径不同，众议院按人口比例由选民直接选举产生，参议院则对议员的财产资格作出严格的限制，以此来"冲销"由民选产生的众议院，造成国会内部的自我约束，并对国会的权限作出严格的限制。

为了平衡权力，不仅要削弱议会权力，与之相适应的还要加强行政和司法部门的权力。行政权力必须强而有力，保证行政机关强而有力的基本因素是："统一、稳定、充分的法律支持，足够的权力。"[2]行政部门应集权于一人，统一才有力量，一人行事最有利于明智审慎，有利于果断、灵活、保密和及时。相反，如果行政首脑一职多人，则使行政部门内无以减缓各首脑的分歧，必然导致行政计划和措施的执行受到干扰。行政机关内部首脑出于各自的自尊心，固执己见，使社会利益牺牲于个人的虚荣自负，而且很容易掩盖各自的错误和责任。所以，汉密尔顿强调要赋予总统极大的权力，来加强行政部门的权力和效率。

对于司法权，汉密尔顿十分赞同孟德斯鸠关于司法是"三权"中最弱的说法。司法部门具有荣誉地位的分配权，又无财权，不能支配社会的力量和财富，不能采取任何主动的行为。由于司法部门这样软弱，必然招致其他两方的侵犯和威胁。所以，汉密尔顿认为司法权应当独立，实行法官终身制。法官的薪俸由法律规定，保证法官任职的固定。他写道："合众国任命的一切法官，只要行为正当即应当继续任职……以行为正当作为法官任职条件无疑是现代政府最宝贵的革新。"[3]司法独立的另一个表现就是法院有权解释法律，有宣布国会制订的法律是否违宪的"违宪审查权"。汉密尔顿指出，法律的执行是通过法院来实现的，所以，法院成为人民与立法机关的中间机构，以监督后者限于权力范围内行事，解释法律乃是法院正当与特有的职责。"法官的独立是保

---

〔1〕［美］汉密尔顿、杰伊、麦迪逊：《联邦党人文集》，程逢如等译，商务印书馆1980年版，第315页。

〔2〕［美］汉密尔顿、杰伊、麦迪逊：《联邦党人文集》，程逢如等译，商务印书馆1980年版，第315页。

〔3〕［美］汉密尔顿、杰伊、麦迪逊：《联邦党人文集》，程逢如等译，商务印书馆1980年版，第390~391页。

卫社会不受偶发的不良倾向影响的主要因素，并不仅是从其可能对宪法的侵犯方面考虑。有时此种不良倾向的危害仅涉及某一个不公正或者带偏见的法案对个别阶层人民权利的伤害，在这种情况下，法官的坚定不阿在消除与限制不良法案的危害方面也有较为重要的作用。它不仅可以减少已经通过的类似法案的危害，并可以牵制立法机关的通过。"[1]

（二）联邦主义

美国独立战争胜利后，特别是在1787年制宪会议结束后，围绕美国国家结构问题，联邦党人与反对派展开了激烈的争论。汉密尔顿详尽地分析了联邦政府的弊端，"目前邦联政府结构上的主要弊病，在于立法原则是以各州或各州政府共同或集体的本能为单位，而不是以它们所包含的各个个人为单位，虽然这一原则并没有贯穿到授予邦联的全部权力之中"。不以个人为原则，而以各州为单位，就不可避免各州之间为了本州的利益而舍本逐末，且使全局利益受到危害。而目前的联邦正是对分散的各州权力的一种肯定。汉密尔顿在此基础上论述了联邦制优越性和必要性，它主要表现在以下几个方面：

1. 独立的美国不是由分散或彼此遥远的领土组成，而是一个连成一片、辽阔、肥沃的国家。这里的人民和谐如一，在一次长期的流血战争中光荣地建立了全体的自由和独立，这份非常合适和方便的遗产，绝不应当分裂为许多互不交往、互相嫉妒、互不相容的独立王国。

2. 只有联邦才能保证美国的和平与统一。一个统一的、强有力的政府才能有效地抵御外来侵略。这一点是13个分散的小国或三四个邦联所无法比拟的，在统一的联邦政府中可以统一地解释各种国际条约、条款和国际法，以免违反条约和国际法所招致的战争祸患，政府的管理、政治计划和司法决定都会比各小国更系统和更恰当。

3. 联邦可以防止内乱。如果美国分为13个独立小国，就不会长期保持相互间的均衡力量，各小国都要为自己的利益而同他国抵触，甚至投靠欧洲列强，美国将成为欧洲列强分治和各种阴谋诡计的牺牲品。

4. 只有联邦才能造成一个健康、强有力的政治局面，能够集中联邦内最优秀人物的才能和经验，充分利用全国的资源和力量。

5. 只有联邦才能减少军队数量，避免军事专政主义。联邦国家可以减少内部侵略摩擦并且提高军事素质，所以联邦军队比各小国设置的军队总和要少得多。

6. 联邦有助于减少国内的"党争"，镇压叛乱。这里所说的"党争"，并

---

[1] [美]汉密尔顿、杰伊、麦迪逊：《联邦党人文集》，程逢如等译，商务印书馆1980年版，第394~395页。

不是指各政党之间的斗争，是指人民大众反对富人阶级的联合和斗争。

7. 联邦有助于促进种植园经营、工业、贸易、税收、航海、渔业等社会经济的发展。比如，在贸易方面，美国得天独厚的自然资源和美国人的冒险精神是进行贸易的有利条件，发扬了两大有利条件就需要建立联邦政府。不统一，权力分散，就无法同欧洲列强进行经贸往来，自然资源和优势也无法发挥，在外贸活动中必然会遭到欧洲列强的压抑和掠夺。与贸易密切相关的是税收，建立联邦政府也是税收的有力保障。

（三）法律的一般理论

汉密尔顿也谈及了法的一般理论问题，其中比较重要的有以下两个方面的内容：

1. 国家的政策和法律必须稳定。"政策多变，在国内造成的后果是灾难性更大。享有自由的好处本身也受到荼毒。法律之多，连篇累牍，加以矛盾百出，读此何益？而且朝令夕改，隔夜即不知何所适从；如此法律，虽由民选代表所定，于民何益？法律原则是行为的准则，如果人皆不知，又怎样动辄更订，怎样遵之以为准则呢？"〔1〕法律的这种繁琐和混乱状态，只对少数精明和富有的人有利，而对那些不但不了解情况，而且文化水平又低的多数人民是不利的。这样一看，一国的法治就成了无从谈起的问题了。

2. 法律必须附有制裁手段，才是有效的法律。汉密尔顿认识到法律是由国家制定并由国家强制力保证实施的行为规则，"政府意味着有权制定法律。对法律观念来说，主要是必须附有强制手段。换言之，不守法要处以刑罚或惩罚"。〔2〕这里对于法律与国家关系的揭示，比一般资产阶级法学家所鼓吹的法律至上论要高明得多。反之，"如果不守法而不受处罚，貌似法律的决议或命令事实上只不过是劝告和建议而已"。〔3〕汉密尔顿又进一步把法律和道德、舆论、友谊等严格地区别开来，无疑，这是正确的。对于违法者实行处置或惩罚的方式，汉密尔顿认为有两种，一是由法院和司法人员处置，即武力上的强制，这是用来对付政治团体、社团或各州的。前者通过司法程序进行，后者直接凭借武力行动。第二种情况，其实主要是影射联邦政权对大规模的革命以及地方的反叛行为的镇压。

---

〔1〕 ［美］汉密尔顿、杰伊、麦迪逊：《联邦党人文集》，程逢如等译，商务印书馆1980年版，第317~318页。

〔2〕 ［美］汉密尔顿、杰伊、麦迪逊：《联邦党人文集》，程逢如等译，商务印书馆1980年版，第15页。

〔3〕 ［美］汉密尔顿、杰伊、麦迪逊：《联邦党人文集》，程逢如等译，商务印书馆1980年版，第75页。

第九章 法国大革命时期的
孟德斯鸠和卢梭

小 引

18 世纪的法国大革命，是近代资产阶级反抗封建斗争的第三次大决战。这场声势浩大、影响深远的大革命之所以发生，之所以按照上升路线发展，是有其深刻的社会和思想原因的。

18 世纪末法国社会的基本特征，一方面是资本主义经济的迅速增长，另一方面是封建制度面临着全面深刻的危机。这集中表现在社会的主要矛盾上，即以国王为代表的封建势力与第三等级的广大人民群众的矛盾和斗争上。路易十四好大喜功，穷兵黩武，按照朕即国家的原则行事，对内实行暴虐统治，对外从事侵略战争，使国家财政面临崩溃。而路易十五则荒淫无度，公开扬言，只要今世受用，哪管死后洪水滔天。在位期间，屡次参加国际战争，弄得国库空虚，人民反抗迭起。路易十六这个狡猾、凶恶人物的统治时期，情况更是每况愈下，全国笼罩在恐怖气氛当中。以国王为总代表，包括属于第一等级的僧侣和第二等级的世俗贵族在内的封建势力，死死抓住国家政权，竭力保持专制制度和等级特权，与社会活跃力量第三等级处于严重对立之中。当时的第三等级的领导力量是资产阶级。这个阶级的经济力量已有了很大的发展，但它的进一步发展又受到封建生产关系的沉重压迫。它只有纳税的义务，而无任何的政治权利。这种经济地位与统治地位的严重脱节使资产阶级要求打破封建专制统治的桎梏，要求进行改革，要求整改财政，要求政治地位的平等。这种情况，使它自觉与不自觉地同农民、手工业者、无产者和城市贫民结成的联盟，与第一、第二等级和封建政权形成对抗。

社会现实和阶级斗争的需要，使一批思想家应运而出。如同资产阶级以全民族的名义出现一样，这些思想家以全民族的名义说话，但是，如果按思想类型来说，为革命作准备的所谓启蒙的思想家，可以分为政治思想家和哲学思想家，其中孟德斯鸠、卢梭等人则属于政治法律思想家的范畴。这些启蒙思想家，依靠新的自然观、新社会观和新世界观全面批判了现实生活，探讨了未来社会发展的道路和模式，提出和接近提出了一些非常重要的革命结论，为即将到来的大革命作了理论准备。正如恩格斯所说："在法国为行将到来的革命启发过人们头脑的那些伟大人物，本身都是非常革命的。他们不承认任何外界的权威，不管这种权威是什么样的。宗教、自然观、社会、国家制度，一切都受到最无情的批判；一切都必须在理性的法庭面前为自己的存在作辩护或者放弃存在的权利。"[1]

第一节　孟德斯鸠和他的《论法的精神》

一、孟德斯鸠生平简介

孟德斯鸠（Baron de Montesquieu，1689 年~1755 年）是 18 世纪法国启蒙思想家，法国大革命的思想先驱，资产阶级自然法学派的代表人物之一。他出生于波尔多附近一个贵族法官家庭中。早年就读于波尔多大学，19 岁获得法学学士学位并充当律师。1714 年，他当选为波尔多省参议员，后来继承其监护人伯父的遗产及官职，于 27 岁时任波尔多高等法院院长（议会议长），并获得"孟德斯鸠男爵"的封号，成为当地最富有和最有影响的绅士。以后他又出卖官职，漫游欧洲，专门从事对欧洲各国制度的考察，使得他因对法学和社会学有卓越贡献而留名于世。

孟德斯鸠

1721 年，他出版了《波斯人信札》一书，这部书通过两个波斯人漫游法国的故事，揭露和抨击了封建社会的罪恶，用讽刺的笔调，勾画出法国上流社会中形形色色人物的嘴脸，如荒淫无耻的教士、夸夸其谈的沙龙绅士、傲慢无知的名门权贵、在政治舞台上穿针引线的荡妇等。书中还表达了对路易十四的憎恨，说法国比东方更专制。这部书受到了普遍欢迎，因而使得路易十五拒不批准他为法国科学院院士。

1726 年，他出卖了世袭的波尔多法院院长职务，迁居巴黎，专心于写作和研究。漫游了欧洲许多国家，特别是在英国呆了两年多，考察了英国的政治

〔1〕〔德〕恩格斯：《反杜林论》，人民出版社 1972 年版，第 14 页。

制度，认真学习了早期启蒙思想家的著作，还当选英国皇家学会会员。

1731 年他回到法国后，潜心著述。1734 年发表《罗马盛衰原因论》，利用古罗马的历史资料来阐明自己的政治主张。

1748 年，他最重要的也是影响最大的著作《论法的精神》发表。这是一部综合性的政治学著作。这部书受到极大的欢迎，两年中就印行了 22 版。孟德斯鸠反对神学，提倡科学，但又不是一个无神论者和唯物主义者，他是一名自然神论者。他最重要的贡献是对资产阶级的国家和法的学说做出了卓越贡献，他在洛克分权思想的基础上明确提出了"三权分立"学说；他特别强调法的功能，他认为法律是理性的体现，法又分为自然法和人为法两类，自然法是人类社会建立以前就存在的规律，那时候人类处于平等状态；人为法又有政治法和民法等。孟德斯鸠提倡资产阶级的自由和平等，但同时又强调自由的实现要受法律的制约，政治自由并不是愿意做什么就做什么。他说"自由是做法律所许可的一切事情的权利；如果一个公民能够做法律所禁止的事情，他就不再有自由了。因为其他的人也同样会有这个权利"。其中还提出了"地理环境决定论"，认为气候对一个民族的性格、感情、道德、风俗等会产生巨大影响，认为土壤同居民性格之间，尤其同民族的政治制度之间有非常密切的联系，认为国家疆域的大小同国家政治制度有极密切的联系。

1755 年，他旅途中染病去世。

孟德斯鸠所处的时代是 17 时代末和 18 世纪前叶，此时正值法国封建主义和君主专制从发展高峰急剧走向没落的时期，统治阶级以极其残忍的手段压迫广大人民，宫廷和贵族极尽奢侈，民众却在饥寒中挣扎，长期的战乱、苛政使农民起义此起彼伏，政治、经济危机愈演愈烈。工业革命在法国逐渐兴起，工业资产阶级的利益与专制主义的冲突日益尖锐，资产阶级革命的时机进一步成熟。另外，思想领域的革命也为孟德斯鸠理论的形成做好了较为充分的思想准备。英国培根的实验主义，法国笛卡尔的理性主义对他产生着深刻的影响。一大批进步的史学家、科学家、哲学家、作家和进步人士为新兴的资产阶级奔走呼号，他们激烈地抨击封建主义腐朽的社会秩序。英国资产阶级革命的思想也被广泛接受。这都为《论法的精神》的诞生打下了坚实的社会基础。

孟德斯鸠不愧为那个时代的伟人。他站在时代的前列为新兴资产阶级的利益战斗了一生。他的一生是一个战士的一生，他用自己犀利的文笔，机智而勇猛地抨击了腐朽反动的封建专制主义和宗教僧侣主义。他的一生又是一个学者的一生，他毕生孜孜不倦地探索着各个科学领域的许多问题，撰写了不少很有价值的著作，尤其是《论法的精神》这一鸿篇巨制。

由于他是一位出身于贵族家庭的、法国 18 世纪上半叶新兴的资产阶级在政治上的温和派代表，由于他看不到人民群众的伟大力量，所以在他的思想中具有非常明显的不彻底性和妥协性。他一方面对封建专制主义进行了无情的揭露和深刻的批判，另一方面又同它进行妥协，提出君主立宪的主张。他一方面对宗教僧侣主义进行了斗争，另一方面他又不是个无神论者，而是一个自然神论者。他虽然比其他许多启蒙思想家更深刻地提出了社会发展的规律性和动力问题，但是却不能正确地解决这个问题，而且在社会观方面他仍然是个唯心主义者。

正由于孟德斯鸠的思想具有这种两重性，所以在他逝世以后，他的思想在不同的社会阶级中间便很自然地引起了不同的反应和得到了不同的对待。一切反动阶级的代表人物和反动思想家，都总是力图利用孟德斯鸠的不彻底性和妥协性来为自己的反动政治目的服务。一切先进阶级的代表人物和先进思想家，则总是以积极的态度对待孟德斯鸠的思想遗产。他们既充分肯定孟德斯鸠在反对封建专制主义、反对天主教神学斗争中的伟大功绩，又指出他在这些斗争中的妥协性和不彻底性，他们既充分肯定孟德斯鸠在社会学研究方面所做出的巨大贡献，又指出他在社会学中的缺点和错误。

孟德斯鸠思想对后世思想家们理论的形成是有重大影响的。孟德斯鸠对封建专制主义和宗教神学的批判，他的自然法理论和他有关自由、平等、私有制的论断等，曾对法国唯物主义者狄德罗、霍尔巴赫、爱尔维修等人产生过重要影响，尽管他们在许多方面都大大超过了自己的前辈。

孟德斯鸠的社会政治思想，尤其是他的法制思想、三权分立思想、君主立宪思想，对德国古典哲学家康德、谢林、黑格尔也产生过不同程度的影响。

他以专制政体为三种基本的政府形态之一，使得专制政体成为 18 世纪政治思想中的一个核心主题，不仅如此，他还是西方思想家中第一个将中国划入"专制政体"的。因此，孟德斯鸠被认为是"从否定方面将中国列入一种世界模式的第一人……为法国和欧洲提供了与以往不同的中国形象"。其说尽管在当时受到同时代的许多思想家的反对，随着时间的推移，则逐渐成为西方人看待中国的基本前提。18 世纪是西方中国观发生根本变化的世纪，即从以"颂华"占优转为以"贬华"为主。此外，他亦认为专制主义是亚洲各国的特点。[1]他的这个观点后来被一些西方人接受并滥用。

孟德斯鸠理论对世界资产阶级革命运动产生过巨大而又深刻的影响。他的理论曾被欧美资产阶级革命家用作反对封建暴政的锐利武器，尤其是他关于分权和法制的理论更为一些资产阶级国家所直接采用。

---

〔1〕　参见侯旭东："中国古代专制说的知识考古"，载《近代史研究》2008 年第 4 期。

二、《论法的精神》一书的主要内容

（一）社会起源论

孟德斯鸠写《论法的精神》，目的在于说明人类社会和法律不是任意发明的，而是依据人性和自然法所自然形成的。"从最广泛的意义来说，法是由事物的性质产生出来的必然关系。从这个意义上，凡存在物都有它们的法。上帝有他的法；物质世界有他的法；高于人类的智灵们有他们的法；兽类有它们的法；人类有他们的法。"[1]既然世界上万事万物都有自己的法，就说明这万事万物是有发展规律的，社会也是有发展规律的。那么，社会规律是什么呢？孟德斯鸠并不是从物质资料的生产方式中去寻找，而是到人们的意志和思想中去寻找，这就导出了他的社会起源理论。

他反对社会契约，也不赞成霍布斯的互相征服论。在社会建立之前，人们生活在自然状态中，这时的人，只有认识能力，并非已有知识。"这样的一个人只能首先感到自己是软弱的；他应该是极端怯懦的。如果人们认为这点还需要证实的话，那么可以看看森林中的人，什么都会使他们发抖，什么都会使他们逃跑。"[2]在这种情况下，人类所接受的规律就是自然法。自然法就是人类的理性，是唯一从我们的生存结构中派生出来的，即导源于人们生命的本质。这样的自然法共有四条。一是和平。在自然状态中，人人感到力不如人，人人都很难有平等之感。因此人们是不会打算互相攻击的。二是求食。人除了感到软弱以外，又感到匮乏。因此另一条自然法乃是促使他设法养活自己的法则。三是性依恋。畏惧感又使人们互相接近，通过接近而感到快乐，加之那种由两性的不同引起的依恋又增加了这种快乐，他们彼此之间永远在进行自然祈求。四是社会欲望。对知识的追求使人们发生联系和结合，这种过社会生活的愿望，乃是第四条自然法。前三条自然法是人兽共有的，第四条是人类独具的。人类比禽兽优越，他"具有各种知识"，有新的结合动机，使他们要求过社会生活。只有一条纽带，可以维系人心，那就是感激。夫、妻、父、子，或相互亲爱，或相互帮助，才彼此结合在一起，感恩知情，动机不一，所有国家与社

---

〔1〕〔法〕孟德斯鸠：《论法的精神》（上），许明龙译，商务印书馆2012年电子书版，第1页。

〔2〕〔法〕孟德斯鸠：《论法的精神》（上），许明龙译，商务印书馆2012年电子书版，第4页。

会，都从这种关系起源。原始人的结合是由于人身需要，并非以自愿的契约为依据；社会起源于自然演化，而非契约关系，战争状态是人们进行社会生活以后的事。人们一进入社会，就丧失了软弱的感觉，他们之间原有的平等关系就终止了，战争状态就开始了。有两种战争状态：个人间的战争状态与社会间的战争状态。各个社会都进而感到自己有力，这就产生了国与国之间的战争状态。每个社会中的个人都开始感到自己有力，他们力图使这个社会的主要利益归自己享受，这就造成了个人之间的战争状态。为了控制这种战争状态，就不能不有法律和政府。"一个社会没有政府是不能存在下去的"，而国家就是"一切个别力量的联合"。有了国家政府，就形成了"政治状态"或"公民状态"。

孟氏的社会国家起源观是和当时还占主导地位的神学论相对立的。他讲"理性"，用自然法理论论证封建专制国家和法律制度不合乎人类理性，主张用资产阶级国家和法律制度来取代，这无疑有其历史进步性。但是，国家是社会分裂为阶级的产物，不是自然法自然演变的结果。孟氏无法理解这个实质问题，是不足为奇的。

（二）自然法与法的分类

孟德斯鸠研究法的一个基本方法，类似于人们今天经常采用的一个方法，就是从广义和狭义两种意义上来认识法。从最广义的意义来说，法是由事物的性质产生出来的必然关系。在这个意义上，一切存在物都有它们的法。这种广义上的法在相当大的程度上相当于人们今天所说的"规律"。孟德斯鸠从这种最广义的意义上来认识法，目的是要否定霍布斯的理论体系。后者认为一切品德和邪恶的存在都是因为人类所制定的法律确定的。而孟德斯鸠这一理论所强调的正相反，不是人类的法律确定了既存的一切，而是一切存在物都有其自己的法。这一理论中既包含有尊重规律的含义，也包含有反对个人的专制的意味。

作为最广泛意义上的法，主要是由三种法所构成的，即自然法、人为法、神为法。换言之，法有自然法、人法、神法三种基本类型，其中基本的是自然法、人法两种。从这三种法的角度具体来认识法，也就是从狭义上来认识法。

人法包括国际法、政治法和民法。国际法是调整各国相互关系的法律，它调整每个社会间的战争状态，其基本原则是：和平时尽量谋求彼此福利的增进，战时在不损害自身利益范围内尽量减少破坏。所以国际法也可称"万民法"，在拉丁文中则称"民族法"。政治法是调整人类统治与被统治关系的法律，目的在于使人类获得自由。不仅社会之间的关系需要有法律维持，每一个社会内部的关系同样需要法律维持。社会内部的关系多种多样，其中一个重要方面的关系即统治者与被统治者的关系。处理这个关系需要有政府和政治的国家。"一个社会如果没有一个政府是不能存在的"〔1〕，并且赞成法学家格拉维那所说的，"一个人的力量的联合就形成我们所谓'政治的国家'"〔2〕，而政府和政治国家是通过政治法来维持治者与被治者的关系的。社会内部的其他关系也需要法律维持，这就是民法。民法是人类在一切公民间的关系上的法律。

值得注意的是，孟德斯鸠在人法分类问题上的独特之处，在于他所说的民法不是我们今天所说的与刑法相对应的民法，而是指政治法以外的包括民法、刑法等在内的多种人法。在有的场合他还把国际法看做世界的民法。

孟德斯鸠所说的神法即宗教法。"人为的法律在性质上同宗教的法律是不一样的。"〔3〕人法的性质受到所发生的一切偶然事件的支配，且随着人类意志的转移而变更。宗教法的性质则永远不会改变。人法的制定为的是"好"，宗教法为的是"最好"。"好"是有许多种类的，但"最好"则只有一种，所以是不能改变的。有些国家，法律等于零，或仅仅是君主反复无常的一时的意欲而已，但宗教的法律则是固定的东西。宗教法的力量来自人们对它的信仰，人法的力量来自人们对它的畏惧。〔4〕

孟德斯鸠还反复强调要划清自然法、人法和神法的界限，划清人法中的政治法和民法的界限，主张应以某种法处断的事情就不应依另一种法来规定或处断。

孟德斯鸠关于自然法、人法和神法的分类的理论，同样既包含有强调"规律"的含义，更包含反对专制的明显的倾向。

(三) 法的精神

孟德斯鸠虽然把法分为自然法、人法和神法等几种，但他所着重研究的是人法，研究其他法的目的，也是为研究人法服务。而在研究人法时，又特别注重研究人法的精神实质所在。

孟德斯鸠是自然法学派中运用接近唯物主义的方法研究法律的典型人物。他主张从法律与其他事物的普遍联系来探寻法律的精神实质，认为法律与国家政体、自由、气候、土壤、民主精神、风俗习惯、贸易、货币、人口、宗教都有关系，法律与法律、与它们的渊源、立法者的目的以及作为法律建立的基础的各种事物的秩序也有关系。把这些关系综合起来就是法的精神。

1. 法律与政体。孟德斯鸠特别重视从法律与政体的联系的角度来探寻法

---

〔1〕 〔法〕孟德斯鸠：《论法的精神》（上），许明龙译，商务印书馆 2012 年电子版，第 6 页。
〔2〕 〔法〕孟德斯鸠：《论法的精神》（上），许明龙译，商务印书馆 2012 年电子版，第 6 页。
〔3〕 〔法〕孟德斯鸠：《论法的精神》（下），许明龙译，商务印书馆 2012 年电子版，第 174 页。
〔4〕 〔法〕孟德斯鸠：《论法的精神》（下），许明龙译，商务印书馆 2012 年电子版，第 174 页。

的精神。他论述了政体的分类、定义、性质、原则、腐化等一系列问题，而这些问题同法律都有关系，并把这种研究同探寻法的精神结合起来，揭示政体如何直接关系到是否能实行法治这样一个基本问题。孟德斯鸠把政体分为三类，即共和政体、君主政体和专制政体，并论述了它们的定义、性质及其与法律的联系。共和政体是人民握有最高权力的政体，是有法可依或可以实行法治的。其中由全体人民握有最高权力时，是民主制的共和政体，仅仅由一部分人民握有最高权力时，是贵族制共和政体。君主政体是由单独一人执政的政体，并遵照固定的和确立了的法律来实行治理。专制政体则是既无法律又无规章，由单一个人按照一己的意志与反复无常的性情领导一切的政体。在各处政体中，孟德斯鸠把民主政体、贵族政体、君主政体视为合理的政体，而认为专制政体是应当坚决反对的政体。

孟德斯鸠研究了政体原则，认为政体原则与法律直接相关，要了解一定政体之下法的精神，就要了解这一政体的基本原则。政体原则就是每一政体内部所蕴含的、推动政体运动的动力——精神力量、基本欲望等。每一种政体都有其独特的原则。民主政体的原则是品德。这种品德是爱祖国、爱平等、爱法律的政治品德，它要求个人利益服从公共利益，人人在法律面前平等，其中心点是要求普遍守法，建立保护私有财产权利的法律秩序。贵族政体的原则是品德加节制或以品德为基础的节制。这种品德加节制的原则也决定了贵族政体是需要普遍的法律秩序的。君主政体的原则是荣誉。这种荣誉就是每个人和每个阶层的地位、品级以及野心这类东西。实行君主政体就意味着以"荣誉"来鼓励人民为国家建功立业，鼓励贵族忠实于国家，并依据这一原则建立法制，以法治国，即使是君主，也要服从法律。专制政体的原则是恐怖、专横和暴力。

各种政体的腐化总是由原则的腐化开始的，腐化的基本原因和表现就在于权力的演变和法制的废弃。在民主政体下，如果人民不仅要求平等，而且要求极端平等，每个人都要求行使元老院、官吏、法官的职权，"品德"就不存在了，原来的法制就改变了。在贵族政体下，"如果贵族们的权力变成了专横的话，贵族政治就腐化了"。[1]如果贵族们不遵守法律的话，那么贵族政体"就等于一个由许多暴君统治的专制国家"。[2]在君主政体下，当君主逐渐地剥夺了团体的或城市的特权的时候，君主不再遵守法律的时候，"荣誉"便不存在了，君主政体就会腐化而导向专制政体了。政体没有腐化亦即没有丧失它的原则时，法律就很少是不好的，"政体的原则一旦腐化，最好的法律也要变坏，

---

〔1〕　［法］孟德斯鸠：《论法的精神》（上），许明龙译，商务印书馆 2012 年电子书版，第 115 页。
〔2〕　［法］孟德斯鸠：《论法的精神》（上），许明龙译，商务印书馆 2012 年电子书版，第 115 页。

反而对国家有害"。[1]

政体对立法权的归属的影响是重大的。在实行民主政治的共和政体下，"有一条基本规律，就是只有人民可以制定法律"。[2]在实行贵族政治的君主政体下，立法权掌握在君主和少数贵族手里。在专制政体下，则无所谓立法权。此外，政体对法律的繁简、法律体系、法律内容以及法律的其他许多方面，有重要意义。例如，"君主政体建立了等级、门第、出身的区别，这常使财产的性质也发生差异……每一种财产都没有特别法规，财产的处分都是遵从这些法规。这样，法律就不可能简单了"。[3]在专制国家，情况迥然不同。"因为所有土地都属于君主，所以几乎没有任何关于土地所有权的民事法规。因为君主有继承一切财产的权利，所以也没有关于遗产的民事法规。还有些专制国家的君主独揽贸易，这就使一切商务法规归于无用。人们通常和女奴结婚，所以几乎没有关于奁产或关于妻的利益的民事法规。"[4]鉴于政体对法律有如此重要的作用，孟德斯鸠得出结论：必须使自己同已建立或将要建立的政体相适应。

2. 法律与自由。孟德斯鸠也是资产阶级自由论者。他在阐述自己的自由观时把自由与法律统一起来，由此探寻法的精神。他认为自由有两种：一是哲学上的自由，即意志自由；二是政治自由，即一定社会制度、政治制度下的自由。政治自由是每个公民都应具备的自由，包括人身自由、财产自由以及信仰自由、思想自由、言论出版自由。"政治自由的关键在于人们有安全，或是人们认为自己享有安全。"[5]因此，政治自由不是摆脱法治，恰好相反，只有在法治国家才会有真正的政治自由。在法治国家中行政权没有专横垄断的余地，一切都由法律来统治，因此它同专制相对立而同民主和自由相同。一个人只有受法律支配才有自由，我们自由是因为我们生活在法律之下。君主彼此之间的关系不受法律的支配，他们不是强制别人就是受到强制，所以他们是不自由的。但自由不是可以胡作非为，而是法律范围内的自由。"在民主国家里，人民仿佛愿意做什么就做什么，这是真的；然而，政治自由并不是愿意做什么就做什么。在一个国家里，也就是说，在一个有法律的社会里，自由仅仅是：一个人能够做他应该做的事情，而不被强迫去做他不应该做的事情。"[6]"自由

---

〔1〕 [法] 孟德斯鸠：《论法的精神》(上)，许明龙译，商务印书馆 2012 年电子书版，第 119 页。

〔2〕 [法] 孟德斯鸠：《论法的精神》(上)，许明龙译，商务印书馆 2012 年电子书版，第 12 页。

〔3〕 [法] 孟德斯鸠：《论法的精神》(上)，许明龙译，商务印书馆 2012 年电子书版，第 73 页。

〔4〕 [法] 孟德斯鸠：《论法的精神》(上)，许明龙译，商务印书馆 2012 年电子书版，第 74 页。

〔5〕 [法] 孟德斯鸠：《论法的精神》(上)，许明龙译，商务印书馆 2012 年电子书版，第 187 页。

〔6〕 [法] 孟德斯鸠：《论法的精神》(上)，许明龙译，商务印书馆 2012 年电子书版，第 154 页。

是做法律所许可的一切事情的权利；如果一个公民能够做法律所禁止的事情，他就不再有自由了，因为其他的人也同样会有这种权利。"[1] 孟德斯鸠主张用法律来保障公民的各项自由，以维护自由作为立法的基本目的和原则。在实现政治自由的国家，这正是法的基本精神之一。

3. 法律与自然地理环境。从法律与自然地理环境的关系来探寻法的精神，是孟德斯鸠在法理学上独树一帜的一个主要标志。他非常强调自然地理环境对社会政治法律制度的作用，甚至认为这种作用具有决定性。其一，地理位置或地理格局对社会政治法律制度有重要作用。在拥有广阔平原的亚洲不能不实行专制，"因为如果奴役的统治不是极端严酷的话，便要迅速形成一种割据的局面，这和地理的性质是不能相容的"。[2] 在这种地理环境下，就难以实行与民主、共和、法治相通的政治法律制度。但是，"在欧洲，天然的区域划分形成了许多不大不小的国家。在这些国家里，法治和保国不是格格不相入的"。[3] 其二，土壤条件对社会政治法律制度有重要作用。肥沃的土壤使人眷恋家园和生命，缺乏毅力，而贫瘠的土壤使人能艰苦奋斗，意志坚强。因此，在肥沃的土壤条件下，容易和适宜建立专制制度，法律内容比较简单；在贫瘠的土壤条件下，容易和适宜建立民主共和制度，法律的基本内容则应包括规定投票权利、选举方式、人民参政制定法律方式等事项。其三，气候条件对社会政治法律制度有重要作用。炎热的气候容易使人懒惰、懦弱、心神萎靡而不维持自己的自由；寒冷气候能磨炼人的意志和性格，容易使人刚毅、勇气、自信和热爱劳动，他们一心捍卫自由。因此，在炎热或热带气候条件下，容易和适宜建立暴君制，并且要制定较多的法律来维护统治；在寒冷的气候条件下，则容易和适宜建立民主共和制，法律要温和并且不要多。亚洲多为君主专制政体而欧洲多为共和政体，原因之一正在于它们分别处于炎热或热带气候条件下和寒冷气候条件下。

孟德斯鸠在《论法的精神》中还以巨大篇幅分析了法律与其他事物或现象的关系，认为所有这些事物或现象对一国的法律制度、立法、司法都有重要影响。他分析了居民谋生方式对法律的影响，指出："一个从事商业和航海的民族比一个只满足于耕种土地的民族所需要的法典的范围要广得多。从事农业的民族比那些牧畜为生的民族所需要的法典的内容要多得多。从事牧畜的民族要比以狩猎为生的民族所需要的法典的内容那就更多了。"[4] 他研究了风俗习

---

〔1〕［法］孟德斯鸠：《论法的精神》（上），许明龙译，商务印书馆 2012 年电子书版，第 154 页。

〔2〕［法］孟德斯鸠：《论法的精神》（上），许明龙译，商务印书馆 2012 年电子书版，第 278 页。

〔3〕［法］孟德斯鸠：《论法的精神》（上），许明龙译，商务印书馆 2012 年电子书版，第 278 页。

〔4〕［法］孟德斯鸠：《论法的精神》（上），许明龙译，商务印书馆 2012 年电子书版，第 284 页。

惯对法律的作用,认为一个民族如果有良好的风俗习惯,法律就简单;如果没有,法律就自然会多而复杂。

(四) 立宪、分权与法治

孟德斯鸠憧憬的理想王国是实行立宪、分权和法治的王国。

在18世纪法国启蒙思想家中,孟德斯鸠是代表大资产阶级利益的。他虽然反对封建专制,但并不彻底否定君主制,而是主张建立君主立宪政体。孟德斯鸠这一主张的形成经历了一个转变过程。他起初在《罗马盛衰原因论》中拥护共和政体,后来才赞成英国的君主立宪制,在《论法的精神》中转而主张实行君主立宪。

同君主立宪政体相联的是三权分立。君主立宪政体之所以是最好的政体,就因为它的直接目的是政治自由,而实现政治自由就必须实行三权分立。他把洛克提出的立法、行政和对外三权划分的理论发展成资产阶级典型的分权学说,即立法、行政、司法三权分立,认为不分权就谈不上公民自由,"当立法权和行政权集中在同一个人或同一个机关之手,自由便不复存在了;因为人们将要害怕这个国王或议会制定暴虐的法律,并暴虐地执行这些法律",[1]"如果司法权同立法权合而为一,则将对公民的生命和自由施行专断的权力,因为法官就是立法者。如果司法权同行政权合而为一,法官便将握有压迫者的力量"。[2]"如果同一个人或者由重要人物、贵族或平民组成的同一个机关行使三种权力,即制定法律权,执行公共决议权和裁判私人犯罪或争议权,则一切便都完了。"[3]

孟德斯鸠阐述了三权的范围、归属和行使的理论。立法权是制定、修正或废止法律的权力,代表国家的一般意志,应由人民集体享有,人民通过自己的立法机关来行使立法权。立法机关定期开会,除进行立法活动外,还有权监督法律的执行。他所说的人民主要是指资产阶级和贵族。因此,孟德斯鸠提出立法机关应仿效英国,由贵族院和平民院两院组成,分别代表贵族和平民。平民院享有创议权,贵族院享有否决权,使贵族和平民在国家权力体系中地位保持平衡,防止一方侵犯另一方利益。贵族院由世袭产生,平民院选举产生。孟德斯鸠认为,行政权是决定媾和或宣战,派遣或接受使节,维护公共安全,防御侵略的权力,它执行国家的意志,"应该掌握在国王手中,因为政府的这一部门几乎时时需要急速的行动,所以由一个人管理比由几个人管理好些"。[4]国

---

[1] [法] 孟德斯鸠:《论法的精神》(上),许明龙译,商务印书馆2012年电子书版,第156页。
[2] [法] 孟德斯鸠:《论法的精神》(上),许明龙译,商务印书馆2012年电子书版,第156页。
[3] [法] 孟德斯鸠:《论法的精神》(上),许明龙译,商务印书馆2012年电子书版,第156页。
[4] [法] 孟德斯鸠:《论法的精神》(上),许明龙译,商务印书馆2012年电子书版,第160页。

王或君主有权否决立法但无权立法，只能按法律办事，不能违背法律。司法权是惩罚犯罪或裁决私人讼争的权力，具有独立性，应由法院和陪审官行使。法院不固定，存续期间视需要而定，一般在每年的某个时间由人民中选出的人员组成。

孟德斯鸠进一步提出了三权互相制约、反对滥用权力的理论。政治自由只有在那些国家权力不被滥用的地方才存在，"但是一切有权力的人都容易滥用权力，这是万古不易的一条经验，有权力的人们使用权力一直到遇有界限的地方才休止"。[1]因此，"要防止滥用权力，就必须以权力约束权力"。[2]

立法者要制定好的法律除了要深谙法律的精神外，自身也要具备一种精神。"我写这本书为的就是要证明这句话：适中宽和的精神应当是立法者的精神；政治的'善'就好像道德的'善'一样，是经常处于两个极端之间的。"[3]他还主张立法的方式必须适当；要善于比较各种不同的法律；立法时既要考虑当时情况又要注意立法目的。"法律的体裁要精洁简约"，"法律的体裁要质朴平易，直接的说法总是比深沉迂远的词句容易懂些"。[4]法律的措辞不应含糊笼统，"不要精微玄奥，它是为具有一般理解力的人们制定的"。[5]法律中应该尽量避免用银钱作规定，因为"无数原因可以促使货币的价值改变"。[6]"当法律不需要例外、限制条件、制约语句的时候，还是不放进这些东西为妙。""如果没有充足的理由，就不要更改法律。"[7]另一方面，如果法律已无用处，即应废除，否则无用的法律必然削弱了必要的法律。关于司法制度，诉讼应由国家检察官提起。实行公开审判，当事人可以提出回避，法官和被告地位平等，允许被告辩护，严禁拷问，审判由几个法官共同审议，少数服从多数，允许上诉。

（五）民法、刑法理论

关于民法理论。孟德斯鸠所说的民法虽然包括民法、刑法等多种人为法，但首先还是指相当于我们今天所说的民法。①民法是以私人的利益为目的的。其宗旨是使人类获得财产。民法是财产的保障。如果"公家需要某一个人的财产的时候，……应该以民法为根据"，因为"在这种场合，公家就是以私人

---
[1]　[法]孟德斯鸠：《论法的精神》（上），许明龙译，商务印书馆2012年电子书版，第154页。
[2]　[法]孟德斯鸠：《论法的精神》（上），许明龙译，商务印书馆2012年电子书版，第154页。
[3]　[法]孟德斯鸠：《论法的精神》（上），许明龙译，商务印书馆2012年电子书版，第286页。
[4]　[法]孟德斯鸠：《论法的精神》（上），许明龙译，商务印书馆2012年电子书版，第296页。
[5]　[法]孟德斯鸠：《论法的精神》（上），许明龙译，商务印书馆2012年电子书版，第298页。
[6]　[法]孟德斯鸠：《论法的精神》（上），许明龙译，商务印书馆2012年电子书版，第297页。
[7]　[法]孟德斯鸠：《论法的精神》（上），许明龙译，商务印书馆2012年电子书版，第298页。

的资格和私人办交涉而已"。[1] ②民法调整契约、继承、婚姻等方面的一系列财产关系。例如：男女结合"在财产的关系上所产生的后果、相互间的利益、一切同新家庭、同新家庭所产生的家庭、同新家庭所将产生的家庭有关系的事情——所有这一切则属于民法的范围"。[2] ③男女在婚姻和财产关系上应有平等。丈夫既然可以因为妻子的不忠实而要求离异，那么妻子也可以因为丈夫的不忠实而要求离异了。不允许女子继承父亲的财产是极不公平的。这些理论，反映了孟德斯鸠作为资产阶级的法学家，对私有财产的鲜明态度和他在男女地位问题上的基本立场。

关于刑法理论。①认为刑法的目的是通过对违法行为的惩罚，来维护公民的自由、平等权利和人身、财产的安全。"公民的自由主要依靠良好的刑法。"[3] ②把犯罪分为四种：一是危害宗教罪，如一切单纯亵渎神圣罪之类。二是危害风俗罪，即"破坏公众有关男女道德的禁例或个人贞操，亦即破坏有关如何享受感官使用的快乐与两性结合的快乐的体制"。[4] 三是危害公民罪。四是危害公民安全罪。③反对以思想言论定罪，反对把一个人的思想或不慎的言词甚至是他所做的梦当作逆罪的罪体处刑。"言语并不构成'罪体'"，[5] "语言可以作出许多不同的解释。不慎和恶意二者之间存在着极大的区别。而二者所用的语句则区别极小。因此，法律几乎不可能因言语而处以死刑，除非法律明定哪些言语应处此刑"。[6] 思想同样不能构成罪体，否则就是暴政。

第二节　卢梭和他的《论人类不平等的起源和基础》及《社会契约论》

一、卢梭的主要生平

卢梭（J. J. Rousseau，1712 年~1778 年）是 18 世纪启蒙运动最卓越的代表之一，资产阶级自然法学派的一位主要人物。他出身寒微，当过学徒、仆役、私人秘书、乐谱抄写员，一生颠沛流离，历尽艰辛。但他聪明好学，才华

---

〔1〕　[法] 孟德斯鸠：《论法的精神》（上），许明龙译，商务印书馆 2012 年电子书版，第 190 页。

〔2〕　[法] 孟德斯鸠：《论法的精神》（上），许明龙译，商务印书馆 2012 年电子书版，第 184 页。

〔3〕　[法] 孟德斯鸠：《论法的精神》（上），许明龙译，商务印书馆 2012 年电子书版，第 188 页。

〔4〕　[法] 孟德斯鸠：《论法的精神》（上），许明龙译，商务印书馆 2012 年电子书版，第 190~191 页。

〔5〕　[法] 孟德斯鸠：《论法的精神》（上），许明龙译，商务印书馆 2012 年电子书版，第 198 页。

〔6〕　[法] 孟德斯鸠：《论法的精神》（上），许明龙译，商务印书馆 2012 年电子书版，第 197 页。

过人，对政治、法律、哲学、教育、文学、音乐等许多领域的研究都有建树。他在西方思想史上特别是政治法律思想史上占有异常重要的地位。他在政治法律方面的主要著作有《论人类不平等的起源和基础》和《社会契约论》。

卢梭

卢梭应法国第戎科学院的征文而写的《论人类不平等的起源和基础》于 1755 年出版，该书可视为《社会契约论》的基础和绪论，全书 18 万字。书中认为，人在未开化的自然状态中本是平等的，但科学技术和文化的发展使人类既在进步又在退步，因为文明前进一步，不平等也跟着进一步扩大，直到专制暴政时代，不平等发展到顶点。这个顶点同时也是转向新的平等的原因和起点：暴力支持暴君，但革命的暴力也必将推翻暴君。恩格斯把卢梭这些思想称为辩证法的杰作。

卢梭更重要的著作是 1762 年出版的《社会契约论》，它是适应当时法国社会大变革需要而产生的理论先声。在第三等级领导者资产阶级内部，有着不同的阶层，他们在反对封建专制、迎接未来新世界的过程中，其态度、主张、方案大有差异：有代表大资产阶级利益、主张同王权妥协、崇尚君主立宪的温和派，如孟德斯鸠、伏尔泰；也有代表中小资产阶级利益、主张彻底扫除一切封建陈迹、建立资产阶级民主共和国的激进派，如卢梭、狄德罗。《社会契约论》就是激进资产阶级民主派革命理论的集中概括。它是世界政治法律学说史上最重要的经典之一，是震撼世界的 1789 年法国大革命的号角和福音书。

二、《论人类不平等的起源和基础》和《社会契约论》体现的主要法律思想

（一）法律与自由、平等

追求自由平等是卢梭政治法律思想的主要内容和特征，也是卢梭毕生为之奋斗的主要目标。他的《论人类不平等的起源和基础》是专门论述平等问题的重要著作。他的《社会契约论》一开头就写道"人是生而自由的，但却无不在枷锁之中"。[1] 而他在阐发他的自由、平等思想时，总是把自由、平等与法律紧密联系在一起。

卢梭从他的自然法理论出发探寻了人类不平等的起源和基础。人类最初生活在自然状态下，每个人都是自由、平等的，人们之间除了在年龄、体质、生

---

〔1〕 ［法］卢梭:《社会契约论》，何兆武译，商务印书馆 1963 年版，第 6 页。

理上存在差别外，不存在奴役和被奴役、服从和被服从以及其他任何不平等。人们没有危害他人的邪恶和欲望，只有自爱心和对同类的怜悯心。这种自爱心和怜悯心在人们之间起着道德、风俗和法律的调整作用。因此，自然状态不是像霍布斯所说的"人对人像狼一样"的"一切人对一切人的战争"状态，而是自由、平等的"黄金时代"。但是，由于人类能力的发展和人类智慧的进步，使不平等获得了力量并成长起来了；随着私有制的产生，出现了一种新的权利——所有权，它使人类的不平等由此而根深蒂固起来；这时富人的社会为保障富人的安全和对穷人的奴役，用法律将私有制和不平等肯定下来，亦即富人和穷人的状态确认下来，从而使不平等合法化。这是不平等的第一个阶段。接着，国家机关和官吏产生，人类不平等进一步加深，除了存在财产上的不平等外，还出现了强者对弱者的统治亦即政治上的不平等。这是不平等的第二个阶段。以后，随着国家权力的腐败，出现了专制暴政和与之相联的主人和奴隶的对立。这是不平等的第三个阶段，也是不平等的顶点，是封闭一个圆圈的终极点。在这里除君主外一切个人都是平等的了。因为他们在君主面前都等于零，"臣民除君主的意志以外没有别的法律；君主除了他自己的欲望以外，没有别的规则"。[1]这样，事物就走向了自己的反面。暴君只在他是最强者的时候，才是主子；当他被驱逐的时候，他是不能抱怨暴力的。以绞杀或废除暴君为结局的起义行动，与暴君前一日任意处理臣民的生命财产的行为是同样合法。暴力支持他；暴力也推翻他。一切事物都是这样按照自然的顺序进行着。[2]

应当特别注意用法律来帮助实现自由和平等。立法的根本任务就是保障全体公民的幸福、福利、自由和平等，而实现自由和平等则是一切立法体系的最终目的和全体人民的最大幸福。

人类由自然状态进入社会状态后，根据人们的社会契约，所丧失的是他们的自然自由或天然自由以及对于他们所企图的和所能得到的一切东西的那种无限权利，而他们所获得的乃是社会的自由、道德的自由以及对于他们所享有的一切东西的所有权。唯有道德自由才使人类真正成为自己的主人，如果人们不讲道德而任凭嗜欲的冲动行事，则仍然是处于奴隶状态。社会自由就是法律设定的自由，如果离开了法律而任性行事，则不可能在社会上获得真正的自由。在根据人们的社会契约、符合人们的社会契约所组成的社会中，①法律与自由是一致的。法律是人民自己意志的记录，人民服从法律就是服从自己的意志，

---

〔1〕 [法] 卢梭：《论人类不平等的起源和基础》，李常山译，商务印书馆1962年版，第146页。

〔2〕 [法] 卢梭：《论人类不平等的起源和基础》，李常山译，商务印书馆1962年版，第146页。

就意味着自由。"唯有服从人们自己为自己所规定的法律才是自由。"〔1〕②自由以法律符合公意为前提。如果人们没有自由，处于被奴役地位，就谈不上把自己的意志用法律形式表现出来。在没有自由的社会，法律不可能是公意的体现，只能是少数独裁者意志的体现。③法律是自由的保障。一方面，人人遵守法律，才能给人们以享受自由权利的安全保障。另一方面，法律可以强迫人们自由。你遵守法律，表明你懂得法律是自己意志的体现，因而你是自由的；你不遵守法律，表明你不懂得法律是自己的意志，因而你是不自由的。迫使你遵守法律就可使你自由，"任何人拒不服从公意的，全体就要迫使他服从公意。这恰好就是说，人们要迫使他自由"。卢梭的观点是反对专制统治，要求恢复人们天赋自由的权利，也是反对无政府主义和要求人们遵纪守法，以保障人人享有的自由。

要实现人们的社会自由，需要实现人们的社会平等，平等是自由的前提，没有平等也无所谓自由。但是，"平等，这个名词绝不是指权力与财富的程度应当绝对相等，而是说，就权力而言，它应该凌驾一切暴力之上并且只有凭职位与法律才能加以行使；就财富而言，没有一个公民可以富得足以购买别人，也没有一个公民穷得不得不出卖自身。这就要求在上者的一方必须节制财富与权势，而弱小者的一方必须节制贪得与妄求"。〔2〕要节制财富与权势、贪得与妄求，就需要借助于法律。卢梭的这些思想表明，他主张实现的平等并不是绝对的、事实上的平等，而是尽可能缩小差别，是法律面前的平等。他认为法律与平等的关系非常密切，以往的不平等是经由法律加以确立的，在民主共和国中要实行人人平等也需要由法律加以确立，而民主共和国的法律是人民公意的反映，实行这种法律也即实行平等。他指出，在实行法治的共和国中，"人人都服从，却没有人发号施令；人人都服务，却没有骑在人头上的主人；而且由于在这种明显的服从关系中，谁都没有损失任何自由，而只损失可能有害于别人的自由的东西，反而更加自由……这些奇迹都是法律创造的。人们之有正义与自由应该完全归功于法律。以民权的形式在人与人之间确立自然的平等地位的，就是这个公共意志的有益的结构"。〔3〕法律作为全体人民自己意志的记录，是实现人民的自由和平的保证，它对人们一视同仁，平等地规定了人们的权利和义务。君主也必须依照法律行使权力，必须履行法律规定的义务，不允许有超越法律的特权。我们决不应当说君主可以不受本国法律的支配。"任何

---

〔1〕 ［法］卢梭：《社会契约论》，何兆武译，商务印书馆1963年版，第30页。

〔2〕 ［法］卢梭：《社会契约论》，何兆武译，商务印书馆1963年版，第64~70页。

〔3〕 ［法］卢梭：《论政治经济学》，王运成译，商务印书馆1962年版，第9页。

人都不能摆脱法律的光荣的束缚。"[1]当然，卢梭所说的法律面前人人平等只能是形式上的平等，法律上的平等与事实上的平等存在差别。这种平等观又是建立在私有基础上的，"是在富人和穷人不平等的前提下的"。[2]但正如恩格斯所说，"平等要求的资产阶级方面是由卢梭首先明确地阐述的"，并且"还是作为全人类要求来阐述的"。[3]

（二）法律与社会契约

卢梭的社会契约学说经历了一个转变过程。在《论人类不平等的起源和基础》中，卢梭认为社会起源于契约，契约的订立标志着人类由自然状态向社会状态的过渡，它是在人类产生了私有制、陷入了争斗的混乱状态时，由富人通过欺骗穷人的手段而订立的，目的在于维护当时不平等和贫富对立的状况，因而社会契约的订立也标志着不平等的第一阶段的完成。但是，在《社会契约论》中，卢梭对自己的学说作了完全不同的阐述。①真正的社会契约是人民自由协议的产物，是政治共同体与它的各个成员之间的约定，而不是个人与个人之间、上级与下级之间、统治者与被统治者之间的约定。国家是由社会契约产生的，个人与国家的关系就是社会契约的关系。②订立社会契约的根本目的和任务就是"要寻求一种结合的形式，使它能够以全部共同的力量来防御和保障每个结合者的人身和财富，而同时又使每一个与全体相结合的个人只不过是在服从自己本人，并且仍然像以往一样地自由"。[4]③人们在订立社会契约时，都把自己全部地奉献出来，都把自己的全部权利毫无保留地转让给整个集体；对每个人来说，转让的条件都是同等的、等价的，所以人们在交出权利的同时就可以从这个集体"获得自己本身所转让给他的同样的权利，所以人们就得到了自己所丧失的全部的等价物，以及更大的力量来保存自己的所有"。[5]因此，社会契约的本质便在于："每个人都以其自身及其全部的力量共同置于公意的最高指导之下。"[6]这种公意就是参与订立契约的全体人民的公共意志。在根据契约产生、体现共同意志的国家或共同体中，人们能够得到的东西比在自然状态下多得多。人们虽然失去了"自然自由"，却获得了社会自由和生命财产的安全；虽然失去了"自然平等"，却获得了社会契约的平等、法律上的平等；虽然需要服从国家权力，但这是服从公意，因而也是服从

---

[1] ［法］卢梭：《论人类不平等的起源和基础》，李常山译，商务印书馆 1962 年版，第 51 页。

[2] 《马克思恩格斯全集》第 2 卷，人民出版社 1972 年版，第 648 页。

[3] 《马克思恩格斯全集》第 20 卷，人民出版社 1971 年版，第 669 页。

[4] ［法］卢梭：《社会契约论》，何兆武译，商务印书馆 1963 年版，第 23 页。

[5] ［法］卢梭：《社会契约论》，何兆武译，商务印书馆 1963 年版，第 24 页。

[6] ［法］卢梭：《社会契约论》，何兆武译，商务印书馆 1963 年版，第 24 页。

自己的意志。④虽然根据契约产生的国家是为了实现公意——共同意志、公共幸福、公共利益而存在而实行统治的，那么，当执政者违背契约，破坏公意，损害人民的公共利益时，特别是当人的自由、财产被暴力夺去时，人民就有权取消契约，用暴力将自由与财产再夺回来。

　　自由的人们最初生活在自然状态，人们的行为受自然法支配；自然法以理性为基础，赋予人类一系列普遍的、永恒的自然权利，即生存、自由、平等、追求幸福、获得财产和人身、财产不受侵犯的权利；由于自然状态存在种种弊端，自由的人们以平等的资格订立契约，从自然状态下摆脱出来。在国家或政治共同体中，正义的法则如果没有制裁的力量为后盾，就无法实现。"当正直的人对一切人都遵守正义的法则却没有人对他遵守正义的法则时，正义的法则只不过造成了坏人的幸福和正直的人的不幸罢了。因此，就需要有约定和法律来把权利与义务结合在一起，并使正义能符合于它的目的。"[1]在卢梭看来，实在法起源于契约，是由国家或共同体制定的。这是对神学法律观的否定。

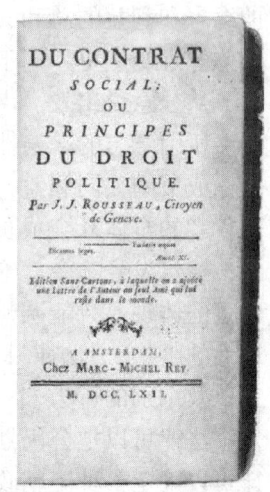

1762 年版《社会契约论》

　　卢梭所追求的一个重要目标是依法治理民主共和国。他非常强调法律和法治对民主国家或政治共同体的必要性。当社会契约赋予国家以生存和生命后，就需要由法律来赋予它以行动和意志，没有法律，它就只是个没有灵魂的躯壳，不能行动。法律是治国的根本依据，主权者只能根据法律行为，以法治为转移。一个国家如果不依法律为治，就不是正当的国家，就没有政治自由和平等，就必然导致凭一己的意志为所欲为的专制统治。这样的国家就违背了人民订立契约成立国家的初衷，人民就有权对它采取否定的态度。反过来，一个以法律为治的国家，无论采取何种政体形式，都可说是共和国。

　　在对待法律本质的问题上，卢梭不同意孟德斯鸠关于法律"是由事物的性质产生出来的必然关系"的观点，认为这种观点是把自然法与实在法混为一谈的形而上学。实在法既然是由根据社会契约产生的国家制定的，它就是人民公共意志的体现，是人民自己意志的记录，是全体人民为全体人民所作的规定。"当全体人民为全体人民作出规定时，他们便只考虑着他们自身了；……这时人民所规定的事情就是公共的，正如意志是公意一样。正是这种行为，我

――――――――

　　〔1〕　〔法〕卢梭：《社会契约论》，何兆武译，商务印书馆 1963 年版，第 49 页。

就称之为法律。"[1]

卢梭把意志区分为公意、众意、私意和团体意志四种。国家全体成员的经常意志就是公意。公意作为每个人所共同具有的意志的总和，只有通过定期的人民所进行的立法活动才能表现出来。众意也是全体人的意志，但它是保个人的意志和利益的总和，同表现各个人的共同意志、共同利益不同。至于私意和团体意志当然更不同于公意。

从公意说出发，卢梭提出了法律结合了意志的普遍性和对象的普遍性的理论。所谓意志的普遍性，是指法律作为公意的体现，一方面要反映和维护社会全体成员的共同利益，而不应只反映和维护部分人的利益；另一方面只有作为主权者的全体社会成员依据公意的要求才能制定法律。"一个人，无论他是谁，擅自发号施令就绝不能成为法律。"[2]所谓对象的普遍性，是指法律作为公意的体现，只能调整一般的、具有普遍性的事物，而不能调整个别的不具普遍性的事物。"法律只考虑臣民的共同体以及抽象的行为，而绝不考虑个别的人以及个别的行为。"[3]法律可以规定各种特权，却不能指名把特权赋予某个人；法律可以把公民划分为若干等级，但不能指名把某个人列入某等级中；法律可以确定一种王朝政府和一种世袭继承权，但不能选定一个国王或指定一家王室。"总之，一切有关个别对象的只能都丝毫不属于立法权力。"[4]"即使是主权者对于某个个别对象所发出的号令，也绝不能成为一条法律。"[5]卢梭的这些论述是对封建的特权法律和法自君出的立法制度的否定，并且在一定程度上揭示了法律具有普遍性这一特征，在法理学上具有重要价值。

（三）人民主权

卢梭的宪政理论是以反对封建专制、倡言民主共和、主张人民主权为主题和中心内容的。

所谓主权，就是一种普遍的强制性的力量、是公意的体现和运用。"正如自然赋予了每个人以超乎于他的各部分肢体之上的绝对权力一样，社会公约也就赋予了政治体以超利其各个成员之上的绝对权力。正是这种权力，在受公意所指导时，……就获得了主权这个名称。"[6]

卢梭不同意霍布斯所说的主权属于君主，而认为国家的主权只能属于人

---

[1] [法] 卢梭：《社会契约论》，何兆武译，商务印书馆1963年版，第50页。
[2] [法] 卢梭：《社会契约论》，何兆武译，商务印书馆1963年版，第51页。
[3] [法] 卢梭：《社会契约论》，何兆武译，商务印书馆1963年版，第50页。
[4] [法] 卢梭：《社会契约论》，何兆武译，商务印书馆1963年版，第51页。
[5] [法] 卢梭：《社会契约论》，何兆武译，商务印书馆1963年版，第49页。
[6] [法] 卢梭：《社会契约论》，何兆武译，商务印书馆1963年版，第35页。

民。主权既然是公意的体现和运用，而公意又是订立契约的全体人民的共同意志，因此，主权应当和必然属于人民。

卢梭规定人民主权的原则有如下几点：

1. 主权是不可转让的。国家是主权者构成的，只有主权者才能行使主权；权力可以转让而意志是不能转让的，"主权既然不外是公意的运用，所以就永远不能转让"。[1]卢梭还批判了霍布斯关于权利可以转让的观点，说如果转让主权，就意味着出卖生命和自由。

2. 主权是不可分割的。这是由代表主权的意志是一个事例所决定的。"由于主权是不可转让的，同理主权也是不可分割的。因为意志要么是公共的，要么不是的；它要么是人民共同体的，要么仅只是一部分人的。在前一种情况下，这种意志一经宣示就成为一种主权行为，并且构成法律。在后一种情况下，它便只是一种个别的意志或者行政的行为，至多也不过是一道命令而已。"[2]卢梭同霍布斯的主权不可分割的主张，在形式上虽然相同，但实质上有原则区别：霍布斯强调的是君权不能分割、主权只能属于君主，卢梭强调的则是人民主权不能分割、主权只能属于人民。

3. 主权是不可代表的。"主权本质上是由公意所构成的，而意志又是绝不可以代表的：它只能是同一个意志，或者是另一个意志；绝不能有什么中间的东西。因此人民的议员并不是、也不可能是人民的代表，他们只不过是人民的仆役罢了；他们并不能作出任何肯定的决定。"[3]

4. 主权是绝对的、至高无上和不可侵犯的。既然主权是公意的体现和运用，是国家的灵魂，是受公意指导而建立起来的支配全体公民的绝对权力，在它之上就不会有更高的东西存在，任何人、任何团体在任何时候都不可凌驾于主权之上，它在任何时候都不可能接受任何权利的支配和约束。如果政府篡夺了人民主权，人民就有权推翻它。

卢梭的人民主权理论既是反对封建专制的锐利武器，又是反对君主立宪，主张民主共和的理论基础。卢梭把政体分为民主政体、贵族政体、君主政体三种。他反对一人为治的君主专制政体，认为"专制者则永远都是暴君"。[4]他也反对少数人为治的君主立宪政体，认为王位具有腐蚀力，它可使本来开明的君主变为昏庸无道的专制主。他将君主制同由全体人民或大多数人掌握国家权力的民主（共和）制作了对比，"有一种最根本的无可避免的缺点，使得君主

〔1〕［法］卢梭：《社会契约论》，何兆武译，商务印书馆1963年版，第35页。
〔2〕［法］卢梭：《社会契约论》，何兆武译，商务印书馆1963年版，第33页。
〔3〕［法］卢梭：《社会契约论》，何兆武译，商务印书馆1963年版，第116页。
〔4〕［法］卢梭：《社会契约论》，何兆武译，商务印书馆1963年版，第108页。

制政府永远不如共和制政府,那就是:在后者之中差不多唯有英明能干的人,公共舆论才会把他们提升到首要的职位上来,而他们也会光荣地履行职务的;反之在君主制之下,走运的人则每每不过是些卑鄙的诽谤者、卑鄙的骗子和卑鄙的阴谋家,使他们在朝廷里能爬上高位的那点小聪明,当他们一旦爬了上去之后,就只能向公众暴露他们的不称职"。[1]因此,民主共和制是人民主权原则所要求的最理想的政体。卢梭的政体学说远比洛克、孟德斯鸠的学说进步。

卢梭反对把主权分为强力与意志,分为立法权与行政权,分为税收权、司法权与战争权,分为内政权与外交权等各种分权学说。他认为分权学说把主权者弄成是一个支离破碎拼凑起来的怪物。他讥讽分权学说就像日本幻术家所玩的当众肢解孩子肢体的一种江湖幻术,"把社会共同体加以肢解,随后不知怎么回事又居然把各个片段重新凑合在一起"。[2]之所以产生把主权加以肢解这种错误的分权学说,原因在于"没有能形成主权的权威的正确概念","把仅仅是主权权威所派生的东西误以为是主权权威的构成部分"。[3]主权者唯一的权力是立法权,政府只是主权者根据法律所建立的,行政权应当服从立法权。他认为霍布斯把国家与政府混淆起来、主权者即政府的观点是错误的。卢梭特别强调行政权是根据以主权者名义所确定的法律或者说根据立法权来创设的,行政官或执政者应当服从主权者或立法权,"行政权力的受任者绝不是人民的主人,而只是人民的官吏,只要人民愿意就可以委任他们,也可以撤换他们。对于这些官吏来说,绝不是什么订约的问题,而只是服从的问题;而且在承担国家所赋予他们的职务时,他们只不过是在履行自己的公民义务,而并没有争条件的权利"。[4]

(四) 立法与法律分类

卢梭非常强调立法权的重要地位。他不仅强调主权者的唯一权力是立法权,而且形象地把立法权比作"国家的心脏",提出"国家的生存绝不是依靠法律,而是依靠立法权"。[5]

从人民主权论出发,卢梭明确提出立法权必须属于人民。首先,既然主权是属于人民的,而主权主要是通过立法权表现出来,主权者的唯一权力就是立法权,那么,立法权就理所当然地应当属于人民。"立法权是属于人民的,而

---

[1] [法] 卢梭:《社会契约论》,何兆武译,商务印书馆1963年版,第96~97页。
[2] [法] 卢梭:《社会契约论》,何兆武译,商务印书馆1963年版,第37页。
[3] [法] 卢梭:《社会契约论》,何兆武译,商务印书馆1963年版,第37页。
[4] [法] 卢梭:《社会契约论》,何兆武译,商务印书馆1963年版,第132页。
[5] [法] 卢梭:《社会契约论》,何兆武译,商务印书馆1963年版,第109页。

且只能是属于人民的。"〔1〕其次，既然法律是人民公益的体现，而公意是不能转让和被代表的，立法权也应当由人民掌握。另外，"法律只是社会结合的一些条件，服从法律的人民就应当是法律的创立者，规定社会条件的只能是那些组成社会的人们"。〔2〕由于立法权属于人民，因而只有人民直接赞同的文件才能成为法律，不仅君主以及其他任何人的发号施令绝不能成为法律，而且一切法律只要不曾为人民所亲自批准就是无效的，就根本不是法律。卢梭还认为，即使是编订法律的人，也只能向人民提出制定法律的建议，"没有，而且也不应该有任何的立法权力，而人民自己即使是愿意，也绝不能剥夺自己的这种不可转移的权利"。〔3〕

卢梭把立法权的享有者和法律制定者或立法者区别开来。他虽然主张立法权只能属于人民，但又说普通的人民不能制定法律。在他看来，"时常并不知道自己应该要什么的盲目的群众，由于很少能知道什么是对他有利的，又怎能自己来执行像立法体系这样一种既重大而又困难的事业呢？人民永远是愿自己幸福的，但是人民自己却并不能常常认识到什么是幸福的"。〔4〕因此，只有贤明的、智慧的、天才的人物才能担当具体制定法律的工作，充当立法者。"要为人类制定法律，简直需要神明。"〔5〕卢梭还提出了适宜于立法的人所应具备的一些具体条件：他们没有根深蒂固的传统与迷信，既不参与四邻的争端而又能独立抵抗邻人或能借助其中一个抵御另一个，能为全体所认识，既不富有也不贫穷而能自给自足，能结合古代民族和新生民族的特性等。贤明的立法者在本民族内找不到，必须到外邦去请，因为本民族的人会偏私、不公允，只有外邦人才同本民族没有利害关系，才会公允。例如古希腊、近代意大利和日内瓦共和国，都是请外邦人为其编纂法律。卢梭本人也曾被邀为波兰起草宪法。

立法应坚持一些必要的原则，特别是：①立法必须以谋取人民最大幸福为原则。立法的最完美的程度，是能够使人们取得比在自然状态下所能得到的力量更大的力量，通过立法，使人民的自由、人身和财产安全得到更大保障。②立法要注意各种自然的社会的条件。法律同政体、宗教、风土人情、气候、地理环境等社会的和自然的条件有密切关系，因为主张立法要因地制宜，使法律同这些事物和现象保持协调，使法律只不过是保障、遵循和矫正自然的关系而已。如果立法者不采取根据事物本性而产生的原则立法，便会导致法律的削

---

〔1〕　[法] 卢梭：《社会契约论》，何兆武译，商务印书馆 1963 年版，第 68 页。
〔2〕　[法] 卢梭：《社会契约论》，何兆武译，商务印书馆 1963 年版，第 48 页。
〔3〕　[法] 卢梭：《社会契约论》，何兆武译，商务印书馆 1963 年版，第 51 页。
〔4〕　[法] 卢梭：《社会契约论》，何兆武译，商务印书馆 1963 年版，第 52 页。
〔5〕　[法] 卢梭：《社会契约论》，何兆武译，商务印书馆 1963 年版，第 53 页。

弱、体制的改变和国家的动荡不定。③既要保持法律的稳定性，又要适时修改、废除不好的法律。作为治国工具的法律当然要有一定稳定性，没有充足理由不能轻易变更。但这种稳定性是相对的。当法律所保护的利益发生变化时，就应当修改；当法律成了君主或其他强者胡作非为的工具时，就必须废除。他还特别强调，法律既然是人民意志的体现，人民在任何时候就都有权修改或废止法律。

　　卢梭还论述了实在法的分类问题。他把实在法分为四种，即政治法、民法、刑法、习惯法。这四种法律构成了法律体系，其中前三种法律属于成文法，需要通过立法制定出来。卢梭指出，为了规划全体的秩序，或者说为了赋予公共事物以最好的可能形式，就需要考虑各种不同关系，根据这些不同的关系来制定法律，建立相适应的法律体系。作为"规划全体的秩序"的法律体系并不复杂，由上述四种法律加以构造即较为完备。关于政治法，卢梭称其为根本法。它调整主权者与国家、政府的关系，表现主权者、国家、政府的权力和职责范围，使它们保持平衡、处于符合公意要求的状态，以避免出现专制和无政府两种状况。关于民法，卢梭将其视为调整政治共同体成员之间及其与共同体之间的关系的法律或者说是调整公民之间以及公民与集体之间关系的法律。关于刑法，卢梭将其看做调整个人与法律之间的关系或者说不服从与惩罚的关系的法律。"刑法在根本上与其说是一种特别的法律，还不如说是对其他一切法律的制裁。"[1]关于习惯法，卢梭指的是风尚、习俗和舆论。他认为这是特别重要的法律："这种法律既不是铭刻在大理石上，也不是铭刻在铜表上，而是铭刻在公民们的内心里；它形成了国家的真正宪法；它每天都在获得新的力量；当其他法律衰老或消亡的时候，它可以复活那些法律或代替那些法律，它可以保持一个民族的创制精神，而且可以不知不觉地以习惯的力量代替权威的力量。"[2]但卢梭同时指出，在四种不同种类的法律中，只有政治法才与他的研究主题有关。

---

〔1〕〔法〕卢梭：《社会契约论》，何兆武译，商务印书馆1963年版，第73页。
〔2〕〔法〕卢梭：《社会契约论》，何兆武译，商务印书馆1963年版，第73页。

第十章 三大空想社会主义
代表人物的著作

第一节 三大空想社会主义思想产生的
历史背景及其贡献

一、三大空想社会主义产生的历史背景

空想社会主义学说，到 19 世纪初发展到了高级阶段，其主要代表人物是法国的傅立叶、圣西门和英国的欧文。

三大空想社会主义的产生，有其特定的历史条件，即法国资产阶级革命和英国产业革命这两件大事。在法国经由那场革命而建立起的新的社会制度，是对启蒙思想家奉为圭臬的"理想之国"的讽刺。"自由"成为资本家榨取无产者血汗的特权；"平等"化为资产阶级对无产者的奴役；"博爱"成为资产阶级投机倒把、损人利己的阴谋诡计。资产阶级的"民主政治"不过是一种新的吃人制度而已，在英国，随着产业革命的展开，诞生了近代无产阶级。产业革命带来的社会生产力的成果，落到了资本家手中。由阶级压迫和贫富对立而引发的无产阶级反对资产阶级的斗争，最初表现为捣毁机器的卢德运动，而在 1823 年爆发了第一次经济危机后，这种斗争就逐步转向自由性质。法英两国的情况表明，这个时代是"自由阶级的理想王国"开始破产、无产阶级开始独立发展的年代。令人失望的现实，必然要产生出这种失望的根源，拟定拯救人类社会方案的人。然而，这时资本主义生产方式还很不发达，生产力和生产关系的矛盾才刚刚开始暴露，这就使空想家们还难以把握资本主义的基本矛盾和发展规律。另一方面，无产阶级才刚刚从无财产的群众中分离出来，还无力采取独立的政治运动。它更多地表现为一个被压迫的受苦等级，尚未显示出自己是创造新社会的力量。解决社会问题的物质条件、社会条件及其办法，还隐藏在不发达的经济关系中，当时的社会关系还未发展到能够产生科学社会主义的程度。空想家们不得不从头脑中发明一套新的完善的社会制度并通过宣传，

可能时通过典型示范，把它从外面强加于社会。"不成熟的理论，是和不成熟的资本主义生产状况、不成熟的阶级状况相适应的。"〔1〕三大空想家的学说就是适应着无产阶级与资产阶级的斗争尚未发展到成熟时期的状况而产生的。

从思想渊源来看，三大空想家的出发点是旧唯物主义。马克思和恩格斯说："法国唯物主义的另一派则直接成为社会主义的产物。"又说："并不需要多大的聪明就可以看出，关于人性本善和人的智力平等，关于经验、习惯、教育的可能，关于外部环境对人的影响，关于工业重大意义，关于享乐的合理性等的唯物主义学说，同共产主义和社会主义之间有着必然的关系。"〔2〕旧唯物主义者从理性论和人性不变论，数学地引申出道德和社会科学领域中的可靠原理，然后想象出一种完全适合于人的天性要求的社会制度，把它看成理想的社会制度。空想家们在创造新的社会原理的时候，沿袭着旧唯物主义者的思想方法，认为人是周围环境的产物，以人的天性的不变原理为其最高准绳而设想完美的社会制度。例如，傅立叶从分析人的感情和"情欲"为出发点；欧文从关于"人的天性的基本原则"出发，断言合理的政府应该首先"决定人的天性的基本原则"；圣西门主义者则声称，他们的哲学建立在关于人的天性的新概念上等。诚然，他们心目中的"理想王国"与旧唯物主义者所追求的资产阶级理想化的国家是根本不同的。在他们眼里，合乎理性的是社会主义和共产主义。但是，他们却把社会主义看做是理性的表现，看做思想的产物。这种合乎理性的社会还未出现的原因，是因为真正的理性还没有被天才发现，没有被人所认识。他们自己是这样的天才，终于找到了真理，制定了合乎情理的社会计划。这样，他们就用形而上学的观点，在一定程度上把社会主义的产生看做是与社会发展客观过程无关的东西，看做是与人类历史发展无关的事情，这样的社会计划，当然只能是一种"乌托邦"了。

二、三大空想社会主义代表人物的历史贡献

那么，三大空想社会主义思想家对人类思想史的贡献体现在哪些方面？

第一，对资本主义制度作了无情的揭露和尖锐的批判。三大空想家对资本主义的揭露和批判，在深度和广度上都比他们的前辈前进了一大步。早期空想社会主义创始人所批判的是资本原始积累所带来的罪恶，18世纪法国空想家则对已经病入膏肓的封建主义制度进行了严重的批判，而三大空想家则对资本主义的全部基础和上层建筑进行了批判，进而论证了资本主义制度必将为新的

---

〔1〕［德］恩格斯：《反杜林论》，人民出版社1972年版，第256页。

〔2〕《马克思恩格斯全集》第2卷，人民出版社1972年版，第166~167页。

社会主义所替代。所以，马克思和恩格斯把他们的学说看做是"批判的空想社会主义和共产主义"。[1]三大空想思想家对资本主义制度的批判和对未来社会制度的勾画，是他们著作中最有生命力的部分，也是启发工人觉悟和科学地研究资本主义的宝贵材料。

第二，在社会历史观方面预示了一些真理。圣西门试图在历史中寻找规律性，提出了社会是有规律地不断发展进步的历史过程。他把人类社会历史划分为五个阶段，指出新的社会是前一个社会发展的必然结果，又比前一个社会前进了一大步。他认为，人类的"黄金时代"不在过去而在将来，资本主义社会只是社会发展史中的一个"过渡时代"，未来社会应该建立在大工业基础上。他还在一定程度上看到了阶级和阶级的斗争，认为法国革命不仅是贵族和市民等级之间的斗争，而且是贵族、市民等级和无产者之间的阶级斗争。恩格斯认为："这在 1802 年是极为天才的发现。"[2]傅立叶的社会历史观具有不少辩证法、唯物主义的思想成分，他说明社会是从低级到高级的辩证运动，每个历史时代，都有其上升线和下降线，上升的"波动"到极点时就变为下降线的"波动"，从而使前一个历史时期消逝而开始新的历史时期，恩格斯对傅立叶的社会观曾作过这样的评价："傅立叶最伟大的地方表现在他对社会历史的看法上。"[3]

第三，对未来社会提出了许多积极的主张，并且猜测到了不少社会主义原理。"实业"制度、"协作制度"和"劳动公社"是三大空想家对未来所构思的理想社会制度，在为这些制度作论证的过程中，他提出了许多宝贵的思想。

第二节　圣西门和他的《圣西门选集》

一、圣西门主要生平

圣西门（Claude-Henri de Rouvroy, Comte de Saint-Simon, 1760 年~1825 年）出生在一个奉查理大帝为祖先的富裕贵族家庭中。幼年时代过着豪华的生活，受过良好的教育。他认为他是"查理大帝的后裔，圣西门公爵的嫡亲"，深信自己的祖先是伟大的统帅兼政治家，自己应成为科学家和社会改革家。建立战功的年代已经过去，现在是在和平劳动的舞台上建立功勋的年代，

---

〔1〕《马克思恩格斯全集》第 1 卷，人民出版社 1972 年版，第 283 页。
〔2〕［德］恩格斯：《反杜林论》，人民出版社 1972 年版，第 256 页。
〔3〕［德］恩格斯：《反杜林论》，人民出版社 1972 年版，第 257~258 页。

圣西门

所以他有着强烈的功名心，不甘心庸碌地度过一生。17 岁时，按照贵族的古老传统而就任军职，任骑兵连少尉。"我服役一年后，法国宣布支持美洲的起义，我便利用了这个机会到了美洲，在那里先后参加了五次战役。"在俘虏康沃利斯及其部下立过大功，连续晋职，"我可以把自己看做是合众国自由的奠基人之一"。[1] 但是，军职和战功并不是他的目的，他深信："我的天职根本不是一个军人，我应从事一种完全不同的，甚至可以说是与此截然相反的活动，研究人类理性的过程，以便将来为改进人类的文明而努力——这就是我为自己规定的目的。"[2]

根据这个目的，圣西门常常提出一些宏大的计划。1783 年，他向墨西哥总督提出开凿一条连接大西洋和太平洋的双岔河（运河）的计划。同年回到法国，晋升上校。1785 年，他到荷兰，与法国驻荷兰大使共同向荷兰政府建议，由荷法两国联合组织一支远征军，出征印度。1787 年，他到西班牙，向西班牙政府提出修建一条把马德里和海洋连接起来的运河的计划，由于法国大革命的爆发，妨碍了这项计划的执行。

法国大革命时期，他先持旁观者的态度，拥护自由和平等，要求废除贵族和僧侣的一切特权，并且自动放弃了伯爵头衔和贵族的称号，更名"公民包诺姆"。他还拒绝担任佩龙纳市市长和国民自卫队队长的职务，因为他认为自己出生在特权阶层，不宜就任这种职务。但是，不久他又脱离了革命，不与任何党派来往。他说："我不能参与革命，因为，一方面我确信旧制度已经日落西山；另一方面，我厌恶破坏，而跟主张取消国民代议制的宫廷党接触，或与主张推翻主权的革命政党接近，我就只能置身于官场而不能自拔。"他同一名普鲁士贵族合伙，从事金融投资活动。其目的，照他所说的是："我追求财富，只是把它当作一个组织巨大的实业机构，创立完善的科学学派的手段。"[3] 当他拥有一笔财产时，便开始从事科学活动。他宴请各种专家，在宴饮之间共同研究问题；到英、德等国，考察他们的科学文化态度；成立沙龙，邀请专家，以观察对象，探讨人类情欲和性质。几年间，把钱全部花光，且受雇于他人，当了一名誊写员，每天工作达 12 个小时，夜间进行著述工作，其

〔1〕《圣西门选集》第一卷，王燕生等译，商务印书馆 1979 年版，第 142 页。
〔2〕《圣西门选集》第一卷，王燕生等译，商务印书馆 1979 年版，第 164~167 页。
〔3〕《圣西门选集》第一卷，王燕生等译，商务印书馆 1979 年版，第 30 页。

后又寄食于从前的仆人迪亚尔家中，两年后，迪亚尔去世，他生活又无着落，恶劣的境遇反而使他的斗志昂扬。他说过："我将近50岁了，已到了退休养老之年。但是我觉得，我是在经过人生漫长而艰苦的人生旅途之后，刚刚走向奋发有为的立场，我正处在人生的起点。"[1]

圣西门于 1802 年写出的《一个日内瓦居民给当代人的信》，由于贫困而使用原始方法加以推广，自抄了几十部，附上如下内容的信分送给著名学者："先生，请救救我吧！我快要饿死了。我的境况使我不能适当地叙述我的思想，不过我的发现的意义并不取决于叙述的方式。我所做到的是不是开辟了一条新的哲学道路呢？这就是问题所在。倘蒙不辞劳苦，把我的著作读一读，我就得救了。多年来在思想领域内埋头探新路的我，迫不得已离开学校和社会，我有了非常重要的发现。专心致力于共同利益的我，忽视自己的私事，以致弄到如此的地步。"在这种情况下，他还是以巨大的毅力继续写作。1813 年，一度意志消沉，举枪自杀，虽侥幸未死，右眼却由此失明。两年后，他又出了《新基督教》一书，死前圣西门曾说："我一生只有一个念头，就是要为一切人保证其才能的最自由的发展。"

二、圣西门主要法律思想介绍

圣西门一生写下了多部著作，就其政治法律思想来看，包含以下内容：

(一) 社会历史发展论

圣西门将"万有引力"这一物理概念引入自己的思想体系，并把它看做是支配宇宙一切事物的普遍规律。圣西门认为，自然界的一切现象都是有规律地发展的。人类社会是一个连续的、上升的、进步的过程。每一个趋于衰老和死亡的旧制度，都是下一个新的社会制度产生的前提，每一个新的社会制度的形成，都是以前历史的必然结果和延续，故后一种社会制度比之前的社会制度是一个进步。这样说来，每一种社会制度都是相对的、历史的现象，而不是不可改变的永恒的东西，他反对资产阶级启蒙思想家关于中世纪是"历史的中断"和"野蛮时代"的观点，认为每一个世纪都具有自己的特征，每一种制度都具有自己的延续性。每一种制度包含着以往社会发展的成果，又包含着未来社会制度的萌

汉译世界学术名著丛书

圣西门选集

第一卷

---

[1]《圣西门选集》第一卷，王燕生等译，商务印书馆 1979 年版，第 35 页。

芽。当一种社会制度发展到一定程度时，就不能继续推动社会继续向前发展，而必然要让位于新的社会制度。一种社会制度出现时，以什么标准来判断它呢？一种较好的制度应该是，尽可能使社会上大多数人过幸福生活，拥有最多的资料，以满足最迫切的需要；具有高尚品德的人是最受尊敬的人，有最多的机会获得最高级的位置，而不管他们的家庭出身如何；能把绝大多数人团结起来，用最多的手段抵御外来侵略；能鼓励劳动，出现重大发明，导致文明和科学的进步。圣西门的这些目标，含有较多的历史主义因素，是他得出后一种制度优越于前一种社会制度的依据。

圣西门将人类社会历史划分为五个时期，即人类"开化初期"、古希腊古罗马的奴隶社会、中世纪神学和封建制度、封建制度解体的"过渡时期"、未来的"实业制度"社会这五个时期。圣西门对人类"开化初期"，即原始社会的时期的论述中，反驳了过去一些人认为原始社会是人类"黄金时代"的说法，因为他认为这一时期，原始人住在山洞里或地窖里，吃生的动植物，甚至吃人，因而这并不是人类理性社会。关于奴隶社会，圣西门认为人类由原始社会进入到奴隶制社会是一个巨大进步。因为：① "他拯救了数十亿人的生命，人类的数目现在所以能够多得无法计算，我们应多归功于他"；② "他促使了教化的进展，使统治阶级有可能去从事发展自己的智力工作，如果不建立奴隶制度，统治阶级就不可能这样，因为他的全部时间和力量都用于从事满足自己的日常生活需要所必需的工作"。[1] 关于封建制度，圣西门反对把 15 世纪的封建社会称为"野蛮时代"，而认为那个时期内的欧洲社会在政治方面超过了以前的社会，他肯定说，中世纪所形成的神学和封建体系，比希腊人和罗马人的政治和宗教体系大大地向前推进了人类的文明。关于过渡时期或"新封建制度"，圣西门认为资本主义社会制度是"旧制度"和"新制度"之间的一个过渡性制度，他对资本主义社会作了无情地揭露和批判，认为这是一种新的人剥削人、人压迫人的制度，是一种"新的封建制度"，与旧的封建制度一样也是不合理的。因而，这种制度也必将为一个新的社会制度所代替，这就是他设想的"实业制度"。

（二）关于社会历史发展变化动力的原因

圣西门认为，社会历史发展变化的动力主要有三个：

1. 经济。他在一定程度上看到了所有制的不同形式和经济在社会发展中的作用，并且预言政治将完全被经济所包容，宣称政治就是关于生产的科学。他认为，讲政治问题不能光讲政府形式，还必须讲所有制，政府的形式不是本

---

〔1〕《圣西门选集》第二卷，董果良译，商务印书馆 1982 年版，第 152 页。

质，确立所有制才是本质。这种制度正是社会大厦的基石。应当解决的最重要问题，不外乎是应当如何建立所有制，使在自由和财富方面最有利于整个社会问题。他又说，社会的存在决定于所有权的保存，而不决定于最初制定这项权利的法律的保存。其所以如此，据他说是由于生产有益的物品，是政治生活能够为自己规定的唯一合理的和正确的目的，所以尊重生产和生产者的原则，要比尊重财产和所有权的原则有益得多。圣西门在这里虽然未能科学地揭示出生产力和生产关系、经济基础和上层建筑之间的关系，但正如恩格斯所说："在圣西门那，经济状况是政治制度的基础，这样的认识在这里以萌芽的状态表现出来了。"[1]

2. 阶级和阶级斗争。15世纪以来欧洲历史进程的基本内容是社会各阶级之间的阶级斗争。在法国，从前农业是社会生产最重要的部门，领导农业活动的是贵族，所以贵族掌握着世俗的权力。其后，第三等级作为新社会势力逐步成长起来，它要求把最高权力集中在国王手里，并接受王权提出的结盟建议。从此，国王和大诸侯之间，实业领导者和贵族之间持续了两百多年的斗争，直到国王完全集中了权力为止。路易十四时期，王权背叛了第三等级而转到贵族方面，从而引发了法国革命。至于他自己的那个时代，圣西门把法国社会分为三个阶级："第一个阶级，是我和您有幸所在的那个由学者、艺术家和一切有自由思想的人所构成的阶级，它高举着人类理性进步的旗帜前进；第二个阶级的旗帜上写着：不进行任何变革！凡是属于第一阶级的有财产的人，都属于这个阶级；第三个阶级是在平等的口号下联合起来的人们，它包括人类的其余一切成员。"[2]圣西门这样划分阶级的方法并不科学，但他肯定了阶级的存在，他还提到法国革命就是阶级斗争的观点，是值得我们注意的。

3. 理性。研究人类历史，一定要研究人类理性进化的整个历史，因为"研究人类理性至今走过的道路，将向我们指明人类理性在科学活动和幸福道路上还应该迈出哪些有益的步伐"。[3]圣西门将人类理性化的历史分为"三个伟大的时代"。第一个时代叫做准备工作时代，它包括从古至今所发生的和所完成的一切。第二个时代成为臆测体系的组织时代，即人类理性达到单一基因，神的观念阶段，这时支配宇宙的是统一而有灵性的基因。[4]换言之，这是
神学论时代。第三个时代将在20~25个世纪后开始，它是实证体系的组织时

---

〔1〕 ［德］恩格斯：《反杜林论》，人民出版社1972年版，第256~257页。

〔2〕 《圣西门选集》第一卷，王燕生等译，商务印书馆1979年版，第10页。

〔3〕 《圣西门选集》第一卷，王燕生等译，商务印书馆1979年版，第42页。

〔4〕 《圣西门选集》第一卷，王燕生等译，商务印书馆1979年版，第115~117页。

代，即人类理性的单一基因观念从宗教的外衣下解放出来，建立一种科学体系——实证主义体系的组织时代。与这三个时代相适应的社会制度分别是：军人暴力统治政治；政治变成法律家和立法者的专业，但军人仍在相当程度上操纵政治；政治成为实业家的事情，政府将从对人的统治变成对物的管理。与这三个时期相适应的人类理性形态发展阶段分别是：神学阶段，形而上学阶段和实证阶段。而与这三个时代相适应的知识的体现者分别是：祭司和教士；用思辨代替信仰的形而上学者；用理性代替思辨的实证主义者。

（三）实业制度

1. 组织形式。圣西门所说的实业制度，就是由实业家和学者，而不是由新的贵族和军人掌握社会经济、政治、文化和公益事业等方面权力的一种社会制度。这是一个理想的平等、幸福与和谐的社会，其宗旨是要使一切人或绝大多数人都得到最大限度的自由，并保证社会得到最大的安宁。在新的政治制度下，社会制度的唯一和固定的目的，应当是尽善尽美地运用科学、艺术和手工业所取得的知识来满足人们的需要，推广、发展和尽可能积累这些知识。在这里，圣西门把满足人们的需要规定为社会制度的唯一的和固定的目的，并提出了满足这种需要的手段，这就是避免和克服了早期许多空想社会思想中的禁欲主义的弊端。

"满足人们的需要"，圣西门这里的人们究竟是指什么人呢？对此，他有三种提法。在一些场合，他说是要满足一切人的需要，即在这种社会制度下"社会的一切阶级的福利都能够大大提高，而不管它是人数最多的无产阶级，还是最有钱的富人阶级"。[1]在另一场合，他说是要满足人民的需要，而人民这个概念，他认为是由从事农业劳动和受雇于厂主和商人的人所构成的。因此，他强调，人民的幸福是社会组织的独一无二的目的。再有一些场合，他说是要满足人数最多阶级的需要，即人们应当使自己的社会组织尽量满足人数最多阶级的需要：人们应当把在最短期内用最圆满的方式改善人数最多阶级的精神和物质状况，作为自己一切劳动和一切活动的目的。要把自己的社会建设得可以保证最穷阶级的身心生活得到最迅速和最完满的改善。他甚至说，这种社会组织的主要目的在于促使无产者的福利的提高。照这样说，实业制度就是一种社会主义性质的和社会福利的主要政治体制。

实业制度的领导力量是实业家和学者。实业制度的社会权力应当分为精神权力和世俗权力两种。精神权力交给学者，集中于由最著名的学者、科学家和艺术家组成的最高科学委员会。他们"首先制定总学说"，主管科学、文化和

─────────

〔1〕《圣西门选集》第二卷，董果良译，商务印书馆 1982 年版，第 207 页。

宗教事务，编纂最有利于最大多数人的"法律大全"，并在精确研究现实的基础上，探讨和表述基本原理，用于指导社会实践。至于世俗权力，圣西门认为应当交给实业家，集中于由最优秀的实业家组成的最高行政委员会。他们主管政治（行政）、经济（生产和财政）等方面的事务。圣西门在这里所说的实业阶级是一个外延十分广泛的概念。它包括一切从事于有益于社会工作的人，不论这种工作属于体力劳动范畴还是脑力劳动范畴，这样，"实业家就不仅包括工人、农民和其他劳动者，而且还包括企业主、农场主、商人和银行家。进入实业家行政委员会的，主要不是前一种人，而是后面拥有巨大财产的资产者"。恩格斯曾指出："在圣西门那里，除无产阶级倾向外，资产阶级的倾向还有一定的影响。"[1]

2. 基本原则。圣西门对其提出的实业制度规定了一系列的原则，这些原则包括：

（1）关于所有制问题。圣西门认识到了所有制问题的重要性，认为所有制是社会大厦的基础，甚至主张"必须使所有制方面的革命带来大多数无产者拥有财产的结果"[2]他还说，在将来制定宪法规定所有制的时候，要使它对整个社会都有利，而不像目前的政治制度中还可以看到的那样，只对社会上一个阶级有好处。可是，当他解决实业制度下的各项问题时，他的资产阶级倾向却使他违背了自己的主张，没有明确提出消灭生产资料私有制这个原则的观点，而把私有制保留了下来。他主张把企业主、商人和银行家吸收到实业制度中来，说我们不能强迫财产所有者把自己的资本投入实业社会，而应当利用私人利益的引诱力去推动他们从凿运河、去铺设路和建设桥梁等活动，以及促进排水、耕种和灌溉等活动。这就说，圣西门要利用私有制，而不是改造和消灭私有制，仅仅是把私有制纳为国家计划的轨道。

（2）关于劳动问题。在事业制度下，人人都要劳动，"一切人都要劳动，都要把自己看成属于某一工场的工人"。[3]他认为，有益的活动是一切美德之本，而游手好闲则是万恶之源。实业活动是使社会得到幸福的主要手段。只有人们满足了自己的身心需要的时候，他们才能够成为幸福的人。而科学、艺术和手工业的唯一的和多少比较直接的目的，就在于满足这种需要。一切真正对

社会有益的劳动，都属于这三个部门，而且也只能属于他们。在这三个部门工

---

〔1〕《马克思恩格斯全集》第3卷，人民出版社1972年版，第406页。

〔2〕《圣西门选集》第二卷，董果良译，商务印书馆1982年版，第224页。

〔3〕《圣西门选集》第一卷，王燕生等译，商务印书馆1979年版，第24页。

作的人都是劳动者，脑力劳动者也是劳动者，实业制度下"穷人"和"富人"的关系就是体力劳动者和脑力劳动者的关系。为了促使每个人都来参加劳动，圣西门提出了两条措施：一是宣传"劳动是一切美德的源泉"的观点，切实做到"有益的劳动应当受到尊重"，使人们树立起劳动光荣的思想；二是政府必须把"反对游手好闲"的斗争作为自己的主要任务之一。他从这里引申出一个重要观点，即劳动权思想，认为在实业制度下不会有实业现象，社会要保障最穷苦的人都有劳动的权利。

（3）关于计划经济。实业制度必须制定明确的配合得十分合理的工作计划，以保证全社会的生产、科学和艺术，以及一切公共事业都能够按照协助的共同目的进行。实行有计划地组织社会生产的原则，就可以克服资本主义社会的生产无政府的状态，就可以把人们紧密地联系起来，就可以有效地把科学、艺术和手工业等一切工作结合并协调起来。他的具体想法就是搞"协作制"，就是把编制、审查和实行有利于全社会成员的各项计划列入最高行政权之内，分别由科学院、实业家委员会和银行家负责，即：科学院负责编制计划，送实业家委员会审查，然后交给经常主管财务方面的银行家执行。他特别强调银行在组织实业活动方面应发挥重大的作用，通过银行调节作用来调节全社会的生产，通过控制信贷使生产和消费保持协调状态。这样一来，生产将不再由企业主所指挥，而是归社会机构主持，生产的无政府状态就会被有计划、有组织的生产所代替。

（4）关于分配方式。每个人的作用和收入应同他们的才能和贡献成正比。他说过，这个国家机构好比一个大实业企业，其目的是按照社会成员的贡献，使每个成员得到最大的便利和福利。这种思想，包含着按劳分配的萌芽，克服了18世纪空想社会主义者所主张的平均主义思想。后来，圣西门的门徒们发挥了这一思想，明确提出，在未来社会中"按能力计报酬、按功效定能力"。后来，又成为在写作制度下，"个人地位取决于他们的能力，个人的报酬取决于他们的功效"或叫做"按能力定地位、按功效定报酬"。显然，他们的这种思想是科学社会主义"各尽所能，按劳分配"原则的直接思想渊源。

（5）关于平等要求。实业制度坚持尽可能完全平等的原则，不承认各种特权。圣西门关于平等的思想，曾经有一个变化的过程。在早期著作中，他规劝无产者服从有财产者的统治，后来他表示要在家庭出身方面实行尽可能大的权利平等原则，并把真正能力的优劣作为政治权利的基础。他厌恶特权，要求废除一切特权，要求择优任人，把管理国家事务的大权委托给最有才能的人，而不管他们的家庭出身如何。他甚至肯定认为，无产者已经能管好财产，有足够能力成为新社会组织中的平等一员。他们的智力已经相当发展，他们的预见力已经相当敏锐，足以毫无困难地建立起一个使他们成为权利平等的社会成员的社会组织体系。

（6）关于国家消亡问题。在实业制度下，人们平等地获得了最大限度的自由，因而就不必再害怕人民造反了，从而也不需要再用人数众多的常备军去镇压造反了。那时，就不必用大量的经费维持警察机关了。国家的性质和作用必然由此而发生根本性的变化，虽然存在着领导与被领导的关系，但却不存在一部分人在政治上统治和压迫另一部分的现象。他在讲到政治学和经济学的关系时说，最初经济学依靠政治学，后来政治学要依靠经济学，甚至整个政治都要依靠经济学。"政治学就是关于生产的科学，也就是以建立最有利于各种生产的事物程序为目的的科学。"[1]他还认为，在阶级对抗的社会里，人类分为两个不平等的部分，经常进行统治和反统治的斗争，浪费了大量的人力。"如果活动力量一点都不被浪费，如果人类停止一部分人对另一部分人发号施令，而是组织起来共同去征服自然，如果各国人民相互之间也采取这种办法，那么，人类将会达到什么样的高度是可以判断出来的。"[2]过去，"人作用于人那种活动，其本身总是对人类有害的，而且由此会损失双倍的人力。只有在人作用于物这种活动实现之时，才会避免人力的浪费，造福社会，改善人类命运。在旧体系下，社会实质上是受人的统治；在新体系下，社会只是受原则的统治"。[3]圣西门又认为，国家以维持秩序为目的的这种社会职能，在新社会组织里将不再是主要职能，到那时，国家将融于社会之中，行政权是微不足道的，或几乎是微不足道的。由此可见，圣西门虽然不了解国家消亡所具备的条件，但已猜测到，人类社会发展到高级阶段以后会出现国家消亡的前景，他虽然不了解国家政权的阶级性质，但已经离开国家来谈社会，这是很可贵的。恩格斯就此评论说："在1816年，圣西门宣布政治是关于生产的科学，并且预言政治将完全为经济所包容。虽然经济状况是政治制度的基础，这样的认识在这里仅仅是萌芽状态表现出来的，但是对人的政治统治应当变成对物的管理和对生产过程的领导的这种思想，即最近纷纷议论的废除国家的思想，已经明白地表达出来了。"[4]

---

〔1〕《圣西门选集》第一卷，王燕生等译，商务印书馆 1979 年版，第 169 页。
〔2〕《圣西门选集》第一卷，王燕生等译，商务印书馆 1979 年版，第 224 页。
〔3〕《圣西门选集》第一卷，王燕生等译，商务印书馆 1979 年版，第 245 页。
〔4〕［德］恩格斯：《反杜林论》，人民出版社 1972 年版，第 256~257 页。

第三节　傅立叶和他的《傅立叶选集》

一、傅立叶生平简介

傅立叶（Charles Fourier，1772 年~1837 年）是与圣西门同时代的人，他出生在法国东部商业中心一个富商的家庭中，其父曾任当地商业法庭庭长，母

亲家也是富商，舅舅还有贵族的称号。傅立叶中学毕业后，曾希望继续深造，将来成为军事工程师。可是，其母亲依照独子必须继承家业的传统，要他去商业上图发展。这样，他在 1790 年开始学商，1792 年开始独立经商。他父亲的遗嘱里也要他从事商业活动。1793 年，法国革命的深入发展，国内形势的动荡不安，粮食奇缺，他从马赛运一批货物到里昂，希望能赚到一笔钱，但是由于吉伦特党人在里昂的煽动，他的全部商品都被当地反革命政权所征用，他本人也被拉去当了叛军，并在一次反击战中险些丧命。雅格宾党人攻克里昂后，傅立叶被逮

傅立叶

捕，但未被判死刑，并且他逃跑成功回到故乡。这种遭遇，对傅立叶影响很大，使他对法国革命持敌对态度，尤其认为雅格宾派党人是在全国遍布告密者、遍设断头台的强盗，并且由此而否定阶级斗争和暴力革命。

此后，他长期在商界生活。他看到的社会现实，一方面是投机者、高利贷者和其他剥削者的横虐，另一方面是人民大众——农民、无产者、小资产阶级的日益加深的苦难。对资本主义商业活动中种种丑恶内幕的洞察，为他以后抨击资本主义制度积累了材料。对人民群众疾苦的同情，对现实社会种种丑恶行径的厌恶，促使他去寻求一种新的道理的社会组织。为了完成这个"抨击"和"寻求"，他利用一切机会去认真学习，努力钻研，深入思考。青年时期他就喜欢博览群书，并且记忆力特强，以致成年后写作时能凭记忆引证前人的作品。他依靠自学，在哲学、经济学、政治学、历史学、伦理学、教育学和自然科学等方面积累了知识，并醉心于柏拉图、亚里士多德、莱布尼茨和卢梭的著作。不过，他不大喜欢把一本书系统地读完，主要是读报纸和杂志，这对他又有很大影响。

1828 年以前，傅立叶一面从事繁重的商业工作，担任了商业经纪人、呢绒供应检查员、罗纳省统计局长、商店出纳员和通讯员，等等。另一方面，从

事著书工作，在创造着他的社会学说。这期间他完成了一系列著作。因此，恩格斯说，"傅立叶的理论基础在 1799 年就已经奠定了"，他自己也说过，他的学说是 1798 年到 1802 年期间形成的。从 1828 年起，傅立叶得到亲朋好友的帮助，永远摆脱了他的商业活动，全力从事著述和研究工作。

二、《傅立叶选集》体现的法律思想

（一）社会发展阶段论

傅立叶把他的主要力量用来考察社会运动的规律，用来研究人类社会发展的历史方面。他在论述社会历史发展阶段时，提出了几种互有差异的社会发展图示：

第一种图示，他把社会运动分为二大段："上升的波动"和"下降的波动"，并由此将人类社会历史的发展分为四个阶段。在这四个阶段中，又各分为若干时期。第二种图示，是把人类社会历史分为四个发展阶段时期：愚昧时期、宗法时期、野蛮时期和文明时期。第三种图示，是以生产和生产的性质来作为划分社会发展阶段的标志，把人类社会的"上升序列"分为八个阶段：原始时期、愚昧时期、宗法时期、野蛮制度、文明制度、保障制度、协作制度和和蔼制度。

傅立叶在对社会人类历史发展分为若干个时期后，对每个时期进行了具体的分析。原始时期是"极乐世界时期"，这比圣西门是一个倒退。原始时期没有社会组织，没有家庭，没有偏见，人们恋爱自由，人烟稀少，因此物产丰富；兽类、水果、野兽等可以说用之不尽，取之不绝；财富没有表面性的标志；没有猛兽；生物形态很美，不像现在这样粗野；和平占统治地位。关于蒙昧时期，对我们来说是无关紧要的，那时人们以畜牧业为主要活动，没有货币，但有直接的交换，出现了家庭经济，各家庭又联合成部落，形成了婚姻制度。关于宗法制度，这是一个无人知晓的社会，其经济特征是小规模的生产，有间接的中介交换，出现了原始商业。关于野蛮制度，仍是令人厌恶的生产，但已达到中等规模，商业方面也有了复杂流通，并经常采用最高限价、征用和垄断。社会分为两个阶级——主人和奴隶。关于文明制度，文明时期的目的是要进一步发展生产，它已具备了大规模生产的条件，并且不是建立在奴隶制基础上，而是建立在个人自由的基础上。他说的文明制度，包括奴隶制度、封建制度和资本主义制度。傅立叶认为："这种制度在理论上或实践上都努力谋求进入第六社会，但始终未能如愿以偿。"[1]文明制度既不是上帝的要求，也不

[1]《傅立叶选集》第一卷，赵俊新等译，商务印书馆 1965 年版，第 48~49 页。

是运动的进一步目的。在他看来，按照社会发展规律，文明制度必将为和谐制度所代替。

(二) 和谐制度论

傅立叶在对资本主义制度批判的基础上，提出了理想的社会制度。人们要摆脱苦难，必须要做到以下几点：①创造出大规模的生产、高度的科学和优美的艺术；②发明一种与分散经营相反的协作结构，即经济的新世界。第一条已由文明制度所做到，第二条是应完成的历史任务，而和谐制度就是他提出的消灭文明制度，全面改造社会的方案。他的和谐制度包括以下内容：

1. 和谐制度的必然性——情欲论。为了论证和谐制度一定会实现，傅立叶不但从人类历史的发展规律方面进行阐述，还从人的情欲等方面加以发挥。上帝把情欲赋予每一个人，使他成为人的基本情况。社会运动就是由人的情欲与物质财富之间的矛盾所推动的，"情欲斥力"使社会处于协调状态，"情欲引力"则使社会处于协调状态。他认为，"情欲引力"是上帝赋予的，必定是人所共有的一种超自然的、永恒不变的东西。

那么，人有多少"情欲"呢？傅立叶已经把这十二种情欲作分类：五种感官性情欲，四种爱恋情欲，三种分配性情欲。不同类型的情欲追求着相同的目的。任何时候，任何地方，情欲力都一直追求着三个目的：①追求奢侈；②追求成为组和组的谢利叶，追求亲密的联系；③追求情欲、性格、本能的结构。第一个目的的内容是健康和财富，健康是内部的奢侈，货币财富是外部的奢侈，有了健康身体和财富，就能满足五种感官。第二个目的，是形成系列(傅立叶)。第三个目的是追求普通一致，即没有第一目的的感觉能力和第二目的的种种依恋动力相协调，因为每个人都希望有一种内部动力使自己的情欲达到本身的和谐，又希望群众的情欲与自己的情欲协调起来。由此可见，引力的第三个目的是情欲的内部结构和外部结构。

情欲没有害处，如果说情欲表现了有害性，那是文明制度造成的。在文明制度下，情欲引力不会发挥作用，人的本性受到歪曲，不能按照内在的情欲引力自由地发扬光大，只有在和谐的制度下，情欲引力才第一次获得发挥作用的广阔场所，才可以自由地发扬光大。和谐协作是唯一的合理社会制度，人最初就是为了这种制度而被创造出来的，人是为了协调各种协作而被创造出来的生物。人本身就是协调，假如情欲不能压制的话，情欲只能趋向协作，趋向社会的统一。

2. 和谐制度的基本社会组织——法朗吉。和谐制度是以自愿参加为原则的组合或协作社的总称，其基本细胞是傅立叶称之为法朗吉的协会。法朗吉，亦称法伦斯泰尔，是希腊文"队伍"一词，其原义是"希腊步兵的方阵"，转义为"内部团结一致的团体"。傅立叶的用意是以它来表示和谐制度下有组织的生产消费协作组织,以区别于资本主义的生产无政府状态和混乱秩序。按照傅立叶的设想,不仅要在工农业领域组织起法朗吉,而且要在商业劳动、家务劳动、教育劳动、科学劳动和艺术这些领域内组织联合协作,使全社会形成一个完整的体系。

法朗吉的规模是根据情欲理论的原理来规定的,而不是从生产水平和发展生产的需要确定的。从整体上说,每个人有十二种情欲,但是各人还有不同的情欲,或者相同的情欲,会有不同的表现形式,所以,人们就形成了形形色色的个性。建立劳动组织时,必须估计各人不同的个性,以保证每个人在其中能找到他所爱好的工作,每一种工作又都有合适的人在做。这样,就可以避免混乱。法朗吉是一种生产消费联合社,既组织生产,又组织生活。农业是它的主要劳动形式,工业劳动只占全部劳动的1/4。因为傅立叶认为,人们对农业劳动和手工业劳动爱好是3∶1,每个法朗吉需要土地1平方公里,而获得这块土地和所需的装备,需要400万法郎的资本。法朗吉下面又根据劳动的种类而分成若干个谢利叶,每个谢利叶再划分为若干个小组,每组由7~9人组成。每个成员参加某一谢利叶或小组根据他的爱好和情欲而定。每个法朗吉的全体成员应当住在一起共同生活。

关于法朗吉的劳动,傅立叶阐述得非常详细。他主张劳动应适合人的爱好,人人都参加劳动,因为和谐制度是以诚实和诱人的劳动为基础的正面世界,上帝为劳动确定了引力,为参加各类劳动规定了限度。在情欲引力的指引下,每个成员可以根据自己的爱好和兴趣,在一个谢利叶中选择某个小组,也可以在一天之内到几个谢利叶去劳动。在某一个谢利叶劳动的时间不超过2小时。也就是说,他们的工作日不是以他在某个谢利叶或小组的全部劳动来计算,而是按照他所参加的多个谢利叶或小组的劳动工时来计算的。傅立叶认为,每个成员在一天内由这个谢利叶转到另一个谢利叶,从这种劳动转到另一种劳动,就可以满足人的多样的情谊,就可以使人在每一天的每一段工作时内得到"双重快乐",从而使劳动成为人们快乐的需要。这样一来,文明制度下强迫劳动和畸形劳动分工即被自由选择的自由劳动所代替。

法朗吉的分配是一个复杂的问题,傅立叶反对平均主义,说任何平均主义都是政治毒药。他也不主张按需分配和按劳分配,而提出了一个"按比例分配"或"均衡分配"的原则。所谓按比例分配,就是按劳动、资本和才能三个因素来进行分配,因为他认为这三种都是生产资料,而劳动收入、资本收入和才能收入都是红利。这就是说,全部社会收入在法朗吉中分为3份,其比例是:资本占4/12、劳动占5/12、才能占3/12,如果把劳动的份额提高一些,就这样的比例进行分配，劳动占 3/6，资本占 2/6，才能占 1/6。这样，在法朗吉中，每个成员都有了一定数量的最低收入作为其基本需要的保证，但是富人的收入肯定会高于一般人。恩格斯就此评论道："在傅立叶主义的法朗吉中，有富人和穷人，有资本家和工人。全体成员的财产分为股份基金，法朗吉经营商业、农业和工业，所得到的收入按以下的方式划分给社员：一部分作为劳动报酬，另一部分作为对技艺和才能的报酬，再一部分作为资本的利润。原来在关于协作和自由劳动的一切漂亮的理论后面，在慷慨激昂地反对经商，反对自私和反对竞争的连篇累牍的长篇言论后面，实际上还是旧的经过改良的竞争制度，比较开明的囚禁穷人的巴士底狱。"[1]

傅立叶并不主张取消和废除私有制，说明主张生产资料公有制是"政治上的冒险主义的怪癖"。在被吸收的谢利叶成员中间，会有些人拥有少量资本，拥有要出卖的土地、牲畜和农具，以及必须偿付价款的将要拆毁的房屋。他们将用这些存款来换得股份或一部分股份。既然保存了资本本身，就必须要保存他们得到收入的权利，富人在这里将赚得利润，赚得按资本而定的权利——这种收入是随着人的投入工作的热情的增长而增长的。资本家即是法朗吉的股东，能得到可观的利益，就能享受法朗吉的全部好处，甚至可以不参加劳动。在傅立叶看来，和谐的社会制度是以阶级融合为基础的，富人应占一席之地。

3. 和谐制度的社会政策。傅立叶在论述和谐制度的同时，提出了一系列和谐制度的社会政策。

(1) 关于家务劳动问题。和谐制度下的生产劳动是在法朗吉体系内进行的，这使家庭失去了作为经济单位的意义。家庭不再作为经济单位的表现形式之一，即家务被公共食堂和公共服务机构所包揽。傅立叶认为，家务劳动的社会化的必要性和好处很多：①可以节省人力。傅立叶认为，男人结婚的目的是为了由女人来料理家务，但是，对于绝大多数妇女来说，她们对家务既无嗜好，也并不适合，她们大部分人曾因家务而苦恼和疲劳，而有些妇女则特别擅长家务。如果每个家庭都有主妇去料理家务，30 个家庭就要 30 口人，这样，就浪费了劳力。经过组织以后，这 30 个家庭只需要 5、6 个主妇就可以满足 150 个所需的一切。②可以节省财力。家务劳动社会化是有组织的劳动，只要经营得好，就可以在满足各种人需要的同时，使人们节省不少开支。③可以剔除烦事、增进欢乐。傅立叶特别重视公共食堂，认为膳食是人们最重要、最有趣的事，如能把它搞得愉快有益，就会有在家务中连影子也找不到的快乐。因

---

〔1〕《马克思恩格斯全集》第 1 卷，人民出版社 1972 年版，第 379 页。

此，公共食堂就会成为高尚社会的和谐手段。

使妇女摆脱家务，是解放妇女所必须的条件。文明制度要求全部妇女爱好家务活动，这是极不公平的，因为在和谐制度下，家务劳动由于协会的加入而变得简单化了，这种劳动还要不了现在所有妇女人数的 1/4 就能愉快胜任。要解放妇女，还必须使婚姻的结合和离异都有自由。在和谐制度下，男女恋爱问题上非常坦率，并通过一种经济的间接活动使社会全体过渡到恋爱自由。至于离婚自由，他认为这是一个非常有益的习惯，并且在促进家庭的和谐方面将起重要的作用，为了解放妇女，傅立叶还主张让妇女担任各项要职，并实行实权。他在谈到和谐制度下各级掌权者这个问题时说，要在他们中间规定彼此极不相同的守则，使男人不能侵犯女人的权利，使妇女任职不像在文明制度下那样仅有虚名，实际上则是奴隶。在文明制度下"我们的议长太太什么会也不主持，我们的元帅夫人什么也不指挥。她们的地位只不过是一种荣誉的空头衔而已。和谐制度的妇女要行使她的称号所规定的种种活动，女议长要在某种会议上和某个议院担任主席，女元帅要指挥某个军团。既然妇女在劳动军中占 1/3 的数目，如果要招募一支 30 万人的军队，这里面便应该有 10 万个妇女"。[1] 最后，傅立叶提出这样的结论："某一时代的发展总是可以由妇女走向自由的程度来确定，因为在女人和男人、女性和男性的关系上，最明显不过地表现在人性对兽性的胜利。妇女解放的程度是衡量普遍解放的天然标准。"[2] 恩格斯指出，傅立叶"第一个表现了这样的思想，在任何社会中，妇女解放的程度是衡量的天然尺度"。[3] 他充分肯定了傅立叶关于妇女解放的思想在社会主义思想史上的重要地位。

（2）关于婚姻和妇女解放问题。傅立叶关于婚姻和妇女解放的观点是相当进步的。妇女问题的性质是随着社会制度的变化而变化的。妇女在蒙昧时期处于从属地位，在宗法时期沦为奴隶状态，在野蛮时期完全处于奴役地位。在文明制度下，婚姻制度是一种使妇女受压迫受苦难的制度，是一项可以发财致富的投机事业。婚姻结合中的压迫程度，不亚于对人类其他关系的压迫程度。爱情在文明制度下是混乱、懒惰和浪费的萌芽，而在和谐制度下则变成了收入和生产奇迹的源泉。这是因为，在和谐制度下，妇女不再受家务、儿童养育和教育的重压，同男子一样参加体力劳动、科研和艺术活动，这使得妇女很快地就会相信自然界所指定她们担任的那种角色，相信自己是男子的对手，而不是男子的仆人。

---

[1]《傅立叶选集》第二卷，赵俊新等译，商务印书馆 1965 年版，第 22 页。
[2]《傅立叶选集》第二卷，赵俊新等译，商务印书馆 1965 年版，第 80 页。
[3] [德] 恩格斯：《反杜林论》，人民出版社 1972 年版，第 257 页。

（3）关于人口问题。傅立叶看到了人口问题的重要性，主张采取措施保持人口的平衡。他说："要是人类不得不像现在这种迅速地、大量地繁殖，要是人口总是越来越密集，超过了在不同阶级中间保持较好调整的富裕生活所必须稳定下来数目的二三倍的话，纵然发现了使产量达到四倍，甚至达到一百倍的办法，也是枉然。"[1]他认为，地球可以供养的人口最多是 50 亿，如果不对人口加以控制，150 年后就会达到这个数字。傅立叶认为，人口的不平衡是文明制度造成的。所谓不平衡，是指消费者的人数与生产力的比例是不平衡。他认为，只有在和谐制度下，才能保持人口的平衡，给社会提供普通和平和普遍的富裕。傅立叶关于人口问题的这些办法是可取的。然而，当他在寻求解决人口过剩的办法上，却发表了一系列古怪的言论，他说："在和谐制度下，自然界要用四种障碍来解决人口过剩，即：①妇女的健康；②美食制度；③爱色的习俗；④全面锻炼。"[2]他认为，身体强健的妇女，有 3/4 是不怀孕的，而身体较弱的妇女则有过高的令人讨厌的生殖力；强壮农妇过简朴的生活，只吃植物性的粗食物，生殖力强，而城市妇女有精美的食品，可以导致不育；自由恋爱和情人众多，不言而喻，这是对生殖力的一种障碍，高等妓女就极少怀孕。在和谐制度下，将有许多妇女由于对社会有益而委身于许多男子，将由于爱色，导致多数人不会怀孕，全面的锻炼，可使生育力晚些发育，推迟性成熟时间，也可以达到减少人口的目的。

傅立叶还论述了有关教育问题，消减城乡对立问题，体力劳动和脑力劳动相融洽问题。

第四节　欧文和他的《欧文选集》

一、欧文生平简介

欧文（Robert Owen，1771 年～1858 年），出生于北威尔士的一个小镇上，其父是手工业者，家庭生活艰难。欧文 4 岁半开始上学，7 岁时读完全部小学课程，开始做老师的助手，9 岁离开学校，到一家商店做学徒，开始自谋生活。10 岁以后，在斯坦福一家批发商店当了 3 年学徒。在伦敦一家服装商店当了 1 年店员，在曼彻斯顿一家棉织品商店当了 3 年店员。在这段时间里，

---

〔1〕《傅立叶选集》第二卷，赵俊新等译，商务印书馆 1965 年版，第 208 页。
〔2〕《傅立叶选集》第二卷，赵俊新等译，商务印书馆 1965 年版，第 208 页。

他跑过很多地方，经历了许多事情，大致经过了人情世故，同时又利用业余时间努力自学哲学、文学和经济学知识。18 岁时，借钱与一友人合办了一家生产走锭精纺机的工厂，不久就受合伙人的排挤，分得 3 台走锭精纺机，自办了一家仅 3 名工人的小工厂，但却取得了很大的成绩。20 岁时，他关闭了工厂，应聘管理一家拥有 500 人的工厂，并成为一名优秀的棉花鉴定专家，名声大增，甚至在工厂产品的包皮上都印有其名。其后，他成了一家大公司"乔尔顿"公司的股东和经理。

欧文

欧文是从慈善家走向空想主义者的。当他 29 岁担任新拉纳克大纱厂经理，成为地方实业界领袖时，便开始了社会活动，进行了社会实践。拉纳克位于苏格兰克莱德河谷。这里是当时英国社会的一个缩影，集中了产业革命和工人制度给劳动者带来的一切苦难。恩格斯说："这时有一个 29 岁的厂主以改革家的身份出现了，这个人具有孩子一样单纯的高尚的性格，同时又是一个少有的天生的领导者。"[1] 欧文为了使企业有利可图，运用了组织生产，加强劳动纪律，提高生产效率等方法来解决。他做了一种试验，以证明自己的理论。人是环境的产物，一旦改变了环境，人的性格就会变化。为此，他着手：①缩短工时，提高工资。把工作日从十四、十五小时缩短了十小时半，甚至在 1806 年工厂暂停工四个月时间内，也全数照发工资。②设了工厂商店，厂方批发进优质产品，以低于一般零售价 1/4 的价格卖给工人，所得少量利润，用做学校经费。③用一种叫做"无言规劝者"的方法对工人进行教育。④改善福利状况，提高工人生活水平，扩建和新建工人住宅，改善工人居住条件。欧文的改革，使他的名声震动了全欧洲。许多国家的王公大人、达官显贵、宗教界头面人物、社会活动家和慈善家，纷纷前来参观，倾听欧文的讲话。为此，欧文得到了慈善家的美名。

但是，欧文并不是满足他已有的成就。他说，我花费了一点钱，改进了工人的状况，可是工人是向我乞求恩赐的奴隶，我可以随时解雇他们。他以实践家和理论家的名誉出现，致力于阐述一种社会理论和以合作新村委基础而建设新社会制度的计划，并力图使之成为现实。1824 年，欧文带领 4 个儿子和少数门徒前往美国，在印第安纳州买来了 3 万英尺土地和地面建筑物，成立"新哈蒙尼"（New Harmony）即"新协和公社"。一时间，公社组织得很好，引起了很多人的注意。但到 1828 年就瓦解了。欧文不得已把一部分土地租给愿意

---

〔1〕 ［德］恩格斯：《反杜林论》，人民出版社 1972 年版，第 159 页。

保持公有制经济的人，其余大部分不得不分散出卖，他个人损失了 4 万英镑财富。在这种情况下，欧文仍没有动摇，继续为自己的理想而生活着。马克思曾这样说过："我至今始终确信，凡是真正坚强的人——举例说吧……罗伯特·欧文……一经踏上革命的道路，即使遇到失败，也总是能从中吸取新的力量，而且在历史的洪流中漂泊得愈久，就变得越坚强。"〔1〕1829 年，欧文回到英国后，直接转向了工人阶级。30 年代，是英国合作社运动和工人运动蓬勃发展时期。欧文积极参与了与这些运动有关的创业活动，在工人中享有很高的威信，成为当时工人运动的领袖。1832 年，他领导创办了"全国农用运动产品交换市场"，其基本原则是直接用"劳动券"代替一般货币，根据劳动估价交换产品。1833 年，他主持了英国工人第一次代表大会，使全国各工会联合成一个总工会，即"大不列颠和爱尔兰生产部门大联盟"，并当选为主席。几个月之内，该工会成员曾发展到几十万人，但不久就失败了。对欧文的这些活动，恩格斯曾作过这样的评价："当时英国的有利于工人的一切社会活动，一切实际成就，都是和欧文的名字连在一起的。"〔2〕但是，从 1835 年起，欧文离开了工人运动，并对政治改革和政治斗争采取否定的态度。1839 年~1854 年，欧文及其门徒又开始了新的试验，在英国普郡组织示范性公社，即"协和大厦"或为"皇后林新村"。公社失败后，欧文再次去了美国。1851 年 5 月 18 日，欧文在伦敦为庆祝自己的八十诞辰发表演说，马克思出席了这次演讲会。欧文的主要著作有《新社会观，或论人性格的形成》、《新道法世界说》、《人类思想和实践的革命》。

二、《欧文选集》中的主要法律思想

（一）"环境决定人的性格"

欧文思想的理论基础是 18 世纪的法国唯物主义。他关于人的性格的形成的理论，一方面以其自身管理曼彻斯顿 500 人的经验和管理新拉纳克 2500 人的经验为依据。另一方面又运用了爱尔维修的"人是环境的产物"这一著名论断。按照欧文所说：所谓人的"先天组织"，是指人的身体和器官，显然存在着差异，但总的来说是相同的。而所谓"人的性格"，指的则是人的品质、情感、信念或者行为，或指人的德、智、体诸方面的品格、性格和特征。欧文认为，人生来本就具有追求幸福、维持生命、享受生活、繁殖生命的欲望，这些欲望是人的一切行为的基因，是每个人都具有的基本相同的人性。但是，人

---

〔1〕《马克思恩格斯选集》第 30 卷，人民出版社 1972 年版，第 522 页。
〔2〕[德] 恩格斯：《反杜林论》，人民出版社 1972 年版，第 261 页。

的性格却有不同，因为人的情感、信念和行为时天赋的能力和出生后就对这种能力发生影响的必然产物。也就是说，欧文肯定：人的性格取决于他所处的环境。他说："一切事实都证明，人过去是，现在是，将来也永远是他从有生之日起终身所处好的、坏的，有益的或有害的环境产物。"[1]欧文在这里所说的环境，是指人类的整个状况，包括阶级、宗教、党派、国家和种族制度。例如，他说至今每个地区居民的性格都是由那里的政府和僧侣阶级培养出来的。然而，人的性格，应当由整个社会形成的。但是，过去的社会没有得到很好的治理，所以人类痛苦不堪。欧文进而说，人的性格不是由他自己形成的，而是外力，就是社会。"社会在人出生以后，对这种神造的材料（指人的天赋品质）进行明智的加工或糊涂的加工，给他添上可以叫做性格的那一部分东西。"

欧文正是从这种环境决定人的性格论引出他的革命结论的。能够支配人类的只有两个因素，这就是善与恶。这两个因素彼此对立，不可调和，像水和油永远不能结合起来一样。善导源于事实，直接导致真理、团结和幸福；恶导源于幻想，直接导致虚伪、不和。善是良好的环境产生的结果，恶是恶劣环境产生的结果。人们最需要确切的指导，是哪些环境为人类制造了善与恶。欧文肯定地说，社会存在的一切罪恶都是由不合理的社会制度产生出来的，都是由现有的恶劣的环境造成的。要消除这一切罪恶，就应当消减其所产生和存在的社会制度。他说："就目前表现出罪恶的种种性格而论，过错虽然不在个人，问题在于培育个人的制度有缺点。消除那种容易使人性产生罪恶的环境，罪恶就不会产生，代之以适于养成守秩序、讲规矩、真正稳重、勤勉耐劳等习惯的环境，这种品德也就可以形成。"[2]他认为，英国政府是一个坏政府，它在不了解人性的基础上制定了法律，又根据这种法律建立了制度。这些极不合理的制度和法律，使人们处于粗野无知和屈辱贫苦的状态，使他们身染恶习并逐渐堕落到犯罪地步。因此，要改变这种恶，要改造环境，就要用另一种社会制度来代替现行制度。他预言，全世界消灭罪恶和虚伪的现行制度，并代之以符合善和真理的制度的时代很快就要到来。"推行理性的制度和以亲睦、和平、不断完善、普遍幸福的精神改造人的性格与管理世人的方法的时期即将到来，任何人都抗拒不了这一变革。"[3]

（二）"三位一体的祸害"

欧文抓住私有制这个问题，对资本主义制度进行了猛烈的批判。私有财产

---

〔1〕《欧文选集》（下卷），柯象峰等译，商务印书馆 1965 年版，第 71 页。
〔2〕《欧文选集》（上卷），柯象峰等译，商务印书馆 1965 年版，第 35 页。
〔3〕《欧文选集》（下卷），柯象峰等译，商务印书馆 1965 年版，第 76 页。

现在和过去都是人们所犯的无数罪行和所遭无数灾害的根源，是人为法律制造的最不道德和最有害的力量之一，而且也是产生无数的犯罪和严重的不正义的原因。他以犀利的笔锋，历数私有制的种种罪恶。例如：它引起竞争和敌视、嫉妒与不和、奢侈与贫困、专横与奴役，等等。私有制使私有者利欲熏心，成为愚昧、自私、没有理性的富人。这种富人其实是"衣冠禽兽""两脚兽"。他们骄傲、虚荣、专行不义地压迫别人。私有财产把人们的行为和思想禁锢在关心私利和琐事的圈子里，使人们思想疏远，产生仇恨、欺骗和讹诈，引起妇女卖淫，带来了战争与屠杀。"——列举私有制给人类造成的物质损失和无谓痛苦，可以写成许多卷书。"[1]欧文说，私有制是违反自然法要求的，私有制下的人为法始终是专制造犯罪和灾难，而人们都在无休止地增加人为法来反对自然法。人类要扩大知识、善行和幸福，必须按自然法行事，自然法可使社会合理地组织起来。在合理组织起来的社会里，私有制将不再存在。个人日常用品以外的一切东西都变成公有财产，人们将了解到财产公有制比财产私有制有许多无可比拟的优越性。"这种制度一旦完全实现，就不是使少数人、一个民族或地球上一部分居民永远幸福，而是使全人类世世代代地永远幸福，并且使幸福一代代地提高，永远也不会倒退。"[2]

关于宗教问题，世界各洲的其他一切所谓有宗教，都是货真价实的蠢举，而宗教神学则是全世界僧侣的欺骗手段和胡言乱语。宗教和神学之坏，就在于"首先采取最有效的手段去制造恶习，并迫使人们学坏，而在达到它的目的以后，又变换方法，说什么：'人就其本性来说是有罪的'"。[3]"宗教引起人类智力的衰退"，为有产阶级的压迫和剥削做辩护，同私有制一起制造了竞争与敌对、嫉妒与不和、奢侈与贫困、专横与奴役，造成了隔阂，出现了欺骗、敲诈、卖淫等现象。宗教哲学毒害人民、愚弄人民，过去和现在的一切制度都以此为基础建立起来，而依次建立起来的制度，一定使人失去理性，一定使人间充满压迫、剥削、流血和破坏。全世界的僧侣和他们黑暗王国，使得体现为知、慈、善、爱、诚的美好社会建立不起来。

欧文在对旧的宗教和神学批判的基础上，从自然神论思想出发，提出了"理性宗教"问题，宇宙间所有万物的运动和变化，是因为有一种被世人称为神的那种不可思议的力量，这种力量使自然界前进不已，不断产生新的存在形式，消灭旧的存在形式，使宇宙按照引力和斥力规律，永远合而又分，分而又

〔1〕《欧文选集》（下卷），柯象峰等译，商务印书馆1965年版，第146页。

〔2〕《欧文选集》（下卷），柯象峰等译，商务印书馆1965年版，第12页。

〔3〕《欧文选集》（下卷），柯象峰等译，商务印书馆1965年版，第2页。

合，不断产生新的形态。那么，这种力量究竟是什么东西呢？至今还没有一个人能说得明白。但是，人们有权对这种推动原因和宇宙的不可思议的力量表示自己的意见，可以用自己的良心所允许的任何形式和任何方式对这种力量表现各种崇拜。人们这样做了，就能摆脱愚昧状态，产生崇高感情，增进普遍幸福。由此，欧文主张建立一种新的理性宗教。"理性的宗教的崇拜和实践，就在于不分阶级、教派、性别、党派、国家和种族，全力促进男女老幼的健康和幸福，并使人们出生以后就处在良好的环境中，成为有理性而幸福的人，从而产生出难以形容的虔诚和欢喜的感情。"[1]就是说，欧文相信，理性宗教可使人们养成良好的性格，走向团结、有理性和幸福的道路，产生新的精神和新的感情，防止纠纷和斗争，学会对同胞表示善意和真诚，获得知识和高尚的情操，"面貌一新，在外表、作风和行为上变成有理性、聪明、漂亮和真正优雅的人，从而使社会获得真正的自由、平等和博爱"。[2]

关于婚姻制度，现行婚姻制度不以两性的纯洁爱情为基础，而是在私有制和宗教信仰基础上形成的离奇结合，给家庭和妇幼带来了无穷的灾难。他针对这种情况提出的主张是：

第一，建立以崇高感情为基础的美好婚姻。在新道德世界中，人类获得新生，获得新思想、新感情、新精神、新道德、新习惯和新行为方式，这使得所有的人都必然相爱。这种爱，使人类变得温和，是人类社会中最高的喜悦和最大快乐的源泉，这种爱，不是僧侣阶级的无知所强加于人的爱，而是使人的性格高尚起来的感情，毫无疑问，在这种普通的高尚思想境界基础上建立起来的婚姻，必然是美好幸福的婚姻。

第二，规定婚姻规则。当欧文考虑到一种良好的婚姻制度也难免会产生个别不幸的时候，便认为应在不破坏双方友谊的条件下离婚，他说，这样做，可能使双方受到最小的损失，而使社会得到最大的好处。因为"当双方由于性格差异而不能继续相爱，而有意爱上另一个的时候，社会方面再强迫他们继续共同生活，这是最不道德的事情"。[3]须知，以往由于这种错误做法，不知使多少人吃了那么多沉重的苦头。欧文由此认为，为使婚姻制度有利于个人幸福和社会福利，首先就必须制定必要的婚姻规则，男女双方应在结婚前3个月声明，并在婚姻登记簿上注册；3个月后，双方在登记簿上签名表示成婚。其次是离婚规则：如果结婚12年后，双方彼此发现情意不投，认为他们的结合很

〔1〕《欧文选集》（下卷），柯象峰等译，商务印书馆1965年版，第168页。
〔2〕《欧文选集》（下卷），柯象峰等译，商务印书馆1965年版，第168页。
〔3〕《欧文选集》（下卷），柯象峰等译，商务印书馆1965年版，第141页。

少有或完全没有带来幸福的希望。那么，他们就可以公开声明打算离婚，这次声明应载入离婚簿上。不过，还要求他们还要继续生活6个月。6个月后，如果他们认为彼此性格完全相反，双方都愿意离婚，就应当去离婚登记簿上签名，完成离婚手续。假如一方反对离婚，则要求他们共同继续生活6个月，期满之后，如有一方坚持离婚，则应允许。离婚以后，双方有权再婚，他们的孩子，由于从小被公育、受公教，不会由于父母离婚而受到任何损害，并能对父母保持应有感情。

（三）劳动公社

欧文在对私有制批判的基础上，提出了自己的理想社会，它"是根据联合劳动、联合消费、联合保有财产和特权均等的原则建立起来的"。[1]这种社会的基本组织是劳动公社。劳动公社是消灭了私有制，实行财产共有、共同劳动、共同分配、权利平等和义务平等，实现人人享受物质和精神生活最大幸福的"理性的社会制度"。他为劳动公社规定了12条原则，其中包括：通力合作，财产公有，言论和行动自由，文明礼貌，勤俭办事，遵守法律和学习知识，等等。这种新制度，是文明幸福的，它没有贫困和非人道行为，没有奴隶和农奴，是真理、富裕和幸福的优良制度。

建立在公有制基础上的劳动公社，是全新的人类社会组织的细胞，是由农、工、商结合起来的大家庭。在这里，没有工厂主、商业资本家、银行家、经纪人、食利者和达官显贵的地位。"在合理组织起来的社会里，他们将没有存在的余地，其中没有一种人是社会所需要的。"[2]在他看来，由于这几种人已不存在，公社的每个成员就能各尽所能，彼此团结互助。"全体公社成员是一个大家庭，任何人的活动都没有高低之分，人人都将按照年龄的区分，在供应所能做到的范围内，得到同样的食物、衣服和教育，只要可以办到，全体社员将住同样的住宅，而又在一切方面都能得到同样的安排。"[3]欧文在论述劳动制度合理性的基础上，对公社人数和规模也作了自己的论述，并规划了公社的外貌和建筑物的布局。

关于劳动公社的权力机构，公社最高权力属于年满21岁的社员组成的全体大会，公社的行政权属于由公社的书记、司库、管理员和四个部的总经理组成的理事会，理事会又分为内务部理事会和外交部理事会。内务部理事会成员，必须是年满20岁的庄民，它的职责是调整社团的一切生活条件，组织生

---

[1]《欧文选集》（上卷），柯象峰等译，商务印书馆1965年版，第327页。

[2]《欧文选集》（下卷），柯象峰等译，商务印书馆1965年版，第30页。

[3]《欧文选集》（下卷），柯象峰等译，商务印书馆1965年版，第190页。

产活动和分配工作，培养人的性格，消灭一切不利于居民幸福的条件。外交部理事会成员由年满 40 周岁的公民组成，其职责是接待其他公私的访问者或代表，同各个公社保持联系，访问他们，共同拟定修路措施，彼此交换多余产品，组织参观旅游，交换科技情报，交流如织，协作建立新的公社，等等。欧文相信，由受到良好教育和培养并在生活上得到良好安排的人组成的政府，是不会打什么坏主意或干什么坏事的，如果他们犯了错误，在德、智、体方面有了疾病，理事会在这种情况下要把他们送到治疗体、智、德方面缺陷的医院去，直到在温存护理下治愈疾病，恢复健康为止。

（四）社会划分

欧文从人生而无知、环境决定人的性格这个原理出发，认为人们的阶级和社会地位的差别是人为因素造成的，而这种差别是人们在愚昧无知，没有经验和缺乏理性的时期构思出来的并确定下来的。社会的划分应该合乎自然和理性，应遵循这样的原则："任何一个人曾不为别人服务，也没权利要求别人为他服务。"即"一切人生下来就有平等的权利"。[1] 既然全体社员权利和义务一律平等，他们就都要从事一定的公益劳动，在他们之间就不可能有通常意义上的阶级划分。他们的划分方法是：按照社会成员年龄和经验以及人类的永恒规律对社会进行新的划分。他把这种划分叫做"阶级"划分，每个阶级的职责不同，"实行这种划分以后，折磨着人类的灾祸的产生原因将永远消失；一切应该做的事情都将做的使每个人都认为非常妥善，感到高兴和快乐，而且到达极大的好处"。[2] 欧文以此将公社社员划分 9 组，这种划分，其实就是把社会管理、劳动分工和教育等职责结合在一起的社会分层法。

第一组是 5 岁以下的儿童。对这组儿童的培养和教育，应适合于他们的年龄特点，要使他们有最富营养的食品，肥大而轻松的衣服，常到户外新鲜空气中做适当活动，使他们获得有关他们所看见和所接触到的一切事务的确切知识，不要挫伤他们自由表达自己思想感情的兴趣，促使他们萌发对一切人仁慈和友爱的幼芽。

第二组是 5~10 岁儿童。他们的主要任务在于获得有用的经验和知识，其方法是依靠亲自了解事物，同有经验的人交谈。7 岁开始成为家务劳动和管理园艺工作的助手，依其体力工作几小时，并帮助管理家庭花园。

第三组是 10~15 岁儿童。他们中的 10~12 岁者，要帮助和领导第二组儿童做家务等工作。从 12 岁起，学习掌握处理比较复杂的重大问题的原则和实

---

〔1〕《欧文选集》（下卷），柯象峰等译，商务印书馆 1965 年版，第 33 页。
〔2〕《欧文选集》（下卷），柯象峰等译，商务印书馆 1965 年版，第 34 页。

践方法，即各种知识和技能。欧文认为，儿童在这两年内将在学习方面获得重大成就，在自己面前开辟了一条"康庄大道"。

第四组是15~20周岁的人。这是人生最有趣的时期，人们在德、智、体方面都将成为新型的人。他们所受的训练和教育使他们能够用最好的方式尽量发展本人的全部才能和力量。

第五组是20~25周岁的人。欧文认为，这个年龄组的人已具备了保证财富生产和形成人的完善性格所需要的一切，所以他们是一组年龄最大和经验最多的生产者和指挥者，将担任一切生产和教育部门的领导者和指挥者，并把自己的任务完成的十全十美。

第六组是25~30岁的人，就是积极享受人生乐趣的美好时期。欧文认为，进入这个年龄组的人已有了各种知识，现在的任务是负责保管和分配公社财富，视察各个部门工作，由于他们用于工作的时期很少，这使他们有可能在研究现实改进社会的办法，或从事科研、读书、访问等活动。

第七组是35~40岁的人。他们的职责是管理公社内部事务，保持社会和平秩序和仁爱感情，预防任何产生破坏现存和谐制度的原因的可能性。

第八组是40~60岁的老人。他们掌握公社的对外事务，职责是：接待外公社来宾，与外部公社保持联系，监察道路工程，组织同文明等有关的工作，并旅游世界，与外界人保持友好关系。

第九组是60岁以上的老人。他们的判断力已完全成熟，这时，应当离开公职，欢度晚年的幸福生活，按照本人的成熟思想，自由地利用自己的思想才能和时间。

欧文对公社成员所作的这种"社会划分"并没有科学的依据，他的本意是要说明，在公社制度下，没有阶级，大家一心一意地为建设新社会而贡献一切。没有剥削，没有失业者，没有游手好闲者，美好的社会环境使年龄相同的人，权利相同，义务相同。

（五）教育、培养完美性格的手段

欧文把建立未来理想社会的希望，寄托在教育和培养具有完美性格的人这一点上，因此，他十分重视教育问题，他的教育思想，集中地表现他所定的"理想宪法"中，这就是：

1. 关于教育宗旨。人从出生到成年，都应用目前所知的最好知识进行教育和培养，在欧文看来，教育人，就是培养人的性格。使用的手段不同，可以培养出不同的性格。他认为，知道怎样培养人的可行性格，就等于知道用什么方式去消灭造成世上灾难的主要原因，就等于知道怎样改变现在的普遍混乱、沮丧、窘迫、恶习、犯罪和贫困的状态，就等于知道怎样成为人间天堂，力求促进人们的真诚善行、福利和康乐，欧文把培养完善性格、全面发展的人，作为自己的教育宗旨。

2. 关于教育手段。在教育、家庭教育和参加劳动方面，人人都应服从一个共同规定的秩序。这个共同的秩序就是彻底真正的平等。讲平等，就必须每个人出生以后就受到同样的关怀备至的教育，没有任何偏私，使每个儿童都不凭借于自己优越于他人的条件，得到别人所没有的条件所得的东西。这种平等应是全面的，包括教育和环境等方面。"只有彻底实行真正平等的原则，才能推动人类走向高度完美的阶段"，"才能使人人得到并且保证得到相互关心，一切完满、进步和愉快的幸福"。那么，如何保证这种平等得以实现呢？欧文认为基本途径就是把教育同生活劳动结合在一起进行。

3. 关于儿童教育。欧文强调儿童教育的社会化，要求一切儿童从出生以后，就应当受到出生地的劳动公社的特别细心的照料。同一公社的全体儿童，应当同一个家庭的儿童一样，在一起学习和受教育，使他们尽早认识支配人的本性的规律。为什么要将儿童教育社会化呢？欧文认为，这是由于父母过分溺爱自己的子女，不能在儿童教育问题上对自己、子女或社会作客观的判断；儿童分散教育，就不能安排适当的条件，很好的培养他们的性格，使他们成为全面发展的人。而社会化教育，则可使儿童自幼"认识自己"，了解什么是人的性格，学会理解自己成长的条件，以及自己的感情、见解和行为的基础，从而了解什么是人类，获得人类还从来没有过的理性思想，消灭一切愤怒、恶言、嫉妒、仇恨和一切对人类、对他人的仇恨心理。

第十一章　德国古典哲学思想家的
法学著作

小　引

恩格斯曾指出："在法国发生政治革命的同时，德国发生了哲学革命，这个革命是从康德开始的。他推翻了前一世纪末欧洲各大学所采用的陈旧莱布尼茨的形而上学体系，费希特和谢林开始了哲学的再造工作，黑格尔完成了新的体系。"[1]德国古典哲学是一个非常犹豫而充满矛盾的哲学思潮，又是人类优秀文化遗产的重要组成部分，它的出现有着深刻的历史原因及思想基础。

19 世纪初的德国资本主义的发展水平要比英国和法国落后得多，它基本上是一个封建的农业国，而且全国分裂为三十几个各自为政的独立邦国，只是由于反抗合乎其他的军事入侵和失败，才在形式上联合成为德意志邦联。德国的封建割据和地主贵族的统治严重阻碍了资本主义生产力的发展。直到 18 世纪中叶，德国的工业主要还是小手工业。但是，大工业还是开始发展起来了。1834 年，德意志邦联中的十八个邦，以普鲁士为盟主，成立了关税同盟，取消了彼此间的关税壁垒，结成一个密切的经济区域，从而促进了工商业的发展。普鲁士的某些地区成了德意志最发达的工业区。萨克森、西里西亚、柏林也发展成为重要的工业中心。整个德国的棉织品生产到 1848 年比 1836 年提高了大约 50%。随着德国资本主义的发展，德国资产阶级反对封建专制统治的活动也显著增加了。资产阶级对封建割据和贵族特权强烈不满，要求有一部宪法来保证自己的政治权利，要求统一德国来发展资本主义。德国古典哲学思想正是在这样的历史背景下开始出现在历史舞台上的。

德国的古典哲学思想早在法国大革命之前就受到法国启蒙思想的影响。歌德、海涅和早期的康德，在法国大革命的初期曾经追随法国资产阶级的解放热

---

[1] 《马克思恩格斯全集》第 1 卷，人民出版社 1972 年版，第 588 页。

潮，接受唯物主义原则，提出自由、平等、博爱的要求，明确反神学、争自由的资产阶级反封建革命精神。但是，在往后的发展中，德国哲学不是走向唯物主义道路，而是走向唯心主义道路，与法国的唯物主义相对立。可以这样说，18 世纪法国资产阶级举起唯物主义的旗帜，反对 17 世纪的唯心主义和形而上学，论证自然权利和人民主权，为即将到来的社会政治革命做了思想准备，而德国资产阶级却举起唯心主义旗帜，攻击唯物主义和无神论，依据精神的必然的内在运动，论证了"应当如此"的社会制度的到来。同样，在近代哲学史上，就经历了 17 世纪的唯心主义，18 世纪的法国唯物主义和德国古典唯心主义这样一个过程。德国古典唯心主义的出现，至少在形式上表现为一次大反复。

德国古典哲学产生和盛行的时代，是法国资产阶级革命和英国工业革命的时代，是欧洲资产阶级革命的时代。这种社会大变革，反映在社会意义上，就产生了 19 世纪欧洲的三大思潮，即英法的古典政治经济学、空想社会主义和德国的古典哲学。这三个思潮同出一源，反映了同一时代资本主义的矛盾运动，在思想上都深受法国启蒙思想的影响和熏陶。其中的德国古典哲学，是欧洲资产阶级革命的时代精神在经济落后、政治涣散的封建德国土地上的折射和反映，是英法两国革命在一个落后国家的微弱回声。它所面临的任务是把英法的革命思想和革命要求同落后的封建德国的现实相协调，为德国资产阶级谋求一条取得内权、发展经济的道路。

德国古典哲学家们从英法两国，尤其是从法国革命中看到了资产阶级世界的降临，因而想把法国的革命思想搬到德国来，提出了个人自由、保护人权和私言权等要求。但是，他们却没有把法国的革命时代同时搬过来。换言之，当他们把法国的革命学说移植到德国时，又磨钝了棱角和锋芒，加以德国式的改造。例如，康德接受了卢梭的自由思想，而又把法国资产阶级的切实阶级利益为基础的自由要求变成了抽象的德国式的"自由意志"，说人民无权暴动，无权反抗，更无权反对君主施以暴行或处死；黑格尔称颂法国革命，又攻击这场革命中人民群众的革命行为是"可怖的暴虐"，说人民的行动"完全是自发的、无理性的、野蛮的、恐怖的"；肯定法国哲学反对天主教和专制制度的本质精神，又说法国唯物论"非常肤浅"，等等。他们之所以如此，原因就在于德国资本主义的发展比英法落后半个世纪以上，英法已经完成或即将完成的事情，在德国才刚刚开始。当时的德国是一个农业国，是乡村统治城市，农业统治着商业和工业的国家，是一个以手工业和手工劳动为基础的国家。恩格斯说："这就是前一世纪末德国的情况。这是一堆正在腐朽和解体的讨厌的东西。没有一个得到舒服，国内的商业、手工业、工业和农业极端凋敝。农民、手工业者和企业主遭到又重的苦难——政府的搜刮，商业的不景气。……一切都烂透了、动摇了。"[1]落后的经济关系不可能产生一个强大的资产阶级。德国资产阶级不可能像英法资产阶级那样反对封建贵族。他们没有大宗外贸经济活动，国内市场又非常狭小，王公贵族和军队是工商业的主要对象，这使他们增加了对封建统治者的依赖性和妥协性。另外，德国资产阶级所面临的国内外环境，与当年英法也大不相同。在国内，无产阶级正在壮大中，无产阶级与资产阶级的矛盾和斗争已日趋激烈，这使得资产阶级不敢与无产阶级结盟，不敢走法国的道路。在国外，德国资产阶级抬头要政权之时，还是"欧洲宪兵"沙俄纠集各国反动势力，疯狂扑灭革命火种之日。在这种情况下，资产阶级要想安静地在德国建立自己的政治统治，已是不大可能。它只能"想得多，做得少"，对别国资产阶级干过的事情望洋兴叹，自己却难有作为，行动艰难。这就决定了德国资产阶级要把法国革命的理论和实践、思想和实际加以割裂，欣赏前者，反对后者，即资产阶级的"法国道路"。应当说，他们反对法国的革命实践，并非执意要维护德国的封建制度，只是他们还没有力量，还缺乏胆量去改变现状。这种情况在思想领域里，就表现在古典哲学家把资本主义与封建主义、资产阶级自由要求和德国现实之间的矛盾，统统转移到抽象的思维领域里，化为头脑中思维与存在、理论与实践、理想和现实的对立与斗争。企图依靠精神的力量吞并存在，在幻想中改变现实，建立起自由的精神王国。

第一节 康德和他的《法的形而上学原理》

一、康德生平简介

伊曼努尔·康德（Immanuel Kant，1724年~1804年）是德国重要的启蒙运动思想家，德国古典唯心主义哲学的创始人。他出生于东普鲁士的哥尼斯堡（今俄罗斯加里宁州哥德堡）的一个手工业者家庭，祖籍为苏格兰，其父是鞋匠，并为虔诚的基督教徒。1740年，他进入哥尼斯堡大学，后曾为维持生活而当家庭教师9年，1755年完成大学学业后取得编外教师资格，在哥尼斯堡大学任教，1770年升为教授，1797年退休。他终身未娶，也未离开过乡土。他知识渊博，学过物理学、数学、哲学和神学，教过物理学、数学、逻辑学、伦理学、地理学、人类学和自然通史等课程。他的著作很多，在政治思想上深受18世纪启蒙思想家的影响，特别是卢梭思想对他的影响更为显著。

---

[1]《马克思恩格斯全集》第2卷，人民出版社1972年版，第633~634页。

康德的一生是在书斋里和课堂上度过的。写作、讲学、吃饭、散步等都在一定的时间里进行，邻居们知道，他拿着手杖，走出家门，开始散步的时候就是下午三点半钟。只是在阅读卢梭的《爱弥儿》的那几天，才打乱了时间表。这种平静的外表生活，并不意味着他与世界形势和德国的现实没有联系。他的思想直接反映了他那个动荡的年代。一方面，他接过法国启蒙思想的反封建旗帜，"勇敢地使用自己的理智吧，这就是启蒙的格言"，"人的理性的公开使用应当经常是自由的"。他反对封建世袭财产和专制统治，主张三权分立，赞同

伊曼努尔·康德

美国独立战争，同情法国革命；另一方面，他又反对任何革命，强调改变有缺陷的政治制度，只能通过统治者自己的改革，不能通过人民革命，人民应该有言论的自由和笔的自由，但不能有革命的自由。他面对法国雅各宾专政的事实不知所措，"我们亲见这场极有才华的民族的革命在我们面前进行，它可能成功或失败，它充满如此的悲惨和恐怖，以致任何善于思考的人决不会再以这样的代价来决心从事这样的实验了。就是这场革命，我要说，它在未卷入其演出的观察者心上，却唤起一种几乎是狂热的同情"。康德有时又用这样的话，讲出自己的矛盾心理："我没有勇气说过我相信的许多事情，我也敢说我不相信的任何事情，我知道的不敢说，我敢说的我不知道。"

二、《法的形而上学原理》体现的康德主要法律思想

（一）社会契约论和国家法律的起源

康德的政治法律思想同传统的自然法理论相比较，已属向前发展了，他虽然承认自己在《法律哲学》中对国家和法律的起源同自然法学派有相同之处，但是资产阶级思想家则认为，康德关于国家和法律的起源是以人类理性为前提的。因为康德主张理性法而不称之为自然法。

康德论述的国家和法律的起源同其他资产阶级思想家一样，也是以社会契约论为出发点的。但是，康德所论述的社会契约论所着意的并不是什么具体国家，而是一种理想的"目的国"。他讲社会契约论的出发点，是一种假设的没有任何法律保障的自然状态。人类在未成立国家之前，确实存在着个人对全体搏战的野蛮状态。自然、人性与社会这三者之间有着密切的关系。自然用以发展人类固有才能的办法，使人们在社会中相互敌对，这种敌对性，产生于人们都只有一种非社会的社会性。所谓非社会的社会性，说的就是社会性（合群性）与反社会性和混合体。人们的这种天性，使他们爱社会，爱他人而又爱

自己的独立与成就，使他们体验到在社会生活中"既不能和别人和平共处，同时若缺少别人自己又根本不能生存"。人们在相互敌对，就是这种利他主义和利己主义的冲突。"人有一种社会化的倾向，因为在这种状态中，他想到自己不仅仅是人，即比发展他的自然才能更多一点什么。但是，他又是一种个体化自身的强烈倾向，因为他同时又有要求事物都按自己的心愿摆布的非社会的本性，于是还在所有方面都发现对抗。……正是这种对抗加强他的全部能力，驱使他去征服他的懒惰，使他通过渴望荣誉、权力和财富，去追求地位，……从野蛮到文明的第一步就这样开始了。……没有这种产生对抗的不可爱的本性——人在其自私要求中便不会出现这一特征——所有才能均将在一种和谐、安逸、满足和彼此友爱的阿迦得亚的牧歌式的生活中，一开始就被埋没掉了。人们如果像他们所畜牧的羊群那样脾气好，就不能达到比他们的畜类更高价值的存在……这种无情的名利追逐，这种渴望占有和权力的贪婪欲望，没有它们，人类的一切优秀的自然才能将永远沉睡，得不到发展，人类希望和谐，自然知道什么对种族更有利。它发展了和谐……"[1]照此说来，非社会性和生存竞争就不完全是坏事。但是，道德的天职和对自然权利的尊敬心情，使人类相信必须把这种竞争限制在一定范围之内，受规则、习俗、法律等的约束。如果人性中的反社会性、妒忌性、虚荣性、占有欲、权力欲等不加限制，个人和他人便不能和平相处。于是"人们首先不得不做的事，就是接受一定原则，必须离开自然状态，所以那些不免要来往的人组成一个联合体，大家共同服从由公共强制性法律所规定的外部限制"。[2]办法是，相互隔绝的单独个人，通过一种决定即契约，康德称之为原始契约，组成民族国家，就是说，人民根据一项法规，把自己组成一个国家，这种法规叫最初的契约。

原始契约是建立一个政治国家的唯一基础，而人民是生而自由的。从这里，他引出了两个民主思想：其一，主权在民；其二，人民的集体意志是法律的唯一源泉，是法律的最高标准。"立法权，以它的理性原则来看，只能属于人民的联合意志。……只有全体人民联合并集中起来的意志（这就是每一个人为全体决定同一件事，以及全体为每一个人决定同一件事）应该在国家中拥有制定法律的权力。"[3]依据原始契约而建立的国家，应该有个人的自由。所谓自由，他的解释是："每个人的意志自由与其他人的自由共存。"也就是

---

[1] 转引自李泽厚：《批判哲学的批判——康德述评》，人民出版社1979年版，第325页。

[2] 法学教材编辑部《西方法律思想史编写组》编：《西方法律思想史资料选编》，北京大学出版社1983年版，第418页。

[3] 法学教材编辑部《西方法律思想史编写组》编：《西方法律思想史资料选编》，北京大学出版社1983年版，第419页。

人各有自由而不侵犯别人的自由。经过契约而建立国家，人民中所有的人和每一个人，放弃他们外在的自由，为的是又立刻获得作为一个共同体成员的自由，从联合起来成为一个国家来看，这个共同体就是人民。因此，不能说个人在这国家中为了一个特殊的目标牺牲了他与生俱来的一部分外在的自由，他只是完全抛弃了那种野蛮的、无法律状态的自由，以此来再次获得他并未减少的全部恰当的自由。[1]康德从这里出发，提出了建立国家的三项原则，即公民的三项法律属性："一、宪法规定的自由，这是指每一个公民除了他表示同意或认可的法律外，不必服从任何其他法律。二、公民的平等，这是指一个公民有权不承认，在公民当中，还有在他之上的人……三、政治上的独立（自主），这个权利使一个公民生活在社会中并继续生活下去，并不是由于别人的专横意志，而是由于他本人的权力和作为这个共同体成员的权力。"[2]

（二）法律的定义

康德在《法律哲学》一书中提出了他自己的法律定义。研究法律是从研究什么是公正的科学开始的。从什么是公正、公正的普遍原则和公正与权利相结合等问题出发，最后得出了他自己的结论："法律就是那些使任何人有意识的行为按照普遍的自由法则确定能与别人有意识的行为相协调的全部条件的集合。"

公正的科学研究对象是：可以由外在的立法机关公布的一切法律的原则。如果有这样的立法机关，在实际运用这门科学时，这门科学就成为实在的公正和实在的法律知识。所谓实在的公正和实在的法律知识，就是指的法理学，关于公正和法律原则的理论知识，不同于实在法和经验知识，而属于纯粹的公正的科学，又是指的有关自然公正原则哲理并且有系统的知识，按照康德的解释，就是一种先验的、自然存在的、不依经验而来的有关公正或法律的原则。

在康德的法律定义中，除把公正结合起来考虑外，他又将法律区分为一般的法律和严格的法律。所谓一般的法律，是指他所涉及的对象仅仅是外在的行为。所谓严格的法律（它与伦理的观念没有任何关系）是指它只考虑外在的行为动机，而不考虑别的任何动机，因为它是纯粹的法律，没有任何道德规范的成分。他还认为，法律基于外在强制的可能性原则，这种强制根据普遍法同大家的自由同时并存。所以，除法律与强制的权利是一回事外，每一项公正都和一种强制权利结合在一起。总之，康德的法律定义是以自由为基础的。

---

〔1〕　法学教材编辑部《西方法律思想史编写组》编：《西方法律思想史资料选编》，北京大学出版社 1983 年版，第 421 页。

〔2〕　法学教材编辑部《西方法律思想史编写组》编：《西方法律思想史资料选编》，北京大学出版社 1983 年版，第 419~420 页。

康德的上述法律定义，还渊源于他对人性的看法和理解。安特认为，人类的理性具有两方面的含义：一是认识理性，或者说就是认识真理的能力；二是实践理性，具体地说，就是选择符合公正行为的能力，也就是指导人们如何行为。人生来就享有自由权利，具有自己意志的自由，就是人们具有选择行为的自由，但在人类社会中，彼此的表现有直接或间接的影响。在自然状态中，人们没有法律，就可能滥用自己的自由，侵犯别人的自由，以致造成一种近乎战争的状态，法律就是要调节人们的行为，使其互不侵犯，以便人们都获得自由，法律限制了那种在自然状态下人们滥用自己自由的状况，它又保证了人具有不受别人侵犯的自由。

在康德的政治法律思想中，还继承和发展了古罗马著名法学家乌尔比安的法律定义。乌尔比安的定义是"正直生活，不害他人，各得其所"。康德则把这个法律定义用三个公式加以说明：

第一，正直生活。法律上的正直或荣誉，在于与别人交往中维护一个人的价值。这项责任要求自己不能成为供别人使用的手段。对他人说来同样是一个目的，这项责任在第二个公式中将是一种义务，产生人性的权利。

第二，不害他人。这个公式的含义是为了遵守这种责任，必要时停止与别人的一切关系和避免所有的社交活动。

第三，各得其所。这也可以说，如果侵犯是不可避免的，就和别人一同加入一个国家（或社会），在那儿每人对自己的东西可以得到保证而不受侵犯。

接着，康德又把人的权利分为自然权利和实在的权利，以及天赋的权利和法律上的权利。自然的权利是指以先验的、理性的原则为根据的权利，实在的权利或法律上的权利是指由立法者的意志规定的权利。天赋的权利是指每个人根据自然而享有的权利，它不依赖于经验中的一些法律条例，法律上的权利则是以法律条例为根据的权利。天赋的权利又称之为"内在的我的和你的"，因为外在的权利必然是法律上的权利，天赋的权利只有一个，即人生来就具有的自由的权利。在资产阶级自然法学的代表人物那里，自然权利是天赋权利的同义语。由此可见，康德深受自然法学说的影响，特别是受卢梭思想的影响。

在权利问题上，康德同霍布斯、斯宾诺沙、黑格尔有一个共同点，他们都是以自由为转移的，或者说，自由是衡量权利的标准。"公正的普遍法则可以表述如下：外在行为需要这样——根据普遍法则，你的意志的自由便可以和所有其他人的自由并存。"[1]霍布斯认为，所谓权利，就是指规定人们应该做什

---

[1] 法学教材编辑部《西方法律思想史编写组》编：《西方法律思想史资料选编》，北京大学出版社1983年版，第400页。

么和不应该做什么的自由。黑格尔也主张"法的基地一般说来是精神的东西，它的确定的地位和出发点是意志。意志是自由的，所以自由就成为权利的实体和既定性。至于法的体系是实现了自由的王国，是从精神自身产生出来的，作为第二天性的即精神的世界"。[1]由于对自由的理解存在着以上差异，从而他们对权利概念的解释也有不同。康德和黑格尔强调自由作为确定权利的说法以及对权利提出概念，后来被资产阶级学者发展成为一种"意志说"，这一学说在西方世界流行渐广，影响最大。

（三）法律与道德的关系

伦理学是康德政治思想的重要组成部分，康德在解决政治、法律与道德的关系时，十分强调道德在人类生活中的重要作用，他的伦理学就是以道德法则、法律法则和自由法则为其理论基础的。或者说，康德伦理学的核心是道德法则、法律法则和自由法则，特别是道德法则。他把道德法则概括为一个公式：你应该这样做，以便使你的行为准则永远能够成为普遍立法原则，也就是说，你的行为不能只根据你的意愿和爱好，而应该和普遍的道德准则一致，这样的行为才是符合道德的，它是人们道德行为的最高准则，这种最高准则又是绝对的、无条件的，所以，也称之为绝对命令。道德法则本身只有一种强制性，由人类理性所承认的法则。按照康德的理解，道德是理性的绝对命令，它不考虑人们是否会喜欢这样做，或者会带来什么欢乐、好处。康德还认为，作为道德的、法律的和伦理的自由法则，有别于自然法则的自由法则，是道德法则。这就涉及外在行为的合法性质，它们被称为法律法则，如果它们像法则那样，还要求法则本身成为决定我们行为的原则，它们就被称之为伦理法则。一种行为与法律法则的一致就是它的合法性，一种行为与伦理法则的一致就是它的道德性。

那么，人们又为什么愿意接受这种道德法则或称之为绝对命令呢？这就涉及康德在政治哲学中提到的意志自由的概念问题。他认为人人都是自由的，意志自由是人的一种本性，人们都知道什么是道德行为的最高准则，因而道德法则是先验的和必然的，不是从经验中得出的。这样一来，道德法则与意志自由又合二为一了，人越自由便越能遵循道德法则去行动，道德就越发展；一个人越按照道德法则去行动，道德越发展，他也就越自由。因此，在康德看来，培养意志善良，即人的道德的自我完善，是社会进步的唯一方法，而不必通过法国式的革命。宇宙间除了善良意志之外，再也没有其他事物能够无条件的称之为好的了。

---

〔1〕［德］黑格尔：《法哲学原理》，范扬、张企泰译，商务印书馆1961年版，第10页。

政治和法律都受道德法则或绝对命令的支配和指示，要吻合它的要求。法律依靠国家强制力量使个人自由与别人自由协调一致，或曰"自由并存"，所以，法律是个人自由与别人自由并存的条件和制度。法律与道德的不同之处在于：法律是分析的，道德是综合的；法律所制约的是外部自由，道德所约束的是内在自由；法律是强制的，道德是自愿的。法律是道德的政治外壳，只有遵守法律，才能实现道德，道德的完善是社会进步的标志。康德希望在德国建立一个在法律之下个人与别人同样自由的政治制度，但却要通过道德的不断完善来实现。这完全是一种幻想，在阶级社会中，从来就不存在一种超历史的、超阶级的、超政治的道德法则。

首先，作为道德的、法律的和伦理的自由法则，它区别于支配自然界的自然规律，这种规律又不同于自然法的概念。用今天的话来说，道德规范是不同于自然规律的自然法则。其次，从外表上看，涉及人们的外在行为，这些行为具有合法的性质，这些自由则被称之为法律法则。在西方，某些政治思想家和法学家曾试图把法律与道德公开，说道德是由内心法庭所管辖，仅与个人内心活动有关，法律则由"外心法庭"管辖，它对于内心良知的活动，没有干涉的权利。康德的观点也是从两方面加以论述的，提法虽有差异，但目的则是一致的。他们都强调对外在行为只有靠法律规范起作用，而内心世界则只能由道德规范来调查。只有人们遵守国家的法律，才能实现道德法则，两者的关系是相辅相成，互相作用的。

（四）法律的分类与体系

在康德政治法律思想中，法律的分类和体系占据了重要位置。

1. 康德把法律分为自然法和实在法。自然法和实在法使立法成为可能的强制性法律，通称之为外在的法律。那些非法律，即使没有外在立法，其强制性也可以为先验理性所承认的话，就称之为自然法。换句话说，外在立法包含着纯粹的自然法。必须指出，资产阶级自然法代表人物都把自然法视为一种最高的法律，实在法必须服从自然法。也就是说，国家制定的法律必须服从自然法。康德则不同，在他看来，自然法已经不是一种最高的法律，而是实在法的组成部分。在法律体系中，自然法的政治地位下降了、贬值了。

2. 康德还对公法和私法进行了划分。他在公法的定义与分类的目次中说，公法包括那些需要普遍公布的，为了形成一个法律状态社会的全部法律。公法构成有三个部分：①国家。凡具有共同利益的人们生活在同一法律联合体之中，这个组织就是国家。这点区别于国家起源于契约的学说，构成公法第一部分的是国家法律或称民族法。②从国家和人民的关系看，称之为权力，并产生了统治者的概念。如果组成国家的人民是沿袭下来的联合体，那么这个国家就构成了一个民族。根据公法的概念，对于每个国家的权利，就产生了另一类法律，构成了国际法。③地球是有一定界限的，所以民族的法律和国际法也需要发展为人类普遍的法律，把它称之为世界法，亦称"万民法"。民族法、国际法和世界法构成了完整的合法体系，如果其中任何一种公法不能用来调整外在自由的法律的基本原则，那么由其他两种公法来维持的立法机构也将被破坏，最后，整个法律体系便会瓦解。

3. 在康德的刑法思想中，体现了资产阶级人道主义精神，认为公正的正义可以作为惩罚的原则和标准，这是人类一种平等的原则，他说杀人者应该被杀，这是一种报复的权利，并说永久和平的目的是由法律来保证的。康德深受启蒙思想家的影响，主张维护人类的尊严，认为绝不能把人看做是一种工具，提出"在法律上人人平等"，从这些前提出发，他认为："法院的惩罚绝对不能仅仅作为促进更神圣的手段。无论这是对犯罪者本人或者公民社会都是如此。惩罚在任何情况下，必须只是由于一个人已经犯了一种罪行，才加刑于他。因为一个人绝对不应该只作用一种手段去达成另一个目的，也不能与真正权利的主体相混淆。一个人生来就有的人格权，就保护自己反对这种对待哪怕不能决定他也失去他的公民资格……刑法是一种绝好命令。"[1]他还反对那种从功利主义出发，让犯人进行某种实验，如果犯人在试验中没有丧生，便改变死刑的做法。认为犯罪者必须受到惩罚，假如不受惩罚，社会就没有公正和正义，那么在这个世界上人类的生命就没有任何价值了。[2]

4. 康德在论述国家具有立法、执行和司法三种权力的同时，认为通过理性原则来看，立法权只能属于人民的联合意志，因为一切权利都从这种权力中产生，它的法律对所有人都是一视同仁的，或者说人人在法律上一律平等。这种联合起来的文明社会的成员，就称之为公民。有关公民的属性问题，一是宪法规定的自由，是指每个公民除了他表示同意或认可的法律外，不必服从任何其他法律。二是公民的平等，是指每一个人都有权不承认人民当中在法律上高于别人的人。三是政治上的独立（自主）。康德又从第三种社会性中承认有积极公民和消极公民之分，这是受了法国《人权宣言》的影响，使自己陷入了自我矛盾的泥潭不能自拔。一方面承认公民在法律上一律平等，另一方面又把公民分为积极和消极两个部分，这是错误的。

---

〔1〕法学教材编辑部《西方法律思想史编写组》编：《西方法律思想史资料选编》，北京大学出版社1983年版，第424页。

〔2〕法学教材编辑部《西方法律思想史编写组》编：《西方法律思想史资料选编》，北京大学出版社1983年版，第424页。

（五）三权分立思想

把国家政体分为君主制、贵族制和民主制。在政治上意义不大，他不同意对政体的传统观点，因为上述三种形式都有可能转变为专制制度，重要的问题在于国家的治理方法。每个国家都有三种权力，即立法权、执行权和司法权。立法权是国家的最高权力，应该永远属于人民。康德在题为《三种权力独特的作用国家的自主权》中说，"作为一个有道德的人来看待，执行权构成政府。政府向人民、官吏以及高级的国家的行政部长们颁布的命令是布告或法令，而不是法律，因为它们是针对特定事件的决定，而且作为不可改动的决定来发表的。……立法权却不应该同时也是属于执行人员或管理人员的，因为管理人员作为一个行政官吏，应该处于法律的权力之下，必须受立法者最高的控制。……立法权或执行权都不应该行使司法职务，只有任命法官作为行使此职务的官员，只有人民才可以审判自己，人民在自由选择下选举出一些公民来代表他们去做此类事情，甚至特别去处理每一个司法程序或者案件。法院的判决是一种公共的分配正义的法令，该判决由一个法官或法庭以一个有宪法规定的执行法律的人员对于作为人民之一的居民所作的判决。……执行机关或立法机关在处理有关个人财产的争执时，却不能作出对他不公正的决定……正是由于三个权力机构——立法、执行、司法——的分权，这个国家才能实现它的自主权。这个自主权体现在依照自由法则去组织、形成和维持它自己的活动。在这个联合体中，国家的福利得到实现。……可是，这种福利不能仅仅理解为个人的富裕和这个国家公民的幸福；正如卢梭所断言，也许在自然状态甚至在一个专横的政府统治下，会更愉快地、更称心地达到这个目的。但是，作为国家更高尚的国家福利，它标志着这样一种状态，在这个状态中，该国的宪法和权利的原则就得到最高的和谐。这种国家状态也就是理性通过绝对命令向我们提出一项义务，要我们为此而奋斗"。[1]

从上述康德关于三权分立的政治法律思想中，人们可以看出他沿袭了孟德斯鸠等人分权的学说。但是，作为德国资产阶级法律哲学思想的代表，康德表现出政治上的妥协性和不彻底性，一方面主张三权分立，认为没有三权分立就没有法治，另一方面又认为："唯有服从普遍的立法意志，才可能有一个法律的和有秩序的状态。因此，对人民来说，不存在煽动闹事权，更无叛乱权。……人民有责任去忍受最高权力的任何滥用，即使以为这些滥用是不能忍受的。"[2]

---

　　〔1〕 法学教材编辑部《西方法律思想史编写组》编：《西方法律思想史资料选编》，北京大学出版社 1983 年版，第 421~422 页。
　　〔2〕 法学教材编辑部《西方法律思想史编写组》编：《西方法律思想史资料选编》，北京大学出版社 1983 年版，第 424 页。

第二节　费希特和他的《论学者的使命》

一、费希特的生平

约翰·戈特利布·费希特（Johann Gottlieb Fichte，1762 年~1814 年）是德国古典唯心主义哲学家、法学家，在哲学思想方面，他虽然不如康德和黑格尔有名，但在政治法律思想方面他却比这两人要激进得多，具有较浓厚的民主主义色彩。因此，在西方政治思想史上，他不愧为一位著名代表人物。

费希特

费希特出身于撒克逊一个贫苦的手工业者家庭，由于其记忆力非凡，被一名贵族所赏识，才得以入学读书。他先后在耶拿大学、莱比锡大学学习神学，毕业后曾当过家庭教师。1790 年，一个学生请他帮助研究康德，这使他开始研究康德的著作，便由此而成为康德的学生。1794 年~1799 年，费希特任耶拿大学教授，1805 年，他参与协办柏林大学，并担任哲学教授，1810 年被选为柏林大学第一任校长，一直到逝世。费希特一生写下了许多著作，主要有《一切启示的批判》、《知识学》、《试论公众关于法国革命的意见》、《自然法权基础》、《伦理学体系》、《人类的天职》、《幸福的途径》、《告德意志民族书》、《论学者的使命》，等等。

二、《论学者的使命》一书体现的主要法律思想

（一）社会观及国家起源论

费希特不同意霍布斯和康德等人关于人类有反社会性的观点，认为人类都具有社会的本能、道德的本能和共同生活的本能，即具有社会性，他反对人性本恶论，认为人之恶性是与地位的升高成比例增加的。他是从三个方面来论证这个问题的。

第一，他从道德伦理观来说明。费希特有一句名言："道德就是斗争。"人类的一切行为都应服从于道德规律，因为道德规律是我们行为的调节者。或者说，自由行动服从于一项绝对命令。道德是良好的愿望，是"自我"的经常表现，是"自我"为反对外界环境而给自己设置的障碍而进行的不断斗争。同外界环境作斗争，不是为了消减而是要使之适应于人的道德目的，而认识能

够使外界环境成为理性目的工具。道德生活不是孤立的个人生活，而是社会生活。"提高整个人类道德风尚是每一个人的最终目的。"[1]如果没有其他有理性的人的存在，如果自己不与他人力求同一，道德的实现是不可能的，而没有道德的实现，也就不可能有社会。这就是说，费希特认为，道德规律决定着人与社会相始终，任何人都不能存在于社会之外，人只有在人与人之间才能成其为人，因此人只有社会性。

第二，费希特是从人的本身来说明的。人要过道德生活，那是为什么？"就他是一般存在而言，他是理性动物"，"人应当仅仅被视为理性动物"[2]。理性是人之所以为人的必不可少的条件，人这个概念就是理性的同义语。如果人没有理性，就会成为一般动物，地球上或许会产生一种不是人的动物，因而不再有人类社会。既然理性是人区别于动物的本质特征，那么，"使一切非理性的东西服从于自己，自由地按照自己固有的规律去驾驭一切非理性的东西，这就是人的最终目的"。换个说法，"人既是理性的生物，又是有限的生物；既是感情的生物，又是自由的生物"，那么，"人的生存目的，就在于道德的日益自我完善，就在于把自己周围的一切变得符合理性，如果从社会方面来看，人的生存目的还在于把人周围的一切变得更合乎道德，从而使人本身日益幸福"[3]。这就是说，因为人是理性动物，所以必定要在社会中生活，从而使自己具有社会性。

第三，费希特是从社会本身来说的，人要过社会生活，那么，社会又是什么呢？"我把理性人物的相互关系叫做社会。"人类有一种同其他理性人物进行交往，把自己之外与他同质的存在（人类）相结合而共同生活的本能。人的这种本能是自由的，不是被迫和服从的，因为"自我"就是自由，自由是"自我"的本质，自由是人类生活的要素和最高准则。人的自由的意向，确定在自己之外存在着与自己类似的理性生物的意向，并且与之交往的意向，它们组成社会的意向。"这个意向的目的就是相互作用，相互影响，相互取舍和相互受授，而不是纯粹的因果性，不是纯粹的动能性。"它要发现我们之外的自由理性人物，与他们交往。这种交往的目的，"并不是像在物体世界里那样，是为了确立主客从属关系，而是为了确立平等协作关系"[4]。人与其他理性生物的交往，应该把它们当做手段和目的，不能把它们当做奴隶来使用。人们正是在这种交往中结成一定关系的。"人注定是过社会生活的，他应该过社会生

〔1〕 [德] 费希特：《论学者的使命、人的使命》，梁志学、沈真译，商务印书馆1984年版，第40页。

〔2〕 [德] 费希特：《论学者的使命、人的使命》，梁志学、沈真译，商务印书馆1984年版，第7页。

〔3〕 [德] 费希特：《论学者的使命、人的使命》，梁志学、沈真译，商务印书馆1984年版，第11页。

〔4〕 [德] 费希特：《论学者的使命、人的使命》，梁志学、沈真译，商务印书馆1984年版，第19页。

活，如果他与世隔绝，离群索居，他就不是一个完整、完善的人，而且会自相矛盾。"[1]人们在相互交往中结成的社会关系，就是社会，所以人天生具有社会性。

接着，费希特谈到了他的国家起源论。他讲契约，但不讲契约论。他在另外一些场合又把社会叫做综合目的的共同体或是公私目的的综合体。其意是说，社会的目的是保障人类自由，改进人类；人类结成社会的目的是使社会保障人格的自由平等的发展，社会就是这种公私目的的综合体或共同体。他认为，保障人格的自由平等的发展，必须以社会成员不得侵犯他人自由为前提条件。一个人的自由行动的范围，取决于他的财产；如果没有财产，就没有自由可言。这样，能够生活就成为人类不可侵犯的权利，能够幸福而愉快地生活，就成为人类对社会的基本要求。这种权利要求，就是生存权。但是，一切人对物质财富的权利是同等的，谁也没有优先权，只有他人放弃我所要的某物的权利时，我才成为该物的所有者。这种情况就要求人类就他们的自由限度问题，他们的生存权问题，磋商一种相互保障的办法。于是，他们之间就成立三种契约：一是承认他人财产的消极的"财产契约"；二是当财产受到别人侵害时，人们相互支援，以便共同反对侵害者的"保护契约"；三是把各单个人组合而成为一体的"结合契约"。第一种契约实际上是缔约者相互限制自由行动的权利，也即给自由规定出一个限度。第二种契约实际上是前者的补充，即为了维持前约，人们必须献出自己的力量。第三种契约以实施前两种契约为目的，把全体联合组成一个国家。这就是说费希特认为，国家是人类要相互保障财产安全而成立的，国家的使命就是确保人民的生存权。

社会和国家不是一回事。"不能把一般社会与那种由经验制约的特殊社会——大家称之为国家——相混淆，是多么重要。"国家不是目的本身，它仅仅是实现理想制度的工具。"国家生活不属于人们的绝对目的，相反的，它是一种仅仅在一定条件下产生的，用以创立完善社会的手段，国家也和人类的另一典章制度一样，是纯粹的手段，其目的在于毁灭它自身。"[2]达到这一天，还要经过漫长的时间，在这以前，当国家不能确保人民生存权，不能确保个人自由和政治权利的时候，费希特认为人民有权进行革命。他曾经一度主张，法国式的人民主权论，认为人民实际上按照法律有至高无上的权力，这种权力是任何别的权力的源泉，它只对上帝负责；在人民议会面前，行政权实际上按照

---

〔1〕［德］费希特：《论学者的使命、人的使命》，梁志学、沈真译，商务印书馆1984年版，第16~17页。

〔2〕［德］费希特：《论学者的使命、人的使命》，梁志学、沈真译，商务印书馆1984年版，第17页。

法律失去了它的权力。只要处于社会的公意，用暴力手段改变国家制度就是凭良心办事，相反，任何诚实的人，当他仅仅确信共同意志的时候，他就会心安理得地依靠他的良心，去完全推翻国家。基于这种观点，他曾极力证明法国革命的合理性，甚至为雅各宾专政作辩护，说："法国革命是关于人权和人类价值这些伟大字眼的瑰丽图画。"直到他被解除耶拿大学教授职位时他还坚决声明："对于他们，我是一个民主派，是个雅各宾党人，事实就是这样。当统治者只知扩展特权，使压迫到达了最高限度，变得完全令人不能忍受的时候，被压迫者，反过来从绝望中获得一种力量，而这种力量是他们数百年来已被消磨殆尽的勇气所不能给予他们的。于是，被压迫者对于任何不乐意平等待人的同胞就再也不能忍耐了。'他们就缔结新协议'，这种协议将定然是公正的，将自然建立起一种真正的国家。"[1]

（二）法律观

费希特的法律思想具有浓厚的民主主义色彩，具有自己的显著特点。费希特深受康德哲学思想的影响，他是在批判康德的"自在之物"的基础上建立起自己的主观唯心主义哲学体系的。他的主观唯心主义哲学又构成了他的政治法律思想的理论基础。他从人的"自我"主动性出发，为他的一系列民主主义政治主张提供了哲学依据。他的政治法律思想深受法国启蒙学者的影响，并且也是在法国资产阶级大革命的推动下逐渐形成的。同时，费希特的政治法律思想又是同当时德国人民反对拿破仑的侵略，争取民族独立和国家统一的斗争紧密联系在一起的。他的政治法律思想既不同于以鼓吹和平主义为内容的康德的政治法律思想，也同以国家主义为中心的黑格尔的政治法律思想有较大的区别，他的政治法律思想是以自由主义为其主要内容和特征的。

1. 关于法律的概念及法律与道德的区别。费希特把法律看成是先验的范畴，是从"理性形式"中引出来的。换言之，法律是自我的表现，它以理性为基础，是理性的外在表现。人的外部自由和行为构成了法律的内容，凡是同理性相适应的就是法律，反之就不是法律。法律不以个人的意志和自由为基础，而是以各个实体的相互关系为存在的基础。权利是自由人格相互间的必然联系，是每个理性的自由人格以他自己的内在自由（精神）限制他的外在自由（行为），这里所说的"权利"实际上就是法律。"法律是保护自由的个人得以相互共存的一种手段。"

费希特正是从法律的这一概念出发，把法律同道德加以区别。这种区别主

---

〔1〕〔德〕费希特：《论学者的使命、人的使命》，梁志学、沈真译，商务印书馆1984年版，第100页。

要表现在：①道德调整人的内在精神世界，法律则调整人的外在行为，而不干涉人的内在的精神。②道德上的义务是绝对的，而法律上的义务则是相对的。③道德上的义务是普遍的，不需要人们的同意，而法律上的义务必须经过人们的自愿和同意，即自愿在政治社会中生活。④法律的最大特征是它的强制性，而这个强制性又往往是国家强制性；道德虽然也有强制性，但它不是来自国家的强制，而是来自社会舆论的强制。道德和法律的这些区别必须划分清楚，不能混淆。法律同道德尽管有以上区别，但两者又是密切联系的，是相互补充的。如果在社会中道德得到人人遵守，那么法律则失去了作用。费希特之所以这样主张是有他的政治目的的，那就是法律不涉及、不干涉人们的思想自由和信仰自由，这些自由是存在于人们的内心之中的，是属于道德调整的范围。当然法律是要保护自由的。

自然法是根本不存在的。它完全是人们杜撰之物，因此人们不必服从它，在社会和国家中存在的只有实在法，这种法是由国家立法机关制定和颁布的。费希特特别强调宪法的重要性，认为宪法是经过人们的同意制定的，是国家的根本大法。同时，宪法的内容也是可以改变的。

2. 关于思想自由。1793年，费希特在他的《向欧洲君主索回迄今仍受压制的思想自由》和翌年发表的《试论公众关于法国革命的意见》这两本著作中，论证了人具有思想自由和政治自由，论证了法国革命的合理性。费希特认为思想自由是人固有的权利，人可以放弃一切，唯独思想自由这一权利不能放弃。因为思想自由是人的精神生活和道德生活的基础，人在任何时候也不能离开它。此种自由，任何人都不能以任何借口加以剥夺。如果君主确实是在为人民谋求快乐，人们当然要服从。但是，如果君主是在随心所欲，为所欲为，并且还强词夺理说是为了人们的快乐，人们则完全可以不服从君主。同样的思想在他的《论学者的使命、人的使命》一书中说得更清楚。他对封建专制制度限制和剥夺人们的思想自由极为不满。"任何把自己看做是别人主人的人，他自己就是奴隶。即使他实际上并非果真如此，他也毕竟是具有奴隶的灵魂，并且在首次遇到奴役他的强者面前，这种人愿意自己周围的一切都获得自由，而且通过某种影响，使周围的一切都获得了自由。"[1]费希特甚至主张用强制的手段对付君主对自由的剥夺，他说，如果王公们都变成了奴隶，那么，他们就学会了尊重自由，人有绝对的自由，因为人生而就有"原始权利"，自由是自然权利的基础。

---

〔1〕〔德〕费希特：《论学者的使命、人的使命》，梁志学、沈真译，商务印书馆1984年版，第19页。

(三) 政体和分权思想

在政体问题上，费希特也有系统的论述。在费希特看来，政体有三种形式，即君主制、贵族制和共和制。这三种政体都符合理性，没有哪种政体是绝对好的。一个国家究竟应该采用何种政体还要根据这个国家的具体情况而定。假如一个国家由于人民没有严格遵守法律的习惯，邻国的关系又没有法律可言，在这种情况下，这个国家就需要有强大的权力，建立君主制的政体最好。反之，假如一个国家已有良好的程序，法律已经制定并得到遵守和执行，在这种情况下，建立共和制政体最好。无论采取哪种政体形式，管理者都必须严格遵守法律，办事要符合理性和法律的要求，要对全社会负责。费希特倾向共和政体，但他又不认为共和制政体只能作为理想的国家形式，在当时的德国是不可能实现的，在费希特心目中，他认为英国的君主立宪制是一种模范政体，当时在德国也应以此为榜样，建立起君主立宪政体。

同国家政体思想相联系的是分权思想。费希特不完全赞同洛克、孟德斯鸠的分权说，他认为权力仅有两项，即行政权力和监察权力。行政权力包括立法权和司法权。一个合乎理性，合乎法治的国家，国家的法律应将行政权力和监察权力划分开来。监察权力必须由人民全体来掌握，行政权力可以交给确定的人物，交给一个人和一些人行使，不能由人民直接掌握和行使，否则便成为专制政体。代表是"绝对必要"的，任何国家都必须有代表，如果把行政权交给人民来行使，那样，裁判者和执行者就不好分了，社会必然会发生混乱。建立类似古希腊斯巴达的"五人院"那样的监察机关实为必要。一个国家假如在法律上没有关于监察权力和监察机关的规定，不能不说是一个缺陷。监察权力之所以重要是因为它保障并监督政府为其所为，不为其不当为，执行法律而不违反法律。所以，监察权力实际上就是监督政府之权。监察机关没有行政权力，对于政府的行为和措施也不能指挥或禁止，但必要时可以宣布整个政府停止活动，如果说行政权力是绝对的、积极的，那么监察权是相对的、消极的。但是，两者都是一个合理、合法的政府所不能缺少的原则。

最主要的方法是监察院召集人民开会，让人民直接听取政府和监察院双方辩论，并加以判决。这个判决就是宪法。既然监察权力是一项极其重要的权力，那么人民在行使这一权力时就要极为慎重，非不得已时不宜行使。除非政府暴政横行，人民陷入水深火热之中，只有在这种情况下，人民才可以集合。人民作出裁决时，失败的一方一定是犯有大罪。如果监察官的控告缺乏证据，并无故停顿法治，这就是监察官犯了罪；如果政府滥用国家权力，破坏法律，这就是政府犯了罪。一方面监察权力不可滥用，另一方面政府和人民又要十分尊重监察权力的权威。监察官的人选绝对不应由政府产生而应由人民选举，而且选举的方法应规定在宪法之中。至于监察官人数的多少，那要根据国家的文化和人口而定。只要上述监察制度得以实施，人民的自由就会免遭摧残。监察院与行政首脑狼狈为奸是不可能的事，万一发生这种情况，人民可以自行集会，作出判断。到了晚年，费希特不再相信监察权力，强调扩大政府的作用。

（四）理想之国

费希特憧憬着一个所谓财产平等、道德平等的小私有社会，一个人人从事劳动、和睦相助的理想社会。他指出，在这个良好的世界中，人们将能驾驭自然，征服自然，不再受暴虐的自然力量的残害而作出牺牲；野蛮将变成文明民族，终于同人类的伟大整体联合在一起，参与这个整体的不断进步的行列，奔向同样的目标。按照费希特在 1800 年所写的《封闭的商业国家》一书中的设想，他的理想王国的轮廓大约是这样：

1. 阶级结构。人类的行为不外乎在于获得和加工自然物，所以人类也可分为生产者（农业生产者）和技术家（工人）两个阶级。这两个阶级应相互约定不从事另一个阶级的职业（消极契约），规定农民要给工人生产粮食和提供原料，工人要给农民生产工艺品（积极契约）。此外，还要有第三个阶级——商人阶级。商人阶级也同农工两个阶级订立两种契约，相互规定了不干涉各自的事业（消极契约），农工把剩余产品卖给商人（积极契约）。这三个阶级是构成国家的根本要素，国家须严格规定它们的人数，并限制非生产者的人数，以免发生物质匮乏之虑。

2. 人际关系。这个社会里的人们道德高尚、关系融洽、积极进取、和衷共济。他们具有要求一切社会成员完全平等的意向。每个人都千方百计地试验别人、观察别人，如果发觉别人低于这个理想，他就努力把别人提高到理想的程度。每个人关心自己的安全，又必然不得不毫无例外地维护一切其他人的安全。谁要欺骗、损害、压迫他人，不仅肯定枉费心机，而且甚至转向始作俑者，他想实施给别人的恶，恰恰不可避免地损害了他自己。大家不再为私人目的所分离，都联合在一个共同的目标下，受同一种精神和同一种爱情的鼓舞。"个人的每一害处绝然不再可能是任何别人的好处，所以也就是全体的害处，是全体中每一个人的害处。"[1] 在这个社会里，一切的人都是全体的仆役，他们对全体的财产，有享受其中一部分的权利。谁也不能比他人来得特别富裕，谁也不比他人贫困。对于一切的个人，国家必须保证他维持生活状态，费希特还提出"劳动权利"的口号，认为劳动是一种权利，又是一种义务，每个人

---

〔1〕［德］费希特：《论学者的使命、人的使命》，梁志学、沈真译，商务印书馆 1984 年版，第103 页。

都要具有两种技能，给予别人好处的技能和获得别人给予益处的技能，即所谓"自己生活也让别人生活"。他认为，人类劳动不可像牛马那样，肩负重荷而瞌睡，睡了一会儿又被打醒去负同一重荷。劳动是为国民全体，应当是愉快的事。简言之，这个社会的人际关系，包括财产关系和政治关系两个方面，大体上应是平等的。

3. 经济关系。国家的基础在于取得产品，所以国家应该掌握生产和分配的领导权。这种权力包括：规定生产项目的先后次序，即农业第一，工业次之，在农业不发达而无工业的国家不得生产奢侈品；负责分配公民的职业；取消选择职业的自由；不经过批准就不得从事某种职业或者开业；规定物价，统一管理和保存维持公民生计以外的剩余物资不允许自由竞争；不许与外国通商，必要时则由政府垄断对外贸易。

4. 对外政策。要使理性国家可以自给自足，不依靠外国，就需要有"自然的境界"。一个国家可用两种方法取得自然境界：一是和平，二是战争，如果用战争手段，那么一旦目的实现，政府就应宣布再没有任何吞并要求，并停止对外活动，集中力量搞国内问题。当所有国家都完成了自然境界时，和平的世界就来临了。什么同盟、战争和媾和等都没有了。那时要做的事情，就是促进科学的进步和人类幸福的提高。

费希特所理想的社会，是一种孤立闭塞的自给自足的社会。这种社会的特点，在于国家权力的集中性或国家主义。费希特的本意可能是描述了按照资产阶级的理性要求本该如此安排的普鲁士国家，阐述了德国资产阶级与封建制度实行妥协的原理。其后，当他旨在唤起德国人抗击拿破仑侵略而工作的《告德意志国民》的演讲时，他的国家主义理论就得到了更充分的发挥。他以激昂的言辞号召抵抗入侵者，相信德国可以反败为胜。可是，当他具体分析德国何以必胜这个问题时，却深深陷入国家主义和种族主义的理论中去。他认为，战胜对方，复兴德意志民族的根源，在于发扬民族性。民族性主要体现在它的宗教、道德、艺术和科学等精神方面。就这些因素而言，德意志民族是"世界上唯一优秀"的民族。拉丁族，尤其是法国人和犹太族是腐朽种族。德意志民族是有精神原始性的民族，他们的语言文字，他们的路德的新教，他们的哲学比其他民族更有精神原始性。中世纪德意志经济文化的繁荣，哲学和诗歌发展的事实，证明它比别的民族优越。只有在德意志民族的影响下，历史才能展开一个新纪元。这个新纪元将反映宇宙的法则，将由一批为数不多的社会精英来领导。这样，费希特就把德意志民族看做最优秀的民族，认为只有它才能肩负起领导欧洲和世界的责任。

第三节 黑格尔和他的《法哲学原理》

一、黑格尔的主要生平

乔治·威廉·弗雷德里希·黑格尔（Georg Wilhelm Friedrich Hegel，1770年~1831年），是德国历史上一位著名的唯心主义哲学家，也是对西方法律思想史有异常深远影响的思想家。他出生在斯图加特一个高级官员家庭之中。1788年~1793年在图宾根大学读哲学和神学。1793年~1801年在瑞士和法兰克福等地做家庭教师。1801年到耶拿大学当讲师。1808年~1816年任纽伦堡文科中学校长。1816年~1817年任海德堡大学哲学教授。1818年他应普鲁士政府聘请任柏林大学教授，主持哲学讲座，开始形成自己的学派，1830年任柏林大学校长。

黑格尔是德国唯心主义古典哲学的最大代表和完成者。他创立了欧洲哲学史上最庞大的客观唯心主义体系。他批判了康德的不可知论，形成了唯心主义的思维和存在同一论。他的哲学体系，从思维和精神出发，认为在思维转化为存在，精神转化为物质后，再由存在转化为思维，物质转化为精神。他用以论证这个转化过程，就是绝对精神。黑格尔在法哲学方面的代表作是《法哲学原理》。《法哲学原理》发表于1871年，它孕育和问世于欧洲各国确立资本主义的年代。在法国革命的惊雷震撼下，特别是当拿破仑的军队在1806年把德国这个封建生产关系的肮脏马厩清扫一番以后，德国资产阶级作为一个阶级脱胎出来。他们颂扬法国革命有如"壮丽的日出"，也希望德国

黑格尔

有一番变革。但由于当时德国政治、经济仍然非常落后，他们无力进行法国那样的革命。同时，由于当时资本主义世界中无产阶级和资产阶级的矛盾和斗争已经日益尖锐，他们害怕无产阶级更甚于害怕封建主阶级，因此，他们一出世就是一个兼有革命和保守两重性的阶级。这种两重性反映在这个阶级最大的思想家黑格尔的《法哲学原理》中，就使得它所阐述的法律理论在表现资产阶级的法律意识的同时，又带有非常明显的妥协和保守的色彩。这种矛盾性表现在形式上，就是它采用苦涩难懂的思辨哲学的语言。马克思在谈到德国思想家的特点时曾说过，他们的思想是"法国革命的德国理论"。

二、《法哲学原理》体现的主要法律思想

(一) 社会国家说

黑格尔在《法哲学原理》中提出了自己的社会国家理论。他认为社会是由家庭、市民和国家三部分所构成的，它属于客观精神阶段。

1. 家庭。"作为精神的直接实体性的家庭，以爱为其规定，而爱是精神自身统一的感觉。"家庭是以两性和爱为基础的统一体，是一个抽象的人格，个人在其中扬弃了自己的个性，但仍保存有自己的意识而成为一个成员，家庭包括三个内容：婚姻、财产和地产、子女教育和家庭解体。

家庭的基础是婚姻，婚姻不仅仅是两性关系，也不仅是契约关系，而是一种精神的统一；"婚姻的实质是伦理关系"。他把婚姻定义为："婚姻是具有法的意义和伦理性的爱，这样就可以消除爱中一切倏忽即逝的、反复无常的和赤裸裸的主观的因素。"[1]缔结婚姻关系有两种出发点：主观出发点是双方当事人爱慕或家庭的事先考虑与安排；客观出发点是当事人双方自愿同意组成为一个人，同意为那个统一体而抛弃自己自然的和单个的人格。婚姻的目的主要不是满足自然的冲动，而是使双方人格同一化，使双方意识到这个统一是客观性的目的，从而恩爱、信任个人整个实存的共同性。因此，正式结婚和婚姻的实现，应当由当事人庄严地宣布同意建立婚姻这一伦理性的结合以及家庭和自治团体对它相适应的承认和认可。黑格尔坚持一夫一妻制，"婚姻本质上是一夫一妻制"，因为婚姻关系是一种人格，有着直接和排他的单一性。另外，他也反对近亲结婚，"在同一种血统，彼此熟知和十分亲密的这一范围内的人不宜通婚"。因为，仅仅从自然关系方面看，"属于同种动物之间交配而产生的小动物比较弱"。[2]

家庭是一个人格。作为人格来说，家庭就是在财产中处于其外部的实在法。家庭是一个独立团体，需要设置持久而稳定的产业。家庭财产是共同所有物，家庭成员没有特殊所有物，只对共有物享有权利。家庭的代表是身为家长的男子。男子主要是外出谋生，关心家庭需要，以及支配和管理家庭财产。

关于子女教育和家庭解体。婚姻的统一，只是真挚的情绪方面的，就自然的存在来说，仍然是两种分立的主体；夫妻双方虽然感觉他们是实体性的统一，但是这种统一还没有客观化。能获得这种客观性，才能见到他们结合的整体，即才能使两个主体性融二为一。子女有被抚养和受教育的权利，父母有矫

---

[1]　[德] 黑格尔：《法哲学原理》，范扬、张企泰译，商务印书馆 1961 年版，第 161 页。
[2]　[德] 黑格尔：《法哲学原理》，范扬、张企泰译，商务印书馆 1961 年版，第 168 页。

正子女任性的权利，培养子女的服从感，不使他们就得唐突孟流，傲慢无礼。子女是自在的，自由的，他们不是物体，不属于别人，也不属于父母；教育子女就是灌输伦理原则，使子女超脱原来所处的自然直接性而达到独立性和自由人格。父母有权要求子女为自己服务，但仅以一般性的照顾家庭为限度，而不能把子女当做奴隶来使唤。家庭的生命是有时间性的。它解体于两种情况：一是伦理解体，即子女经教养而成为自由的人格，成为成年人，有能力拥有自己的财产和组成自己的家庭；二是自然解体，即父母特别是父亲的死亡所发生的财产继承的后果。家庭一解体，就出现新的家庭，而这些家庭一般以独立的具体的人自居。因此它们就相互见外地对待着，这样，伦理精神就发展到了"差别阶段"，即分裂阶段，个人利益和家庭全体利益就不再是统一的了。

2. 市民社会。市民社会是"特殊性的领域的社会"，在这里，普遍性和特殊性、普遍利益和特殊利益是相互对立的，市民社会是外在家庭和国家之间的差别阶段，它是在现代世界中形成的。市民社会有两个原则：具体的人作为特殊物，本身就是目的；特殊的人在本质上又同另一些特殊性相关联，即他人是特殊的人达到目的的手段。这就是说，在市民社会中，特殊性和普遍性虽然是分离的，但它们仍然是相互束缚和相互制约的。其中一个所做的虽然看来是同另一个对立的，并且以为只有同另一个保持一定距离才能存在，但是每一个毕竟要以另一个为其条件，黑格尔认为市民社会的发展包括"需要的体系"、"司法"、"警察"和"同业公会"这三个环节。

关于需要的体系。"市民社会，这是各个成员作为独立的单个人的联合。"人作为独立的单个人，这是市民社会与以往一切社会最重要的区别。人有居住和吃饭等需要，为这些需要服务的手段和满足这些需要的方法，本身又产生抽象的需要。作为生物，人有权把他的需要作为他的目的，但是，在市民社会中，利己的目的就在它的受普遍性制约的实现中建立起了一切方面相互依赖的制度。[1]不然，个人的生活权利以及他的权利的定在，就无法得到肯定。如果它不同别人发生关系，他就不能达到他的全部目的，因此，其他人便成为特殊的人达到目的的手段。也就是说"我说从别人那里取得满足的手段，我就得接受别人的意见，而且同时我也不得不生产满足别人的手段"。[2]所以，市民社会是物质生活领域。问题是，如何满足需要呢？劳动是大家彼此满足的条件。需要有自然的需要和观念的需要两种，所以要满足需要，不仅要有一般意义上的生产劳动，而且要有教育这种劳动。黑格尔在讲到生产细致化、劳动分

---

〔1〕〔德〕黑格尔：《法哲学原理》，范扬、张企泰译，商务印书馆1961年版，第183页。

〔2〕〔德〕黑格尔：《法哲学原理》，范扬、张企泰译，商务印书馆1961年版，第92页。

工多样化这个问题时，曾经预见到：生产的抽象化使劳动越来越机械化，到了最后，人就可以走开，而让机器代替他。与劳动问题相联系，黑格尔则讲到了财富和阶级。

关于司法、警察和同业公会。市民社会并非目的本身，它是达到其他成员私欲的手段，是受到正义支配的地方，内部充满着矛盾和冲突。市民社会是个人私利的战场，是一切人反对一切人的战争。贫富的对立，贫民对富人、对社会、对政府等的内心反抗，威胁着社会本身。非常需要有一种能够调和统一特殊利益与普遍利益、个人与社会矛盾的力量。可是市民社会本身并没有这种力量，它虽然具有某种"普遍性的形式"。例如，上述相互依赖的制度和劳动（商品）交换关系，支配一切的毕竟还是个人的特殊利益，普遍性实际上被特殊性所吞噬了。司法、警察和同业公会就是被市民社会用以保障普遍利益的措施。按照常识，它是一种公共权力，是"普遍物"，首先具有"普遍的形式"，应该是国家范围而不是市民社会范围的东西。所以，黑格尔这里所说的司法，只涉及私法，它仅仅与所有权的保护有关，它是以法律这种"普遍形式"来"保护特殊性成为外部必要的东西"，它不仅对特殊物，而且对个别事物可以直接适用。简言之，它是以特殊物——市民个人利益为目的的。至于警察这种"外部秩序和设施"，也是为了保护和保全大量的特殊目的和特殊利益，是为了保障人身和所有权的安全而不受妨害，使单个人生活和权利得到保证。例如，随着日常需要无限地繁复和交叉起来，无论从生产和交换满足需要的手段来说，都产生属于公共利益方面的问题，生产者和消费者之间会发生冲突，这就要求产生一种凌驾于双方之上的，有意识地调整工作，要求公共权力予以监督和管理。再说同业公会，它们起着调节行业内个人之间的矛盾，保护行业利益的作用，其范围相对狭窄，"同业公会的普遍目的是完全具体的，其所具有的范围不超越产业和它独特的业务和利益所含有的目的"〔1〕总之，司法、警察和同业公会虽然有普遍性的形式，但主要是保护特殊利益。

3. 国家。国家是普遍性的领域。它与市民社会不同，"国家的目的就是普遍利益本身，而这种普遍利益又包含着特殊利益。它是特殊利益的实体"〔2〕。这种普遍性并不排除特殊性，恰恰相反，在国家中一切在于普遍性和特殊性的统一。市民社会的特殊性排除了普遍性，属于"知性"范围。国家是绝对自在自为的理性东西，"它对个人具有最高权力，成为国家成员是单个人的最高义务。这种自在自为的国家就是伦理性的整体，是自由的现实化"。所以，国

---

〔1〕 ［德］黑格尔:《法哲学原理》，范扬、张企泰译，商务印书馆1961年版，第251页。

〔2〕 ［德］黑格尔:《法哲学原理》，范扬、张企泰译，商务印书馆1961年版，第270页。

家是理性的东西，"国家是伦理理念的现实"——普遍性和特殊性的统一。国家的这种普遍性是特殊性得以存在的根据，它凌驾于特殊性之上，它既是特殊性的基础和必要形式，又是特殊性的控制力量和最后目的的权利，这就使国家作为社会正当防卫的调节器，调和市民社会中个人利益之间的冲突和贫富之间的种种矛盾。特殊性本身是没有节制的、没有尺度的，而这种无节制所采取的诸多形式也是没有尺度的。人们的性欲会把他导入恶的无限，而且，匮乏和贫困也是没有尺度的。这种混乱状态只能通过有权控制它的国家才能达到调和。经过调和，市民社会才能生存，才会有秩序。

国家是具体自由的现实。在国家中，个人的单一性及其特殊利益获得它们的完全发展。它们的权利获得明白承认，同时，它们又承认普遍物是自己实体性的精神，并且把普遍物作为它们的最终目的而进行活动。在国家这个普遍物中，其"力量在于它的普遍的最终目的是个人特殊利益的统一。个人权利及其对国家的义务相互结合着，个人从他的义务来说是受人制服的，但在履行义务中，他作为公民，其人身和财产得到了保护，他的特殊福利得到了照顾"，就这样地完成义务以作为对国家的效劳和职务时，他保持了他的生命和生活。"要保证自由成为现实，必须反对用普遍性排斥特殊性和用特殊性排斥普遍性这两种观点。"他说，柏拉图就是用普遍性否定特殊性，用国家否定个人的财产自由和权利。不能用普遍性吞没特殊性，如果普遍利益不同特殊利益相结合，如果用国家意志压迫个人的自由和权利。国家就等于空中楼阁，国家就会站不住脚，这是一方面；另一方面，卢梭的社会契约用特殊性排斥了普遍性。

国家是神自身在地上的延伸，当他讲到国家的目的这个问题时这样谈过："人们常说，国家的目的在于谋求公民的幸福"，这当然是正确的。国家不能以保护个人利益、自由和权利为限，不能把他的使命规定为保护和保证所有权和个人自由，不能把单个人本身的利益看成为这些人结合的最后目的。相反，国家是客观精神，而"由于国家是客观精神，所以个人本身只有成为国家成员才具有客观性、真理性和伦理性"。[1]国家之所以是伦理性的整体，就因为国家是地上的精神，这种精神在世界上有意识地使自身成为实在；就因为在自我意识中，国家是一种独立的力量，在这种独立的力量中，个别人只是些称号罢了。所以，"神自身的理性的力量"。[2]国家这种普遍物就是一种绝对不受推动的自身目的。

（二）法哲学论

黑格尔的法哲学是以客观唯心主义哲学为其理论基础的。法学与哲学密不

---

〔1〕　[德]黑格尔：《法哲学原理》，范扬、张企泰译，商务印书馆1961年版，第258页。

〔2〕　[德]黑格尔：《法哲学原理》，范扬、张企泰译，商务印书馆1961年版，第258页。

可分，"法学是哲学的一个部门"。现有的事物和世界都以一种"绝对精神"为本源和基础。他的法哲学体系由抽象法、道德和伦理三部分所组成。按照这个体系，法律的发展经历了三个阶段：一个是抽象法阶段。抽象法是一种客观法，包括三个方面的内容：关于物的占有和所有权的法律；关于契约即转移所有权的自由或权利的法律；关于制裁犯罪及侵犯他人财产所有权的法律。二为道德阶段。道德是一种主观法，是一种具有特殊规定的内心法，它主要解决故意和责任、意图和福利、善和良心等问题。三为伦理阶段。伦理是主观和客观相统一的法，它主要解决家庭、社会和国家问题。无论是抽象法还是伦理和道德，都是法律或权利的表现，社会和国家作为伦理的组成部分，也都是法律发展的阶段，而且社会法特别是国家法，比此前各阶段的法更加高级。所以，在这个法律体系中，法律的概念有广、狭两种含义，前者是指法哲学这个名称所用的法；后者指法哲学中的第一个部门即抽象法。

在法律基本理论方面，黑格尔阐发了有关法律的实质、法律的客观性、法律的形式等一系列问题。同康德一样，黑格尔也将自由作为法律中心问题来加以论述。但他不像康德那样把法律看成是以自由为依据，以一个人任意行为限制另一个人任意行为的手段，而是否定法律的主要特征是强制，认为法律的内容是意志，意志又是自由的，所以法律就是自由意志的体现，自由意志是法律的实质。"法的基础一般说来是实质的东西，它的决定地位和出发点是意志，意志是自由的，所以自由就构成法律的实体和规定性。至于法的体系是实现了的自由的王国。"[1]"任意存在只要是自由意志的定在，就叫做法。所以一般说来，法就是作为理念的自由"，这种自由意志并不是虚无缥缈的东西，而是通过具体内容表现出来，最主要的思想就在对私有财产的所有权上。从"自由的角度来看，财产是自由的存在"。[2]人唯有在所有权中才是作为理性而存在的。这种所有权不是别人的，而是私有财产，"因为我的意志作为人的意志，从而作为单个人的意志，在所有权中，对我来说是成为客观的了。所以，所有权就获得了私人所有权的性质"，[3]如果侵犯所有权，就是不法和犯罪了。

同康德不同，黑格尔反对自然法学派把法律分为自然法和人定法两种，否定历史上存在不依人的意志为转移的自然法，认为法律作为客观精神的体现，必须通过具体形式表现出来，必须具有客观现实性，是实定的东西。因为：其

---

〔1〕[德]黑格尔：《法哲学原理》，范扬、张企泰译，商务印书馆1961年版，第10页。
〔2〕[德]黑格尔：《法哲学原理》，范扬、张企泰译，商务印书馆1961年版，第59页。
〔3〕[德]黑格尔：《法哲学原理》，范扬、张企泰译，商务印书馆1961年版，第50页。

一，法律作为客观精神的体现，是相对于意识而存在的，因而应有实在的表现形式。法的客观现实性的含义之一就是它对意识而存在，总之是被知道的。"法律是自在的，是法的东西而被设定在它的客观存在中，这就是说，为了提供意识，思想把它明确规定，并作为法的东西和有效的东西予以公布。通过这种规定，法就成为一般的实定法。"〔1〕其二，法律作为一种行为规范，具有普遍的效力，它需要为人所知，因而应有实在的表现形式。法的客观实在性的另一种含义是指它"具有现实性所拥有的力量，并具有效力，从而也是被知道为普遍有效的东西"，这就需要以人普遍所知的表现形式。其三，法律的内容是由一国人民的特殊的民族性，它的历史发展阶段，以及属于自然必然性的一切情况的联系所决定的，法律是要适用并支持实际裁判作用的。所以，法一般说来是事实的，"法的东西要成为法律，不仅首先必须要获得它的普遍性的形式，而且必须获得它的起初的规定性"。

（三）宪政和分权论

黑格尔在对国家政体的研究中认为最高最完善的国家形式是君主立宪制。"国家成长为君主立宪制式现代的成就，在现代世界，实体性的理念获得了无限的形式。"〔2〕只是君主立宪制才是最发达、最完善的国家政体形式。因为，它使伦理精神得到了充分的发展。历史上存在过的国家形式，君主制、贵族制和民主制，都是片面的，都没有达到深度和具体合理性。它们每一种对合乎理性的发展的理念都不相符合。而理念也不能在它们任何一种中获得它的权利和理念化。孟德斯鸠对各种政体原则所作的陈述是深刻的，但又不全对。在君主制国家中，国家生活建立在特权人格上，而且大部分为了国家的巩固存在所必须做的事，适合于他们的偏好；在贵族制国家中，公共权力与私人利益相分离又相接触，致使这种国家自身时刻都有可能直接坠入暴政或无政府这种最残酷的状态中，从而毁灭自身；民主制国家建立在以德为基础的情绪上，但它需要的是合乎理性的法律形式，而不是情绪的形式，正因为它没有前种形式，才使"人民的意志"这种特殊的意志本身就有法律的效力或者本身就代替了法律。

黑格尔对这三种政体进行了扬弃，使它们"降格为各个环节"，成为君主立宪制自身所必需的三个要素：君主、贵族和人民，以期把君主立宪制搞成三要素相互制约和均衡的制度。这样做的时候，他就把孟德斯鸠的立法、司法、行政三权分立思想，加工改造成为王权、行政权和立法权相结合的政治制度，他加了一个王权，并且把司法权划归行政权的范围，这就给君权以特殊的

---

〔1〕　〔德〕黑格尔：《法哲学原理》，范扬、张企泰译，商务印书馆 1961 年版，第 218 页。
〔2〕　〔德〕黑格尔：《法哲学原理》，范扬、张企泰译，商务印书馆 1961 年版，第 273 页。

地位。

1. 王权。王权（君主）代表着国家的人格和统一，没有君主，人民就是一群无定形的东西，构不成国家。王权是"作为意志最后决断的主观性的权力，他把被区别出来的各种权力集中于统一的个人，因而它就是整体即君主立宪制的顶峰和起点"。[1]王权本身是单一性的环节，"国家制度和法律的普遍性，作为特殊对普遍关系的咨议，作为自我规定的最后决断的环节"。[2]所谓王权作最后决断的主观性，黑格尔就是说古代国家决定大事，常常采取求神论、占卜的办法，这是缺乏主观性的，而王权能体现现代精神的"主观性"，即他决断而不需要提供理由和论证，所以他们的决断是最高、最后的。君主之所以有这样的权力，乃因为他天生就注定是君主尊严的化身，君主这一概念是绝对地起之于自身的。因为他有这种权力，他就可以在人们各执己见，相持不下时，以我要这样来做结束，使一切行动和现实都从此开始，"他可以把主观的东西我要这样加到法律上去"。王权包含的第二个环节，"就表现为最高咨议机关及其成员，他们把国家当前事物的内容，或把那种由于当前需要而必须制定的法令的内容及其客观方面根据有关的法律情况等一并呈请君主裁决"。[3]王权包含的第三个环节，就是体现为普遍物的最后决断，从主观方面说就是君主的良心，从客观方面说就是整个国家制度和法律。如果君主决断错了该怎么办呢？黑格尔说不负责任，因为只有这些咨议机关及其成员才应该对此负责任，而君主特有的尊严，即最后决断的主观性，则对政府的行动不负任何责任。另外，黑格尔还坚持君主世袭制，说世袭制构成正统，可预防在王位出缺时发生派别的倾轧，而君主选举制不如说是各种制度中最坏的一种。

黑格尔赋予君主的权力是很大的，这种权力是"以神的权威"为基础的，但是，他所说的不是专制君主，而是立宪君主。君主必须受到法律的制约，是立宪君主。他说，君主必须受到法律的制约，"在一个有良好组织的君主制国家中，唯有法律才是客观的方面"，君主的决断，"这不等于说君主可以为所欲为，而是说他是受咨议的具体内容的束缚的。当国家制度巩固的时候，他除了签署外，没有别的事可做"。[4]

2. 行政权。行政权属于特殊性环节，而从属于普遍性，即"执行和实施国王的决定，一般说来就是贯彻和维护决定了的东西，即现行的法律制度和公益设施等"，"行政权包括审判权和警察权"，黑格尔认为，担任国家公职的官

---

〔1〕 [德] 黑格尔：《法哲学原理》，范扬、张企泰译，商务印书馆1961年版，第273页。

〔2〕 [德] 黑格尔：《法哲学原理》，范扬、张企泰译，商务印书馆1961年版，第275页。

〔3〕 [德] 黑格尔：《法哲学原理》，范扬、张企泰译，商务印书馆1961年版，第283页。

〔4〕 [德] 黑格尔：《法哲学原理》，范扬、张企泰译，商务印书馆1961年版，第279~280页。

吏构成社会的"普遍等级"，即特殊等级，这个阶级有时又被称为"中间等级"，或者更确切地说，在政府中供职的等级。他说，这个等级是国家在法制和知识方面的主要支柱。"政府成员和国家官吏更是中间等级的主要组成部分，全体民众的高度智慧和法律意识就集中在这一等级中。"〔1〕构成这个等级的是哪些人？"行政事务和个人三者间没有任何直接的天然的联系，所以个人之担任公职，并不由本身的自然人格和出生来决定。决定他们这样做的是客观因素，即知识和本身才能的证明。"〔2〕他希望由一批有教养、有才能的行政专家担任政府官吏，反对由游荡骑士担任国家职业。他所以主张把知识和才能当作任官因素，是为了提供一种使每个市民都有可能献身于这个等级的唯一的条件，这是一方面。另一方面，普遍等级成员的主要来源是贵族。贵族是自然伦理的等级，它以家庭生活为基础，而在生活资料方面则以地产为基础，它们特殊性方面"具有以自身为基础的意义（这一点和君主要素相同）和君主要素所包含的自然规定"，"这使他们从事政治活动成了这一等级的主要使命，结果它就同时成为王权和社会的支柱"。由此可见，黑格尔关于行政官员的观念，在某种程度上反映了资产阶级对政权的要求，又给贵族阶级保留了强大的地位。

3. 立法权。黑格尔把立法权定义为规定普遍物的权力，法是对人最神圣可贵的东西，立法还是我们时代无限迫切的要求。照此道理，代表普遍性的立法权应当属于代表单一性的王权和特殊性的行政权。但是，他却贬低立法权，立法权本身是国家制度的一部分。国家制度是立法权的前提，因为，它本身不是由立法权直接规定的。立法权从属于国家制度，只能在国家制度范围内起作用，使国家制度通过法律的不断完善，通过行政事务所固有的前进运动的性质，得到进一步的发展。国家制度本身是立法权赖以建立的、公认的、坚固的基础。所以，它不应当由立法权产生，立法权不能过问国家制度，反而要以国家制度为前提和基础，这种观点必然要剥掉立法权的本质任务——建立国家根本法的任务。

因此，黑格尔也就贬低立法机关，议会的权力和作用，使它变成行政权的附属。他所设想的立法权或议会包括三个等级、贵族等级、普通等级和私人等级（工商业等级）。关于贵族等级，如前所述，既然他们负有政治使命，而这种使命落在他们身上，只是由于他们的出生，并非取决于选举的偶然性，所以他们在立法权领域内就能起到实质性的作用，他们本身则具有实体性的巩固的

---

〔1〕 〔德〕黑格尔：《法哲学原理》，范扬、张企泰译，商务印书馆 1961 年版，第 297 页。

〔2〕 〔德〕黑格尔：《法哲学原理》，范扬、张企泰译，商务印书馆 1961 年版，第 291 页。

地位，成为君主和市民社会之间的中介，与市民具有同样的需要，分享同样的权利。关于普通等级（政府官员的代表），黑格尔主张政府大臣参加议会，并赋予重任。"因为国家的高级官吏必须对国家的各种设施和需要的性质有比较深刻和比较广泛的了解，而且对处理国家事务也比较精明干练，所以，他们有等级会议，固然要经常把事情办得很好，就是不要各等级，他们同样能把事情办好。"[1] 政府非由议会组阁而由国王任命，政府不受议会约束而议会须受政府约束。这样一来，议会就成为政府的附属品了。关于工商业等级，黑格尔说，它是市民社会中不稳定的一面，是市民社会变动不定的成分，可以像贵族那样，也有权滋生受国王召唤的议员，以商讨和决定普遍事物。

（四）法治思想

如前所述，黑格尔主张实行的君主政体不是君主专制而是君主立宪制。因此，他反对封建专制，认为专制就是无法无天，应当依法治国，认为"法制的统治"是理想的统治，主张市民社会应借助法律来保障个人的权利和财产。并为此提出了他的法治思想。

1. 国家应当有统一的成文法典。黑格尔批判了历史法学派反对制定统一的全德法典，鼓吹习惯法优于成文法的理论，提出了编纂成文法典，制定成文法律的主张。制定全德统一的法律，编纂法典，使法律体系化，是相当重要和必要的，"是我们时代的迫切要求"，如果给予人民一部哪怕"不匀称"的法律汇编，也是件好事。能给予更多些，即采取井井有条，用语准确的法典形式的国内法，那就是大大造福于人民，就应为此而受到歌颂和爱戴。如果有人否认一个文明民族和它的法学界具有编纂法典的能力，这是对一个民族和它的法学的莫大侮辱。至于习惯法，有人说习惯法优于成文法那是错误的，习惯法是主观地和伪装地被知道的。因而他本身是比较不确定的，思想的普遍性也比较模糊。[2] 要用它来代替制定成文法、编纂法律，那是断然不行的。

黑格尔同时主张法律规定的内容既要详明又不能过细。"法律要成为法律，而不成为简单的戒律，它的内容就应该是明确的。法律规定得越明确，其他的内容就越容易切实地实施。但是，规定得过细，也会使法律带有经验的色彩，这样，法律在实际施行过程中就不免要修改，而这会违背法律的性质。"[3]

黑格尔主张法律要普遍为人所知和明白易懂，并反对法律知识成为法学家的独占品。法律必须普遍地为人知晓，然后它才具有约束力。像暴君奥尼布阿

---

〔1〕 ［德］黑格尔：《法哲学原理》，范扬、张企泰译，商务印书馆1961年版，第301页。

〔2〕 ［德］黑格尔：《法哲学原理》，范扬、张企泰译，商务印书馆1961年版，第219页。

〔3〕 ［德］黑格尔：《法哲学原理》，范扬、张企泰译，商务印书馆1961年版，第316~317页。

斯那样，把法律挂得老高，结果没有一个公民能读懂它们，或者把法律埋葬在洋洋大观和精神渊博的典籍中，在藏有相反判决和不同意见的判例汇编中，以及在习惯辑录中，等等。再加上所用的文字十分难懂，结果只有那些效力于这门学问的人才能获得对现行法的知识，无论是前一种或是后一种类型都是同样不公正的。同时，要使法律普遍地为人知晓，就要普及法律知识。自从培养了对法的理解之后，法才有能力获得普遍性。法学家主张此种知识是它的独占品，不是这一行的人就不该插嘴谈论，是不合适的。因为正像每个人无需都成为鞋匠才知道鞋子对他是否合穿一样，他无需是个行家才能认识法律问题。"法与自由有关，是对人最神圣可贵的东西，如果要对人发生约束力，人本身就必须知道它。"[1]

黑格尔还论述了立法要注意法律的完备和不断修订法律的问题。"法律的范围一方面应该是一个完备的整体，另一方面，它又继续不断地需要新的法律规定。"[2]如果借助法典不可能修订得那么完整为理由，就主张不让所谓不完整的东西产生，以及要求制定一部看起来绝对完整无须作进一步规定的法典，都是不可取的。法律的完整性只是永久不断地对完美性的接近而已。这种接近是要通过不断修订补充法律来实现的。

2. 司法理论。司法的性质在于它是公共权力的体现。"司法应该视为既是公共权力的义务，又是它的权利，因此，它不是以个人授权与某一权力机关那种任性为其根据的"，[3] 司法的目的则是为了保护公民的权利特别是所有权和人身安全，公民的权利有了争执时，只能由法院来解决。要通过司法消减所有权和人身的侵害。

黑格尔主张在司法上实行人人平等。市民社会的成员有权向法院起诉，同时也有义务到庭陈述。"在封建制度下，有权势的人往往不应法院的传唤，藐视法院，并认为法院传唤有权势的人到庭是不法的。但封建状态是与法院的理念相违背的。在近代，国王必须承认法院就私人事件对他自身有管辖权，而且在自由的国家里，国王败诉，实属常见。"[4]

司法活动要依法定程序进行，但不能过于机械。依法定程序进行活动，是保障公民权利的一种手段，它"使当事人有机会主张他们的证据方法和法律理由，并使法官得以洞悉案情"[5]但法律程序不应过于繁琐和机械，否则

〔1〕〔德〕黑格尔：《法哲学原理》，范扬、张企泰译，商务印书馆1961年版，第274~275页。
〔2〕〔德〕黑格尔：《法哲学原理》，范扬、张企泰译，商务印书馆1961年版，第225页。
〔3〕〔德〕黑格尔：《法哲学原理》，范扬、张企泰译，商务印书馆1961年版，第230页。
〔4〕〔德〕黑格尔：《法哲学原理》，范扬、张企泰译，商务印书馆1961年版，第231页。
〔5〕〔德〕黑格尔：《法哲学原理》，范扬、张企泰译，商务印书馆1961年版，第231页。

就与其目的相违背。这种形式主义也可能变成恶事，甚至于成为制造不法的工具。为避免滥用法律程序，有必要由法院责成当事人在进行诉讼之前，将事件经由一个简易法院（公断治安法院）受理，进行调节。

黑格尔看到了把具有普遍性的法律适用到单个的具有特殊性的案件时，难免会发生冲突。认为发生冲突时法官的理智应有它的地位，否则执行法律就会完全成为机械式的。但这绝不是说可以听由法官随意决定，如果那样的话，就难免有恣意专横之弊。

黑格尔强调实行公开审判。其理由是：其一，即使法律应予公布使人知晓，那么法律的实现和适用法律的理由等也应使人知晓。其二，"个别事件就其特殊内容来说诚然只涉及当事人的利益，但其普遍内容即其中的法和它的裁判是与一切人有利害关系的"[1]。其三，从法院的目的和公民信任的角度来看，"首先，法院的目的是法作为一种普通法，它就应当让普通的人闻悉其事，其次通过公开审判，公民才能信服法院的判决确实表达了法"。所以，审判公开是正当的、正确的。法官大人们自以为其身份高贵，不愿公开露面，并把自身看做法的宝藏，非局外人所得问津，是错误的。但黑格尔主张审判公开不是说审议也要公开，相反地，他认为审议按其本性是不公开的。

此外，黑格尔主张法院实行独立审判和陪审制，认为法院真正的法律上的职权是审判，法院在这一职权中具有独特的资格，具有排他权利和必要性。他认为没有任何理由可以认为事实构成只能单独由专职法官来认定。

---

〔1〕　〔德〕黑格尔：《法哲学原理》，范扬、张企泰译，商务印书馆 1961 年版，第 232 页。

第十二章　英国功利主义法学的
代表人物边沁和穆勒

第一节　功利主义法学产生的
历史背景及主要特点

一、功利主义法学产生的历史背景

　　荷兰、英国、美国和法国资产阶级革命完成之后，西方先进国家逐步进入
到资本主义制度的确立和巩固时期。这个时期的主要特征表现为，在国际上是
拿破仑的失败。法国资产阶级革命的胜利，招来欧洲一些封建国家的仇视，而
作为资本主义母国的英国也出于一洲不容两霸的心理等动机参加到反对者的行
列。自 1796 年起，以英国为首的反法同盟多次用武力围攻法国，但是，都被
以拿破仑为统帅的法国军队所打败。1804 年，拿破仑称帝，随后发动对外战
争。1814 年，拿破仑被打败，波旁王朝的路易十八即位。1815 年，拿破仑突
然复位。为反对拿破仑而组成的第七次反法同盟于滑铁卢一战再次打败拿破
仑，路易十八也复登台，拿破仑的"百日政变"戏剧收场。反革命的"神圣
同盟"的胜利，使欧洲各国的反动贵族弹冠相庆。他们又占据着许多国家的
社会政治舞台中心，在社会生活领域内占据着主宰地位。这时，从伦敦到那不
勒斯，从里斯本到圣彼得堡，各国的内阁都由封建贵族统治着。

　　而在英国，此时正在悄悄发生一场不流血的革命——工业革命。这场不流
血的革命使英国社会达到了高度繁荣的地步，不仅促进了生产力的巨大发展，
而且也带来了社会关系的深刻变化。开始于 18 世纪中叶的英国工业革命大约
经历了长达近 100 年的历史，这次工业革命可以分为两个阶段：第一个阶段为
1860 年以前，这一阶段革命的标志是煤和蒸汽机的出现。第二个阶段为 1860
年之后，其标志为电和内燃机的出现。工业革命发生在英国是由其当时的条件
所决定的。英国已经进入到资本主义的黄金时期，已经确立了在世界上的经济
霸主地位，有条件把殖民统治所获得的大量财产投向制造业。在政治上，英国

是当时世界上最民主的国家，1688 年英国光荣革命的结果是确立了适合于资本主义发展的政治条件，洛克的自由主义得到了广泛的认同，国会逐渐撤销了干预自由经济竞争的法律，原有的贵族阶级不再是一个特权阶级，而是变成了一个富人阶级。

英国工业革命是资本主义工场手工业发展到机器大工业的一个质的飞跃，是传统农业社会最终过渡到现代化工业社会的一个历史转折，它在经济、社会、政治等诸多方面深刻影响了 19 世纪英国的历史进程。

工业革命推动了英国经济的飞速发展。机器的采用大大提高了劳动生产率，使英国迅速超过了当时比较发达的荷兰等国，成为世界工业的中心。同时，较高的商品竞争力使英国的商品很快打开了世界市场，摧毁了殖民地的落后工业，在世界市场上建立起自己的霸主地位。

工业革命也推动了英国现代化农业体系的形成。工业革命的发展，城市人口的增长，使圈地运动得以在更广阔的范围进行，农业资本家把成千上万的农民驱逐出他们世代赖以为生的土地。同时，新兴大工业利用廉价的工业品排挤农民传统的家庭手工业，使市区土地和经济收入的农业无产者或加入了产业后备军队伍，或成为农业资本家的雇工。这样，到 19 世纪 30 年代，始于 18 世纪上半叶的农业革命逐渐完成，传统的小农经济被摧毁，建立在资本主义生产关系之上的大农场经济取得了主导地位，现代资本主义农业体系在英国建立起来了。

工业革命也改变了英国的经济和人口布局。原来荒无人烟的地方由于工业的发展一跃成为经济繁荣、人口周密的地区。城市人口与农村人口的比例关系也开始变化。1851 年，城市人口超过了农村人口。到维多利亚女王时期，城市人口已占全国人口的70%。这种经济和人口布局的变化，打破了英国政治中的平衡，引发了 19 世纪上半叶英国的改革运动。

工业革命使英国的阶级结构和阶级关系发生了巨大的变化。工业革命的结果，使工业资产阶级的社会经济地位大大提高，他与土地贵族、商业资本家的矛盾日渐尖锐。同时无产阶级的政治力量开始登上历史舞台。

总之，工业革命的发生和完成过程也就是英国资本主义经济制度的确立过程。工业革命使 19 世纪的英国进入了自由资本主义的鼎盛时期。在产业革命的氛围中，社会意识形态和人们价值观念必然发生变化。这个时期，工业资产阶级把追求利润最大化作为他们的目标，任何束缚他们努力达到这一目标的事物都被看做是不可容忍的障碍。他们要求逐渐建立这样一种社会和政治制度：只要利润自由地涌现，一切都是正当合理的；人人都自由地追求自我利益将会促成整个民族的繁荣；追求物质享受应该是天经地义的。在政治方面，他们主张，腐朽的法律应该改善或取消，国会席位应该重新分配，选举应该更加广泛，投票应该独立，等等。大凡社会、政治、法律、制度有变更，这个社会、政治、法律、制度本来所依赖的原则理论必然开始动摇，而且必然有新的原则和理论取而代之。因此，主张要实现"最大多数人的最大幸福"的功利主义思潮便应运而生。可以说，功利主义法学首先是英国工业革命的产儿。

二、功利主义法学思潮的历史发展过程

功利主义法学虽然产生于资本主义工业革命之后，但是作为一种思潮早在古希腊时期就已经出现萌芽。古希腊时期的智者学派在其学说中就已经有了主张民主和个人自由主义及功利的倾向。普罗塔哥拉在其著作《国家论》和《神论》中就提出：国家和法律的产生始终同人的利己本性密切联系着，既然国家和法律都是出于人的"自保的要求"与讲求实效的、功利的目的，那么，它就只不过是每个人，从而也就是人们的整体谋取利益的手段。他还从否定普遍正义、肯定人们的自私本性以及人们彼此之间力量的不平衡性的前提出发，断言政治权威必然是建立在实力的基础之上。

而亚里士多德作为古希腊时期重要的法学思想家和哲学家，在其思想中已经表现了明显的功利主义倾向。与他的老师柏拉图精神至上不同，他认为快乐是最高的善。他说道：我们永远是为了快乐而快乐，而不是以快乐作为得到其他东西的工具。他认为，快乐里面就包括了物质欲望的满足。他强调，国家和法律的目的在于使人们过上"优良的生活"。他认为，人的爱己和自利的本性，即使法律也不能改变。当然，亚里士多德的功利论是有限度的，即社会利益的分配以小康生活为标准，极富和极贫都会使人堕落。所以，他是奴隶主中产阶级的功利主义论。

伊壁鸠鲁是快乐主义学派的创始人。他主要受到昔勒尼学派的影响，并同

斯多葛学派的个人主义相联系。他虽然承认自然的规律性，要求人同自然相一致地生活，相信自保和追求个人幸福是人生的目的，认为快乐是人的自然本性和幸福的主要内容，是至高的美德和善。但是，他否定斯多葛学派的神的理性论、宿命论和禁欲主义，而提倡个人的快乐主义和功利主义。在论述国家的起源时，他说道：人们并不本能地趋向于组织，社会和国家仅仅是人们追求个人幸福或功利的冲动逐步造成的。初期，人类生活是孤独的，经验和适应自然条件的行动只是达到相当丰富的程度，才逐渐地形成社会制度、国家、法律和技术。也就是说，本质上是利己的、只追求个人幸福的个人，经常会受到自己以外的他人的幸福的威胁。因而，人们之间为了避免互相妨碍和侵害，便缔结默认的契约。又因为要防止暴力和非正义的行为，以确保个人人身的安全，互相制定了功利的协定——法律。国家和法律都服务于公理的目的。国家借助法律规定的刑罚，使人们不敢胡作非为。他还从功利主义的原则出发，对正义加以描述，他说道：一件事一旦为法律宣布为公正，并且被认为有利于人们的相互关系，就变成了真正公正的事，不论是否被普遍认为是公正。相反地，一件事如果是为法律所确定，但是并非真正有利于社会关系，就是不公正的。概括地说，无论法律还是政治制度，只要能符合安全的需要，使人们的相互关系变得协调，就是正确的。

　　在古罗马，国家很早就被理解为一种权力组织，个人很早就被宣布为权利与义务主体。法律成为每个人无法逾越的绝对准则。当时的法律观念极其残酷。法律把奴隶当作客体，而听任主人的任意处置，法律允许把自由人沦为债务奴隶，允许家长出卖妻子和子女为奴隶。法律甚至规定，债权人可以把无能力偿还债务的人，按比例切成碎块加以分配。这种法律所包含的功利目的，归根结底是要维护私有财产的专横，即一小撮富人的统治。罗马政治法律思想家西塞罗认为，国家就是指"一个人群服从共同的利益而造成的整体联合"。就是说，构成国家本质的有精神（正义）和功利（利益）两大因素。到帝国时代，在罗马法学家那里，功利观念有了更大的增长。这明显表现为法的划分，他们把法律划分为公法和私法。私法又被分为对人的法律、对物的法律和对行为的法律。如果说公法是保护奴隶主阶级私有财产的外部条件，那么，私法就是直接调整私有财产关系本身的法律。

　　近代功利主义法律观念发端于中世纪末期的文艺复兴运动和宗教改革运动。在西欧黑暗的中世纪，基督教国家法律制度的重压和信仰、幻想、偏见的愚昧，把一切个人掩埋和吞没掉了，人成为宗教或教会的简单附属品。市民阶级也不例外，他们作为人而没有人权，作为商品货币关系的代表者而没有交换流通方面的自由，作为巨量财富的聚敛者被要求到天国而不是今世进行享受，作为科学技术的掌握者遭到野蛮的摧残。因此，市民阶级思想家不能不起来为人性、人权、自由而奔走呐喊。这些铿锵有力、悦人耳目的口号，其实就是围绕市民阶级的功利要求旋转的，这在法学领域内也得到了积极的响应。

公认的资产阶级政治法律思想家的先驱者马基雅弗里就认为，人本身就是追逐功利的动物，就是自私的，富于侵略性、贪得无厌的。因此，明智的政治法律制度应当符合人的本性，只问什么是有利有效的，不过问什么是正当的。宗教和道德都要从属于统治的需要。

法国的让·布丹所首创的"人权"论中包含着同样浓厚的功利色彩。按照布丹的观点，私有财产是人的自然法上的权利，即人民先于人定法而获得的权利，因此，纵然是主权者也不得侵犯。主权者要课税，必须争得人民的同意。他明白地说："如果把'你的'、'我的'去掉，则一切国家的基础必将倾覆。"与此同时，布丹还主张人的"自由的不可侵犯性"，主权者及其法律不得加以干涉。这种个人自由的集中表现是商品货币交换的自由，为自己积累和享用财富的自由。如果说封建制私有制要直接受到森严等级的限制，那么，布丹的理论则突破了这一点，使个人追逐私有财产的权力无限化。显然，这已经是资产阶级的功利观了。

在西方政治法律思想史上，学术界公认霍布斯和洛克是近代资产阶级启蒙学说的代表者，很少有人提到他们的功利主义的启蒙意义。事实上，在他们的政治法律思想中含有浓厚的功利主义色彩。马克思和恩格斯在《德意志意识形态》一书中断言，霍布斯和洛克是近代功利主义的始祖。他们指出："把所有各式各样的人类的相互关系都归结为唯一的功利关系，看起来是愚蠢的，这种看起来是形而上学的抽象之所以产生，是因为在现代资产阶级社会中，一切关系实际上仅仅服从于一种抽象的金钱关系。在第一次和第二次英国革命时期，即在资产阶级取得政权的最初两次斗争中，在霍布斯和洛克那里出现了这种理论。"[1]

然而，大卫·休谟和亚当·斯密的功利主义思想与霍布斯和洛克有着明显的区别，他们对功利主义的思想更趋深化。他们否认自然状态的存在，直接把国家和法律的起源归结为人类追求最大快乐与幸福的本性。休谟认为，一切法律与政体的实力强大与否，完全由人们的趋利避害的性情所决定。国家起源于功利，人们之所以服从国家与法律的约束，正在于其功利本性的推动。亚当·斯密认为，自利与同情是政治的基本条件。"自利"不仅是人的本性，生而具有，而且是人性中最大的支配动力。所谓"自利"即"自私"，人人各图其

---

〔1〕《马克思恩格斯全集》第 3 卷，人民出版社 1960 年版，第 479 页。

利，各谋其福。然而，自利之所以不起冲突、痛苦等祸患，是因为人还有"同情"之心。先己后人为自利，推己及人为同情。政治社会之所以能永久安宁，全在于这两种力量均衡的作用。在他看来，人类先有政府后有法律，同情是法律的真正渊源，而人类之所以有政府则起于功利的动机，即人类的自然需要。

法国资产阶级革命前夕的百科全书派中的霍尔巴赫、爱尔维修的政治法律思想中也包含了明显的功利主义色彩。

霍尔巴赫

霍尔巴赫作为 18 世纪法国唯物主义的杰出代表，他不同意洛克和卢梭对自然状态的赞扬，认为那是一种悲惨的、愚昧的、无理性的状态。人的本性是"求生存和求幸福"，"利益是人类行动的唯一动机"。他认为，国家是在人们相互订立契约的基础上产生的，社会契约是人们相互协商订立的结果。国家是基于人们安全的需要，为保障人们的幸福而建立的。所谓幸福，就是保障人们的自由、财产和安全。法律是社会全体成员的意志，它的目的同国家的目的是一致的。执政者要为社会利益进行统治。统治者最主要的任务就是保护人们的自然权利。

爱尔维修也是一个社会契约论者。他认为人的本性是自爱、快乐和痛苦，这是永远支配人类行为的唯一原则和推动力。支配穷人的原则是饥饿，因而是痛苦；支配富人的原则是快乐。他正是以此为出发点来观察国家、法律、正义以及社会中的一切现象的。他在谈到国家的起源时说到，人为了养活自己，减少野兽对自己的威胁，必须联合起来。为了这一目的，公民间彼此订立了协定，于是国家和法律就产生了。人们建立国家政权的目的是为了谋求共同的幸福，或者至少是大多数人的幸福。他说，任何政府的目的都是共同的幸福；任何政府，除了多数公民幸福外，断然不可能抱有另外一种目的。

爱尔维修

在功利主义思潮中，杰里米·边沁无疑是其中最引人注目的代表人物。他是当时英国功利主义运动的精神领袖，他的思想确立了功利主义理论的基本框架。1776 年，他发表的《政府片论》一书，对功利主义的观点进行了纲要性的阐述。他的功利主义理论继承了从古希腊以来的功利主义思想元素，经过他的改造和加工，开创了一门崭新的功利主义法学思想体系。同时还包括了一整套关于 19 世纪英国政治体制改革的原则和方案，奠定了他在功利主义法学方面的创始人地位。在詹姆斯·穆勒的积极宣传下，边沁的功利主义法学被主张改革的激进主义者所接受，其中不少原理和思想被他们运用到法律制度的改革中，形成了功利主义法学派，并逐渐成为一种强大的社会思潮。19 世纪 40 年代，边沁和詹姆斯·穆勒相继去世后，约翰·穆勒继承并发展了边沁开创的功利主义，成为功利主义的第三代宗师。

通过上述我们对功利主义法学观点的历史介绍，可以看出，功利主义法学是一种古老的法学理论，其萌芽可以追溯到古希腊时期的快乐主义学说，中间经过中世纪基督教的熏染，到 17~18 世纪才初步形成了可以为资本主义发展所利用的功利理论。边沁第一个系统地论述了功利主义的基本原理，第一次将功利主义的原则运用到政治、法律和社会改革中，确立了功利主义法学的基本理论框架，而约翰·穆勒则完成了功利主义法学从 18 世纪向 19 世纪的转变，使之更加理论化和体系化。

三、功利主义法学的主要观点及特点

（一）功利主义法学的主要观点

1. 功利是法律的基础。法律是以人的行为为调整对象的。功利主义把趋乐避苦视为人的行为的唯一动机，把"最大多数人的最大幸福"作为评价是非善恶的价值标准。功利主义法学就是运用功利主义来解释和分析法律现象而形成的一个法学流派。因此，他主张，功利是法律的基础，一切法律所具有的一般目的是增进社会幸福的总和。关于功利是法律的基础问题，在功利主义法学看来主要分为以下三个方面：

（1）功利是法律规定的基础。边沁说道："对于法律有特别规定的行为，唯一能够使人们清楚地看到自己所能追求的行为的性质的方法，就是向他们指出这些行为的功利或祸害。总之，这是使他得到满足的唯一方法。"[1]在刑法确定犯罪的方面，他指出，根据功利原理，只有社会的利益要求定为罪过的行为，才应当定为罪过。他主张政府的职责就是通过赏罚来促进社会幸福。穆勒也认为，好的政府是能促进"社会利益总和"的政府，他说："每当人们普遍倾向于只注意个人的利益而考虑或关心他的总利益中的一份时，在这样的状态下，好的政府是不可能的。"将功利主义理论和实证主义相结合而发展起来的分析实证法学派的奥斯丁认为，功利原则，一般总是立法所要考虑的内容，他说："如果不把功利原则摆在你们面前，我就时常无法清晰地、准确地说明法

---

〔1〕　〔英〕边沁：《政府片论》，沈叔平等译，商务印书馆 1995 年版，第 116 页。

律的内容，以及要义。"[1]他肯定道德规则、法律规则一直是以功利原则为基础的。

（2）功利原则是研究、解释和评判法律制度的标准。边沁认为，功利原则可以用来控制并指导法学所研究的某些制度或制度组合体的分类。只有用功利原则来解释这些制度组合体所具有的名称，才能使他们的分类变得清晰。法理学的目的和任务就是以某种方式排除不符合功利原则的一切不良制度。

（3）法律的后果要符合功利。功利主义法学主张，任何法律的后果都可以通过痛苦和快乐这种字眼表达出来，快乐和痛苦的含义人们都能懂得，不需要向律师求教。法律的理由，就是它所规定的行为方式的好处，或者是它所禁止的行为方式的祸害。这种祸害或好处如果是真实的，就必然会以痛苦或快乐的某种形式表现出来。

2. 法律制度改革是实现功利原则的必然要求。从功利主义原则出发，边沁引申出他的社会和法律改革方面的一系列思想，被人们称之为"边沁主义"。边沁主义的改革主张包含了政治法律和社会观念等方面的激进要求，当时有许多有识之士为边沁的理论所唤起，他们结成团体，创办杂志，传播边沁的学说，扩大边沁的影响，积极鼓吹社会改革。边沁主义对于当时英国的君主立宪制政体、选举制度以及刑法制度进行了无情的批判，并且提出了改革的要求。他们认为，一个好的政府必须表现为最大多数人谋求最大的幸福的功利主义原则，必须减少不平等，必须保护公民的基本权利。边沁主义认为，建立在等级特权基础之上的社会制度已经不适合于时代发展的需要，必须进行改革。他们主张，个人利益和自由才是根本而真实的，国家只是这种自由的保护者，所以，应该是按自由主义原则建立起代议制体制来取代旧的体制，以真正实现最大多数人的最大幸福。

在立法方面，立法者应该谋求最大多数人的最大利益，要一视同仁地为每一个人谋求利益；在选举上要贯彻"每个人只能算一个，谁也不比一个人更多一些"的平等原则；在司法方面，他们批评法律中存在的程序繁杂、司法腐败、诉讼延迟等弊端，提出司法改革的理想目标是"每个人都有自己的律师"，主张采用非正式程序提交仲裁人调解，以代替正式诉讼，用大量的司法裁定来解决证据的认定问题，不必拘泥于过分烦琐的条文和技术细节；在刑罚方面，他们批评旨在报复的传统的刑罚制度，反对野蛮、残酷的刑罚措施，主张刑罚的功能在于预防犯罪，应当改革刑罚制度，转变刑罚观念，并使公民养成尊重法律的习惯。

---

[1] [英]约翰·奥斯丁：《法理学的范围》，刘星译，中国法制出版社2002年版，第75页。

边沁主义的政治法律制度改革思想得到后继者约翰·穆勒和约翰·奥斯丁的继承和发展。与边沁相同，穆勒主张实现代议制政府，非常关注议会改革，提倡普选制、采用无记名投票等平等与民主的改革；奥斯丁也体现了这种继承关系。正如美国学者萨拜因所说："边沁的法律理论建立了分析法理学的观点，这是该主题在整个 19 世纪英美律师中普遍知晓的几乎唯一的体系。这个学派通常都同约翰·奥斯丁的名字联系在一起，但事实上奥斯丁不过是把边沁多卷的而并不总是非常容易读懂的作品中散见的系统思想归纳起来。"

3. 个人利益优先的自由主义是功利主义法律价值观的立足点。功利主义法学在法律价值观方面以真正个人利益优先的自由主义为特点。边沁的理论中，自由主义鲜明地体现在他对于个人利益和社会利益关系的看法上。他认为，个人利益是唯一真实的利益，社会是假想的实体，是由个人组成的共同体，所谓的社会利益不过是组成社会的个人利益的总和。只要个人能实现其最大利益，社会利益就能达到最大化。这是大多数功利主义者的共同主张。穆勒强调法律应该协调个人利益、社会利益的关系。社会生活对每个人是必要而自然的，人就能认识自己是社会的一分子；随着社会联系的加强，个人会觉得照顾到他人利益对自己有利，从而使人把自己的利益与他人的利益融为一体，形成了尊重他人利益的习惯。不过在穆勒的自由理论中，实际上提倡自由主义的另一种涵义，即主张尊重每个人，把人当作目的而不是手段。穆勒把捍卫个人自由权利当作是一种神圣不可侵犯的基本原则，强调个人思想和创造性、经济和政治活动的自由，认为只有这样才能使社会的总体功利达到最大化。19 世纪的自由主义不再着重强调天赋人权和平等，而是转向以个人利益为基础的功利主义，把它看做是判断政治和法律的根本标准。他们虽然仍强调个人自由和个性发展，但是，认为这种自由和发展与其说应落实到公民平等的政治权利上，倒不如说应该体现为自由贸易、自由竞争和言论自由。唯有个人利益和自由是最真实而根本的，国家只是这种自由的保护者。因此，在法律制度上，他们主张妥协和改良主义，不再提倡法国革命那样的激进言论和行动，并把按照自由原则建立起来的代议制政府当做是克服资本主义制度弊端的灵丹妙药。

(二) 功利主义法学的主要特点

功利主义法学作为 18 世纪末 19 世纪初出现的一种法学流派，它与其他法学流派相比较具有鲜明的自我特点。

1. 反自然法学的基本倾向。功利主义法学的代表人物从功利主义的原则出发，认为任何与功利主义相反的理论都是错误的，因此，他们激烈反对 17~18 世纪非常流行的自然法学说。许多自然法学家认为，在人类进入到政治社会之前存在着一种人类的自然状态，在这种自然状态中存在着自然法。边沁认为，法是主权者的命令，是一种以命令形式而表现的意志。法是由具有主权的人格制定的，立法是主权者的一种职能。而"自然"、"理性"根本不是主权者，是不能立法的，所以根本不存在自然法，只存在人定法。边沁还用反证法来证明自然法纯属子虚乌有的东西，他说，假如真的存在那种引导人类朝着共同福利的自然法，那么法律就将是无用的，制定法律就像点燃火炬去增加太阳的光芒一样成为多余的了。现在制定法律是必要的，这就说明自然法是毫无意义的虚构。

否定了自然法的存在必然要否认自然权利的存在。边沁认为，权利是法律的产物。有了法律的存在，才有权利的存在，先于法律的权利是不存在的。既然不存在自然法，也就没有自然权利。边沁对自然权利十分鄙视，认为那是"一种胡言乱语——凭空信口雌黄"。他认为，像"人权宣言"中所宣传的自然权利的学说，就其实质只能造成一种完全无政府的状态。他认为，人类所享有的一切权利都是政府通过法律给予的，政府通过法律赋予人们以权利，无非是为了公民的生存、富裕、平等和安全。

与反对自然法、自然权利相联系，边沁还反对社会契约论。他认为社会契约论在历史上缺乏事实根据，而在逻辑上也是不能成立的。国家和政府不是建立在社会契约的虚构上，而必须用功利原则，用社会利益、人类幸福来代替社会契约。国家和政府之所以产生是由于人们的"服从习惯"，而服从习惯归根结底又源于功利，即当人们意识到"不服从的祸害大于服从时才愿意服从"。边沁还用功利原则来解释契约，他认为，正是一般契约所带来的功利效果，才使人们愿意缔结契约。也就是说，边沁认为，退一步看，即使有原始契约，也是由于功利的驱使，功利的追求才是根本的。

2. 人道主义的法律精神。功利主义法学以功利主义为哲学基础。功利主义的"功利"是与快乐、幸福密切相关的，而且成正比关系，快乐幸福是人生的目的之所在。这使功利主义具有了人道主义的色彩。

功利主义者都注重个人的利益与幸福，并把最大量的社会幸福，即"最大多数人的最大幸福"当作每个人和政府行为的准则，这也是他们各自的政治法律理论和社会改革理论的基础；功利主义原理在他们那里就有了一种人道主义的哲学基础。表现在法学领域内，就使得功利主义法学中到处弥漫着人道主义的色彩。边沁就是一个杰出的人道主义者。他主张改革刑法，把监狱作为改造犯人，使他们重新回归社会的场所。他反对任何形式的酷刑，甚至反对虐待动物。他鼓吹自由贸易，提倡以此使人人都受益，因此，他又是人际平等的积极鼓吹者。他在 1792 年就提出过解放殖民地的主张和给贫民子女免费受教育的计划。他也是一个坚定的国际主义者，并不认同民族或种族优越感。因此，在边沁身上也体现了平等、自由、人道主义的追求。

约翰·穆勒提倡个性自由发展，提出要划定国家和社会权力干预的界限，以防止"社会暴虐"，主张种族平等、男女平等、妇女解放，这些法律思想中都蕴涵着人道主义的精神。

3. 理性的批判意识和务实的改革思想相统一的法律改革论。功利主义法学认为，社会制度应当是人们的现实苦乐、利益和需要的产物，应当建立在能够促进"最大多数人的最大幸福"的原则之下，凡是不符合这一原则的，都应当进行改革。从这一观点出发，边沁等人对英国社会的君主立宪制度、选举制度以及刑罚制度进行了批评，并且提出了改革的要求。他们把矛头直接指向英国的国家制度，认为国家应当是人民的利益和需要的产物，它必须是为最大多数人的最大幸福服务，这是对政府的基本要求。建立在等级基础上的既有社会制度已经不能适应时代发展的要求，它给人们带来的不是幸福而是苦，因此必须进行改革。他们主张以"代议制民主政体"取代原有的旧政体，推行普选制，以保证人们公理的实现。功利主义法学既敢于怀疑既有的社会秩序，也敢于批评现有的制度，他们认为检验一切社会制度和立法的合理性问题就是功利或者就是"它有什么用处"。功利主义法学思潮推动了人们观念的巨大变革，使人们不再迷信旧的法律和制度的权威，不再相信它们是神圣的、永久不变的。功利主义法学使人们摆脱了蒙昧主义的束缚，逐渐走向理性主义。这种观念上的变革，是一切社会制度和法律变革的基础。功利主义法学在社会领域贯彻了理性的批判精神，力图破除一切迷信、权威和虚幻的东西，为人民树立了新的国家观、法律观，清除了思想上的障碍。

另一方面，功利主义者不再提倡法国革命那样的激进言论和行动，重视实际问题的研究，为社会和法律改革提供可操作性的方案。边沁对于议会改革、监狱改革制定了详细、完整的计划，甚至连选举用的投票箱和监狱的模型都设计得一清二楚。他的社会和法律制度的改革基本上是实用性的，处处闪烁着智慧的火焰。穆勒父子的改革理论也不乏具有真知灼见而又具有可操作性的方案。詹姆斯·穆勒关于建立国际法庭的构想就有很强的可行性，对后来国际法院的建立产生了巨大的影响。约翰·穆勒关于代议制政府的权力配置、中央与地方分权的方案、比例代表制以及选举方式的论述都体现了重视现实问题研究的精神。

4. 法学方法论方面的经验主义方法。功利主义法学代表人物在研究法学时是以经验主义为基本的方法论。18世纪西方思想的发展进入了一个从抽象到具体，从理念向物质，从先验向经验的转变时期。自然科学的新发现使人们确信科学认识来源于经验的观察。人们不能先验地设定可以做什么，而只能根

据主观需要和客观可能决定实际上可以做什么。这种经验分析方法是功利主义
法学理论的基本方法。功利主义继承了古罗马时代到近代因果经验论的传统，
明确地将功利归结为可以体验的快乐和痛苦。在他们看来，判断行为是否合乎
道德，应当检验行为的后果是否能够最大限度地增加人们的快乐或是减少痛
苦。功利主义者在反对自然法学说时就是以经验主义为出发点的。边沁反对自
然权利，认为其是"高烧时的胡说八道"，而社会契约论则是"只存在于立法
者的幻想之中"，它等于神话，无足轻重；把人类的幸福寄托于幻想之中，把
社会组织建筑在灰沙之上，是大可不必的。

　　约翰·穆勒则自认为是实证主义的开创者，他说道："我们早已特别感
到，一种普遍的趋势，那人类的品行中一切明显的差别认为是天赋的，大半是
不能清除的，并且对于那环境的差异的实证，反抹杀不问，这种趋势我觉得是
重要的社会问题合理讨论的主要阻力之一，亦即是人类进化的最大障碍之
一……它是这样适合人类的怠惰心理以及一切守旧的兴趣，假如不在根本上把
它清除，它一定要变本加厉。"[1]功利主义者在研究法律问题时都非常注意理
论与概念的经验基础或经验还原的可能性。

　　功利主义法学研究法学的经验主义方法还表现在严肃认真地对待研究中所
使用的概念，要用清晰的语言代替模棱两可、含混不清的语言。边沁主张法律
与政治问题要用精确的、与价值无涉的中立概念，要注意怎样和应该怎样的区
别；他讨论了法律的阐释者与法律批判者及其各自任务的不同。

第二节　边沁和他的《政府片论》

一、边沁的主要生平及他对法学的贡献

　　杰里米·边沁（Jeremy Bentham，1748 年～1832 年）于 1748 年 2 月 15 日
出生在伦敦亨兹迪奇区红狮街。据说他生在一个地道的托利党家庭，他的父亲
和祖父都是律师。他母亲是安多弗地方一个商人的女儿，结婚前的名字叫艾丽
西亚·格罗夫。杰里米幼年时身体短小赢弱，秉性沉静勤勉。他 3 岁多一点的
时候就开始学拉丁文，只要能到手的书就贪婪地阅读。这些书中给他印象最深
的是他 7 岁时看的一本费奈隆的小说——《忒勒马科斯历险记》。他后来曾
说："我在想象中把自己比作书中的主人公。在我看来，他是品德完美的典型

---

　　〔1〕〔英〕约翰·穆勒：《约翰·穆勒自传》，吴良健、吴衡康译，商务印书馆 1998 年版，第 57
页。

人物。"接着又说："这本小说可以说是我整个性格的基石，也是我一生事业的出发点。我认为功利原理在我心里的第一次萌芽，可以溯源于这部书。"这一回忆所透露出来的过于少年老成，对边沁来说却是很自然的。他缺乏强壮的体魄与充沛的精力，缺乏这些使一个人童年快乐的东西。他曾不断为一些小病和精神过敏所折磨，但却并非不幸福，因为他的双亲似乎都一贯对他慈祥而钟爱。他父亲并不酷爱文学，对自己孩子的性格也没有清楚的认识，但他却温习了希腊文，以便亲自做儿子的老师。他也想法找些小说

边沁

和诗集来看，由于诗和小说难得见到而更觉有味。"当我拿到一本小说的时候，就把自己当做书中的每一个人物。我想到他们的事情比想到自己的事还多。我曾为理查森所写的《克拉丽莎》哭过好几小时。在很小的时候我就对《吉尔·布拉斯》发生了浓厚的兴趣。我为书中每一个人的幸福而感到幸福，也为他们的不安而感到不安。我非常喜欢《格利佛游记》，甚至要保证书中的故事都是真的；保证这不是传奇，也不是浮夸的故事，而是完全的实录。格利佛为了挽救小人国国都而被判死刑时的情节是十分动人的。我非常替他担心，尤其是当他被那些小人绑起来的时候，更是替他担心。当我看到其他人的处境时，心中是非常悲哀的。我也很不愿意看到我的同胞被描写成雅虎。"许多小孩都有过像他这样的体验，但没有人像小边沁那样对于莫里哀和约翰逊怀有满腹的牢骚，说他们没有提供事实。成年人常常把自己成年时的性格说成是小时就有的。可是，像边沁这样一个人，在其成年以后的生活中，一方面充满人道主义，另一方面又因为缺乏想象力而无法欣赏艺术或理解历史，上面所说的那种童年的印象，对他说来是很自然的。

　　边沁 7 岁时被送入威斯敏斯特学校，一直念了 5 年。他在学校里的生活是很平淡的。他没有挨过一次鞭子，只是一次为了朋友们的缘故，几乎和一个同学打起来。像他那样一个病态的孩子，只要稍稍有一点烦恼，或是稍稍犯一点错误，心里就会感到十分难受。他不喜欢孩子们的游戏，他的身体太弱，打不了板球，但却参加了一个板球俱乐部。后来的希腊史学家米特福德也是这个俱乐部受人推崇的会员。小边沁感到老师中没有人能理解他的爱好或试图发展他的才能。他长大以后回忆起当年的学校生活，认为那差不多等于是浪费时间。可是他的拉丁文和希腊文写得很好，同学常常请他捉刀。他 10 岁时就用希腊文给牛津大学基督学院副院长边沁博士写了一封信；12 岁时就被认为可以进大学了。1760 年 6 月 28 日，他在牛津女王学院正式入学。

　　如果说边沁在中学里是不快乐的，那么他在大学里也差不多同样是不快乐

的。他刚一正式进入大学，烦恼就开始了：因为他必须为三十九条信纲签名，而他认为除非自己确信纲要所说的全是真理，否则就无法诚实地签名。后来他还是签名了，但他却是以一种早熟的激愤心情签名的。在多年以后写的书中，提到这事，他是深切痛恨的，他认为这是将伪君子作风强加在他的头上，或者至少也是对真理的不负责任。

入学的烦恼原是可以对付得过去的，但边沁所得的生活费用很有限，不得不借债度日。更糟糕的是，他的个子仍然很小，穿着大人的短裤和镶边的衣服时，样子很古怪。在大学里的前辈与晚辈中也没有很多他能够喜欢或尊敬的人。他恨他的导师，这人姓杰斐逊。"他唯一关心这个学生的事情就是不让他有任何娱乐。"他叫边沁再念一次西塞罗的《讲演集》，其实边沁已经能背了。杰斐逊的专职是教地理。"有一次他的讲课内容是这样的：'君士坦丁堡在哪里？'然后就用一根棒指在地图上画着君士坦丁堡的地方。"逻辑概论方面，这位杰斐逊先生是借助于桑德森和瓦茨进行教学的。边沁承认自己从桑德森的书中得到了益处，但他认为瓦茨的书是"老太太的逻辑"。杰斐逊从不用心去理解学生知道什么，或者有多少进步。边沁没有经过他批准，甚至根本没有通知他，就学了数学。杰斐逊的坏脾气，是他自己的特性；他的漠不关心却是导师们的共性。他们大半是"上午做一些无聊的日常事务，到晚上就打牌"。边沁对大学里的前辈普遍下了一个结论说：有些人放荡奢靡，有些人抑郁怪僻，大多数人则是毫无生气的。

在同大学生的交往中，边沁也并不幸运。许多人都是放荡而好酒贪杯。他说过，有一个名叫克罗普的同学，因为行为恶劣而遭到了杰斐逊先生的训斥。杰斐逊先生对那个少年说："你会把你头发斑白的父亲活活地气死。"被斥责的少年答道："不会，我父亲戴的是假发。"有一回一个牛津大学的自费生请边沁吃晚饭。请他吃了一顿丰盛的晚餐之后，那位先生却在归途上截住他，揍了他一顿，使他的眼睛上边裂了一个大口子。另外有一个大学生常常抓住边沁的脚，把他提起来，让他的脑袋朝下。还有一个秉性温和的同学坚持每天早晨要替他梳头。但听过上述自费生的那桩滑稽的事情之后，再听到这些事情，就不会感到震惊了。他在女王学院又遇到米特福德，可是他认为米特福德只是个庸才而已。这一时期，可以说唯一使他敬仰的人是安多弗附近的牧师达林先生。边沁在牛津时既藐视那些课程，又不喜欢他周围的那些人，所以生活是苦恼而无所获益的。日后他回忆到这一段生活时，不像吉本那样轻松并有礼貌地抱怨一通，而是痛心疾首地表示愤慨。"我认为谎言和虚伪是英国大学教育的必然结果，而且也是唯一的必然结果。"牛津大学培养出来的名人恐怕没有谁比他更不喜欢牛津了。边沁这一个时期的生活使他性格中的怪癖再难改变，同时使他从学校中所得到的教训也更为牢固，那就是对旧制度的漠视或鄙视，对可能的改革充满自信的希望。边沁生来就有的这些感情，在教育中得到了加强，并给边沁的全部思想与著作盖上了特殊的印记。

1763 年，边沁进入林肯法学院，并在高等法院法庭中做见习生。这个法庭由曼斯菲尔德勋爵担任审判长。后来他指斥曼斯菲尔德为"极端托利党人"，但那时有好几年曼斯菲尔德却是他"崇拜的偶像"。同一年边沁又回到牛津，听了布莱克斯通的英国法律课。据他自己说，甚至在当时，他就发现了布莱克斯通的几个荒谬之处。1766 年，他取得文学硕士学位，结束了他的大学生活。那时他 18 岁，简直没有超过现在大学一年级学生的平均年龄。他住在城里，同时也到法庭里去跑跑，但是他既无意显达，又没有那种咄咄逼人的魄力来做个成功的律师。他所接到的第一宗案件（几乎也就是他所接的唯一的案件）是关于衡平法的一宗小案件。他劝他的当事人和对方达成和解，因而就省却了一笔诉讼费。他对法律的应用虽然不大关心，对于法律理论却是非常用功的。他对当时英国法律中的缺点印象日益深刻。于是他开始问自己有没有一个通用的标准可以用来衡量每一条特定的法律的价值。读了休谟的《论文集》以后，他找到了他所要的衡量标准，那就是功利主义原理。休谟提出，道德行为的特征就是产生幸福的倾向；但是人类作为社会动物，是从别人的幸福中自己感到快乐的，所以，他们应当不仅以自己的快乐，而且以别人的快乐作为他们的行为的目的。边沁把这种理论发展成功利主义的道德体系。然而，这种体系当时在他心中还没有具备明晰的形态。

边沁最初发表的作品所谈论的事情没有多大重要性。23 岁时，他写了两封信给《伦敦官报》，替曼斯菲尔德勋爵辩护，因为曼斯菲尔德那时受到了愚蠢的无聊文人的攻击。过了几年，到 1776 年的时候，他写了一封信给他的父亲说他正在写一篇论文，题为《法理学批判原理》。过了很久以后，此论文便以《道德与立法原理导论》的书名问世了。这一年他还匿名发表了《政府片论》。此书是由威廉·布莱克斯通的《英国法律诠释》导言中的某些论点引起的。作者匿名，书中有些批评又写得冗长琐屑，但《评论》却得到了相当大的成功。人们把它归之于许多名人的手笔，如曼斯菲尔德勋爵、卡姆登勋爵以及邓宁，即后来的阿什伯顿勋爵。据边沁自己说，曼斯菲尔德赞扬这本书，因为他不喜欢布莱克斯通。这本书还使谢尔本勋爵亲自来拜访边沁。这是一位学识渊博的政治家，这次拜访奠定了他们之间亲密的友谊，直到谢尔本去世为止。

边沁常到谢尔本在湖区鲍伍德地方的邸宅里去住。他在那里认识了很多能干的人和可爱的妇女。很久以后他写道："我从那颗心灵中所得到的感情以及我在那一座邸宅中所结交的朋友，虽然并未使我完全忠实于人类的伟大事业，却也使这种忠诚精神得到了初步的发展。"得到像谢尔本这样一个人的推崇，对于边沁这样一个完全不适于问世的、羞涩和神经质的青年人来说，自然成为希望和信心的泉源。因此，与谢尔本结交就成了边沁一生事业的转折点。在那一时期，边沁还开始跟莫尔莱和达兰贝尔等外国名人通信。他逐渐有了一些亲密的朋友，他们把他看成自己的导师。这些早年的门徒包括林德、威尔逊和罗米利。1780 年他把《道德与立法原理》一书写完并刊印出来，可是没有发表。他自己的思考和朋友们的批评都指出书中存在着种种缺点，因此他决定把此书保留起来，直到订正了以后才发表。他曾把一部未发表的抄本送到鲍伍德去，这时他就无法阻止谢尔本把此书拿在早餐桌上来款待夫人小姐们了。谢尔本还把此书的校样送给卡姆顿和阿什伯顿看，他们两人似乎比那些女士们更加认为这本书的内容很深奥。

1785 年~1787 年边沁在欧洲大陆上作了一次漫长的旅行。他最小的弟弟塞缪尔——杰出的海军建筑师和工程师——在俄国叶卡捷琳娜二世那里已经工作了几年。这一情形促使边沁取道法国、意大利、地中海东岸和君士坦丁堡到俄国去观光。他在俄国住了将近两年，这一段时间他主要是在克里科夫城附近他弟弟的工厂里度过的。他在这里住的时候，写出了《为高利贷辩护》，这是他的短论中最著名的一篇。边沁认为俄国没有多大趣味。一个野蛮民族，经由那富有哲学思想的女皇颁发的御旨而文明化了——这种幻象，如加以细看，便愈来愈模糊了。那种驱使学者去研究原始民族的习惯与观念的好奇心在边沁身上是完全不存在的。长期旅居——远离他所喜爱的一切——使边沁感到厌倦。用他自己的话来说，他是悄悄地溜出了俄国的国土。1787 年 12 月，他到了柏林，取道荷兰回到了祖国。长年在欧洲旅行，对于边沁的思想看来简直没有发生影响，在他问世的著作中也几乎没有留下任何痕迹，这正表明了边沁的特性。他终身是一个分析家而不是一个观察家。

他回到英国之后不久就和迪蒙认识了，此人在宣扬他的声誉与扩大他的影响方面起了很大的作用。迪蒙是一位日内瓦公民，由于政治纷争而被迫成为流亡者。他是由罗米利介绍而与边沁认识的。迪蒙不是一位深刻或富于创见性的思想家，但他却是感受新思想敏锐得惊人的奇才。他还有一种条理分明而又生动感人的表达手法，这是深受法国文学与语言熏陶的人所具有的特色。迪蒙自己无法赢得声誉，但他为之效力的两位伟人——边沁和米拉波的名望，他却分有其荣而无愧。1789 年，边沁终于发表了《道德与立法原理导论》。他构思此书达 15 年之久。他在序言里说，继这部导论之后，还要出版一系列的著作，详细讨论法律的各个主要部门。尽管边沁发现即使享有高龄仍然不足以实现他所提的计划，这部导论本身却已充分给他的权威和声誉奠定了巩固的基础。约在此时，法国召开了留名千古的三级会议。当时法国人依然沉湎于建立完美国家的幻想，改革的计划不厌其多。

边沁心里马上就产生了一种希望，认为他所喜爱的某些改良观念，终于能以宏伟的规模得到实现。边沁的著作通过迪蒙而被米拉波知道了。布里索则亲自来拜见边沁，边沁以长辈俯就晚辈的神态接受了他的称颂。边沁还将自己几部著作的抄件送给这位法国的文字之交。其中，尤其值得提出的是《论政治策略》，亦称《立法议会程序》。这本书在他的《道德与立法原理》的序言中已经说过要写的，它对法国来说似乎特别有用处，因为法国缺乏议会经验，使得混乱一团的政局更为混乱。米拉波和其他有资望的批评家都称赞这本书，然而，它却没有机会作为行动的手册。不久，边沁又向国民议会提出建立模范监狱和济贫院的计划，并表示愿意亲自帮助创办和管理而不取报酬。法国方面授予边沁法国公民的资格以表示感谢他提供计划并愿意帮助，可是此事却一点后文也没有。

那时，法国人心情过于兴奋，顾不上改良监狱这类平淡的事情。边沁没有到法国去定居——他是够聪明，或者说是够幸运的。不久，边沁的温和天性所深恶痛绝的暴力统治就粉碎了他的和平改革的愿望。

边沁发表《道德与立法原理》之后不久，萌生了参加议会的强烈愿望。这个问题他和兰斯多恩勋爵（当时称为谢尔伯恩勋爵）讨论过，并以为兰斯多恩勋爵已经答应提名他为选区代表进入议会。后来边沁发现对方没有采取任何步骤来履行他想当然的诺言，便写了一封长达60页的信给兰斯多恩勋爵，申述抗议的意思。兰斯多恩勋爵回了一封很委婉的信，解释他未曾有意作此允诺，而且也不知道边沁想在议会里取得席位。边沁接受了这种解释，放弃了从事政治活动的想法。

也许是由于这一步看来有可能损害他的独立人格，所以他经过考虑以后就却步不前了。也可能是他的本能告诉他，作为一个作家他是强有力的，但在下院他却会变得一筹莫展。后来，他又想到了另一个计划，并为它孜孜不倦地工作了多年，这就是模范监狱的计划。他把这种模范监狱称为"环视房"，其中最大的特色是内部的安排使坐在中央的人可以看到每一部分和每一个犯人。"环视房"的平面图出自他的弟弟塞缪尔的精巧构思，在结构和管理的细节上，边沁作了许多改进。边沁原来打算把这种"环视房"作为监狱，但他认为类似的设计也可以适用于平民习艺所和其他公共机关。解释和推荐这种发明的文字在他已发表的著作中所占的比重是相当大的。这一计划在开始时很受欢迎。1792年，议会曾经讨论过。1794年按照边沁的设计图建立一座监狱的法案被批准成为法律。

那时还购置了一块宽广的地基，一切都说明这一试验很有希望；然而事情却中断了，据说是因为乔治三世坚决反对。财政部为了补偿边沁为"环视房"计划所花费的时间和精力，给他一大笔酬金，但这无法弥补他所感到的失望。原先他对自己的计划采用后所能增进的公共福利怀有很多奢望，后来计划不得不放弃时，他就不忍再看自己有关这一问题的文件。他说："这就像是把关着魔鬼的抽屉打开，使整个屋子都充满了鬼气。"边沁没有结过婚。他的父亲于1792年去世时，给他留下了富裕的生活环境，使他可以毫不间断地为改良法律而工作。

他的工作方式很特别。他往往集中精力研究一个问题，直到材料齐备，足以写成论文。接着，批判的精神会提出新的疑问和新的改进，写作的辛劳会使他把著作准备付印的日子推迟；未完的手稿就会保留好几年，往往改写过三四次，而最后还是不出版。如果边沁单靠自己的力量，这种工作方式必然有损于他的影响和声誉。但他发现迪蒙是可以弥补他的缺陷的助手。迪蒙常常把边沁手稿中论证说理的许多大的脱漏填补起来，把冗长的分析予以压缩；把纷繁的头绪加以精简；同时还删除手稿中的生硬词句，淳化其中怪僻的思想，最后还添加一点感情色彩。这样一来，就使公众看到一篇题材广阔、条理井然和词藻华丽的论文。边沁的创作借迪蒙而获得广泛的传播。但迪蒙用的是法文，所以边沁的思想在国外所得到的传播和赞赏比在国内的要多。他的名字在欧美两洲是人所共知的。俄国的官方人物，法国、西班牙和葡萄牙的自由主义者，以及南北美洲人士中都有他的朋友和仰慕者。沙皇亚历山大一世曾邀请边沁帮助改革俄国法典。边沁曾向巴伐利亚国王建议要帮他改革巴伐利亚法典。后来他给希腊的起义者写过信，谴责君主制度。他还为穆罕默德·阿里提供了宪法草案。如此相互表示好意究竟有什么实际成果是很难说的。然而这一切至少使边沁感到自己得到了他人的理解，同时也支撑着他去做没有报酬的工作。

边沁在国内得到的鼓励不如在国外多。他开始感到年岁日增，希望迁移到气候更加温和的地方去。他请求西班牙政府准许他到墨西哥去住。后来，他想卜居于委内瑞拉。这位温文的哲学家具有一种特性，喜欢跑到即将发生混乱的地区去，但幸而他从未实现过任何移居外国的计划。他在英国也并非真的不快乐。他保持了足以进行工作的精力。他虽然很少参加社交，但与故人友情不渝，新交也不乏其人。诚然，兰斯多恩勋爵于1805年去世，使他失去了一位有力而忠实的赞赏者，此人首先发现了他，并且从未背弃过他。1808年，边沁又结识了詹姆斯·穆勒。除迪蒙以外，这就是他最得力的门生了。穆勒和边沁很快就成了密友，尽管他们的友谊并非没有波折。穆勒是一个贫穷傲岸的苏格兰人，自命才高而不甘受人荫庇。边沁虽然笃于情谊而又乐于助人，但却非常敏感而不易和合。他对于穆勒那种自负的神情退避三舍，他认为如果穆勒是民主主义者，那并不是因为穆勒有所爱于多数的人，而是因为他有所恨于少数的人。这两位友人感到交往不宜过勤，有一两次穆勒似乎打算完全断交，但事情却从没有发展到真正争吵的地步。

边沁的晚年，除孜孜不倦地进行自愿承担的工作以外，并无其他值得记述的地方。他成了罗伯特·欧文在新拉纳克的企业的合股人——此企业的目的是要使工人的福利和雇主的财富调和起来。他曾劝说友人帮助他开办一个新型的学校。这种学校将传授有别于书本知识的实用知识。他把这种学校称为"精选学校"。但"精选学校"并没有成为事实。西德默斯勋爵掌权时，曾来函向边沁征询法律改革方面的意见。边沁的回答是愿意帮助起草一部刑法，但这次通信并没有得出任何结果。当时的政局使大多数英国政治家对于大规模改良计划的反对态度变得更为强硬。

边沁对这些政治家顽固的保守主义感到失望，于是便全力鼓吹改革。他赞成激进派反对辉格党的议会改革。所有激进派的人都仰望他如同先知一般。他曾和卡特赖特少校以及弗朗西斯·伯德特爵士通信，回信一致对他极口称颂。他成了奥康内尔的朋友，此人是要求解放天主教徒的那派人的领袖。同时他还结交了布鲁厄姆，此人是积极的法律改革者。

然而，边沁对于当时的政治似乎没有发生过真正的影响，仅就他那种独特的表达自己的方式而言便不适于说服公众。恭维他的政治家也不大会求教于一个隐退的学者。但他长期为改革法律而作出的努力，随着埃尔登势力的衰退而开始获得成果。布鲁厄姆能言善辩，不知疲倦地推动法律改革的事业，皮尔也在刑法方面进行了广泛的改革。在边沁看来，议会的提案，尤其是已经通过的部分，都非常不能令人满意。英国的法律改革工作从开始到此时已经60多年，还是这样不完备；已经完成的工作和尚待完成的工作比起来，简直是微不足道。幸而边沁尚能看到他自己的学说至少有了初步的实际效果，这是许多改革家难以幸遇的。

1823 年，边沁出资兴办《威斯敏斯特评论》，编辑人员几乎都是他的门生。鲍林是政治部门的编辑，萨瑟恩是文学部门的编辑。詹姆斯·穆勒以及后来他的儿子约翰·穆勒经常为此刊物撰稿。除了迪蒙改写过的边沁的研究论著以外，《威斯敏斯特评论》上的论文就成了向大众传布边沁学说的主要工具。边沁本人很少为《评论》撰稿。那时他已经 75 岁，虽然精神矍铄，但全神贯注于频繁的书信往返（包括与世界各地许多最杰出的开明人士的书信往返）以及自己久经思考的立法著作的改写与出版。他那种独特的工作方式在上面已经说过了。晚年他有许多助手帮助他准备出版著作，其中年轻的约翰·穆勒帮他编辑了庞然巨册——《司法证据原理》。

边沁一生中大概从来没有像晚年这样快乐而又有影响。1825 年访问巴黎时，他得到了最殷勤的接待。一次当他走进一个法庭时，所有的律师都起立致敬，庭长让他坐到自己的右边。

福瓦将军向边沁介绍自己，说了一句地道的法国恭维话，他说："您的精神和著作从您的面容上就可以看出来。"边沁的为人是十分和蔼可亲的，生平几乎未曾树敌。有些人纵使不喜欢或嘲讽他的观点和说法，也没有成为他的私仇。他很少和友人绝交。但在他去世前几年，却和迪蒙发生了隔阂。事情似乎是迪蒙在无意中说出了几句不客气的话，使边沁十分生气，以致 1827 年 4 月，迪蒙到他家里去看他时，他拒不相见。他怀疑迪蒙的正统观念，并在他身上看出了辉格党原则的象征。对于专务抽象理论的人来说，辉格党原则比托利党原则是更加可怕的，因此他有点不知感恩地说："迪蒙对于我的看法一个字也没理解。"度过 80 寿辰以后，边沁感到衰老日甚。他的视力已经很弱，自己很怕双目失明。他的记忆力也大为衰退，其他的多种官能都有损坏，只是程度较浅而已。有几个月时间，他一直在期待着天年的终了。1832 年 6 月 6 日，他毫无痛苦、毫无挣扎地长逝了。在他弥留之际，有一件事突出地说明边沁的特性，不能不加以记述。当他知道死亡已近时，他对守候的一位友人说："我感到我快要死了，我们要注意的是必须减少痛苦到最小限度。不要让任何仆人到房间里来，要让所有的青年人都走开。他们看到这种情景是很难受的；他们在这里也无济于事。我当然不能单独地留在这里，你得留下来看着我，而且只要你一个人看着我。这样就可以使我们的痛苦尽可能减少到最小限度。"边沁死后没有下葬。根据他自己的愿望，他的遗体用香料防腐后，送到伦敦的大学学院中去了。现在他的遗体仍然存放在那里。

二、《政府片论》一书的主要内容及其体现的法学思想

《政府片论》一书在形式上是批判英国著名法学家布莱克斯通（1723年~1780年）的《英国法律诠释》（又译作《英国法释义》）一书的。该书出版于1765年~1769年间，是对18世纪中叶英国法律的系统阐述，在英、美两国曾被采用作为大学课本。边沁认为，布莱克斯通对法律的叙述，至多不过是说明法律的现状，实际上是在阐述的伪装下为现状辩护，而法理学的真正职能是对法律制度进行批判，目的在于求得改进。这种批判的标准只能由功利原则提供，即只能以"最大多数人的最大幸福"为标准去判断是非。他通过对该书的批判，对17、18世纪启蒙学者所普遍主张的社会契约论、自然法学提出异议，认为这些学说都是一些已经过时的"虚构"，进而从功利的原则出发，对主权者的权力的性质、来源及其可能采取的形式提出独到见解。他认为，主权者是具有确定性质的一个人或一群人，许多其他的人习惯于对他们表示服从；主权者的权威是无限的，不受法律的限制；主权并非产生于契约，而是产生于服从的习惯，当人们习惯于服从某个人或某个机关时，这个人或机关便具有了政治权威，即成为主权者；人们之所以服从主权者，是因为服从的利益大于不服从利益。他否认有过什么自然法，认为法律不过是主权者的意志而已。

《政府片论》一书，共分为七个部分：

第一部分为序言，在这一部分中，边沁用较大的篇幅说明了他写此书的目的就在于对《英国法律诠释》一书的批判，并且明确指出他批判的方法采取的是功利主义理论。

第二部分为导言，是边沁对《英国法律诠释》一书导言的批判。

第三部分为该书的第一章，题目为"政府的形成"，主要对自然法学提出的自然社会、自然法和社会契约论的观点进行了系统的批判，并在此基础上提出了边沁对这一问题的看法。

第四部分为该书的第二章，题目为"政府的形式"。在这一部分，边沁对当时的政体分类的观点进行了分析和批判，指出当时英国人极力称赞的君主立宪制并非是最好的政体形式。

第五部分为该书的第三章，题目为"英国宪法"，在这一章中，边沁对当时英国法律制度进行了无情的批判，并提出了自己对英国法律制度改革的初步设想。

第六部分为该书的第四章，题目为"最高权力制定法律的权利"。在这一部分边沁对立法权的问题进行了探讨，并提出以功利的原则进行立法活动的思想。

第七部分为该书的第五章，题目为"最高权力制定法律的义务"。在这一部分边沁提出了义务的概念，并对义务问题进行了自己功利主义的解释。

《政府片论》一书所体现的边沁功利主义法律思想体现在以下几个方面：

（一）功利主义的思想

边沁反对体现理性的自然法和鼓吹习惯法的历史法学，把自己的法律思想奠定在功利主义基础之上。功利主义是其法律思想的出发点和核心。边沁认为，如同自然界有自己的规律一样，人类也有自己的规律，如果能够找到这个规律，人生就会得到完善。他断言，人生的规律就是"避苦求乐"。任何个人行为以及所有的社会现象，无一例外地服从这个规律。"避苦求乐"是人的本能，支配着人的一切思想和行为，是整个人生的目的。他这样说道："自然把人类置于两位主人公——快乐和痛苦——的主宰之下。只有它们才指示我们应该干什么，决定我们将要干什么。是非标准，因果联系，俱由其夺定。凡我们所行、所言、所思，无不由其支配；我们所能做的力图挣脱支配地位的每项努力，都只会昭示和肯定这一点。一个人在口头上可以声称决不受其主宰，但实际上他将照旧对其俯首称臣。"[1] 这里道出了边沁功利主义法学的理论出发点。

在边沁看来，人类一切行为动机以及合理性都根源于快乐和痛苦。他们是人类行为的根本原因。人是一种避苦求乐的动物，求富避祸是人的本性，文艺复兴运动以来的思想家都反复提出了这一观点，在边沁这里达到了哲学的概括。他认为，人类有各种各样的行为和各种各样的动机，但是，每种行为和动机的力量完全出于快乐和痛苦的统治下。对快乐的追求和痛苦的避免是人的行为的最深层的动机，在此意义上，他们成为人类行为的目的。

边沁认为，所谓功利就是客观事物给人们带来幸福和痛苦的那种特性。功利原则，是指某一个人行为是增多还是减少当事人的幸福，这种行为不仅包括个人的所作所为，也包括政府的每一项措施。当某种行为增多社会幸福的趋势大于减少社会幸福的趋势时，便符合功利的原则。简言之，功利原则就是求富避祸、趋乐避苦的原则。人们对待苦乐的共同态度就是"避苦求乐"——追求快乐、减少痛苦是人们行为的唯一动机。功利总的讲就是人们向往幸福快乐的共同倾向。边沁进而认为，功利原则是区分是非、善恶的标准，也是决定取

---

〔1〕〔英〕边沁：《道德与立法原理导论》，时殷弘译，商务印书馆 2000 年版，第 57 页。

舍的标准。凡是符合功利原则的就是善，就是正确的，人们就应当去做；凡是违背功利原则的就是恶，人们就不应当去做。1822 年，边沁的《道德与立法原理导论》再版时，他还为"功利主义原理"加了注解，认为"功利"的含义还不够明确，不如用"幸福"、"福利"等词语更清楚地表达"苦"与"乐"的内涵。于是，他主张用"最大多数人的最大幸福"来取代"功利"，并将"最大多数人的最大幸福"当作功利主义学说的最基本原理。

边沁在意大利著名法学家贝卡利亚提出的"最大多数人的最大幸福"的著名公式的基础上提出了"最大多数人的最大幸福"原则。他认为，功利是衡量和检验一切德行的标准，是人性的需要，一切社会德行由此产生。因此，从社会的角度看，正确与错误的唯一尺度是最大多数人的最大幸福，对最大幸福的追求是一种基本人性，每个人都有权追求自己的最大幸福。然而，个人对最大幸福的追求并不必然导致社会幸福的最大化，如果一个人的最大幸福以多数人的痛苦为代价，那么这种个人最大幸福就不应该是社会追求的目标。因此，边沁提出的最大多数人的最大幸福的社会才是人类追求的理想目标或标准，"最大多数人的最大幸福是正确与错误的衡量标准"。这样，边沁区别了人类生存状态和生活理想状态。与贝卡利亚相比，边沁在这方面作了更为系统、更加精确和更加深刻的解释。通过边沁的影响，"最大多数人的最大幸福"很快成了一条伦理学、法理学的公式和一种信条。这样，边沁的功利主义就涵盖了两个方面的内容：一是个人幸福，即通过个人的苦乐量的计算衡量个人的快乐；二是最大多数人的最大幸福。"最大多数人的最大幸福"原则是边沁的社会理想，也是他的社会改革与法律改革的目标。从"最大多数人的最大幸福"的功利主义原则出发，边沁认为立法应以增进人类的幸福快乐为目的，追求最大多数人的最大幸福。

（二）国家的起源和目的

我们已经指出，边沁写《政府片论》的目的就是要批判当时流行的自然法学派对国家和社会起源的学说。

在边沁之前，关于国家和社会的起源有柏拉图的社会分工说，亚里士多德的家庭作坊说，中世纪神学法学提出的上帝创造说，自然法学提出的社会契约说等。边沁对这些观点持普遍的否定态度，认为这些东西都是想象的和虚构的，而现在"虚构的时代已经过去"。边沁对国家的起源有他自己的独特之处，他认为，国家产生于人们服从的习惯。国家是人的集合体和有机体，其产生不是基于人们所订立的契约，而决定于人们对苦乐的计算。就是说，边沁是用功利的原则来解释国家的起源的。这就是，当人们考虑到服从习惯所造成的祸害比不服从习惯所造成的祸害要少时，人们就要求建立国家了。他说到，当一群人惯于相互交换意见，而不惯于服从一个人或一群人时，这就是自然社会存在的时候，而一群人（可以被称为臣民）被认为具有服从某一类性质的人或集团（可以称之为统治者的人或统治集团）的习惯时，那这些臣民和统治者聚集在一起便可以说处在政治社会状态中。他这里所说的"政治社会"就是指的国家。人们之所以要建立国家，是因为没有国家就没有个人的安全，没有幸福的家庭生活，人们的私有财产就无法得到保护，甚至连劳动也没有办法进行。总之，没有国家就没有社会秩序，人们的功利就无法实现。这样，功利原则就成为国家产生的唯一根据。在这里我们可以看出，边沁对国家起源的理论完全是一种新的解释：国家起源于功利，国家存在于功利，国家的目的是实现功利，功利是评判政治制度和法律制度的标准和尺度。

人们建立国家后，采取什么样的政体形式最为理想呢？边沁指出，政体的名称、主权者人数的多少，都要以是否对人有利为原则，要以能否为最大多数人谋取最大的幸福为标准来衡量。简言之，政体形式要符合最大多数人的最大幸福这一功利原则。政体形式贯彻功利原则主要表现在两个方面：一是政体形式是否有利于实现最大多数人的最大幸福为目的；二是统治者能否受到有效的约束，防止其作恶即损害功利的权利，也可以说一种整体是否有能力控制统治者以私利损害功利的力量。从这一原则出发，边沁认为君主专制政体是最不理想的政体，因为在这种政体下，君主一人掌握着至高无上的统治权力，凌驾于法律之上，必然会利用自己手中的权力来谋取私利，置最大多数人的幸福于不顾，它所带来的痛苦大于它所能增进的快乐，因此，君主专制政体是一种不合理的政体。

边沁考察了英国18世纪的君主立宪制，对布莱克斯通在《英国法注评》中主张的英国宪法是一切可能存在的宪法中最好的宪法、英国的政体十分优越的观点进行了批评。边沁对布莱克斯通认为上议院议员有智慧，而下议院议员缺乏智慧的观点深恶痛绝，他提出，经验是智慧的母亲，而经验又来源于兴趣，兴趣是经验的父亲。上议院议员该得到的已经得到了，又没有进一步晋升的希望，所以对事物容易丧失兴趣，他们往往思想保守、行动迟缓、生活懒散，而下议院议员恰恰相反，他们对未来有美好的预期，又有晋升的机会，所以他们兴趣盎然、朝气蓬勃、志向远大。他认为英国的君主立宪制政体是虚弱的、很愚蠢和奸诈的，有很大的缺陷，违背了功利的原则。其中最大的缺陷就是上议院的设立，上议院为土地贵族所垄断，集中了暴君政治、寡头政治和暴民政治的缺点，根本不能为最大多数人谋取最大的幸福，而只能给少数人带来快乐。

至于贵族政体，在边沁看来也有许多弊端，因为在这种政体下，权力的差别是不可避免的，财富的悬殊也很明显，容易养成人们堕落的奴性，这种政体维护的是少数贵族的利益，他不能增加大多数人的利益，因而不符合功利的原则，不是理想的政体。

边沁认为民主政体也未必是完美无缺的，其优良与否要看它运行的效率如何。不过，相比较而言，民主政体是比君主政体和贵族政体理想的政体。在民主政体下，人民挑选道德上适合的代理人并由他们组成政府，这种为社会利益服务的政府，才是一种理想的政府形式。在此政体下，统治者要向被统治者负责，被统治者以统治者为社会谋取功利的多少来判断他们的好坏，决定是否继续选举他们担任统治者；国家的权力控制在人民手中，等级划分不是很明显，人民有言论、结社、出版等各项自由；行政权受立法权的控制，政府成员要对议会负责，这样，政府的各种弊端（如对人民的榨取和压迫）就容易被纠正，不走极端的"中庸政治"就可以实现。

（三）立法理论

边沁认为，应当把功利原则贯彻于立法、执法、守法的各个方面。他认为，法的制定和形成都是人们有意识活动的结果。法学家应为社会大多数人的最大幸福着想，分析法律的内容，使法律不断改进，不断进步，以求得人类的福利。"法律的理由，简单地说，就是它所规定的行为方式的好处，或者它所禁止的行为的祸害。这种祸害或好处如果是真的，就必然会以痛苦和快乐的某种方式表现出来。"[1]

边沁用一生的大部分精力和时间从事立法理论的研究和法律改革工作。他力图从法律的本质和法律的形式上对法律进行改革。前者是指对衡量法律的好坏标准及价值的改变，后者是指法典的编纂及其价值。

立法的根本目的在于"增进最大多数人的最大幸福"，边沁指出，立法必须以国民全体的快乐为基准。为此，他将快乐分为四项目标：生存、平等、富裕和安全，这四项目标既是贤明政府的目标，也是立法的出发点和目标。法律的任务在于促使这四项目标的实现，也就是法律要"保存生命，达到富裕，促进平等，维护安全"。当然，这四项目标的实现需要法律的程度是不同的。"生存"和"富裕"的实现不太需要法律，因为凡是人都知道尽力去保存生命，满足自己的生活需要。不过，法律对此也不是一点作用没有。法律可以间接地促进和保障"生存"和"富裕"。而"安全"和"平等"则不同，"安全"和"平等"是四项目标中最重要的，它们特别需要法律的保障。"虽然没有直接关于安全的法律，但是可以想象的是没有人会忽视它。不过，没有安全

---

〔1〕　［英］边沁：《政府片论》，沈叔平等译，商务印书馆 1995 年版，第 118 页。

的法律，有关生存的法律是无用的。"边沁所说的"安全"的范围很广泛，包括：圣体、名誉、财产、职业不受"内乱外患"的侵扰。法律的最大功用就在于保障这些方面的安全。在个人的安全范围内，个人财产的安全是最根本的，没有财产的安全，人们的积极性就会受到挫折，就会妨碍社会的进步。"安全乃是生命的基础"，是人类幸福的首要条件。而人的自然感情对此无能为力，只有由法律保护才能达到。就法律的规定而言，法律包括授权性规定和禁止性规定，前者是人们积极的权利，后者是消极的权利。自由与权利密切相关，自由分为自然的自由和法定的自由。前者是不受约束的自由，是强者对弱者的压迫，表现为粗野和浅薄对安全的威胁；后者是法律下的自由，是人们履行法定义务后取得的安全保障，其中包括防止个人伤害的自由和防止政府不公正侵犯的自由。

在不违反安全的原则下，立法者应尽可能提倡平等，即法律面前人人平等，没有贵贱之分。第一种平等是伦理和法律下的平等，因为人感受苦与乐的感觉是平等的，苦与乐没有贵贱和轻重之分。这种平等在法律上就表现为公正不偏和同罪同罚。第二种平等是经济上和财产上的平等，边沁认为这种平等是不存在的，因为财产上的不平等乃是社会发展的前提，平均财产只会侵犯安全，结果是破坏财产。安全和平等相比，安全是第一位的，平等是第二位的。如果两者之间发生矛盾，平等要服从安全。

法律不直接关心生存问题，法律所做的是通过奖赏和惩罚来启动动机，是人寻求生存的机会。不过，每当人遇到困顿时，政府有必要提供公共的救济。但是，边沁反对以收支额外税种的方式来提供救济，因为那样会增加社会其他成员的负担，最好的办法是给穷人提供更多的机会。法律也不直接促进富裕，同样也是通过苦与乐的机制使人们追求财富。在适当的时候，比如人们贫困威胁到安全时，政府必要的干预行为是不可缺少的。

在边沁之前，有两个人专门研究过立法的理论，一个是孟德斯鸠，一个是贝卡利亚。孟德斯鸠在其《论法的精神》一书中，揭示了法律与地理环境之间的关系，得出了法律应该与风俗习惯相适应。而贝卡利亚则在其《论犯罪与刑罚》一书中提出了良好的立法应该促进最大多数人的最大幸福。而边沁则在孟德斯鸠和贝卡利亚的基础上提出了更为完善的立法理论，并在法律史上留下了功利主义立法理论的宝贵遗产。边沁反对孟德斯鸠立法理论的历史主义倾向，他相信逻辑的力量。他说，在孟德斯鸠之前，为一个遥远国家立法并不是一个复杂的事情，但是在孟德斯鸠之后，所要求阅读的文献大量地增加了，我们不能够指望可以弄清一个国家所有法律、风俗和习惯。他评论说："立法这门科学虽然进步很少，但是却比孟德斯鸠的著作时所得到的印象要简单得多，功利原则使所有的推理归宗于一，关于安排的推理，都不外是功利观点的推演而已。"[1]他批评孟德斯鸠，说他开始的时候像是一个检察官，但是在他得出结论之后，他却忘记了他的职责，放下检察官当起了考古学家。他说，孟德斯鸠对他许多不熟悉的制度表现得过于武断和凭空想象。而对贝卡利亚，一方面边沁继承了他功利的立法原则，而对他未能详尽论证的原理予以推演；另一方面，贝卡利亚主要局限于刑法领域，而边沁则把他的视野扩展到所有的法律。

就法律草案来说，边沁认为，衡量一个法律草案是否符合功利的原则，要从五个方面来看：①法律草案的假定行为，对于任何人究竟苦胜于乐还是乐多于苦，如果苦胜于乐，那么就对人们不利，就是违反了避苦求乐的原则；如果乐胜于苦，那么对人就是有益的，当然也就符合避苦求乐的原则。②法律草案所假定的内容是否遍及所有关系人，也就是要以社会的整体利益来加以衡量。③法律草案的内容依利害人的比例而定。受利人对于受害人，这就符合功利的原则，反之则违反了功利原则，这样的法律就应该舍弃。④法律草案的规定是否符合赏罚的原理，尤其是要以对破坏人们幸福的惩罚是否有效来权衡。⑤最重要的是要看立法的效果，要以是否能促进社会"最大多数人的最大幸福"来衡量法律的好恶善恶。[2]

边沁认为，法律未能够以法典的形式表达出来，就不是完整的。因此，他积极倡导要编纂法典，他认为，一部法典必须满足以下四个条件：①它必须是完整的。即必须以充分的方式提出整个法律，以致无需用注释和判例的形式加以补充。②它必须是普遍的。在叙述其中所包含的法规时，在每一点上是有可能做到最大的普遍性。③这些法则必须要用严格的逻辑顺序叙述出来。④在叙述这些法则时，必须使用严格一致的术语。它要求简洁准确，也就是要以简短的条文表述全部法律的内容，法律术语、内涵要统一、要准确，不能相互矛盾和模棱两可。如此完美的法典，具有双重的意义。首先，在法律研究方面，一旦这样的法典确立下来，那么一个普通的人都可以像律师一样来理解法律。其次，在法律执行方面，如此完美的法律使法律执行确定、迅速、简化，根据法典，我们可以得到很多的法律知识。[3]

（四）法律改革理论

边沁认为，根据上述立法原则和制定成文法典的条件来考察英国当时的法

[1] ［英］边沁：《政府片论》，沈叔平等译，商务印书馆1995年版，第33页。
[2] 吕世伦、谷春德：《西方政治法律思想史》（下），辽宁人民出版社1987年版，第98页。
[3] ［英］边沁：《政府片论》，沈叔平等译，商务印书馆1995年版，第52~53页。

律，英国的法律显得既古老又不完善，既费解又专横，既不安全也不平等，相当混乱，因此，有改革的必要性。他指出，不管英国的法律过去的成就如何，都要拿来批判，都要改革，都要重新改写。改革法，不仅是说立法原则的改革，而且是说法律形式也要改革，要改变那种不成文法、习惯法、判例法的形式，制定成文法律，编纂法典。

早在牛津大学读书期间，边沁就得出了英国大学教育的必然结果只是虚伪和谎言的结论，大学不愉快的经历使他对现有制度充满了漠视和鄙视，对可能的改革充满了信心。他13岁在牛津大学听布莱克斯通的英国法律课，他自己说，发现了这位英国法律权威的荒谬之处，28岁时他写下的《法律片论》就是对布莱克斯通的《英国法律诠释》的批判。

1789年，边沁发表了《道德与立法原理导论》一书。这时，法国正在革命，许多制度有待建立，这为边沁实现其改革方案燃起了希望。他通过朋友向法国的同行抄送了他的几部著作，而且还向法国国民议会提出建立模范监狱和济贫院的计划，并表示愿意帮助创办和管理，并不收取任何报酬。法国授予他荣誉公民的称号，但是没有任何实质结果。在英国，他设计了模范监狱的"环视房"，最大的特点是坐在中央的人可以看到房间的每一个人和每一个犯人。开始的时候，这一计划很受欢迎。1792年，议会曾经讨论过这个计划。1794年，议会批准了一项法律，要按照边沁的设计建一所监狱，后来被中断，边沁得到了经济补偿，但却倍感失望。这时，边沁已经在欧美具有了极高的声誉，俄国的官方人物、法国、西班牙和葡萄牙的自由主义者，以及南北美洲的人士，都对他表示仰慕。沙皇曾经邀请他为俄罗斯修改法典，他也向希腊起义者写信抨击君主制度。到晚年，他合伙帮助欧文创立空想社会主义新村，也接受一位勋爵的邀请，答应帮助起草一份刑法典。他支持激进派反对辉格党的议会改革方案，成为激进派的先知。他对英国诉讼程序和判例法不分皂白的攻击，称英国宪法不过是一块遮羞布，称1688年的英国革命只是暴力上的腐化。他认为法官造法是故意篡夺立法权，篡夺的目的是为了满足律师的贪婪和野心。他发明一套新的法律词汇，比如"减少到最低限度"、"法典编纂"和"国际"。[1] 1811年，他写信给美国总统，表示愿意为美国编纂法典；1815年，他给俄国沙皇写信，表示愿意为俄国编纂法典；1815年，他向世界一切崇尚自由的国家呼吁编纂法典。一般而言，英国法律改革在边沁活着的时候并没有取得什么进展，但是在他死后，英国一系列的法律改革都受到边沁的影响，其中比较大的改革是1832年的法律改革草案的实施、刑法和监狱的改革、

---

〔1〕［英］边沁：《政府片论》，沈叔平等译，商务印书馆1995年版，第6~32页。

济贫院的变更和卫生法的订立。从这个意义上讲，边沁是一个激进的法律改革家，他的思想对后世产生了一定程度的影响。

（五）　法律的概念、特征和分类

在《政府片论》一书中，边沁涉及了法理学的一些基本问题。他把对法律问题发表意见的人分为两种人，一种是解释者，一种是评论者。解释者的任务是揭示法律是"什么"的问题，而评论者的任务是揭示法律"应当"是什么。前者的任务是叙述或者探讨"事实"，而后者的任务是探讨"理由"。解释者的思维活动是"了解、记忆和判断"，而评论者则要和"感情"打交道。法律是什么各国不同，但是法律应该是什么则各国相同。法律解释者永远是那个国家的公民，而法律评论者应该是世界公民。解释者所要说明的是立法者和法官"已经做了什么"，而法律评论者则建议立法者"将来做什么"。总之，评论者的任务是"通过立法者的时间，把这门科学变成一门艺术"。[1]

他还进一步说明，解释者的作用分为两类：第一部分是历史，第二部分是论证。历史的任务是说明某一国家以往存在过的法律情况，而论证的任务是讲述现在法律的情况。论证的方法有分类、叙述和推断。法律明确、清晰和肯定的地方，需要的是叙述；在含糊、隐晦和不肯定的地方，需要的是推断或者解释；制度有几个部分、其出现的次序及每个部分的名字，则是分类的任务。在这三个部分中，"论证者最艰巨而又最重要的工作就是分类"。[2] "这种分类的概述，就成为法理学应有状况的概述。"[3]

应该说，边沁对解释者和论述者的区分，已经有了区分法理学和立法学的印记，前者是法律科学，而后者则是伦理学，这被后来的奥斯丁所继承，从而开辟了分析法学的时代。

在后来边沁所写的《道德与立法原理导论》一书中，他明确提出了区分法理学和立法学，即批判性法学和阐释性法学的问题。这后来被视为法学的一个重要的命题，即所谓"法律应该是什么"和"法律实际上是什么"。这也成为分析法学最重要的法学研究方法。至于法律的含义，边沁说，法律是主权者自己的命令或者被主权者采纳的命令的总和。它是强加于公民身上的义务，如果公民反抗这一命令就要受到惩罚。这一命令不是针对单一行为的，而是针对一系列同类性质的行为的。在这本书中，边沁至少表达了这些相关的命令，"立法这一时的表达是一个命令，或者是一个禁止，或者是一种否定"，"明确

〔1〕 ［英］边沁：《政府片论》，沈叔平等译，商务印书馆1995年版，第97页。
〔2〕 ［英］边沁：《政府片论》，沈叔平等译，商务印书馆1995年版，第114页。
〔3〕 ［英］边沁：《政府片论》，沈叔平等译，商务印书馆1995年版，第117页。

或实质的命令，连同违反它时附带的惩罚，构成一个法律义务"，"任何法律，当其完整时，要么具有强制的性质，要么具有非强制的性质。强制的法律是一个命令；一个非强制或一个没有强制的法律，全部或部分地使法律无效"，"每一个强制的法律都产生一个侵犯行为，即将这种或那种行为变成一种侵犯行为。惟以此，他才能强加一个义务，即它能够产生强制"，"每一个法律是一个命令或其对立物，命令的形式是多样的，以'盗窃'为例，可以有这种表达形式：你不应该盗窃；使无人盗窃；盗窃的人应该受到如此如此的惩罚，如果发生盗窃，对此盗窃的惩罚是如此如此的"。[1]

在边沁生前没有出版、于20世纪70年代被发现的著作《法律概要》中，边沁已经提出了"法律是主权者的一种命令"的命题。边沁这样说道，"法律可以定义为由一个国家、主权认可或采用的意志宣告符号的集合"，"每一个法律命令设定一个责任"，"命令或禁止的法律产生义务或责任"，"在所有提及的词语中，最适合表达法律一词必要条件的、符合其所有广度和所有变化形式的、广泛和可令人理解的概念，就是命令一词"，"法律的性质和真正的本质可以说是命令，从而法律的语言应该是命令的语言"，"所有的法律必须是以强制或痛苦或喜悦的形式加诸当事人"，"法律有刑罚或其他惩罚作为后盾"。从这些命题中可以看出，在边沁看来，法的基本属性在于：①法是主权者的意志和命令，但不是意志本身，而是体现这种意志的人性、心理和功利。②这种命令针对人们的普遍行为，而不是针对人们的单一行为，也就是说，法具有普遍性。③这种命令不是原则性的，而是作为人们的行为准则，它规定了人们可以做什么，不可以做什么。④法律规定着人们之间的权利和义务。边沁认为，有了法的存在，才有了权利义务的存在。权利有三种：政治权利、法律权利和道德权利。义务也有三种：政治义务、道德义务和宗教义务。⑤法具有强制性，这种强制性的体现就是法律规定的刑罚和其他处罚，这是权利的后盾。

另外，边沁还对法律进行了详细的分类。从诉讼手续和实在条例上，分为程序法和实体法；从应用范围上，分为地方法和普遍法；从法人的地位上，分为国内法和国际法；从法律的形式上，分为习惯法和成文法，在法律的时效上，分为已废止的法和现行法。另外，边沁对刑法有较为系统的论述，把犯罪分为私罪（对个人的犯罪）、半公罪（对社会中的单独集团、地区的犯罪）、

---

〔1〕 Jeremy Bentham, *An Introduction to the Principles of Morals and Legislation*, London: University of London, Atholne Press, pp. 202~207, 302~305.

公罪（对整个社会的犯罪）以及混合犯罪。

第三节 约翰·穆勒和他的《论自由》

一、约翰·穆勒的生平简介

约翰·斯图亚特·穆勒（John Stuart Mill，1806 年~1873 年），19 世纪英国著名经济学家、哲学家、政治和法律思想家，也是一位极为活跃的社会改良主义者，是英国政治改革运动中激进的民主主义先锋。他是英国思想家詹姆斯·穆勒（James Mill，1773 年~1836 年）的长子。

约翰·穆勒

19 世纪中叶英国资本主义社会正处于比较繁荣发展的时期。第一次产业革命的完成极大地推动了英国社会生产力的发展，进一步巩固和扩大了英帝国作为当时头号工业强国和殖民大国的地位。英国国内的阶级矛盾和斗争自然是在激化，宪章运动标志着英国工人阶级已经作为一种独立的政治力量登上政治舞台，空想社会主义和李嘉图社会主义的出现和一定程度的传播，对资本主义制度也是一种冲击。但总的来说，以英国为首的资本主义生产方式尚处于以自由竞争为特点的历史发展的黄金时期，各种反对派均可能从根本上动摇资本主义生产方式的统治地位。这种社会历史条件为一种折中与调和的经济学体系提供了温床，使其成为必要和可能。约翰·穆勒的以折中调和为特征的经济学应运而生。

约翰·穆勒是李嘉图学说体系的追随者，而他接受李嘉图学说竟然始自年少之时，这完全得自他的父亲詹姆斯·穆勒的教诲。这位父亲本人就是李嘉图的密友和经济学上的学生，并对李嘉图学说的传播和最终的解体起过很大作用。他对儿子约翰·穆勒的教育尤其严格，儿子的聪明好学也着实令父亲对他深为器重。在父亲的教育下，小穆勒 3 岁开始学希腊文，8 岁开始学拉丁文，并开始接触几何与代数，9 岁开始阅读古希腊文学与历史作品，10 岁读完古希腊哲学家柏拉图和德摩斯提尼的原著，12 岁开始学习逻辑，熟读亚里士多德的逻辑学著作；尤其有重要意义的是，13 岁时，在父亲的指导下，他开始阅读李嘉图的《政治经济学及赋税原理》，接着又阅读了亚当·斯密的《国富论》。自学过程中，经常同父亲在散步时就政治经济学的各种问题进行交谈，他将这些学习和谈话的内容写成笔记，据他说，他父亲的《政治经济学原理》（1825 年）即是以他的笔记和其他资料整理而成的。父亲的教育成为小穆勒接受当时最先进的经济学的最初的来源。

他还有幸受到李嘉图的直接教诲，这当然也是由于其父亲和李嘉图有着不寻常的交往，在李嘉图时常来家作客、谈论经济学和哲学问题时，小穆勒不免也要插上几句，父辈的这种亲密关系和理论观点无疑对他产生了重要影响。穆勒 14~15 岁（1820 年 5 月~1821 年 7 月）时曾同英国大哲学家边沁之弟同游法国，期间除学习法文外，还听了有关化学、植物学和高等数学等方面的课程；他还有机会在萨伊家中住过一段时间。法国日益高涨的民主自由气氛，萨伊的自由主义经济学，对年轻穆勒的经济思想的形成无疑都会有一定影响。

边沁的功利主义对穆勒的思想的影响也是不容忽视的一个重要方面。边沁同穆勒之父是知交，穆勒从小就常常拜访边沁，逐渐接受了边沁的功利主义学说，这对穆勒的经济思想的形成和发展有深远影响。穆勒从法国返回后，其父曾打算让他学习法律，以便日后从事律师工作，一方面指导他学习罗马法，一方面让他阅读介绍边沁学说的书籍。这使他的思想产生了很大变化，据穆勒自己说，边沁的功利主义立法原理将此前的道德立法理论完全推翻了。在穆勒看来，边沁功利主义关于"最大多数人的最大幸福"的原理尤其具有重要意义，因为它既表明了人类道德行为的动力不是个人的自私利益，而是最大多数人的最大幸福；也表明道德伦理的是非标准应是效果，而不是动机，这效果就是最大多数人的最大利益。功利主义的这些原理成为穆勒观察问题的根本观念和哲学思想。1823 年穆勒发起组织了一个研讨边沁功利主义的学会。1823 年 5 月，穆勒经父亲介绍到东印度公司通讯检查署当秘书，他在此公司一直任职到 1858 年该公司解散，前后长达 35 年之久，官至检察官（1856 年）。在东印度公司任职期间，穆勒一边工作一边学习，而且很早就在著作与学术活动中崭露头角。

1825 年，时年 19 岁的穆勒开始发表讨论商业政策与货币政策的论文。同年，他与边沁合编《司法证据的理论基础》，又发起组织了"思辨学会"，这是一个业余的读书会和哲学研究会，经济学和人口论等成为这个学会讨论的中心话题。穆勒说，李嘉图经济学、马尔萨斯的人口论和边沁的功利主义是他们这些志同道合者的旗帜和统一的基础。1836 年穆勒任激进派刊物《伦敦和威斯敏斯特评论报》主编。

穆勒的政治信仰在他中年以后发生了很大变化，在空想社会主义和民主主义的影响下，他逐渐接受了社会改良主义思想。穆勒早年游历法国时曾有幸见到过圣西门，后来通过阅读圣西门的著作对他有了进一步了解。进入 1840 年他深入研究了圣西门学派的思想和著作，在很大程度上接受了他们的下述观点：人类社会的发展阶段和组织都是相对的而不是绝对的，私有制和自由竞争是造成当时社会种种弊端的根源，他甚至认为对社会加以改革是必要的。但他明确指出，他只是一个民主主义者，而不是社会主义者。他主张通过普及教育、启发民众觉悟来改革时弊。他不认为圣西门主义的学说和立场应当加以肯定，也不希望把他们提出的改革方案立即加以实施，只是希望把空想社会主义学说灌输到民众之中，使统治阶级觉悟到，未受教育的民众比受过教育的民众更可怕。在接受民主主义思想方面，他的妻子对他有明显影响。穆勒与哈里特·哈迪（原为泰勒夫人）相识20年后结婚，穆勒时年45岁。7年后哈迪在法国的阿维尼翁去世，此后（除去任议员期间外）穆勒基本生活在阿维尼翁附近的别墅，直到1873年5月8日逝世。穆勒对哈迪的才智、魄力和精神极为推崇。她是一位民主主义者和改良主义者，与穆勒志同道合，对穆勒的著述多有建议和贡献。穆勒说，他在这一时期的所有著作都是他们合作的产物，特别在社会改革思想方面，几乎完全是她的贡献。

1844年穆勒发表了他第一部经济学论文集《经济学上若干未决问题》，该书讨论的主要问题包括：国际贸易、消费对生产的影响、生产性和非生产性劳动、利润和工资的关系等。全书的论述完全继承了李嘉图、他的父亲的学说，只在某些方面对前人的学说有所引申或更明确的表述。1848年初版，后来多次再版的《政治经济学原理》则是他的最重要的经济学著作。

实际上，综观穆勒毕生，他以主要精力献身于社会科学的理论研究，并且积极地参加了当时英国社会的民主改革运动。对于人类的科学、文化和进步事业，是有贡献的，不应该简单地只说成是"资产阶级自由主义思想家""资产阶级辩护士"而一笔抹杀他的应有贡献。

约翰·穆勒的《论自由》一书，是19世纪西方资产阶级社会科学中的一部重要著作。在当时的历史条件下，此书对批判封建专制主义思想，宣传近代欧洲的自由、民主观念，曾起过积极的作用。《论自由》写于1859年。这篇论文的中心论题有三个：论思想自由和讨论自由、论个性自由、论社会对个人自由的限制。

全书文笔优美，逻辑严谨。围绕着这三个论题，穆勒发挥并发展了18世纪启蒙运动以来卢梭、穆勒顿等进步思想家关于社会民主和要求科学自由、思想自由，在文化上反对迷信愚昧和封建主义的思想。他指出：本书所要讨论的不是作为哲学命题的抽象自由和必然的关系问题，而是公民自由亦即社会自由——一国人民在社会中应该享有什么样的自由权力的问题。自由的问题，从根本上说，是人民对于国家机器统治权力的限制问题。这个公民自由的问题，

"它几乎从最远的年代以来就在时代上划分着人类"，而在人类文明进步的新阶段中，"它又在新的情况下显现出来，要求人们给以一种与前不同而且较为根本的处理"。穆勒从历史发展的观点考察人类自由权利的进步。他指出，现今已经接近于这样一个时代，国家的各种官府必须成为人民的公仆或代表，可以按照人民的意志设立或撤销。必须使"统治者出于选举并且仅任短期"，以保证政府权力不致被无限制地滥用。由这种自由权的概念出发，穆勒提出公民自由应当包括三个方面：

第一，思想和讨论的自由，即在科学、道德、政治、文化、宗教信仰等问题上，人民有形成、阐述和坚持自己意见的自由。

第二，发挥个性的自由，即人民在个性上有选择符合自己趣味和需要的生活方式，形成和发展自己多样化的爱好和性格的自由。"这种自由，只要我们所做所为并无害于我们的同胞，就不应遭到他们的妨碍，哪怕他们在观念上认为我们的行为是愚蠢、荒谬或错误的。"

第三，公民交往和结合的自由。"这就是说，人们有自由为着任何无害于他人的目的而彼此结合交际，只要参加结合的人们是成年，又不是出于被迫或受骗。"穆勒认为：任何一个社会，若是上述这些自由得不到法律的保证和尊重，这个社会就不可能称作民主社会，而只能是一种专制或变相专制的社会，"不论其政府形式怎样"。在论文中，穆勒围绕着公民自由的这三个方面，作了深入浅出的分析和讨论。

穆勒指出：对于各种思想的自由探索和自由讨论，是保证科学和艺术获得发展的首要前提。凡有这种自由的时代，必是学术昌明、艺术辉煌的时代。凡压制这种自由的时代，必是思想和艺术死气沉沉、愚昧黑暗的时代。真理只能在自由探讨中才能被发现。在某一个时代某一个民族思想界一时居统治地位的观点，并不能因此而被认为即是真理的观点。相反，从历史经验看，"曾有多次真理被谬误，并且被以谬误为真理的多数所压制。只有确保思想自由才能防止这种压制"。穆勒以欧洲中世纪宗教法庭对无神论和神学异端的多次血腥迫害终归失败的教训为例，他指出，如果被压制的异端是真理（例如哥白尼的日心说），那么"真理所享有的优越之处乃在于：一个意见只要真正是正确的，尽管可以一次、再次或甚至多次被压熄下去，但在悠悠岁月的进程中，一定会不断有人把它重新发现出来"。

穆勒又指出，即使异端是错误的，它也应当得到被讨论的权利。因为"错误的意见，虽然会被遏止不得散布，却不会就此消失。由于禁止一切不合于正统结论的探讨，败坏最甚的并不是那些持异端者的心灵，而是那些并非异端者的人。由于害怕辩论，他们的精神发展被限制了，他们的理性弄得痉挛了"。因此，"在精神奴役的时代中，也许可以有伟大的个别思想家，但绝不会形成精神坚强、富有智慧活力的人民整体"。

关于社会应当保证人民具有发展个性的自由问题，穆勒也提出了自己的意见。他指出，只有培养出千百万有个性的公民，才能形成具有伟大活力的民族。因为人的个性与独创精神是密切相关的，"独创性乃是人类生活中一个最有价值的因素。永远需要有人不断发现新的真理，不断指出过去的真理在什么时候已不再是真理，才能在人类生活开拓出新的精神境界"。压制创造个性的做法，也就是把某些人自以为正确的观念和行为准则强加于意见不同的人，从而迫使一切人被压入一个共同的僵化生活模式。穆勒指出：在对人类个性自由的压抑上，"旧风俗习惯的专制乃是一个最大的势力"。"历史证明，一切文化进步总是要通过对这种具有持久性的旧习俗的战胜才取得的。""那些千百年不变地固守一种旧习俗的民族必定是死沉沉无生气的，他们在历史上也曾有过首创性，有过自己的黄金时代，但囿于习惯，恪守成规却使他们的民族智慧僵化了，文化停滞不前了。"因此穆勒提出了一句名言："什么时候一个民族将会停滞不前呢？——当人民中的个性陷于消灭的时候。"在谈到社会对公民自由限制权的时候，穆勒认为，这种权力只有在一个前提下才是正当的，即当某一公民行使自己的自由而对他人或社会构成危害的时候。否则的话，社会即不应当干涉每个公民的思想、行为、社会交际。甚至"若说是为了那人自身的好处——不论是物质的好处或者精神的好处，都不是正当干涉的理由。因为人民有权对自己的利益作出自己的判断和选择。别人也许可以劝止或劝导他，但却无权用强力干涉他"。穆勒的这些思想，对于19世纪后半期英国社会的改良运动，对于进一步扫除封建残余，在理论上曾经起了积极的推动作用。

二、《论自由》一书体现的主要功利主义法学思想

穆勒继承了边沁的功利主义理论。1821年，穆勒在其父亲的指导下，学习了边沁的名著《立法论》，从此他接受并发展了功利主义，成为功利主义学派除边沁外最杰出的成员。穆勒根据19世纪中叶英国社会发展的新情况，对边沁的功利主义理论作了进一步的修正和发展，并正式使用"功利主义"一词来概括他的学说的性质，同时表明他尊奉父教，坚守边沁的最大幸福原则。他的《功利主义》一书比边沁更系统、更完整地论述了功利主义学说，标志着功利主义学说的最高点。

关于功利主义，穆勒有一段经典的论述，他说："承认功利为道德基础的信条，换言之，最大幸福主义，主张行为是与他增进的幸福的倾向为比例；行为应与它产生不幸福的倾向为比例。幸福是指快乐与免除痛苦；不幸福是指痛

苦和丧失快乐。"〔1〕这一段话表明了穆勒功利主义的主要内容。同边沁一样,穆勒主张避苦求乐是人的本性。功利或者幸福是指导人类行为的规律,是否有利于增进幸福,避免痛苦是衡量是非功过的根本道德标准。与边沁相比,穆勒的功利主义具有以下几个特点:

1. 苦乐不仅有量的区别,而且还有质的差异,心智高尚的人更加追求精神的幸福。边沁认为,快乐只有量的区别,并没有质的差异,无论什么形式的快乐都是快乐,各种快乐只在数量上有所不同。边沁充满自豪地说:"图钉与诗一样好",意思是说,衡量好的唯一标准是行为能够带来的幸福的数量。他甚至提出制造一种道德温度计来测量幸福或不幸福的不同度数——对边沁来说,幸福与行为的特定种类是没有关系的。穆勒则认为,快乐不仅存在量的差别,而且有着质的不同。不同快乐之间有高低之分和优劣之别。他在《功利主义》一书中写道:我们估计一切其他的东西的价值的时候,都把品质与分量同加考虑;偏偏一味快乐只按分量估价,这就未免荒谬了。他指出,理性的快乐要比感官的快乐"有高得多的价值"。有高尚心智的人追求精神的快乐,而低等心智的人则追求肉体的快乐。追求肉体快乐的人容易得到满足,而追求精神快乐的人不容易满足。这是因为,一个高尚心智的人比低等心智的人需要较多的东西才能够使他快乐。尽管如此,他始终不能够真正情愿沉迷于下等的快乐。这是因为,这种人是自尊心强烈的人,自尊心"是他幸福的重要部分,重要到一切与自尊心冲突的事务,除在顷刻间以外,不能成为他们欲望的对象"。穆勒认为,"当一个没有满足的人好过当一头满足的猪","宁愿做没有满足的苏格拉底,也不愿做一个心满意足的傻瓜"。〔2〕一切快乐都可以衡量的假设是错误的,"人类具有比动物的欲望更高尚的天赋,一旦意识到这些天赋,人们就不会认为那些满足这些天赋的事情是幸福"。简言之,边沁认为,认识或享受苦乐的能量的人们之间是相同的,而穆勒则强调由于人们经验和智慧的不同,因而,对苦乐的判断使享受的能量也必然有所差别。下等人只追求感官的快乐,而上等人则追求的是更多的精神快乐。

2. 幸福是行为人的幸福、他人的幸福和社会幸福的有机统一。边沁的最大幸福原则完全建立在个人幸福或个人利益的基础之上,没有认识到个人幸福

和社会幸福的差异和矛盾,因而忽视了个人利益与社会利益发生矛盾时的选择问题。穆勒则看到了个人利益与社会利益的区别,并且认为追求个人利益与幸

---

〔1〕 〔英〕约翰·穆勒:《功用主义》,唐钺译,商务印书馆1957年版,第7页。

〔2〕 〔英〕约翰·穆勒:《功用主义》,唐钺译,商务印书馆1957年版,第10页。

福虽然是人之本性，但是不能无限扩张，必要时，为了他人利益和社会利益应该牺牲自己的利益。穆勒说："功利主义的道德标准肯定承认为他人利益而做出自我牺牲是善的。因为功利主义判断行为的正确和错误的标准，不是行动者自身的利益而是公众的幸福。行动者必须和客观而仁爱的旁观者一样，采取不偏不倚的立场。'己所不欲，勿施于人'，'爱邻如爱己'，这两条原则便能构成理想的功利主义道德的圆满状态。"[1]在穆勒看来，行为人与他人的利益是统一的，作为功利主义是非标准的幸福并不是行为者一己的幸福，而是一切与这行为有关的人的幸福。人有社会感情，除了奴隶社会以外，都要以一切人的利益为立场。"社会感情稍微发达的人已经不能够设想别人都是和他争夺幸福的资具。"[2]同时穆勒认为，社会利益是由个人利益组成的，个人利益一般是与社会利益一致的。

三、穆勒的自由主义思想

穆勒自由主义政治思想是有一个逻辑体系的。"功利"是穆勒思想的出发点，公民自由是穆勒思想的核心，民主政治和制度重构是穆勒自由主义政治思想的体制基础，同时又是其自由主义政治思想在实践中的应用。限于篇幅，本书主要通过对穆勒代表作《论自由》的解读来理解他的自由主义思想。

（一）穆勒的自由观

穆勒在《论自由》一书的引论中开宗明义，对他所要讨论的"自由"作出界定："这篇论文不是所谓意志自由，不是哲学家讨论的那种与必然性相对立的东西，这里所要讨论的是公民自由或称社会自由，也就是要探讨社会所能合法施用于个人的权力的性质和限度。"[3]穆勒认为，"自由是与权威对立的，在旧日，它是指对于政治统治者的暴虐的防御"。[4]这种观念是希腊、罗马和英国历史中的显著特色。可是到了当今时代，激进民主主义的冲击已使人们蔑视国家和权力，"他们看到，国家的各种官府若成为他们的租户或代表，可以随他们的高兴来撤销，那就要好得多"。法国大革命后建立的民主共和国就是这种激进民主主义的产物，但是"人们觉察出来，原来所谓'自治政府'和所谓'人民施用于自身的权力'等类词语，并不表述事情的真实状况。运用权力的'人民'与权力所加的人民并不是同一的……于是结果是，人民会要

---

[1]　［英］约翰·穆勒：《功用主义》，唐钺译，商务印书馆1957年版，第33~34页。
[2]　［英］约翰·穆勒：《功用主义》，唐钺译，商务印书馆1957年版，第26页。
[3]　［英］约翰·穆勒：《论自由》，程崇华译，商务印书馆1959年版，第1页。
[4]　［英］约翰·穆勒：《论自由》，程崇华译，商务印书馆1959年版，第1页。

压迫自己数目中的一部分，而此种要用权力之需加以防止正不亚于任何他种"。[1]穆勒把这种民主国家中多数对少数的压迫称为"多数的暴虐"，并认为这是社会所必须谨防的诸种灾祸之一。可是更可怕的在于这种"多数的暴虐"会延伸至社会，形成"社会暴虐"；"这种社会暴虐比许多种类的政治压迫还可怕，因为它虽不常以极端性的刑罚为后盾，却使人们有更少的逃避方法，这是由于它透入生活细节更深得多，由于他奴役到灵魂本身"，[2]因为它所依靠的力量除行政办法外，还有"得势的舆论"和"习俗的势力"。在自由主义的历史上穆勒第一次明确地把目光从政治领域转到社会领域，拓宽了自由主义的视野，使其具有更深刻的内涵。

穆勒提出，为了防止这种"多数人的暴虐"，必须提出一些公认的原则来测定政府（社会）干预之当与不当。这条原则就是："人类之所以有理有权可以个别地或者集体地对其中任何分子的行动自由进行干涉，唯一的目的只是自我防卫。若说为了那人自己的好处，不论是物质上的或是精神上的好处，那不成为理由。……任何人的行为，只有在涉及他人的那部分才须对社会负责。在仅涉及本人的那部分，他的独立性在权利上则是绝对的。对于本人自己，对于他自己的身和心，个人乃是最高主权者。"[3]

这就是穆勒著名的"群己权界"（严复语）。它所保护的"人类自由的适当领域"包括：①意识的内心境地，即良心自由、思想自由、发表意见的自由等。②追求个人志趣和趣味的自由。③个人之间互相联合的自由。穆勒认为："任何一个社会，若是上述自由整个来说不受尊重，那就不算自由，不论其政府形式怎样。"[4]"唯一名副其实的自由，乃是按照我们自己的道路去追求我们的好处的自由，只要我们不试图剥夺他人的这种自由，不试图阻碍他们取得这种自由的努力"，[5]这是因为，"每个人是其自身健康的适当监护者，不论是身体健康，或者是智力的健康，或者是精神的健康。若彼此容忍各照自己所认为的样子去生活，所获是要较多的"。[6]显然在这里穆勒立论依据是"诉诸功利"的。

接着，穆勒进一步从下列两个方面论述了保证上述自由的必要性。

1. 思想自由。穆勒提出，压制人们心声的权利、压制人们发表意见的权

---

〔1〕 ［英］约翰·穆勒：《论自由》，程崇华译，商务印书馆1959年版，第4页。
〔2〕 ［英］约翰·穆勒：《论自由》，程崇华译，商务印书馆1959年版，第4页。
〔3〕 ［英］约翰·穆勒：《论自由》，程崇华译，商务印书馆1959年版，第10页。
〔4〕 ［英］约翰·穆勒：《论自由》，程崇华译，商务印书馆1959年版，第13页。
〔5〕 ［英］约翰·穆勒：《论自由》，程崇华译，商务印书馆1959年版，第14页。
〔6〕 ［英］约翰·穆勒：《论自由》，程崇华译，商务印书馆1959年版，第15页。

利，"最好的政府并不比最坏的政府较有资格来运用它，应合公众的意见来使用它比违反公众的意见来使用它，是同样有害，或者是更加有害。假定全体人类持有一种意见，而仅仅一人持有相反的意见，这时，人类要使那一人沉默并不比那一人（假如他有权力的话）要使人类沉默较可算为正当"〔1〕因为，其一，我们永远不能确信我们所力图窒闭的意见是一个谬误的意见；其二，假如我们确信，要窒闭它也仍然是一个罪恶。〔2〕这是由于：

（1）被压制的意见可能是正确的，压制它的人当然否认它的正确性，但这些人本身是可能错误的。"他们没有权威去代替全体人类决定问题"，因为，"凡压默讨论，都是假定了不可能错误性（fallibility）"。〔3〕人永远不能肯定自己不会犯错，这是人类的认识局限，因此人永远不能压默他人的言论。在这里可以清楚地看到休谟哲学的影响。

（2）受压制的意见即使是谬误的，也可能有真实的部分。"因为在人类心灵方面，片面性永远是规律，而多面性则是例外。"〔4〕只有在歧异冲突的意见中，才能寻找真理的机会。"可怕的祸患不在部分真理之间的猛烈冲突，而在半部真理的平静压熄。……到人们只会偏注一方的时候，错误的时候，错误的就会硬化为偏见，而真理本身由于被夸大变成谬误也就不复有真理的效用。"〔5〕

（3）即使社会所公认的意见全部正确而且是完全的真理，也不应禁制争辩和讨论："因为他的意见无论怎样正确，若不时常经受充分的和无畏的讨论，那么他虽得到主张也只是作为死的教条而不是作为活的真理——他只要想到这一点，就应该为之所动了。"〔6〕

（4）更进一步的是，一种学说或教义若不经自由讨论，其本身意义也将被忘掉，保留下来的只是"意见的外壳和表皮，其活力已尽失了"。当一种教义取得统治地位，并压制讨论，它的活力通常就开始衰退了。可以看到，在讨论思想自由时，穆勒的哲学基础是怀疑主义的认识论。

穆勒极力维护思想言论的自由，其论据有时溢出了功利主义框架，而具有某种自然权利因素。如前所述，当他说人类无权制止异己者表达意见之时，主要是从认识论出发的。但他其实是确认判断的自由——可被说服而不可被强制的权利，是一个道德成熟的人格的本性，而一个自由的社会不但要承认此种权

---

〔1〕 ［英］约翰·穆勒：《论自由》，程崇华译，商务印书馆1959年版，第17页。
〔2〕 ［英］约翰·穆勒：《论自由》，程崇华译，商务印书馆1959年版，第17页。
〔3〕 ［英］约翰·穆勒：《论自由》，程崇华译，商务印书馆1959年版，第18页。
〔4〕 ［英］约翰·穆勒：《论自由》，程崇华译，商务印书馆1959年版，第49页。
〔5〕 ［英］约翰·穆勒：《论自由》，程崇华译，商务印书馆1959年版，第55页。
〔6〕 ［英］约翰·穆勒：《论自由》，程崇华译，商务印书馆1959年版，第36页。

利，且须为实现此种权利确立各种制度。对于个性的发展与个人的判断，消极地视为被容忍的罪恶而予以许可是不够的，一个自由的社会必须承认其积极价值，并视其为幸福的要素和文明的象征。在谈及个人自由时穆勒甚至用了"个人主权（Sovereignty）"一词，足见他的自由观是个人权利本位的。

2. 行动自由。如果说在论述思想自由时，穆勒主要依据认识论上的怀疑主义的话，在论证行动自由时，穆勒则将其与个性观点紧密相连，认为："个性为人类福祉的因素之一。"这是穆勒自由主义思想的一个突出特点，可以说，如果没有关于个性的论述，穆勒的自由主义将会大为逊色。

穆勒认为对个人行动的自由，社会不仅要宽容并且要培养。只要不损害他人权益，应当让各种性格都可以有自由的发展，允许个人尝试各种不同的生活方式。因为：

（1）与言论自由的理由相同，人类不是不可能犯错误的，所以当人类未臻完善时生活应当有多种不同的试验，对于各式各样的性格，只要对他人没有损害，应当给予自由发展的余地。"凡在不以本人自己的性格却以他人的传统或习俗为行为的准则的地方，就缺少着人类幸福的主要因素之一。"[1]

（2）个性自由是人性本身的需要，个性就是幸福本身。穆勒在这里继承了西方自古希腊以来的人本主义传统，抛弃了功利主义对利害关系的斤斤计较，摆脱了趋利避害的陈腐观念，而像康德一样，直接将行为的价值与人本身联系起来。"居于第一重要地位的无疑是人本身。"[2] "人性不是一架机器，不能按照一个模型铸造出来，又开动它毫厘无爽地去做替它规定好了的工作；它毋宁像一棵树，需要生长并且从各方面发展起来，需要按照那使它成为活东西的内在力量的趋向生长和发展起来。"[3]因此尊重人就必须尊重个性自由。个性自由意味着生活方式、个人习惯或癖好的多样化，于此社会不仅应该宽容，而且应该鼓励："人类要成为思考中高贵而美丽的对象，不能靠在他人权利和利益所许的限度之内把人培养起来和发展起来。"[4]

（3）有了这样自由而宽容的社会环境，才能培养创造天才。"诚然，有天才的人乃是而且大概永远是很小的少数，但是为了他们，却必须保持能让他们生长的土壤。天才只能在自由的空气里自由地呼吸。"这是因为，"有天才的人，在字义的命定下就是比任何人有较多的个性的"。[5]如同思想自由需要限

〔1〕〔英〕约翰·穆勒：《论自由》，程崇华译，商务印书馆1959年版，第60页。

〔2〕〔英〕约翰·穆勒：《论自由》，程崇华译，商务印书馆1959年版，第63页。

〔3〕〔英〕约翰·穆勒：《论自由》，程崇华译，商务印书馆1959年版，第63页。

〔4〕〔英〕约翰·穆勒：《论自由》，程崇华译，商务印书馆1959年版，第67页。

〔5〕〔英〕约翰·穆勒：《论自由》，程崇华译，商务印书馆1959年版，第69页。

制一样，行为自由也不是放任的。穆勒认为，"每人既然事实上都生活在社会中，每人对其余的人也就必得遵守某种行为准绳，这是必不可少的"。[1]怎样给个人统治自己的主权加以正当的限制呢？穆勒采取一种相当机械的方法，把人类生活一分为二："凡主要关涉个人的那部分生活应当属于个性，凡主要关涉社会的那部分生活应当属于社会。"[2]这也即划分"群己权界"的体现。

从以上可知，穆勒对自由的赞颂是与对社会进步和人类幸福的关注紧紧结合在一起的。作为功利主义的自由主义者，穆勒关心的是社会上最大多数人的最大幸福，所以，他提出思想、行动自由为什么对于民主社会来说至关重要时，强调的是它的社会功用价值。自由是进步"唯一可靠而永久的源泉"[3]、个性"是人类福祉的因素之一"[4]、"人类发展所必要的条件是自由和境地的多样化"。[5]因此，从真理的获得以及知识的进步出发，社会应当保障每位公民的自由。这似乎表明自由是达至人类进步（幸福）的条件或工具；但同时穆勒又指出："说一切人类存在都应当在某一种或少数几种模型上构造出来，那是没有理由。一个人只要保有一些说得过去的数量的常识和经验，他自己规划其存在的方式总是最好的，不是因为这方式本身算是好，而是因为这是他自己的方式。"[6]可见，穆勒之主张发展个性和维护个人自由，并不在于其有工具价值，而在于其本身就是值得去追求的绝对的价值。看似矛盾的主张其实说明了一个事实：穆勒的价值观具有多元性，即自由、社会进步和幸福都是人类不可割舍的价值。以这种多元价值观为基础，穆勒的自由主义思想体现出前所未有的复杂性、综合性，形成了自己的独特风格。

（二）穆勒自由主义思想的特点

穆勒在其生活的年代已经因为思想体系的复杂性而倍受争议，功利主义者批评穆勒的背叛，功利主义的批评者不满他对功利原则的忠诚。自由主义者批评他在经济学原理中向社会主义暗送秋波，社会主义者则不满他在几乎所有问题上为自由主义辩护。保守主义不满他学说中体现的对个人权利近乎无条件的强调。当我们将穆勒的自由主义思想放在当代自由主义理论的语境中加以检视时，这种综合性、矛盾性特征显得更为明显。主要表现为：

1. 渐进理性主义与建构理性主义并存。建构理性主义与渐进理性主义是

---

〔1〕　[英] 约翰·穆勒：《论自由》，程崇华译，商务印书馆 1959 年版，第 81 页。
〔2〕　[英] 约翰·穆勒：《论自由》，程崇华译，商务印书馆 1959 年版，第 83 页。
〔3〕　[英] 约翰·穆勒：《论自由》，程崇华译，商务印书馆 1959 年版，第 75 页。
〔4〕　[英] 约翰·穆勒：《论自由》，程崇华译，商务印书馆 1959 年版，第 60 页。
〔5〕　[英] 约翰·穆勒：《论自由》，程崇华译，商务印书馆 1959 年版，第 78 页。
〔6〕　[英] 约翰·穆勒：《论自由》，程崇华译，商务印书馆 1959 年版，第 72 页。

哈耶克讨论自由主义时的两个至关重要的概念。前者是经验主义的、非系统化的，后者是思辨性的、理性主义的；后者相信渐进的改良，相信社会的自发秩序，注重法治下的自由，前者相信人为的力量可以创造一切，包括社会结构。从穆勒对自由的叙说中我们可以看到这两者的并存。穆勒基本上延续了英国的经验主义传统，这种例子在书中俯拾皆是。比如，在论述思想自由和言论自由时，穆勒就是以人的"可能错误性"为前提，来论证人类社会的进步就是靠每个个体依靠经验，不断进行思想和言论交锋、不断试错而渐次得来的结果。他说："人、政府都必须尽其所能来行动，世界上没有所谓绝对确定性这种东西，但是尽有对于人类生活中各种目的的充足保证。"[1]人是可能错误的，但"凭借讨论和经验人能够纠正他的错误"。[2]"但是要知道，作为一个人，到了能力已臻成熟的时候，要按照他自己的办法去运用和解释经验，这是人的特权，也是人的正当条件。……人类的官能如觉知力、判断力、辨别感、智力活动甚至道德取舍，等等，只有在进行选择中才会得到运用。"[3]只有凭借经验进行自主的选择，人才成其为人，人类才会进步。这是穆勒自由思想中体现渐进理性主义的一面。

但尽管如此，穆勒也难逃哈耶克"唯理主义"的责难。自由主义的历史虽长，但论证自由的方法主要不过两种：天赋权利论和功利主义论。穆勒虽然根据多元价值观，将边沁纯粹以快乐的量为行为标准的功利主义调整为"质""量"并重的"道德功利主义"，但仍未脱功利主义旧轨。在哈耶克看来，天赋权利论固然是犯了"唯理主义"大忌，功利主义论也未尝不是。"（功利主义）根本无力证明功利标准的存在而且亦无力指导个人在他的实际生活中对正当行为的考虑"，因此也是"建构论唯理主义的变异形式"。[4]哈耶克认为，功利主义者凭空建构了一个评估社会制度的标准，即最大幸福原则，而自由则是达到这种"善"的手段，这样居心不良的人可能以各种"善"为借口诱使人们放弃自由，接受奴役。因此哈耶克认为功利主义必然会导致非自由主义的结果。"作为政治思想家，穆勒的根本观点是指：所有那些非理性的假设都应当由那些具有思想的人通过反思的和权衡性的判断而进行考虑和选择。"[5]所

---

〔1〕［英］约翰·穆勒：《论自由》，程崇华译，商务印书馆1959年版，第20页。

〔2〕［英］约翰·穆勒：《论自由》，程崇华译，商务印书馆1959年版，第21页。

〔3〕［英］约翰·穆勒：《论自由》，程崇华译，商务印书馆1959年版，第62页。

〔4〕［英］弗里德利希·冯·哈耶克：《自由秩序原理》，邓正来译，生活·读书·新知三联书店1997年版，第59页。

〔5〕［英］弗里德利希·冯·哈耶克：《自由秩序原理》，邓正来译，生活·读书·新知三联书店1997年版，第四章注32。

以哈耶克认定穆勒是"功利主义的唯理主义者"，并将其排斥在英国式渐进理性主义传统之外。

2. 消极自由观与积极自由观并存。与哈耶克"渐进理性主义"和"建构理性主义"的划分相对应的，是当代另一思想家伯林对消极自由与积极自由的区分。在其著名的《两种自由概念》中伯林指出，消极自由指的是自霍布斯以来的英美自由主义思想家所强调的那种不受其他人制约的自由。它是具有内在价值的，而不是实现其他价值的手段，它关注的核心是个人的权利……积极自由的核心是个人自主，它不仅仅意味着缺乏外在干预的状态，而同时意味着以某种方式行为的权力或能力，它是一种理性的自主，同时还意味着集体自决。伯林指出，这两种自由表面上没有太大的逻辑距离，但实际上它们会沿着不同的方向发展，最终会演变成直接冲突。积极自由可以外化为某种国家、集体意志或某种规律，个人自由可能被以追求这些"更高自由"的名义而牺牲掉，最终导致被奴役。[1]因此虽然伯林并非像一些学者所说，主张绝对的消极自由，但他也的确承认，从历史上看，虚假的积极自由比虚假的消极自由毁坏性更大。

在穆勒的自由主义思想中我们可以发现伯林区分的两种自由观的影子。穆勒对自由的定义基本上是消极的，是指与强制、权威等对立的状态。但穆勒基于历史观和伦理观对个性的高扬、对人类进步的追求等主张又具有明显的积极自由色彩。他指出，为了人类普遍利益，是积极的性格类型为好还是消极的性格为好，道学家和一般人都是倾向于后者的。但穆勒认为："人类一切事务的改进都是不满足的人努力的结果；况且，积极的人学会忍耐比消极的人变得充满活力要容易得多。"[2]事实上，西方学者一般认为，积极自由观正是滥觞于穆勒，经格林（Green）的光大而形成"新自由主义"思潮的核心。故此，二战后伯林等西方学者在清算"积极自由观"带来的极权主义倾向在战争中的危害时，对穆勒也不无微词。

3. 真假个人主义并存。个人主义是自由主义的核心，可是正如自由主义有英美式与法国式两个不同传统一样，个人主义也有类似的区分。哈耶克依据西方主要国家人们对"理性作用"及应怎样确立社会秩序的不同看法，极其深刻地划分了"真个人主义"（英美）和"假个人主义"（法德）。哈耶克指出，"真个人主义"是经验论哲学传统的必然结果，它的现代发展始于洛克，特别是始于休谟、孟德维尔，经由斯密（经济学）和伯克（政治学）首次形

---

〔1〕　参见［英］伯林："两种自由观念"，载《公共论丛》，三联书店1995年版，第196~229页。
〔2〕　［英］J. S. 密尔：《代议制政府》，汪瑄译，商务印书馆1982年版，第47~48页。

成了完整的理论体系，19 世纪它的继承者是阿克顿和法国的托克维尔。真个人主义认为人的理性有限，人类的才智并不完善，许多社会成就应归功于在时间延续中许多人的经验积累。因此，真个人主义者推崇自然而然的秩序，对社会的自然过程采取谦卑的态度，哈耶克将其称为"进化理性"，以区别于他称为"建构理性"的法德个人主义。

从前文我们知道，穆勒的自由主义学说是从认识论的怀疑主义开始的，他认为承认人的"可能错误性"是自由的必要前提。根据这一点，有学者认为："穆勒首先是一位斗士，他领导了一场反对各种形式的蒙昧主义、教条主义和非理性主义的不懈运动……穆勒的整个经验的哲学都旨在反对任何类型的'绝对'，不管这些绝对被伪装为自明的真理、传统的事实、真善的命题、自然的权利，还是被伪装为逻辑的公理。"〔1〕这是穆勒继承英国休谟、斯密的传统的一面。可是正如《约翰·穆勒自传》中所言，穆勒经过法国之旅后，对欧洲大陆自由主义开始由陌生到了解，并表现出一种有限的赞同。哈耶克指出，法国式个人主义的根源是唯理论传统，特别是笛卡儿的理性主义，所谓"我思，故我在"。〔2〕18 世纪的法国思想家们都钦崇"科学的理性"，他们虽然指出了理性的感性来源，却未对理性本身加上怀疑性的限制而一味鼓励"独立判断"。这一点反映到穆勒那里，就是对英国传统经验哲学的微妙修改。"当人类进步了时，消除了争议的一些学说，将不厌其烦地为我们论证：人类的进步和幸福几乎可以用很多重要的无可争议的事实来衡量。"〔3〕这不纯粹是经验积累的结果，"必须通过讨论来说明，经验是怎样得到解释的。错误的意见和实践将逐渐被事实和论据所驳倒；但是，在人们头脑中本生某种效果的事实和论据必须先于效果而产生"。〔4〕这与穆勒在《约翰·穆勒自传》中区别环境论和宿命论的哲学基础是一样的，〔5〕即抛弃了绝对的经验主义，认为人的意志（或理性）可以"先于效果而产生"，进而影响环境。穆勒对经验主义的修改使他更加接近法国唯理主义传统。哈耶克等学者指出，"法国唯理主义传统只是以'理性'和'自爱'激烈地攻击、否定社会现实和宗教信仰，而不谋求一种连续性的转换改造，致使社会处于一种原子化的瓦解之中"，并且在卢梭那里达

〔1〕［美］H. D. 阿金编著：《思想体系的时代》，王国良、李飞跃译，光明日报出版社 1989 年版，第 136 页。

〔2〕刘庚子、杨百成："一个传统，两个故事——略论西方政治传统中的个人主义"，载《公共论丛·自由与社群》，三联书店 1997 年版，第 242 页。

〔3〕［英］约翰·穆勒：《论自由》，程崇华译，商务印书馆 1959 年版，第 54 页。

〔4〕［英］约翰·穆勒：《论自由》，程崇华译，商务印书馆 1959 年版，第 27 页。

〔5〕［英］约翰·穆勒：《约翰·穆勒自传》，吴良健、吴衡康译，商务印书馆 1998 年版，第 102 页。

到了巅峰，以"公意"代替个人意志，直接为雅各宾派专制提供了理论依据。[1]因此哈耶克在历数英美个人主义传统的代表人物时，小心翼翼地绕过了穆勒，理由就是他的个人主义思想受到了法国传统的"污染"。

穆勒个人主义思想中还有另外一个渊源，即德国的个人主义传统。德国个人主义"实质上是一种浪漫的个性主义"，即关于个人独特性、创造性和自我实现的思想，也即把个性的"充分和谐"的发展看做是人本质的体现。[2]穆勒在论述自由时把对个性的尊崇抒发得淋漓尽致。在他那里个性代表了多样性、活力、自由和美，而个性的对立面则是一致性、专制和停滞。德国个人主义思想家洪堡、歌德、席勒等都是古希腊文化的热爱者，而洪堡认为，"在人的发展中，人的自发性、主动性应当居于首要地位，人的创造力是可贵的。相对于人的发展，国家只是推进这一发展的手段。因为人是目的，国家是使人的目的得以实现的手段"。[3]这一论断又清楚地表明了康德哲学的影响。这两点正暗合穆勒的思想渊源。因此，在描绘个性与自由时，穆勒的观点与洪堡非常接近。哈耶克对这种德国式个人主义也进行了批判，其严厉程度不亚于对法国式个人主义的批判："当这种过分强调个性、摆脱外在权威的个人主义破坏了社会秩序，使社会陷于困境之时，绝望的人们会要求一个专制政府，利用它的力量强制建立社会自身无法产生的秩序。"[4]哈耶克认为，潜伏在德国民族性中的这种极权主义倾向为后来的法西斯主义灾难埋下了伏笔。

（三）理解"叛逆者"：穆勒自由主义思想的理论定位

如上所述，由于立基于多元价值观之上，穆勒的自由主义思想既继承了英国传统的经验主义，又糅合了法德的唯理主义；既有消极自由的精髓，又

是积极自由的滥觞；既包含了"真"个人主义元素，又俨然有"假"个人主义的影子，是一种"二元自由观"。由此似乎不难理解为何以正统自居的哈耶克会将穆勒这位"自由主义之圣"逐出"渐进理性主义"教门。但本文认为，穆勒的自由主义政治思想并不因其综合性而成为一间陈设各派理论

---

〔1〕　[英] 约翰·穆勒：《约翰·穆勒自传》，吴良健、吴衡康译，商务印书馆1998年版，第243页。

〔2〕　[英] 约翰·穆勒：《约翰·穆勒自传》，吴良健、吴衡康译，商务印书馆1998年版，第244页。

〔3〕　李梅："国家行动范围的勘定者——威廉·冯·洪堡与德国的另一传统"，载《公共论丛·市场逻辑与国家观念》，三联书店1995年版，第261页。

〔4〕　[英] 约翰·穆勒：《约翰·穆勒自传》，吴良健、吴衡康译，商务印书馆1998年版，第245页。

的学术杂货铺，其理论价值也不因矛盾性而有所损减。其原因在于对穆勒自由主义思想的批评，很多是经不起质问的。例如，哈耶克认为无论是天赋人权论还是功利主义论都是犯了"建构理性主义"错误，不能作为自由主义的理论基础，然而，他的自由主义理论本身也带有强烈的建构倾向。如果哈耶克果真循休谟思路认定世间一切只能依照"自生自发的自然秩序"而行，人不能为社会"建构"任何目标，那么他能依何理据对自由作出系统的捍卫，同时又不犯他自己所谓的唯理错误？因为历史表明，有许多国家正是循着某种"自然秩序"而走上专制主义道路的。而且当代自由主义另外两员大将罗尔斯与诺齐克的论战虽沸沸扬扬，其共同的理论预设也仍然不脱离把自由看做"个人权利"的旧轨。可见，与其说难以摆脱"天赋权利论"或"功利主义论"，为自由找到一个更坚固的基础是穆勒自由主义政治思想的困境，不如说是自由主义本身的困境。

根据积极自由与消极自由的划分来否定穆勒的自由主义思想也是站不住脚的。依照伯林的定义，哈耶克的自由概念："自由就是独立于他人的专断意志"，应该是消极自由的典型。基于这种自由观，哈耶克指出"理性的自负"会导致"通向奴役之路"，这是他的伟大功绩。但是哈耶克没能说明什么是"通向自由之路"。他的著作指明了"我们不能做什么，否则就会失去自由"，然而他没有解决对于尚未获得自由的社会，应该怎样做才能得到自由的问题。这关系到自由的悖论：自由是可欲的，如果它已成为现实秩序，它的生命力会极强，但如果不存在这样的秩序，而是以人为的手段来强行构造这样的秩序的话，就极可能导致非自由。自由主义是这样一种"低调"的学说，它只能保持固有的，却不能争得未有的。这个问题哈耶克没能够解决。穆勒比其他自由主义者高明之处正在于，他明确地表示其自由主义理论是一种对未来的思考，它只适用于已有良好政治秩序的社会，而且他回答了为具备这种秩序，人们应该如何进行制度重构。在穆勒那里，"解构"与"建构"、"积极"和"消极"都是自由主义的应有之义——消极自由必须以积极的态度来争取，低调的制度必须以高调的人格来创立。穆勒之所以会使消极自由观在延续将近两个世纪之后逐渐与积极自由观融合，形成一种貌似保守和矛盾的"二元自由观"，恰恰是对自由主义内在要求的深刻认识。

　　新旧个人主义〔1〕之争同样不能抹杀穆勒自由主义政治思想的价值。西方传统个人主义之所以会走向新个人主义，是社会发展的要求，是旧个人主义适应社会变迁而进行的自我批判和更新。美国当代著名社会学家丹尼尔·贝尔认为西方社会问题应归结为资本主义的文化矛盾。它表现为：其一，在技术—经济领域……为了获取效益，尽量把工作分解成按成本核算的最小单位。这种围绕专业和科层组织建立的轴心结构本身是一个官僚合作体系。其中的个人也必然被当作"物"，而不是"人"来看待（用社会学术语说，此处人的行为受到"角色行为"的调节），成为最大限度谋取利润的工具。一句话，个人已消失在他的功能之中。其二，官僚体制和平等之间的关系构成当今社会冲突的格局。其三，文化领域的特征是自我表现和自我满足。它是反体制的、独立无羁的、以个人兴趣为衡量尺度的……文化的民主化倾向会促使每个人去实现自己的"潜力"，因此也会造成"自我"同技术—经济秩序所需的"角色要求"不断发生冲撞。〔2〕杜威更早地看到了西方世界的文化危机。"我们的物质文化正处于集体化和合作化的边缘，然而，我们的道德文化连同我们的意识形态依然充满源于前科学、前技术时代之个人主义的理想与价值。"〔3〕无论是丹尼尔·贝尔的"文化矛盾"还是杜威的"文化危机"，在本书看来都是在表达传统个人主义的当代困境。新个人主义没有简单地否定传统个人主义，而是试图在工业化社会和个人之间重新找回一个平衡点。杜威分析了旧个人主义的弊病，但正如他所说，他并不急于描绘新个人主义将采取的形式。他并非在提出医治社会的药方，而是表达忧虑。相反，哈耶克在界定传统个人主义或自由主义时，以"原始自由"为正统将新自由主义或个人主义全盘否定。或许为了厘清某一概念，这是必要的，但却容易失于偏颇。新个人主义对旧个人主义的反思是社会发展的要求，旧个人主义也有其合理内核，正确的态度应该是执两用中，以旧个人主义为原则，在此基础上进行符合现代工业社会需要的调适。穆勒的个人主义或自由主义政治思想正体现了这种思维。若考虑到穆勒所处的是工业社会刚刚成型的19世纪前期，则应该承认其理论是相当具有前瞻性的。

　　〔1〕　根据杜威对新、旧个人主义内涵的分析（参见［美］杜威：《新旧个人主义》，孙有中等译，上海社会科学院出版社1997年版，第83~96页），本书认为哈耶克所区分的真假个人主义与之有一定联系。其中，杜威所谓旧个人主义意指源于新教主义英国的西方个人主义传统，与哈耶克的"真个人主义"略同；杜威所谓新个人主义意指某种可被社会引导的、与人际关系相关的、能发挥积极作用的个人主义，与哈耶克所谓法德式（假）个人主义略同。因为真假的区分已包含有某种价值判断，故本书在此采用"新旧"之说。

　　〔2〕　［美］丹尼尔·贝尔：《资本主义文化矛盾》，赵一凡等译，生活·读书·新知三联书店1989年版，第26~27页。

　　〔3〕　［美］杜威：《新旧个人主义》，孙有中等译，上海社会科学院出版社1997年版，第83页。

消极—积极自由、新—旧个人主义的既对立又不可分离的关系实际上是"个人—国家（社会）"关系在自由主义思潮中的映射。消极自由、旧个人主义强调个人；积极自由、新个人主义强调国家（社会）。个人与国家（社会）的关系是西方乃至人类社会永恒的主题之一。近代以来，在思想上，衍生为自由与平等的紧张；在制度上，则表现为政策在市场与政府、放任与干预之间的一系列钟摆式运动。西方近百年历史证明，无论是思想还是制度都不能只执一端。经济放任主义与福利国家这两极的双双失败就是例子。思想或理论也一样，凡趋于极端的都经不起证伪。新—旧个人主义、消极—积极自由既紧张又统一的关系源于个人与国家（社会）的矛盾，在更深层次上又源于自由、平等和秩序等价值之间的紧张。但人类还有另一理想即幸福（或进步），自由主义及其批评者在为积极—消极自由、新—旧个人主义乃至个人—国家何者居优争论不休时往往忽略了这重要一点。事实上穆勒早就注意到并承认："的确，在一切道德问题上，我最后总是诉诸功利的；但是这里所谓功利必须是最广义的，必须是把人当做前进的存在而以其永久利益为依据的。"[1]穆勒始终以幸福（进步）来涵盖多元价值之间的冲突。在积极—消极自由、新—旧个人主义及个人—国家这几对范畴中偏废任何一方都是不明智的。自由作为一种政治理想可以被讴歌可以被渲染，然而作为一种理论体系或制度安排的自由主义却必须理智和善于妥协，根据人类进步的需要做出调适。新型的"个人—国家（社会）"关系不应该是此消彼长的"零和竞赛"，而应把二者结合起来，建立起"发展型的互惠关系"。穆勒的自由主义政治思想以"进步"为最终价值，正体现了他对人性、对社会的深刻理解。基于这种思考，作者认同霍布豪斯的结论：虽然穆勒的自由主义理论因其综合性、过渡性和矛盾性而成为"世界上最容易被判定为不一致、不完整、缺乏全面而系统的人"，但是"也正因为如此，许多一致的、完整的、全面的系统都销声匿迹了，他的著作却长存不朽"。[2]

----

[1]　[英]约翰·穆勒：《论自由》，程崇华译，商务印书馆1959年版，第11页。
[2]　[英]霍布豪斯：《自由主义》，朱曾汶译，商务印书馆1996年版，第53页。

第十三章　实证分析法学派的主要代表
人物奥斯丁和凯尔森的法学著作

第一节　实证分析法学派产生的
历史背景及其主要论点

一、历史背景

18 世纪中叶和此后的一百年间，工业革命的发展使世界呈现出了一幅崭新的面貌，实证分析法学正是在这段时间应运而生的。人们一般将工业革命分为两个阶段，以 1860 年为界，此前是第一次工业革命，其标志是煤和蒸汽机，此后到 1914 年为第二次工业革命，电和内燃机的使用是其标志。[1]工业革命产生的原因是综合的，技术的迅速发展、资本的大量投入和根本性的生产方式变化促成了这样一场人类历史上史无前例的变革。

工业革命发端于英国，当时的英国已经在全球开始了急速的扩张，商业霸权的触手伸向各个大洲，罕逢敌手，而英帝国在各个殖民地所攫取的大量财富又源源不断地被投入到制造业中，使英国成为世界上经济最为强大的国家之一。在政治上，经过了光荣革命之后的英国拥有当时最为民主的政治制度，洛克的自由主义得到了当时英国人民的广泛认同，国会逐渐撤消了特别垄断权和那些干涉自由竞争的旧有法律。经济繁荣与政治开明促成了哲学与法学的新发展。

在英国 1688 年"光荣革命"之后，"'俸禄和官职'这些政治上的战利品留给了大地主家庭，其条件是充分照顾金融的、工业的和商业的中等阶级的利益。而这些经济利益，在当时已经强大到足以决定一个国家的一般政策了"。[2]此时在英国确立了君主立宪制度，这一制度为英国此后百年的经济发

---

〔1〕　参见［美］爱德华·麦克诺尔·伯恩斯、菲利普·李·拉尔夫：《世界文明史》第三卷，罗经国等译，商务印书馆 1987 年版，第 26、27 章。

〔2〕　《马克思恩格斯选集》第 3 卷，人民出版社 1972 年版，第 393 页。

展提供了稳定的政治保障和良好的制度环境，正是这一时期的影响，使英国逐渐走上了现代化的发展道路。蒸汽机的使用为英国带来了新的繁荣和生产力的急速提升，此时在英国国土上建立了大片的工厂，通过现代化的生产方式，以高效的人员组织和分工协作极大提高了劳动效率。18 世纪的后 40 年里，英国的进出口总额增长了一倍。归根结底，工业革命意味着技术革命，其推动力便是生产力的巨大进步，亦推动了英国经济的起飞。到了 19 世纪中期，经过长时间的飞速发展，英国已经成为世界工业的领袖，资本主义的发展最为迅速，经济成就傲视全球。除工业革命之外，人口的较大增长也是保障经济迅速发展的重要因素，由于高出生率和低死亡率，到 19 世纪初人口已经增加了 200 万。与此同时，"社会飞速发展的技术变革本身产生了新的欲望和习惯，实际上引起需求的增长"。[1]迅速的工业化催生了新兴城市的出现，随之而来的是社会人口结构的变化，到 1881 年的时候，英国的工商业人口已经占到了总人口的 40%。[2]

工业革命的产生引起了生产力的极大提升，同时引发了生产关系的重大变化。工商业和城市工人阶级队伍的发展壮大使资产阶级无论是在经济、人口还是政治上的话语权都大大增强，逐渐强大起来的资产阶级为了自身的利益和进一步的发展，在思想领域和政治领域进行了艰苦卓绝的斗争。

在 18 世纪后期，新兴资产阶级就已开始要求政治改革。但当时由于法国革命的大量鲜血和拿破仑战争的剧烈动荡，使得这些改革呼声被淹没。但到了战后，这一呼声很快高涨。英国反对"谷物法"的斗争是这一行动的重要标志。英国在战后从国外进口了大量的廉价小麦，但国内的贵族地主为了维护自身利益，利用他们所把持的国会，于 1815 年通过了"谷物法"，以禁止小麦进口，保护国内市场。在工商资产阶级看来，这种"保护主义的措施使他们无法在海外开辟市场，也无法以适当的价格在传统市场上竞争"。[3]另外，受这项法规影响最为深重的是工人阶级，这一法律的出台直接影响了工人的日常生活支出，他们对于取消这一法律的愿望最为强烈，他们积极斗争，甚至付出了鲜血与生命。1819 年 8 月 16 日，在曼彻斯特附近的彼得卢广场，人们组织了一场大约有 8 万人参加的集会，当局出动军警干预，导致十多人死亡，四百

---

〔1〕 〔印〕阿·库·穆霍帕德希亚：《西方政治思想概述》，姚鹏等译，求实出版社 1984 年版，第 396 页。

〔2〕 〔英〕温斯顿·丘吉尔：《英语国家史略》（下卷），薛力敏、林林译，新华出版社 1985 年版，第 367 页。

〔3〕 〔英〕温斯顿·丘吉尔：《英语国家史略》（下卷），薛力敏、林林译，新华出版社 1985 年版，第 361 页。

多人受伤。到了 1825 年，资本主义发展史上的第一次经济危机冲击英国，政治形势更为紧张。政府当局既不能满足劳动者和儿童的愿望，又已经无力左右日益壮大的工商阶级。此时的英国，"依然留在贵族手里并且被贵族用来抵制新工业资产阶级的野心的政治权力，已经同新的经济利益不能相容了，于是必须同贵族进行一次新的斗争，这一斗争的结局只能是新的经济力量的胜利"。[1]

政治斗争的核心是让新兴的资产阶级夺得发言权，其主要手段便是议会改革，使资产阶级获得在议会的更多发言权，因为光荣革命之后的英国议会是全国的政治中心。通过不断的斗争，选举法的改革法案于 1831 年在下院获得通过，次年在上议院得到最后批准，工业资产阶级实现了自己的愿望，为他们的代表进入议会打开了大门。但是工人阶级和小资产阶级作为斗争的主力军，却没有在此次改革中得到胜利的果实，未能在议会改革中获得选举权。改革法案取消了名不符实的"衰败"选区——"因选民太少而失去选区性质"和"由一个人或一个家族控制的选区"，把代表权分配给新兴的工业城市；结果是诸如曼彻斯特、利物浦和伯明翰等，选民人数增加到近 70 万。这样一场改革，意味着地主阶级在议会总垄断权力的终结。由于下议院的组成有了改变，两院不再是由同一力量所控制，上下两院便由此拉开了冲突的序幕。罗威尔在论及这种状况时曾说："在改革以前的旧时期，两院之间的关系一般是融洽的，因为它们都是由一个地域的贵族阶级所控制的，而这个阶级的主要成员又都是有爵位的人。这种成分，在 1832 年的改革以后，无疑地仍在下议院占有很大的势力，可是它已失去支配一切的力量，并且必须用比较民主的作风行使他的权威，所以两院已经不再是为同一力量所控制的了。"[2]历史上人们充分肯定了此次改革的成果，但是我们也应该看到，改革之后的议会制度，仍远非民主的。只有约占总人口 1/30 的人、1/6 的成年男子享有选举权；各个选区也出现了严重的不平等，新兴的 16 个工业城市选出了 34 名议员，其他的约占城市人口一半的另 250 个城市，选出了 293 名议员，拥有 800 万人口的各郡，所选议员为 144 名。工业资产阶级确实获得了政治权利，但是还没能够控制政治权力。

新的斗争还在继续，在 1838 年，工业资产阶级组织了"反谷物法同盟"，要求实行自由贸易，废除谷物法，以便降低工人工资。1864 年的"谷物法"最终被取消。与此同时，工人阶级展开了独立的政治性的"宪章运

〔1〕《马克思恩格斯选集》第 3 卷，人民出版社 1972 年版，第 397 页。
〔2〕[英] 罗威尔：《英国政府——中央政府之部》，秋水译，上海人民出版社 1959 年版，第 399 页。

动"，要求享有政治权利和经济权利。这次运动虽然由于队伍内部的分化而以失败告终，但运动的精神却得以深入人心，也使资产阶级再一次看到了工人阶级的力量。恩格斯明确地指出："工商业中等阶级还没有来得及把土地贵族从政权中完全赶走，另一个竞争者，工人阶级，便已经登上历史舞台了。"[1]资产阶级为了自己的利益不得不面对来自贵族与工人阶级两方面的冲击。工商业资产阶级的经济力量在社会中占据支配地位，因此也是社会的主导力量。他们一方面要求改革，获得政治权力，并运用政治权力保护自己的利益；另一方面，对觉醒中的工人阶级以及不断表现出的强大力量感到恐惧和担忧。在这双重危机之下，资产阶级在不断寻求着解决办法，他们不断地寻求妥协和折中，进行着渐进的改革。

由于工人阶级的不断斗争，资产阶级和贵族们认识到把工人无限期的排除在国家权力之外是不可能的。到了 1866 年，新改革的时期到来了，自由党领袖格拉德斯通提出了一项改革议案，主张把选举权拥有者的范围扩大到普通劳动者，次年该议案在经过修改之后获得通过。至此，工人阶级终于在议会中拥有了发言权，虽然只是工人阶级中生活有保障的阶层获得了选举权，但此次改革是英国民主化进程取得重大突破的一步，使选民增加了大约一倍。当然，这次改革并未能解决议会的一切问题，但是经由这次改革英国人找到了解决争端的办法：那就是各方的妥协和让步，不断的改革成为英国社会中政治行为的主要模式。

正当其时，科技的进步带来了生活水平的提升和国力的强盛，人类逐渐认识到了科技的巨大力量，这种状况使人们对科学技术的信赖和崇拜逐渐走向高峰，此外，工业革命所带来的生产力极大解放导致了社会制度和经济制度的极大改变，经济基础的变化带来了上层建筑的变化，讲求科学和逻辑的分析哲学在哲学领域渐渐取得统治性地位，这种哲学思潮的变化逐渐影响到法学领域，一种新式的、风格精致的法学流派就此逐渐产生，这便是实证分析法学，这一流派迅速成为新时代法学领域的最强音之一，并在 20 世纪独领风骚，极大地推动了当代法学的发展。

二、主要论点

纵观这一时期的实证分析法学派，奥斯丁和凯尔森无疑是个中翘楚。他们把批判的矛头指向了流行已久的自然法理论，他们认为自然法理论是一种虚幻的、无法实现的法律理论，应当被摒弃。

---

〔1〕《马克思恩格斯选集》第 3 卷，人民出版社 1972 年版，第 400 页。

（一）奥斯丁的主要论点

奥斯丁秉承休谟的哲学传统，在休谟看来，事实与价值之间存在着不可逾越的鸿沟，二者是从"是"到"应当"的关系的转变，而这种关系的转变却是无法证明的。到了法学领域，在奥斯丁看来，法学研究的对象正是实在法，而非自然法理论所探讨的"法律应当是怎样的"，他曾说："法理学的研究对象是实在法，亦即我们严格使用的'法'一词所指称的规则，是'准确意义上的法'。"[1]他认为实在法才是法学研究所真正需要关注的对象，在他看来，实在法最本质的特征是它的强制性和命令性，法律是主权者的一种命令。他把法学从伦理学中独立出来，使法学尤其是法理学成为一门独立的学科。在奥斯丁那里，对法的研究更加侧重于对法律概念的本质、结构进行分析研究，我们可以说，他完成了实证分析法学的全部理论创造。奥斯丁分析法学的理论基础是功利主义和实证主义，他把功利主义和实证主义结合起来，创立了古典分析法学。奥斯丁认为实在法最本质的特征是它的强制性和命令性，法律是主权者的一种命令。他把法学从伦理学中独立出来，使法学尤其是法理学成为一门独立的学科。

20世纪新分析法学代表人物哈特在总结奥斯丁的分析法学理论时，将其分为三个方面：①法律主权者命令说，即法律是主权者的一种命令，主张法律是主权者发布的以制裁为后盾的命令；②法律和道德严格分开，法理学的任务是研究法律，而不管它道德上的善与恶，也就是后人所谓的"恶法亦法"；③严格界定法理学的任务，区分"法律的应然"和"法律的实然"，将法理学的研究范围严格限定于"实在法"。

奥斯丁的实证分析法学以实证主义和功利主义为理论基础，采用一种逻辑分析的方法，总结出法律制度的一般概念、范畴和原则，将法理学的范围严格限定于实在法，认为法律与道德无关。我们可以将其主要论点总结如下：

1. 法律是一种命令。法律是一种命令，这是实证分析法学的基本观点。奥斯丁认为："就法律一词最为普遍最为可理解的使用方式而言，可以将其视为握有控制他人的权力的人为其目的而制定的规则。"严格地说，"法律是一种责成个人或群体的命令……法律和其他命令被认为是优势者宣布的，并约束或责成劣势者"。

法律命令说的要素有三个，其一是命令代表一种意愿的表示，其二是义务告示即说明被制裁的可能性（所以他人被迫去做），其三是制裁本身即恶果的实现。

---

[1] ［英］约翰·奥斯丁：《法理学的范围》，刘星译，中国法制出版社2002年版，第13页。

2. 实证分析方法。实证分析法学不以任何先验的假设和推论作为前提，只注重实证分析，它标志着西方法学从传统的形而上学转向专门的法律思维。第一层面是将应然法与实在法分开，将法学研究对象仅限于实在法——实证的；第二层面是用逻辑分析的方法研究实在法。

实证方法的关键在于强调必须在可感知、可观察的经验材料范围内分析问题，所以，实证分析法学认为应当在实在的法律制度中进行观察、归纳和分析。实证分析法学深信，在各种较为成熟的法律制度中存在着足够的共同点，通过这种共同点的归纳和分析，完全可以获得具有普遍性的法律概念结论。这样，对可感知的现实法律制度材料的切入，既是分析法学的基本思路，又是其基本方法，也是其之所以称为"分析法学"的基本缘由。

3. 研究对象是实在法或者严格法的一般理论。一般法学只应研究"实际上是这样的法"，即实在法；而不应像自然法学家所主张的那样研究"应当是这样的法"，即正义法或理想法。

所谓实在法是指某一共同体的法律，所谓一般理论是指研究法律规范及其要素，法律规范的整体、法律体系和法律秩序，以及法律秩序的同一性问题，等等。实在法的一般理论中不包含法的意识形态和价值问题，实证分析法学认为这些问题不是法学的研究对象，而是政治学和伦理学研究的对象。约翰·奥斯丁就宣称："法理学科学所关注的即是实在法，或者是严格意义上的法律，而不考虑法律的善或者恶。"[1]另一方面，他却认为"立法科学是伦理学的一个分支，其作用在于确定衡量实在法的标准以及实在法为得到认可而必须依赖于其上的原则"。[2]奥斯丁所主张的这种法学与伦理学相区分的观点，是分析实证主义法学最为重要的观点之一，后继的分析法学家都在此基础上进行研究。

4. "恶法亦法"。所谓恶法，就是指道德上邪恶的法律。从最简单的意义上说，"恶法亦法"是指法律一旦具备了法律的形式，即使在道德上是恶的，也是法律。这是基于法律实证主义的分离理论必然导致的命题，也是实证主义与自然法的"恶法非法"相对应的命题。法与道德无关或至少不存在必然联系，只要是合法地制定的法律，不管是否合乎道德，仍应具有法律效力。

在奥斯丁看来，道德意义的有效性并不必然导致法律上的有效性，而法律上的有效性也与道德上的有效性无关。"最为有害的法，即使与上帝的意志是

十分矛盾的，其也从来都是并且继续将是司法审判机构强制实施的法。"[1]

奥斯丁在论证"恶法亦法"这一命题时，列举了三个理由：

（1）道德邪恶的法律，尽管人们憎恶和反对，也不会失去作为"主权者的命令"的性质，同样具有强制力；

（2）自然法学指出的评价善恶的标准，并没有其绝对的客观真理性；

（3）与理性法相冲突的法不可能具有义务性和拘束力，不能被认为是法律，这种观点是站不住脚的。

尽管"恶法亦法"的观念是奥斯丁对布莱克斯通的普通法理论的回应，但是在 20 世纪则成为实证分析法学最容易招致批判的论题之一，与此同时，这个命题恰恰是战后自然法重新抬头继而与法律实证主义进行论战的原因。

（二）凯尔森的主要论点

凯尔森秉承了新康德主义的知识论传统，他认为人类知识并非来源于经验，而是来自于特定概念，因为只有通过概念对经验加以组织，才能够使之为人们所理解。因此，新康德主义者们认为每门科学必须创造自身的概念工具，只有这样才能获得真正的知识。这就意味着每门课学的研究对象便是其独特的概念工具。具体到法律领域，概念工具便是规范。他的法学的任务就是要把不属于法学的异质剔除出去，使之纯粹化。我们可以将凯尔森的主要论点总结如下：

1. "纯粹法学"的含义。何谓"纯粹法学"（pure theory of law）？他认为，所谓"纯粹法学"是指："从结构上分析实在法，而不是从心理上或经济上解释它的条件或从道德上对它的目的进行评价。凡不合于一门科学的特定方法的一切因素都摒弃不顾，而这一科学的唯一目的在于认识法律而不在于形成法律。"[2]因此，凯尔森之所以把他的法学称之为"纯粹法学"，就在于其试图将所有无关的因素排除于对实在法的认识之外。对这一对象及其认识的限制必须清晰地确定于两个方向：一方面特定的法的科学，即通常所谓的法学，必须区别于正义哲学；另一方面亦必须同社会学相区别，即有别于对社会现实的认识。他认为，以往的法学不是完全无批判地和心理学、生物学相混合，便是完全无批判地和伦理学或神学相混合。也就是说，以往的法学往往与政治学、伦理学、神学和社会学等相混淆，不够纯粹，没有明确自己的研究对象和研究方法。他认为，这样一来以往的法学不仅没有弄清法学的研究对象，而且用其

---

[1] ［英］约翰·奥斯丁：《法理学的范围》，刘星译，中国法制出版社 2002 年版，第 209~210 页。

[2] ［奥］凯尔森：《法与国家的一般理论》，沈宗灵译，中国大百科全书出版社 1996 年版，序言。

他科学的方法来研究法学，他们不仅研究实在法，而且想寻找决定实在法的东西，不仅问"什么是法?"、"法是怎样存在的?"，还要问"法是应该怎样存在的"、"法是怎样制定的"。这就是说，他们企图对法律作道德和政治的评价，而这样就得把法与正义联系起来，提出了"自然法"的观念。

纯粹法学，是实在法的理论，不是自然法的理论，它的目的旨在从结构上以纯粹的逻辑分析方法分析实在法，从实在法律规范的内容中去研究它的概念，而不是从心理上或经济上解释它的条件或从道德上以及政治上对它的目的进行评价。它所讨论的是现实的法或可能的法，而不是正当的法。从这个意义上来说，纯粹法学是极端的实证主义的法律理论，他排斥对实在法的评价。

对正义的渴望乃是人类对幸福的永恒渴望，此种幸福不能独自获得，因而人类便在社会中寻求。正义恰是一种社会幸福。凯尔森认为，绝对的正义是没有的，有的只是相对的正义，即合法或符合一种实在法的秩序意义上的正义。如果某一个一般性的规则，依照它的内容，应当适用于一切情形，而实际上的确是适用于一切情形时，那么，它是公正的。这里所谓"公正"，与该一般性规则的本身价值毫无关系，而仅指该规则的适用而言。正义被诠释为合法以后，成为一种不涉及实在法秩序内容，而只涉及其适用的特性。这样，正义不仅与任何实在的法律秩序相符合，而且无论该秩序为资本主义的或共产主义的。这就是说，法律只与形式的正义有关，无实质的正义可言，而这种形式的正义就是法治。[1]

总之，凯尔森把他的法学理论称为"纯粹法学"。认为只有他的"纯粹法学"为法学划定了界限，因而是唯一科学的法学。但事实上，凯尔森只是坚持用实证主义的立场和方法，把康德的不可知论应用于法学而已。凯尔森的"纯粹法学"成了以哈特为代表的新分析法学的重要渊源。

2. 法律和法律规范。凯尔森从对其他法学的批判中，提出了他的法律定义。他认为"法律是个人行为的一种秩序，一种秩序是许多规则的一个体系。法并不是像有时所说的一个规则，它是具有那种我们理解为体系的统一性的一系列规则"，[2]法律是"一种社会组织的特殊技术"。[3]所谓法律是人类行为的一种秩序，就是说，法律是调整人们行为的，因而它建立了一种社会秩序。

---

〔1〕 严存生主编:《西方法律思想史》，陕西人民教育出版社1989年版，第257~258页。

〔2〕 [奥] 凯尔森:《法与国家的一般理论》，沈宗灵译，中国大百科全书出版社1996年版，第3页。

〔3〕 [奥] 凯尔森:《法与国家的一般理论》，沈宗灵译，中国大百科全书出版社1996年版，第4页。

凯尔森认为，法律是由规范构成的，而法律规范就是应当，应当就是自然有效。他认为，明确法律是一种规范这一点是很重要的，它不仅可以使我们避免把法律视为一种命令的错误，而且可以使我们把法律的效力和实效区分开来。法律的效力指法律规范有约束力，人们应当遵守和适用法律规范；法律的实效指人们实际行为是否符合法律规范。效力是法律的特征，实效则是人们行为的特征。

总之，凯尔森认为法律规范是规定人们应该实施或不应该实施某个行为的规范。因此，规范性秩序调整的行为分为肯定的和否定的两种。前者包括人们根据规范的命令履行义务和根据规范授权实施某个行为；后者指规范禁止的行为。在某种意义上，所有法律规范可分为允许做（应该做）与允许不做（应该不做）两大类。

3. 法律规范体系。凯尔森指出，作为一种秩序的法律是规范的体系，它分为三个层次：基本规范、一般规范和个别规范。

所谓基本规范，是指在国内法中具有最高效力和能产生其他法律规范的法律规范，或者说，一个不能从更高规范中引出其效力的最后规范，就称之为基本规范。

所谓一般规范，是指通过立法的办法所产生的规范，包括立法机关所制定的成文法，也包括判例法和习惯法。

所谓个别规范，是指行政行为、司法行为和私法行为的结果，如行政机关对某事项所作出的决定，司法机关对案件所作的判决，私人之间所签订的契约等。

4. 法律和国家。在国家和法律的关系上，凯尔森是一位一元论者，认为法律高于国家，国家应该建立在法律的基础上，而不是相反。凯尔森指出，之所以说法律和国家本质上同一，是因为：国家和法律都是一种强制秩序。而在一个空间范围内不可能有两种并列的强制秩序。这意味着国家的强制秩序也就是法律的强制秩序，"法律"只是标明国家这种强制秩序的性质而已。他说，从纯粹法学观点看来，国家实际上不过是一种法律现象，是一个法人，一个公司。而"法人"或公司不过是由章程组织起来的一群人，是一个有秩序的社团。因此，国家作为一个法律社会，并无异于法律秩序的存在，称为"国家"的社会便是"它的"法律秩序。

5. 国内法和国际法。在国内法和国际法的理论上，凯尔森也是一位一元论者，认为国际法高于国内法，他反对国家主权论，提倡世界政府的理论。

凯尔森在对国内法与国际法关系的二元论批判的基础上，提出了他的国内法和国际法的一元论。他认为国内法与国际法是密切相关的，它们联为一体，共同组成一个世界的法律体系，而国内法只是这个法律体系的组成部分。这是因为，国内法的基本规范的效力源于国际法律规范的实效原则。也就是说，一个国家革命后新成立的政权及其制定的宪法，是否合法和有效，就在于看它是否得到国际社会其他国家的承认，就在于它是否得到其国内人民的认可，其衡量的标准就是看其政权是否稳定和巩固。这意味着国内法的基本规范效力要追溯到国际法，从国际法那儿获得效力。二者的区别只在于国际法是一种原始的、分权的、间接的和不完全的法律规范，而国内法不是。而之所以说国际法是一种原始的法律规范，是因它与原始社会的法律规范相类似，没有专门的强制机构，依赖于受害者自己以战争形式来惩罚侵略者；之所以说国际法是一种分权的法律规范，凯尔森认为是因为根据国家区分为联邦制与中央集权制的情况，可以把国内法分为集权的法和分权的法两种。由各个国家的法律所组成的世界法律体系类似于联邦制国家的法律，每个国家有自己相对独立的宪法、刑法等，但它们又能组成一个统一体；之所以说国际法是一种间接的法律规范，是因为国际法对许多事情的规定，往往是对事不对人，因此它要落实在人身上，必须进一步通过国内法这一个中介。如国际法规定一个国家对另一个国家发动战争时，必须首先宣战，但它并没有规定具体由谁来宣战，而每个国家由谁宣战，是由国王、总统还是国会，国内法规定得很清楚。

总之，凯尔森认为国内法与国际法是互相关联、互相作用的，并组成一个统一体。在这中间，国际法通过承认并决定着国内法的效力，而国内法也是国际法的创立者。因为国际条约的签订、国际惯例的形成，都离不开国家的活动。另外他还就国家主权问题发表了自己的意见，认为绝对意义上的主权是不存在的，因此，在国际法下，国家是没有主权的，或者说，国际法律秩序决定着国内法律秩序的效力范围与效力原因，它与国内法律秩序共同组成一个世界法律秩序。

凯尔森的纯粹法理论完全否认了法律同政治、经济、文化等其他社会生活的联系，将政治内容和阶级本质统统抛弃，以及过分夸大法的形式作用和技术问题，使他的理论沦为纯粹极端的伪科学。在实证主义法学的路线上，凯尔森比其前辈边沁、奥斯丁都走得更远、更彻底，成了自边沁以来西方法学史上最具反形而上学特色的"纯粹法学"。凯尔森分析法律时过于强调纯粹公式，忽视了创造、适用和遵守法律的人的因素，没有探讨法的社会目的和社会效果。这是其纯粹法学的极端之处，但尽管如此，"他试图发现一种'纯粹的'法律理论的努力以及一系列理论观点，对一些法理学家是一个鼓舞和启发"。[1]凯

---

〔1〕 张文显：《二十世纪西方法哲学思潮研究》，法律出版社 1996 年版，第 91 页。

尔森的纯粹法学也成为以哈特为代表的新分析法学的重要渊源。

第二节　奥斯丁和他的《法理学的范围》

一、奥斯丁生平

约翰·奥斯丁（John Austin，1790 年~1859 年）是实证分析法学的奠基者（边沁是古典分析法学的倡导者）、著名的资产阶级法理学家。

奥斯丁出身于萨福克的一个磨坊主家庭，曾在 16 岁时入伍服役 5 年，这段经历培养了他的荣誉感、责任感、骑士精神、对权威与纪律的尊重以及坦率、忠诚等军人品质。退役之后，他开始学习法律，在进行法律学习期间展现出了出众的才能，许多显赫人物断言他将在业界取得成功。在 1818 年，28 岁的奥斯丁获得了律师资格并开始执业。但是由于身体状况欠佳，律师工作使他身心疲惫，再加上他自身追求精确与完美的性格，不适于参加法庭论辩与商务事业，因此，他于 1825 年放弃律师执业。1826 年，奥斯丁在刚创立的伦敦大学获得一个教席，讲授法理学。1827 年，为了准备授课，他到欧洲大陆学习，主要在海德堡和波恩。1829 年他开始正式授课，他的法理学课程开班时学生超出他的预料，这其中有一批学生后来也成为英国政治、法律和哲学领域的杰出人物，例如约翰·穆勒就是始终听课的学生之一。但是，奥斯丁的法理学课程虽然有一个良好的开端，但却晚景凄凉。当时的律师们认为，法理学对他们的职业并无帮助，无需学习这门课程。在当时英国没有持续足够的学生愿意学习这门课程，因此，奥斯丁的教授席位到后来几乎成为一个空头衔。他考虑到大多数的学生并不想学习法理学，而是将法律职业当做他们挣钱的工具，就于 1832 年 6 月决定辞去该职位。到了 1833 年，奥斯丁加入了英国国会的刑法委员会，参与刑法修改工作。但是委员会的权力有限，再加上奥斯丁所期待的刑法典制定难以实现，以及他本人与同僚观点相左，使他对这份工作逐渐心灰意冷。1834 年，他到内殿律师学院（Inner Temple）开设法理学讲座，但是听者寥寥，再加上其本人健康状况逐渐恶化，讲座随即告终。他旋即离开英格兰，在博罗格（Boulogne）居住了一年半，后基于朋友的推荐，他得以出任驻马耳他的皇家特派员，负责调查该岛上原住民的不满程度和性质，他的建议措施为当地统治者所采纳，这使他感到满足。但是很快，由于人事更替，他没有任何征兆的被解职。1838 年，奥斯丁从马耳他回到英国，此后，他的健康状况不断恶化，便决定旅居各地，以疗养为主。

奥斯丁的一生充满了失落与未能实现的期望。他拥有大批有影响力的朋友们。这些人当中包括杰里米·边沁（Jeremy Bentham）、詹姆斯·穆勒（James Mill）、约翰·斯特亚特·穆勒（John Stuart Mill）和托马斯·卡莱尔（Thomas Carlyle），他们都被他的智慧和谈吐深深打动，并且认为他将大有作为。然而，在公共交往中，奥斯丁紧张的性格、欠佳的健康、忧郁和完美主义的倾向，结合起来迅速结束了他在司法界、学术界和政府机关的职业生涯。

终其一生，奥斯丁都在病痛和自我不信任中度过。在他生前，发表了他授课的前六篇讲义，这便是 1832 年出版的《法理学的范围》。死后，他的全部授课讲义由他夫人和生前好友坎佩尔编辑出版，名为《法理学讲义和实在法哲学》。

二、奥斯丁的《法理学的范围》

奥斯丁的理论，堪称实证分析法学派的开山之作。他的著作《法理学的范围》集中体现了他的立场、观点和看法。这本书是实证分析法学在法学领域的先导性文本，诸多后来的实证分析法学家也是从这一文本中汲取了思想的源泉。即便到了今天，这一文本中所提出的问题仍然是法学研究中最为关键、最为核心和最引人瞩目、最难于回答的问题，研读此书仍是法学界永不褪色的时尚。

实证主义到了 19 世纪，展现出了巨大的生命力，并得到长足的发展。观察、解释、分析和廓清外在的"实际存在"是实证主义的基本研究思路和根本任务。这种想法在法学中，便体现为把法学研究的任务界定为"较为自然地"观察"一个法律的存在"以及"关于法律的学科的存在"，在此基础之上，通过学术研究来建立"客观的"学术叙事。到了 19 世纪中叶及下半叶，这种观点逐渐成为分析实证主义法学的一个基本观念。[1] 在这样的学术背景之下，阐明"有关实际存在的由人制定的法的科学"，便理所当然地成了奥斯丁的学术任务，与此同时，奥斯丁本人也希望借此开启一种全新的法学研究方法，以摆脱旧有的学术桎梏。

作为日常生活中可供观察之对象之"法律"的呈现，以及人们社会交往中相应的"法"一词的使用，是有着悠久历史的。"法"一词虽然在各地各类语言中的具体称谓会有不同，但这只是人们所表示的共同对象的不同称谓。人

---

〔1〕 Hubert Rottleuthner, "Legal Theory and Social Science", *Theory of Legal Science*, 176（1984）, 525.

们相信，这虽然是不同的语言表达，但所要表达的对象有自己固定的内在要素。基于一种本质主义的信念，同时，出于自己的"相信"，这些"法"一词的使用者们尽管是从不同的角度出发来谈论法律，但是他们论述法律现象的时候都是在陈说"法"的性质、意义或者本质。这显然是一种定性的工作。在人们试图追索这些学说的发展谱系时，发现面对着这些形态各异的本质学说，似乎陷入了某种混乱之中。基于此，奥斯丁设想，法学作为一门科学，尤其是一门严肃的"政治社会治理科学"，显然是不能容忍"语词的诸侯割据"的，那么，这一问题应当如何解决呢？只有通过清理，才能实现这一门科学的纯洁和精确。因此，清理的任务，必须列入议事日程。为使体现法学实证主义的分析法学稳健推进，必须实现"语词的帝国统一"。[1]

被人们用各异语言所称的"法"的对象，其基本特质究竟为何？这是法学研究永远无法绕开的好望角。法学学科的起点，是所有具备雄心壮志的法学家苦苦求索的秘境，这是法学研究无法回避的思考对象，它是起点也是终点，是无数法学梦想开始和结束的地方。在法学的语境中，寻求起点就是阐述"法"的特征，寻求起点就是确定"法"的概念。法学研究需要努力说明基本对象的特征和概念，若能完成这项任务，那么阐述法律科学的范围，便如水到渠成，是指日可待的事情了。

奥斯丁敏锐地注意到，人们所说的"法"，在准确的意义上是一种"命令"，[2]这种命令是一种具备普遍性质的"命令"。[3]"命令"，意味着是一类"要求"，这种要求是一类愿望，而这其中包含了"义务"和"制裁"这两项基本的要素。[4]与此同时，奥斯丁认为，从某种意义上说，"命令"、"义务"和"制裁"，是三位一体的关系，它们是一个问题的三个方面。[5]就人们面对的法律而言，知道了"命令"，也就知道了"义务"，同时也就知道了"制裁"，反之亦然。当然我们也可以发现，"命令"的出现，必然是随之存在着一个制定者，而且存在着一个"接受者"。奥斯丁设想，这里的制定者应当

〔1〕 John Austin, *Lectures on Jurisprudence or the Philosophy of Positive Law*, London：John Murray, 1885, pp. 85~86.

〔2〕 John Austin, *Lectures on Jurisprudence or the Philosophy of Positive Law*, London：John Murray, 1985, pp. 79, 89, 91, 330.

〔3〕 John Austin, *Lectures on Jurisprudence or the Philosophy of Positive Law*, London：John Murray, 1985, pp. 92~93, 96.

〔4〕 John Austin, *Lectures on Jurisprudence or the Philosophy of Positive Law*, London：John Murray, 1985, pp. 91, 178.

〔5〕 John Austin, *Lectures on Jurisprudence or the Philosophy of Positive Law*, London：John Murray, 1985, pp. 91~93.

是在政治意义上的优势者，而这里的"接受者"自然就是政治意义上的劣势者。在两者之间，因为存在着实际力量的对比差异，这里的"接受者"将不得不接受制定者所指定的"命令"，这就是法律上的"强制"。正是在这个意义上，我们可以说，表征了义务和制裁这两个因素的"强制"，正是法律制度乃至法学学科的关键因素。

沿着之前的道路，我们可以很快想到，一旦明了了学科的关键词，依据这个关键词我们可以很清楚地阐述学科的范围。但是，问题很快就出现了，我们很快就发现这样一些现象：在我们的使用之中，还存在着其他种类的"法"一词的用法，而这些用法当中，有时并没有国家优势者意义的"强制"的含义，却又毫不客气地出现在法学的学科之中，例如我们经常会提到的"自然法"、"万民法"、"国际法"等，为什么这些并不带有上述"强制"性质的用法堂而皇之地出现？为什么这些词语不能成为关键词？

"法"一词有着多种复杂的用法，奥斯丁认为，正是由于我们考察的对象具备某些类似的地方，正是基于语词的类比式修辞活动，人们把一些原来不属正宗"法律家族"的对象当做了这一家族的一员。事实上，如果仔细剥离"类似"的谱系，以及类比式修辞活动的谱系，并且，将其中的隐秘予以揭发，那么，真正的"法"与并非准确意义的"法"，其间的界线也就自然凸现了，人们的"误读"，也就会自动消失了。[1]

奥斯丁在《法理学的范围》一书中，在仔细甄别了误用、修辞之后，为我们开出了"并非准确意义的"法的清单：自然法、万民法、国际法、礼仪法、尊严法、仅仅具有解释作用的法、没有规定责任的法、宪法等。奥斯丁针对清单中的对象，使用的动词是"打扫"、"剔除"。奥斯丁在阐述法学修辞活动的语言问题的同时，提出了他所认为的真正意义的"法"的定义，并且以此作为基础，说明法理学的范围，使这门学科成为纯粹的具有分析品格的"实证科学"。

奥斯丁认为："所有的法律或者规则（拥有能恰当赋予的最广含义的术语）都是命令，或者，也可以说，恰当的所称的法律或规则，就是各类命令。"[2]我们可以看到，奥斯丁随后就严格区别了命令与其他愿望之间的含义，他认为，这个区别就在于：命令具备一个独有的特征，其不在于这种愿望的表达方式，而在于如果这个愿望被忽视了，发布命令者将根据他的权威和要求给予对方不

---

[1]　John Austin, *Lectures on Jurisprudence or the Philosophy of Positive Law*, London: John Murray, 1985, pp. 211~212.

[2]　John Austin, *Lectures on Jurisprudence*, John Murray, 1911, p. 88.

利或痛苦的惩罚。简单说来就是，即使你是以命令的语气向我表示愿望，如果我不顺从你的愿望时你不能或者不会伤害到我，那么你所发出的就不是一个命令；相反，即使你以礼貌的口气对我发出一个请求，如果我不顺从你的请求时，你将对我发起伤害或者不利，那这就是一个命令。如果做一个归纳，命令这一词有如下几层含义："①一个理性者持有的希望或者愿望，而另一个理性者应该做或不做；②邪恶来自于前者，由后者在不遵从该愿望时引发；③愿望以语言或其他信号表示或宣布。"[1]虽然制裁是命令不可缺少的一部分，但并非所有来自于主权者的命令都是法律，只有那些对行为或不行为具有普遍约束力的命令才是法律；而那些只对特定行为或不行为的命令则不是法律，只能作为某种命令而存在。

　　总之，在奥斯丁看来，严格的或准确意义上的法所包含的基本要素如下：一是命令，是一个具体实在的个人或多人组成的机构作为命令者发布的，要求对方应该做什么或者不得做什么。二是制裁，一个依附于命令的实际的不利后果。三是义务，义务假定了一个使其存在的命令。如前所述，这三者实际上是一个问题的三个方面。

　　如前所述，"休谟问题"成了奥斯丁思考法理学问题的起点，休谟提出应该区分事实判断和价值判断，在法学的语境中，这个问题转变为了这样一种陈述：我们应该区别"实际存在的法"和"应当存在的法"。奥斯丁相信，"法"一词的误用，从另一个角度来看，就是在法学研究中忽视了这种现象。如果我们能够在研究中记住"实际存在的法"和"应当存在的法"之间存在着区别，那么，我们就会实证地、客观地、更为准确地观察和研究社会中的法律现象，就会更加清晰地知道法律科学的特质，以及其与伦理科学之间的分界，"法理学的范围"这一问题，就会找到正确的突破口。

　　"应当存在的法"实际上意味着法律的一个标准问题。换言之，提出"应当如何"，是在表达一桩事务应该达到什么水平或者符合什么要求的意思。奥斯丁清晰地意识到，从某种意义上说，划分"实际如何"与"应当如何"，在逻辑上可能导致保守消极的政治立场，从而导致法律改革的困难，但这并非是必然的归宿。为了解决难题，奥斯丁认为，我们确实应该树立"标准"，但是这一标准却应当来源于功利的原则，亦即实实在在的善乐，而不是以前人们所认为的那些空洞的、最易引发语词歧义所谓的"权利"、"公平"、"正义"之类的标签。在奥斯丁看来，依据功利的原则，我们可以而且应该进行法律的改革。我们应当可以看到，像他所反对的他者一样，他也依然是在提示"应当

---

〔1〕　John Austin, *Lectures on Jurisprudence*, John Murray, 1911, p. 89.

如何"（亦即将功利原则作为标准）。然而，我们应该看出，从常识的感受方面来说，奥斯丁的观念或许是成立的。因为，他在讲述法律实证主义的故事，他在说明作为实证科学的法学，如何才能扎实稳当，是在说明，只有在法学的叙事场景中清除具有误导作用的所谓"应当存在的法"，法律科学的存在才能是有根基的。而且，他还向我们提出了这样的有力反问：为什么只有法律之外的东西，才能成为"公平正义"的标准，而法律本身不能成为？为什么只有另外的他者，才能成为法律所应遵循的标准，才能成为"法律是否公平正义"的标准，而法律却不能成为他者所应遵循的标准，成为"他者是否公平正义"的标准，除了功利的原则？[1]这是对"法学应然话语"的要害的严厉瓦解。因此，在这个意义上，我们必须清醒地意识到，奥斯丁建构法理学的目的并非是要进入政治伦理的叙事战场。他的所有的希望和抱负，都在于剔除法律之外的其他因素，使"法"一词的使用准确无误，祛除杂质。

坚持在法学的研究范围中剔除"应当存在的法"，是分析实证主义的基本立场。分析实证主义者以这样一个立场为起点来研究法律：如果试图将法理学变成一种科学，也即自然科学意义上的科学，我们只有观察在现实中人们通常是如何使用"法"一词的，以及观察该词指称的对象是怎样存在的。这是实证理念在法学研究中的基本立场。在奥斯丁的推论中，这一前提在很大程度上是自觉地呈现于读者视野中的。奥斯丁想说明的观点是，既然人们可以通过观察、考证、领会语言的使用，可以通过语言的使用知道语词对象的存在，那么，有何理由拒绝实证的法学科学的建立？尤其是，当我们可以没有"价值判断"这一障碍，轻松地通过语言的日常使用去建立经验性的法律科学的时候，有何理由不做出这样一种建设性的努力？

从某种意义上说，如果强调所谓的上帝意志，高举"公平正义"的大旗，人们是无法在"法庭竞技场"中赢得法律争斗的胜利的。"从创世纪开始至今，在一个法院里，没有听说过以上帝法作为辩护理由或请求理由，可以获得成功的。"而上帝意志、公平正义一类的"标准"，就是"应当存在的法"。如果没有"剔除"的意识，它们就会在法律制度的运作中混淆视听，尤其当人们对上帝的意志出现不同的理解，对"公平正义"出现不同的观念的时候，混淆视听就成了制度崩溃的意识形态根源。[2]法理学的范围，在这个意义上，也就无从谈起，法理学作为一门科学也就是可望而不可即的。

---

[1] John Austin, *Lectures on Jurisprudence or the Philosophy of Positive Law*, London: John Murray, 1985, p. 218.

[2] John Austin, *Lectures on Jurisprudence or the Philosophy of Positive Law*, London: John Murray, 1985, pp. 215~218.

尽管《法理学的范围》的影响是深远的，但是，后来的大量学者对其提出了各方面的批评。概括来讲，批评主要是围绕如下几个层面展开的：

首先，人们认为作为奥斯丁实证分析法学基础的法律命令说存在两个不可克服的理论困难：

第一，法律命令说无法说明法律的连续性。根据奥斯丁的观点，法律的存在依赖一个社会中的大多数人对某个人或某些人的习惯服从。由于存在这种习惯服从，那么一个政府才能制定和颁布法律。如果某一个政府不能得到社会大多数人的习惯服从，那么法律的制定就会终止，因而法律的存在也会中断。而且，直到新的政府被习惯服从并且发布以制裁为后盾的命令为止都不存在法律。尽管这种观点可以说明以革命形式出现的政府更替，但不能说明合法政府和平交接的法律制度的更替。

第二，在义务性质的规则中存在积极义务规则，这类规则是不以强制作为必要因素的。奥斯丁法律命令说认为，"命令"、"义务"和"制裁"是密切相连、不可分割的。法律命令是一种义务规定，义务必须连接着制裁，这就说明所有义务都是被迫的、消极的。人们出于对法律强制制裁的畏惧，才不得不遵守法律。然而事实上有些义务却是积极义务，这些义务不一定必然连接着制裁。如法院具有依照法律进行审判的义务，但这项义务背后不存在"强制"或"制裁"作为后盾。

其次，奥斯丁的理论存在这样一个难以解决的问题：他在此书中提出一个"法"的定义，实际上等于是提出一个划分"法律现象"与"非法律现象"的标准。其实，奥斯丁为自己提出的任务之一，就是在"准确意义上的法"和"非准确意义上的法"之间划出界线。作为一个学科知识建构的目的，立出标准、划出界线，是为了提供一个社会接受的统一标准，从而希望人们依据这个标准剥离人们自己视域中的不同现象。但是，在法律的语境中，人们是否有可能接受一个统一性的标准？其实，在我们的现实生活中，不论在具体的意义上，还是在普遍的意义上，我们都会对"法律是什么"出现不同的意见，我们会发生"法律争议"。"法律争议"不仅会出现在疑难纠纷中，而且会潜在地隐藏在简易纠纷中。就所谓的简易纠纷而言，从一个特定的角度来看，随着语境的变化，随着人们观念的变化，随着利益纷争的激化，没有出现过争议的法律问题亦即简易纠纷都可能成为"争议"的。而当"争议"出现的时候，人们势必会站在不同的立场，提出自己的"法律言说"，主张自己的"法律是什么"的观念。在这一点上，我们可以说奥斯丁的理论设想，是难以成功的，毕竟这是难以为人所普遍接受的。"法律"作为词语观念，在我们的意识中，终究是以潜藏的具有不同甚至对立性质的价值判断、利益需求和知识"前见"

作为基础的。因此，建立奥斯丁式的普遍性的"法律科学"的愿望，虽然是一项让人心向往之的雄心壮志，但却是难于实现的。

奥斯丁扭转了古典自然法学的单一价值论的研究方法，把法律（主权者的命令）——法律研究即法理学（实在法分析）——法律之共同原则（功利）贯穿起来，从而形成了一个体系完备而又清晰严密的法学体系，使法学从古典自然法学的迷雾中脱离出来，成为了明确实在的实证分析。他对于法律本身的精确分析和描述，为后世的法学进一步发展奠定了基础。奥斯丁以国家权力为根基，以法律命令说为着眼点，构建了国家法律秩序体系。在法学的思想史上，奥斯丁所创立的分析法学传统无疑具有划时代的意义，他使得西方法学之传统从形而上学的思维方式转向了专门的法律思维方法，使得法学拥有了独立的研究方法和对象。但是，奥斯丁之根本问题在于，他所用以构造其学术体系的基本因素，缺少了规范上的有效性，因而不能够抵御来自自然法学关于规范性问题的诘难。当然，虽然其理论存在这些缺陷，但是这无损于奥斯丁作为一个伟大法学家的地位和贡献，毕竟，是他开创了西方法学研究的新局面，并用他超越时代的雄心壮志影响着同时代和后来的法学家们。

第三节　凯尔森和他的《法与国家的一般理论》

一、凯尔森生平

汉斯·凯尔森

汉斯·凯尔森（Hans kelsen，1881 年～1973年）是美籍奥地利人，1881 年出生于布拉格的一个犹太商人家庭。布拉格尽管产生过许多大人物，但凯尔森的成长却与这座传奇城市扯不上什么关系，因为在小汉斯 3 岁这一年（1883 年，正是马克思去世那一年），这个家庭迁居奥匈帝国的京城——音乐之都维也纳。从哈布斯堡王朝末期到纳粹德国吞并奥地利之前的这半个世纪中，维也纳产生了一大批震烁古今的学界泰斗：精神分析的开山鼻祖弗洛伊德，著名的经济学家、政治哲学家哈耶克，传记作家茨威格，以及开一代风气之先且影响深远的"维也纳小组"和天才哲学家维特根斯坦，当然还有后者的死对头波普尔。鉴于此，有学者甚至将 20 世纪称为"维也纳人的世纪"。这样一座小城，居然能为人类知识遗产提供这样一份名单，实在是一个思想史上的奇迹。维也纳的学者也具有一种与众不同的气质：他们大都博学而不乖张，理性与常识交融；虽同属德语文化圈，他们却不像其德国同行那样工于纯粹思辨和理性伸张，也缺少黑格尔、马克思、尼采等人那种舍我其谁的霸气。我们可以看看这些学者，能发现其思想不论如何博大精深，其世界观却都是"非目的论"的，从这个世界的运动中，我们看不出其在指向什么具体的目标。这就注定了他们的思想都很难掀起什么社会运动，因而也就显得不够"伟大"。他们多数倾向于多元主义、相对主义、伦理学上的不可知论以及方法论上的个人主义，一言以蔽之，是认识先于价值的实证主义。

就是在这个城市与这种氛围中，小汉斯按部就班、平淡无奇地完成了小学（1887 年~1892 年）、中学（1892 年~1900 年）的教育，并按当时的法律规定服满 1 年兵役（1900 年~1901 年）。20 世纪的第一个年头，已经成长为风华正茂的青年的汉斯·凯尔森进入维也纳大学攻读法律（尽管终其一生，凯尔森的兴趣主要在于人文主义和古典主义方面：哲学、文学、逻辑学以及数学和自然科学，毫无疑问，他对这些知识的广博兴趣对他绝大多数的著作都产生了影响），开始了他的学术生涯。这 20 年中，维也纳的作风深深浸染了凯尔森的心灵，塑造了他的实证主义世界观，并且这种世界观的影响将终其一生，他的荣辱沉浮无不与之密切相关。成长于维也纳的凯尔森是个彻底的无神论者和不可知论者，他毕生都以批判政治意识形态为己任，尽管如此，但他还是于 1905 年皈依天主教，主要目的在于为谋求大学教职减少宗教方面的阻碍。然而不幸的是，在未来的日子里，他的犹太人身份仍旧给他带来了许多意想不到的麻烦，直到他决定离开欧洲时为止。其学术生活开始于维也纳大学，1911 年凯尔森获准维也纳大学讲师席位并出版《国家法学的主要问题》。第一次世界大战中曾服兵役，1919 年任维也纳大学公法教授，1920 年参加了奥地利宪法的起草工作，接着任最高宪法法院法官达 10 年之久。1930 年在排斥犹太人运动的压力下离开维也纳，到科隆大学任教授，此后在奥、德、瑞士、捷克等国任教。1936 年应美国哈佛大学法学院院长庞德之邀赴美参加该大学三百周年纪念会。1940 年移居美国，开始时受庞德之聘，在哈佛大学从事"霍姆斯讲座"工作，接着在加利福尼亚大学任教。1952 年因《联合国法》一书获美国国际法协会首次年度奖，1954 年~1959 年任美国国际法协会名誉副主席。凯尔森著作甚丰，卷帙浩繁竟达 620 种之多。其中主要的有《纯粹法学》（1934 年）、《法与国家的一般理论》（1954 年）、《国际法原理》（1952 年）、《何为正义?》（1957 年）等。这些著作使他在西方法理学界久负盛誉，在国际法学界也占有一席之地。

凯尔森的理论在两种意义上是"纯粹的"：一是它被称为脱离了任何意识形态的考虑，对法律体系没有作任何价值判断，"法律规范"的分析不受正义法的任何概念的影响；二是受法的社会学研究和法律发展的政治、经济或历史影响因素研究处于纯粹法学的范围之外。[1]

二、凯尔森的《法与国家的一般理论》

（一）纯粹法学的含义

如前所述，凯尔森认为法学的目的旨在从结构上以纯粹的逻辑分析方法分

析实在法，从实在法律规范的内容中去研究它的概念，而不是从心理上或经济上解释它的条件或从道德上以及政治上对它的目的进行评价。换言之，凯尔森的纯粹法学对法的叙述，是平铺直叙的。不承认法是正当的，它所讨论的是现实的法或可能的法，而不是正当的法。在这个意义上来说，纯粹法学是极端的实证主义的法律理论，他排斥对实在法的评价。

与此同时，凯尔森把法理学的研究范围限定在一个共同体的实在法内，严格的区分了法律科学和政治学以及法律社会学，他明确的区分了经验的法和先验正义，拒绝让纯粹法的理论成为一种法的形而上学。

他试图"从法的假设中，从对实际法律思想的逻辑分析所确立的基本规范中去寻求法律的基础，即它的效力的理由"。[2]从某种意义上说，他的这一理论的目的与奥斯丁、哈特并无不同，只是方法上的差异。

人们亦称凯尔森的理论是一种新康德主义法学，这是因为凯尔森的知识论基础来自康德，他认为，要建立一种纯粹法学，需要借助概念工具来对经验加以组织，方能为人所理解。与此同时，凯尔森认为纯粹法学的建立需要一种超实证主义的境界，因此，他创造出了"基本规范"这个概念，他认为，若放弃这一概念，将造成法律学科的自我放弃。在他看来，正如康德的先验哲学范畴不是经验的材料而是一种经验的条件一样，纯粹法学的逻辑假设是一种最低限度的自然法，而如果没有这个最低限度的自然法，我们就不能认识自然和法律，因此，"基础规范的理论可被视作信守康德的先验逻辑的一种自然法学

---

〔1〕 ［英］韦恩·莫里森：《法理学：从古希腊到后现代》，李桂林等译，武汉大学出版社2003年版，第341页。

〔2〕 ［奥］凯尔森：《法与国家的一般理论》，沈宗灵译，中国大百科全书出版社1996年版，第3页。

说"。[1]但是，在凯尔森看来，虽然康德的先验逻辑哲学为实证主义法律和政治学说提供了基础，但是康德本人却是不折不扣地停留在自然法学说的老一套中，他的《法的形而上学原理》实际上是一本完美的自然法学著作。

（二）法的概念问题

1. 法律规范的概念。要想将法这一概念从正义中抽象出来，是很困难的，以往非科学的政治概念已经将它们混淆在一起了，这是一种政治的而非科学的观念。凯尔森坚持实证主义的立场，"一个纯粹的法理论———门科学不能一一回答这个问题，因为这个问题根本不能科学地加以回答"。[2]凯尔森持一种"正义相对论"。认为自然法迄今还没有发现一种正确和客观的方式来界定所谓的正义秩序的内容，"被认为是自然法的，或者说是等于正义的事物，大都是一些空洞的公式，或者是一些没有意义的同语反复"。[3]有时，自然法或者正义又被规定为一些具体的原则，比如私人财产符合人性从而神圣不可侵犯，但这也是几乎不可证明的，因为在原始公社和共产主义社会，私有财产并非被认为是正义的。此外，自然法学说经常和政治目的结合在一起，合乎某种政治目标的法律往往被认为是符合正义的。因此，自然法学说可以是保守的，也可以是改良的，同样也可以是革命的。因此，这种法律学说更像是一种政治学说，而非科学的理论。凯尔森认为，唯有实在法才能成为科学的对象，只有这才是纯粹法学的对象，它是法律的科学，而不是法律的形而上学，它专注于实在法，既不捍卫什么正义，也不谴责什么非正义，它所追求的是现实的和可能的法律，而非所谓正确的法律。如果我们要在实证主义领域中确立一种正义的概念，那么它只可能是一种"合法性"，即是说，将一般规则实际应用到应该适用的一切场合，那就是正义的；把它适用到不该适用的场合，那便是非正义，"只有在合法性的意义上，正义的概念才能进入法律的科学中"。[4]

此外，凯尔森严格区分了法律的效力与实效。例如，法律规定法官必须惩罚盗窃者，这是一个效力问题，至于盗窃者在实际上是对否被惩罚，却是一个实效问题，法律的本质特征在于它有效力，而非它有实效。如果我们假定法律

---

〔1〕［奥］凯尔森：《法与国家的一般理论》，沈宗灵译，中国大百科全书出版社 1996 年版，第 478 页。

〔2〕［奥］凯尔森：《法与国家的一般理论》，沈宗灵译，中国大百科全书出版社 1996 年版，第 6 页。

〔3〕［奥］凯尔森：《法与国家的一般理论》，沈宗灵译，中国大百科全书出版社 1996 年版，第 9~10 页。

〔4〕［奥］凯尔森：《法与国家的一般理论》，沈宗灵译，中国大百科全书出版社 1996 年版，第 14 页。

是一种命令，那么这个命令的含义就是，这个命令之所以具有约束力是因为这个命令的发出人"被授权"发出这种命令，而不是因为命令者在权势上具有优势。进一步来说，他之所以会有这种权力，是因为存在一个有约束力的命令规定他的能力和他的权限，"命令的约束力并不在于命令本身，而是来自于发出命令的条件"。[1]一个命令的存在具有两个方面的因素，一是当事人的一种意志行为，二是这种意志行为的文字姿态或者其他标识的相应表示。从严格的意义上看，法律具有效力，既不完全依赖于当事人的意志，也不依据立法者的意志。最明显的例子就是习惯法，因为一个习惯的存在并不包含任何以这一规则为其内容的意志。法律规范的特征在于"应当"，它表示某个人应当以一定的方式行为，既不意味着他被一种意志命令去如此行为，也不意味着他就是如此行为，而"只是借助于规范的概念与相关联的'应当'的概念，我们才能理解法律规则的特定意义"，[2]法律效力和法律实效的区别，实际上是"应当"和"是"的区别。

凯尔森总结了法律规范的几个特征：①法律规范是一种叙述意义上的法律规则。法律科学的任务就是以这种陈述来表达一个共同体的法律："如果某种条件具备时，就会发生某种制裁。"法律科学所要陈述的法律规则是叙述性的。法律规则和自然律的区分是"应当"和"是"的区别。自然法律强调"因果性"，而法律科学要强调的是"规范性"。②法律规范可以是一种价值评判的标准，但是它不同于道德的、正义的或者自然法的评判标准。法律规范所判断的是合法的或者非法的，它具有客观性；相对而言，道德的、正义的和自然法的价值判断是主观的，他们不能够在客观上被验证，在法律科学中没有容身之地，它们都以意识形态为基础，然而法律的价值判断与确定的现实社会并行。

2. 其他的法律概念。凯尔森亦用了相当的篇幅来定义了其他的一些法律概念，其中包括了：制裁、不法行为、法律义务、法律责任、法律权利、法律能力、归责以及法律上的人。

（1）制裁是一种由法律秩序所规定的活动，它的目的就是促使人们按照立法者所希望的那样去行为，法律制裁具有强制性的性质。法律制裁包括民事和刑事的制裁，两者有许多不同的方面，但是两者的社会技术却基本是相同的。

---

〔1〕 〔奥〕凯尔森：《法与国家的一般理论》，沈宗灵译，中国大百科全书出版社1996年版，第33页。

〔2〕 〔奥〕凯尔森：《法与国家的一般理论》，沈宗灵译，中国大百科全书出版社1996年版，第39页。

（2）不法行为是法律制裁所适用的对象，它是法律秩序所认为的有害行为，是应该被避免的行为。在实证主义者看来，制裁的决定性要素在于法律的规定，而非立法者的意图，因为后者往往与政治和道德的含义联系在一起。不法行为是制裁的条件，但它却不是制裁的唯一条件，它可以是一种作为，也可以是一种不作为；它的主体可以是一个个体的人，也可以是一个团体的法人，甚至国际法上的国家。

（3）法律义务是在法律规范中与制裁相联系的那个人的行为，这就意味着，法律上的义务是指一个不法行为的一个潜在主体。从这个意义上说，法律义务不过就是法律规范概念的一个复本。法律义务可以通过一个"应当"的形式表现出来，即行为人作出某种行为时，有关机关就"应当"对他实行制裁。

（4）法律责任是与法律义务相关的概念。一个人的法律责任是指，如果他做出与法律规范相反的行为时，他应当受到制裁。按照传统的理论，责任分为基于过错的责任和绝对责任，前者基于一种个人主义的正义理想，即每个人对自己的行为负责，后者则是现代法律的一种趋势。如果制裁针对个人的行为时，就发生一种个人的责任；如果制裁针对的是一个共同体，就发生集体责任，集体责任始终是一种绝对责任。

（5）法律权利是与法律义务相对的概念，它是相对于他人法律义务的一种权利，法律权利预定了某个他人的法律义务。在德语当中，法律和权利是相同的一个词，有时为了区分两者，分别称为客观意义的法律和主观意义的权利。客观意义的法律被视为一种法律规范，主观意义的权利被视为一种利益或意志。凯尔森从不赞成主观意义的权利概念，只承认有客观意义的法律。凯尔森将权利融入法律活动中予以解释，他认为，权利作为一种特定的法律技术，可以参与法律创制活动。一个人有法律权利，意味着他具有一种行为的权能，当他行使这种权利，提起一个法律诉讼时，就可以得到一个法律的判决，法律判决是法律秩序的一个组成部分，"有权利，就是具有法律能力参与个别规范的创造"。[1]凯尔森认为，从法律权利是法律创制活动的一个特殊环节这一点来看，私权利和政治权利并无实质上的区别，私权利最终也是一种政治权利，因此，法律和权利的两元论也就趋于消灭。

（6）法律能力是法律规范属人因素和属事因素之间的关系，它指一个人有资格为一定行为，即只有这个人为这种行为时，才符合法律的条件和发生法

---

〔1〕　[奥] 凯尔森：《法与国家的一般理论》，沈宗灵译，中国大百科全书出版社1996年版，第98页。

律后果，儿童和精神病人不承担任何责任，是因为他们没有能力去为不法行为。法律能力包括作为的法律能力，也包括不作为的法律能力。

（7）归责是指不法行为的能力，意思是，如果具备制裁的某些属人的要求和条件，那么就要承担因此发生的责任。归责一词表达了这一或那一事件被归给某一个人或者使他和它发生一种联系，一种不法行为和制裁之间的联系。

（8）法律上的人就是法律上的实体，法律上的质的义务和权利就属于这个实体。凯尔森对此的看法是独特的，他认为法律上的人是涉及权利和义务人格化的统一体。他区分了两种人的概念：一个是生理意义上的人，即自然科学意义上的人，另一个是人格意义上的人，这是法学的、分析法律规范的概念。法律意义上的人要与生物意义上的人区分开来，一个奴隶是一个生理意义上的人，但是在奴隶社会，他不是法律上的人。法律上自然人的概念不过是社会法律规范综合的人格化，他不是一个生理意义上的人，"自然人并不是自然现实而只是法律思想的构造"。[1]在这个意义上，自然人和法人之间，不可能有什么实质的区别。一个狭义的、技术上的法人具有共同的机关，它在法律上有能力代表社团参加法律行为，在法院出庭，作出有法律效力的宣告。其不同只在于，他们享有权利和承担义务的方式不同。法人不仅可以作出民事的不法行为，也可以作出刑事的不法行为，由此，法人可以承担民事责任，也可以承担刑事责任。一个法人所承担的法律责任，是一种集体责任，如同一个国家承担国际法上的责任。

（三）法的体系问题

1. 法律秩序。在凯尔森看来，法律秩序意味着一种规范体系。既然是一个体系，那么法律规范的效力就必定有一个特定的来源。因为一个规范效力的理由始终是一个规范，而不是一个事实，所以，探求一个规范效力的理由不是从现实中去寻找，而是去发现导致这个法律规范具有效力的另一个规范。举例来说，若我们提出："你应当在邻居患难之时提供帮助。"这个陈述之效力来自于另一个陈述："你应当爱你的邻居。"而这后一个规范之所以有效力，是由于按照圣经的要求，"人们应当服从上帝的戒律"，上帝说过，人们应当爱自己的邻居。这也就意味着，每一个法律规范都从另外一个法律规范获得法律之效力，"不能从一个更高规范中得来自己效力的规范，我们称之为'基础'规范。可以从同一个基础规范中追溯自己效力的所有规范，组成一个规范体系或一个秩序。这一基础规范，就如同一个共同的源泉那样，构成了组成一个秩

---

〔1〕〔奥〕凯尔森：《法与国家的一般理论》，沈宗灵译，中国大百科全书出版社1996年版，第108页。

序的不同规范之间的纽带"。[1]法律秩序是一个规范体系，这就意味着一系列
"应当"的关系，而非一种"现实"，一个现实的陈述之所以真实，是因为它
与感觉现实相一致，一个应当的陈述之所以有效力，就是源于它来自于一个被
预定有效的基础规范。

　　规范体系可以分为两种，一种是静态的规范，这种状态之下的规范之所以
有效力，是缘于其本身之特质，它可以通过一种智力的活动——从一般到特殊
的推演而得到；另一种是动态的规范，这种规范是创造的产物，"一个动态体
系的诸规范，只能由那些曾由某个更高规范授权创造规范的那些人通过意志行
为而被创造出来"。[2]这种授权是一种委托行为，创造规范的权力从一个权威
被委托给另外一个权威，前者是一个较高级的权威，后者是一个较低级的权
威，由此就出现了一个动态的权威体系。法律秩序下的规范体系是一种动态的
体系，规范之所以有效力是由于它根据特定的规则被创造出来。法律体系的基
础规范是一个规范创造过程中的出发点，法律秩序的特殊规范是从基础规范中
逻辑地推演出来，是从基础规范中，通过特殊意志行为创造出来。法律规范是
各种各样的，它包括了基础规范、一般规范和个别规范等，每一种规范的产生
方式各不相同，一般规范通过立法和习惯而发生，个别规范通过司法行为和行
政行为或者法律行为而创立。

　　凯尔森详细探讨了基础规范，一个具体的法律决定来源于一个个别规范，
即司法判决；这个个别规范的效力，来源于一个一般规范；一个一般规范的效
力，来自于宪法规范；宪法规范的效力，来源于一个较老的宪法，那么我们就
可以推溯到历史上的第一部宪法。第一部宪法为何有效呢？这是我们的一种假
设，这种假设是一种最后的预定，这最后的预定就关乎法律秩序的基础。由这
个基础就产生了动态的法律规范体系，由此我们可以知道，基础规范具有特殊
的功能。凯尔森认为，基础规范并非是立法机关通过法律程序所创立，亦非通
过具体行为所创立，"它之所以有效是因为它是被预定为有效的；而它之所以
被预定为有效力的，是因为如果没有这一预定，个人的行为就无法被解释为一
个法律行为，尤其是创造规范的行为"。[3]凯尔森对于基础规范的这种解释，
在西方法学界引起了极大争议，这个基础规范在他的反对者们看来是纯粹法学

---

〔1〕［奥］凯尔森：《法与国家的一般理论》，沈宗灵译，中国大百科全书出版社1996年版，第
126页。

〔2〕［奥］凯尔森：《法与国家的一般理论》，沈宗灵译，中国大百科全书出版社1996年版，第
127页。

〔3〕［奥］凯尔森：《法与国家的一般理论》，沈宗灵译，中国大百科全书出版社1996年版，第
132页。

不纯粹的理由，因为他的基础规范是一种假设，一种虚构，虚构的东西是难以证实的，因此，凯尔森并未一以贯之地坚持实证主义立场；逻辑实证主义者则认为，实证主义不反对逻辑前提的假设，有了这种逻辑前提的假设，逻辑实证主义才可以运作；在凯尔森本人看来，这种假设并非经验的材料，而是经验的条件。

法律规范的效力，是由多种因素综合所决定的，最重要的因素是整个法律秩序的效力系统。处于一个有效的法律体系规范中的法律规范永远具有效力，凯尔森将其称为"合法性"。在法律秩序确定这个规范无效之前，它继续有效。有一个例子最为明显，就是新国家的建立，朝代的更迭使一个法律秩序取代了另一个法律秩序，旧法律秩序的大部分在新法律秩序中还有效，其原因在于新秩序接受了旧秩序中的法律规范，也可以说是新秩序给予了那些具有像旧秩序规范一样内容的规范以法律之效力。朝代更迭改变的不仅仅是宪法，而是整个法律秩序，新法与旧法不同，其效力理由不同。如果新秩序不接受旧秩序下的法律规范，那么，旧有的法律规范就失去了法律效力，"每个单独的规范，当他所属的整个法律秩序丧失其整个实效时，他也就丧失了自己的效力"。[1]凯尔森认为，这个问题涉及的实际上是法律的实效问题，合法性原则在此受到了实效性原则的限制。他也承认，在法律秩序当中，也存在可能因为实际的被废除而失去效力。法律的实效也可以说是一种法律的权力，在这个意义上说，法律效力和法律实效的关系实际上就是"权利和强权"的关系。

在国内法和国际法的理论上，凯尔森是一位一元论者，认为国际法高于国内法，他反对国家主权论，提倡世界政府的理论。

他认为国内法与国际法是密切相关的，它们联为一体，共同组成一个世界的法律体系，而国内法只是这个法律体系的组成部分。这是因为，国内法的基本规范的效力渊源于国际法律规范的实效原则。国内法的基本规范的效力要追溯到国际法，从国际法那儿获得效力。国内法能与国际法连接起来，成为世界法的一个组成部分。二者的区别只在于国际法是一种原始的、分权的、间接的和不完全的法律规范，而国内法不是。由各个国家的法律所组成的世界法律体系类似于联邦制国家的法律，每个国家有自己相对独立的宪法、刑法等，但它们又能组成一个统一体。

总之，凯尔森认为国内法与国际法互相关联，互相作用，并组成一个统一体。在这中间，国际法通过承认并决定着国内法的效力，而国内法也是国际法

---

〔1〕　〔奥〕凯尔森：《法与国家的一般理论》，沈宗灵译，中国大百科全书出版社1996年版，第135页。

的创立者。因为国际条约的签订、国际惯例的形成，都离不开国家的活动。另外他还就国家主权问题发表了自己的意见，认为绝对意义上的主权是不存在的，因此，在国际法下，国家是没有主权的，或者说，国际法律秩序决定着国内法律秩序的效力范围与效力原因，它与国内法律秩序共同组成一个世界法律秩序。

2. 规范等级体系。法律体系就其本身来说有一个自我创造的系统，一个法律规范决定另外一个法律规范的法律效力。决定另外一个规范的创造的那个规范是高级规范，根据这种调整而被创造出来的是低级规范。法律秩序就是这样一个有不同级别的规范所组成的体系。高级别的规范决定低级别的规范，最后所有的规范归溯到最高级别的规范即基础规范为终点，成为整个法律秩序之最高理由，由此组成法律秩序的统一体。

法律秩序有着不同的层次。宪法规范是一国国内法中最高的一级，凯尔森还区分了实质意义的宪法和形式上的宪法，前者意指那些创立一般规范的规范，是一种形式上宪法成立的基础。宪法规范之下存在着一般规范，这些规范在法律等级体系中构成了一个仅次于宪法的那一级，包括了制定法和习惯法的一般规范。一般规范的功能如下：其一，决定适用法律的机关和他们所遵循的程序；其二，决定这些机关的司法和行政行为。这两个功能相应的产生了两类法律：实体法和程序法。一个是形式规范，一个是实质规范，两者密不可分，它们有机结合，组成了法律。一般规范的作用和宪法规范的作用相似，不同之处就在于宪法规范的成立过程多少有些消极，例如对有些方面少作或不作规定，而一般规范除了权利执行机关和程序之外，它还决定了个别规范的内容，即司法判决和行政文件。宪法规范创立一般规范，形式的决定在其中占了支配地位，一般规范创立个别规范，形式的决定和实质的决定同样重要。法律秩序的动态体系，决定了法律规范的运作就是一个不断创立法律的过程，基于这样一种看法，凯尔森认为，法律的适用过程也就是法律的创造过程，或者可以说，法律的创造过程就是法律的适用过程。"每个行为通常都同时是创造法律和适用法律的行为。一个法律规范的创造通常就是调整该规范的创造的那个高级规范的适用，而高级规范的适用通常就是由高级规范决定的一个低级规范的创造。"[1]

在一般规范之下，存在着个别规范，个别规范是由法官针对一定的个人执行的一定法律决定，即法院的司法判决。司法判决就如同立法一样，它既是法

---

〔1〕〔奥〕凯尔森：《法与国家的一般理论》，沈宗灵译，中国大百科全书出版社1996年版，第150页。

律的创造又是法律的适用。在凯尔森看来，司法行为也属于法律创造的一个层次，制定法和习惯法仅仅是法律的半成品而已，只有司法判决和执行，才将这个程序推向结束。因此，司法判决体现出一种构成性，这种构成性呈现于确定法律适用的条件、程序、规定制裁甚至确定法律上的事实等方面。

依照凯尔森的理论，法律规范之间，尤其是上下规范之间，不应当存在矛盾，但是，规范的冲突问题又是他不能回避的事实，尤其是所谓的"违宪法律"的问题。在凯尔森看来，"违宪法律无效"这一说法本身就在语用上是一个矛盾体，因为一个规范如果有效力，那么它就必定与宪法一致；若与宪法不一致，它就不可能是有效力的法律，这就是说，一个"违宪"的法律并非在一开始就是无效的，它只是可以无效，可以依照特殊理由而被废除，凯尔森对此说道："法律规范始终是有效力的，它不可能是没有效力的，但是它是可以被废除的。"[1]与此同时，凯尔森也强调，不能因为法律规范之间的冲突就怀疑法律秩序的效力体系，来自法律秩序不同等级之间的两个规范之间，不可能发生任何矛盾。在他看来，法律秩序的统一体系，绝不会因为法律等级体系中一个高级规范和低级规范之间的任何矛盾而受到伤害。

凯尔森的学说在学术史上也引起巨大争议，法学家们对他的看法大相径庭。美国法学家庞德在 1934 年写道，凯尔森毫无疑问是"当代法学的领军人物"。25 年之后，英国法哲学家哈特将凯尔森称为"我们这个时代的分析法学中最令人鼓舞的学者"。又过了 1/4 个世纪，芬兰哲学家与逻辑学家莱特将凯尔森与德国思想家马克斯·韦伯相提并论，他写道，"正是这两位思想家最深刻地影响了"这个世纪的"……社会科学"（这也许是凯尔森所得到的最高赞誉吧）。其他学者在赞扬凯尔森的著作时也从不吝惜溢美之词。但是，也有与此大相径庭的看法，许多英美学者认为凯尔森创立的纯粹法理论"毫无用处""只开花而不结果"，理由据说是因为该理论"来自逻辑而非生活"。即使在凯尔森的地位（学术的和政治的）如日中天的德国魏玛时期，德语世界的政治和法律学者也对他议论纷纷，从右派的施米特到左派的赫勒，不同立场的学者异乎寻常地一致将他的理论斥为"失败"。

凯尔森的纯粹法学，以奥斯丁的分析法学和新康德主义为理论基础，以实在法为研究对象，导入规范分析，不仅抛弃了自然法学中的主观价值判断，而且也完全抛弃了现实生活中的政治经济因素，法律成为纯而又纯的远离人间烟火的"应有世界"。因而他所构建的体系就是一个自我封闭的，由自身来说明

---

〔1〕 ［奥］凯尔森：《法与国家的一般理论》，沈宗灵译，中国大百科全书出版社 1996 年版，第 180 页。

自身的超现实生活的纯粹法律体系。这种研究，适应了研究对象上科学分工的趋势，使各门科学独立起来，且越来越细；在研究方法上着重从法律的形式、结构、外在特征去阐明法律的规范性特点，对深化认识法律规范的体系、逻辑关系具有一定的突破意义。

凯尔森的纯粹法理论完全否认了法律同政治、经济、文化等其他社会生活的联系，将政治内容和阶级本质统统抛弃，以及过分夸大法的形式作用和技术问题，使他的理论沦为纯粹极端的伪科学。在实证主义法学的路线上，凯尔森比其前辈边沁、奥斯丁都走得更远、更彻底，成了自边沁以来西方法学史上最具反形而上学特色的"纯粹法学"。凯尔森分析法律时过于强调纯粹公式，忽视了创造、适用和遵守法律的人的因素，没有探讨法的社会目的和社会效果。这是其纯粹法学的极端之处，但尽管如此，"他试图发现一种'纯粹的'法律理论的努力以及一系列理论观点，对一些法理学家是一个鼓舞和启发"。[1]同时，凯尔森的纯粹法学也成为以哈特为代表的新分析法学的重要渊源。

---

〔1〕 张文显：《二十世纪西方法哲学思潮研究》，法律出版社 1996 年版，第 91 页。

第十四章　历史法学派的法学著作

第一节　历史法学派产生的历史背景及主要论点

一、历史背景

历史法学派兴起于 19 世纪初的德国，此学派坚持历史实证主义立场、反对理性自然法，并在 19 世纪广为流传。从一般的意义上看，历史法学是泛指以历史的观点和历史学的方法来研究法律现象和法律问题的一种法学思潮。这种思潮拥有一个久远的传统，最早可以追溯到孟德斯鸠。到了 19 世纪后半期，这一思潮逐渐被视为一种法学方法论，并逐渐成为一个法学流派。历史法学派在 19 世纪的思想背景和社科的理论渊源形成于德国，后又在英美等国家得到广泛传播和发展。

历史法学派的产生有着深刻的思想背景。在欧洲一直占据统治地位的古典自然法强调人的理性力量，宣扬天赋人权和人人平等等观念，这种理性自然法在冲破神学的束缚、推动启蒙运用的发展和帮助资产阶级夺取政权中发挥了巨大的作用。但是，从另一方面来看，17、18 世纪的自然法思想家过于强调理性的力量，把它看做是鉴别理想的和最完美的法律形式的向导。"他们所感兴趣的是法律的目的和意图，而不是它的历史和发展过程。他们试图在某些自由和平等的原则基础上创立一个新的法律秩序，并且宣称这些原则是理性和正义的永恒要求。"[1]欧洲的理性主义和自然法学在法国 1789 年革命时期达到了顶峰，但是，当这次革命的结果不可能实现那些不切实际的目标，而只能满足部分人的要求时，人们发现，它对许多实际问题实际上并不能提供一个令人满意的说明，这种发现使人们逐渐怀疑理性是否有其宣称的那样无所不能，并在

---

[1]　[美] E. 博登海默：《法理学——法律哲学与法律方法》，邓正来、姬敬武译，华夏出版社 1987 年版，第 81 页。

欧洲逐渐形成了反对理性主义的倾向。特别是在德国和英国，这两个国家抵制并且在某种程度上阻挠了人们在整个欧洲大陆传播法国革命思想的企图，使得基于历史和传统的保守思想得到了加强和宣传。这种现象具体反映在法学领域，就表现为人们在大革命之后，经历了冲动与失落，反思现实并怀念过去，法律改革的热情受到阻碍之后，转而强调法律的历史和传统。英国的埃德蒙·伯克曾在其《法国革命论》中做出过著名的论述。他谴责了这次革命的过激行为，反对法国所做的对政治、法律制度的鲁莽更改，强调了传统和渐进式发展的价值，并且他认为历史、习惯、宗教才是社会行动的真正指南。在德国，伴随着政治变革和军事斗争，产生了对法国革命的理性主义原则和世界主义理想的强烈反对，掀起了一场颇有影响的民族解放运动。

19世纪的历史法学派在德国产生是有着深刻政治历史背景的，这是当时的德意志民族解放运动的结果。法国革命可谓惊天动地，对当时尚处于四分五裂状态的德国产生了巨大震撼。然而，当时德意志并未形成统一的民族国家，这种国家政治上的分裂使得统一和革命成了奢望。不过，这种革命的影响和随后的拿破仑入侵，促成了德国封建制度的加速瓦解和资本主义的发展，为德意志民族的觉醒敲响了警钟。在此之前神圣罗马帝国作为德意志民族的外壳，只是一个影子，"在人们的意识中，只有小邦国，只有欧洲其他国家，只有世界其他国家，而很少有德意志。一些上层阶级甚至以采用外国的风尚、服饰、礼仪、生活方式、观念和语言为荣。法国大革命为德意志提供了民族团结的范例，宣告了各民族的自由、平等。不过，拿破仑在德意志以'革命者'身份出现的同时，又充当了贪得无厌的掠夺狂"。[1]正是拿破仑这种咄咄逼人的态势，加速了德意志从正反两方面的民族意识和民族主义运动。自1800年开始，德意志掀起了轰轰烈烈的民族运动，由于小邦割据和拿破仑的严密控制，这种运动在一开始并未能掀起一场席卷整个德意志的总行动。直到1812年，拿破仑侵俄失败，德意志全境掀起了以普鲁士为首的民族解放战争狂潮，人们也达成了加强民族认同的共识。

文化领域的思想倾向也为历史法学派的产生打下了坚实基础，在不断抵制拿破仑的民族解放运动中，德国在文化领域中形成了一种新的思想倾向，就是对自己的民族、人民和种族感兴趣的倾向。这些倾向也深深影响了当时的法学家们，其结果便是历史法学派的出现。历史法学派所关注的不仅仅是生效的法律，而且还有民族法律制度的特定历史、民间起源、影响因素以及不同时代的环境。我们可以说，历史法学派的产生有着深厚的历史文化背景。

〔1〕 孙炳辉、邓寅达编著：《德国史纲》，华东师范大学出版社1995年版，第50页。

拿破仑的入侵失败之后，德国何去何从？由此引发了一场争论，这场争论也直接导致了历史法学派在德国的出现。1806 年，拿破仑入侵德国之后曾在一些地区强行推行《拿破仑法典》，到 1814 年拿破仑战败之后，德国各邦要求清除该法典之影响，而在莱茵河沿岸的几个地区仍继续推行这部法典。面对这种不统一的局面，对法国大革命和民法典持同情态度的海德堡大学法学教授蒂堡（Anton Thibaut）发表了《论制定全德法典的必要性》的小册子，主张德国应该利用拿破仑战败的契机，齐心协力制定出一部全德适用的法典，以实现德国之统一。在他看来，各邦的制定法矛盾重重、残缺不全，难以实现民族的统一和德意志繁荣。他计划的法典中包括了民法、刑法、诉讼法。蒂堡的这一主张很快遭到了时任柏林大学校长的萨维尼的反对，萨维尼发表了《论立法与法学的当代使命》一书，与蒂堡展开激烈论战。萨维尼的这本书便是德国历史法学的宣言。在此书中，他坚决反对理性主义，谴责理性主义者们无视法律的主要特点和发展阶段，系统阐释了其历史法学的观点。其实，即使没有萨维尼的反对，在当时编纂统一的法典的主张也难以实现，因为按照当时战胜国召开的维也纳会议的决定，组成德意志联邦的 39 个国家均保有其主权，而这 39 个国家组成的联邦并无立法权。这一历史事实告诉我们，即使当时没有萨维尼的历史法学派，蒂堡的雄心壮志也只是值得认同，而难于实现。

二、主要论点

历史法学的代表人物们最为关注的问题之一就是法律的起源问题。早期的历史法学和晚期的历史法学在法的起源问题上有着一定共同之处，但也存在较为明显的差别。他们认为，法既不是理性的产物，也非是人的独断意志的产物；法同语言一样有着自己的发展历史，是自然而然形成和发展的。在胡果看来，法律是"民族意识的有机产物"，或者可以说是民族精神历史发展的必然产物。在萨维尼看来，法律发展的动力是民族精神，法律除了土生土长之外，无法用所谓的理性手段来加以创造。无论什么地方，法律都是由内部力量推动的，而不是由立法者专断的意志来推动的。法律的成长与壮大是与民族的成长与壮大相伴的。在梅因看来，人类出生的年代里，很难出现专门的立法机关，甚至根本不可能有一个明确的立法者。法律还没有习惯的程度只是一种"惯行"。对于是或非，唯一具备权威的是根据事实作出的判决。在穗积陈重看来，法律之起源与国家相同，可以说有国家必有法律。在国家的发展初期，只是单纯的统治权，并无所谓的立法权之观念。法的发现者不一定是元首，而多是精通民族之传说、惯例、仪式等的长老、诗人之类，或者是与神意相沟通的祭司、僧侣、巫女，等等。法存在于人民之本能所具有的意识中，在法的深处，隐藏的是民族精神的发展，而在他看来，法的原始状态是人民公共行为的基础，在此时虽然并无明确的规范，但是人们在社会公共生活中的共同体验，使人们本能地具备一些公共义务感，例如敬神、敬祖、不杀同族、不盗同族、为同族报仇以及对同族之行为共同承担责任等，这都是共同生活所应恪守的根本原则。这是在国家机构尚未建立之前就已经存在的生活准则，只有当政治组织发达之时，才具有了制裁的方法。

关于法的产生问题，历史法学派的代表们一般认为它是遵循一定规律的。萨维尼认为，法律发展的规律具体来说可以分为三个阶段：第一阶段是自然法阶段，是指在民族历史中自然发生的，以口头或者文字世代相传下来的。其具体表现就是习惯法。第二阶段是学术法，学术法是社会上的法学家群体，依据自己的专业知识使得法律逐渐科学化。这个阶段的法律实际上具备双重性，它既是民族生活的一个部分，又是职业法学家的专门科学。第三个阶段便是编纂法典，这个阶段使得习惯法与学术法相统一。萨维尼关于法的发展阶段的看法与罗马法的发展规律是不谋而合的。在梅因看来，法律的发展是按照判决——习惯（不成文）法——法典（成文）法的顺序而来的。判决并非真正的法律，而是源于父系家族的家长和国王的一项活动，与其他原则并无任何联系，判决之间也并无连贯性，这只是法律的萌芽而已。此后，人们不断遇到类似情况时借鉴先前实例，就逐渐出现了惯行，而惯行见多，就变成了习惯，继而由习惯演变成为习惯法。在这个长期的演变过程之后，人类社会逐渐出现了法典法，步入法典法时代。此后所有的法律之发展，都是在弥补社会之变化与成文之法典之间的裂痕。在穗积陈重看来，法律之进化是一个由无法行之法到有法行之法的过程。他认为，现代社会之法律，是有法行之法，便于人们理解和执行，但是并不意味着法律都是在有法形之后才产生的，他曾说："在国家初期，关于法律事项，民信即法，始于刑罚争讼，后世普通法律事项，神、君主、僧长、族长、家长等权力者之意思，并祖先以来之习惯，有绝对地服从之强制力。盖当时法权虽存，法规未现，法者，仅于潜势力之状态下而存在者也。"[1]其后随着人文之发展，或画法规于形象，或载之于文字，始可谓有法形。随着人类文明的进步，法逐渐由主观无形转变为客观有形。

关于习惯法的作用问题。这一学派的法学家们大多强调习惯法的作用，并且认为不成文的习惯法和成文的习惯法都是法的重要渊源。德国的历史法学家们提出强调习惯法的法律效力，他们认为"在习惯上表现出来的法律之所以

---

〔1〕　［日］穗积陈重：《法律进化论》，黄尊三等译，中国政法大学出版社1997年版，第7页。

能够强加于人"，是由于"这些规则是从自觉的意识中产生而为人民所默认的"；"在成文法律上所表明的法律是民族自觉意识和民族意志的正式表示"。[1]因此，在他们看来，要想真正理解成文法，必须首先研究和理解习惯法的地位和作用。萨维尼就认为法的最好来源不是立法，而是习惯。只有在人民中活着的法才是唯一合理的法，实在法来源于习惯法，而习惯法来源于"民族精神"，习惯法是最具有生命力的。梅因认为最初的法律并非来自"主权者的命令"。事实上，社会制裁本身是由风俗、习惯、各种意见、信仰、宗教等多种因素所决定的一种十分庞杂的混合体。梅因非常重视习惯法的作用，但是与此同时，他指出习惯法必须经过进一步的发展而成为成文法典。

强调法典编纂必须是有条件的。历史法学派的学者并非一味反对法典编纂，而是强调法典编纂是有条件的，这就意味着只有等时机成熟之时才可进行法典编纂。在萨维尼看来，一部普通的、一般化的法典是后法的唯一渊源，法典将取代其诞生之前的一切其他法的渊源。萨维尼曾经提出了法典应当满足的两个特征：一是有关内在的内容的，内在的内容应当能够保障最大限度的法之确定性以及法律适用之安全性；二是有关形式方面的，法典必须将其内容以精确的形式表现出来，而不能产生混乱和歧义。[2]在萨维尼本人看来，他与那些主张制定法典之人所追求的目标是一致的，他认为："我们都渴望拥有一个坚实的法律制度，以抵御任意专擅与伪善纷纷对于我们的伤害；再者，我们都寻求国族的统一与团结，专心致志于秉持同一目标的科学研究。"[3]虽然目标一致，但是萨维尼认为当时的法学缺乏足够的能力以及合适的语言来制定提供实现"最大法的确定性"之保障的法典，由此可见，萨维尼本人并非反对编纂法典，而是认为当时德国并不具备这一能力。梅因认为法典编纂对法律的自我发展有很大的影响，"当原始法律一经制定成'法典'，所谓法律的自我发展，便告中止。自此以后，对它起着影响的，如果确有影响的话，便都是有益的和来自外界的"。[4]在梅因看来，"法律拟制"、"衡平"、"立法"，依次是历史上法律改变和演进的主要手段，三者有其各自的作用，不能忽视其中任意一种。在梅因看来，习惯法虽然重要，但是必须进一步演变，以成为成文法

---

〔1〕 [德] 普赫塔：《习惯法》，转引自 [苏] 凯切江、费季金主编：《政治学说史》（中），法律出版社 1960 年版，第 127~128 页。

〔2〕 薛军："蒂堡对萨维尼的论战及其历史遗产——围绕《德国民法典》编纂而展开的学术论战评述"，载《清华法学》2003 年第 2 期。

〔3〕 [德] 弗里德里希·卡尔·冯·萨维尼：《论立法与法学的当代使命》，许章润译，中国法制出版社 2001 年版，第 121 页。

〔4〕 [英] 梅因：《古代法》，沈景一译，商务印书馆 1959 年版，第 13 页。

典。穗积陈重亦非常重视法典之编纂，并曾有专著《法典论》，主张日本人应当将法典编纂当作自己的事业，广泛邀请律师、政治家、实业家等积极参与，他认为，法典之编纂既不能匆忙，又不能单纯照搬国外，而是应该符合日本既有的风俗习惯和国情。

第二节　萨维尼和他的《现代罗马法体系》

一、萨维尼生平

弗里德里希·卡尔·冯·萨维尼（Friedrich Can Von Savigny，1779 年～1861 年）是德国著名民法学家，历史法学初创时期的代表人物和重要理论家。1779 年 2 月，萨维尼出身于德国莱茵河畔的一个贵族家庭。他的父母和祖辈都是德意志声名显赫的政治家和显贵，但是在 1791 年和 1792 年，其父母相继去世，萨维尼便成为家庭的唯一成员，继承大笔财产。其父之好友，时任帝国最高法院法官的纽拉特成为其监护人。纽拉特安排萨维尼与自己的儿子一道学习法律。伴随着这些孩子们年岁的增长，纽拉特法官开始逐渐安排他们学习一些艰深的课程。基于与这位大法官之间的独特关系，萨维尼在进入大学之前就已经习得了法学的基本概念。萨维尼很早就显示出了一种"古典风格"，沉默寡言、性格

萨维尼

内向，并能够容忍，与此同时厌恶暴力及突来之变化，并带有一种大器早成的冷静风度，坚持中庸均衡的立场。1795 年，16 岁的萨维尼便进入马堡大学学习法律，一个学期之后的 1796 年，他转往哥廷根大学学习法律，但又旋即转回马堡大学。随后的 3 年里，由于健康原因，萨维尼的学业暂时中断。病愈之后，萨维尼于 1799 年～1780 年遍游当时的德意志各邦，访问诸多大学。到了 1880 年 10 月，萨维尼于马堡大学通过了他的博士考试，其论文《论犯罪形式的竞合》使他获得了博士学位。他选择刑法领域的博士论文是由于马堡大学在当时正好缺乏一名刑法教师。第二年的冬天，编外教师萨维尼开始了他长达 42 年的教师生涯。在马堡大学讲授一年刑法之后，萨维尼转向了他所感兴趣的领域——罗马法。到了 1803 年，萨维尼在短短 6 周之内便完成了对后来民法释义学有着深远影响的著作——《论占有权法》。该书出版之后受到学术界一致好评，英国法理学家奥斯丁曾评论此书是"一切法学之中最为完美纯熟

者"。该书分为6篇,分别为占有之概念、占有之取得、占有之丧失、占有之保护、围绕占有所发生之各种财产权利以及作为一个法律领域占有所涉及的理论问题等。本书除了研究方法尤为突出之外,还体现出了一种令人印象深刻的风格:全书古典主义的风格、清晰的表达方式、细致精确的批评、审慎的结构安排,大大超出了当时的法学文献之水准。此外,此书的重要之处在于作者之写作辩证结合了历史性批判与释义学之思考。这种全新的方法以历史性和体系性来界定法律之概念,使萨维尼成为新的法律史、法律释义学之开创者。[1]

1810年,萨维尼获得柏林大学筹备委员会成员之资格,在他的努力之下,学校组成了一个与法学有关的"判决咨询委员会",参与国家司法管理。1812年,萨维尼被选为柏林大学校长。1814年,萨维尼发表了《论立法与法学的当代使命》,该书在当时产生了重要影响。与此同时,萨维尼认为必须加强对罗马法的研究,立法者和法学家的使命就是要对德国历史上的法律渊源进行深入研究,他于1815年与其朋友艾希霍恩(柏林大学德国历史学专家)等共同创办了《历史法学时评》。1815年~1831年,萨维尼出版了《中世纪罗马法史》,共6卷,希望透过罗马法在中世纪的持续影响,来论证罗马法与当代之间的关联关系。1840年~1849年,萨维尼出版了其经典著作《现代罗马法体系》,共8卷。他试图在该书中建立罗马法的指导原则,形成了一系列重要的一般思想、理论、释义学上的法律概念。1842年,萨维尼投身政坛,担任普鲁士政府法律修订大臣。1848年革命之后,萨维尼失去了政府职务,此后他投身学术研究,直至1861年10月25日去世。直至去世,萨维尼仍享有巨大荣耀,国王亦出席其葬礼。

二、萨维尼的《现代罗马法体系》

1840年萨维尼发行了《今日罗马法之体系》的首卷,当世之时,无论是他的旧识或是年轻学生都大感惊诧,因为人们知道自从1835年以来萨维尼深为神经痛所折磨。在这本大作里,萨维尼试图要推导出罗马法的指导原则,因此形成了一系列重要的一般思想、理论、释义学上的法律概念。他对作为"规则"的客观法规范与作为"意志权力"的主观权利进行了细致区分;他所提出的"法律关系"成了主观权利历史上的安身之处,这一概念涉及个人主观权利之间的关系,其作用在于以特定方式处理人与人之间的共同生活,其内涵则涉及构成法律关系各该部分之有机的关系与进展;他认为侵害主观权利将

---

[1] 陈爱娥:"萨维尼:历史法学派与近代法学方法论的创始者",载《清华法学》2003年第2期。

导致"诉权"的发生，诉权之发生乃是法律关系的消极状态；与此同时，透过概念界定加以掌握的"法律制度"这一产物则是客观法规范的基础；主观权利与法律关系应受法律制度的支配；所有法律制度所结合组成的整体构成法律的"体系"。由此看来，法的主要根源不再是实定法律，毋宁是国民"一般的法确信"，质言之，"民族精神"。而正因"一般法确信"的形成形态是直接的感受、看法，因此，其形式是比较具体的、典型的生活形式、生活关系，质言之，诸如婚姻、土地财产权等"法律制度"。在此阶段，由民族精神构成的法律制度才是萨维尼所认定之法律发展的出发点。不是由法定规则出发，依其脉络关联来组成法律制度，毋宁应由法律制度出发来掌握法定规则。再者，法律制度不论就其各构成部分的相互关系，或就其本身具有之持续发展的特质而论，都展现有机的特质；因此，对于法律制度就必须直接观照生活关系以认识法规范的方式来掌握。法律规则必须透过法律制度的直观，以及进一步的抽象化来取得。

在《现代罗马法体系》一书中，萨维尼处理了德国法学家当代仍然作为私法总则的大量论述：法律渊源学说、法律行为学说和主观权利学说。值得注意的是，萨维尼在该书中权威地确定了国际私法在其早期阶段的发展。在《现代罗马法体系》一书中，有两点值得我们特别注意：其一，萨维尼这部著作由于对渊源采取了有所裁减的特殊论述，尤其是对《学说汇纂》。其二，他从这些渊源中创制出一套体系。该书讨论了私法规则及其基本的法律制度，但在这些论述中，萨维尼并没有讨论个别规则，而是有序地考察了那些基础性实质问题。

在萨维尼看来，法律制度只能作直观的整体理解，而不能以科学的方式来掌握，概念式的思考只能运用于——以形式逻辑来把握的——抽象的法律规则。从总体上来看，萨维尼的历史法学包含体系（逻辑）以及历史（有机）两方面的因素；但是令人遗憾的是他未能清楚厘清两者的关系以及彼此在方法论上的相互影响，因此，其后续的概念法学即转而倾向片面强调体系（逻辑）的因素。在方法论上，萨维尼从很早就开始将体系化方法用于法律制度的研究。1803年的《论占有权》就是一个成功的范例。这本将历史方法与体系化方法完美结合的专著使他得以进入一流法学家的行列。进入其学术生涯的中后期，体系化方法在其法学方法论中的地位变得愈加重要。在其1803年的讲义中，法学的三种绝对方法依次是解释、历史、体系；到了1809年的讲义之时，体系化方法取代历史方法成为第二种方法；而当时间来到1819年时，这三种方法的顺序完全颠倒过来，变成：体系、历史、解释。在其晚年巨著《现代罗马法体系》中，体系化的方法被发挥得淋漓尽致。我们可以先对体系化的方法作一个简单考察，这可以让我们通过理解这种方法而抓住萨维尼在《现代罗马法体系》一书中的方法主线，以使我们对此书有一个更清晰的把握。

萨维尼在《现代罗马法体系》的前言，就已经对体系化方法在这本书中的地位及其功能作了一个概括性的论述。在他看来，批判性是该书的主要品性之一。这种批判性主要存在于通常人们所意识的"正确"与"错误"的简单对立已经不足以证成实在真理的场合。这时的真理很多情况下取决于我们的确信程度。在面临与我们不同的观点时，如果我们发现此种观点确实存在着逻辑错误、事实上的无知或甚至采用了鄙俗粗陋的方法，我们当然可以果断地对其加以责难，此时，一种完全的确定感将会伴随着我们的信念。然而，实际上在很多情况下我们根本不能如此轻易地完全否定他人的观点。我们在多数情况下只能满足于不同程度的可能性，而在此种情况之下对这些程度详加确认，是法学研究的科学价值与伦理价值之所在。他人的观点虽然可能属于相对真理，但是我们可能会将其当作明显的谬误予以否定，然而忽视了其中可能包含一定的正确因素，只是由于处理不当或片面夸大才使其成为错误。实际上，把这些正确因素从错误观点中分离出来并加以认可是很有必要的，它有助于在无偏见、诚实的对立方之间形成相互理解，从而使争论获得最完全、最令人满意的解决，此途径对问题的解决将更为妥帖，矛盾将在更高的统一性中得以消解。

在萨维尼看来，体系化是实现上述目标的最佳形式：我们可以认识、描述法的内在关联或亲缘关系，从而借此把法律概念与法律规则连结成一个高度的统一性。在日常生活中，法的亲缘关系通常是隐蔽的，深入其中对它进行发掘可以丰富我们的洞见。与此同时，萨维尼认为它还具有多样性，如果我们对其观察的视角越多，那么我们获取的洞见就越完备。对相关概念的抽象及其划分是体系化的形式因素。萨维尼既不赞成穷尽一切可能的划分，也不同意一味地排斥划分。在他看来，为了更清晰、更深刻地理解法律制度，应当按照其特有的性质进行概念划分。如果法律制度的概念在其深层本质中蕴含着矛盾，就必须在对概念作一般性阐述的同时对其进行适当地划分，如此方能更为明晰的揭示、表达此种矛盾。

尽管萨维尼在以上论述中没有用清晰明确的语言对批判性与体系化之间的关系进行直截了当的描画，我们依然可以读出其主旨所在：批判性意味着法学具有辩证性——在这方面，萨维尼似乎受康德的影响。对于法的真理，只能在绝对正确与绝对错误之间进行辩证地把握，在这个区域内分布着法的基本原理与原则。体系化就是把具备内在牵连性的规则整合成各个层面的统一性，直至法的基本原理与原则，这些基本原理与原则的辩证关系可以包容法体系内的各种矛盾，同时也给法学论争提供了通往相互理解的可能性。这样，批判性就被纳入法的体系化框架之内，批判性、辩证性与体系性由此走向统一。

在《现代罗马法体系》第一编第一章第四节，萨维尼对法律关系作了简要论述。在他看来，在现实生活中我们被一种法律状态（Rechtszustand）包围。在这种包围里，首先展示给我们的是个人所拥有的权利：这是一个基于我们的同意由其意志进行支配的领域，我们通常称之为主观权利。在萨维尼看来，权利这一事物的产生，需要一个深厚的基础，这个基础便是法律关系。权利这一概念只不过是通过抽象之后，从法律关系当中分离出来的一个面相而已。法律关系这一概念本身是一个有机的整体。法律关系的这种有机性表现在两个方面：其一，在这一概念的内部表现出了各个组成部分之间的互相依赖和互相制约的关系。其二，这个概念的存在本身表现为发展性，也就是在法律生活中出现的法律关系的产生与消灭。在这里，萨维尼一如既往地使用了历史与体系相结合的方法，分别从时间维度与空间维度把握法律关系，从而把法律关系视为一个具备历史性的体系。

在萨维尼的观念里，法律关系之活生生的结构是法律实践的精神要素，法官对个案作出的判决，必须要建立在对法律关系各要素进行整体性观察的基础上，正是这个要求，使得法律职业得以区别于机械过程。在探讨法律关系之后，萨维尼转向法律制度。对此他认为，只有当法官把案件事实与一般性的规则联系起来之后，才能够针对某项权利作出判决。这种一般性的规则通常被称为绝对法或客观法，它包含于制定法中，从而具备可见的形态。个案判决具有限定性与非自主性，它必须从法律关系的观察中寻求活生生的根基与说服力。与此相似，法律规则也能够从法律制度的观察中找到深厚的基础。法律制度是一个具备体系性与发展性（历史性）的有机整体。通过深层次的观察，人们可以发现每个法律关系其实都处于一个相应的法律类型之下，并受到这种类型的支配，就如法律判决受法律规则的支配那样。在这两种隶属关系之中，第二种隶属关系取决于第一种隶属关系。

根据这样一个基本结论，萨维尼对法律判决（针对权利）、法律关系、法律规则、法律制度的相互关系做了设定，他在这四者之间建立了一个四边形结构。他所建立的这个四边形结构是一个动态的系统，一方面，针对某一项权利的判决以法律关系为基础，并且这种判决最终扎根于法律制度；另一方面，该判决须从法律规则那里获取效力，最终也需要溯源于法律制度。在这里，显然法律制度是这个系统的中枢，它的任务在于透过法律规则向蕴含于法律关系之中的权利输送正当性。作为个体的权利判决与作为个体的法律规则存在对应关系，然而这只是一种表层现象，在其后面深藏着另一种对应关系：作为整体的法律关系与作为整体的法律制度之对应。法官唯有洞见这种深层次的对应关系，在整体性的观照之下才能使其判决获得正当基础。

在萨维尼看来，不仅这些法律制度本身是一个有机体系，而且所有的法律制度都联结起来，最终成为一个更大的有机体系——法律体系。这样，这些众多的微观的四边形结构就组合成一个立体式的结构。萨维尼认为，唯有在法律体系的整体关联之中，法律制度才能被完全理解。虽然表面看来，在法律体系与单个法律关系之间存在很大的间距，但差别只存在于程度，本质总是相同的。这句话的意思是想说明：只要法官判决之时把法律关系纳入法律体系的整体关联中，并以此为依据，那么对此作出的判决就不会偏离法的本质要求或基本理念，只不过在妥当性程度上可能存在差别而已，这种差别只是程度上的偏差，而不会涉及本质上的区别。

在《现代罗马法体系》第二编第一章，萨维尼承接上文，继续对法律关系的本质及其分类作更为详尽的论述。他认为，法律关系是指由法律规则予以确定（规定）的人与人之间的关系，其实质要素是当事人之间的事实关系，形式要素是法律的规定，它使得事实关系升格为法律形式。法律关系的本质是个人意志独立支配的领域。在此要弄清楚法律关系的类别，首先得探讨意志支配的客体或者说对象，然后才能据此对法律关系进行分类。在他看来，意志首先可以作用于主体自身，其次可以作用于外部世界。显然，外部世界有一部分是不自由的自然，另一部分是与意志主体具有同一性质的存在，也就是"他人"。因此，从纯逻辑的角度看，意志支配之客体的三种基本类型是：主体自身、不自由的自然、他人。于是乎，由这三种客体产生了法律关系的三种基本类型。

他是这样来分别看待这三类客体的：对于第一种客体，萨维尼认为，人对其自身拥有一种天赋的权利而且这种天赋权利是终生不可剥夺的，它是其他任何权利的基础与前提。虽然这种天赋权利的存在是不容置疑的，但是在实际中，实在法没有必要对其加以确认与界定，否则就显得多余且令人迷惑，况且，在实在法中已经有很多具体制度以保护这种权利为目的，比如刑法中的很多规定，民法中的名誉损害救济规则，旨在反欺诈、反胁迫的保护性规则，等等。对于第二种客体，萨维尼认为，人不可能把不自由的自然作为一个整体进行支配，只能支配所能支配的特定的空间单元，那就是物，由此在他的理论中产生了这种针对物的法律关系——物权。对于第三种客体——他人，萨维尼认为以此为客体的法律关系可以细分为两种：第一种是债权关系。在此种关系中，权利人并不是把义务人当作物来支配，权利人支配的对象仅仅是义务人特定的行为，该行为将被排除在义务人的行为自由之外。物权关系与债权关系使权利人的力量得以延伸至其自然本质限度以外的外部领域，从而支配他人的行为。这两种法律关系统称为财产，用于规范它们的法律制度统称为财产法。另一种以他人为客体的法律关系是家庭关系。在这种关系中，个人不再被视为相互独立的封闭性存在，而是家庭这个有机整体的肢体，作为独立个体之个人的不完整本性在此得以相互充实。家庭关系具体包括了婚姻、家长权与亲属关系。按萨维尼的见解，家庭关系与财产关系在很多方面是紧密相连、互相联系的。其中比较典型的是继承权，它是财产权在自身范围内的进一步发展；因权利人死亡而导致财产移转主要是基于近亲属关系。这种近亲关系体现了以种嗣繁衍为基础的个性延续过程，财产在本质上是个人力量的拓展，从这个角度看，当财产权人死亡时，由延续其个性的近亲属继承其财产是顺理成章的。

此后，萨维尼再次论及法律制度。他认为，与物权关系、债权关系、家庭关系、继承关系相对应，存在物权法、债权法、家庭法、继承法这四种法律制度。值得注意的是，萨维尼在此的划分标准与此前有了不同。此时在他看来，客体标准仅适用于财产权的划分，而不适合于家庭法。正如此前所述，个人是家庭这个有机体的肢体，因此家庭关系的本质属性是成员之间的人性互补，而不是相互支配。从这个角度来看，客体不能作为整个法律体系的基础。真正的基础在于权利人的状态，其权利是一般性地指向任何人，抑或仅指向特定的人。据此，可把法律制度归为两大类：第一类是物权法和继承法，它们都涉及可对抗任何人的权利；第二类是家庭法与债法，它们涉及可对抗特定人的权利。萨维尼认为，这四种法律制度的最佳顺序是物权法、债权法、家庭法、继承法，因为家庭法中的财产制度以物权法和债权法为前提，而继承权又以家庭关系为基础，在这四种制度之前，应该设立一个总则，用于解决一般性的共同问题。

至此，萨维尼确立了完整的现代罗马法体系。在萨维尼构建这个完整体系的过程中，我们可以找到其最深厚的根基，那就是法律制度与人之本质的有机联系。通过这个联系我们可以清晰地找出萨维尼的罗马法体系之主要脉络，同时也正是这种联系赋予其体系以灵魂与生命。法律制度与人之本质的联系需要以法律关系与法律规则为媒介。萨维尼与那个时代很多学者一样，认为伦理上的人之本质理解应该是自由意志，同时，人类社会在自由意志的外部化过程中产生了事实性的社会关系，这些社会关系在法律之中由于受法律规则的规范从而具备法律属性，成为法律关系（内含主观权利），而这些法律关系可以归结为若干类型，与此相应，法律规则也组合为若干类型的法律制度，进而形成一个法律体系。个人自由意志、法律关系、法律规则、法律制度、法律体系形成一个逐步抽象的线性结构，而法律关系之间、法律规则之间、法律制度之间则是环环相扣、互相勾连，形成一个网状结构。这样看来就可以说，法律体系就是一个同时具备线性结构与网状结构的形体，这个形体建立在对人的本质进行洞察与理解的基础之上，正是在洞察与理解的过程中产生了法的基本理念与原则，从而也产生了法律体系的灵魂与生命。也正是在这个意义上，萨维尼才会认为法律体系具备有机性与哲学性。

实际上萨维尼之所以关心罗马法，并不是因为它的实用性，而是因为它是古典式的清晰庄严与优美。他研究罗马法的各阶段，视其为欧洲文化基本秩序的反映。它赞赏古典时期罗马法学家的卓越典范，不仅认为他们的作品有重大的历史贡献，甚至认定他们表达了超越历史局限的法律真理，因此才能逾千年仍被肯定、适用。之于萨维尼，罗马法根本就是欧洲文化世界的法制。他对于罗马法的维护，正是基于他对维护欧洲文化传统的责任感。

关于萨维尼，我们首先必须澄清一些长期以来的误解。其一，人们以往总是认为萨维尼反对法典编纂。在萨维尼所处的时代，他确实反对当时的德国编纂法典，但是其原因是萨维尼认为当时德国并没有编纂法典的能力，我们不能就此说萨维尼本人反对编纂法典。其二，人们往往把萨维尼斥为"民族精神"论和习惯论者，甚至由此将其斥为保守主义和反动主义加以批判，这种认识并不符合萨维尼本人的学术观点，萨维尼在其著作中强调民族精神的同时曾多次反复明确指出要明确法学家在立法中的作用，甚至把这种作用视为法律的"双重生命力"之一。萨维尼所要求人们注意的是，法不外乎是民族历史发展中"永远不会消失的社会历史整体的一部分"这一重要历史因素，否则的话，法将由于失去其所应包含的历史"必然因素"而陷入"普遍理性"之中，重蹈自然法理论之覆辙。萨维尼其实是将法作为一个历史过程来考察，重视法中所包含的历史必然因素，采取了一种历史研究的方法。

我们可以说，弗里德里希·卡尔·冯·萨维尼是他所处的时代影响最伟大的法学家和法学教师。在后来的岁月里，不管是在法学还是在法律实践或者立法中都有他留下的痕迹。他的学说在当代虽然扮演着无关紧要的角色，但他的遗产对于德国法以及国家法都具有重要意义。萨维尼在当代不仅仅是作为历史法学派的创始人而著名，他还经常被称为现代法学的缔造者。尽管欧洲法学被分为各个国家的法学，但萨维尼的思想涉及了整个欧洲。他划定了法国民法典的势力范围，并且继续遵循罗马法这一基础，这一点不同于大多数其他大陆国家。萨维尼起决定性作用并参与形成的学说汇纂法学在后来对其他一些国家立法起到了作用，这里仅举出以下例子：奥地利、瑞士、意大利和所谓的斯堪的纳维亚法学。萨维尼从开始就运用了将"历史的"方法和"体系的"方法结合起来的思路，他是第一个发展出体系化的、内容广泛的方法的人。与此同时，围绕思考法律关系的重要特征，他扩大了对符合历史的法学的理解，这种法学同时也就超出了单纯历史科学的范围并形成一种区分，法学作为一门学科就是建立在其独立性基础上的。

虽然今天几乎任何一个图书馆都有萨维尼的作品，但除了总结 19 世纪之外人们已经很少再使用，我们当代的私法学已经有了更多基础。虽然没有发展史的基础知识就不可能对法有科学理解，但萨维尼的见解好像对于今天几乎没有任何或者偶尔才具有意义。但是，我们不能忽视的是，在国际私法和中世纪法学史中，萨维尼的作品迄今当然仍属于直接的基础文献。除此之外，当代法学方法论上的许多基础要归功于萨维尼的创造和活动。除了关于法律体系的建构之外，他有关各法律制度的学说仍然具有意义。同样还包括解释问题、抽象化和简约化的方法以及法律规定类推适用的可能性等。经由他所创立的法律行为学说、代理学说、意思表示因错误而撤销等学说迄今仍然为人们所承认。萨维尼在研究中将法作为一个历史过程来考证，其独具一格的方法影响深远，包括我们即将探讨的梅因，也正是受到了萨维尼方法的影响，对其学说进行了继承和发展，推进了历史法学。

第三节　梅因和他的《古代法》

一、梅因生平

亨利·詹姆斯·萨姆那·梅因（1822 年~1888 年）爵士是英国著名的法律史学家，是历史法学派在英国的重要代表与集大成者。1822 年 8 月，梅因出生于英格兰累顿附近，早年就读于基督慈惠学院，后就读于剑桥大学彭布鲁克学院学习法律。1847 年~1854 年在该校教授民法，1850年取得律师资格。两年后，他在伦敦的 4 个律师学院教授罗马法和法理学，1862 年~1869 年他前往印度担任总督府参事室参事和印度事务大臣参事室参事，曾经参与编纂印度法典。由于对印度古代法的深入了解，他回到英国之后担任了牛津大学法理学讲座的主持人、牛津大学三一学院院长和惠韦尔讲座国际法教授，直到 1888 年去世。

梅因

梅因一生除参与教学和实际法律工作之外，绝大部分的时间和精力都用在了对法律史的研究当中，他对雅利安民族的不同分支罗马人、英国人、爱尔兰人、斯拉夫人和印度人的古代社会的风俗、法的起源及法律制度进行过深入系统的比较和研究。他是近代法律史学科和比较法学科的开拓者。梅因生活在一个进化论流行的年代,1859 年,在《古代法》之前两年,达尔文出版了《进化论》。这是人类史上最具影响力的著作之一,甚至在某种意义上是梅因写作《古代法》的一个"智识推动力",使他这本书具有明显的进化论风格。梅因在《古代法》中运用历史方法提出了法律进化论,这一进化论的成就路径是:"尽管其时空的距离足以排除外来启示的可能性,但所有制度的成长模式还是表现出统一性。他的理论根基建立在对当代印度本土制度,以及罗马、希腊、圣经和其他古代法(包括爱尔兰的古代法律)的某种程度上的了解上,并首先提出了如下观念:只要谈到法律史,所有类型的社会都倾向于经历同样的阶段。"[1]在这本著作中,梅因的历史方法不仅适用于一般法的进化,而且适用于实证法领域的各个部门,并且,他认为达尔文从自然科学领域对进化论提供了证据。梅因在对法律的研究中在两个方面受到了德国历史法学派的影响:一是把法律当做一个发展的过程来考察,二是把法律与一定的社会历史联系起来考察。这种发展和历史联系的观念充溢着梅因的研究之中。梅因虽然承袭了德国的历史法学,但是更多的是发展,这种新的发展使他的历史法学充满了新的生机。

梅因一生著述颇丰,主要著作有:《古代法》(1861 年)、《村落共同体》(1871 年)、《古代法律史》(1875 年)、《古代法与习惯》(1883 年)、《平民政府》(1885 年)等,其中《古代法》影响尤为深远,此书中有一个重要命题:所有进步社会的运动,迄今为止,都是一个从身份到契约的运动,这个命题后来为人们广泛接受、广为流传,影响甚远。虽然在《古代法》中的一些结论被人们认为有缺陷或者论据不足,但是正是此书以及续集使他名声大震,并一举奠定了他晚期历史法学派代表人物的地位。

二、梅因的《古代法》

梅因的贡献当中,最为重要的在于他关于法律的起源与发展的理论当中。在《古代法》的自序中明确地提出,研究古代法的目的在于说明反映在古代法当中的人类最早的某些观念与现代思想的联系,在于解决现实问题。在这种认识之下,梅因在他的具体研究中有了明确的目的,他在研究之时既能在具体经验的基础上得出系统的、具有文化学意义的结论,又能对法律制度及其历史进行把握,指出具有历史联系的规律。同时,梅因认为对法律的研究不能局限

---

〔1〕 [爱尔兰] 约翰·莫里斯·凯利:《西方法律思想简史》,王笑红译,法律出版社 2002 年版,第 311 页。

于现行法律，还应该用比较的方法在详细研究之后得
出法律发展的原理。因而，在其研究法律之时，取材
绝不局限于法律，还对史诗、剧作和宗教经典及法学
著作无不涉及。[1]

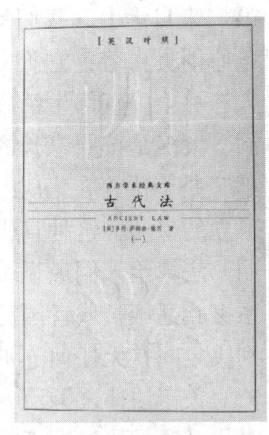

梅因首先从罗马法以及荷马诗篇入手，理出了大
概的法律发展路径，他认为法律之发展经历了从地美
士第[2]时代到习惯法时代，最后到法典时代的过程。
梅因认为，要弄清楚罗马法成文法的传统与英国不成
文法传统之间的差异，就有必要通过一种历史研究的
方法，以此来明确法律概念的早期形式。在他看来，
人类早期的法律基本观念对于法学家来说，就如同原
始地壳对于地质学家一样重要。在人类的早期法律观念中，已经包含了后来法
律的一切形式。

人类最早的法律概念，是一个被称为"地美士第"的有人格的神。地美
士并不是法律，而是一个个单独的判决。他以印度等东方国家和西方的罗马
人、英国人、爱尔兰人等古代历史的实际为证明，提出最初的法律不是来自
"主权者的命令"，事实上社会制裁本身是由风俗、习惯以及各种意见、信仰、
宗教观念等多种因素所决定的一种十分庞杂的混合体。在初期，既无主权者，
亦无主权者的命令，在人类的初始阶段不难想象根本没有任何种类的立法机
关，或者明确的立法者。他认为法律的缘起应当追溯到古希腊的父权时期，在
他看来，人类的初始时代不存在法律，而所谓的"地美士"只是人的一种活
动而已。他说："人们对于持续不变的或定期循环发生的一些活动只能用一个
有人格的代理人加以说明。"[3]随着神圣化的开始，这样吹着风的当然是一个
人，并且肯定是一个神圣的人，故此，自然界中风有风神、雷有雷神、日月亦
有神；自然界中已然如此，道德领域中同样如此。梅因说："当国王用判决解
决纠纷时，他的判决假设是直接灵感的结果"，把司法审判交给上帝的神圣代
理人，"万王之中最伟大的国王，就是地美士"。[4]他认为"地美士第"（地
美士之复数）意指解决纠纷的审判本身，是神授法官的。在国王的手中，拥
有极为丰富的地美士第，可以随时应用。故此，梅因指出："我们必须明白了
解'地美士第'并不就是法律而是判决。……但是，虽然始终相信'地美士

---

[1]　刘全德主编：《西方法律思想史》，中国政法大学出版社1996年版，第109页。
[2]　此乃音译，Themis，"地美士"意为正义女神或司法女神，"地美士第"乃是复数形式。
[3]　[英]梅因：《古代法》，沈景一译，商务印书馆1984年版，第2页。
[4]　[英]梅因：《古代法》，沈景一译，商务印书馆1984年版，第3页。

第'来自天上,我们却并不能就假设在多个'地美士第'之间,有着任何一条原则贯穿着;它们是分别的、单独的判决。"〔1〕在事实中,古代社会的个人,一生一直都生活在族长或国王的控制之下,人们的行动并非由法律来控制,大多是按照家长的要求和国王的意志来行事。因此梅因才指出,"地美士第"是判决,在当时与这一事物相近似的是命令而非法律;命令所宣告的是孤立的事实,这种宣告不一定会按照一定的顺序与另一顺序相连;法律与之不同,法律给人们最显著的特征就是人们无差别的一律遵守。"判决"是源于父系家族之族长或者国王的一种决定,而不是法律,与其他原则并无任何联系,判决之间并无任何连贯性,故此,它只是法律之萌芽,是法律之起源。

关于法律之源流,梅因认为在英雄时代的文学已经告诉我们,最初在英雄时代,法是通过国王,以神授的名义作出判决的形式来发挥作用的。也即荷马史诗告诉我们的法律发展的萌芽,一种是"地美士第",另一种是在稍微发展的"达克"的概念中。如前所述,这种判决并没有形成一般规则,甚至可以直接来自于国王的灵感。随着时间流逝,王权神圣不可侵犯的形象逐渐淡漠,逐渐的,王家的权力因一系列世袭国王中产生了柔弱无能的人而开始削弱,并终于让位于贵族统治。梅因说:"在一个英雄国王历史时代的后面跟着来了一个贵族政治的历史时代,这样一个命题可以被认为是正确的,纵使并不对于全人类都是如此,但无论如何,对于印度——欧罗巴系各国是一概可以适用的。"〔2〕当时间进入贵族时代之后,法逐渐从判决(地美士第)的形式转化为习惯法的形式。贵族作为法律的受托人和执行人,却不对每一个判决都视为出于直接的神示。在实际行使权力的过程中,他们会运用一些为特权阶级所秘藏的习惯法规则对纷争进行判决。在这个时代,法律为少数人所垄断。但是当文字发现并传布后,同时加之公民对贵族独占法律的不满和反抗,法典的时代便到来了。在希腊、意大利、西亚等诸多地方,法典随处可见,这些国家里,人们把范例铭刻在石碑上,向人民公布,以代替一个单凭有特权的寡头统治阶级之记忆的惯例。这类法典的成功之处并非在于其分类之均匀,而在于其为公众所知,通过这些,人们将知道应该做什么和不应该做什么。其实在西方的每个共和国初期,都创立了相应的法典,罗马有十二铜表法,希腊有梭伦的阿提客法典、德里科法律。这些法典当中混杂了宗教的、民事的甚至仅仅是道德的各种命令。在东方各国中,编制法典的行动要比西方各国迟得多。在所有这些法典中,最为著名的范例是在古罗马法典中的"十二铜表法"。法典的意义在

---

〔1〕 〔英〕梅因:《古代法》,沈景一译,商务印书馆1984年版,第3页。
〔2〕 〔英〕梅因:《古代法》,沈景一译,商务印书馆1984年版,第7页。

于，当一个社会的智力状态还处在政治和宗教义务不可避免地混淆在一起的时候，它的出现既可以保护这个社会免遭有特权的寡头政治的欺诈，又可以使国家制度不至于自发地腐化和败坏。最显著的范例体现在罗马法和印度法截然不同的命运上，因为罗马法有了法典，才避免了印度法那样不幸的遭遇。

　　法典时代到来之后，法律乃至整个社会的发展又将进入怎样的运行模式？在梅因看来，法律成为法典之后，其自我发展便告以结束。自此以后，如果说有什么因素对它有着影响的话，便都是有意的和来自外界的。法典时代开启之后，一切都不同于原始社会了，静止的社会和进步的社会之间的不同也由此显现出来。在极端少数的进步社会中，法律进一步向前发展，而在大部分静止的东方社会，法律的发展陷入了停滞。"不是文明发展法律，而是法律限制了文明"[1]，印度如此，中国也是如此。梅因认为，在人类民族之间，静止状态是常规，进步恰恰是例外，因为法律是稳定的，社会也是需要稳定的。法典时代在以一种全新面貌取代由少数人垄断法律知识的习惯法时代的同时，也正以一种公开的、稳定的、向民所昭告的方式约束了它自发发展的可能性，它从开始的自发发展转向依赖于外界需求的变更。这种变更其实基于一种要求改进，其本身是一种有意识的愿望。这种愿望在起初法的发展中是无法发掘到的，因为在初期基于家族本位思想的主宰，处于家族之中的成员没有深刻地认识到"个人本位"的观念。在这个时期的人们基于一种"人格状态"也即"身份"确定他们的基本权利和基本义务。正如我国学者夏勇在《中国民权哲学》中曾指出的那样："在中国传统的社会里，个人对自己资格、利益、力量或主张的感知和要求限制在了一个较低的水平。"如果我们跳出"中国"的框架，可以发现这种对自己资格、利益、力量或主张的感知和要求，无论在何处都会是必然存在的，只是在水平高低上可能存在着差别。在身份社会中，个人对资格、利益、力量或主张的感知和要求皆以所属的家族为归依，因而个人的这种感知和要求被限制在一个很低的水平。当法律发展到法典时代的时候，就如上文所提的一样，从习惯法时代进入法典时代的原因除了文字的出现以外，还有公民对贵族独占法律的不满和反抗，此时人们的这种感知已经得到了有效地膨胀。这种不满和反抗便是公民个人意识觉醒的有力证明。但是，实际上这种来自社会发展的，有意识的要求改进愿望会或多或少地走在"法律"的前面。这便形成了梅因所提到的"缺口"。梅因认为，法律是稳定的，而实际上社会是进步的，人民幸福的或大或小，则决定于缺口缩小的快慢程度。

　　时代前进到这里，便出现了如何缩小缺口的问题，即，使法律与社会相协

　　　[1]　[英]梅因：《古代法》，沈景一译，商务印书馆1984年版，第14页。

调的媒介是什么？按照梅因的看法，这些手段有三："法律拟制"、"衡平"和"立法"。这三种方式在不同的时代有着它们特有的作用，它们或许可以两个同时进行，或许可以少其中一个，但可以肯定的是，它们之间的这种顺序是不可能颠倒过来的，它们将按照这种顺序发挥作用："法律拟制"、"衡平"、"立法"。法律拟制要比罗马诉讼制度中的拟制概念更为广泛，它指的是对原有法律在形式上或字面上保持不变，而在实际运作中却会以一种假设或者隐蔽的手法改变法律的规定。梅因说法律拟制"掩盖或目的在掩盖一条法律规定已经发生变化这一事实的任何假定，其实法律的文字并没有被改变，但其运用则已经发生了变化"。[1] 在历史上，英国的"判例法"、罗马的"法律解答"都是以拟制为其基础的。在这两种拟制的背景中，法律早已发生了变化，但是拟制的作用使他与原来并无不同。在某些特定的社会阶段，法律拟制的出现，使人们能够克服法律之严格性，作出权宜和变通。例如收养的拟制，使人们通过这一制度人为地创造出了血缘关系。各种不同形式的拟制，特别适合于社会的新生时代，其原因在于它能满足并不十分缺乏的改进的愿望，而同时又可以不触犯当时始终存在的、对于变更的迷信的嫌恶。在梅因看来，在社会进步到了一定阶段时，它们是克服法律严格性最有价值的权益办法。由是观之，梅因认为的法律拟制的价值，是与它所处的时代有很大关联的。因此梅因认为无论是当时边沁一味对法律拟制的嘲笑谩骂，还是有些理论家希望将其在英国的制度中固定下来都是一种愚蠢，当时的英国法律是注重匀称分类的，而法律拟制恰恰是这种目标实现的最大障碍。由于法律拟制在形式上是保持不变的，但实质内容却以一种假设或者隐蔽的手法发生了变化，那么人们在归类的时候，究竟应该归于其真正的还是表面的地位？因此梅因认为，英国法要得到有秩序的分门别类，就必须剪除这些法律拟制。

在梅因看来，现在的人类已经不需要法律拟制这种较为粗糙的方式来达到所认为的有益的目的，法律能够用衡平的手段来实现与社会的同步。衡平是指同原有民法同时存在的某些规定，这些规定建立在某些个别原则的基础上，而这些个别原则由于其所固有的神圣性，使得它们能够替代民法。衡平方法建立在那些被一切法律都要加以遵循的原则的特殊性之上，这是一种对法律的干涉，但是这种干涉是一种可以公开的、明白的干涉，以此进行对法律的改造。这个阶段相对于上一阶段已经是一种进步，这种权力来源于原则的无上神圣性，虽然有些片面。这个阶段对于法律的干涉已经不同于拟制阶段，两者最大的区别便是：衡平能够公开、明白地干涉法律；而衡平也与立法有着很大区

---

〔1〕 ［英］梅因：《古代法》，沈景一译，商务印书馆1984年版，第16页。

别，衡平的权力基础并不建立在任何外界的人或者团体的特权上，甚至亦不建立在宣布它的官吏的特权上，而是建立在其他原则的特殊性上，这是所有的法律都应当加以遵循的。历史中衡平的例子使我们可以找到古罗马以裁判官法来补十二表法之不足，也可以看到英国用衡平法补普通法之所失。

立法则来自于立法机关。立法之所以有权威则是由于立法机关的权力，它的强制力与原则无关，尽管立法机关在制定法规的时候往往会根据衡平而制定。在理论上，立法机关有权把他所认为的所有适宜的义务都加到社会公民身上，甚至可以忽视舆论或者其他因素加诸它的压力。但是，对于立法机关来说，其最根本的要求还是要竭力维持法律与社会的平衡，此乃对于立法机关的根本要求，否则立法机关之存在就失去了其基本意义。立法与衡平方法最大的区别就在于，立法之权威来自于一个外界团体或者人，立法之强制力与其原则无关。梅因对于立法权非常重视，他认为立法权与法律一样，也是逐渐形成和发展的。他对边沁以立法促进社会改革的主张并不赞同，他认为一个社会的进步与该社会之文明的进步相联系。法律的进步与发展也离不开社会的文明和进步。在梅因看来，立法要考虑社会的整体发展情况，要慎重进行。梅因本人倡导不成文法和习惯法，反对成文法。

在我们所说到的这三种手段中，衡平的运用要依赖于一些原则的无上神圣性，这种神圣性实际上又和人们所说的某些"自然理性"有着密切的联系。这些自然理性同时又是"万民法"和"自然法"所依赖的因素。因此，我们可以看到，"衡平法"、"万民法"、"自然法"之间必定存在着一些联系。衡平法正如上文提到的一样，是作为协调法律与社会之间关系的一种手段而出现的。但是如果从法律发展和人类思想发展的角度来看待它，我们可以说它所发挥的作用远超过了它在当时作为协调手段所产生的时代性影响。在梅因看来，他认为罗马的"衡平法"对人类思想有着深远的影响，在某种意义上说，它是通过人类思想严重地影响了人类命运的那几种概念的根源。这几种概念即包括了"万民法"、"自然法"这些与自然理性相联系的因素。

在历史上，罗马人对"万民法"的出现是抱着一种无奈的心态的。其原因有二：其一，在脆弱的古代社会，轻微的骚动就会有被颠覆的危险；其二，罗马人从来就没有完全忽略过贸易，尤其是对外贸易的重要性。因此，一方面是自卫的本能，另一方面是促进商业的需要，罗马人必须想出某种方法来安排外国人的权利和义务。但是，由于他们对自身身份的看重和对帝国荣耀的无比自豪，使他们一方面轻视所有外国的法律，另一方面又不愿意将其本土的"市民法"的利益给予外国人。因此他们就想出了这样的办法：将古意大利各部落中的各种习惯共同要素综合起来，于是就形成了"万民法"。

　　罗马人自然不爱"万民法"，这是因为此制度是来自外国人的制度。并且此制度是为了外国人的利益而制定的，因此必须在他们的思想中进行一次彻底的革命，方能使他们重视"万民法"，而这场革命在历史中真的不期而至了，那就是当希腊的"自然法"理论被介绍到罗马之时诞生的高度哲学威望。

　　与此同时，通过原来意义上的"衡平"，旧的"万民法"和"自然法"实现了接触和融合，首先，"万民法"的特点通过衡平而表现出来。一方面取决于内容，另一方面"万民法"模糊了许多概念之间的差别，以致这些概念之间界限不清，这便展现出了"万民法"相对"自然法"的不同。其次，通过"衡平"，罗马人开始感受到自然法与罗马民族的联系。因为当"衡平"一旦被理解为具有希腊理论的含义时，从希腊平均观念中所发生的各种联想便开始环绕在了衡平的周围。而这种联想便是罗马人对假想中的自然状态第一次和最鲜明的感受。

　　在梅因看来，虽然自然法的理论进入罗马，并真实的影响和改变了罗马的法律学，但是这种理论却不具有哲学上的正确性。梅因对自然法的批判是显而易见的，尤其是自然法的"非历史性"和"纯理性"是梅因批判的重点。实际上，以自然状态的假设为基础的哲学是"历史方法"的劲敌。我们可以看到，自然法从法律学的领域中排除了历史的考虑，这将使它陷入一种根本的谬误；假若以自然法为立论基础，当然能够得出一些理所当然的推论，但是，事实情况并非每每与这些推论相符，而且梅因通过探寻史实，举出了许多活生生的反例，说明它的非历史性。在事实中也是如此，凡是似乎可信的和内容丰富的，但却绝对未经证实的各种理论像"自然法"或"社会契约"之类，往往为一般人所爱好，但是却很少有人踏实地研究社会和法律的原始历史，而是将注意力一味贯注于这些理论，而实际上这些理论不但使注意力离开了可以发现真理的唯一出处，并且当它们一度被接受或相信以后，就有可能使法律学以后各个阶段都受到其最真实和最大的影响，甚至将会模糊了真理，这是自然法的纯理性所带来的危害。

　　如果追究自然法出现这种状况之原因的话，我们可以说"自然法"的"纯理性思想观念"是"因"，而自然法的"非历史性"是"果"。其实正是因为纯理性思想观念的影响，自然法理论才很少能够踏实地采取经验观察的方法来认真研究社会和法律的原始历史，以对其进行历史性的论证，这种方法最终导致了"自然法"的"非历史性"。

　　梅因本人对自然法理论持否定态度，实际上，梅因对于自然法的批判也被认为是自然法学派所遭遇到的第一次有力攻击。梅因对自然法理论持明显的否定态度，他认为自然法是一种浪漫主义的先天假设，自然法之理论实际是一种非历史的、先验的和形而上学的理论。梅因认为，这一理论在欧洲的广泛传播是有着其自身的历史和逻辑基础的。梅因又从方法论的角度出发，认为自然法理论是对历史研究方法应用的一种极大妨碍。梅因本人虽然对自然法理论进行了深刻批判，但是他并未否认这一理论在历史上和当时所发挥的重要作用和影响。梅因对自然法理论的批判主要针对的是其反历史和非先验之性质，并不排斥其在现实当中发挥积极作用的原则。

梳理了法律发展的历史轨迹，并且对罗马法哲学理论有了一定的了解后，梅因的视角再次回归到原始社会，并且展开了他"从身份到契约"的经典论证。

在梅因看来，进步社会在运动和发展过程中，其特点是家族依附的逐步取消以及代之而起的个人权利义务的增长。个人不断的代替家族而成为民事法律考虑的主体。梅因首先为自己的研究确立了获取证据的途径，他首先提出，以往被认为是科学的东西实际上绝大部分只是人们的一些推测，随后，他对自然状态学说、孟德斯鸠及边沁的观点从不同的角度进行批判。在梅因看来，研究人类社会，可以通过三种依据来探究社会状态的雏形：第一种是观察者对于自身同一时代较为落后之社会的研究；第二种是对有史料所记载之古代社会的史料研究；第三种是古代的法律。在梅因看来，第一种的可信度最强，但是由于文明人可能会对野蛮的邻居有一种傲慢的心态，因此这样的依据往往很少。第二种数量较多，但可信度却较低，因为在很多历史记载中都歪曲了史实。这三种途径与前两种途径比较起来，只有古代的法律没有发生过毫无根据的或合理的疑虑，因此能够带给我们非常值得重视的材料。

当确定了获取证据的途径后，梅因就开始对原始社会着手研究。首先他认为从比较法律学中所获得的证据可以确立关于人类原始状态的宗法理论。这种理论是以亚细亚希伯来族长制的圣经史为根据的，但是不能因为它和圣经有关系就要遭到反对。接着再对圣经、奥特赛等资料进行分析研究，从而得出结论：认为在古代社会，其特点是"家族"这一形态。随后再着重以罗马法为例，在罗马法中，以"家庭"为中心，论述了父权、宗亲、血亲、妇女的权利与义务、监护制度、奴隶制度等重要内容，向人们呈现了一个以"身份"为纽带的原始社会。据此，梅因认为，所有进步社会的运动有一点是一致的，那就是，在运动发展的过程中随着时间流逝而发生的变化是家族依附的逐步消灭以及代之而起的个人权利义务的增长。在"以前"，人的一切关系都被概括在家族关系中，把这种社会形态作为社会研究的一个起点，从这个起点开始，人类作为一个整体在不断向一种新的社会秩序移动，在这种社会秩序中，所有这些关系都是因个人的合意而产生。无论是奴隶与奴隶主之间，还是父权下父与子之间，他们的身份都发生了变化，在新的社会形态之下，这些身份都消失了。不难发现，正是个人与个人之间的"契约关系"，逐步代替源自"家族"各种权利义务上那种相互关系的形式。最后梅因提出用"身份"一词来有效地制造一个公式以表示进步的规律。这种"身份"起源于古代属于"家族"所有的权力和特权，它所表示的就是属于家庭中成员的人格状态。在"身份"和"契约"这两个要素都得以确定的条件下，梅因得出：所有进步社会的运动，到此处为止，是一个"从身份到契约"的运动。

作为历史法学派的代表人物之一，梅因的许多研究到目前为止仍旧是这一领域的权威。梅因本人用历史和比较的方法来研究政治法律的发展变化，对于英国政治法律思想的影响是相当大的。梅因的研究，一方面继承和发展了历史法学的传统研究方法；另一方面对自然法理论进行了有力的批判，在观念中明确了法律总是同各个国家和民族的历史发展密切相关这一观念。正是由于梅因的研究成果，使人们拓宽了研究的视野，明确了法哲学、法学的研究与其他各种社会科学的研究以及自然科学的发展是互为基础和条件的。

梅因的《古代法》一书，至今仍在世界法学拥有极其重要的影响力。正是基于梅因的研究，英国法学界才一改以往忽视甚至蔑视英国法律史研究的局面。在此书中，梅因对那些不科学的、缺乏批判的、被野蛮的但简略地称之为"先天主义"的很盛行的思想习惯，从未放松过批判和反对。梅因对英国人对于罗马法的"极端的无知"提出了批判。梅因在此书中采用的历史的、比较的和社会学的方法，为当时及以后的法学研究提供了全新的研究素养和角度，有力推动了19世纪的英国法学研究和法律改革，促进了两大法系的确立。

梅因对于法律之演化"从身份到契约"的观点，准确把握了19世纪之前人类社会演化的本质规律，他说"所有进步社会的运动，到此处为止，是一个'从身份到契约'的运动"，[1]尽管他加上了许多限制因素与说明，[2]但是这一观念仍旧引起了巨大争议，可以想见其思想的深远影响与人们对其的巨大关注。

---

〔1〕 ［英］梅因：《古代法》，沈景一译，商务印书馆1984年版，第97页。
〔2〕 例如梅因限制说，"身份"是指人法上的人格状态，即人的权利和义务，而且他把时间限定在19世纪之前。

第四节 穗积陈重和他的《法律进化论》

一、穗积陈重生平

穗积陈重（1855年~1926年）出生于日本四国伊予的宇和岛藩。他先入藩校名伦馆学习汉学、日本文化、英语、算术和柔道等。1870年被选入东京，次年1月入学。1874年开始学习法学。1876年8月入英国伦敦大学开始留学生涯。1879年，转入德国柏林大学，主要学习法理学、民法学等。1881年，穗积陈重返回日本，在东京大学担任法学教师，开授了日本历史上的第一次"法理学"课程。次年2月，他晋升为教授，并担任法学部部长。在此期间，日本也如同德国一样，经历了是否在当时制定统一民法典的争论，分为断行派和延期派，穗积陈重是延期派的代表人物。旧民法典被否定后，他又参与了明治民法之

穗积陈重

修订，并发表大量研究成果。1916年，穗积陈重成为枢密院顾问官。1925年出任枢密院议长，1926年4月去世。穗积陈重一生著述颇丰，主要代表作有：《法典论》（1890年）、《隐居论》（1891年）、《祖先崇拜与日本法》（1901年）、《法窗夜话》、《五人制度论》、《法律进化论》等。[1]

穗积陈重的观点倾向于历史法学派中的英国法学派。直到明治中期为止，日本法学的教育是以英国法和法国法为主。当时分别称学习这两种法的为英国法学派和法国法学派。前者主要倾向于历史法学理论和观点，后者主要倾向于自然法学派的理论和观点。穗积陈重在学术活动之中，设立了法学协会，该学会以东京大学为中心，以自由的观点研究法理，把法律理论与实务结合在一起，是穗积陈重学术生涯中对日本法学最大的贡献之一。

二、穗积陈重的《法律进化论》

在穗积陈重看来，法是一种力量，是在公权力之下实施行为的规范。他认为，人类共同生活的团体，经过逐步发展，将形成独立的政治团体——国家。这种团体将以两种形态展现其力量：一是国家的政治作用即对外作用，例如国家之间的战争、通商等；二是国家的对内作用，即法律，比如国家对公权力或

---

〔1〕 何勤华：《20世纪日本法学》，商务印书馆2003年版，第53~54页。

人民行为的规范。这两种作用都是国家之力量的表现方式。他认为国家的政治作用并无必要固定，应当随着对内、对外形式的发展变化而变化；而国家的法律作用应当是固定的，作为一种行为的规范，具有强制性。[1]

在穗积陈重看来，社会力有动和静两种形态，法律本身作为社会力的一

种，也有动态和静态之分。他认为所谓的动态的法律是指作为行为规范表现的社会力的实质或形体，因为时间变化而产生的变化；静态的法律则是指法现象仅为行为的规范而表现出来的社会力。法学以法现象作为研究对象，根据动态和静态的划分，就有了法动学与法静学的分类，前者依据对法之动势的研究而探究法之变迁原理，后者依据法现象之静态来研究法之原理。在穗积陈重看来，法律进化论所研究之范畴当属法动学，其目的在于根据法现象之时间的观察，作为明晰法律发生、发展之法理。

法律是社会力，法随着社会的变迁、时间的流逝，不断改变着其形态。社会是一个有机体，社会组织时刻变化，不仅是作为社会组成者之个人的变化，而且社会组织本身也因为其成员的生产、死亡、移居等因素而发生变化。因此，作为社会组织自身，既然如此变动不息，那么作为社会力状态之一的法律，也应当时时处在变化之中，法必然随着时间的流逝而发生种种变化，以保持与社会的一致。但是，法现象的变化绝不是无序的偶然事件之连续，而是在其千变万化之中存在着一定的规律。穗积陈重认为，其法律进化论的主要任务就是阐明这一规律。[2]

穗积陈重认为，法律进化论依照其对象的范围之不同，可以分为泛论与各论。法现象不限于地域、人种、民族和其他标准，是一般的对象，如果我们探讨其变迁的法理，便是普遍的法律进化论；如果我们按照各种特殊标准，例如人种、法系等标准来观察法现象的动态，而探究其法理，就是特殊形态的法律进化论。穗积陈重认为，法现象因时空、国民特性等因素将会存在较大差异，即使在同一时代，文化不同、环境不同的民族之间的法现象都会存在较大差异。在这样千差万别的法现象中，要想发现普遍性，实属不易。但是这样做也并非不可能。虽然人类的种族、住所、习惯有所不同，但作为一个物种，身体组织的差异不大，性情和习惯也不无相同之处。即便从表面上来看无比复杂，

---

〔1〕［日］穗积陈重：《法律进化论》，黄尊三等译，中国政法大学出版社 1997 年版，第 1 页。
〔2〕［日］穗积陈重：《法律进化论》，黄尊三等译，中国政法大学出版社 1997 年版，第 1~2 页。

但如果对其进行归类、比较、剖析，详究其异同的由来，就必然可以找到它们存在的普遍规律。法律进化论就正是以这种可能性为前提，以各民族和各时代已知的法现象为资料，借助于人类学、考古学、社会学、心理学、史学、语言学等学科之帮助，以动势的法现象为对象来探究法律进化之法理。[1]

《法律进化论》第一编为无形法。穗积陈重认为"法形者，即指依视官得认识发力一定之活动记号也"。在穗积陈重看来，无论是中国的五帝时代、周代还是春秋时期的"画像"、"悬象形之法于阙"、"铸刑书于鼎"等现象，还是古罗马有十二铜表法示之于民，这些都属于有形之法。有法形的法即称之为有形法，无法形的法，称之为无形法。有形之法容易使人知晓，无形之法难以作为根据。因此，如果欲使法的社会统治力特别有效，使人民守法，就必须先赋予其一定的法形，以便于人民知晓，从而便于执行。但是另一方面，法律并非必须有形之后才发生，"在国家初期，关于法律事项，民信即法，始于刑罚争讼，后世普通法律事项，神、君主、僧长、族长、家长等权力者之意思，并祖先以来之习惯，有绝对的服从强制力。盖当时法权虽存，法规未现，法者，仅于潜势力状态之下而存在者也"。[2]法律之进化，其实是从无形法到有形法的过程。

指出这一发展规律之后，穗积陈重对无形法之种类、表现、特征和演化规律作了分析。

1. 潜势法。潜势法"即指为人民公的行为之基础之社会力，虽有发动可能性，然仍伏于法之主体者中，尚未形成法规之体裁者也"。[3]在穗积陈重看来，在法的原始状态，即为人民的公的行为基础，而在潜状态的社会力，主观的为公共心、信仰、服从，客观的为习惯、神威、君权、命令，因此潜势法可分为三个方面，即民意法、神意法和君意法。穗积陈重认为，法者，关于法律事项，存在于人民的本能具有的意识之中，在法规背后，有为其依据的民族法。因此，在穗积陈重看来，成文法只不过是对民族精神的发现以及对民族法的适用而已。在法的原始状态，民意、神意和君意，都可能是潜势法之渊源。

2. 规范法。穗积陈重认为，民意、神意乃至君意，依其发现或宣言而成为规范法，其根本观念即认为民、神、君之意，其自体是法。其表现形式为社会规范，但是其根本观念是社会力。民意作为法的观念，是人民关于特种事项的一致的行为，从共同生活的经验而得到，因此，每个人都要遵守。神意作为

---

[1] ［日］穗积陈重：《法律进化论》，黄尊三等译，中国政法大学出版社1997年版，第2~3页。

[2] ［日］穗积陈重：《法律进化论》，黄尊三等译，中国政法大学出版社1997年版，第7页。

[3] ［日］穗积陈重：《法律进化论》，黄尊三等译，中国政法大学出版社1997年版，第10页。

法的观念，本于人民崇拜神灵，不可不服从的共同信念，由这种观念产生的法规，是一种超自然的力，因而要服从它。君意作为法的观念，本于人民畏服君主不可不绝对服从其意思的公共感，因此根据这种观念产生的法规，是君主意思的表现形式。穗积陈重认为，到了这一阶段，原有的潜势法开始以一定的形态显现出来。例如，原有的民意法经过民众的宣言变成了习惯法，神意法经由预言者、巫师等的宣言而变成了启示，君意法则经由君主任命之裁判官或直接的宣告而成为判例、诏令等。这样一种以发现或宣言之形式而成的规范就成了规范法。穗积陈重认为，民意法是以人民世代之习惯为基础的，一旦作为规范法出现，就很难轻易变化。神意法以超自然的神意作为基础，一旦转变为规范法，也不允许人们肆意变更。因此民意法、神意法变动起来较为缓慢。而君意法之发布，一般是适应社会的新情况，或者君主改革发布新命令而形成的，因此君意法较为灵活。除此之外，人民从公平、正义、事理、自然法等中引申出实定法规范等，就是穗积陈重所说的"法的第二次发现"。

3. 记忆法。记忆法是在未有文字或虽有文字但尚未普及和少数人垄断法知识之时代的表现形式。穗积陈重认为，记忆法之产生有两个原因：一是文字尚未产生或者虽有文字但尚未普及；二是在人类早期，法律知识往往为僧侣贵族的特殊阶层所掌握的秘密法阶段，这些人为了防止人民掌握法律而危及其利益，一般不愿意将法律公之于众。原始的法律即为记忆法，记忆法之法规不载于文字，乃是依靠人之脑力加以保存，往往通过特殊团体来口耳相传，对法律之内容加以保存，也就形成了古代专门的法律集团，此外，为了便于记忆，他们将这些原始的习惯法做成韵文以便于记诵。

穗积陈重认为，随着人类的进步，法也逐渐从主观无形变为客观有形，即成形法。在他看来，人类社会的各个阶段，成形法也表现为各种形态。首先出现的是绘画法，这种法"以图画形法规晓谕人民"。之所以这样做，是由于当时文字尚未发明或已经发明但尚未通行，故此，对于不识字的人民，以此种方法来普及法律最为有效。绘画法可以分为绘画发布和绘画解说两种形式。前者以绘画来发布，这正好类似于成文法以文字来发布，这种方法以绘画作为法规的载体。因此，当法规在发布之时，也就作为成形法而存在了。而绘画解说法，则是用绘画说明文字法的内容，绘画本身并非是法的本体，而是文字形成之躯体的四肢。绘画解说法的作用，是在文字法发生的初期，专门为不懂文字的人，附加绘画，使之了解其意义，这只是法形进化的过渡阶段。当然，绘画解说法会因法律种类的不同，在相当时间内仍存在。

随着文明的进步，文字逐渐普及，民权也逐渐发达，于是此时出现了文字法，并逐渐取代了绘画法。它有两个时期，第一个时期是私文书时代，第二个时期是公文书时代。成形法经过了这两个时期之后，才进入了现在的成文法时代。私文书时代，法规之本体为无形法，而其文书实际上是法规的记忆录，其文字并不具备法律上的效力。只有到了公文书时代，法规方以公权附以文字的形体。虽然此时之法规仍然是实质与形体并存，但以实质为主，形体为辅。无形的记忆法转而成为有形的文字法，其顺序大约是始于备忘私文书，接着是记忆公文书，最后才是立法公文书。习惯法在转变的初期仍旧保留着无形法的性质，文书尚未成为法的构成部分。无论是人们对法的记录工作例如私自用笔将法律记录下来，还是学者私自撰写的律书，甚至裁判所准备的保存先例而作的判决录，以及君主命令臣僚编辑习惯而作的法典，这四种文书都并非以文书做法，而是以文书记录法的行为。这是成形法之形态经历变化的过程。此时习惯法之本质并未改变，改变的只是其形式。

　　经历了对无形法向成文法进化的过程、表现及其特征的分析之后，穗积陈重接下来着手分析人们对法的认识的进化过程。在穗积陈重看来，潜势法时代的人们很难预先知道法律，因此，此时并无关于法的知识问题。这一问题产生于规范法时代，在规范法时代的初期，是无形法时代，此时的法律知识为特权阶层所有，仅有秘密法。只有到了民主社会，才出现了公知法。因此，关于法律的知识之进化，分为这样四个时期：绝对不知法的知识的潜势法时代；禁止民众知法的秘密法时代；对于国家机关命其知法，对于民众允许其知法的时代；民众要求知法的公布法时代。穗积陈重认为，历史上各个国家或民族的法律进化，虽然有时代的不同或者时间的长短，但是都必定要经历这样的阶段：

　　1. 潜势法时代。在这一时代，法为神意或者君意。因为没有法规，所以即使有习惯，人民也不能意识到它是法规当然也就没有法的知识。在这个时代，虽然有着与法之作用相同的东西，但是人们并不能对其加以认识，此时的法为潜势法。

　　2. 秘密法时代。在此时期，作为统治阶级必须知道法，被统治阶级则不知法，这主要是为了统治的需要，此时法是为统治阶级进行阶级统治的工具。秘密法的主要作用是维持权力、获得利益并维护专制统治。

　　3. 颁布法时代。这一阶段介于秘密法与公布法时代之间，可以把法分为约束人民、约束官吏和约束国家之法。若从进化的角度来看待这三种法律，则在专制国家的法拘束官吏，也拘束人民，但是不拘束国家；在立宪国家的法则既拘束人民又拘束国家。[1]

　　4. 公布法时代。公布是通过布告发布新法的一种形式，公布的对象是成

---

　　〔1〕　〔日〕穗积陈重：《法律进化论》，黄尊三等译，中国政法大学出版社 1997 年版，第 154 页。

文法，将在新法制定的时候公布法律。公布法律的主要原因有三个：文字的普及、善政的实行以及民权的发达。

通过对上述四个时期之法律的分析，穗积陈重认为："要之，法律之进化，为社会力之自觉史。当法在潜势状态之时，人民尚不能察觉其由各自团结之力，而拘束自己，其状犹夜行于黑暗之中也。及乎规范法既已发生，则法之知识，乃存于治者，人民虽知有羁绊自己之准则，而不能见其形态，其状犹东方渐白，将近于晓也。至成文法公布时代，则始如朝曦破晓，而升东天，各人仰而裕于阳光，俯而顾及己影矣。"[1]

在穗积陈重看来，作为法的原质的社会规范主要分为信仰规范、德义规范、习俗规范。信仰规范的维持依靠的是对超自然力的崇敬或恐惧，德义规范和习俗规范的维持分别依靠廉耻心和群众之心理。而一个社会法规的形成速度是与社会发达程度相匹配的，低级社会的法规形成速度要缓慢得多，高级社会则是速成的。在原始社会中，法的原质主要是禁忌、祭祖和"图腾"，后两项由于穗积陈重的去世而没有详述。他认为禁忌是接触神圣或污秽之事物的禁忌，触犯则必蒙受祸害，由此观念而形成的习俗。这种习俗在低等级文明社会中最为常见。禁忌实际上是人类行为的消极规范，要求人们对人和事物进行避讳。根据不同的标准，可以把禁忌分为不同的种类：根据其范围可以将其分为普通禁忌与特别禁忌；根据其存在的期间可以分为永久禁忌和一时禁忌；根据其效果可以分为特权之禁忌和无能力之禁忌；根据禁忌之目的可以分为人之禁忌、行为之禁忌和物之禁忌。设定禁忌的方法较为普遍的有三种：宣言、标示、接触。禁忌是人类最原始的规范，它将随着人类的发展而不断分化为信仰规范、德义规范或者习俗规范。在对禁忌的含义和起源、种类及其分化作了解释之后，穗积陈重又对禁忌与法律、宗教、主权、婚姻、刑法以及禁忌之作用作了详细论述。在原始时代，禁忌源于人类排除生存危害之本能，依靠对超自然力的恐惧或敬畏来维持。到后来人们把禁忌运用于公私生活之中，靠恐怖的信念或人为的处罚来维持其运行，于是也就产生了单由迷信的制裁而维持的禁忌和附加人为的制裁而维持的禁忌。前者就是宗教禁忌，后者由世俗政权来维持，是为法律禁令。穗积陈重认为，禁忌是基于人类生存法则的本能的妨害作用，或由迷信而扩张，或由认识其效用而被利用。在此之后，由宗教权威的预言家、高僧、祭司等将其变为宗教上的戒律；由社会权威的长老、贤人则将其变为道德上的训诫；由政治权威上的酋长、国王和官员等将其变为法律上的禁令。实际上，在宗教、德教和法律三大规范中，禁忌本来属于信仰规范，最初

---

〔1〕〔日〕穗积陈重：《法律进化论》，黄尊三等译，中国政法大学出版社1997年版，第275页。

是宗教上的戒律，之后又分化为德教的训诫和国家法律的集合。[1]因此，违反禁忌之人受到的惩罚，其实既是宗教制裁又是法律制裁。在人类社会之初，之所以产生禁忌是因为超自然力的恐怖，而到了国家发达之后，政权的所有者开始实施一些制裁，由此形成了法禁，禁忌实际上是法律的前身。在原始社会，正是禁忌的存在使得首领的权力成为不可侵犯的权力。到君主时代，对于君主也存在着一系列的禁忌，例如接触的禁忌、称呼的禁忌等。在婚姻和财产方面，同样演化出了一系列的禁忌。

穗积陈重是日本近代法律文化的主要奠基人，他对日本近代的法制建设作出了巨大贡献，并系统提出了法律进化的思想。穗积陈重创造了日文的汉字"法理学"一词，创立了法理学这一学科。1881年，穗积陈重结束了5年的留学生活，回到日本创办了东京大学的法理学讲座，他之所以选用法理学而非法哲学这一名称，是为了表明他对历史与分析法学的推崇和对形而上学法学的排斥。此外，穗积陈重在1884年指出，世界上的法律制度，一般可以分为五大法系：印度法系、中华法系、伊斯兰法系、英国法系和罗马法系。这五大法系相互竞争、此消彼长，适用的规则就是优胜劣汰。在他看来，处于劣势地位的法系，如果不思进取，不进行必要的改良和改革，就必然会被历史淘汰，与此相联系，穗积陈重提出了法律改良主义。除此之外，穗积陈重认为，不仅要在公法上确认公民的权利，也应当在私法领域做好公民权利的保护工作。在家族法方面，穗积陈重认同一夫一妻、合意婚、夫妻男女平等、离婚自由、财产继承平等、提倡妇女有权参加社会活动，在当时具有一定的进步意义。

《法律进化论》乃是穗积陈重晚年的作品，全书共三册。头两册在穗积陈重生前出版，第三册是他去世之后由他的亲友整理之后出版。按照穗积陈重本人的规划，整本书的框架原本是这样的：第一册为总论，第一部：法原论，上卷：原形论前篇，第一编无形法。第二册，上卷：原形论后篇，第二编成形法，第三编法之认识。第三册，中卷：原质论前篇，总论，第一编信仰规范论。按照穗积陈重本人的意愿，这应当是一个2部6卷12册的巨著，可惜此书并未完成他即已去世。从大的方面来看，穗积陈重研究法律进化论的法理，分成原法论与法势论两部分。原法论所研究的是法现象发生的状态，法势论研究的是法现象变迁之法理。第一部为法原论，作者计划写的是原形论、原质论以及原力论三个方面。原形论阐述法律于如何之形态而发生，原质论探讨如何种类之规范为为法律之原质，原力论探讨如何种类之社会力而成为法律。第二部乃法势论，作者计划分为发达论、继受论和统一论三方面来论述。发达论主

---

〔1〕 ［日］穗积陈重：《法律进化论》，黄尊三等译，中国政法大学出版社1997年版，第313页。

要集中探讨法进化之内因，准备基于人种、民族、地势、政体、宗教、德教、舆论等方面来探讨，在此范围之内基于其内在之原因而发生的法之进化；继受论则集中探讨法之基于外因的进化，即基于与外邦之人相接触而模仿、选择外邦之法，或受外国立法、学说之影响而带来的法律发展；统一论则着力于法之世界的进化，即法将随着文化上常有的世界化之倾向发展，各国最终将接受其本国特有之法与世界共有之法的共同支配。

从这样一个体系来看，《法律进化论》确实是一个博大而完整的体系，正如日本神户大学松尾敬一教授所指出的那样：穗积陈重之《法律进化论》所阐述之思想，其最终目标是追求法律进化之顶点的民主主义和国际主义。[1]可惜的是由于个人原因，穗积陈重只完成了很小的一部分，这是历史法学的重大损失，也是日本法学界乃至世界法学界的一个重大损失。

---

〔1〕 何勤华：《20 世纪日本法学》，商务印书馆 2003 年版，第 61 页。